SCHRIFTENREIHE
DES MILITÄRGESCHICHTLICHEN FORSCHUNGSAMTES

BEITRÄGE ZUR MILITÄR- UND KRIEGSGESCHICHTE

HERAUSGEGEBEN VOM
MILITÄRGESCHICHTLICHEN FORSCHUNGSAMT

24. BAND

DEUTSCHE VERLAGS-ANSTALT
STUTTGART

VÖLKERRECHT, VERSAILLER VERTRAG UND AUSLIEFERUNGSFRAGE

Die Strafverfolgung wegen Kriegsverbrechen als Problem des Friedensschlusses 1919/20

VON
WALTER SCHWENGLER

1982

DEUTSCHE VERLAGS-ANSTALT
STUTTGART

CIP-Kurztitelaufnahme der Deutschen Bibliothek

Schwengler, Walter:
Völkerrecht, Versailler Vertrag
und Auslieferungsfrage:
d. Strafverfolgung wegen Kriegsverbrechen
als Problem d. Friedensschlusses 1919/20 /
von Walter Schwengler. –
Stuttgart: Deutsche Verlags-Anstalt, 1982.
(Beiträge zur Militär- und Kriegsgeschichte; Bd. 24)
ISBN 3-421-06079-7

Gesetzt aus der Garamond Antiqua
Schutzumschlag: Edgar Dambacher
Satz und Druck: Georg Appl, Wemding
Printed in Germany ISBN 3 421 06079 7

Inhalt

Vorwort

Fregattenkapitän Dr. Walter Schwengler hat schon vor Veröffentlichung dieses Buches wissenschaftliche Anerkennung gefunden. Die Philosophische Fakultät der Christian-Albrechts-Universität zu Kiel, welche die von Professor Dr. Karl Dietrich Erdmann betreute Arbeit im Jahre 1980 als Dissertation annahm, zeichnete ihn mit einem Staatlichen Preis aus. Dieser wurde vom Präsidenten der Universität während einer akademischen Feier am 18. Juni 1981 überreicht.
Der Gegenstand der Arbeit ist komplex und keineswegs unumstritten: die Sühnung von Kriegsverbrechen. Angesichts der kriegerischen Ereignisse seit 1945 und der seither unzweifelhaft verübten Kriegsverbrechen handelt es sich um ein Problem, das nichts von seiner Aktualität verloren hat. Für das deutsche Volk erinnert der Begriff jedoch vor allem an die Nürnberger Kriegsverbrecherprozesse, in denen Taten aus dem düstersten Abschnitt seiner Geschichte sowohl an herkömmlichen wie auch an neu geschaffenen Normen des Völkerrechts gemessen wurden.
Das vorliegende Buch gilt einem früheren Kapitel aus der Geschichte der Strafverfolgung von Kriegsverbrechen, das heute weithin vergessen ist. Entgegen der europäischen völkerrechtlichen Tradition versuchten die Siegermächte des Ersten Weltkrieges, Kaiser Wilhelm II. sowie deutsche Soldaten und Beamte vor ihre Tribunale zu ziehen. Die Entstehung dieses Vorhabens, die damit hervorgerufene Belastung des Friedensschlusses und der Widerstand weitester Teile des deutschen Volkes gegen die Forderung nach Auslieferung der beschuldigten deutschen Staatsangehörigen finden in der vorliegenden Studie eine sorgsam abwägende Darstellung. Die neuen Detailergebnisse, die bei der Behandlung dieser Spezialfrage zu erwarten waren, ordnet der Autor in die größeren Zusammenhänge ein. Dadurch wird unser Bild vom Versailler Frieden in wesentlichen Fragen bereichert.
Das Militärgeschichtliche Forschungsamt veröffentlicht die Dissertation seines Mitarbeiters in der Erwartung, daß sie die Diskussion von unverändert aktuellen Fragen in der Wissenschaft wie in einer breiteren Öffentlichkeit befruchten wird.

Dr. Othmar Hackl
Oberst i. G.
Amtschef
des Militärgeschichtlichen Forschungsamtes

Dank des Autors

Die Entstehung der vorliegenden Untersuchung haben zahlreiche Personen und Institutionen gefördert und unterstützt, denen mein aufrichtiger Dank gilt. Dieser gebührt jedoch in erster Linie dem Bundesminister der Verteidigung, der Studium und Promotion ermöglicht hat.

Darüber hinaus gilt mein besonderer Dank Professor Dr. Karl Dietrich Erdmann für die fördernde Anteilnahme, die er mir während des Studiums und durch die Betreuung der Dissertation entgegenbrachte. Zu besonderem Dank verpflichtet fühle ich mich auch dem Amtschef des Militärgeschichtlichen Forschungsamts, Oberst i.G. Dr. Othmar Hackl, und dem Leitenden Historiker, Professor Dr. Manfred Messerschmidt, für ihr wohlwollendes Interesse an meiner Arbeit und deren Aufnahme in diese Reihe.

Das Zusammentragen der Quellen war mit manchen, aus der teilweise lückenhaften Überlieferung resultierenden Schwierigkeiten verbunden. Daher ist es mir ein Bedürfnis, den Mitarbeitern der besuchten Archive für ihre Hilfsbereitschaft zu danken. Besondere Unterstützung erfuhr ich durch Frau Dr. M. Keipert (Pol. Archiv des Auswärtigen Amtes), Archivdirektor Dr. H. Maierhöfer (Bundesarchiv-Militärarchiv) und Archivoberrat Dr. E. Ritter (Bundesarchiv). Wertvolle Hinweise gab mir Dr. A. Golecki (Koblenz), der aufgrund seiner Bearbeitung des Kabinetts Bauer in der Edition „Akten der Reichskanzlei" einer der besten Kenner der Überlieferung ist. Er machte mir auch den Dokumententeil seiner Publikation noch im Manuskript zugänglich. Professor Dr. E. Scheibe (Göttingen) danke ich für die Überlassung der Ausarbeitung seines Vaters „Aus den Anfängen der nationalen Bewegung in Deutschland" und für förderliche Auskünfte.

Das Interesse, das zahlreiche erfahrene Wissenschaftler dem Doktoranden und seinem Forschungsthema entgegenbrachten, war mir ein besonderes Erlebnis. In einer Reihe von Gesprächen erfuhr ich bedeutsame Hinweise, Anregungen und kritische Bemerkungen. In diesem Sinne möchte ich folgenden Herren danken: Ltd. Wiss. Direktor Dr. W. Deist (Freiburg), Privatdozent Dr. H. Grieser (Kiel) – dem auch für die Mühe des Korreferats Dank gebührt –, Kapitän z.S.a.D. R. Güth (Bad Pyrmont), Kapitän z.S.a.D. Dr. P. Heinsius (Hamburg), Professor Dr. H. Hürten (Eichstätt), Professor Dr. K. Ipsen (Bochum), Professor Dr. W. Kewenig (Kiel/Berlin), Wiss. Oberrat Dr. G. Meyer (Freiburg), Kapitän z.S. Dr. W. Rahn (Freiburg), Professor Dr. M. Salewski (Kiel), Korvettenkapitän Dr. G. Schreiber (Freiburg), Professor Dr. H. Schulze (Berlin) und Ltd. Wiss. Direktor Professor Dr. H.-E. Volkmann (Freiburg). Darüber hinaus bin ich meinen Kollegen im Militärgeschichtlichen Forschungsamt für vielfältigen wissenschaftlichen Gedankenaustausch verbunden.

Bei der Drucklegung erfuhr ich dankbar die Unterstützung der Schriftleitung des Amtes unter Leitung von Dr. F. Frhr. Hiller v. Gaertringen. Die Bearbeitung des Manuskripts lag bei Frau T. Trésoret-Michaely, die sich die Mühe des Korrekturlesens mit cand.phil. A. Lang teilte.

Nicht zuletzt möchte ich auch an dieser Stelle meiner Frau für ihre verständnisvolle Anteilnahme an der Entstehung der Dissertation herzlich danken. *Walter Schwengler*

Einleitung

1. Problemstellung und Abgrenzung

Die Nürnberger Kriegsverbrecherprozesse haben sich in das Bewußtsein der deutschen und internationalen Öffentlichkeit bleibend eingeprägt. Dagegen ist – selbst bei Historikern – weitgehend in Vergessenheit geraten, daß schon die Siegermächte des Ersten Weltkriegs den Versuch unternahmen, Kaiser Wilhelm II., Reichskanzler Theobald v. Bethmann Hollweg sowie deutsche Beamte, Offiziere und Soldaten vor ihre Gerichte zu ziehen.

In Artikel 227 des Friedensvertrags von Versailles stellten die Sieger Wilhelm II. „wegen schwerster Verletzung des internationalen Sittengesetzes und der Heiligkeit der Verträge unter öffentliche Anklage". Ein besonderer Gerichtshof, besetzt mit je einem Richter aus Frankreich, Großbritannien, Italien, Japan und den Vereinigten Staaten von Amerika, sollte „auf Grundlage der erhabensten Grundsätze der internationalen Politik" das Urteil über den ehemaligen Souverän sprechen[1]. In Artikel 228 ließen sich die alliierten und assoziierten Mächte ihr Recht bestätigen, deutsche Staatsangehörige, die sie einer Verletzung der Kriegsgesetze und -gebräuche beschuldigten, durch ihre Militärjustiz zur Verantwortung zu ziehen[2]. Sie verpflichteten die deutsche Regierung, die Beschuldigten zur Durchführung der Strafverfahren auszuliefern.

Die Artikel 227–230, die sogenannten Strafbestimmungen[3] des Versailler Vertrages, sind Gegenstand dieser Studie, in deren Mittelpunkt zwei Fragestellungen stehen. Die erste ist stärker rechtsgeschichtlich orientiert. Sie wird den Gründen nachgehen, die die Siegermächte veranlaßten, im Friedensvertrag die Fragen der Schuld am Kriege und der Schuld im Kriege aufzuwerfen. Dieses Verhalten bedeutete einen Bruch mit der ca. 300jährigen Tradition des ius publicum Europaeum, den Friedensschluß nicht mit Streitfragen zu belasten, die Anlaß zum Krieg waren oder im Verlauf des Krieges hinzugetreten waren. Deshalb soll die Argumentation für und gegen den neuen Gedanken eine eingehende Untersuchung erfahren. Die zweite Fragestellung ist genuin historisch. Sie will den Stellenwert ermitteln, den die Schuldfragen des Weltkriegs in der deutschen Politik zwischen dem Ersuchen der Reichsregierung um Waffenstillstand im Oktober 1918 und den ersten Monaten des Jahres 1920 besaßen. Dabei gilt das hauptsächliche Interesse den Problemen, die die Forderung der Sieger nach Auslieferung der der Verletzung des Kriegsrechts beschuldigten Staatsbürger für die deutsche Innen- und Außenpolitik aufwarf.

Es ist mithin Absicht der Studie, sowohl einen Beitrag zur Geschichte des sogenannten Völkerstrafrechts als auch zur historischen Forschung über den Versailler Vertrag zu lei-

---

[1] Zit. nach der amtlichen dt. Übersetzung des Friedensvertrags vom 28. 6. 1919, abgedruckt in: RGBl. 1919, S. 700–1331. Authentisch sind jedoch nur der gleichfalls abgedruckte frz. u. engl. Wortlaut (Art. 440 Abs. 3). Siehe auch Anlage 5.

[2] So ausdrücklich der engl. Wortlaut. Zur Diskrepanz zwischen dem engl. u. frz. Vertragstext siehe S. 112, Anm. 180.

[3] Die Überschrift zu Teil VII des Friedensvertrags lautet im engl. Text „penalties", im frz. „sanctions".

sten. Im einzelnen soll, ausgehend von einer Einführung in die völkerrechtliche Problematik, zunächst die Genesis der Strafbestimmungen des Friedensvertrags untersucht werden. Motivation und Argumentation der Beteiligten bedürfen einer detaillierten Darstellung. Ergänzend ist ein Blick auf die Entstehung des Artikels 231, des sogenannten Kriegsschuldartikels, zu werfen, um seine Bedeutung und sein Verhältnis zu den Strafbestimmungen zu ermitteln. Kontrapunktartig ist dann die Rolle zu betrachten, die den Schuldfragen des Weltkriegs in der deutschen Politik zwischen Herbst 1918 und Frühjahr 1920 zukam. Es ist zu fragen, wie sich die revolutionäre und die erste demokratisch legitimierte Regierung zu dieser unglückseligen Hinterlassenschaft des Kaiserreichs stellten. Zweifellos befanden sie sich angesichts der wahrscheinlichen Folgen einer moralischen Verurteilung Deutschlands durch die Siegermächte in einem Dilemma. Eine Verteidigung des alten Regimes gegen die feindlichen Vorwürfe bedeutete die Anerkennung der staatlichen Kontinuität, ein Verzicht auf die Verteidigung unter gleichzeitiger Betonung des durch Revolution und Demokratisierung bewirkten Umbruchs bedeutete ihre Negierung. Wie entschied man sich? Wie reagierte die deutsche Friedensdelegation unter Führung des Reichsministers des Auswärtigen, Ulrich Graf v. Brockdorff-Rantzau, auf die Schuldanklagen der Sieger? Sodann ist zu klären, warum trotz aller übrigen schweren Belastungen, die der Versailler Vertrag dem Deutschen Reich auferlegte, gerade die Strafbestimmungen und der „Kriegsschuldartikel" eine so große Bedeutung erlangten, daß an ihnen der Friedensschluß zu scheitern drohte. Daran anknüpfend stellt sich die Frage, welche Haltung das Kabinett Bauer zur Forderung nach Auslieferung der der Kriegsrechtsverletzungen Beschuldigten einnahm. Wie begegnete es dem Widerstand der Öffentlichkeit, Reichswehr und Beamtenschaft? Schließlich ist zu ergründen, wie es der Reichsregierung gelang, die Siegermächte zu einem Verzicht auf die Auslieferung zu bewegen und damit faktisch die erste Revision des Versailler Vertrages nur wenige Wochen nach seinem Inkrafttreten zu erreichen.

Der Schwerpunkt der Untersuchung liegt folglich im direkten Umfeld des Friedensschlusses. Der zeitliche Rahmen wird nur verlassen, um verschiedene für die Thematik zentrale Völkerrechtsfragen, u. a. das Kriegführungsrecht (ius ad bellum), das Kriegsrecht (ius in bello) und die Strafkompetenz bei Verletzung des Kriegsrechts, in ihrem historischen Gewordensein zu beleuchten. Denn es genügt nicht, einfach die Rechtslage von 1914 bzw. 1918/19 zu konstatieren. Vielmehr muß auch den seit der Mitte des 19. Jahrhunderts einsetzenden Bestrebungen Beachtung geschenkt werden, das freie Kriegführungsrecht zu beschränken und die Schrecken des Krieges durch eine rechtliche Einhegung zu verringern. Sie erreichten ihren ersten Höhepunkt in den Haager Friedenskonferenzen von 1899 und 1907 sowie in der Londoner Seerechtskonferenz 1908/09. Das Wissen um diese zum Teil erfolgreichen, zum Teil gescheiterten Bemühungen ist eine wesentliche Voraussetzung, um die Diskussionen und die Entscheidungen der Pariser Friedenskonferenz im Hinblick auf die Schuldfragen sowie die deutsche Reaktion zu verstehen.

Es liegt nicht in der Absicht der Studie, die großen völkerrechtlichen Streitfragen des Ersten Weltkriegs – z. B. über die Rechtmäßigkeit der britischen Seeblockade und des deutschen U-Bootkriegs – oder charakteristische Einzelfälle zu schildern, in denen die Kriegführenden der jeweiligen Gegenseite eine Verletzung des geltenden Kriegsrechts zum Vorwurf machten. Ebensowenig ist beabsichtigt, zu der juristischen Berechtigung der Haltung bzw. der Vorwürfe der einen oder der anderen Seite Stellung zu beziehen. Sie werden ohne Wertung als historische Fakten hingenommen. Der Verfasser glaubt aber, schon an dieser Stelle seine Ansicht zu der im und nach dem Ersten Weltkrieg umstrittenen Frage offenlegen zu sollen, ob kriegführenden Staaten das Recht zusteht, Verantwortliche für Kriegsrechtsverletzungen – auch wenn diese den feindlichen Streitkräften angehören – zu bestrafen, obwohl eine intensive Auseinandersetzung mit diesem im Kontext des Themas zentralen Rechtsproblem stattfinden wird. Er erkennt die Strafkompetenz als völkergewohnheitsrechtlich begründet an[4].

Die Studie schließt mit dem Verzicht der Siegermächte auf die Auslieferung der eines Kriegsverbrechens beschuldigten deutschen Staatsbürger. Dieser Verzicht bildete allerdings noch nicht den Endpunkt in der Ausführung der Strafbestimmungen des Versailler Vertrages, denn er wurde mit der Verpflichtung der Reichsregierung „erkauft", die Beschuldigten der deutschen Strafverfolgung zu unterwerfen, mit der die Oberreichsanwaltschaft und das Reichsgericht in Leipzig beauftragt wurden. Die Ausführung der Strafbestimmungen gelangte durch diese Entscheidung auf eine andere Ebene, nämlich die der Justiz, die in einem nach dem Prinzip der Gewaltenteilung organisierten Staat wie der Weimarer Republik eine unabhängige Macht darstellt. Eine Untersuchung der Fragen, wie die höchsten Organe der deutschen Strafrechtspflege die übertragene Aufgabe ausführten und ob sie ihr gerecht wurden, wäre ein Beitrag zur Geschichte der Justiz in der Weimarer Zeit. Die vorliegende Studie will ihn nicht leisten, da er den ihr gesetzten Rahmen sprengen würde. Doch wird das zweifellos reizvolle Thema, das einer späteren ausführlichen Behandlung vorbehalten ist[5], ebenso wie die weitere Auseinandersetzung mit den Siegermächten in einem Ausblick kurz skizziert.

Der diplomatische Konflikt zwischen den alliierten Mächten und den Niederlanden über die Auslieferung Wilhelms II. bildete ein weiteres Teilproblem bei der Ausführung der Strafbestimmungen. Die Reichsregierung nahm von jeglicher Einmischung in die Angelegenheit Abstand. Aus diesem Grund und wegen der nur marginalen Bedeutung des Konflikts darf auf seine Darstellung verzichtet werden[6].

---

[4] Die Ansicht, daß die Strafkompetenz des verletzten Staates auf altem völkerrechtlichen Gewohnheitsrecht beruht, hat sich allgemein durchgesetzt. Die vier Genfer Konventionen von 1949 verpflichten sogar jeden Vertragsstaat, Personen, die sich schwerer Verletzungen dieser Abkommen schuldig gemacht haben, gerichtlich zur Verantwortung zu ziehen. Art. 49 u. 50 des I., Art. 50 u. 51 des II., Art. 85, 129 u. 130 des III., Art. 146 u. 147 des IV. Genfer Abkommens vom 12. 8. 1949, abgedruckt in: BGBl. 1954, Teil II, S. 781–1004. Dazu: Berber, Friedrich, Lehrbuch des Völkerrechts, Bd 1: Allgemeines Friedensrecht, 2. Auflage, München-Berlin 1975, S. 173; Bd 2: Kriegsrecht, 2. Auflage, München-Berlin 1969, S. 152 u. S. 240–249 (241, 249); Dahm, Georg, Völkerrecht, Bd 1, Stuttgart 1958, S. 416, u. Bd 3, Stuttgart 1961, S. 282–288 (285–287); Jescheck, Hans-Heinrich, Kriegsverbrechen, in: Wörterbuch des Völkerrechts, begründet von Karl Strupp, hrsg. von Hans-Jürgen Schlochauer, 3 Bde, Berlin 1960–1962 (im folg. zit. Strupp-Schlochauer WVR), hier: Bd 2, S. 373–376; Wengler, Wilhelm, Völkerrecht, 2 Bde, Berlin-Göttingen-Heidelberg 1964 (= Enzyklopädie der Rechts- und Staatswissenschaft, Abteilung Rechtswissenschaft), hier: Bd 1, S. 540–551, u. Bd 2, S. 1461.

[5] Einen ersten Einblick gewährt der Aufsatz von: Kaul, Friedrich Karl, Die Verfolgung deutscher Kriegsverbrecher nach dem ersten Weltkrieg, in: Zeitschrift für Geschichtswissenschaft 14 (1966), S. 19–32. Von der von demselben Autor angekündigten vierbändigen „Geschichte des Reichsgerichts" ist bisher nur Bd 4: 1933–1945, Berlin [Ost] 1971, erschienen.

[6] Dazu im wesentlichen (trotz des anspruchsvolleren Titels): Brügel, J. W., Das Schicksal der Strafbestimmungen des Versailler Vertrags, in: VfZG 6(1958), S. 263–270.

2. Forschungsstand

Der Natur der Sache entsprechend haben die Strafbestimmungen des Versailler Vertrages primär das Interesse der Juristen erregt. Dieses ist in hohem Grade von der politischen Aktualität bestimmt worden. Daher stammt die überwiegende Zahl der einschlägigen Veröffentlichungen aus den frühen 20er Jahren und aus der Zeit der Kriegsverbrecherprozesse nach dem Zweiten Weltkrieg.

Die Errichtung des Völkerbundes und die in der Zwischenkriegszeit unternommenen diplomatischen Anstrengungen, zu einem völkerrechtlich verbindlichen Verbot des Krieges zu gelangen, ermutigten die Rechtswissenschaft, die Grundlagen für ein echtes Völkerstrafrecht zu schaffen[7]. Das dadurch hervorgerufene Interesse an der Aufklärung der Genesis der Strafbestimmungen war jedoch durch die zunächst fast lückenlose Geheimhaltung der relevanten Materialien der Friedenskonferenz wissenschaftlich nicht zu befriedigen[8]. Die deutsche Jurisprudenz nahm übrigens an den internationalen Bemühungen um die Schaffung eines Völkerstrafrechts nur sehr geringen Anteil. Sie stand offensichtlich im Bann der als Angriff auf die nationale Ehre empfundenen Strafbestimmungen des Friedensvertrages. Auch die Auseinandersetzung mit diesen war insgesamt gesehen gering, obwohl es an wissenschaftlichem Anreiz nicht fehlte. Berührte doch die Frage nach der Strafkompetenz über Verantwortliche für Kriegsrechtsverletzungen das viel diskutierte Verhältnis zwischen Völkerrecht und Landesrecht. Vermutlich waren für diese auffallende Zurückhaltung ebenfalls politische Gründe maßgebend.

Die – freilich nur beiläufige – Behandlung der Strafbestimmungen durch die deutsche Rechtswissenschaft führte zu keiner Übereinstimmung in der zentralen Frage, ob dem verletzten Staat eine Strafkompetenz über Angehörige feindlicher Streitkräfte zusteht, die gegen die Kriegsgesetze und -gebräuche verstoßen haben. Überwiegend wurde die Strafkompetenz verneint. Die logische Folge war die – im politischen Kampf gegen das Diktat von Versailles nicht unerwünschte – Brandmarkung der Strafbestimmungen als rechtswidrig. Dieser Ansicht war Alfred Verdross in seiner schon Mitte 1920 erschienenen bahnbrechenden Monographie „Die völkerrechtswidrige Kriegshandlung und der Strafanspruch der Staaten" entgegengetreten, ohne jedoch allgemeine Zustimmung zu finden[9].

Als während des Zweiten Weltkriegs – zuerst im Herbst 1941 – die Regierungen der späteren Siegermächte verkündeten, es gehöre zu ihren Hauptkriegszielen, die Kriegsverbrechen der Achsenmächte zu sühnen und die Verantwortlichen persönlich zur Rechenschaft zu ziehen, gewannen die nach dem Ersten Weltkrieg gemachten Erfahrungen neues Interesse. Die damals sowie während und nach den Nürnberger Kriegsverbrecherprozessen im In- und Ausland erschienene Literatur ist schier unübersehbar[10]. Die deutsche Völker-

---

[7] Dazu ausführlich: Jescheck, Hans-Heinrich, Die Verantwortlichkeit der Staatsorgane nach Völkerstrafrecht. Eine Studie zu den Nürnberger Prozessen, Bonn 1952 (= Rechtsvergleichende Untersuchungen zur gesamten Strafrechtswissenschaft, N. F., H. 6), S. 68–120.

[8] Ein wichtiges Dokument war allerdings frühzeitig an die Öffentlichkeit gelangt, nämlich: Violation of the Laws and Customs of War. Reports of Majority and Dissenting Reports of American and Japanese Members of the Commission of Responsibilities, Conference of Paris 1919, hrsg. vom Carnegie Endowment for International Peace, Division of International Law, Oxford 1919 (= Pamphlet No. 32).

[9] Dazu ausführlich unten, Kapitel IV. 3.

[10] Ein wichtiges Hilfsmittel zu ihrer Erschließung ist: de Schutter, Bart, Bibliography on International

rechtswissenschaft trat mit einigen rechtsgeschichtlich orientierten Beiträgen hervor, die auch heute noch Beachtung verdienen. Schon vom Sommer 1945 datiert Hermann v. Mangoldts Studie[11], in der er unter Auswertung des gesamten politischen und völkerrechtlichen Schrifttums sowie veröffentlichter Materialien aus der Arbeit der um die Schaffung eines Völkerstrafrechts bemüht gewesenen internationalen Kommissionen alle wesentlichen Rechtsfragen erörtert, die die angekündigte Verfolgung deutscher Kriegsverbrecher aufwarf. Ellinor v. Puttkamer wandte sich der Genesis und Interpretation der Artikel 227–230 zu, um zu prüfen, ob es sich bei den Nürnberger Urteilen „um eine unzulässige oder, wie das Gericht erklärt, durch ein bereits vorhandenes Bewußtsein der Rechtswidrigkeit zulässige ex post facto-Entscheidung handelt"[12]. Sie konnte sich auf zahlreiche inzwischen zugänglich gewordene Dokumente der Pariser Friedenskonferenz sowie Memoiren und Berichte von Teilnehmern stützen. Ihr Aufsatz ist die bisher wohl gründlichste Darstellung der Entstehungsgeschichte der Strafbestimmungen. Hans-Heinrich Jescheck hat – aus gleichen Gründen wie in der vorliegenden Arbeit – seiner Studie zu den Nürnberger Prozessen[13] einen historischen Abriß des Völkerstrafrechts vorangestellt. Sein Interesse gilt primär der Evolution dieses Rechtsgebiets in Theorie und Praxis seit Kriegsbeginn 1914, während der Blick auf die vorangegangenen Jahrhunderte auf die Andeutung der „großen Entwicklungslinien"[14] beschränkt bleibt. Trotz dieser Zielsetzung beruht Jeschecks Darstellung der Entstehung der Strafbestimmungen auf einer schmaleren Quellenbasis als die v. Puttkamers. Weiterhin ist kritisch anzumerken, daß er sich nicht die Frage vorgelegt hat, ob nicht neben den politischen auch wissenschaftliche Gründe die deutschen Juristen zu ihrer überwiegend ablehnenden Haltung gegenüber einem völkerrechtlich fundierten Strafrecht veranlaßt haben.

Die genannten Arbeiten sind zweifellos sehr wertvolle Beiträge zum Thema Strafbestimmungen des Versailler Vertrages, vermögen aber den Historiker nicht voll zu befriedigen. Einmal hat keiner der Autoren alle heute zur Verfügung stehenden Dokumente zur Genesis der Strafbestimmungen herangezogen bzw. heranziehen können, zum anderen kommen die politischen Aspekte zu kurz. Die Motive der Handelnden und die zur Durchsetzung ihrer Anliegen vorgetragenen Argumente finden nicht die wünschenswerte Berücksichtigung.

Aus der Feder von Nichtjuristen stammen folgende Arbeiten, die auch manche Fragestellung der vorliegenden Untersuchung behandeln: Die älteste, schon 1924 erschienene Veröffentlichung „Die Kriegsbeschuldigtenfrage" von Albrecht v. Stosch ist ein Produkt des „vaterländischen" Kampfes gegen Versailles[15]. Sie wendet sich gegen die Ehrverletzung, die Deutschland durch die Strafbestimmungen und die Kriegsverbrecherprozesse vor dem

---

Criminal Law, Leiden 1972. Die Spezialbibliographie weist allerdings Lücken hinsichtlich der im und nach dem Ersten Weltkrieg erschienenen deutschsprachigen Literatur auf.

[11] Erschienen u. d. T.: Das Kriegsverbrechen und seine Verfolgung in Vergangenheit und Gegenwart, in: Jahrbuch für internationales und ausländisches öffentl. Recht 1 (1948), S. 283–334.

[12] Puttkamer, Ellinor von, Die Haftung der politischen und militärischen Führung des Ersten Weltkriegs für Kriegsurheberschaft und Kriegsverbrechen, in: Archiv des Völkerrechts 1 (1948/49), S. 424–449 (424).

[13] Bibliographische Angaben in Anm. 7.

[14] Jescheck, Verantwortlichkeit der Staatsorgane, S. 19.

[15] Stosch, Albrecht von, Die Kriegsbeschuldigtenfrage. Ihre Bedeutung für Deutschland und den Feindbund, Hannover-Leipzig 1924 (= Deutscher Michel, wach auf! Eine Reihe nationaler Schriften, H. 13).

Reichsgericht angetan worden sei, und ruft das deutsche Volk zu Schritten auf, die der Wahrung und Wiederherstellung der nationalen Ehre dienen sollten. Die Schrift ist, obwohl wissenschaftlich wertlos, als Materialsammlung und als Dokument ihrer Zeit von gewissem Interesse. Zwei amerikanische Arbeiten verdienen in weit höherem Ausmaß Beachtung. James Morgan Read widmet sich in seiner während des Zweiten Weltkriegs erschienenen und daher in Deutschland fast unbekannten Dissertation der Thematik Kriegsverbrechen und Strafverfolgung der Verantwortlichen aus der Sicht der Kommunikationsforschung[16]. Indem er die sogenannte Greuelpropaganda des Ersten Weltkriegs untersucht, ihren Anfängen, Methoden, Absichten und Wirkungen nachspürt, legt er die wichtigste Wurzel der Strafbestimmungen frei. Er kommt zu dem Ergebnis, daß beide Kriegsparteien sich schwerer Verstöße gegen die Gesetze und Gebräuche des Krieges schuldig gemacht haben. Beide hätten nicht nur vom jeweiligen Gegner tatsächlich begangene Kriegsrechtsverletzungen in den Dienst ihrer Propaganda gestellt, sondern seien weder vor Übertreibungen noch vor der Erfindung von Greuelgeschichten zurückgeschreckt. Vier Jahre Krieg und Kriegspropaganda hätten bei allen Völkern und Politikern Wunden hinterlassen, die die Forderung nach Bestrafung der „Schuldigen“ unumgänglich nach sich zogen.

Während bei Read „The Day of Reckoning“, also die Genesis der Strafbestimmungen und ihre Ausführung, nur einen kleinen Teil der Untersuchungen einnimmt, steht die „Abrechnung“ im Mittelpunkt der Arbeit von Willis. Seine 1976 vorgelegte Dissertation[17] beginnt mit einer Darstellung über den Ursprung des „alliierten Kriegsziels“, die Schuldigen am Kriege und die Schuldigen im Kriege zur Verantwortung zu ziehen. Sodann folgt eine Beschreibung der einschlägigen Verhandlungen auf der Pariser Friedenskonferenz und der Ausführung der Strafbestimmungen einschließlich der Prozesse vor dem Reichsgericht. Nach einem kurzen Blick auf das Schicksal der „Sanktionen“ in den Friedensverträgen mit den übrigen Verliererstaaten des Ersten Weltkriegs[18] werden die auf die Schaffung eines Völkerstrafrechts gerichteten Bestrebungen in der Zwischenkriegszeit und die diplomatische Vorgeschichte des Nürnberger Internationalen Militärtribunals dargestellt. Somit ergeben sich einige Überschneidungen mit dieser Studie, was insbesondere für die Teile zutrifft, in denen die Handlungen der Siegermächte untersucht werden. Im Hinblick auf jene Teile, die der deutschen Szene gewidmet sind, der ja das Hauptinteresse der vorliegenden Arbeit gilt, fallen sie jedoch nicht ins Gewicht. Denn Willis' Dissertation beruht auf Quellenforschung im britischen Staatsarchiv (Public Record Office), in den National Archives der Vereinigten Staaten sowie in den Archiven des französischen und niederländischen Außenministeriums. Sie stützt sich weiterhin auf Nachlässe britischer und amerikanischer Staatsmänner. Dagegen hat Willis wegen mangelnder Sprachkenntnisse keine deutschen Archive besucht. Gedruckt vorliegende deutsche Quellen und nicht ins Englische übersetzte Literatur vermochte er nur partiell auszuwerten. Beide Arbeiten unter-

[16] Read, James Morgan, Atrocity Propaganda 1914–1919, New Haven – London 1941 (= International Propaganda und Communications). Reprint New York 1972.

[17] Willis, James Frederick, Prologue to Nuremberg: The Punishment of War Criminals of the First World War, Ph. D., Duke University 1976, Ms. (University Microfilms International, Ann Arbor-London, Order No. 77–1098).

[18] Strafbestimmungen enthielten auch die Friedensverträge der Siegermächte mit Österreich (Art. 173–176 des Vertrages von St. Germain vom 10. 9. 1919), mit Bulgarien (Art. 118–120 des Vertrages von Neuilly vom 27. 11. 1919), mit Ungarn (Art. 157–160 des Vertrages von Trianon vom 4. 6. 1920) und mit der Türkei (Art. 226–230 des nicht in Kraft getretenen Vertrages von Sèvres vom 10. 8. 1920).

scheiden sich daher ganz wesentlich in der Intensität, mit der sie sich mit der deutschen Haltung und Politik in den Schuldfragen des Weltkrieges befassen. Eine weitere Verschiedenheit liegt anscheinend im Forschungsinteresse begründet. Während in der vorliegenden Studie die juristischen Probleme, soweit sie in den Argumentationen und Gegenargumentationen zum Ausdruck kamen, besondere Beachtung finden, bleibt Willis in dieser Hinsicht an der Oberfläche. Überhaupt scheut er, den Aktionen und ihren Begleitumständen verhaftet, die Problematisierung der zweifellos subtilen Thematik.

Neben den aufgeführten Monographien gibt es eine Reihe von Arbeiten, die Teilaspekte dieser Studie ansprechen, sei es auf Grund einer ähnlichen Fragestellung, sei es als Folge der Behandlung desselben Zeitraumes. Die wichtigsten von ihnen sollen unter besonderer Berücksichtigung von Schrifttum neueren Datums im Folgenden vorgestellt werden.

Über die Pariser Friedenskonferenz und die Friedensverträge von 1919/1920 existiert eine reichhaltige Literatur, die durch eine Spezialbibliographie von Max Gunzenhäuser erschlossen wird[19]. Doch die ca. 2300 aufgeführten Titel könnten zu falschen Vorstellungen über den tatsächlichen Forschungsstand[20] führen, da ein Großteil durch die im und nach dem Zweiten Weltkrieg erfolgte Publikation amtlicher Dokumente der Friedenskonferenz überholt ist. Bis heute liegt weder eine hohen Ansprüchen genügende Gesamtdarstellung der Konferenz und ihres Werkes vor, noch haben alle Einzelfragen eine wissenschaftliche Behandlung erfahren[21]. Denn das Interesse, das die Generation der Zwischenkriegszeit den Friedensschlüssen von 1919/20 entgegenbrachte, lebte nach 1945 nicht wieder auf. Gleichwohl haben die seitdem erschienenen Arbeiten zu einer erheblichen Revision des Urteils über die „Friedensmacher" und ihr Werk geführt. Anders als in der Zwischenkriegszeit werden jetzt die großen Probleme und Schwierigkeiten erkannt, mit denen sich Clemenceau, Lloyd George und Wilson nach einem Krieg konfrontiert sahen, der in einem bis dahin unbekannten Ausmaß die Welt verändert hatte. Der Zusammenstoß von traditionellen Machtvorstellungen und -ansprüchen mit durch das Wilsonsche Friedensprogramm hervorgerufenen Erwartungen war nur durch Kompromisse beizulegen, die notwendigerweise Enttäuschungen und – nicht nur bei den Verlierern – auch Verbitterung hinterließen. Deutlicher als früher wird auch der Schatten wahrgenommen, den die „bolschewistische Gefahr" auf die Konferenz warf[22].

---

[19] Gunzenhäuser, Max, Die Pariser Friedenskonferenz 1919 und die Friedensverträge 1919–1920. Literaturbericht und Bibliographie, Frankfurt a. M. 1970 (= Schriften der Bibliothek für Zeitgeschichte, H. 9).

[20] Siehe dazu: Baumgart, Winfried, Vom Europäischen Konzert zum Völkerbund. Friedensschlüsse und Friedenssicherung von Wien bis Versailles, Darmstadt 1974 (= Erträge der Forschung, Bd 25); Schwabe, Klaus, Versailles – nach sechzig Jahren. Internationale Beziehungen nach dem Ersten Weltkrieg, in: Neue Politische Literatur 24 (1979), S. 446–475.

[21] Als Gesamtdarstellungen seien genannt: Schulz, Gerhard, Revolutionen und Friedensschlüsse 1917–1920, München 1967, 3. Auflage München 1974 (= dtv-Weltgeschichte des 20. Jahrhunderts, Bd 2). Ein Auszug ist unter dem Titel „Die Probleme des Friedensschließens und die Verhandlungen der Versailler Friedenskonferenz" abgedruckt in: Vom Kaiserreich zur Weimarer Republik, hrsg. von Eberhard Kolb, Köln 1972 (= Neue Wissenschaftliche Bibliothek, 49, Geschichte), S. 279–292. Einleitung und Bibliographie dieser Anthologie geben eine Orientierung über den Forschungsstand zur dt. Geschichte zwischen Herbst 1918 u. Frühsommer 1919. Renouvin, Pierre, Le traité de Versailles, Paris 1969 (= Questions d'histoire).

[22] Namentlich aufgrund der Arbeiten von: Thompson, John M., Russia, Bolshevism, and the Versailles Peace, Princeton, N. J., 1966; Mayer, Arno J., Politics and Diplomacy of Peacemaking. Containment and Counterrevolution at Versailles, 1918–1919, New York 1967.

Die deutsche Versailles-Forschung geriet nach 1945 in eine Phase der Stagnation, die noch nicht völlig überwunden zu sein scheint. In der Tat war angesichts der totalen Niederlage ein Anknüpfen an die frühere Position der leidenschaftlichen Verurteilung des „Versailler Diktates" unmöglich, denn es hatte bekanntlich den deutschen Einheitsstaat unangetastet, ja selbst Raum für die Wiedergewinnung einer deutschen Großmachtstellung in Europa gelassen. In diesem Sinne stellte Gerhard Ritter schon 1951 fest:

> „Für eine kluge, besonnene und geduldige deutsche Politik, die für unseren Staat nichts anderes erstrebte, als ihn zur friedenssichernden Mitte Europas zu machen, eröffneten sich – auf lange Sicht gesehen – die besten Chancen. Daß wir sie verfehlt haben und in maßloser Ungeduld, in blindem Haß gegen das sogenannte Versailler System uns einem gewalttätigen Abenteurer in die Arme stürzten, ist das größte Unglück und der verhängnisvollste Fehltritt unserer neueren Geschichte[23]."

Das Abrücken der deutschen Geschichtswissenschaft von ihrem früheren, von Schelte und Zynismus geprägten Urteil über das Pariser Friedenswerk vollzog sich fast lautlos. Versailles war als Forschungsthema nicht gefragt. Dieses Desinteresse hatte zur Folge, daß bei der Suche nach den Geburtsfehlern der Weimarer Republik Rolle und Bedeutung des Friedensschlusses etwas aus den Augen verloren wurden.

Von der neueren deutschen Versailles-Forschung steht die Studie von Fritz Dickmann der vorliegenden Untersuchung nahe[24]. Ihr Gegenstand ist die Genesis der Artikel 227 und 231 auf der Pariser Friedenskonferenz sowie die Rolle der Kriegsschuldfrage in den Verhandlungen zwischen der deutschen Delegation und den Siegermächten. Die Entstehung des Gedankens, im Friedensvertrag Vorkehrungen für eine Bestrafung der Verantwortlichen für Kriegsrechtsverletzungen zu treffen, sowie dessen politische und juristische Diskussion auf der Konferenz sind nicht inbegriffen. Da die Untersuchung dieser Fragen – wie oben ausgeführt – auch von den Juristen bisher nicht zufriedenstellend geleistet wurde, ist sie im Folgenden vorzunehmen. Bedingt durch die enge Verzahnung, die die – in der Theorie klar zu trennenden – Probleme Schuld am Kriege und Schuld im Kriege durch die Art ihrer Behandlung auf der Friedenskonferenz erfahren haben, ergeben sich Berührungspunkte mit Dickmanns Darstellung. Manche Überschneidungen sind, da sachlich bedingt, unumgänglich. In dem Bemühen, Wiederholungen zu vermeiden, wird auf Dickmanns Forschungsergebnisse zurückgegriffen; diese werden nur wo notwendig ergänzt und vertieft.

Weniger Berührungspunkte ergeben sich mit den übrigen Arbeiten, die in den letzten Jahren zum Versailler Friedensschluß erschienen sind. Die bedeutendste ist das Werk von Klaus Schwabe[25]. Es behandelt das Verhältnis zwischen den deutschen Regierungen, der letzten kaiserlichen, der revolutionären sowie der ersten demokratischen, und der Wilson-Administration vom deutschen Gesuch um Waffenstillstand bis zur Unterzeichnung

---

[23] Ritter, Gerhard, Der Versailler Vertrag von 1919, in: Gratias agimus. Festschrift alter Schüler zum 100jährigen Jubiläum des Ev. Stiftsgymnasiums zu Gütersloh, hrsg. von Paul Schneider, Gütersloh 1951, S. 102–109 (108 f.).

[24] Dickmann, Fritz, Die Kriegsschuldfrage auf der Friedenskonferenz von Paris 1919, in: HZ 197 (1963), S. 1–101. Unter gleichem Titel u. im gleichen Satz auch selbständig erschienen: München 1964 (= Beiträge zur europäischen Geschichte, Bd 3). Ein Auszug ist u. d. T. „Die deutsche Friedensdelegation in Versailles und der ‚Kriegsschuldartikel'" abgedruckt in: Vom Kaiserreich zur Weimarer Republik, S. 293–307.

[25] Schwabe, Klaus, Deutsche Revolution und Wilson-Frieden. Die amerikanische und deutsche Friedensstrategie zwischen Ideologie und Machtpolitik 1918/19, Düsseldorf 1971.

des Friedensvertrags. Allerdings dominiert die Darstellung der amerikanischen Politik, ihrer Planung und ihrer – nur partiell gelungenen – Durchführung. Ganz der britischen Seite ist die umfangreiche Dissertation von Harm Mögenburg gewidmet[26]. Ausgehend von den Demokratisierungsforderungen der Kriegszeit, zeichnet er ein detailliertes Bild der Politik gegenüber Deutschland. Er gelangt zu der Feststellung, daß die nach Abschluß des Waffenstillstands vorhandene Bereitschaft der britischen Regierung, Deutschland zu unterstützen, schon ab Januar 1919 nicht mehr bestanden habe, weil der von Deutschland erwartete Gesinnungswandel ausgeblieben sei. Dieses einseitige, der Komplexität der britischen Deutschlandpolitik schwerlich gerecht werdende Interpretationsmuster durchzieht auch Mögenburgs Ausführungen zur „,Kriegsverbrecher'frage" sowie zu „Reparationen und Kriegsschuld". Auf Materialien der erst im letzten Jahrzehnt der Forschung zugänglich gewordenen Pariser Archive beruhen zwei jüngst erschienene Arbeiten zur französischen Deutschlandpolitik zu Ende des Krieges: Gitta Steinmeyer stellt ihre Grundlagen dar, insbesondere ihre finanziellen, wirtschaftlichen und demographischen Voraussetzungen und Bedingungen sowie die damit verbundenen territorialen Ziele[27]. Henning Köhler behandelt in seiner Studie – mitbedingt durch die Aktenlage – im wesentlichen drei Themenkreise: die Haltung der französischen Regierung gegenüber der deutschen Revolution, ihre Rheinlandpolitik und ihre Werbung für die Unterzeichnung des Friedensvertrags[28]. Dabei gilt sein Hauptinteresse der Frage, inwieweit der innenpolitische Spielraum der Reichsregierung durch ihre außenpolitische Zwangslage bestimmt war. Die folgenden Arbeiten sind im wesentlichen der deutschen Außenpolitik gewidmet: Peter Krüger untersucht erstmals – und zwar für den außerordentlich wichtigen Teilbereich der Reparationen – die Planungen und Vorarbeiten für die Friedenskonferenz und zeigt ihre sich in Versailles offenbarende Unangemessenheit auf[29]. Udo Wengst zeichnet Brockdorff-Rantzau als erfahrenen Diplomaten und versierten Taktiker[30]. Er vernachlässigt darüber aber die Klärung der Motive und der Zielsetzung seiner Politik. Diese Lücke füllt Leo Haupts weitgehend aus[31]. Er zeigt, warum die Träger der Rantzauschen Politik, die aus Schwabes Arbeit schon bekannten Liberalen aus Diplomatie, Außenhandel und Bankwesen, einen Verständigungsfrieden anstrebten, nämlich auf Grund der Überzeugung, daß die materiellen Probleme Nachkriegsdeutschlands nur durch die Zurückgewinnung seiner weltwirtschaftlichen Stellung von 1914 zu lösen seien. Ihr Ziel war die Erhaltung der Kerngebiete des deutschen Nationalstaats und die Sicherung seiner freien wirtschaftlichen Entfaltung in einer neuen Weltordnung, einem der Wahrung des Friedens dienenden

---

[26] Mögenburg, Harm, Die Haltung der britischen Regierung zur deutschen Revolution 1918/19, Phil. Diss. Hamburg 1975.

[27] Steinmeyer, Gitta, Die Grundlagen der französischen Deutschlandpolitik 1917–1919, Stuttgart 1979 (= Reihe Geschichte und Theorie der Politik, Unterreihe A: Geschichte, Bd 3).

[28] Köhler, Henning, Novemberrevolution und Frankreich. Die französische Deutschlandpolitik 1918–1919, Düsseldorf 1980.

[29] Krüger, Peter, Deutschland und die Reparationen 1918/19. Die Genesis des Reparationsproblems in Deutschland zwischen Waffenstillstand und Versailler Friedensschluß, Stuttgart 1973 (= Schriftenreihe der Vierteljahrshefte für Zeitgeschichte, Nr. 25). Die Studie ist ergänzt worden durch: Ders., Die Reparationen und das Scheitern einer deutschen Verständigungspolitik auf der Pariser Friedenskonferenz im Jahre 1919, in: HZ 221 (1975) S. 326–372.

[30] Wengst, Udo, Graf Brockdorff-Rantzau und die außenpolitischen Anfänge der Weimarer Republik, Bern-Frankfurt a. M. 1973 (= Moderne Geschichte und Politik, No. 2).

[31] Haupts, Leo, Deutsche Friedenspolitik 1918–19. Eine Alternative zur Machtpolitik des Ersten Weltkrieges, Düsseldorf 1976.

Bund der Völker. Diese Ziele schienen mit Wilsons Friedensprogramm im Einklang zu stehen, auf dessen Einhaltung man einen Rechtsanspruch zu haben glaubte[32].

Die Rolle der Schuldfragen des Weltkriegs in der deutschen Politik zwischen Herbst 1918 und Frühjahr 1920 hat bisher keine detaillierte wissenschaftliche Darstellung gefunden. Dickmann beschränkt sich auf einige Ausführungen über die öffentliche Diskussion der Kriegsschuldfrage zwischen Revolution und Friedensschluß und auf die Haltung der Reichsregierung zu diesem Problem. Ebenso wie seine Studie brechen alle anderen vorgestellten Arbeiten zu Versailles mit der Unterzeichnung des Friedensvertrages ab. Die Schwierigkeiten, die noch bis zu dessen Inkrafttreten im Januar 1920 zu überwinden waren, haben bisher kein Interesse gefunden, auch nicht in den Monographien über die Parteien der Weimarer Koalition[33]. Diese widmen sich mit unterschiedlicher Intensität den wirtschafts-, sozial- und militärpolitischen Fragen. Alle Darstellungen dieser Zeit drängen auf den Kapp-Lüttwitz-Putsch zu, in dem sich die gespannte Atmosphäre des Winters 1919/20 entlud. Eine derartige historische Sehweise ist gerechtfertigt, wurde doch durch das Versagen der Regierung Bauer, den Putsch im Keime zu ersticken, die in mühsamer Tagesarbeit erreichte Stabilisierung der politischen Verhältnisse in Deutschland zunichte gemacht. Auch die bleibenden Leistungen des Kabinetts – Verabschiedung der Reichsabgabenordnung (Erzbergersche Finanzreform) und des Betriebsrätegesetzes sowie die Beilegung des innen- und außenpolitischen Konflikts über die Auslieferung der der Kriegsverbrechen Beschuldigten – haben daher kaum Beachtung gefunden. Die Auslieferungsfrage ist bisher nur in einigen Darstellungen zu den deutsch-britischen Beziehungen erwähnt worden[34].

3. Quellen

Die Studie beruht, bedingt durch die ihr zugrundeliegenden besonderen Fragestellungen, auf Quellen sehr verschiedener Provenienz. Da diese keineswegs gleichmäßig flossen, sind einige Bemerkungen zur Quellenlage angezeigt.

Die Untersuchung über die Genesis der Strafbestimmungen stützt sich in erster Linie auf die über die Pariser Friedenskonferenz gedruckt vorliegenden Materialien. Am wichtigsten sind: die von A. G. de Lapradelle herausgegebene Dokumentation[35], welche im we-

---

[32] Weitere beachtenswerte Beiträge zur Versailles-Forschung enthalten die Sammelbände: Ideologie und Machtpolitik 1919. Plan und Werk der Pariser Friedenskonferenzen 1919, hrsg. von Hellmuth Rößler, Göttingen-Berlin-Frankfurt-Zürich 1966; Die Folgen von Versailles 1919–1924, hrsg. von Hellmuth Rößler, Göttingen-Zürich-Frankfurt 1969; Versailles – St. Germain – Trianon. Umbruch in Europa vor fünfzig Jahren, hrgs. von Karl Bosl, München-Wien 1971.

[33] Vgl.: Morsey, Rudolf, Die Deutsche Zentrumspartei 1917–1923, Düsseldorf 1966 (= Beiträge zur Geschichte des Parlamentarismus und der politischen Parteien, Bd 32); Albertin, Lothar, Liberalismus und Demokratie am Anfang der Weimarer Republik. Eine vergleichende Analyse der Deutschen Demokratischen Partei und der Deutschen Volkspartei, Düsseldorf 1972 (= Beiträge zur Geschichte des Parlamentarismus und der politischen Parteien, Bd 45); Miller, Susanne, Die Bürde der Macht. Die deutsche Sozialdemokratie 1918–1920, Düsseldorf 1978 (= Beiträge zur Geschichte des Parlamentarismus und der politischen Parteien, Bd 63).

[34] Am ausführlichsten in: Steinbach, Lothar, Revision oder Erfüllung. Der Versailler Vertrag als Faktor der deutsch-britischen diplomatischen Beziehungen 1920–1921, Phil. Diss. Freiburg i. Br. 1972.

[35] La Documentation internationale. La Paix de Versailles [hrsg. von A. G. de Lapradelle], 12 Bde, Paris 1930–1939 (= Les Editions internationales), im folgenden zit. Documentation. La Paix de Versailles.

sentlichen die Arbeit der Ausschüsse der sogenannten „Conférence des préliminaires de la paix" belegt, die vom französischen Außenministerium veranlaßte, offensichtlich nur für den Dienstgebrauch bestimmte Aktensammlung[36] und die 13bändige Edition des US-Außenministeriums[37]. Die letztere enthält die von Sir Maurice Hankey redigierten offiziellen Protokolle des „Rats der Vier". Sie werden wesentlich ergänzt durch die 1955 veröffentlichten Notizen, die sich Paul Mantoux während seiner Tätigkeit als Dolmetscher gemacht hat und die zu Recht als ein Schlüsseldokument der Friedenskonferenz gelten[38].

Die Darstellung der deutschen Politik in den Schuldfragen des Weltkriegs beruht auf publizierten und unpublizierten Materialien. Ihre Grundlage bilden die einschlägigen Bestände im Bundesarchiv (Koblenz), im Politischen Archiv des Auswärtigen Amts (Bonn) und im Bundesarchiv-Militärarchiv (Freiburg i. Br.).

Bekanntlich verfügen die genannten Archive nicht über alle noch erhaltenen Akten der Zentralbehörden des Deutschen Reiches. So befinden sich einige für das Thema der Studie relevante Aktenbestände im Deutschen Zentralarchiv Potsdam, z. B. die Akten der von Erzberger geleiteten Waffenstillstandskommission, der Rechtsabteilung des Auswärtigen Amts und des Reichsjustizministeriums[39]. Ihre Auswertung ist leider nicht möglich gewesen. Bei der Darstellung der Reaktion der Reichswehr auf die Auslieferungsforderung der Siegermächte ist das Fehlen der durch Kriegseinwirkung verlorengegangenen Akten des ehemaligen Heeresarchivs schmerzlich empfunden worden. Diese Lücke kann auch durch die vorgenommene Auswertung der – für den in Betracht kommenden Zeitraum im Bundesarchiv-Militärarchiv vollständig vorhandenen – Akten der obersten Marinebehörden und der zur Verfügung stehenden Nachlässe nicht vollwertig geschlossen werden[40].

Wichtige Quellen, auf denen die Studie beruht, liegen auch veröffentlicht vor. Die in den Reihen „Quellen zur Geschichte des Parlamentarismus und der politischen Parteien" und „Akten der Reichskanzlei" publizierten Dokumente sind für die Darstellung der Überlegungen und Entscheidungen der Reichsregierungen zwischen Herbst 1918 und Frühjahr 1920 von zentraler Bedeutung[41]. Die Editionen sind nicht nur wegen der erleichterten Zugänglichkeit der Dokumente, sondern auch wegen ihrer sachkundigen Kommentierung

---

36 Conférence de la Paix 1919–1920. Recueil des actes de la Conférence, Partie 1–8 (ca. 45 Bde), Paris 1922–1935 (siehe Aufstellung bei Gunzenhäuser, S. 106–108; Edition nach den im Fernleihverkehr der dt. Bibliotheken gemachten Erfahrungen in der Bundesrepublik nicht vollständig vorhanden). Im folgenden zit. Conférence de la Paix. Recueil des actes.

37 Papers Relating to the Foreign Relations of the United States. The Paris Peace Conference 1919, 13 Bde, Washington 1942–1947, im folgenden zit. FRUS, P. P. C.

38 Mantoux, Paul, Les délibérations du Conseil des Quatre (24 mars–28 juin 1919). Notes de l'officier interprête, 2 Bde, Paris 1955 (= Editions du Centre National de la Recherche Scientifique).

39 Siehe: Übersicht über die Bestände des Deutschen Zentralarchivs Potsdam, hrsg. von Helmut Lötzke u. Hans-Stephan Brather, Berlin 1957 (= Schriftenreihe des Deutschen Zentralarchivs, Nr. 1).

40 Trotzdem lohnt der Versuch, wie Heinz Hürten mit einer Edition zum Thema „Militär und Innenpolitik 1918–1920" zeigt (bibliographische Angaben in der folgenden Anmerkung).

41 Quellen zur Geschichte des Parlamentarismus und der politischen Parteien. Erste Reihe: Von der konstitutionellen Monarchie zur parlamentarischen Republik, hrsg. von Werner Conze, Erich Matthias u. a. Bd 2: Die Regierung des Prinzen Max von Baden, bearbeitet von Erich Matthias u. Rudolf Morsey, Düsseldorf 1962, im folgenden zit. Regierung Max von Baden; Bd 6: Die Regierung der Volksbeauftragten 1918/19, eingeleitet von Erich Matthias, bearbeitet von Susanne Miller, 2 Tle, Düsseldorf 1969. Zweite Reihe: Militär und Politik, hrsg. von Erich Matthias u. Hans Meier-Welcker. Bd 2: Zwischen

für jeden Forscher eine wertvolle Hilfe. Der Notenwechsel zwischen dem Deutschen Reich und den Siegermächten betreffend den Waffenstillstand, den Friedensschluß und die Auslieferungsfrage ist an verschiedenen Stellen veröffentlicht. Bei der Zitierung wird der von Herbert Kraus und Gustav Rödiger verantworteten Edition der Vorzug gegeben, da sie die Dokumente in der jeweiligen Originalsprache wiedergibt[42].
Bei der Darstellung des Verzichts der Siegermächte auf die Auslieferung stützt sich die Studie im wesentlichen auf die „Documents on British Foreign Policy[43]. Sie belegen eingehend die britische und alliierte Politik gegenüber Deutschland seit der Unterzeichnung des Friedensvertrags. Ergänzend werden Archivalien aus dem Public Record Office verwandt, um den britischen Anteil am Gesamtgeschehen zu erhellen.

Revolution und Kapp-Putsch. Militär und Innenpolitik 1918–1920, bearbeitet von Heinz Hürten, Düsseldorf 1977.
Akten der Reichskanzlei. Weimarer Republik, hrsg. von Karl Dietrich Erdmann, Wolfgang Mommsen u. a. Das Kabinett Scheidemann. 13. Februar bis 20. Juni 1919, bearbeitet von Hagen Schulze, Boppard a. Rh. 1971; Das Kabinett Bauer. 21. Juni 1919 bis 27. März 1920, bearbeitet von Anton Golecki, Boppard a. Rh. 1980.

42 Urkunden zum Friedensvertrage von Versailles vom 28. Juni 1919, zusammengestellt von Herbert Kraus u. Gustav Rödiger, 2 Tle, Berlin 1920/1921 (= Kommentar zum Friedensvertrage, Ergänzungsband: Urkunden), im folgenden zit. Kraus/Rödiger.

43 Documents on British Foreign Policy 1919–1939. First Series hrsg. von E. L. Woodward, Rohan Butler u. a., z. Zt. 22 Bde, London 1947–1980, im folgenden zit. DBFP.

I. Krieg und Strafe im klassischen Völkerrecht

Mit der Aufnahme von Strafbestimmungen in die Friedensverträge von Versailles, St. Germain, Trianon, Neuilly und Sèvres verfolgten die Siegermächte des Ersten Weltkriegs die Absicht, dem Rechtsgedanken international mehr Geltung zu verschaffen, insbesondere auch für Kriegszeiten. Die Sieger widmeten sich diesem Vorhaben nicht ohne ein gewisses Maß von Unmut über die Kriegspraktiken der Mittelmächte. Hatten nicht wichtige internationale Verträge sich als Fetzen Papier erwiesen, hatten nicht Tausende von Menschen eine grausame Behandlung durch den Feind erfahren, nicht Millionen unter der Härte seiner Kriegführung gelitten?

Es ist Aufgabe des Historikers, sich um einen möglichst umfassenden Blick auf die für das zu untersuchende Thema relevanten Ereignisse und um deren Einordnung und Beurteilung zu bemühen. Auf diese Gesamtperspektive soll in der vorliegenden Arbeit nicht verzichtet werden, wenn in den folgenden Abschnitten völkerrechtliche Normen und Grundsätze zur Darstellung gelangen und teilweise auch als Bewertungsmaßstab herangezogen werden. Das Fruchtbarmachen von völkerrechtlichen Kategorien für die historische Arbeit erscheint auch unter der Überlegung angängig zu sein, daß das Völkerrecht ein von den Staaten geschaffenes und von ihnen geprägtes Recht ist, also selbst etwas Gewordenes ist und damit ein legitimes Objekt historischer Forschung darstellt.

Eine Untersuchung über die Strafbestimmungen des Versailler Vertrages, über ihre Problematik sowie historische Rolle und Bedeutung findet einen festen Ausgangs- und Bezugspunkt in den zu Beginn des Ersten Weltkriegs gültigen völkerrechtlichen Regelungen. Die während der Dauer der Feindseligkeiten erfolgten Entwicklungen bedürfen natürlich sachgerechter Berücksichtigung.

1. Das Recht zum Kriege und das Recht im Kriege

a) Das Kriegführungsrecht

Völkerrechtliche Grundsätze zur Reglementierung des Krieges lassen sich in vielen Kulturen nachweisen[1]. Da es in dieser Arbeit darauf ankommt, die Rechtslage zu Beginn des Ersten Weltkriegs festzustellen, wird auf die Ansätze in der griechischen und römischen Antike sowie im christlichen Mittelalter nicht eingegangen. Vielmehr ist nur die Entwick-

---

[1] Von der umfangreichen völkerrechtlichen Literatur zu dem Thema Krieg und Kriegsrecht wurden benutzt: Folgende Beiträge aus Strupp-Schlochauer WVR: Kunz, Josef L., Völkerrecht, allgemein, Bd 3, S. 611–631; Reibstein, Ernst, Völkerrechtsgeschichte. Zeit des europäischen Völkerrechts (1648–1815), ebd., S. 703–721; Scupin, Hans Ulrich, Völkerrechtsgeschichte. Erweiterung des europäischen Völkerrechts (1815–1914), ebd., S. 721–744; Kunz, Josef L., Kriegsbegriff, Bd 2, S. 329–332. Berber, Lehrbuch VR II, S. 20–32 u. 61–73; Wehberg, Hans, Krieg und Eroberung im Wandel des Völkerrechts, Frankfurt a. M. – Berlin 1953 (= Völkerrecht und Politik, Bd 1). Vgl. Dickmann, Fritz, Krieg und Frieden im Völkerrecht der frühen Neuzeit, in: Ders., Friedensrecht und Friedenssicherung. Studien zum Friedensproblem in der neueren Geschichte, Göttingen 1971 (= Kleine Vandenhoeck-Reihe, 321 S), S. 116–139.

lung seit der Renaissance, der Geburtsstunde des modernen Völkerrechts, zu betrachten. Das Entstehen von meist nationalen, immer aber souveränen Territorialstaaten bedeutete das Zerbrechen der mittelalterlichen, europäisch-katholischen communitas Christiana, deren höchste Autoritäten Papst und Kaiser waren. Mit dem Schwinden dieser Gemeinschaft entwickelte sich das Völkerrecht als ein „rechtliches Band einer Pluralität souveräner Staaten"[2]. Zunächst fand es nur auf die Beziehungen zwischen den europäischen Staaten Anwendung, erlebte aber in den folgenden Jahrhunderten eine bedeutende innere Ausgestaltung und eine weltweite Expansion. Am Vorabend des Ersten Weltkriegs hatte das klassische, in den Werten der christlich-europäischen Kultur wurzelnde Völkerrecht universelle Geltung erlangt.

Die innere Entwicklung des Völkerrechts ist ersichtlich in der Ausbildung von zahlreichen Normen, die internationale Anerkennung und Beachtung gefunden haben. Dies gilt auch für den Bereich des Kriegsrechts. Logisch aus dem Souveränitätsbegriff, dem grundlegenden Axiom des klassischen Völkerrechts, abgeleitet, stand jedem Staat das uneingeschränkte Recht zu, die Lösung politischer Konflikte mit Hilfe des Krieges zu versuchen. Das Kriegführungsrecht unterlag auch in der Theorie keiner Beschränkung, im Gegensatz zu der bellum iustum-Doktrin von Thomas von Aquino. Diese fordert als Bedingungen für einen gerechten Krieg auctoritas principis, iusta causa, recta intentio und iusta pax. Bei der Bewertung der viel diskutierten Doktrin – noch zu Beginn des 20. Jahrhunderts wollten einige Autoren sie als eine Regel des allgemeinen Völkerrechts anerkannt sehen – ist zu bedenken, daß die Scholastiker keine Völkerrechtler, sondern Theologen waren. Sie waren Beichtväter der Souveräne, die, nur ihrem Gewissen unterworfen, über die iusta causa zu befinden hatten[3]. Die Völkerrechtler der Neuzeit erkannten, daß das Axiom der staatlichen Souveränität eine für die Entscheidung über die Frage der iusta causa zuständige, notwendigerweise höhere Instanz ausschließt. Daher entwickelte Hugo Grotius seine Lehre vom bellum utrique iustum. Sie besagt, daß der von beiden Seiten kraft der auctoritas principis geführte Krieg unabhängig von der Frage nach der iusta causa als rechtlicher Zustand anzuerkennen ist. Beide Parteien unterliegen gleichermaßen den Rechten und Pflichten des völkerrechtlichen Kriegsrechts (ius belli), präziser des Rechts im Kriege (ius in bello)[4]. Die von Grotius eingeführte Unterscheidung blieb für ungefähr drei Jahrhunderte der einzige Fortschritt auf dem Gebiet des Kriegführungsrechts, der Eingang in die Staatenpraxis fand. Der Krieg als Fortsetzung der Politik mit anderen Mitteln, diese in der klassischen Formulierung des Generals v. Clausewitz zum Ausdruck gekommene Auffassung entsprach bis 1919 durchaus dem Völkerrecht[5].

Die Problematik, inwieweit ein freies Kriegführungsrecht mit einer internationalen *Rechtsordnung* vereinbar ist, wurde wohl empfunden[6]. Das kam deutlich auf den Haager

---

[2] Kunz, Völkerrecht, allgemein, S. 611.

[3] Wehberg, S. 11–20.

[4] Kunz, Kriegsbegriff, S. 330.

[5] Vgl. Clausewitz, Carl von, Vom Kriege, 1. Buch I, 24. Die positivrechtliche Geltung des freien Kriegführungsrechts bis zum Inkrafttreten der Völkerbund-Satzung ist in der völkerrechtlichen Literatur unbestritten. Siehe Wehberg, S. 27f., der eine Reihe von Völkerrechtlern zitiert, die ihm zustimmen. Ebenso: Possony, Stefan T., Zur Bewältigung der Kriegsschuldfrage. Völkerrecht und Strategie bei der Auslösung zweier Weltkriege, Köln-Opladen 1968 (= Demokratie und Frieden, Bd 5), S. 63.

[6] Eine Reihe von Völkerrechtslehrern, die die Einbindung des Krieges in ein zwischenstaatliches Rechtssystem vertraten, haben stets ein unbeschränktes Kriegführungsrecht bestritten. Für sie war nur eine Rechtsverletzung oder die Verhinderung einer sittlich gebotenen Rechtsentwicklung ein erlaubter Kriegsgrund. Vgl. Strisower, Leo, Der Krieg und die Völkerrechtsordnung, Wien 1919, passim.

Friedenskonferenzen zum Ausdruck. Die auf Anregung von Zar Nikolaus II.[7] zusammengetretene Konferenz von 1899 diente einem Meinungsaustausch über die Frage, welche Mittel zur Sicherung des Friedens nutzbar gemacht werden könnten. Die russische Regierung hatte zu diesem Zweck die Begrenzung der Rüstungen für Heer und Marine und eine Vereinbarung über die Beilegung zwischenstaatlicher Konflikte mit Hilfe der Diplomatie vorgeschlagen. In dem „Abkommen zur friedlichen Erledigung internationaler Streitfälle" verpflichteten sich alle Signatarstaaten, sich um deren friedliche Regelung zu bemühen, „um die Anrufung der Gewalt soweit als möglich zu verhüten"[8]. Die erfolgte Regelung des Verfahrens der internationalen Schiedssprechung und die Einrichtung des Ständigen Schiedshofs erleichterte zweifellos die Beilegung zwischenstaatlicher Streitigkeiten. Aber einen wirksamen Beitrag zur Friedenssicherung konnte das Abkommen nicht leisten, da die Staaten eine Verpflichtung, sich der Schiedssprechung zu unterwerfen, nicht eingingen. Die Zweite Haager Friedenskonferenz von 1907, zu der fast alle Staaten der Welt Vertreter entsandt hatten, widmete sich eingehend der Frage, ob und unter welchen Voraussetzungen die internationale Schiedsgerichtsbarkeit obligatorisch gemacht werden könne. Die Mehrheit der teilnehmenden Staaten unterstützte den Antrag, wenigstens für Rechtsfragen, die weder die Ehre noch die Lebensinteressen eines betroffenen Staates berühren würden, das Obligatorium einzuführen. Von den Großmächten widersprachen Deutschland, Österreich-Ungarn und die Türkei einer so generellen Regelung. Gleichwohl stand die deutsche Regierung dem Gedanken der Schiedsgerichtsbarkeit nicht ablehnend gegenüber, sondern beabsichtigte einen weitergehenden Vorschlag bei dem geplanten nächsten Zusammentreten der Konferenz vorzulegen[9]. Die Zweite Haager Friedenskonferenz brachte im Ergebnis eine Verbesserung des „Abkommens zur friedlichen Erledigung internationaler Streitfälle" und ein „Abkommen betreffend die Beschränkung der Anwendung von Gewalt bei der Eintreibung von Vertragsschulden"[10]. Das letztere, auch Drago-Porter-Konvention genannt, verpflichtete die Kontrahenten, bei der Eintreibung von vertraglichen Zahlungsansprüchen ihrer Staatsbürger keine Waffengewalt anzuwenden, bevor nicht eine schiedsgerichtliche Lösung des Streites mit dem Gläubigerstaat versucht worden war.

---

[7] Hinter dem russischen „Friedensschritt" stand eine Reihe konkreter Interessen, u. a. das an einer Verminderung der Rüstungsausgaben. Für Nikolaus II. waren aber auch idealistische Momente bestimmend, so: Morill, Dan L., Nicholaus II and the Call for the First Hague Conference, in: Journal of Modern History 46(1974), S. 296–313.

[8] Abgedruckt in: RGBl. 1901, S. 393–423. Zitat aus Artikel 1. Einen Überblick geben folgende Artikel: Schneider, Peter, Haager Friedenskonferenzen von 1899 und 1907, in: Strupp-Schlochauer WVR, Bd 1, S. 739–745, und Schlochauer, Hans-Jürgen, Schiedsgerichtsbarkeit, internationale, ebd., Bd 3, S. 177–195.

[9] Siehe Entschließung des 1. Unterausschusses des Untersuchungsausschusses des Reichstages zur Haltung der dt. Regierung auf den Haager Friedenskonferenzen, in: Das Werk des Untersuchungsausschusses der Verfassunggebenden Deutschen Nationalversammlung und des Deutschen Reichstages 1919–1930. Verhandlungen, Gutachten, Urkunden. Im Auftrage des Reichstages hrsg. von Walter Schücking, Johannes Bell u. a.(im folgenden abgekürzt: WUA). Erste Reihe: Die Vorgeschichte des Weltkrieges. Im Auftrage des Ersten Unterausschusses hrsg. von Georg Gradnauer u. Rudolf Breitscheid, Bd 5: Deutschland auf den Haager Friedenskonferenzen, 1. Halbbd., S. 7–15, hier: S. 12f. Der deutschen Delegation auf der Konferenz von 1907 ist jedoch vorzuwerfen, daß es ihr nicht gelang, Vertrauen zu erwerben. Grundsätzliche Kritik an der dt. Haltung bei Dickmann, Kriegsschuldfrage, S. 13–15.

[10] Beide abgedruckt in: RGBl. 1910, S. 5–81.

Keiner der Teilnehmerstaaten der Haager Friedenskonferenzen war zu einer wesentlichen Einschränkung seiner Souveränität bereit. Das freie Kriegführungsrecht blieb unangetastet. Die Haltung der Regierungen in den so wichtigen Fragen der Rüstungsbegrenzung und der Friedenssicherung fand in vielen Ländern die Kritik der Öffentlichkeit. Sie wurde hauptsächlich getragen von den nationalen Friedensgesellschaften, die eine rührige und auch konstruktive Arbeit entfalteten. Obwohl die Pazifisten fallweise sogar das Ohr ihrer Regierungen erreichten, fehlte ihnen jedoch die Massenbasis, die allein politischen Einfluß gesichert hätte. Eine Kraft, deren Stärke in der Gefolgschaft der Massen lag, war die sozialistische Bewegung. Auf mehreren internationalen Sozialistenkongressen zeigte sich Übereinstimmung in der Einschätzung der im Imperialismus immanent vorhandenen Kriegsgefahr. Man war überzeugt, den Ausbruch eines Krieges durch das Geltendmachen der Stärke der Arbeiterbewegung verhindern zu können und zu sollen, konnte sich allerdings nicht auf konkrete Maßnahmen einigen. Doch die Sozialisten waren keine grundsätzlichen Kriegsgegner wie die extremen Pazifisten. Einig in der Ablehnung von imperialistischen Kriegen gab es für die Mehrheit der Sozialdemokraten aller europäischen Länder keinen Zweifel an der Pflicht, das Vaterland gegen einen unprovozierten Angriff zu verteidigen. So zog im August 1914 die europäische Arbeiterschaft im Bewußtsein der Gerechtigkeit der nationalen Sache in den Krieg[11].

b) Das Landkriegsrecht

Seit dem Erscheinen von „De iure belli ac pacis" (1625), dem für das moderne Völkerrecht grundlegenden Werk von Hugo Grotius, nimmt die Völkerrechtswissenschaft eine strenge Unterscheidung zwischen dem ius ad bellum und dem ius in bello vor. Grotius sieht im Krieg, d. h. in der Anwendung von Gewalt gegen einen äußeren Feind auf Grund staatlicher Souveränität, keinen rechtsfreien, sondern einen rechtlich geordneten Zustand. Die Beziehungen zwischen den streitenden Parteien werden durch das Kriegsrecht (ius in bello) geregelt[12].

Krieg und Frieden bestimmen seit altersher das Zusammenleben der Völker. Daher waren kriegsrechtliche Normen Bestandteil aller alten regionalen Völkerrechte, wie z. B. des die hellenischen Staaten verbindenden Rechts. Das Mittelalter sah eine äußerst grausame Kriegführung mit dem Ziel der Vernichtung des Feindes. Zwar bewirkten der Einfluß der Kirche und die Kultur des europäischen Rittertums eine nicht unerhebliche Milderung der Kriegsgebräuche, aber die kirchlichen Einschränkungen galten nur im ungerechten (!) Krieg zwischen Christen und die ritterlichen nur zwischen Standesgenossen. Dennoch liegen die Wurzeln des modernen Kriegsrechts in diesen nur partielle Anwendung findenden mittelalterlichen Kriegsgebräuchen. Einen fast unglaublichen Verfall der Kriegssitten brachten die Religionskriege der beginnenden Neuzeit. Sie wurden von souveränen Herrschern und ihren Feldherren mit außergewöhnlicher Grausamkeit geführt. Die Bevölkerung war einer blindwütigen Soldateska schutzlos ausgeliefert. Die Verrohung der Kriegssitten war bedingt durch die tiefgehenden religiösen Spannungen zwischen Katho-

---

[11] Siehe dazu u.a.: Haupt, Georges, Socialism and the Great War. The Collapse of the Second International, Oxford 1972, passim; Blänsdorf, Agnes, Die Zweite Internationale und der Krieg. Die Diskussion über die internationale Zusammenarbeit der sozialistischen Parteien 1914–1917, Stuttgart 1979 (= Kieler Historische Studien, Bd 27), S. 15–55.

[12] Zur Entwicklung des Kriegsrechts: Kunz, Josef L., Kriegsrecht im allgemeinen, in: Strupp-Schlochauer WVR II, S. 354–359; Strebel, Helmut, Landkriegsrecht, ebd., S. 396–401.

liken und Protestanten und durch die in der Kriegführung eingetretenen Veränderungen. An die Stelle der kleinen aristokratischen Reiterheere waren weit größere Söldnerheere getreten, für deren Landesknechte Krieg und Beutemachen eins waren. Im Dreißigjährigen Krieg beschwor Grotius die Herrscher Europas, von der diesen Krieg kennzeichnenden barbarischen Gewaltanwendung abzulassen. Er vertrat eine Kriegführung, in der Handlungen, die nicht für die Erreichung des Kriegszwecks notwendig sind, verboten sein sollten.

Nach dem Westfälischen Frieden setzte in Erinnerung an die Schrecken des Dreißigjährigen Krieges und beeinflußt durch den Humanismus der Aufklärung die Entwicklung des modernen Kriegsrechts ein. Die mittelalterlichen Prinzipien der Christlichkeit und der Ritterlichkeit, die zur Einschränkung der kriegerischen Willkür beigetragen hatten, fanden zunächst ihre Ergänzung und dann ihre Ablösung in dem Prinzip der Humanität mit seinem universalen Gültigkeitsanspruch. Rousseau stellte die weitreichende These auf, daß der Krieg eine Beziehung von Staat zu Staat und nicht von Mensch zu Mensch sei, daß der Feind die gegnerische Armee sei[13]. Diese These, die wohl auf dem europäischen Kontinent, aber nie ganz von den Angelsachsen akzeptiert wurde, entsprach sowohl dem völkerrechtlichen Kriegsbegriff Grotius' als auch dem Kriegsbild des Absolutismus. Der Krieg war Sache des Souveräns und seiner Armee. Die Rücksichtnahme auf die Staatsfinanzen erzwang die Erhaltung der Steuerkraft des Landes, was die Schonung von Handel, Gewerbe und Landwirtschaft bedingte. Die Kriegführung paßte sich den politischen Notwendigkeiten an. Die zumeist angewandte „Manöverstrategie" war bedacht auf die Erhaltung der eigenen militärischen Stärke und auf die Sicherung der Operationsbasis (Magazine usw.) unter möglichster Vermeidung der Schlacht. Die Truppe selbst war schärfster militärischer Disziplin unterworfen. Die stetig humaner gewordenen Kriegsgebräuche fanden ihre Ergänzung und Fortentwicklung durch internationale Verträge. Aufgrund der Staatenpraxis im Zeichen der „gezähmten Bellona" fand das moderne Kriegsrecht seine Formierung als Völkergewohnheitsrecht[14].

Die Französische Revolution und die nachfolgenden von und gegen Napoleon geführten Kriege brachten eine totale Veränderung des Kriegsbildes mit sich. An die Stelle der relativ kleinen Berufsheere waren auf der Wehrpflicht beruhende Massenheere getreten. Nationale Kriegsbegeisterung war entfacht worden, auf französischer Seite getragen von Ideen der Revolution und auf deutscher Seite geleitet vom Wunsch nach Befreiung von der Fremdherrschaft. Verletzungen des überkommenen Kriegs- und Neutralitätsrechts waren die Folge, bewirkten aber keine bleibenden Veränderungen.

Eine ständige Fortentwicklung des Kriegsvölkerrechts fand bis zu Beginn des 20. Jahrhunderts durch die Staatenpraxis, durch bi- und multilaterale Verträge, durch private Arbeiten von Gelehrten und wissenschaftlichen Gesellschaften und durch Kodifikationen auf internationalen Staatenkonferenzen statt. Im Folgenden können nur die bedeutendsten Bemühungen und Ergebnisse Erwähnung finden.

---

[13] Rousseau, Jean-Jacques, Du Contrat social [1762], Livre I, Chap. 4.

[14] Zum Kriegsbild des Absolutismus: Ritter, Gerhard, Staatskunst und Kriegshandwerk. Das Problem des „Militarismus" in Deutschland, Bd 1: Die altpreußische Tradition (1740–1890), 3. Auflage München 1968, S. (50) 56–59. Freilich sind auch in den Kabinettskriegen schwerwiegende Verstöße gegen die Kriegsgebräuche vorgefallen, insbesondere Ausschreitungen gegenüber der Zivilbevölkerung. Dazu viel Material (auch zur Verhütung und Bestrafung von Exzessen) bei: Moser, Johann Jacob, Beytraege zu dem neuesten Europaeischen Voelkerrecht in Kriegszeiten, Teil 2, Tübingen 1780, S. 105–265.

Die miserable Lage der etwa 40000 Verwundeten der Schlacht von Solferino veranlaßte Henri Dunant mit seinem Buch „Un souvenir de Solferino" (1862), die Staaten Europas aufzufordern, für die Opfer des Krieges und deren Schutz zu sorgen. Zusammen mit Genfer Mitbürgern gründete er 1863 das „Internationale Komitee für die Hilfe für Verwundete", das 1880 in „Internationales Komitee vom Roten Kreuz" (IKRK) umbenannt wurde[15]. Eine 1864 in Genf zusammengetretene Staatenkonferenz beschloß die Konvention zur Verbesserung des Loses der Verwundeten der Armeen im Felde[16]. In der Petersburger Deklaration von 1868 verpflichteten sich die Vertragsstaaten, auf die Verwendung explodierender Geschosse unter 400 Gramm Gewicht in Heer und Flotte zu verzichten, um nicht unnötigerweise die Leiden der kampfunfähig gemachten Soldaten zu vergrößern oder deren Tod herbeizuführen[17].

Ein richtungweisender Schritt war die in amtlichem Auftrag von dem Deutsch-Amerikaner Francis Lieber[18] vorgenommene Kodifikation der Kriegsgebräuche. Die in Form und sprachlichem Ausdruck einem Gesetzbuch entsprechende Arbeit wurde 1863 von Präsident Lincoln als „Instructions for the Government of Armies of the United States in the Field"[19] in Kraft gesetzt. Die U. S. Armee wurde mit diesen Kriegsartikeln zu einer Kampfführung im Bürgerkrieg verpflichtet, die die moralische Überlegenheit der Föderierten dokumentieren sollte. Diese Kodifikation diente dem Heidelberger Professor Johann C. Bluntschli[20] als Vorbild für die Herausgabe eines „völkerrechtlichen Rechtsbuchs". Die Verschärfung der Auseinandersetzung um die Führung im Deutschen Bund zwischen Österreich und Preußen bewog ihn, den das Kriegsrecht betreffenden Teil vorweg zu veröffentlichen und schon zu Ostern 1866 erscheinen zu lassen. Wenn er, der übrigens als gebürtiger Schweizer für die Einigung Deutschlands unter preußischer Führung eintrat, auch hoffte, daß die deutsche Nation vom Bürgerkrieg verschont bleibe, so hielt er es doch für „sehr wünschenswerth und geradezu eine Pflicht der Menschlichkeit, dass auch die Regierungen ihren Heeren genaue Vorschriften des kriegsrechtlichen Verhaltens mitteilen"[21]. Während des deutsch-französischen Krieges 1870/71 gab auch Felix

---

[15] Zu den Aufgaben und der völkerrechtlichen Stellung des IKRK siehe Schneider, Peter, Internationales Komitee vom Roten Kreuz, in: Strupp-Schlochauer WVR II, S. 125–127.

[16] Die Konvention wurde ersetzt durch das (im Ersten Weltkrieg geltende) „Abkommen zur Verbesserung des Loses der Verwundeten und Kranken bei den im Felde stehenden Heeren. Vom 6. Juli 1906", abgedruckt in: RGBl. 1907, S. 279–304. Vgl. Schlögel, Anton, Genfer Abkommen zum Schutze der Kriegsopfer vom 12. 8. 1949, in: Strupp-Schlochauer WVR I, S. 644–651.

[17] Dazu Kruse, Hans, Geschosse, in: Strupp-Schlochauer WVR I, S. 674f.

[18] Lieber, Francis (Franz), geb. 1800 in Berlin, gest. 1872 in New York, zuletzt Professor für Geschichte und Volkswirtschaft an der Columbia University in New York. Lebensbeschreibung in: ADB, Bd 18, S. 566–576.

[19] Abgedruckt in: Bluntschli, J[ohann] C[aspar], Das moderne Völkerrecht der civilisirten Staten als Rechtsbuch dargestellt, Nördlingen 1868, S. 469–505; The Law of War. A Documentary History, hrsg. von Leon Friedman, Bd 1, New York 1972, S. 158–186.

[20] Bluntschli, Johann Caspar, geb. 1808 in Zürich, gest. 1881 in Karlsruhe. Jurist und Politiker, zuletzt Professor für Staatswissenschaften in Heidelberg, Mitbegründer und Mitglied des Institut de Droit International. Autobiographie: Denkwürdiges aus meinem Leben, hrsg. von Rudolf Seyerlen, 3 Bde, Nördlingen 1884. Lebensbeschreibungen in: ADB, Bd 47, S. 29–39 (von Meyer von Knonau), und NDB, Bd 2, S. 337f. (von Heinrich Mitteis).

[21] Bluntschli, J[ohann] C[aspar], Das moderne Kriegsrecht der civilisirten Staten als Rechtsbuch dargestellt, Nördlingen 1866. Vgl. das Vorwort (Zitat S. IV). Das Rechtsbuch des Völkerrechts erschien 1868, siehe Anm. 19. Zur Entstehung beider vgl. ders., Denkwürdiges III, S. 169f.

Dahn, der durch seinen historischen Roman „Ein Kampf um Rom" noch heute wohlbekannte Rechtshistoriker, eine „volksthümliche Darstellung" des Kriegsrechts heraus[22]. Die bisherigen Kodifikationen des Kriegsrechts hatten entsprechend ihrer Natur als private Arbeiten bzw. als nationale Kriegsartikel nur eine begrenzte Gültigkeit. Im Jahre 1874 tagte in Brüssel eine auf Initiative Rußlands einberufene Konferenz, auf der alle europäischen Staaten vertreten waren[23]. Den Delegierten war die Aufgabe gestellt zu ermitteln, in welchen gewohnheitsrechtlichen Gesetzen und Gebräuchen des Landkriegs die Ansichten ihrer Länder übereinstimmten, um auf dieser Basis die Erarbeitung einer Konvention zu ermöglichen[24]. Dieser Auftrag erwies sich als zu eng begrenzt, denn jeder Kodifikation haftet zwangsläufig etwas Rechtsbildendes an. Zwar wurde als Ergebnis der Konferenz ein Vertragsentwurf – „Projet d'une Déclaration Internationale concernant les Lois et Coutumes de la Guerre"[25] – von allen Delegierten unterzeichnet, aber die Weiterverfolgung des Gesamtvorhabens scheiterte an der abweisenden Haltung der britischen Regierung. Diese wandte ein, daß die in der Erklärung enthaltenen Neuerungen einen Vorteil für die Mächte bedeuteten, die ständig große Heere auf Grund der Wehrpflicht unterhielten[26]. So blieb die Deklaration, wie Bluntschli es zutreffend ausdrückte, „ein unverwerfliches Zeugnis für das heutige Rechtsbewußtsein der europäischen Welt"[27].

Das Mißlingen eines völkerrechtlichen Vertrages über das Kriegsrecht bewog das 1873 gegründete Institut de Droit International, einen privaten Zusammenschluß der angesehensten Vertreter der Völkerrechtswissenschaft aus Europa und Amerika, sich mit dieser Thematik zu befassen. Es legte 1880 eine Kodifikation mit dem Titel „Manuel des lois de la guerre sur terre" vor. Das „Handbuch" wurde den einzelnen Regierungen bzw. deren Generalstäben übersandt, um diese zu veranlassen, es als Grundlage für die Herausgabe nationaler Kriegsartikel zu verwenden[28]. Sowohl die Brüsseler Deklaration als auch das „Manuel" sind Vorarbeiten, auf die die Erste Haager Friedenskonferenz zurückgriff.

---

[22] Dahn, Felix, Das Kriegsrecht. Kurze, volksthümliche Darstellung für Jedermann zumal für den deutschen Soldaten, Würzburg 1870.

[23] Die Sitzungsprotokolle der Brüsseler Konferenz sind vom belgischen Außenministerium veröffentlicht worden: Actes de la Conférence de Bruxelles (1874), Bruxelles 1874 (Neudruck 1899). Leichter zugänglich und weitere Noten der russ. und engl. Regierung in: Das Staatsarchiv. Sammlung der officiellen Actenstücke zur Geschichte der Gegenwart, hrsg. von Ludwig Karl Aegidi, Alfred Klauhold u. a., Bd 27, Leipzig 1875, DokNr. 5344–5346, 5348–5362, und Bd 28, Leipzig 1875, DokNr. 5363–5379.

[24] Siehe russ. Einladung und engl. Vorbehalte zur Konferenz in: Das Staatsarchiv 27, DokNr. 5344–5346 und 5348–5349. – In gewissem Gegensatz dazu bezeichnete es Bluntschli, einer der Delegierten des Deutschen Reiches, als Aufgabe der Konferenz: „Rechtsregeln festzusetzen, welche die Rücksicht auf die kriegführenden Mächte und die Armeen, mit den Rücksichten der Gerechtigkeit und der Humanität und der Sorge für die friedliche Bevölkerung zu combinieren und auszugleichen angethan" waren. Denkwürdiges III, S. 359.

[25] Abgedruckt in: Actes de la Conférence de Bruxelles (1874), S. 297–305; Das Staatsarchiv 28, Beilage zu DokNr. 5374, S. 108–115.

[26] Depesche des brit. Außenministers vom 20. 1. 1875 an den Botschafter in St. Petersburg, abgedruckt in: Das Staatsarchiv 28, DokNr. 5378.

[27] Denkwürdiges III, S. 360.

[28] Auf Bluntschlis Einsendung antwortete Gen.Feldm. H. v. Moltke mit seinem bekannten Brief vom 11. 12. 1880. Den erzieherischen Wert des Krieges betonend, versprach er sich eher von dem Ehrgefühl und der Gesittung der Führer sowie von heeresorganisatorischen Maßnahmen eine Milderung der Kriegssitten als von deren Kodifizierung. Er bezweifelte besonders die Einhaltung internationaler Vereinbarungen. In seiner Replik betonte B. die Geltung einer völkerrechtlichen Ordnung für die Dauer des Krieges. Beide Briefe abgedruckt in: Bluntschli, Denkwürdiges III, S. 471–476.

Beide sind daher auch heute noch für die Auslegung gewisser Normen und Begriffe des Kriegsrechts von Bedeutung[29].

Auf der Ersten Haager Friedenskonferenz[30] gelang endlich die Verabschiedung eines „Abkommens betreffend die Gebräuche des Landkriegs", dem als Anlage die gleichnamigen „Bestimmungen", die sogenannte Haager Landkriegsordnung (HLKO) von 1899, beigefügt sind[31]. Die Landkriegsordnung stellt im wesentlichen eine Kodifikation des bisher im Kriege geltenden Gewohnheitsrechts dar. Das Abkommen und die Landkriegsordnung wurden auf Grund der im russisch-japanischen Krieg gemachten Erfahrungen auf der Zweiten Haager Friedenskonferenz überarbeitet. Fast alle Staaten der Welt haben das IV. Haager Abkommen von 1907 ratifiziert oder sind ihm beigetreten. Die Haager Landkriegsordnung galt daher während beider Weltkriege als völkerrechtliche Grundlage des Landkriegs. Diese weltweite Geltung konnte nur erreicht werden durch die Aufnahme einer Klausel in die Präambel des Abkommens, die die Vorläufigkeit der getroffenen Regelungen feststellt und bestimmt, daß bis zur Vereinbarung eines „vollständigeren Kriegsgesetzbuch[es ...] die Bevölkerung und die Kriegführenden unter dem Schutze und der Herrschaft der Grundsätze des Völkerrechts bleiben, wie sie sich ergeben aus den unter gesitteten Völkern feststehenden Gebräuchen, aus den Gesetzen der Menschlichkeit und aus den Forderungen des öffentlichen Gewissens"[32]. Die Schwachpunkte der Haager Landkriegsordnung liegen in dem Fehlen einer Definition des Begriffs der Kriegsnotwendigkeit und in der nicht erfolgten Festlegung von Rechtsgrundsätzen, die die Anwendung von Repressalien im Kriege regeln.

Auf der Ersten Haager Konferenz wurden weiterhin zwei Erklärungen vereinbart, die an die Petersburger Deklaration anknüpfen und auf diese ausdrücklich Bezug nehmen. Es handelt sich um die „Erklärung, betreffend das Verbot von Geschossen, die sich leicht im menschlichen Körper ausdehnen oder platt drücken" (Dum-Dum-Geschosse) und um die „Erklärung, betreffend das Verbot der Verwendung von Geschossen mit erstickenden oder giftigen Gasen", dem Vertragstext entsprechend genauer: „Geschosse, deren einziger Zweck ist, erstickende oder giftige Gase zu verbreiten"[33]. Beide Erklärungen gelten für den Land- und den Seekrieg und binden auch heute noch die Vertragsstaaten.

Von den Arbeiten der Zweiten Haager Konferenz bedürfen noch folgende, den Landkrieg betreffende Abkommen der Erwähnung: Das III. Haager Abkommen von 1907 über den Beginn der Feindseligkeiten und das V. Haager Abkommen von 1907 betreffend die Rechte und Pflichten der neutralen Mächte und Personen im Falle eines Landkriegs[34].

---

29 Vgl. Strebel, Landkriegsrecht, S. 399.

30 Die Sitzungsprotokolle und Texte der Abkommen sind vom niederländischen Außenministerium veröffentlicht worden: Conférence Internationale de la Paix. La Haye 18 Mai–29 Juillet 1899, La Haye 1899, und Deuxième Conférence Internationale de la Paix. Actes et documents, 3 Bde, La Haye 1908/1909. – Die Vertragssprache aller Haager Abkommen ist französisch. Soweit aus ihnen im folgenden zitiert wird, wird die im RGBl. veröffentliche Übersetzung benutzt.

31 Abkommen betreffend die Gesetze und Gebräuche des Landkriegs vom 29. 7. 1899, abgedruckt in: RGBl. 1901, S. 423–454. Neufassung: Abkommen ... vom 18. 10. 1907, abgedruckt in: RGBl. 1910, S. 107–151.

32 Sog. Martens'sche Klausel (nach einer von dem russ. Delegierten während der Konferenz von 1899 abgegebenen Erklärung). Vgl. Strebel, Helmut, Martens'sche Klausel, in: Strupp-Schlochauer WVR II, S. 484–486.

33 Abgedruckt in: RGBl. 1901, S. 474–481.

34 Abgedruckt in: RGBl. 1910, S. 82–106 u. 151–181.

c) Das Seekriegsrecht

Obwohl der Landkrieg und der Seekrieg miteinander in vielfältigen Beziehungen stehen, ist die Entwicklung des modernen Seekriegsrechts weitgehend autonom von der des Landkriegsrechts verlaufen. Dies liegt zum einen in der Natur des Seekriegs begründet, zum anderen in dem prägenden Einfluß, den Großbritannien als die stärkste Seemacht der Neuzeit auf die Ausbildung des Seerechts genommen hat. Alle Bemühungen der zweitrangigen europäischen Seemächte, eigens zum Schutz ihrer Seeinteressen entwickelte Rechtssätze in der Praxis durchzusetzen und somit ihre Anerkennung zu erlangen, scheiterten[35].

Der Seekrieg ist seiner Natur nach ein Kampf um die Seeherrschaft. Die Nutzung der See in militärischer und wirtschaftlicher Hinsicht soll für das eigene Land gewährleistet, dem Gegner aber verwehrt werden. Der Seekrieg ist stärker als der Landkrieg immer auch Wirtschaftskrieg. Sein offensives Ziel ist die Schwächung der ökonomischen Ressourcen des Feindes, wodurch dieser in seiner Gesamtheit, also nicht nur in bezug auf seine Wehrmacht getroffen wird. Die Mittel des Wirtschaftskriegs zur See sind Unterbrechung bzw. völlige Unterbindung des Handelsverkehrs des Feindes sowie Wegnahme seiner Kauffahrteischiffe und seiner Handelswaren. Schon im Consolato del Mare, einer im 13. und 14. Jahrhundert in Barcelona entstandenen Sammlung des im Mittelmeergebiet gültigen Seerechts, in geringerem Umfang im Seerecht von Wisby und in den Rôles d'Oléron sind Bestimmungen über das Beuterecht im Seekrieg enthalten. Im einzelnen galten bis zur Mitte des 19. Jahrhunderts folgende Grundsätze: Feindliche Handelsschiffe und Güter – auch wenn auf neutralen Schiffen transportiert – waren im Falle der Aufbringung Kriegsbeute. Bestimmte Neutralen gehörende Waren, die dem Feind zugeführt werden sollten, sogenannte Konterbande[36], unterlagen gleichfalls der Wegnahme. Als Konterbande galten immer ganze Schiffe und alle zum Bau und zur Ausrüstung von Schiffen dienenden Materialien (naval stores). Freilisten, die zwischen den neutralen und kriegführenden Staaten vertraglich vereinbart wurden, enthielten eine Aufzählung der Waren, die nicht beschlagnahmt werden durften. Der Einziehung verfielen jedoch neutrale Schiffe und ihre Ladungen beim Versuch, eine Blockade zu durchbrechen. Im Handelskrieg wurden die meist zu kleinen Kriegsflotten von Kapern unterstützt. Diese waren private Reeder, die auf Grund staatlicher Befugnis (Kaperbrief) mit ihren Schiffen den gegnerischen Seehandel bekämpften. Anreiz und Lohn für diese gefährliche Tätigkeit war die oft reiche Beute. Um den übelsten Mißständen des Kaperkriegs begegnen und sein Abgleiten in die Piraterie verhindern zu können, befanden seit dem 14. Jahrhundert Prisengerichte über die Eigentumsübertragung aller Seebeute.

Neutrale Staaten (u. a. Rußland, Schweden, Dänemark und Preußen) versuchten während des amerikanischen Unabhängigkeitskriegs und des Zweiten Koalitionskriegs gegen Frankreich (1799–1802) der Einschnürung ihres Handels seitens der englischen Seemacht

---

[35] Vgl. zur Entwicklungsgeschichte des Seekriegsrechts folgende Beiträge in Strupp-Schlochauer WVR: Scheuner, Ulrich, Kaperei, Bd 2, S. 190–192; ders., Konterbanderecht, ebd., S. 290–293; ders., Neutralität, ebd., S. 590–596; ders., Bewaffnete Neutralität, ebd., S. 596f.; ders., Neutralitätsrechte und -pflichten im Seekrieg, ebd., S. 601–607; ders., Prisenrecht, ebd., S. 794–802; ders., Seekriegsrecht, Bd 3, S. 228–237; Kotsch, Lothar, Blockade, Bd 1, S. 214–217; Rie, Robert, Kontinentalsperre, Bd 2, S. 293–295.

[36] Mittellat. contra bannum, frz. contrebande = wider das Gebot (des Feindes); die manchmal zu findende Eindeutschung als „Bannware" trifft den Sachverhalt nicht genau.

durch das Geltendmachen eines neuen Prinzips, das der „bewaffneten Neutralität", zu begegnen. Es ging den verbündeten neutralen Staaten um die Durchsetzung der Grundsätze, daß die neutrale Flagge feindliches Gut deckt, daß neutrale Handelsschiffe im Geleit eigener Kriegsschiffe nicht der Visitation unterliegen und daß Papierblockaden unwirksam sind. Die zweitrangigen Seemächte drangen mit ihren Vorstellungen in der Praxis nicht durch. In Verträgen mit England gelang ihnen nur, Konterbandelisten zu vereinbaren und die Anerkennung für das Prinzip der Effektivität der Blockade zu erreichen. Küsten sollten kriegsrechtlich nur als blockiert gelten, wenn die Einfahrt in einen Hafen mit augenscheinlicher Gefahr verbunden war. Doch fühlte England sich an dieses Rechtsprinzip beim Wiederaufleben des Krieges nach dem Frieden von Amiens (1802) nicht gebunden. Napoleon antwortete mit Gegenmaßnahmen, der wiederum englische Repressalien folgten. Mittels der Kontinentalsperre versuchte die Landmacht, den gegnerischen Seehandel zum Erliegen zu bringen. England reagierte mit der Wegnahme neutraler Schiffe, die ohne seine Genehmigung Häfen im französischen Machtbereich anliefen.

Auf dem Wiener Kongreß gelang es der englischen Diplomatie, die Behandlung von seerechtlichen Fragen zu verhindern. Erst auf dem Pariser Friedenskongreß von 1856, dessen Aufgabe die Wiederherstellung der europäischen Friedensordnung nach dem Krimkrieg war, kam es zu einer vertraglichen Regelung von wichtigen Teilen des Seekriegsrechts. Die Pariser Seerechtsdeklaration vom 16. April 1856[37] ist die erste generelle Vereinbarung auf diesem Gebiet des Völkerrechts, die in der Folgezeit weltweite Anerkennung gefunden hat.

Die vier Punkte der Deklaration bestimmen: Erstens: „Die Kaperei ist und bleibt abgeschafft". Tatsächlich hatten die europäischen Großmächte (mit Ausnahme Spaniens) seit 1815 keine Kaperbriefe mehr ausgestellt. Die Vertragsstaaten sprachen nunmehr auch formell den Verzicht auf ein Mittel der Seekriegführung aus, das angesichts der Entwicklung der Kriegsflotten an Bedeutung verloren hatte. – Zweitens: „Die neutrale Flagge deckt das feindliche Gut, mit Ausnahme der Kriegs-Kontrebande". Drittens: „Neutrales Gut unter feindlicher Flagge, mit Ausnahme der Kriegskontrebande, darf nicht mit Beschlag belegt werden". Durch diese Seekriegsregeln wurde das Beuterecht zu Gunsten des neutralen Handels stark eingeschränkt. Allerdings enthält die Deklaration keine Definition des Begriffs Konterbande. – Viertens: „Die Blockaden müssen, um rechtsverbindlich zu sein, wirksam sein, d. h. durch eine Streitmacht aufrechterhalten werden, welche hinreicht, um den Zugang zu der Küste des Feindes wirklich zu verhindern". Damit fand der schon von der Bewaffneten Neutralität durchgesetzte und in der englischen Prisenrechtsprechung der napoleonischen Zeit anerkannte Grundsatz seine völkerrechtliche Kodifizierung.

Die Entstehungsgeschichte der Pariser Seerechtsdeklaration ist trotz erheblicher wissenschaftlicher Bemühungen noch nicht in allen Einzelheiten aufgeklärt[38]. Bei ihrer Verabschiedung stand zweifellos die Idee Pate, daß ein großer europäischer Friedenskongreß nicht auseinandergehen sollte, ohne einen Beitrag zum Fortschritt der menschlichen Zivilisation und Kultur geleistet zu haben. In den eigentlich entscheidenden Punkten der De-

---

[37] Abgedruckt in: Gesetz-Sammlung für die Königlichen Preußischen Staaten 1856, S. 585–587. Siehe dazu: Scheuner, Ulrich, Pariser Seerechtsdeklaration von 1856, in: Strupp-Schlochauer WVR II, S. 739f.; Baumgart, Winfried, Der Friede von Paris 1856. Studien zum Verhältnis von Kriegführung, Politik und Friedensbewahrung, München – Wien 1972, S. 219–224.

[38] Ebenso Baumgart, Der Friede von Paris, S. 221.

klaration, nämlich in Punkt 2 und 3, wurden die Grundsätze des Seebeuterechts, die für die Dauer des Krimkriegs zwischen England und Frankreich vereinbart worden waren, verewigt. Die Motive, die die englische Regierung veranlaßten, von einer jahrhundertelang geübten und nur für die Dauer eines Koalitionskriegs ausgesetzten Praxis für immer abzugehen, lagen in dem gelungenen Interessenausgleich. England war im 19. Jahrhundert zu einer vom funktionierenden Außenhandel abhängigen Industrie- und Handelsnation geworden. Es begann jetzt das (erst später so genannte und mit verschiedenen Inhalten ausgefüllte) Prinzip der „Freiheit der Meere" zu vertreten; eine Haltung, deren Zweckmäßigkeit auch im eigenen Lande umstritten blieb[39]. Die englische Regierung versprach sich 1856 für den Fall eines Krieges mit den Vereinigten Staaten einen Vorteil von der Abschaffung der Kaperei und von der ungestörten Fortführung ihres Handels unter neutralen Flaggen. Tatsächlich lehnten die USA den Beitritt zur Pariser Seerechtsdeklaration ab, da sie in dem Verbot der Kaperei eine Benachteiligung der Staaten mit nur kleinen Kriegsflotten sahen. Sie forderten den – im Landkriegsrecht längst enthaltenen – generellen Verzicht auf das Recht, Privateigentum als Seebeute zu konfiszieren[40].

Eine Bestätigung, daß der Grundsatz des „do ut des" Großbritannien zur Annahme der Pariser Seerechtsdeklaration bewogen hat, kann in seiner in den folgenden Jahrzehnten eingenommenen Haltung zu Fragen des Kriegsrechts gesehen werden. Es weigerte sich beharrlich, neuen Regelungen zuzustimmen, die auf eine Beschränkung des Gebrauchs militärischer Macht hinausliefen. Obwohl auf der Brüsseler Konferenz von 1874 das Seekriegsrecht ausgeklammert blieb[41], scheiterte die Fortsetzung der Arbeit an der Deklaration über die Gesetze und Gebräuche des Krieges an der grundsätzlichen englischen Haltung[42]. Erst recht blieben alle Bestrebungen erfolglos, das Eigentum Privater von der Einziehung als Seebeute auszunehmen[43]. Auch die aus Gesichtspunkten der Humanität so sehr erwünschte Ausdehnung des Genfer Abkommens von 1864 zur Verbesserung des Loses der Verwundeten auf den Seekrieg gelang erst auf der Haager Konferenz von 1899[44]. Dagegen ermöglichte britisches Entgegenkommen die Fortentwicklung des Völkerrechts bezüglich der Pflichten neutraler Staaten. Der Schiedsspruch im Alabama-Fall

---

[39] Zur Entscheidungsfindung innerhalb des britischen Kabinetts siehe: British Documents on the Origins of the War 1898–1914, hrsg. von G[eorge] P[eabody] Gooch u. Harold Temperley, Bd 8: Arbitration, Neutrality and Security, London 1932, S. 204–206.

[40] Im amerikanischen Sezessionskrieg verwendeten nur die Südstaaten Kaperschiffe. Im amerikanisch-spanischen Krieg von 1898 verzichteten beide Seiten auf die Kaperei.

[41] Depesche des brit. Außenministers vom 4. 7. 1874 an den Botschafter in St. Petersburg und russ. Antwort vom 2./14. 7. 1874 sowie Depesche des brit. Außenministers vom 25. 7. 1874 an die brit. Missionen, abgedruckt in: Das Staatsarchiv 27, DokNr. 5346, 5348 und 5349. – Bluntschli hielt „die Weglassung des Seerechts, d. h. die Beibehaltung der Seebarbarei" für bedenklich, hoffte jedoch, „daß die Folge eines civilisierten Landkriegs auch für den zu civilisierenden Seekrieg nicht ausbleiben [wird]". Denkwürdiges III, S. 358.

[42] Wie Anm. 26. Vgl. Bluntschli, der die Haltung Englands in dem „selbstsüchtigen Motiv" des Festhaltens am Seebeuterecht begründet sah. Denkwürdiges III, S. 365–367.

[43] Vgl. die von Bluntschli aus der Arbeit im Institut de Droit International mitgeteilten Erfahrungen. Denkwürdiges III, S. 380f. u. 416f.

[44] Am 20. 10. 1868 war in Genf von Vertretern verschiedener europäischer Staaten (unter ihnen auch Großbritannien) ein Entwurf von Zusatzartikeln zur Genfer Konvention vom 22. 8. 1864 unterzeichnet worden, die Regelungen für den Seekrieg enthielten, abgedruckt in: Das Staatsarchiv 27, DokNr. 5343. Die Zusatzartikel wurden aus verschiedenen Gründen von keiner der Signatarmächte ratifiziert. Siehe Meurer, Christian. Die Haager Friedenskonferenz, Bd 2: Das Kriegsrecht der Haager Konferenz, München 1907, S. 341–348.

untersagte Neutralen, Kriegführende durch den Bau und die Ausrüstung von Kriegsschiffen zu unterstützen[45].

Im ganzen neigte man im 19. Jahrhundert dazu, landkriegsrechtliche Vorstellungen auf den Seekrieg zu übertragen. Die kontinentaleuropäische Auffassung vom Krieg förderte Bestrebungen, die den Seekrieg auf die Begegnung der feindlichen Flotten reduzieren wollten. Freihändlerische Motive standen hinter dem Wunsch nach einer Abschaffung oder weitgehenden Einschränkung des Seebeuterechts. Neue Probleme ergaben sich für das überkommene Seekriegsrecht durch die Einführung neuentwickelter Waffen in alle Flotten der Welt. Diese Bestrebungen und Entwicklungen spiegelten sich wider auf den Haager Friedenskonferenzen und der Londoner Seerechtskonferenz von 1907/1908.

Auf der Ersten Haager Friedenskonferenz standen Fragen des Seekriegsrechts im Hintergrund. Die russische Anregung, auf ebenso neuartige wie furchterregende Waffen wie Unterseeboote, Tauchboote und andere Zerstörungsmaschinen (gemeint waren wohl Torpedos und Seeminen) sowie – die eigentlich schon im Veralten begriffenen – Kriegsschiffe mit Rammvorrichtungen zu verzichten[46], fand keine Zustimmung. Die technisch und industriell leistungsfähigeren Mächte dachten nicht an eine Hemmung des waffentechnischen Fortschritts[47], konnte er doch der eigenen Flotte einen zeitweiligen Vorsprung gegenüber dem möglichen Gegner verschaffen. Die jahrzehntelang diskutierte Frage einer Begrenzung des Seebeuterechts wurde auf Initiative der amerikanischen Delegation auf die Tagesordnung gesetzt. Nach den Berichten der deutschen Delegierten[48] traten die Amerikaner vehement für den Schutz des Privateigentums gegen die Wegnahme als Seebeute ein. Dagegen versprach sich Frankreich Vorteile von dem geltenden Zustand, sowohl in einem Krieg gegen England als auch in einem gegen Deutschland. Der offizielle britische Standpunkt beruhte auf der Ansicht, daß die Royal Navy auf allen Weltmeeren stark genug sei, um den eigenen Handel zu schützen und den gegnerischen zu vernichten. Daher befürwortete die Delegation die Beibehaltung des überkommenen Seebeuterechts, obwohl die öffentliche Meinung in England mehr und mehr der vorgeschlagenen Modifikation zuneigte. Die deutsche Haltung war taktisch bedingt: einerseits hätte man eine Anerkennung der Unverletzlichkeit des Privateigentums im Seekrieg durchaus begrüßt, andererseits sah man keine Ursache, dafür direkt einzutreten, da die Fortdauer des geltenden Zustands für die eigenen Interessen auch nicht nachteilig zu sein schien. Die Konferenz beschloß, die Problematik auf eine spätere Zusammenkunft zu vertagen[49].

Den entscheidenden Anstoß für den Zusammentritt der Zweiten Haager Friedenskonferenz gab der amerikanische Präsident Theodore Roosevelt. Schon dieser Umstand wie auch die seerechtlichen Streitigkeiten zwischen mehreren Großmächten während des Bu-

---

[45] Vgl. Bauer, Reinhart, Alabama-Fall, in: Strupp-Schlochauer WVR I, S. 20f.

[46] Rundschreiben des russ. Außenministeriums vom 30. 12. 1898/11. 1. 1899 an die Geschäftsträger in Petersburg betr. Programmvorschlag für die Friedenskonferenz, abgedruckt in: Das Staatsarchiv, Bd 64, Leipzig 1901, DokNr. 12 129.

[47] Vgl. British Documents on the Origins of the War, Bd 1: The End of British Isolation, London 1927, DokNr. 274.

[48] Die hier benutzten Berichte der dt. Delegation sind abgedruckt in: Die Große Politik der Europäischen Kabinette 1871–1914. Sammlung der Diplomatischen Akten des Auswärtigen Amtes (im folgenden zit. GP), hrsg. von Johannes Lepsius, Albrecht Mendelssohn Bartholdy u. Friedrich Thimme, Bd 15: Rings um die Erste Haager Friedenskonferenz, Berlin 1924, DokNr. 4264–4274.

[49] Meurer, Haager Friedenskonferenz II, S. 264–269 (269).

renkriegs und des russisch-japanischen Krieges bewirkten, daß diese Fragen eine intensivere Behandlung erfuhren. Eine der Landkriegsordnung entsprechende Kodifikation des Seekriegsrechts gelang freilich nicht, aber über wichtige Teilgebiete konnte eine Verständigung erzielt werden.

Die im russisch-japanischen Krieg gemachten Erfahrungen führten zu einer Neufassung des „Abkommens betreffend die Anwendung der Grundsätze des Genfer Abkommens [vom 6. Juli 1906] auf den Seekrieg“[50]. Diese Konvention traf insbesondere eine genauere Festlegung der Rechtsstellung von Lazarettschiffen.

Das „Abkommen betreffend die Rechte und Pflichten der Neutralen im Falle eines Seekriegs“[51] beseitigte einen Teil der althergebrachten Meinungsverschiedenheiten zwischen kriegführenden und neutralen Mächten. Es regelt alle seekriegsrechtlichen Fragen, die im Zusammenhang mit dem neutralen Hoheitsgebiet einschließlich dessen Küstengewässern stehen, nicht aber solche, die die neutrale Handelsschiffahrt betreffen.

Die drei folgenden Konventionen beschränken den Einsatz von Seekriegsmitteln: Das „Abkommen über die Umwandlung von Kauffahrteischiffen in Kriegsschiffe“[52] legt die Mindestbedingungen dafür fest. Die Verwendung der erstmalig im russisch-japanischen Krieg in größerem Maßstab eingesetzten Seemine wird durch das „Abkommen über Legung von unterseeischen selbsttätigen Kontaktminen“[53] begrenzt. Untersagt ist der Einsatz von unverankerten Kontaktminen, die nicht innerhalb einer Stunde unwirksam werden, von verankerten Kontaktminen, die im Falle ihres Losreißens, und von Torpedos, die am Ende ihrer Laufstrecke nicht automatisch unscharf werden. Sinn dieser waffentechnischen Forderungen war es, die friedliche Schiffahrt nicht zu gefährden. Artikel 2 verbietet ein Minenlegen mit dem alleinigen Zweck, die Handelsschiffahrt zu unterbinden. Deutschland meldete einen Vorbehalt gegenüber dieser schwer praktikablen Bestimmung an, während Großbritannien, das auf der Konferenz ein Verbot des Minenlegens auf Hoher See nicht hatte durchsetzen können, geltend machte, daß aus der Nichtregelung bestimmter Fragen auf die Zulässigkeit bestimmter Handlungen nicht geschlossen werden dürfe. Das „Abkommen betreffend die Beschießung durch Seestreitkräfte in Kriegszeiten“[54] begrenzt in Anlehnung an Vorschriften der Landkriegsordnung die Beschießung von unverteidigten Häfen, Städten und Dörfern auf gewisse militärische Objekte.

Auch auf der Friedenskonferenz von 1907 war umstrittenster Verhandlungsgegenstand aus dem Bereich des Kriegsrechts das Seebeuterecht. Zunächst konnte eine Vereinbarung über folgende Teilbereiche erzielt werden: Das „Abkommen über die Behandlung der feindlichen Kauffahrteischiffe beim Ausbruche der Feindseligkeiten“[55] bestimmt, daß feindlichen Handelsschiffen, die sich bei Kriegsbeginn in einem gegnerischen Hafen oder auf See befinden, eine Frist zur Rückkehr in eigene Häfen eingeräumt werden soll. Sie unterliegen während dieses Zeitraumes nicht dem Seebeuterecht. Eine Rechtspflicht für die

---

[50] X. Haager Abkommen vom 18. 10. 1907, abgedruckt in: RGBl. 1910, S. 283–316.

[51] XIII. Haager Abkommen vom 18. 10. 1907, ebd., S. 343–375. (Bei der Bekanntmachung über die Ratifikation im RGBl. unter lfd. Nr. 12 aufgeführt, ebd., S. 375–377).

[52] VII. Haager Abkommen vom 18. 10. 1907, ebd., S. 207–230.

[53] VIII. Haager Abkommen vom 18. 10. 1907, ebd., S. 231–255. – Vgl. dazu den Bericht des Marinedelegierten, K.Adm. Siegel, v. 28. 9. 1907 an den StS des RMA, Adm. v. Tirpitz, abgedruckt in: GP, Bd 23: Die Zweite Haager Friedenskonferenz. Nordsee- und Ostsee-Abkommen, 2 Tlbde, Berlin 1927, hier: 2. Tlbd, DokNr. 8021.

[54] IX. Haager Abkommen vom 18. 10. 1907, abgedruckt in: RGBl. 1910, S. 256–282.

[55] VI. Haager Abkommen vom 18. 10. 1907, ebd., S. 181–206.

Gewährung des sogenannten Indults wurde jedoch nicht vereinbart. Das „Abkommen über gewisse Beschränkungen in der Ausübung des Beuterechts im Seekriege“[56] bezweckt, wie es in der Präambel heißt, Regeln „für den dem friedlichen Handel und der harmlosen Arbeit gebührenden Schutz“ festzulegen. Briefpostsendungen dürfen nicht beschlagnahmt werden, die der Küstenfischerei und der kleinen Lokalschiffahrt dienenden Fahrzeuge sowie die mit wissenschaftlichen, religiösen oder humanitären Aufgaben betrauten Schiffe dürfen nicht als Seebeute eingezogen werden.

Zu den weitergehenden Konferenzthemen auf diesem Gebiet gehörten der schon traditionelle Vorschlag, das Privateigentum – mit der Ausnahme von Konterbande auch feindliches – vor der Wegnahme bzw. Vernichtung im Seekrieg zu schützen, und die Anregung, den im Hinblick auf das Verhältnis zu den Neutralen so wichtigen Begriff der Konterbande zu klären. Damit waren Fragen zur Diskussion gestellt, die das Seebeuterecht als Ganzes betrafen. Bei der Erarbeitung der von der deutschen Delegation zu vertretenden Haltung offenbarten sich tiefe Differenzen in der Führung des Reiches[57]. Das Reichsamt des Innern und das preußische Handelsministerium befürworteten mit Rücksicht auf die bedeutenden deutschen Handels- und Schiffahrtsinteressen die Abschaffung des Seebeuterechts. Das Auswärtige Amt trat dieser Empfehlung aus politisch-taktischen Erwägungen bei. Der Staatssekretär des Reichsmarineamts, Admiral v. Tirpitz, brachte das Gewicht seiner Stellung mit mehreren Denkschriften[58] zur Geltung. Er bezeichnete die Beibehaltung des Seebeuterechts zunächst als eine Garantie für den Frieden zwischen Deutschland und England, denn nur durch dieses seien der englische Handel und damit die Interessen der City of London, bei der die politische Entscheidung über Krieg und Frieden liege, gefährdet. Im Kriegsfall sei das Seebeuterecht aus demselben Grunde das wichtigste Mittel, die Insel zum Frieden geneigt zu machen. Seine Abschaffung würde nur England stärken, da die Royal Navy mit den Mitteln des Durchsuchungs- und Konterbanderechts auskomme. Ein politisch notwendig werdender Verzicht auf das Seebeuterecht könne nur bei gleichzeitigem Fortfall des Instituts der Blockade hingenommen werden. Trotz der eindeutigen Stellungnahme der Marine wollte das Auswärtige Amt der Abschaffung zustimmen, aber der daraufhin von Tirpitz eingeschaltete Kaiser entschied zugunsten des Reichsmarineamts[59].

Wie schon der deutsche Botschafter in London vorausgesagt hatte, nahm die britische Regierung entschieden für die Beibehaltung des Seebeuterechts Stellung[60]. Sie sah in ihrer Flotte die einzige ihr zur Verfügung stehende offensive Waffe, der sie das wirksame Mittel des Handelskriegs keinesfalls nehmen wollte. Dagegen schlug sie der Konferenz vor, das Prinzip der Konterbande ganz aufzugeben oder die Zahl bzw. Art der Konterbandeartikel eng zu begrenzen. Die britische Regierung bezweckte damit, die Einfuhr von Nahrungs-

---

[56] XI. Haager Abkommen vom 18. 10. 1907, ebd., S. 316–342.

[57] Einige die Diskussion über das Seebeuterecht betreffende Dokumente sind abgedruckt in: GP, Bd 23, 2. Tlbd, DokNr. 8002–8023, hier: DokNr. 8002.

[58] Denkschriften vom 28. 2., 20. 4. und 29. 4. 1907 für Reichskanzler v. Bülow, ebd., DokNr. 8003, 8006 und 8007.

[59] Zu dem Vorschlag des AA vgl. ebd., S. 378, Fußnote. Entscheidung des Kaisers in Mitteilung Tirpitz' vom 30. 5. 1907 an Bülow, ebd., DokNr. 8009.

[60] Schreiben Graf v. Metternich vom 21. 3. u. 12. 5. 1907 an den Reichskanzler, ebd., DokNr. 8005 u. 8008. M. „zerriß“ geradezu Tirpitz' Argumentation und damit nicht zuletzt die dieser zugrundeliegenden seestrategischen Gedanken. – Zur britischen Haltung siehe: British Documents on the Origins of the War, Bd 8, DokNr. 193 (hier: S. 225), DokNr. 206 (hier: S. 246–249) u. DokNr. 245.

mitteln für die Bevölkerung und von Rohstoffen für Friedensindustrien unter den Schutz des Völkerrechts zu stellen. Der deutschen Delegation schien die im britischen Interesse liegende Abschaffung oder Begrenzung des Konterbanderechts nur annehmbar zu sein, wenn gleichzeitig das Rechtsinstitut der „fortgesetzten Reise“[61] wegfallen würde. Die aufgeworfenen Probleme ließen einen Ausgleich auf der Konferenz nicht zu, die Teilnehmer beschlossen eine Vertagung.

Auf deutschen und britischen Vorschlag wurde im Haag ein weiterer – bisher unerwähnt gebliebener – seekriegsrechtlicher Vertrag ausgehandelt, ein Abkommen über die Errichtung eines internationalen Prisenhofes[62]. Der Gerichtshof sollte eine Appellationsinstanz gegen Urteile nationaler Prisengerichte sein. Von diesem zur Entscheidung von Meinungsverschiedenheiten zwischen kriegführenden und neutralen Staaten geschaffenen Organ versprach man sich insbesondere eine Eindämmung der in Kriegszeiten naturgemäß bestehenden politischen Spannungen. Die aus verschiedenen Nationen zu berufenden Richter sollten ihrer Rechtsprechung in erster Linie internationales Vertragsrecht und in zweiter Linie die allgemeinen Regeln des Völkerrechts zugrunde legen bzw. bei Fehlen beider Rechtsquellen nach Recht und Billigkeit urteilen. Da es auf dem Gebiet des Prisenrechts kaum internationale Verträge gab und allgemeine Rechtsregeln nur in sehr begrenztem Umfang Anerkennung gefunden hatten, schien es angebracht zu sein, die letzteren vor der Konstituierung des Prisenhofes durch eine internationale Konferenz feststellen zu lassen. Diesbezügliche Sondierungen der britischen Delegation im Haag stießen auf ein positives Echo.

Die angeregte Seerechtskonferenz fand Ende 1908/Anfang 1909 in London statt[63]. Teilnehmerstaaten waren die Hauptseemächte: Großbritannien, Deutschland, Frankreich, Österreich-Ungarn, Rußland, Spanien, Italien, die Vereinigten Staaten, Japan und – aus Courtoisie im Hinblick auf seine Funktionen als Gastgeber der Haager Konferenzen sowie Sitz des vorgesehenen Prisenhofes – die Niederlande. Es gelang der Konferenz, eine Verständigung über fast alle Fragen des Prisenrechts zu erzielen. Dieses angesichts der schwierigen Rechtsmaterie überraschende Ergebnis wurde in der „Déclaration relative au droit de la guerre maritime“[64] niedergelegt, die von den Bevollmächtigten aller Teilnehmerstaaten vorbehaltlos unterzeichnet wurde. Die Deklaration enthält Bestimmungen auf den folgenden Gebieten des Prisenrechts: Blockade in Kriegszeiten, Kriegskonterbande, neutralitätswidrige Unterstützung, Zerstörung neutraler Prisen, Flaggenwechsel, feindliche Eigenschaft von Schiff und Waren, Geleit, Widerstand gegen die Durchsuchung und Schadenersatz.

---

[61] Frz. voyage continu, engl. continuous voyage. Konterbande, die nach einem neutralen Hafen befördert wird, unterliegt der Beschlagnahme, wenn die feindliche Endbestimmung feststeht.

[62] XII. Haager Abkommen vom 18. 10. 1907, abgedruckt in: Deuxième Conférence Internationale de la Paix I, S. 668–678; Das Staatsarchiv, Bd 75, Leipzig 1908, DokNr. 13831.

[63] Von der brit. Regierung wurden zur Unterrichtung des Parlaments veröffentlicht: Correspondences and Documents respecting the International Naval Conference, held in London, December 1908-February 1909. Miscellaneous. No. 4 (1909), London H. M. S. O. (Cd. 4554). Proceedings of the International Naval Conference, held in London, December 1908-February 1909. Miscellaneous. No. 5 (1909), London, H. M. S. O. (Cd. 4555). Vgl. Böhmert, Viktor, Londoner Seerechtskonferenz von 1908/1909, in: Strupp-Schlochauer WVR II, S. 428–431.

[64] Abgedruckt in: Proceedings of the Int. Naval Conference, S. 381–393. Mit dt. Übersetzung in: Die Verhandlungen und Beschlüsse der Londoner Seekriegsrechtskonferenz. Dezember 1908 bis Februar 1909. Auf Veranlassung des Reichs-Marine-Amts zusammengestellt von Georg Schramm (im folgenden zit. Schramm), Berlin 1911, S. 347–373.

Die Londoner Deklaration muß als eine Kodifikation des zu Beginn des 20. Jahrhunderts geltenden Prisenrechts angesehen werden. Sie ist eine Aufzeichnung der historisch gewachsenen seekriegsrechtlichen Grundsätze, die nur in Einzelpunkten gewisse Neuerungen enthält, wie sie bei allen Kodifikationsarbeiten zum Ausgleich verschiedener Anschauungen und Interessen, hier angelsächsischer und kontinentaleuropäischer, notwendig sind[65]. Diese Auffassung findet ihre Stütze im Vertragstext selbst. Die auf englischen Wunsch den Einzelregelungen der Deklaration vorangestellte „Einleitende Bestimmung" lautet:

> „Die Signatarmächte sind einig in der Feststellung, daß die in den folgenden Kapiteln enthaltenen Regeln im wesentlichen den allgemein anerkannten Grundsätzen des internationalen Rechtes entsprechen[66]."

Die Londoner Deklaration und damit verbunden das Abkommen über die Errichtung eines internationalen Prisenhofes trafen in Großbritannien auf erbitterte Gegnerschaft. Ein Teil der Widersacher sah in der Übereinkunft eine unzumutbare Einschränkung der Kampfmittel der größten Seemacht der Welt, der andere hielt den friedlichen Handel für ungenügend geschützt[67]. Die auf der Londoner Deklaration beruhende Vorlage Naval Prize Bill wurde vom House of Commons angenommen, aber am 12. Dezember 1911 vom House of Lords mit überwältigender Mehrheit abgelehnt[68]. Dies war in zweifacher Hinsicht folgenschwer: Der internationale Prisenhof, der das erste supranationale Gericht der Weltgeschichte gewesen wäre und für dessen Kompetenzerweiterung gewisse Aussichten bestanden, trat nicht ins Leben. Die Seerechtsdeklaration ist nie als völkerrechtlicher Vertrag verbindlich geworden. Dessenungeachtet stellte die Londoner Deklaration eine autoritative Kodifizierung des gewohnheitsrechtlichen Seekriegsrechts dar[69]. Sie hätte die selbstverständliche Rechtsgrundlage für den Seehandelskrieg im Ersten Weltkrieg sein müssen, aber die Kriegsfurie schob sie beiseite.

d) Das Luftkriegsrecht

Das kurz nach der Jahrhundertwende in die Heere und Kriegsmarinen der Welt eingeführte lenkbare Luftfahrzeug sollte eine tiefgreifende Umgestaltung des Kriegsbildes bewirken. Eine neue Dimension eröffnete sich der Kriegführung. Denn der Einsatz von Luftschiffen und Flugzeugen blieb nicht auf das Operationsgebiet der Armeen und Flotten

---

[65] Vgl. den Generalbericht des Redaktionsausschusses der Konferenz, der Bestandteil des Vertragswerkes ist: „Die Lösungen sind aus den verschiedenen Ansichten und den verschiedenen Gebräuchen abgeleitet und entsprechen dem, was man die media sententia nennen kann. Sie stimmen nicht immer genau mit den einem jeden Land eigenen Ansichten überein; sie verletzen aber keines Landes Grundanschauungen." Schramm S. 274 (Original in frz. Sprache, in: Proceedings of the Int. Naval Conference, S. 343).

[66] Der Generalbericht gibt folgende Erläuterung zur Bedeutung der „Einleitenden Bestimmung": „Diese Bestimmung beherrscht alle folgenden Regeln. [...] Die Konferenz hat vor allem das Ziel verfolgt, die Sätze, die als Gewohnheitsrecht angesehen werden konnten, festzustellen, genau zu bestimmen und soweit nötig zu ergänzen." Schramm, S. 278 (Original: Proceedings of the Int. Naval Conference, S. 345).

[67] Vgl. die an die brit. Regierung gerichteten und dem Parlament zur Kenntnis gebrachten Eingaben: Correspondence respecting the Declaration of London. Miscellaneous. No. 4 (1910) (Cd. 5418) und Miscellaneous. No. 8 (1911) (Cd. 5718). Siehe auch: „The Declaration of London" von T. Gibson Bowles in „Nineteenth Century", Mai-Ausgabe 1901, u. Stellungnahme des Foreign Office, abgedruckt in: British Documents on the Origins of the War, Bd 8, DokNr. 307 u. 308.

[68] Ebd., S. 369 (Anm. der Hrsg.).

[69] Vgl. Böhmert, S. 429–431.

beschränkt, sondern erstreckte sich – als Folge des technischen Fortschritts – auch bald auf das zuvor unangreifbare Hinterland des Feindes.
Auf den Haager Friedenskonferenzen wurde die sich abzeichnende Entwicklung durchaus erkannt. Anknüpfend an die in der Petersburger Deklaration von 1868 zum Ausdruck gekommene Idee, daß die Humanität dem kriegstechnischen Fortschritt dort Grenzen setze, wo dieser mit dem Kriegszweck unvereinbare Leiden verursacht, verabschiedete die Konferenz von 1899 eine Deklaration[70], die das Werfen von Geschossen und Sprengstoffen aus Ballons oder „auf anderen ähnlichen neuen Wegen" für die Dauer von fünf Jahren ausdrücklich verbot. Die Erklärung wurde von 25 Staaten, unter ihnen alle Großmächte außer Großbritannien, ratifiziert. Sie wurde im Jahre 1907 erneuert, aber von den meisten Großmächten nicht mehr unterzeichnet, was Deutschland zur Bedingung seines Beitritts gemacht hatte.
Somit fehlte zu Beginn des Ersten Weltkrieges eine vertragliche Regelung des Luftkriegsrechts. Ein rechtloser Zustand lag deshalb jedoch nicht vor. Für jede Kriegführung galt und gilt der in dem Haager Landkriegsabkommen enthaltene Leitsatz, daß in den nicht vertraglich geregelten Fällen „die Bevölkerung und die Kriegführenden unter dem Schutze und der Herrschaft der Grundsätze des Völkerrechts bleiben, wie sie sich ergeben aus den unter gesitteten Völkern feststehenden Gebräuchen, aus den Gesetzen der Menschlichkeit und aus den Forderungen des öffentlichen Gewissens"[71]. Rechtssystematischen Vorrang vor so allgemeinen Grundsätzen haben aber die Regelungen des Land- und Seekriegsrechts, die eine analoge Anwendung auf das Luftkriegsrecht finden können. Für den Bombenkrieg außerhalb eines militärischen Operationsgebiets waren solche Regelungen insbesondere in Artikel 25 der Haager Landkriegsordnung und in dem IX. Haager Abkommen betreffend die Beschießung von Landzielen durch Seestreitkräfte enthalten.

2. Schuld am Kriege und Schuld im Kriege: Staatenpraxis und Völkerrechtslehre bis zum Ersten Weltkrieg

a) Garantien des Kriegsrechts

In dem Briefwechsel zwischen Professor Bluntschli und Generalfeldmarschall v. Moltke aus dem Jahre 1881 äußerte der Chef des Generalstabes seine ernsten Zweifel an der Einhaltung von internationalen Vereinbarungen gerade auf dem Gebiet des Kriegsrechts. Jedes Gesetz bedinge eine Autorität, die dessen Ausführung überwache. Diese Gewalt, mit Moltkes Worten „der irdische Richter", fehle für das Kriegsrecht. Deshalb verspreche er sich die Beachtung der Kriegsgebräuche nicht von deren Kodifizierung, sondern „von der religiösen und sittlichen Erziehung der Einzelnen, von dem Ehrgefühl und dem Rechtssinne der Führer"[72].
Auch heute wird nicht selten der Vorwurf erhoben, dem Völkerrecht fehle es zu seiner

[70] Abgedruckt in: RGBl. 1901, S. 470–473. Vgl. hierzu und zum Folgenden: Schleicher [Rüdiger], Luftfahrtrecht, in: Wörterbuch des Völkerrechts und der Diplomatie, hrsg. von Karl Strupp, 3 Bde, Berlin-Leipzig 1924/1925/1929 (im folgenden zit. Strupp WVR), hier: Bd 1, S. 839–851 (Der Luftkrieg, S. 848–851); Heydte, Friedrich August von der, Luftkriegsrecht, in: Strupp-Schlochauer WVR II, S. 438–441; Berber, Lehrbuch VR II, S. 178.

[71] Sog. Martens'sche Klausel in Präambel zum IV. Haager Abkommen von 1907. Siehe Anm. 32.

[72] Brief vom 11. 12. 1880, abgedruckt in: Bluntschli, Denkwürdiges III, S. 471–473 (471). Siehe auch Anm. 28.

Durchsetzung an Zwangsmitteln. Dieser Einwand ist nicht leicht zu nehmen, glaubt man doch, aus dem genannten Mangel folgern zu dürfen, völkerrechtliche Normen hätten eine geringere Verbindlichkeitsintensität als solche z. B. innerstaatlichen Rechts oder ihnen fehle überhaupt der Rechtscharakter. Solche Ansichten sind abwegig. Insbesondere ist die Erzwingbarkeit durch äußere Gewalt kein Kriterium für den Rechtscharakter einer Ordnung[73]. Es ist freilich zu bedenken, daß das Völkerrecht ein primitives Recht ist. Merkmal einer primitiven Rechtsordnung ist, daß ihren Mitgliedern, also nach klassischem Völkerrecht den Staaten, die Sorge für die Einhaltung der gewohnheitsrechtlichen oder vertraglich vereinbarten Normen obliegt. Dazu stehen verschiedene Mittel und Wege zur Verfügung.

Bluntschli nannte in seiner Antwort an Moltke zwei wichtige Garantien für die Einhaltung des Kriegsrechts. Erstens: „Jeder Stat hat zunächst selber die Aufgabe, innerhalb seines Machtbereiches für Beobachtung des Völkerrechtes zu sorgen und offenbare Verletzungen desselben zu bestrafen[74].“ Zweifellos gehört es zu den selbstverständlichen Pflichten jedes Staates, die ihn bindenden völkerrechtlichen Normen zu erfüllen. Dazu bedarf es keiner speziellen Vereinbarung wie z. B. Artikel 1 der IV. Haager Konvention von 1907, in dem sich die Vertragsparteien ausdrücklich verpflichten, ihren Heeren der Landkriegsordnung entsprechende Verhaltensmaßregeln zu geben[75]. Die Befolgung des Kriegsrechts liegt zudem weitgehend im Eigeninteresse jedes Staates. Von der Truppe begangene Übertretungen, seien sie eigenmächtig, geduldet oder gar befohlen, sind von schädlichem Einfluß auf ihre Moral und Disziplin. Deshalb enthielten bzw. enthalten die Disziplinarordnungen vieler Armeen eine Kodifizierung des Kriegsrechts[76]. Auch Moltke hat in seinem Brief „die schon im Frieden gehandhabte und eingelebte strenge Mannszucht“ als Mittel in der Hand der Regierung bezeichnet, um den schlimmsten Ausschreitungen vorzubeugen.

Als zweites Argument, das für die Einhaltung des ius in bello spricht, führte Bluntschli an:

> „Kein Stat wird leichthin und ohne Schaden und Gefahr sich dem gerechten Vorwurfe aussetzen, dass er seine völkerrechtlichen Pflichten missachte. [. . .] Jeder Stat, auch der mächtigste, wird an Ehre vor Gott und den Menschen erheblich gewinnen, wenn er in Beachtung und Wahrung des Völkerrechtes treu und aufrichtig erfunden wird[77].“

Tatsächlich muß jeder Staat bei seiner Kriegführung Rücksicht auf die Meinung der Weltöffentlichkeit nehmen. Dies ist besonders der Fall, wenn sich unter den Neutralen Großmächte befinden, deren Politik die Entscheidung des Krieges beeinflussen kann. Die Neu-

---

[73] Vgl. dazu Berber, Lehrbuch VR I, S. 9–17.

[74] Brief an Gen. Feldm. Moltke datiert Weihnachten 1880, abgedruckt in: Bluntschli, Denkwürdiges III, S. 473–476 (475).

[75] Mit dieser Bestimmung wurde der verpflichtende Charakter der HLKO als Völkerrecht klargestellt. Zum richtigen Verständnis des Artikels bedarf es eines Blicks auf seine Entstehungsgeschichte, erläutert bei: Meurer, Haager Friedenskonferenz II, S. 38–43.

[76] In Preußen hatten nach der Einführung des Strafgesetzbuches für das Preußische Heer am 3. 4. 1845 die Kriegsartikel nur noch den Rang einer „militärischen Pflichtenlehre“ für Unteroffiziere und Mannschaften. Die zuletzt am 22. 9. 1902 erlassenen Kriegsartikel enthielten nur in Artikel 17 kriegsvölkerrechtliche Hinweise. Absolon, Rudolf, Die Wehrmacht im Dritten Reich, Bd 2: 30. Januar 1933 bis 2. August 1934, Boppard a. Rh. 1971 (= Schriften des Bundesarchivs, 16/II), S. 211 f. Abdruck der Kriegsartikel von 1902, ebd., S. 212–217.

[77] Bluntschli, Denkwürdiges III, S. 475.

tralen können mit den völkerrechtlichen Mitteln des Protestes, der guten Dienste, der Vermittlung und der Untersuchung auf die Kriegführenden einwirken, um Kriegsrechtsverletzungen entgegenzutreten. Ihre schärfste Waffe ist die Intervention. Der Eintritt der Vereinigten Staaten in den Ersten Weltkrieg ist ein Beispiel für diese Möglichkeit, denn, was immer die eigentliche Ursache für diesen Schritt gewesen sein mag, die antideutsche Propaganda mit ihrem Vorwurf der inhumanen Kriegführung hatte die öffentliche Meinung in ihrer Stellungnahme zugunsten der Ententemächte bestärkt.

Bluntschli hat die wichtigste Motivation, die die Kriegsparteien zur Befolgung des Kriegsvölkerrechts bewegt, in seinem Brief nicht genannt, obwohl sie ihm durchaus bekannt war. Es ist das Bewußtsein der Reziprozität. Denn eine Verletzung der Kriegsgebräuche ermuntert den Gegner, ebenso zu handeln. Seinen juristischen Ausdruck findet ein solches Vorgehen in dem Institut der Kriegsrepressalie. Sie gilt als ein völkerrechtlich erlaubtes Mittel der Selbsthilfe. Der geschädigte Staat darf die erlittene Völkerrechtsverletzung mit einer Maßnahme beantworten, die an sich ebenfalls rechtswidrig und einzig kraft ihres Repressaliencharakters gerechtfertigt ist. Die Repressalie soll den Gegner zur Beseitigung des begangenen Unrechts und zur Rückkehr zum rechtmäßigen Verhalten zwingen.

Als eine weitere Garantie für die Beachtung des ius in bello soll die in Art. 3 der IV. Haager Konvention von 1907 niedergelegte Verpflichtung zum Schadenersatz wirken. Die geschädigte Kriegspartei kann für jeden von Angehörigen der bewaffneten Macht des Gegners rechtswidrig angerichteten Schaden Wiedergutmachung fordern. Das Zwangsmittel der Reparation hat in der Staatenpraxis allerdings kaum zur Mäßigung der Kriegführung beigetragen, da es nur den Siegern gelang, ihre Ansprüche durchzusetzen.

Endlich gibt es noch ein Motiv, daß die Kriegführenden vor einer Verletzung des Kriegsrechts zurückschrecken läßt. Es ist die Furcht der politisch und militärisch Handelnden, vom Gegner für ihre rechtswidrigen Maßnahmen und Taten strafrechtlich zur Verantwortung gezogen zu werden.

Wie die vorangegangenen Darlegungen zeigen, ergeben sich für die Bestrafung von Verletzungen des Kriegsrechts zwei Zuständigkeiten. Der Heimatstaat ist auf Grund seiner Rechtsordnung zu disziplinar-, militärstraf- und strafrechtlichen Maßnahmen berechtigt oder völkerrechtlich sogar verpflichtet. Der verletzte Staat hat kraft völkerrechtlichen Gewohnheitsrechts die Befugnis, in seine Gewalt gefallene Täter zur Rechenschaft zu ziehen. Dieses heute allgemein anerkannte[78] Recht wurde in und nach dem Ersten Weltkrieg insbesondere von deutschen Juristen bestritten. In der Tat war die Frage, ob eine – und gegebenenfalls welche – völkerrechtliche Grundlage für die Bestrafung der Schuldigen am Kriege und der Schuldigen im Kriege gegeben sei, ein Rechtsproblem, das früher oder später wohl in allen am Krieg beteiligten Staaten amtlich und öffentlich diskutiert und beraten wurde.

Der Gedanke, die Völkerrechtsordnung unter den Schutz eines völkerrechtlichen Strafrechts zu stellen, wurzelt in der Scholastik. Es ist Aufgabe der folgenden Untersuchung, dies aufzuzeigen und mittels Zeugnissen aus Staatenpraxis und Völkerrechtsliteratur zu belegen, daß die Kompetenz des verletzten Staates, Soldaten der gegnerischen Streitkräfte für kriegsrechtliche Verfehlungen zu bestrafen, über die Jahrhunderte hinweg bestehen blieb.

---

[78] Siehe Einleitung, Anm. 4.

b) Bestrafung der Schuldigen am Kriege

Die Lehre der Scholastik vom bellum iustum geht zurück auf Augustinus. Sie wurde aber erst von Thomas von Aquino (1225–1274) in eine Form gebracht, die sie für die theologische Praxis anwendbar machte. Die von ihm entwickelten Kriterien für den gerechten Krieg, auctoritas principis, iusta causa und recta intentio, erwiesen sich auch für dessen juristische Erfassung von großem Wert[79].

Der Krieg ist in der scholastischen Lehre immer nur als Reaktion auf erlittenes Unrecht zulässig und nur, wenn andere Rechtsbehelfe versagen, um den Gegner zur Wiedergutmachung zu veranlassen. Der gerechte Krieg ist mithin erlaubte Sanktion gegen einen schweren Rechtsbruch. Er zielt auf die Wiederherstellung der alten Ordnung. Der solcher Art Kriegführende kämpft mit recta intentio, um etwas Gutes zu fördern oder etwas Böses zu verhindern[80]. Aus diesen Vorstellungen erwuchs das Recht, diejenigen zu bestrafen, die für die Rechtsbeugung verantwortlich und am Ausbruch des Krieges schuldig waren, sowie diejenigen, die das meist kirchlich gesetzte Kriegsrecht (z. B. Verbot von Kampfhandlungen gegen Geistliche, Frauen und Kinder, Verbot von Kriegshandlungen an Feiertagen, im Advent und zur Fastenzeit) verletzt hatten. Die höchsten richterlichen Autoritäten der communitas Christiana waren Kaiser und Papst und ihnen oblag, mehr in der Theorie als in der Praxis, Schuld am Kriege und Schuld im Kriege zu ahnden[81].

Die Entstehung der souveränen Staaten und der damit einhergehende Verfall der kaiserlichen und päpstlichen Autorität am Ausgang des Mittelalters bedeutete noch nicht die völlige Aufgabe des überkommenen Gedankenguts. Die Staaten ordneten sich dem zunächst noch christlich, später naturrechtlich verstandenen Völkerrecht unter. Der Dominikaner und Theologieprofessor Francisco de Vitoria (1486–1546), der als der hervorragendste Vertreter der sogenannten spanischen Völkerrechtsschule gilt, legte die eingetretenen politischen Veränderungen seiner Lehre zugrunde. Er anerkennt die Souveränität der Herrscher und Staaten, betont aber ihre Bindung an ein naturrechtliches, universale Gültigkeit besitzendes ius inter gentes. Ganz im Sinne von Thomas von Aquino hält er den Krieg nur im Dienst der Rechtsordnung für zulässig. Der Souverän hat nach bestem Wissen und Gewissen über die iusta causa zu entscheiden. Geht er aus einem gerechten Krieg als Sieger hervor, so steht ihm als Treuhänder der Völkerrechtsgemeinschaft[82] das Amt des Richters zu:

> „Nec tantum hoc licet, sed etiam, parta victoria, recuperatis rebus, et pace etiam et securitate habita, licet vindicare iniuriam ab hostibus acceptam et animadvertere in ho-

---

[79] Dickmann, Krieg und Frieden, S. 119f. Zur Herausbildung der Bellum-iustum-Doktrin siehe Russell, Frederick H., The Just War in the Middle Ages, Cambridge – London – New York – Melbourne 1975 (= Cambridge Studies in Medieval Life and Thought, third series, vol. 8), passim.

[80] Dickmann, Krieg und Frieden, S. 120f.; Wehberg, S. 12f.

[81] Jescheck, Verantwortlichkeit der Staatsorgane, S. 19f. Vgl. Wegner, Arthur, Geschichte des Völkerrechts, Stuttgart 1936 (= Handbuch des Völkerrechts, hrsg. von G. A. Walz, Bd 1, 3. Abtlg.), S. 123–128. In der politischen Praxis lag die Ahndung von Schuld wohl in der Hand des siegreichen „princeps". Ob bzw. in welchem Umfang von der Strafbefugnis förmlich Gebrauch gemacht wurde, bedarf wohl noch der Untersuchung. Dagegen steht fest, daß Friedensverträge des Mittelalters recht häufig auf dem Lehnsrecht beruhende Schuldzuschreibungen enthalten. Sie hatten freilich in der Regel die Vergebung der Schuld und nur selten Strafen zur Folge. Fisch, Jörg, Krieg und Frieden im Friedensvertrag. Eine universalgeschichtliche Studie über Grundlagen und Formelemente des Friedensschlusses, Stuttgart 1979 (= Sprache und Geschichte, Bd 3), S. 73–91 (88–91).

[82] Dies betont Jescheck, Verantwortlichkeit der Staatsorgane, S. 21.

stes et punire illos pro iniuriis illatis. [...] Ergo pro certo principes possunt punire hostes, qui iniuriam fecerunt Reipublicae, et omnino postquam bellum rite et iuste susceptum est, hostes obnoxii sunt principi tamquam iudici proprio[83]."

Auch Hugo Grotius stand voll in der Tradition der scholastischen Lehre vom bellum iustum. Rechtsfolgen des gerechten Krieges sind die individuelle, möglichst gerichtlich zu verhängende Strafe und die Schadenersatzpflicht der Gesamtheit:

„Solere poenae expetendae causa belli suscipi et supra ostendimus et passim docent historiae: ac plerumque haec causa cum altera de damno reperando coniuncta est, quando idem actus et vitiosus fuit et damnum re ipsa intulit, ex quibus duabus qualitatibus duae diversae nascuntur obligationes[84]."

Die Ahndung der Schuld am Kriege soll auf die politisch Verantwortlichen beschränkt bleiben. Kollektivstrafen gegen den geschlagenen Feind zu verhängen, hält Grotius für unzulässig. Kriegsgefangene unterlägen der Bestrafung „si fidem violassent aut aliud gentium ius"[85]. Grotius unterscheidet sich von seinen Vorläufern darin, daß bei ihm die Idee, der Sieger übe die Strafgewalt als Treuhänder der Völkerrechtsgemeinschaft aus, verblaßt ist. Substrat der staatlichen Befugnis ist das Völkerrecht, aber die Durchführung der Sanktionen erfolgt aufgrund der eigenen Souveränität und nach eigenem Recht[86].

Obwohl Staatsdenker wie Machiavelli, Bodin und Hobbes längst dem souveränen Fürsten huldigten, in dessen summa potestas die Entscheidung über die Zweckmäßigkeit des Krieges als Mittel der Politik allein liegt, finden sich in der völkerrechtlichen Literatur noch des 18. Jahrhunderts Belege für die Vornahme einer Differenzierung zwischen gerechten und ungerechten Kriegen, z. B. bei Christian Wolff[87] und Emer de Vattel[88]. Doch verhinderte

---

[83] „Nicht nur dies ist erlaubt, sondern, nachdem der Sieg gewonnen ist, die Sachen zurückgegeben und Friede und Sicherheit wiederhergestellt sind, darf auch das von den Feinden zugefügte Unrecht geahndet werden und gegen die Feinde vorgegangen werden, um sie für dieses Unrecht zu bestrafen. [...] Daher können die Fürsten die Feinde sicherlich bestrafen, welche dem Staate Unrecht zugefügt haben; besonders wenn der Krieg formgerecht und aus gerechtem Grund unternommen worden ist, sind die Feinde dem Fürsten ebenso wie dem eigenen Richter unterworfen." Victoria, Franciscus de, De Indis recenter inventis et de jure belli Hispanorum in Barbaros. Relectiones. Vorlesungen über die kürzlich entdeckten Inder und das Recht der Spanier zum Kriege gegen die Barbaren. 1539. Lateinischer Text nebst deutscher Übersetzung hrsg. von Walter Schätzel, Tübingen 1952 (= Die Klassiker des Völkerrechts in modernen deutschen Übersetzungen, Bd 2), relectio de jure belli, 19, S. 134f. Eine konzise Darstellung der Lehre Vitorias gibt Dickmann, Krieg und Frieden, S. 121–125 (zur Strafgewalt des Siegers, S. 125). Weitere Belege zur Strafgewalt des Siegers bei Vitoria, Francisco Suarez u. Alberico Gentili führt Jescheck, Verantwortlichkeit der Staatsorgane, S. 21 f., an.

[84] „Um Strafen zu vollziehen, pflegen Kriege unternommen zu werden, wie ich früher gezeigt habe und die Geschichte lehrt. Meistenteils wird damit der Anspruch auf Schadenersatz verbunden, wenn ein und dieselbe Tat strafbar war und Schaden verursacht hat. Aus diesen zwei Umständen entstehen zwei Verbindlichkeiten." Grotius, Hugo, De iure belli ac pacis libri tres, lib. II, cap. XX, § XXXVIII. Dt. Text von Walter Schätzel, Tübingen 1950 (= Die Klassiker des Völkerrechts in modernen deutschen Übersetzungen, Bd 1), S. 353.

[85] „wenn sie das gegebene Wort oder eine andere Pflicht des Völkerrechts gebrochen hätten". Grotius, lib. III, cap. XI, § XVI 1.

[86] Jescheck, Verantwortlichkeit der Staatsorgane, S. 22–24.

[87] Ius gentium methodo scientifica pertractum. Auflage von 1764 neu hrsg. von James Brown Scott, Oxford-London 1934 (= The Classics of International Law, No. 13), §§ 616 u. 807.

[88] Le droit des gens ou principes de la loi naturelle. Ausgabe London 1758 neu hrsg. von James Brown Scott, 2 Bde, Washington 1916 (= The Classics of International Law, No. 4), Liv. II, Chap. IV, § 52 und Liv. III, Chap. XI, § 185. – Zur Spannung zwischen absolutistischer Staatsidee und Völkerrechtslehre siehe Jescheck, Verantwortlichkeit der Staatsorgane, S. 25–28.

die Gleichheit der Staaten jedes Urteil über die Schuld am Kriege. Ein solches hätte wohl auch dem Bild des Kabinettskriegs widersprochen. Die durch die Staatenpraxis erfolgte Entwicklung fand ihre juristische Anerkennung im empirischen Rechtspositivismus[89]. In der Völkerrechtslehre des 19. Jahrhunderts wurde eine Beschränkung des ius ad bellum kaum noch vertreten. Die Staatenpraxis sah die Entscheidung über Krieg und Frieden als rein politische an. Jegliche rechtliche Wertung des Kriegsausbruchs wurde vermieden[90]. Keiner der Kriege wurde mit einem Strafverfahren gegen die politische Führung des besiegten Staates wegen der Kriegsschuldfrage beendet.

Allerdings bedarf es noch einer Betrachtung des Schicksals von Napoleon Bonaparte. Sie findet ihren Ausgangspunkt in der Abdankungsurkunde vom 11. April 1814, in der Napoleon für sich und seine Erben auf den Thron Frankreichs und Italiens verzichtete[91]. Zugleich kam zwischen dem Kaiser und den gegen ihn verbündeten Mächten der Vertrag von Fontainebleau zustande, durch den er als Souverän von Elba installiert wurde[92]. Anfang März 1815 kehrte Napoleon an der Spitze einer kleinen Streitmacht nach Frankreich zurück. Als die auf dem Wiener Kongreß versammelten Monarchen und Staatsmänner davon erfuhren, traten sie mit einer Erklärung an die Öffentlichkeit, in der es u. a. hieß:

> „En rompant ainsi la convention qui l'avoit établi à l'îsle d'Elbe, Buonaparte détruit le seul titre légal auquel son existence se trouvoit attachée. En reparoissant en France, avec des projets de troubles et de bouleversemen[t]s, il s'est privé lui-même de la protection des lois, et a manifesté, à la face de l'univers, qu'il ne sauroit y avoir ni paix ni trêve avec lui.
>
> [...] Les puissances déclarent en conséquence que Napoléon Buonaparte s'est placé hors des relations civiles et sociales, et que comme ennemi et pertubarteur du repos du monde, il s'est livré à la vindicte publique[93]."

---

[89] Zuerst: Moser, Johann Jakob, Versuch des neuesten Europäischen Völker-Rechts in Friedens- und Kriegszeiten, 10 Tle., Stuttgart-Frankfurt a. M. 1777–1780.

[90] Eine Ausnahme bilden einige wenige Friedensverträge des 19. Jahrhunderts zwischen lateinamerikanischen Staaten. In ihnen wird überwiegend der im Kampf unterlegenen Vertragspartei die Schuld am Kriege zugeschrieben. Die Zuschreibungen werden mit folgenden Vorwürfen begründet: Entlassung eines Gesandten, Weigerung, die guten Dienste eines Dritten anzunehmen, Angriffe und Übergriffe. Wichtigste Konsequenz der Kriegsschuld sind Zahlungen von Kriegsentschädigungen bzw. Reparationen. – Die bisher wenig beachtete Ausnahme vom klassischen Völkerrecht findet ihre Erklärung in den besonders engen Beziehungen zwischen den amerikanischen, vornehmlich den iberoamerikanischen Republiken, die zur teilweisen Herausbildung eines partikulären Völkerrechts führten. Nichts gefährdete die enge Verbundenheit der lateinamerikanischen Länder, die sich im Streben nach Zusammenschlüssen in internationalen Organisationen und in Staatenbünden äußerte, mehr als Kriege untereinander. Die Ächtung des Krieges als Mittel der Politik war daher nur folgerichtig und stellt die Vorwegnahme modernen Völkerrechts dar. Dazu Fisch, S. 120f.

[91] Abdankungsurkunde vom 11. 4. 1814, abgedruckt in: Acten des Wiener Congresses in den Jahren 1814 und 1815, hrsg. von Johann Ludwig Klüber, Bd 6, Erlangen 1816 (Nachdruck Osnabrück 1966), S. 232.

[92] Vertrag vom 11. 4. 1814 zwischen Österreich, Rußland, Preußen und Napoleon (teilweiser Beitritt Großbritanniens mit Deklaration vom 27. 4. 1814), ebd., S. 224–231. Auch abgedruckt in: Nouveau Recueil de Traités des Puissances et États de l'Europe depuis 1808 jusqu'à présent, hrsg. von Geo[rges] Fréd[éric] de Martens, Bd 1: 1808–1814, Göttingen 1817, DokNr. 80c (S. 696–701). Der entscheidende Art. III Abs. 1 lautet: „L'îsle d'Elbe, adoptée par S. M. l'Empereur Napoléon pour le lieu de son séjour, formera, sa vie durant, une principauté séparée, qui sera possédée par lui en toute souveraineté et propriété." Im übrigen verpflichtete der Vertrag von Fontainebleau insbesondere die frz. Krone zu Leistungen gegenüber Napoleon u. seiner Familie, z. B. zur Zahlung von Renten.

[93] Erklärung der acht Signatarstaaten des Pariser Friedens vom 13. 3. 1815, abgedruckt in: Acten des Wiener Congresses, Bd 1, Erlangen 1815 (Nachdruck Osnabrück 1966), H. 4, S. 51–53. Auch abgedruckt

Die Deklaration vom 13. März 1815, die als Aufforderung zur Tötung Napoleons verstanden werden konnte, scheint an völkerrechtliche Ideen der Vergangenheit anzuknüpfen. Welche Kritik bzw. Verteidung erfuhr der ungewöhnliche Schritt der Verbündeten? Die napoleonische Regierung brachte zur Rechtfertigung ihres Kaisers vor, daß die Bourbonen den Vertrag von Fontainebleau nicht eingehalten hätten. Die erneute Übernahme des Herrscheramts sei auf Wunsch des Volkes erfolgt und daher legalisiert. Zudem sei unbestreitbar, daß Napoleon als ein Souverän gehandelt habe. Der Bruch eines internationalen Vertrages sowie eine feindliche Invasion könne deshalb völkerrechtlich nur eine Folge haben: nämlich den Krieg, in dem der Sieger seine Freiheit behalte, der Verlierer aber zum Kriegsgefangenen werde. Jede Drohung und jeder Anschlag, die sich gegen das Leben eines Souveräns richteten, seien selbst im Kriege ein unerhörter Vorgang in der Geschichte der europäischen Völker und Kabinette[94].

Der Standpunkt der Verbündeten kommt gut in der von Lord Castlereagh am 28. April 1815 im britischen Unterhaus abgegebenen Erklärung zum Ausdruck[95]. Den Alliierten habe ferngelegen, zu einem Meuchelmord aufzurufen. Die Tatsache jedoch, daß Napoleon die Herrschaft in Frankreich wieder an sich gerissen habe, gefährde die Sicherheit Europas. Daher seien die europäischen Mächte berechtigt, „Krieg gegen ein Individuum zu führen", Widerstand dagegen zu leisten, „eine bedeutende Macht in den Händen eines solchen Individuums zu lassen, dessen Charakter keine moralischen oder geselligen Bande des Lebens erträgt"[96].

Von Interesse ist eine Bemerkung von Johann L. Klüber, dem bekanntesten deutschen Staats- und Völkerrechtler zu Beginn des 19. Jahrhunderts[97], zu der Erklärung wider Napoleon vom 13. März 1815, deren Inhalt und Form zu mancher theoretischen Erörterung Anlaß gegeben habe:

> „Buonapartes Einfall in Frankreich mit Kriegsmannschaft, und die Thatsache, daß mit ihm die französische Nation [...] wider Ludwig XVIII., dessen Familie und die verbündeten Mächte, in die Schranken getreten, verdiente, in classischem Latein, eine völkerrechtliche Erörterung: vindiciae juris principum populorumque Europae adversus Napoleonem Buonaparten et Franco-Gallos[98]."

Lag also der Maßnahme der Verbündeten doch ein Rechtstitel, etwa ein gewohnheitsrechtlicher, zugrunde? Die Staatsmänner selbst dachten anders. Wohl beabsichtigten

---

in: Nouveau Recueil de Traités des Puissances et États de l'Europe Bd 2: 1814–1815, Göttingen 1818, DokNr. 19. Die Erklärung wird einer juristischen Kritik unterzogen von Rie, Robert, Der Wiener Kongreß und das Völkerrecht, Bonn 1957, S. 80f.

94 Rapport de la commission des présidents du Conseil d'Etat, vorgelegt in der Sitzung des Conseil des ministres vom 2. 4. 1815, abgedruckt in: Acten des Wiener Congresses VI, S. 237–250. Vgl. Schreiben des napol. Außenministers an die Außenminister der europ. Kabinette vom 4. 4. 1815, ebd., S. 252–254, und die im Journal de Paris vom 4. 4. 1815 veröffentlichte Observation sur une déclaration du congrès de Vienne, ebd., S. 254–261. Die zugunsten Napoleons vorgebrachten Argumente werden unter juristischen Gesichtspunkten geprüft bei Rie, Wiener Kongreß, S. 82–89.

95 In dt. Übers. abgedruckt in: Acten des Wiener Congresses VI, S. 281–289.

96 Ebd., S. 288. Vgl. Beschluß der Signatarstaaten des Pariser Friedens, mit dem ein Abrücken von der Erklärung vom 13. 3. 1815 verworfen wurde, abgedruckt als Extrait du Procès-verbal ..., Conférence du 12 Mai 1815, ebd., S. 290–302.

97 Siehe Lebensbeschreibung in: ADB, Bd 16, S. 235–247.

98 Klüber, Johann Ludwig, Uebersicht der diplomatischen Verhandlungen des Wiener Congresses überhaupt, und insonderheit über wichtige Angelegenheiten des teutschen Bundes, Frankfurt a. M. 1816 (Nachdruck Osnabrück 1966), Anm. auf S. 64.

Feldmarschall Blücher[99] und sein Generalstabschef Gneisenau[100] zeitweise, Napoleon standrechtlich erschießen zu lassen, falls er in ihre Gewalt fallen sollte. Diesem Gedanken widersetzte sich aber der Herzog von Wellington[101]. Nach Ansicht des britischen Kabinetts fehlte selbst für eine Inhaftierung Napoleons im eigenen Lande eine Rechtsgrundlage. Daher sollte Bonaparte, wenn der französische König zu schwach sei, ihn als Aufständischen abzuurteilen, weder in England noch irgendwo in Europa, sondern in der Kap-Kolonie oder auf St. Helena inhaftiert werden[102].

Am 2. August 1815 kamen die Hauptmächte der Allianz überein, Napoleon, der sich zu diesem Zeitpunkt in britischer Gewalt befand, als ihren gemeinsamen Gefangenen zu betrachten. Seine Gefangenhaltung wurde der britischen Regierung übertragen. In den Abkommen[103] ist mit keinem Wort von einer Strafe die Rede. Napoleon wurde zwecks Sicherung der Ruhe in Europa in eine Art politische Schutzhaft genommen[104].

---

[99] Brief Blüchers vom 27. 6. 1815 an seine Frau, abgedruckt in: Blüchers Briefe. Vervollständigte Sammlung des Generals E. v. Colomb, hrsg. von W. v. Unger, Stuttgart-Berlin 1913, S. 290. Dort heißt es: „Es ist möglich und höchst wahrscheinlich, daß Bonaparte mich und Lord Wellington [von der provisorischen frz. Regierung] ausgeliefert wird. Ich werde wohl nicht klüger handeln können, als ihm totschießen zu lassen; es geschieht die Menschheit dadurch ein Dienst."

[100] Schreiben Gneisenaus vom 27.6. 1815 an Gen.Maj. v. Müffling, dem preuß. Militärbevollmächtigten bei Wellington, abgedruckt in: Müffling, Friedrich Carl Ferdinand Frhr. von, Aus meinem Leben, Berlin 1851, S. 273: „Bonaparte ist durch die Erklärung der verbündeten Mächte in die Acht erklärt. Der Herzog v. Wellington möchte (aus parlamentarischen Rücksichten) vielleicht Bedenken tragen, den Ausspruch der Mächte zu vollziehen. Ew. Hochwohlgeboren wollen demnach die Unterhandlungen über diesen Gegenstand dahin richten, daß Bonaparte *uns* ausgeliefert werde, um ihn vom Leben zum Tode zu bringen. So will es die ewige Gerechtigkeit, so bestimmt es die Deklaration vom 13ten März, so wird das Blut unserer am 16ten und 18ten getödteten und verstümmelten Soldaten gerächt."

[101] Wellington bestritt Gneisenaus Interpretation der Wiener Erklärung und meinte, aus ihr erwachse kein Recht, Napoleon erschießen zu lassen. Ein solcher Akt würde nur die Namen der beiden siegreichen Feldherren befleckt der Nachwelt überliefern. Ebd., S. 252 f. Blücher und Gneisenau lenkten ein, nicht aus Überzeugung, sondern – wie G. schreibt – „aus Achtung gegen den Herzog und – aus Schwäche". Zwei Schreiben Gneisenaus vom 29. 6. 1815 an Müffling, ebd., S. 275 f.

[102] Schreiben des Premierministers, Lord Liverpool, vom 15. und 20. 7. 1815 an Lord Castlereagh, abgedruckt in: English Historical Documents, Bd 11: 1783–1832, hrsg. von A. Aspinall u. E. Anthony Smith, London 1959, DokNr. 575. In letzterem Schreiben heißt es: „We are all decidedly of opinion that it would not answer to confine him in this country. Very nice legal questions might arise upon the subject, which would be particularly embarrassing." Die Befürchtungen des Premierministers sollten sich bewahrheiten: Nach seiner erneuten Abdankung begab sich Napoleon am 15. 7. 1815 an Bord HMS „Bellerophon". Die brit. Regierung ordnete daraufhin an, ihn als Kriegsgefangenen im Generalsrang zu behandeln. Napoleon bestritt, Kriegsgefangener zu sein, da er sich freiwillig unter den Schutz der engl. Gesetze begeben habe. Als die Entscheidung der Regierung bekannt wurde, den Ex-Kaiser auf St. Helena zu inhaftieren, wurde die Legalität dieser Maßnahme in der engl. Öffentlichkeit bezweifelt. Es wurde die Frage erörtert, ob Napoleon sofort – wenn zu Unrecht als Kriegsgefangener behandelt – oder erst bei Wiedereintritt des Friedenszustands mit Frankreich – wenn alle Kriegsgefangenen zu entlassen sein würden – unter dem Schutz der Habeaskorpusakte stehe. Die juristische Problematik wurde ausgeräumt, indem das Parlament durch Gesetze vom 11. 4. 1816 die Inhaftierung Napoleons auf St. Helena als Kriegsgefangenen (!) legalisierte und allen dabei beteiligten Personen Indemnität erteilte. Thornton, Michael John, Napoleon after Waterloo. England and the St. Helena Decision, Stanford, Calif., 1968, passim (leider ohne wissenschaftl. Apparat). Auch: Bellot, H. Hale, The Detention of Napoleon Buonaparte, in: The Law Quarterly Review 39 (1923), S. 170–192; McNair, Arnold, Aspects of State Sovereignty, in: British Year Book of International Law 26 (1949), S. 6–47 (15–18).

[103] Convention sur la garde de Napoléon entre la Grande-Brétagne et l'Autriche, abgedruckt in: Nouveau Recueil de Traités des Puissances et États de l'Europe II, DokNr. 54. Gleichlautende Abkommen zwischen Großbritannien und Preußen bzw. Rußland ebenfalls vom 2. 8. 1815.

[104] Dahm bezeichnet Napoleon als „Kriegs- und Sicherungsgefangenen", Bd 3, S. 289.

Die hier interessierenden Rechtsfragen wurden auf dem Kongreß von Aachen diskutiert und in einem Memorandum zum „Protocole separé relatif à Bonaparte" vom 21. November 1818 festgehalten. Das Memorandum beschreibt den Status Napoleons im Jahre 1815 als:

> „chef d'un[e] force informe, sans caractère politique reconnu, et, en conséquence, sans avoir aucun droit de prétendre aux avantages et aux égards dus à la puissance publique par les nations civilisées, même lorsqu'elle est tombée dans l'infortune. [...] Bonaparte, avant la bataille de Waterloo, était un rébelle redoutable; après la défaite, un aventurier dont la Fortune avait trahi les projets; un fugitif à Rochefort et dépendant de la justice de l'Europe, à bord du *Bellerophon.* Dans cette situation, sa destinée était soumise à la prudence des gouvernements qu'il avait offensés; et il n'éxistait alors en sa faveur (les droits inséparables de l'humanité exceptés) aucune loi positive, aucune maxime salutaire qui lui fût applicable. [...] L'état du prisonnier est soumis aux règles générales du Droit des gens mais le cas de Bonaparte étant une exception, tout ce qu'il y avait de particulier dans ce qui le concerne, a du être fixé par des stipulations et des lois spéciales[105]."

Mit dieser Übereinkunft schlossen die Verbündeten an die Wiener Erklärung vom 13. März 1815 an. Napoleon wurde nach Bruch des Vertrages von Fontainebleau, der zugleich mit seinem Verzicht auf die Krone Frankreichs seine Installierung als Souverän von Elba enthielt, nicht mehr als solcher anerkannt; das ius ad bellum wurde ihm bestritten. Seine Herrschaft der „hundert Tage" galt als Insurrektion, er selbst als Führer von Freischaren, der bei Mißlingen seiner Pläne seinem Gegner auf Gnade oder Ungnade ausgeliefert war.

Eine widerspruchsfreie Klärung der mit dem Schicksal Napoleons verbundenen Rechtsfragen gelingt nicht. Festzuhalten bleibt jedoch, daß seine „Verbannung" nach St. Helena nicht den Charakter einer Strafe trug[106].

c) Bestrafung wegen Verletzung der Kriegsgesetze und -gebräuche

Während die Bestrafung der für den Ausbruch eines Krieges politisch Verantwortlichen durch den Sieger weder in der Völkerrechtslehre des 18. und 19. Jahrhunderts vertreten wurde, noch in der Staatenpraxis Anwendung fand, blieb der Gedanke lebendig, Personen zu bestrafen, die sich Verletzungen des ius in bello schuldig gemacht hatten. Die Befugnis der militärischen Führung, gegen Verletzungen der Kriegsgesetze und Kriegsgebräuche durch die eigene Truppe einzuschreiten, war aus Gründen der Aufrechterhaltung der Disziplin selbstverständlich. Diese Fallgruppe ist im Hinblick auf das Thema der vorliegenden Arbeit aber von geringerem Interesse. Es gilt vielmehr, das Fortbestehen der völ-

---

[105] Zit. nach Bellot, The Detention of Napoleon, S. 191 f. Vgl. Bauer, Fritz, Die Kriegsverbrecher vor Gericht, Zürich-New York 1945 (= Neue internationale Bibliothek, Bd 3), S. 36.

[106] So auch Jescheck, Verantwortlichkeit der Staatsorgane, S. 31. Dagegen sieht Rie in der Verbannung Napoleons nach St. Helena eine „Strafe", die „zwar nicht von einem internationalen Gerichtshof [...], aber durch einen völkerrechtlich gültigen Vertrag [...], was einem verurteilenden Gesetz entsprechen würde [verhängt wurde]". N.'s Existenz auf St. Helena sei einer Milderung der – seines Erachtens – völkerrechtlich statthaften „Ächtungsstrafe" gleichgekommen. Doch räumt Rie ein, daß die Ächtung N.'s, dessen „Außergesetzstellung per se ein *neues* Gesetz, eine *neue* Norm dar[stellte], die auf völkerrechtsbrüchige Souveräne von nun an angewendet werden konnte". Wiener Kongreß, S. 94–96 (Hervorhebungen nicht im Original). Leider läßt Rie die brit. Staatspraxis (siehe Anm. 102) unbeachtet, die seiner These von einer letztlich völkerrechtlich legitimierten Strafe widerspricht.

kerrechtlichen Kompetenz nachzuweisen, die zur Ahndung der durch den Gegner begangenen kriegsrechtlichen Verfehlungen berechtigt. Belege für einen solchen Strafanspruch lassen sich leichter in der Völkerrechtslehre als in der Staatenpraxis finden; denn auf Grund der seit Beginn des 17. Jahrhunderts üblichen Vereinbarung von Oblivions- oder Amnestieklauseln in den Friedensverträgen[107] entfiel eine Bestrafung durch den Sieger. Der Strafanspruch der verletzten kriegführenden Partei kommt aber in zwei weiteren Formen zum Ausdruck: in der Aufforderung an den Gegner, die für gewisse Kriegsrechtsverstöße Schuldigen zu bestrafen, und weiterhin in der Bestrafung von Kriegsgefangenen, die überführt worden sind, völkerrechtswidrige Kriegshandlungen vor ihrer Gefangennahme begangen zu haben.

Der als Begründer der positivistischen Völkerrechtsschule geltende Johann Jacob Moser bezeugt die Strafgewalt der Staaten gegenüber Soldaten des Gegners, die sich eines Verstoßes gegen die Kriegsgebräuche schuldig gemacht haben:

> „Und wann sie [die „Parthien", nämlich kleine Aufklärungsabteilungen] dem Völker-Recht zuwider handlen, ist man, wann man ihrer habhaft wird, auch nicht schuldig, gegen ihnen zu verfahren, wie gegen Kriegs-Gefangenen, sondern man kan[n] sie als Räuber, Mordbrenner, usw. behandlen[108]."

An anderer Stelle geht Moser auf die Seekriegführung der zu seiner Zeit völkerrechtlich zugelassenen Kaper ein und bemerkt:

> „Sie müssen sich ebenfalls nach deme richten, was Völker-Rechtens ist. Widrigen Falles kan[n] man sich über sie beschweren. Oder, wann man sie in die Hände bekommt, scharff bestraffen[109]."

Die Völkerrechtslehre zu Beginn des 19. Jahrhunderts hat sich mit der Frage kaum befaßt. Doch in zwei nur innerstaatliche Geltung erlangt habenden Rechtskodifikationen kommt der Strafanspruch über gegnerische Kombattanten klar zum Ausdruck. Im bayerischen Militärstrafgesetzbuch von 1869:

> „Militärangehörige und Civilbeamte der feindlichen Macht, welche die Grenzen ihrer Dienstpflicht überschreiten, sowie Angehörige fremder Armeen und Civilpersonen, welche im In- oder Auslande zu Schaden oder Gefahr der im Felde stehenden bayerischen oder einer verbündeten Armee oder Angehöriger derselben handeln und deshalb der Militärbehörde vorgeführt werden, sind [. . .] zu bestrafen[110]."

Und in den von Lieber ausgearbeiteten kriegsrechtlichen Instruktionen für die Landtruppen der Vereinigten Staaten:

> „A prisoner of war remains answerable for his crimes committed against the captor's army or people, committed before he was captured, and for which he has not been punished by his own authorities[111]."

---

[107] Zu ihrem Umfang und ihrer Bedeutung siehe unten, S. 50–55.

[108] Moser, Johann Jacob, Grundsätze des Europäischen Völker-Rechts in Kriegszeiten, Tübingen 1752, S. 130 (II. Buch, Kap. 12, § 18).

[109] Ebd., S. 133 (II. Buch, Kap. 12, §§ 38–40).

[110] Militärstrafgesetzbuch für das Königreich Bayern Art. 119. Der Artikel ermöglichte die Verfolgung von zum Nachteil der bayer. Armee oder ihrer Verbündeten begangenen Kriegsverbrechen. Vgl. Art. 124. Militärstrafgesetzbuch für das Königreich Bayern. Amtliche Ausgabe, München 1869.

[111] Instructions . . . Art. 59 Abs. 1. Ebenso Art. 71: „Whoever intentionally inflicts additional wounds on an enemy already wholly disabled, [. . .] shall suffer death, if duly convicted, whether he belongs to the Army of the United States, or is an enemy captured after having committed his misdeed." (Fundstellennachweis oben, Anm. 19).

Während Bluntschlis Ausführungen undeutlich sind[112], tritt Dahn mit ähnlichen Worten wie Lieber für die Bestrafung von Kriegsgefangenen ein, die sich vor ihrer Gefangennahme gemeiner oder „Kriegsverbrechen" schuldig gemacht haben[113]. Tatsächlich versprach sich die Mehrzahl der Völkerrechtler gerade von der Androhung strafrechtlicher Sanktionen eine wirksame Garantie für die Einhaltung der Kriegsgesetze und -gebräuche. Auf der Brüsseler Konferenz von 1874 schlug die französische Delegation vor, die in den Militärgesetzbüchern der einzelnen Staaten enthaltenen Strafgesetze zum Schutz des Kriegsrechts zu vereinheitlichen[114]. Nicasio de Landa, Mitglied des Institut de Droit international, entwickelte auf der Basis der Brüsseler Deklaration einen Vorschlag für ein „Droit pénal de la guerre"[115]. Er ordnete den Verstößen gegen kriegsrechtliche Normen folgende, aus dem zivilen und Militärstrafrecht entnommene Straftatbestände zu: Amtsanmaßung, Mißbrauch der Amtsgewalt, Erpressung (exaction illégal), Raub, Mord bzw. Tötung (assassinat) und arglistige Täuschung bzw. Treubruch (félonie). Das Institut de Droit international gelangte bei seinen Arbeiten am „Manuel des lois de la guerre sur terre" zu der Feststellung, daß fast alle Staaten noch nicht genug für die praktische Durchsetzung und Einhaltung des Kriegsrechts getan hätten, insbesondere sei die Bestrafung der der Kriegsrechtsverletzungen Schuldigen nicht gesichert[116]. Das „Manuel" enthält zur Strafkompetenz folgende klare Ausführungen:

> „Si des infractions aux règles qui précèdent ont été commises, les coupables doivent être punis, après jugement contradictoire, par celui des belligérants au pouvoir duquel ils se trouvent. Donc [Art.] 84 – Les violateurs des lois de la guerre sont passibles des châtiments spécifiés dans la loi penale[117]."

In der deutschen Literatur scheint der Frage, ob Kriegsgefangene vom Gegner für von ih-

---

[112] Bluntschli, Völkerrecht, § 602, erklärt ganz allgemein, daß Kriegsgefangene für vor ihrer Gefangennahme verübte Vergehen der Strafgerichtsbarkeit des Gewahrsamstaates unterworfen sind. Obwohl er sich in der Anmerkung auf Art. 59 der amerikanischen Instructions bezieht, ist aus den angeführten Beispielen (Unterschlagung, Diebstahl) nicht mit Sicherheit zu entnehmen, ob auch völkerrechtswidrige Kriegshandlungen gemeint sind.

[113] Dahn, S. 7, zum Strafanspruch des eigenen wie des gegnerischen Staates: „Alle Schädigung der Nicht-Combattanten an Leib und Leben, Ehre, Freiheit und Vermögen aus verbrecherischen Motiven der Rache, Habsucht, Wollust etc., jede nicht durch den Kriegszweck gebotene Verletzung von Land und Leuten wird, wenn von Einzelnen verübt, streng, nach Kriegsrecht, geahndet, wenn von der Kriegsgewalt selbst, als barbarische und völkerrechtswidrige Schändung der eigenen Waffenehre verurtheilt und muß auf erhobene Beschwerde von der eigenen Staatsgewalt des schuldigen Befehlshabers gestraft werden." Zur Strafgewalt des Gegners gegenüber Kriegsgefangenen, S. 10f.: „[Es ist] unzulässig, sie wegen correcter kriegerischer Handlungen gegen den Nehme-Staat zu strafen, [. . .], selbstverständlich kann sie der Nehme-Staat wegen gemeiner (oder auch wegen Kriegsverbrechen), welche sie vor oder nach der Gefangennehmung begangen, und nach allgemeinen Rechtsgrundsätzen der Strafgerichtsbarkeit dieses Staates unterliegen, z. B. weil sie gegen diesen Staat selbst oder dessen Angehörige verübt werden, bestrafen."

[114] Actes de la Conférence de Bruxelles, S. 253f. (Neudruck S. 311–313). – Der Entwurf der Deklaration enthält keine Ausführungen zur Bestrafung Einzelner wegen Kriegsrechtsverletzungen.

[115] Landa, Nicasio de, Droit pénal de la guerre. Projet de classification des crimes et délits contre les lois de la guerre, selon la Déclaration de Bruxelles, in: Revue de droit international et de législation comparée 10 (1878), S. 182–184 (im Original irrtümliche Paginierung, nämlich S. 282–284).

[116] Rapport de la 5e commission d'étude der Brüsseler Konferenz von 1879, abgedruckt in: Annuaire de l'Institut de droit international 3/4 (1879/1880), 1. Tlbd, S. 311–328.

[117] Das Manuel ist abgedruckt ebd., Bd 5 (1881/1882), S. 157–174 (174).

nen begangene Kriegsrechtsverletzungen bestraft werden können, bis zum Ausbruch des Ersten Weltkriegs fast keine Aufmerksamkeit geschenkt worden zu sein. Im völkerrechtlichen Schrifttum findet sich wohl zuletzt bei Heffter und bei Lueder eine Erwähnung[118]. Von der kriegswissenschaftlichen Literatur ist eine im Großen Generalstab entstandene Arbeit zu nennen, die im Weltkrieg bei den Gegnern Deutschlands über Gebühr Beachtung fand, da sie dem zwingenden Charakter des Abkommens betreffend die Gesetze und Gebräuche des Landkriegs vom 29. Juli 1899 als völkerrechtliches Vertragsrecht nicht Rechnung trug[119]. Bezüglich der Ahndung von Verstößen gegen den Kriegsgebrauch heißt es in ihr:

> „Wer gegen eines dieser Verbote handelt, ist von seinem Staate zur Verantwortung zu ziehen. Gefangen verfällt er kriegsrechtlicher Bestrafung[120]."

Im Vergleich zu der deutschen Literatur, die im Hinblick auf die (noch zu behandelnde) Diskussion dieser Völkerrechtsfrage in und nach dem Weltkrieg einer eingehenden Durchsicht unterzogen wurde, finden sich in der englischen mehr und eindeutigere Hinweise auf die Strafbarkeit von Kriegsrechtsverletzungen. In dem von T. E. Holland im Auftrag des War Office herausgegebenen und in vielen tausend Exemplaren in der britischen Armee zur Verteilung gelangten Handbuch des Landkriegsrechts wird deutlich auf die völkergewohnheitsrechtlich begründete, individuelle Verantwortlichkeit für Kriegshandlungen aufmerksam gemacht:

> „Individuals offending against the laws of war are liable to such punishment as is prescribed by the military code of the belligerent into whose hands they may fall, or, in

---

118 Heffter, August Wilhelm, Das Europäische Völkerrecht der Gegenwart, 8. Aufl. bearbeitet von Heinr. Geffcken, Berlin 1888, S. 282: „Sollte sich ein Gefangener, der sich nicht auf bestimmte Bedingungen ergeben hat, vorher einer Verletzung der Kriegsmanier schuldig gemacht haben, so würde zwar dem Sieger ein Recht der Ahndung innerhalb der Grenzen menschlicher Wiedervergeltung nicht bestritten werden können; verdammungswürdig aber wäre jede Rache an einem Feinde, der nur seine Pflicht als Krieger gethan hat, [...]". – Lueder, C[arl], Das Landkriegsrecht im Besonderen, in: Handbuch des Völkerrechts, hrsg. von Franz von Holtzendorff, Bd 4: Die Staatsstreitigkeiten und ihre Entscheidung, Hamburg 1889, S. 392: „Die gegen eins der hier besprochenen Verbote handelnden Einzelnen sind von ihrem Staate zur Verantwortung und Bestrafung zu ziehen. In die Gewalt des Feindes gerathen, verfallen sie kriegsrechtlicher Ahndung, bezw. Repressalien."

119 Kriegsbrauch im Landkriege, hrsg. vom Großen Generalstabe, Kriegsgeschichtliche Abteilung I, Berlin 1902 (= Kriegsgeschichtliche Einzelschriften, H. 31). – Der Untersuchungsausschuß des Dt. Reichstags zur Klärung der Schuldfragen des Weltkriegs befaßte sich mit der Generalstabsschrift im Rahmen seiner Ermittlungen betr. die Einführung der Haager Landkriegsordnung beim dt. Heer. Er stellte fest, daß die Schrift „eine beinahe vollständige Unkenntnis" der HLKO zeige, jedoch aus ihr nicht die grausame Gesinnung hervorgehe, die ihr in der Entente-Propaganda während des Krieges („Handbuch der Hunnen") zugemessen worden sei. Tatsächlich war die HLKO dem Verfasser, dem damaligen Major, späteren Gen.Lt. R. v. Friederich, nicht bekannt, obwohl diese während der Niederschrift seiner Abhandlung im RGBl. veröffentlicht wurde! Der Ausschuß urteilte, daß „Kriegsbrauch im Landkriege" keine Dienstvorschrift, aber auch keine Privatarbeit gewesen sei. In Anbetracht des Ziels der Veröffentlichung, „anregend auf das Offizierkorps zu wirken", und in Anbetracht dessen, „daß mit der Publikation der Ruf [...] des Großen Generalstabs aufs Spiel gesetzt wurde, hätte man wünschen müssen, daß die Urheber jener wissenschaftlichen Schrift ein höheres Maß von Sorgfalt beobachtet hätten; es wäre dadurch der schwere Nachteil für Deutschland vermieden worden, der aus einer falschen Beurteilung und der agitatorischen Verwendung des Buches durch unsere Gegner entstanden ist". Entschließung des 3. Unterausschusses vom 28. 6. 1921, in: WUA, Dritte Reihe: Völkerrecht im Weltkrieg. Im Auftrage des Dritten Unterausschusses hrsg. von Johannes Bell, 4 Bde, Berlin 1927, hier: Bd 1, S. 25–28 (27 f.). Weiteres Material zur Generalstabsschrift ebd., S. 36 f. u. S. 46–54.

120 Kriegsbrauch im Landkriege, S. 10.

default of such code, then to such punishment as may be ordered, in accordance with the laws and usages of war, by a military court[121]."

Bemerkenswert ist Hollands Ansicht über das bei der Verfolgung von Verletzungen des ius in bello anzuwendende Recht: Die Bestrafung hat nach dem Militärstrafgesetzbuch des die Gerichtsbarkeit ausübenden Staates zu erfolgen oder in Ermangelung dessen – und wohl auch zur Ausfüllung von Lücken (?) – unmittelbar nach völkerrechtlichem Kriegsgebrauch[122].

Bestimmenden Einfluß auf die weitere Entwicklung der die Ahndung von Kriegsrechtsverletzungen betreffenden Rechtsmaterie nahmen die Arbeiten von Lassa Oppenheim (1858–1919), einem Rechtsgelehrten, der zunächst an den Universitäten Freiburg i. Br. und Basel das Strafrecht vertrat und sich nach seiner Übersiedlung nach England einen Namen als Völkerrechtslehrer schuf[123]. In seinem bekannten, erstmals 1905/06 erschienenen Lehrbuch des Völkerrechts führte er den Begriff „war crime" in die internationale Rechtssprache ein und bemühte sich um eine systematische Darstellung der mit ihm verknüpften Rechtsfragen. Oppenheims Kriterium für Kriegsverbrechen ist allein die Tatsache, daß Kombattanten und Nicht-Kombattanten für bestimmte Handlungen gemäß Völkergewohnheitsrecht vom Feinde bestraft werden können. Allerdings will er den Begriff getrennt von allen moralischen Erwägungen strikt als Terminus technicus verstanden und verwendet sehen; denn er unterscheidet vier Kategorien von Kriegsverbrechen. Erstens: Verletzung von anerkannten Kriegsgesetzen durch Kombattanten, zweitens: Vornahme von Kriegshandlungen durch Nichtkombattanten, drittens: Spionage und Kriegsverrat, viertens: Marodieren[124]. Gegen einen so verstandenen Terminus „Kriegsverbrechen" läßt sich insbesondere einwenden, daß er unscharf ist, Täter und Taten umfaßt, die nahezu nichts gemeinsam haben[125]. Trotzdem fanden Oppenheims Ansichten – zum Teil fast wörtlich – Eingang in zwei vom War Office herausgegebene Handbücher: in das offiziöse „Land Warfare"[126] und in das offizielle „Manual of Military Law" von 1914[127].

---

[121] Holland, T[homas] E[rskine], The Laws and Customs of War on Land, as defined by the Hague Convention of 1899, London 1904, S. 45 (§ 97, vgl. § 98). Ebenso: Ders., The Laws of War on Land, Oxford 1908, S. 59f. (§ 117, vgl. § 118). Holland konnte seine Ansicht u. a. stützen auf: Manual of Military Law, hrsg. vom War Office, 1. Aufl. 1884, und Hall, William Edward, A Treatise on International Law, 2. Aufl., Oxford 1884, S. 378–380 (§ 135). In dem Manual (dem allerdings kein amtlicher Charakter zukam, so Holland, The Laws of War on Land, S. 73) heißt es: „A prisoner of war who has committed an offence against the customs of war – such for example as stabbing or robbing wounded men – may be considered to have forfeited the character of a prisoner of war, and be punished with death for his crime". Zit. nach Zander, Jens-Peter, Das Verbrechen im Kriege – ein völkerrechtlicher Begriff. Ein Beitrag zur Problematik des Kriegsverbrechens. Rechts- und Staatswiss. Diss. Würzburg 1969, S. 20.

[122] Auch Spaight erkennt die Strafgewalt des geschädigten Staates über feindliche, für Kriegsrechtsverletzungen verantwortliche Staatsangehörige an. Spaight, J[ames] M[olony], War Rights on Land, London 1911, S. 461f.

[123] Siehe Nachruf von E. A. Whittuck in: British Yearbook of International Law 1 (1920–21), S. 1–9.

[124] Oppenheim, L[assa], International Law. A Treatise, 2 Bde, London – New York – Bombay 1905/1906, hier: Bd 2: War and Neutrality, S. 263–270 (§§ 251–257). Diese Ausführungen sind auch deshalb bemerkenswert, weil sie erstmals eine Aufzählung von 20 Kriegsrechtsverletzungen enthalten, die als „Kriegsverbrechen" eingestuft werden. Ebd., Bd 2, S. 264–266 (§ 253).

[125] Dazu Zander, S. 11.

[126] Edmonds, J[ames] E[dward]/L[assa] Oppenheim, Land Warfare. An Exposition of the Laws and Usages of War on Land, for the Guidance of Officers of His Majesty's Army, London H. M. S. O., o. J. [1912], S. 94–97.

[127] Auszugsweise abgedruckt in: Verdross, Alfred, Die völkerrechtswidrige Kriegshandlung und der Strafanspruch der Staaten, Berlin 1920, S. 94–98.

Wie ist das Schweigen der kontinentalen, insbesondere der deutschen Literatur zu der Frage, ob Kombattanten für Verletzungen des Kriegsrechts vom Gegner bestraft werden können, zu erklären? Hier sind wohl zwei Gründe anzuführen. Die Haager Abkommen betreffend die Gesetze und Gebräuche des Landkriegs von 1899 und 1907 enthalten keine diesbezügliche Regelung. Vielmehr schien der auf deutschen (!) Vorschlag in das IV. Haager Abkommen (von 1907) eingefügte Artikel 3, der die Schadenersatzpflicht des Staates für alle rechtswidrigen Handlungen der zu seiner Kriegsmacht gehörenden Personen festlegt, die herrschende Lehre zu bestätigen, daß das Völkerrecht ausschließlich Rechtsbeziehungen zwischen Staaten regelt[128]. Auch aus Artikel 56 der Landkriegsordnung (in alter und neuer Fassung), der die Ahndung bestimmter verbotener Kriegshandlungen vorschreibt, geht nicht hervor, ob nur der Staat, dessen Wehrmacht der Täter angehört, oder auch der gegnerische verpflichtet ist zu strafen[129]. Die deutschen Kommentatoren der Landkriegsordnung haben sich mit der Strafvorschrift dieses Artikels nicht auseinandergesetzt[130]. Der wesentliche Grund für das Schweigen der Literatur war die in der Staatenpraxis der Neuzeit übliche Aufnahme von Amnestieklauseln in die Friedensverträge. Juristisch gesehen sind die Amnestieklauseln allerdings ein indirekter Beweis für die Existenz einer Strafgewalt über feindliche Staatsbürger, denn sonst wäre ihre Vereinbarung ohne Sinn gewesen.

d) *Friedensvertragliche Amnestie*

Wie gezeigt wurde, billigt die scholastische Völkerrechtslehre dem Sieger, der rechtmäßig zu den Waffen gegriffen hat, das Recht zu, die Verantwortlichen für den Krieg und die Kriegsrechtsverletzungen, zu bestrafen. Grotius hält an der Strafkompetenz des Siegers fest, erblickt jedoch in dem Abschluß eines Friedensvertrags generell einen Erlaß der verwirkten Strafe: Das Recht, gegen „Könige und Völker“ Strafen zu verhängen, müsse als aufgegeben gelten, „weil der Friede keine Sicherheit haben würde, wenn die alten Ursachen des Krieges gültig blieben“. Strafen, auf die Privatpersonen einen Anspruch haben,

---

[128] Eindeutig in diesem Sinne: Strupp, Karl, Das internationale Landkriegsrecht, Frankfurt a. M. 1914, S. 29–36. Daß das Völkerrecht nur Beziehungen zwischen Staaten regelt, also nur diese, nicht aber einzelne Menschen Träger völkerrechtlicher Rechte und Pflichten sein könnten, war allgemeine Überzeugung der dt. Völkerrechtswissenschaft zu Beginn des 20. Jahrhunderts. Diese Auffassung war für Anhänger der dualistischen Theorie über das Verhältnis von Völkerrecht und staatlichem Recht – in der beide als verschiedene Rechtsordnungen angesehen werden, die sich höchstens berühren, niemals aber überschneiden – konsequente Folge ihrer Ausgangskonstruktion. Zwar erlaubt die monistische Theorie, die auf dem Gedanken der Einheit des Rechtes beruht, theoretisch die Anerkennung der Einzelperson als Völkerrechtssubjekt, aber das damalige dogmatische Souveränitätsverständnis verhinderte dies. Soweit völkerrechtliche Normen die Stellung des Individuums berührten, mußten sie in staatliches Recht transformiert sein, um Rechte und Pflichten für den Einzelnen zu erzeugen. Insoweit stimmten die Anhänger der beiden Theorien in der Praxis überein. Die bekanntesten Verfechter des Dualismus waren: Triepel, Heinrich, Völkerrecht und Landesrecht, Leipzig 1899, passim (zur Stellung des Individuums S. 20–26 u. 329–348); Heilborn, Paul, Grundbegriffe des Völkerrechts, Stuttgart 1912 (= Handbuch des Völkerrechts, hrsg. von G. A. Walz, Bd 1, 2. Abtlg.), S. 87–97; ders., Subjekte des Völkerrechts, in: Strupp WVR II, S. 684–686 (685); Strupp, Karl, Das völkerrechtliche Delikt, Stuttgart 1920 (= Handbuch des Völkerrechts, hrsg. von G. A. Walz, Bd 3, 4. Abtlg.), S. 9, Anm. 10. Siehe zum Stand des Theorienstreits zu Anfang des Jahrhunderts: Kunz [Josef L.], Landesrecht und Völkerrecht, in: Strupp WVR I, S. 787–797.

[129] Eine ähnliche Strafvorschrift enthält auch Art. 28 der Genfer Konvention von 1906.

[130] Siehe: Meurer, Haager Friedenskonferenz II, S. 320; Strupp, Landkriegsrecht, S. 125 f.; Zorn, Albert, Das Kriegsrecht zu Lande in seiner neuesten Gestaltung, Berlin 1906, S. 270.

müßten als erlassen gelten, wenn auch nur ein Passus des Friedensvertrags eine diesbezügliche Vermutung erlaube[131].

In der Staatenpraxis hatten die Herstellung von Frieden und die Sicherung des Friedens zu allen Zeiten Vorrang vor der Ahndung von Schuld, wie Jörg Fisch in seiner empirischen Untersuchung von mehreren hundert Friedensverträgen nachgewiesen hat[132]. Zwar enthalten die Verträge des europäischen Mittelalters recht häufig auf dem Lehnsrecht beruhende Schuldzuschreibungen, aber Bestrafungen resultierten daraus sehr selten. Vielmehr waren die Schuldklauseln notwendige Voraussetzung, um in Befolgung eines christlichen Gebotes die Vergebung alles Gewesenen gewähren zu können. Als mit der Herausbildung von souveränen Territorialstaaten das Lehnsrecht an Bedeutung verlor, entfiel auch die Grundlage von Schuldzuschreibungen. In den Friedensverträgen der frühen Neuzeit verdrängen daher Ausdrücke des Vergessens („oblivio", „oubli", „mettre en oubli", „in Vergeß stellen") die der Vergebung (des christlichen „remissio" und des unbestimmteren „pardon"). Einen Abschluß fand diese Entwicklung im Westfälischen Frieden von 1648[133].

Die folgende, gleichlautend im Instrumentum Pacis Osnabrugense und im Instrumentum Pacis Monasteriense verwandte Formulierung hatte Vorbildcharakter für viele in der Folgezeit geschlossene Verträge:

> „Sit utrimque perpetua oblivio et Amnestia omnium eorum, quae ab initio horum motuum quocunque loco modove ab una vel altera parte ultro citroque hostiliter facta sunt, ita ut nec eorum nec ullius alterius rei causa vel praetextu alter alteri posthac quicquam hostilitatis aut inimicitiae, molestiae vel impedimenti [...], sed omnes et singulae hinc inde tam ante bellum quam in bello, verbis, scriptis aut factis illatae iniuriae, violentiae, hostilitates, damna, expensae absque omni personarum rerumve respectu ita penitus abolitae sint, ut, quicquid eo nomine alter adversus alterum praetendere posset, perpetua sit oblivione sepultum[134]."

---

131 Grotius, De iure belli ac pacis, lib. III, cap. XX, §§ XVII und XVIII. Zit. nach Schätzel, S. 563.

132 Fischs detaillierte Untersuchung von „Schuld und Amnestie" im Friedensvertrag, S. 35–278, reduziert die bisherige Literatur zur Oblivions- und Amnestieklausel zu bloßen Überblicken. Vgl.: Simon, Pierre F., La clause d'amnistie dans les traités de paix, in: Revue générale de droit international public 26 (1919), S. 245–261; Verdross, Die völkerrechtswidrige Kriegshandlung, S. 88–93; ders., Die Amnestieklausel in den Friedensverträgen, in: Strupp WVR I, S. 38–40; Kruse, Hans, Amnestieklausel, in: Strupp-Schlochauer WVR I, S. 40–42; Dickmann, Kriegsschuldfrage, S. 4–6.

133 Ausführlich Fisch, S. 73–95.

134 „Auf beiden Seiten soll eine ewige Vergessenheit und Amnestie alles dessen sein, was seit Beginn dieser Vorfälle an welchem Ort und auf welche Weise auch immer von der einen und von der andern Seite hinüber und herüber an feindseligen Akten verübt worden ist, so daß weder deswegen noch aus irgendeinem andern Grund oder Vorwand einer dem andern in Zukunft irgendwelche Feindseligkeit, Feindschaft, Unannehmlichkeit oder Behinderung zufügen oder zufügen lassen oder dulden soll, daß es zugefügt werde, [...]; sondern alles und jedes, was bis zum jetzigen Zeitpunkt sowohl vor als auch während dem Kriege durch Worte, Schriften oder Taten an Unrecht, Gewalt, Feindseligkeiten, Schäden und Verlusten zugefügt worden ist, soll ohne jede Rücksicht auf Personen und Sachen dergestalt völlig aufgehoben sein, daß, was auch immer unter diesem Titel einer gegen den andern beanspruchen könnte, in ewiger Vergessenheit begraben sein soll." Art. II IPO und § 2 IPM vom 24. 10. 1648, abgedruckt in: Quellensammlung zur Geschichte der Deutschen Reichsverfassung in Mittelalter und Neuzeit, bearbeitet von Karl Zeumer, 2. Aufl., Tübingen 1913 (= Quellensammlungen zum Staats-, Verwaltungs- und Völkerrecht, Bd 2), DokNr. 197 u. 198, auszugsweise abgedruckt in: Urkunden zur Geschichte des Völkerrechts, hrsg. von Karl Strupp, 2 Bde, Gotha 1911, hier: Bd 1, DokNr. VIIa u. b, und Fisch, S. 680–683 (680f., hier auch Übersetzung).

„Oblivio" und „amnestia" sind die beiden Termini, mit denen in den Friedensverträgen des 17. und 18. Jahrhunderts das gewollte Vergessen alles vor und in dem jeweils zurückliegenden Krieg Vorgefallenen zum Ausdruck kommt. Beide sind synonyme Wörter, sie bedeuten im Lateinischen und im Griechischen gleichermaßen „Vergessen". In der Vertragspraxis tendierten die Begriffe hinsichtlich ihrer funktionellen Bedeutung freilich bald auseinander: „oblivio" („oubli", „Vergessenheit") bezeichnet die Haltung, die gegenüber der Vergangenheit einzunehmen ist, drückt den Wunsch nach Vergessen aus. „Amnestia" ist dagegen (in allen Sprachen) Terminus technicus und bezeichnet die Rechtsfolgen, nämlich Straffreiheit und bis zur Mitte des 17. Jahrhunderts auch Restitution, also Wiedereinsetzung in allen früheren Besitz, in alte Rechte und Würden[135].

Im 17. und 18. Jahrhundert galt das Vergessen, in den Verträgen in Oblivions- und Amnestieklauseln stipuliert, als selbstverständliche Grundlage jedes Friedensschlusses. Dies kommt auch deutlich in der rechtsphilosophischen und völkerrechtlichen Literatur dieser Zeit zum Ausdruck: „In amnestia consistit substantia pacis" lautet die gängige Kurzformel[136]. In den Friedensverträgen war somit kein Platz für das Ansprechen wie auch immer gearteter Schuldfragen – Schuld am Kriege oder Schuld im Kriege –, kein Platz für Strafvorschriften und Wiedergutmachungsansprüche. Ein Völkerrechtslehrer des 20. Jahrhunderts hat diesen Umstand mit dem glücklichen Ausdruck „friedewirkendes Vergessen" charakterisiert[137].

In den europäischen Friedensverträgen des 19. Jahrhunderts kommt der Terminus „oblivio" (bzw. seine Übersetzungen) nur sehr selten, in den lateinamerikanischen noch bis 1890 hin und wieder vor[138]. Sein Verschwinden bedeutet aber nicht, daß die Friedensschlüsse des umfassenden Vergessens entbehren, sondern die Oblivionsklausel galt als selbstverständlicher, den Verträgen zu unterlegender Bestandteil[139]. Die Amnestiebestimmungen regeln jetzt nur den Straferlaß für von Einzelnen begangene Rechtsverletzungen, die mit dem Krieg in mittelbarem oder unmittelbarem Zusammenhang stehen.

Die Ausgestaltung der Amnestieklauseln in der Staatenpraxis zeigt nach Art und Umfang wesentliche Unterschiede. In der Mehrzahl der Friedensverträge erstreckt sich die Amnestie nur auf die eigenen Staatsangehörigen, die an Feindseligkeiten gegen ihren Heimatstaat teilgenommen oder durch politische Tätigkeit gegen dessen Interessen verstoßen haben. Im Fall von Gebietswechsel auf Grund friedensvertraglicher Zession wird regelmäßig der Bevölkerung Straffreiheit für alle Handlungen zugunsten oder zu Lasten der Ver-

---

[135] Fisch, S. 95–97 u. 103–107.

[136] Ebd., S. 104f. F. führt als Beleg u. a. Kant an, der in „Metaphysik der Sitten" (1797) kurz und prägnant schreibt: „Daß mit dem Friedensschlusse auch die *Amnestie* verbunden sei, liegt schon im Begriffe desselben." Op. cit. § 58.

[137] Rogge, Heinrich, Rechtssysteme der internationalen Friedenssicherung. Alte und neue Aufgaben der Rechtswissenschaft, in: Archiv des Völkerrechts 2(1950), S. 159–179 (163; erwähnt von Dickmann, Kriegsschuldfrage, S. 5).

[138] Unter den für die Sammlung „Corpus Pacificationum" ausgewerteten 226 *Friedens*verträgen ist die Oblivionsklausel nur dreimal nachgewiesen. Dickmann, Kriegsschuldfrage, S. 5, Anm. 5; Corpus Pacificationum. Systematische Zusammenstellung der Texte der Friedensverträge 1792–1913 [zusammengestellt im k. u. k. Haus-, Hof- und Staatsarchiv Wien], o. O. o. J. [Berlin-Wien 1914]. Davon im Einzelnen abweichend Fisch, S. 115 und S. 760f., Tabellen 6 u. 7. Nach seinen, auf der Untersuchung von 179 *Verträgen* der europäischen und amerikanischen Staaten (1795–1918) beruhenden Feststellungen enthalten 25 eine Oblivionsklausel.

[139] Dickmann, Kriegsschuldfrage, S. 5 (insbes. auch Anm. 5); Fisch, S. 112f.

tragschließenden gewährt. In einer Reihe von anderen Friedensverträgen ist die Amnestieklausel weiter gefaßt und bezieht sich auch auf gegnerische Staatsangehörige[140]. Werden alle mit dem Kriege im Zusammenhang stehenden strafbaren Handlungen amnestiert, muß auch die Verfolgung wegen völkerrechtswidriger Kriegshandlungen eingestellt werden. International als „gemeine Verbrechen" bezeichnete Delikte bleiben in der Regel von der Straffreiheit ausgeschlossen. Im Ergebnis ist festzustellen, daß sich in der Staatenpraxis allgemeingültige Normen für die Amnestie nicht herausgebildet haben. Die Vereinbarung einer Amnestie und ihre Ausgestaltung liegt im Ermessen der Friedenschließenden.

Die in- und ausländische Völkerrechtsliteratur des endenden 19. Jahrhunderts und beginnenden 20. Jahrhunderts hat mit der Staatenpraxis nicht voll im Einklang gestanden. In ihr wird vor dem Ersten Weltkrieg allgemein, in beachtlichem Umfang aber auch noch während des Krieges die Ansicht vertreten, daß mit jedem Friedensschluß notwendig eine Amnestie verbunden sein müsse; denn ohne diese sei eine Beseitigung aller zwischen den Kriegsparteien bestehenden Streitigkeiten und somit ein wirklicher Friede nicht denkbar. Man fühlt die noch bestehende starke Anlehnung an den Oblivionsgedanken, obwohl die in der Vertragspraxis vorgenommene Einschränkung auf die Amnestie im Sinne von Straffreiheit durchaus erkannt worden ist. Bezüglich der Behandlung von Taten, die eine Verletzung des Kriegsrechts darstellen, besteht weitgehende Übereinstimmung. Die Autoren, für die die Beilegung aller Streitpunkte zwischen den Kontrahenten eine notwendige Voraussetzung des Friedens ist, sind der Auffassung, daß Kriegsrechtsverletzungen seitens des ehemaligen Gegners nach dem Friedensschluß nicht mehr verfolgt werden dürfen[141].

---

140 Vgl. die von Verdross, Die völkerrechtswidrige Kriegshandlung, S. 88–90, angegebenen, offensichtlich aus dem Corpus Pacificationum entnommenen Vertragsbeispiele.

141 Bluntschli erachtet die Amnestie für notwendig, „damit das Gefühl des Friedens sich befestige". Sie soll auch jeden Streit über stattgefundene Kriegshandlungen der Vergessenheit überantworten (§ 710). Die Amnestie komme in der Regel auch Missetätern zugute, die sich gegen das Kriegsrecht vergangen haben, aber noch nicht kriegsrechtlich zur Rechenschaft gezogen worden seien (§ 711). Es bestehe jedoch kein Grund, die Amnestie – wie es in der Praxis häufig geschehe – auf Taten auszuweiten, die als gemeine Verbrechen anzusehen und auch durch die „Parteileidenschaft im Krieg" nicht zu entschuldigen seien. Ihre Verfolgung und Bestrafung gefährde in keiner Weise den Frieden (§ 712). Bluntschli, Völkerrecht, S. 385–387. Ullmann erblickt in der Amnestieklausel einen wesentlichen Bestandteil der Friedensverträge, „so daß der Inhalt derselben auch ohne ausdrückliche Formulierung mit dem Friedensschluß als gegeben anzusehen ist [. . .]. – Gegen die Ausschließung von Verletzungen des Kriegsrechts und der Kriegsgebräuche von der Amnestie sprechen evidente Gründe der Zweckmäßigkeit und der Zweck des Friedensschlusses selbst." Ullmann, E. von, Völkerrecht, 2. Aufl., Tübingen 1908 (= Das öffentliche Recht der Gegenwart, Bd 3), S. 544. Heffter, S. 393, hält die Amnestie bei Friedensschluß für selbstverständlich, sonst wäre der Friede nur ein Waffenstillstand. Die im Kriege zugefügten Verletzungen und Beschädigungen dürften unter den Staaten keinen Grund zu neuen Streitigkeiten abgeben. Der Bearbeiter der 8. Auflage, Heinrich Geffcken, stimmt Heffter zu und bemerkt, daß „die, welche im Auftrage des Staates gehandelt haben, nicht persönlich verantwortlich gemacht werden [dürfen], [sie] sind für Überschreitung ihres Auftrages nur der eigenen Regierung verantwortlich, deren Strafrecht natürlich nicht durch die Amnestie berührt wird." Ebd., S. 394. – Auch in zwei 1918 erschienenen Dissertationen wird die Amnestie als wesentlicher und zur Gewohnheit gewordener Bestandteil jedes Friedensvertrags bezeichnet: Hoppe, Rudolf, Die Kriegsbeendigung nach Völkerrecht und deutschem Reichsrecht. Rechts- u. Staatswiss. Diss. Greifswald, Greifswald 1918, S. 28–30, und Haas, Joseph Peter, Die Beendigung des Krieges nach modernem Völkerrecht. Rechts- u. Staatswiss. Diss. Greifswald, Münster 1918, S. 31–33. Beide sehen den Sinn der Amnestie in der Beseitigung der Streitigkeiten zwischen den ehemaligen Kriegsgegnern, wozu auch gehöre, daß kein Untertan des einen Staates von dem anderen wegen während des Krieges begangenen militärischen oder politischen Vergehen verfolgt und

Phillipson vertritt in seiner ausführlichen Monographie „Termination of War and Treaties of Peace“ eine abweichende Meinung, obwohl auch er von einer in jedem Friedensvertrag implizierten und weit auszulegenden Amnestie ausgeht. Die friedensvertraglich vereinbarte Amnestie beziehe sich auf Handlungen von Staatsangehörigen des Gegners, die aus politischen Motiven begangen worden sind. Sie beziehe sich nicht auf die eigenen Staatsangehörigen, die gegen das Kriegsrecht verstoßen haben und, falls kein gegenteiliges Übereinkommen bestehe, nicht auf Kriegsgefangene, die gleichartiger Vergehen schuldig sind[142]:

> „In some [...] treaties the terms of the amnesty clause are so comprehensive as to cover all acts, including ‚war crimes‘. [...] Whether immunity is to be extended to breaches of war law depends on the agreement between the parties; in default of agreement each State may detain and punish captured delinquents belonging to the other State; or by a mutual understanding, all delinquents may be handed over to their own Government for trial and punishment[143].“

Tatsächlich kennt die Staatenpraxis vor 1919 Fälle, in denen Kriegsrechtsverletzungen von der Amnestie ausgenommen wurden, und sogar Fälle, in denen Sieger über Besiegte, die als rechtmäßige Kombattanten im Sinne des Völkerrechts anerkannt waren, zu Gericht saßen. So proklamierte der amerikanische Präsident nach Ende der Feindseligkeiten im Bürgerkrieg eine Amnestie, von der verschiedene Personengruppen ausgeschlossen wurden, u. a. Personen, die Soldaten der Union als Kriegsgefangene rechtswidrig („otherwise than lawfully“) behandelt hatten[144]. Der Hauptmann der konföderierten Armee Henry Wirz mußte sich vor einem U. S. Kriegsgericht als ehemaliger Kommandant des Kriegsgefangenenlagers Andersonville (Georgia) verantworten, in dem bedingt durch menschenunwürdige Behandlung sowie völlig unzureichende Unterbringung und Verpflegung mehrere tausend Gefangene ums Leben gekommen waren. Das Kriegsgericht hielt Wirz für schuldig, zusammen mit anderen gegen die Kriegsgesetze („laws of war“) verstoßen zu haben, indem er die Gesundheit von Kriegsgefangenen beeinträchtigte bzw. verletzte und dadurch den Tod vieler herbeiführte. Das Urteil vom 24. Oktober 1865 lautete auf Tod durch den Strang[145].

---

zur Rechenschaft gezogen werden soll. Nach Hoppe (S. 29 f.) soll die Amnestie nur denen zugute kommen, deren strafbare Handlungen aus Vaterlandsliebe oder in Erbitterung und Haß gegen den Feind begangen worden sind. Der (innerstaatliche?) Amnestieerlaß finde keine Anwendung auf gemeingefährliche Delikte. – Hall sieht im Friedensvertrag eine Beilegung aller Streitigkeiten aus Kriegshandlungen. Eine weitgehende Amnestie sei üblich. Hall, S. 519 f. (ebenso 7. Aufl., hrsg. von A. Pearce Higgins, Oxford 1917, S. 602 f.). Nach Oppenheim II, S. 287 f. (§ 274), ist der Friedensschluß die endgültige Beilegung des Krieges mit der Wirkung der Amnestie: „amnesty – that is, an immunity for all wrongful acts done by the belligerents themselves, the members of their forces, and their subjects during the war, and due to political motives. [...] All so-called war crimes which have not been punished before the conclusion of peace can now no longer be punished. [...] International delinquencies committed intentionally by belligerents through violation of the rules of legitimate warfare are considered condoned.“

142 Phillipson, Coleman, Termination of War and Treaties of Peace, London 1916, S. 244.

143 Ebd., S. 247 f. Verdross, Die völkerrechtswidrige Kriegshandlung, S. 92, stimmt dieser Meinung ausdrücklich zu.

144 Proklamation vom 29. 5. 1865, abgedruckt in: Documents of American History, hrsg. von Henry Steele Commager, 6. Aufl., New York 1958, DokNr. 248.

145 Aktenstücke zum Verfahren gegen Captain Henry Wirz sind abgedruckt in: The Law of War I, S. 783–798.

Weitere Präzedenzien datieren aus den Burenkriegen 1880/81 und 1899–1902. Am Schluß beider standen vertragliche Vereinbarungen, in denen die britische Regierung den Buren jeweils vollständige Amnestie zusicherte. Von dieser waren allerdings ausgenommen: in den Friedensvereinbarungen mit den Transvaal-Buren vom Frühjahr 1881 „persons who had committed acts contrary to the rules of civilised warfare"[146] und im sogenannten Friedensvertrag von Vereeniging „certain acts contrary to the usage of war which have been notified by the Commander-in-Chief to the Boer generals, and which shall be tried by court-martial immediately after the close of hostilities"[147]. Die Regierung des Transvaal kam der gleichfalls 1881 vertraglich übernommenen Verpflichtung nach, die der Kriegsrechtsverletzungen beschuldigten Personen ihrer Gerichtsbarkeit zur Aburteilung zu übergeben. Aber das Ergebnis befriedigte die Briten sicherlich nicht, denn der High Court von Pretoria, ein Geschworenengericht, sprach alle Angeklagten frei. Dagegen mußte sich im Juni 1902 ein Burenoffizier vor einem in Heidelberg zusammengetretenen britischen Kriegsgericht verantworten. Er wurde wegen Mißbrauchs der Parlamentärflagge zum Tode verurteilt[148].

Bei der rechtlichen Beurteilung der beschriebenen Vereinbarungen zu Ende der Burenkriege ist zu bedenken, daß diesen nicht der Rang von Friedensverträgen zwischen souveränen Staaten zukam. Die Transvaal-Buren, deren Staat 1877 von Großbritannien annektiert worden war, konnten durch ihr Aufbegehren zwar dessen Wiederherstellung erkämpfen, mußten sich aber mit „selfgovernment" begnügen und die Oberhoheit der britischen Krone anerkennen[149]. Noch viel weniger war der Vertrag von Vereeniging ein Friedensvertrag im völkerrechtlichen Sinne. Abgeschlossen zwischen der britischen Regierung, vertreten durch ihren militärischen Oberbefehlshaber (Lord Kitchener) sowie ihren zivilen Hochkommissar (Lord Milner), und den Regierungen der Republik von Südafrika (Transvaal) sowie des Oranjefreistaates verpflichtete er die Buren zur Niederlegung der Waffen und zur Unterwerfung. Die militärischen Bestimmungen charakterisieren den Vertrag als Kapitulationsurkunde, die politischen haben nur deklaratorische Bedeutung: Im Augenblick der Debellation erkannten die Besiegten die bereits im Jahre 1900 proklamierte Annexion der beiden Burenstaaten durch die britische Krone und ihre Unterwerfung unter dieselbe an[150].

---

146 P. R. O. CAB 24/85, W. C., G. T. 7806: First Interim Report from the Committee of Enquiry into Breaches of the Laws of War, dtd. Jan. 13th, 1919 [Drucksache], S. 23. Auch erwähnt bei: Macdonell, John, Modern Treaties of Peace, in: The Contemporary Review 108 (1915), S. 273–283 (wo abweichend zitiert ist: von der Amnestie waren nur ausgenommen „persons who had committed, or are directly responsible for, acts contrary to the rules of civilised warfare" [S. 279]); Cave, War Crimes and their Punishment, in: Transactions of the Grotius Society 8 (1923), S. XIX–XLIII (XXV).

147 Unterzeichnet in Pretoria am 31. 5. 1902, abgedruckt in: Phillipson, Termination of War, S. 423 f.; Urkunden zur Geschichte des Völkerrechts II, DokNr. 112.

148 P. R. O. CAB 24/85, W. C., G. T. 7806: First Interim Report from the Committee of Enquiry into Breaches of the Laws of War, dtd. Jan. 13th, 1919 [Drucksache], S. 23 f.

149 Siehe Abkommen zwischen Großbritannien und Transvaal vom 3. 8. 1881 und Erklärung des „Volksraad" des Transvaal vom 25. 10. 1881, abgedruckt in: Nouveau Recueil Général de Traités et autres actes relatifs aux rapports de droit international [Martens], 2. Serie hrsg. von Charles Samwer, Jules Hopf u. a., Bd 10, Göttingen 1885/86, DokNr. 13; Abkommen auszugsweise auch abgedruckt in: Urkunden zur Geschichte des Völkerrechts II, DokNr. 110.

150 Die brit. Regierung bezeichnete den Vertrag als „Terms of Surrender of the Boer Forces in the Field", siehe Oppenheim II, S. 287, Anm. 1. Vgl. Phillipson, Termination of War, S. 245 f. Dazu Hancock, W. K[eith], Smuts, Bd 1: The Sanguine Years 1870–1919, Cambridge 1962, S. 160 f.: „The document

3. Die völkerrechtswidrige Kriegshandlung: Staatenpraxis und juristisches Schrifttum im Ersten Weltkrieg

a) Kriegsrechtsverletzungen und Kriegspropaganda

Schon wenige Tage nach Kriegsbeginn enthielten die in den kriegführenden Ländern erscheinenden Zeitungen zusammen mit den Berichten von den Schauplätzen der ersten Kampfhandlungen Meldungen, in denen den jeweils feindlichen Truppen Verstöße gegen die elementarsten Grundsätze einer humanitären Kampfführung nachgesagt wurden[151]. Die meist nur auf Gerüchten beruhenden „Meldungen" über Morde, Vergewaltigungen, Kindesmißhandlungen, Geiselerschießungen, Brandstiftungen usw. trafen auf eine bedingt durch ihre Kriegsbegeisterung oft nur allzu leichtgläubige Leserschaft. Schien die Verantwortung für die berichteten schrecklichen Vorkommnisse, die als „Kriegsgreuel", „atrocités" bzw. „atrocities" bezeichnet wurden, bei einzelnen Soldaten oder Truppenteilen zu liegen, so dauerte es doch nicht lange, bis sich auch einzelne Regierungen der Vornahme völkerrechtswidriger Kriegshandlungen beschuldigten[152]. Bald schritten alle am Krieg beteiligten Staaten zur Beauftragung bzw. Einrichtung von Stellen, in denen Beweismaterial über die von den jeweiligen Gegnern begangenen Verletzungen des Kriegsrechts gesammelt wurden[153]. Im Laufe des Krieges gaben diese Stellen viele, oft in Tausenden von Exemplaren hergestellte Druckschriften heraus, in denen wirkliche und angebliche gegnerische Kriegsrechtsverstöße auf Grund von meist unvollständigem und notwendigerweise einseitigem Material geschildert wurden[154]. Diese Veröffentlichungen dienten,

---

which closed the Anglo-Boer War ist usually called the Treaty of Vereeniging; but it was signed at Pretoria, and its claims to be called a treaty are disputable. It was given no official title and its preamble said merely that the signatories ‚agree on the following articles'. Milner called them terms of surrender. Kitchener called them terms of peace. Botha called them a treaty. It was chiefly to please Botha that the British began, later on, to call them the Treaty of Vereeniging." Siehe auch Darstellung der Vertragsverhandlungen, ebd., S. 150–160. – Die Bemerkung von Baumgart, Vom Europäischen Konzert, S. 121, der „Friedensvertrag von Pretoria [...] sieht – ein isoliertes, bisher kaum beachtetes Phänomen – die Bestrafung der Burenführer vor", geht an der Sach- und Rechtslage vorbei.

151 Read, S. 51–77, gibt eine detaillierte Darstellung der Anfänge der Greuelpropaganda.

152 Schon am 8. 8. 1914 bezeichnete Winston Churchill, damals First Lord of the Admiralty, vor dem Unterhaus Minenoperationen der dt. Marine als „crime against civilization". Ebd., S. 53.

153 Der belgische Justizminister berief schon am 7. 8. 1914 – nur drei Tage zuvor hatten die ersten deutschen Truppen die Grenze überschritten – eine „Commission d'enquête" zur Feststellung und Untersuchung feindlicher Völkerrechtsverletzungen. Rapports sur la violation du droit des gens en Belgique (Publication officielle du gouvernement belge), 2 Bde, Paris-Nancy 1915/1916, Bd 1, S. 41f., Bd 2, S. 5f. Siehe auch Read, S. 51f. – Die Einrichtung einer französischen Untersuchungskommission zur Feststellung feindlicher Kriegsrechtsverletzungen erfolgte durch Dekret vom 23. 9. 1914, abgedruckt in: Journal du droit international [Clunet] 42 (1915), S. 247f. Siehe auch Read, S. 65f. – Im preußischen Kriegsministerium wurde eine „Militäruntersuchungsstelle für Verletzungen des Kriegsrechts" (Abt.: ZV) gebildet, die für die Feststellung aller gegen deutsche Heeresangehörige gerichteten Kriegsrechtsverstöße zuständig war. Verordnung des Kriegsministeriums vom 21. 10. 1914, abgedruckt in: AVBl. 1914, S. 372. Sie wurde gemäß Erlaß vom 16.9.1915 eingegliedert in die „Abteilung für Kriegsgefangenenschutz im Auslande und Völkerrechtsverletzungen" (Abt.: U 5), AVBl. 1915, S. 392f. S. Read, S. 66f. – Die britische Regierung bestellte am 15. 12. 1914 ein Komitee zur Untersuchung der angeblichen deutschen Kriegsrechtsverletzungen, „warrant of appointment" abgedruckt in: Report of the Committee on Alleged German Outrages appointed by His Majesty's Government and presided over by The Right Hon. Viscount Bryce, London 1915 (P.R.O.W.O. 161/78). – Rußland folgte mit der Schaffung einer entsprechenden Kommission im Frühjahr 1915, siehe: Journal du droit international [Clunet] 42 (1915), S. 380–382; Read, S. 67.

154 Read, S. 66f.

auch wenn sie vorgaben, ganz unparteiisch nur Fakten in Form von Zeugenaussagen sprechen zu lassen, nicht einer möglichst objektiven Information der Bevölkerung des eigenen Landes und der erreichbaren neutralen Länder, sondern der Diffamierung des Gegners und seiner Streitkräfte sowie der Erringung von Sympathien und Unterstützung für die eigene Sache. Als Teil der Kriegspropaganda fand die sogenannte Greuelpropaganda Anwendung bei der Werbung für die Zeichnung von Kriegsanleihen, bei der Werbung von Kriegsfreiwilligen (besonders in Großbritannien vor der Einführung der Wehrpflicht) und nicht zuletzt, wegen der möglichen Auswirkungen gleichwohl am bedenklichsten, zur Erhöhung der Kampfmoral der eigenen Truppen[155].

In den ersten Kriegsmonaten betrafen die von beiden Seiten geführten eindringlichen Klagen über Kriegsrechtsverletzungen hauptsächlich das Verhalten von Invasionstruppen. Die deutschen Armeekorps waren in Belgien auf erbitterten Widerstand gestoßen, der sich ihnen verschiedentlich als völkerrechtswidriger Volkskrieg darstellte, und dem sie mit allen ihnen zulässig erscheinenden Maßnahmen begegneten. Ohne auf die tatsächlichen Vorgänge und ihre Beurteilung in Vergangenheit und Gegenwart näher einzugehen[156], läßt sich konstatieren, daß die Weltöffentlichkeit auf seiten des kleinen Landes stand, das nach Bruch des seine Neutralität garantierenden Vertrages nun auch noch unter einem harten, ja geradezu rechtswidrig brutalen Vorgehen seines Gegners zu leiden schien. Die Deutschen wiederum führten Klage über das Betragen der russischen Truppen in Ostpreußen. Die Armeeführungen und die Militärjustiz aller am Kriege beteiligten Staaten sahen sich vor die Frage gestellt, wie den Verletzungen des Kriegsrechts Einhalt geboten werden könne.

In Konzentration auf das Thema der Studie wird im Folgenden die Behandlung der Personen untersucht, die, in die Gewalt des Feindes gefallen, beschuldigt wurden, gegen die Kriegsgesetze und -gebräuche verstoßen zu haben. Neben der Staatenpraxis sollen auch wieder die von der Rechtswissenschaft vertretenen Meinungen, die die Entwicklung in dieser Frage beeinflußt haben, Berücksichtigung finden.

---

155 Ebd., S. 5–10.

156 Ob Teile der Zivilbevölkerung völkerrechtswidrige Angriffe auf dt. Truppen bei deren Einmarsch in Belgien im August 1914 verübten und deshalb die dt. Vergeltungs- und Vorbeugungsmaßnahmen, die mehr als 6000 belgischen Zivilpersonen das Leben kosteten, im Grundsatz kriegsvölkerrechtlich berechtigt waren oder nicht, ist lange umstritten gewesen. Zunächst verteidigte das im Mai 1915 vom Auswärtigen Amt herausgegebene, vom preuß. Kriegsministerium, Militär-Untersuchungsstelle für Verletzungen des Kriegsrechts, zusammengestellte Weißbuch „Die völkerrechtswidrige Führung des belgischen Volkskrieges" die deutsche These vom Franktireurkrieg. In der Zwischenkriegszeit gelang keine Klärung des Streites, beide Länder hielten an ihren gegensätzlichen Standpunkten fest. Der nach dem Zweiten Weltkrieg unternommene Versuch, den Streit beizulegen, führte zu dem Teilergebnis, daß in der Stadt Löwen Ende August 1914 kein geplanter oder ungeplanter Überfall der Einwohner oder der garde civique auf dt. Truppen stattgefunden hat, daß diese gleichwohl unter dem genannten Eindruck gestanden haben und daher deren Gegenmaßnahmen – abgesehen von vorgefallenen Gewalttätigkeiten und Verbrechen – zumindest subjektiv berechtigt waren. Ähnliches dürfte im Fall Andenne zutreffen. Die Hauptthese des dt. Weißbuches ist damit zutiefst erschüttert; die zutage geförderten Einzelheiten mahnen bei der Beurteilung anderer Fälle (Dinant, Aerschot) zur Vorsicht. Schöller, Peter, Der Fall Löwen und das Weißbuch. Eine kritische Untersuchung der deutschen Dokumentation über die Vorgänge in Löwen vom 25. bis 28. August 1914, Köln-Graz 1958, passim; Petri, Franz/ Peter Schöller, Zur Bereinigung des Franktireurproblems vom August 1914, in: VfZG 9(1961), S. 234–248. Siehe auch Empfehlungen der ersten belgisch-deutschen Historikertagung (1954), abgedruckt in: Internationales Jahrbuch für Geschichtsunterricht 4(1955), S. 99–109 (102 f.).

b) Staatenpraxis und juristisches Schrifttum in Deutschland

Grundlage für die Strafrechtspflege im deutschen Heer und in der Kaiserlichen Marine waren materiellrechtlich das allgemein gültige Strafgesetzbuch (RStGB) von 1871 und das nur Angehörige des Soldatenstandes betreffende Militärstrafgesetzbuch (MStGB) von 1872, denen als Verfahrensrecht die Strafprozeßordnung (StPO) und die Militärstrafgerichtsordnung (MStGO) von 1900 zugeordnet waren. Bei der Mobilmachung fanden diese gesetzlichen Regelungen eine Ergänzung bzw. Abänderung durch die Kaiserlichen Verordnungen vom 28. Dezember 1899 über die „Strafrechtspflege bei dem Heere in Kriegszeiten" und über das „außerordentliche kriegsrechtliche Verfahren gegen Ausländer und die Ausübung der Strafgerichtsbarkeit gegen Kriegsgefangene"[157]. Gemäß der letzteren waren für Verfahren gegen nicht zu den Truppen des Feindes gehörende Ausländer, die sich strafbarer Handlungen gegen die deutsche Wehrmacht und ihre Verbündeten schuldig gemacht hatten, Feldgerichte zuständig, die von den zuständigen Militärbefehlshabern zu bestellen und mit fünf Offizieren als Richtern zu besetzen waren. Die Verordnung sah „die Anwendung der nach den Gesetzen, nach dem Kriegsgebrauch oder infolge besonderer Verordnungen der dazu ermächtigten Befehlshaber verwirkten Strafen" vor. Für das strafgerichtliche Verfahren gegen Kriegsgefangene wurde die Geltung der Militärstrafgerichtsordnung bestimmt (§ 19 Kaiserl. VO., ebenso schon § 1 Ziff. 8 MStGO). Die Aufgabe der Rechtsprechung lag im Feindesland bei Feldkriegsgerichten, im Reichsgebiet bei ordentlichen Kriegsgerichten. Auf Kriegsgefangene fanden die Militärstrafgesetze „entsprechende Anwendung" (§ 158 MStGB). Die reichsrechtliche Regelung stand mit den Vorschriften des Artikels 8 der Haager Landkriegsordnung durchaus im Einklang.

Während der Besetzung von Teilen Ostpreußens durch russische Truppen von August 1914 bis März 1915 gab es Vorkommnisse, die – so eine deutsche Denkschrift – „mit den Geboten der Menschlichkeit wie mit den Gebräuchen zivilisierter Völker unvereinbar sind und [... die russische] Kriegführung als eine geradezu barbarische erscheinen lassen"[158]. Als Folge der Siege bei Tannenberg und den Masurischen Seen konnten einige der Übeltäter gefangengenommen und identifiziert werden. Der deutschen Justiz stellte sich die Frage, wie diese zu behandeln seien. In der juristischen Literatur finden sich Hinweise, daß Verurteilungen durch zivile Strafgerichte erfolgten. Ihre Zuständigkeit wurde offensichtlich in der Tatsache gesehen, daß die Straftaten auf deutschem Boden, d. h. im Geltungsbereich des Strafgesetzbuchs verübt worden waren[159]. Wie sich herausstellte, lag aber die eigentliche juristische Problematik in der Frage, ob Kriegsgefangene deutscherseits zur Verantwortung gezogen werden könnten, die völkerrechtswidrige Kriegshandlungen außerhalb des Reichsgebiets vorgenommen hatten. Das Reichsmilitärgericht verneinte die Zuständigkeit der *Militär*justiz. Ihr unterlägen die Kriegsgefangenen abgesehen von der

---

157 Abgedruckt in: AVBl. 1914, S. 283–291. Ergänzungen und Änderungen abgedruckt in: AVBl. 1916, S. 160 u. 271 f., sowie AVBl. 1917, S. 365. Vgl.: MVBl. 1914, S. 283; MVBl. 1916, S. 269–271, sowie MVBl. 1917, S. 211 f.

158 Denkschrift der Reichsregierung vom 25. 3. 1915: Greueltaten russischer Truppen gegen deutsche Zivilpersonen und deutsche Kriegsgefangene [Berlin 1915]. Vgl. die ausgewogene Darstellung der „Leiden Ostpreußens" im Generalstabswerk: Der Weltkrieg 1914 bis 1918, bearbeitet im Reichsarchiv. Die militärischen Operationen zu Lande, Bd 2: Die Befreiung Ostpreußens, Berlin 1925, S. 318 (324)–330.

159 Delius, Die Rechtsverhältnisse der Kriegsgefangenen und der internierten feindlichen Ausländer, in: Gesetz und Recht 17 (1916), S. 313–318 (315); Rissom [Carl], Bestrafung Kriegsgefangener wegen völkerrechtswidriger Kriegshandlungen, in: Goltdammers Archiv 62 (1916), S. 379–387 (385).

gesetzlich festgelegten Ausnahme bestimmter auf dem Kriegsschauplatz begangener Delikte (§ 160 MStGB) nur für nach ihrer Gefangennahme begangene Straftaten[160]. Eine Strafgewalt der Ziviljustiz gegenüber Ausländern war ebenfalls dann nicht gegeben, wenn der Tatort außerhalb des Reichsgebiets lag (§ 3 RStGB)[161].

Es ist schwer, ein absolut zuverlässiges Bild von der deutschen Gerichtspraxis hinsichtlich der Behandlung von Straftaten zu gewinnen, die von Angehörigen der gegnerischen Streitkräfte vor ihrer Gefangennahme begangen worden waren. Ein juristischer Mitarbeiter der „Hauptstelle zur Verteidigung Deutscher vor feindlichen Gerichten"[162] gelangte im Januar 1920 zu folgender Einschätzung:

> „Als herrschende deutsche Praxis der letzten Kriegsjahre ist in Anlehnung an Romen-Rissoms Kommentar[163] folgendes anzusehen:
>
> A) Angehörige des feindlichen Heeres unterstehen wegen der unter ihrer Fahne vor der Gefangennahme begangenen Straftaten grundsätzlich der deutschen Strafgewalt und den deutschen Strafgesetzen in gleichem Umfange wie andere Personen.
>
> B) Die Rechtswidrigkeit der Tat ist jedoch bei Kriegshandlungen ausgeschlossen. Dies gilt auch dann, wenn die Kriegshandlung völkerrechtswidrig ist (z. B. Verwendung von Dum-Dum-Geschossen). Ein deutscher Kriegsgebrauch, der die gerichtliche Bestrafung völkerrechtswidriger Kriegshandlungen feindlicher Heeresangehöriger zum Gegenstand hätte, ist nicht nachweisbar. Es bleibt nur die Möglichkeit, im Vergeltungswege Maßnahmen gegen die Täter zu treffen, die durch ihr völkerrechtswidriges Verhalten den Anspruch auf Pardongewährung und Behandlung als Kriegsgefangene verwirkt haben. Eine gerichtliche Bestrafung ist ausgeschlossen. Abzulehnen ist also auch die Auffassung des Kriegsministeriums und des Generalquartiermeisters, daß feindliche Flieger, die aufreizende Flugblätter abwerfen, vor Gericht gestellt werden können.
>
> C) Voraussetzung für den Ausschluß der Rechtswidrigkeit der Kriegshandlungen ist, daß die feindlichen Heeresangehörigen als Kriegführende anzusehen sind. Die Eigenschaft als Kriegführende haben verwirkt:
>
> 1) [...] 4) [...]

160 Urteil vom 23. 8. 1915, abgedruckt in: Entscheidungen des Reichsmilitärgerichts, Bd 19, Berlin 1917, S. 239–246. Der Präsident des Reichsmilitärgerichts teilte mit Schreiben RMG. Nr. 1 A II. vom 14. 1. 1920 der „Hauptstelle zur Verteidigung Deutscher vor feindlichen Gerichten" (auf deren Anfrage) mit, daß das Reichmilitärgericht im Anschluß an sein in Bd 19, S. 239 ff., veröffentlichtes Urteil „in ständiger Praxis" entschieden habe, daß Kriegsgefangene wegen vor der Gefangennahme begangener Straftaten nur in den Fällen des § 5 Ziff. 4 MStGO, also beim Vorhandensein der Voraussetzungen der §§ 160, 161 MStGB der Militärgerichtsbarkeit unterstehen. Das Reichsmilitärgericht habe „‚die bestrittene Frage, ob die Angehörigen des feindlichen Heeres wegen der unter ihrer Fahne vor der Gefangennahme begangenen Straftaten gegen deutsche Militär- und Zivilpersonen der deutschen Strafgewalt und den inländischen Strafgesetzen unterstehen' [...] in dem angezogenen Urteil (Seite 246) unentschieden gelassen und auch später keinen Anlaß gehabt, zu ihr Stellung zu nehmen." PA/AA Hauptstelle, Bd 10.

161 Dazu Gerbaulet, Bestrafung von Kriegsgefangenen wegen vor der Gefangennahme im Auslande begangener Straftaten?, in: DJZ 21 (1916), Sp. 184–188 (Mitteilung eines Urteils des Landgerichts Münster i. W.).

162 Näheres zu dieser Einrichtung unten, Kapitel IV, 2.

163 Diese Einschränkung ist zu beachten! Gemeint ist: Romen, A./Carl Rissom, Militärstrafgesetzbuch, 3. Aufl., Berlin 1918 (= Guttentagsche Sammlung Deutscher Reichsgesetze, Nr. 67. Textausgaben mit Anmerkungen).

D) Die Geltung der deutschen Strafgesetze ist räumlich beschränkt. Das RStGB findet auf Nichtdeutsche Anwendung wegen der im Deutschen Reiche begangenen strafbaren Handlungen (§ 3), ferner (nach § 161 MStGB) in dem von uns besetzten ausländischen Gebiete wegen solcher Straftaten, die sich gegen deutsche Truppen oder ihre Angehörigen oder gegen eine deutsche Behörde richten. Auf dem in- oder ausländischen Kriegsschauplatz (zu dem auch das gesamte von uns besetzte Gebiet gerechnet wird; RMG 20, 153, 163) findet außerdem § 160 MStGB Anwendung (Strafbarkeit des Kriegsverrats und der Beraubung Gefallener, Kranker oder Verwundeter; letzteres niemals Kriegshandlung!)[164]."

Wie aus der zitierten Ausarbeitung hervorgeht, bestand zwischen dem preußischen Kriegsministerium und der Obersten Heeresleitung (Generalquartiermeister) einerseits sowie der Militärjustiz andererseits eine Meinungsverschiedenheit in der Beurteilung der Strafbarkeit feindlicher Kriegshandlungen. Die genannten militärischen Stellen sprachen sich dafür aus, die Rechtswidrigkeit einer nach deutschem Reichsrecht strafbaren Kriegshandlung (§§ 3, 4 RStGB, 160, 161 MStGB) nach völkerrechtlichen Normen zu beurteilen. Die Militärjustiz scheint in der Regel eine strafrechtliche Rechtswidrigkeit für alle Kriegshandlungen, auch soweit sie völkerrechtswidrig waren, verneint zu haben[165]. Doch hat es mit Sicherheit Ausnahmen gegeben. Z. B. verurteilte ein Kriegsgericht zwei englische Fliegeroffiziere zu je zehn Jahren Zuchthaus wegen Abwurfs aufreizender Schriften hinter der deutschen Front, in denen die deutschen Soldaten zum Überlaufen aufgefordert wurden. Das erkennende Gericht war der Auffassung, daß es sich in diesem Fall nicht um eine erlaubte Kriegshandlung, sondern um Kriegsverrat von Ausländern gemäß § 58 Ziff. 9 in Verb. mit §§ 100, 160 MStGB handelte[166].

Es darf als gesichert gelten, daß die für die Aburteilung von Kriegsgefangenen zuständigen Feld- und ordentlichen Kriegsgerichte den Kriegsgebrauch, also völkerrechtliches Gewohnheitsrecht, nicht als materielles Strafrecht angewandt haben[167]. Insgesamt scheinen deutscherseits nur wenige Kriegsgefangene für vor ihrer Gefangennahme begangene Taten haftbar gemacht worden zu sein. Dafür waren neben den erörterten juristischen

---

[164] PA/AA Hauptstelle, Bd 10, Ausarbeitung von Kriegsgerichtsrat Lesser vom 29. 1. 1920 betr. „Straftaten, die von feindlichen Heeresangehörigen vor ihrer Gefangennahme verübt sind".

[165] Die Rechtsauffassung des preuß. Kriegsministeriums und die Differenz mit der Militärjustiz kommen auch zum Ausdruck in: Schreiben Heeresabwicklungsamt Preußen, Allgemeines Kriegs-Departement (Abwicklung) Nr. 24.2.20.C4. (Abw.) vom 14. 2. 1920 an Hauptstelle. PA/AA Hauptstelle, Bd 10.

[166] Meurer [Christian], Verletzungen des Kriegsgefangenenrechts (Sachverständigengutachten), abgedruckt in: WUA, Dritte Reihe: Völkerrecht im Weltkrieg, Bd 3: Verletzungen des Kriegsgefangenenrechts, 2 Halbbde, Berlin 1927, hier: 2. Halbbd, S. 452 f. – Zu Beginn des Krieges sahen die Heeresführungen Deutschlands, Großbritanniens und Rußlands es als unehrenhaft und nicht mit den Kriegsgebräuchen vereinbar an, die gegnerischen Soldaten mittels Propaganda zu Verstößen gegen ihre militärischen Pflichten aufzufordern. Die völkerrechtliche Beurteilung der Hetzpropaganda blieb während der längsten Zeit des Krieges umstritten. Erst im August 1918 fand diese Art der Kriegführung durch übereinstimmendes Verhalten aller Seiten ihre rechtliche Anerkennung. Thimme, Hans, Weltkrieg ohne Waffen. Die Propaganda der Westmächte gegen Deutschland, ihre Wirkung und ihre Abwehr, Stuttgart – Berlin 1932, S. 39–43.

[167] Vgl. Rissom, Bestrafung Kriegsgefangener, S. 385. Dagegen stützten sich feldgerichtliche Urteile auf den Kriegsgebrauch (gemäß § 2 der Kaiserl. VO über das außerordentl. kriegsrechtl. Verfahren gegen Ausländer ...). So beruhte das von einem Feldgericht des Marinekorps gegen den engl. Kapitän Charles Fryatt verhängte Todesurteil auf Kriegsgebrauch. Fryatt war als Handelsschiffer nicht der Status eines rechtmäßigen Kombattanten, der in der Gewalt des Gegners Anspruch auf Behandlung als Kriegsgefangener hat, zuerkannt worden. Zum Fall Fryatt siehe unten, Anm. 199.

auch praktische Gründe maßgebend: Habhaftwerden und Identifizierung der Täter waren vom Zufall abhängig. Das Bekanntwerden von Verurteilungen hätte, sofern diese in irgendeiner Form beim Gegner Anstoß erregten, in dessen Hand befindliche deutsche Gefangene Repressalien ausgesetzt.

Die in der deutschen Rechtswissenschaft zu den einschlägigen Problemen vertretenen Meinungen bestimmten stärker als die gerichtliche Praxis die Reaktion auf die Strafbestimmungen des Versailler Vertrages. Die Rechtsfrage, ob Kriegsgefangene für vor der Gefangennahme begangene Handlungen, seien es gemeine Verbrechen oder Verstöße gegen die Kriegsgesetze und -gebräuche, vom Nehmestaat zur Verantwortung gezogen werden können, wurde während der gesamten Dauer des Krieges nicht nur in Fachzeitschriften, sondern auch in Tageszeitungen lebhaft diskutiert. Dazu hatten die russischen Greueltaten in Ostpreußen und die Verurteilung von Angehörigen einer deutschen Kavalleriepatrouille wegen Requirierens durch ein französisches Militärgericht Anlaß gegeben. Die Diskussion litt unter dem methodischen Mangel, daß sie weitgehend von in der Rechtslehre vertretenen Konstruktionen ausging, die positivrechtlich, insbesondere völkerrechtlich der Kritik nicht standhielten – und nicht standhalten[168].

In der teilweise temperamentvoll geführten wissenschaftlichen Auseinandersetzung wurden zwei Auffassungen, jeweils mit Abweichungen in ihren Argumenten und Folgerungen, vertreten. Eine Ansicht lehnt die Bestrafung von Kriegsgefangenen wegen vor ihrer Gefangennahme verübten Straftaten grundsätzlich ab. Die Truppen einer Invasionsarmee seien „exterritorial". Sie unterstünden nur ihrem heimischen Recht, seien aber von dem des besetzten Staates befreit. Zur Abstützung werden die bekannten Sätze zitiert: „Der Soldat führt sein Strafgesetzbuch im Tornister mit" und das französische Äquivalent „où est le drapeau, là est la France"[169]. Die unbestreitbare Richtigkeit des alten militärischen Weistums ist jedoch kein Beleg für die Exterritorialität einer Invasionsarmee. Für sie läßt sich auch kein Satz des Völkerrechts benennen. Zudem beweist die Staatenpraxis, auch die deutsche, gerade das Gegenteil. Eine Invasionsarmee befindet sich eben wider den Willen des gegnerischen Staates in dessen Staatsgebiet. Dieser verzichtet bei der Besetzung eines Teils seines Landes nicht auf seine diesbezügliche Gebietshoheit, also auch nicht auf die aus dieser abgeleiteten Strafgewalt. Die logische Folge, daß eine Person hin-

---

168 Vgl. Beling [Ernst von], Militärpersonen als Angeklagte im feindlichen Ausland, in: DJZ 20 (1915), Sp. 129–135 (129f.).

169 Energischster Vertreter des Exterritorialitätsgedankens war der Staatsrechtler Adolf Arndt: Nichtverfolgbarkeit von Handlungen, welche Kriegsgefangene als Militärpersonen vor der Gefangennahme begangen haben, in: Das Recht 19 (1915), Sp. 3–6; ders., Strafgerichtsbarkeit über Kriegsgefangene, in: Blätter für vergleichende Rechtswissenschaft und Volkswirtschaftslehre 10(1914/15), Sp. 262–276; ders., Strafgerichtsbarkeit im Kriege über Ausländer, insbesondere Kriegsgefangene, in: Zeitschrift für Politik 8 (1915), S. 513–531; ders., Zur Frage der Bestrafung Kriegsgefangener und über sog. Kriegsstrafrecht, in: Goltdammers Archiv 66 (1919), S. 522–530. Anhänger des Exterritorialitätsgedankens war auch Heilfron, Aburteilung von Militärpersonen durch Kriegsgerichte des Feindes, in: DJZ 20 (1915), Sp. 39–45. Die Verdrängung der alten Staatsgewalt durch die Okkupationsmacht, die ihr eigenes Recht mitbringt, bewirkt nach seiner Meinung, daß der besetzte Landesteil (gemeint ist offensichtlich Ostpreußen) strafrechtlich „Ausland" wird. Daher fordert er den Ausbau von § 4 RStGB und § 160 MStGB, um die Verfolgung von völkerrechtswidrigen Kriegshandlungen reichsrechtlich zu ermöglichen. Er befindet sich damit im Gegensatz zu Arndt, der die Anwendung von §§ 160, 161 MStGB gegen Kriegsgefangene konsequenterweise ablehnt. Ebenfalls Befürworter des Exterritorialitätsgedankens war Kohler, Josef, Strafrecht und Völkerrecht, in: Goltdammers Archiv 62(1916), S. 354–372 (369–372).

sichtlich eines identischen Verhaltens der Strafgerichtsbarkeit zweier Staaten unterstehen kann, ist weder strafrechtlich ungewöhnlich noch völkerrechtswidrig.

Zur Unterstützung, ja eigentlich zur Untermauerung der Exterritorialitätsthese wurde im Verlauf der Diskussion das folgende Argument vorgebracht: Der Krieg sei ein Verhältnis von Staat zu Staat, der Soldat als Teil der bewaffneten Macht Organ des Staates. Der Soldat könne daher strafrechtlich vom Gegner nicht zur Verantwortung gezogen werden, denn kein Staat habe Jurisdiktion über einen anderen, „par in parem non habet imperium". Verletze ein Soldat die Kriegsgesetze und -gebräuche, so könne er nur von seinem Heimatstaat belangt werden. Dem geschädigten Staat bleibe als Aushilfe, den Gegnerstaat um Bestrafung des Täters zu ersuchen oder zum Mittel der Repressalie zu greifen[170]. Diese Argumentation befindet sich, was vielfach nicht gesehen und schon gar nicht anerkannt wurde, im Widerspruch zum Völkergewohnheitsrecht.

Zu den ersten Juristen, die die Bestrafung von Kriegsgefangenen für vor ihrer Gefangennahme begangene Straftaten für zulässig hielten, gehörte der bekannte Strafrechtler Ernst v. Beling[171]. Er lehnte den Exterritorialitätsgedanken und die zu seiner Unterstützung vorgebrachten Argumente als „Begriffsjurisprudenz" ab. Die Exterritorialität von Armee-Einheiten auf fremdem Staatsgebiet sei als Satz des Völkerrechts nicht nachweisbar. Jedem Staat stehe das Recht zu, seine Strafgerichtsbarkeit frei zu gestalten; sie ende nicht notwendigerweise an den Staatsgrenzen. Der Bestrafung von Kriegsgefangenen seien völkerrechtlich allerdings zwei Schranken gesetzt: Die Rechtsgarantien, die für die Kulturwelt die Scheidelinie zwischen Jurisdiktion und willkürlicher Gewalt bilden, müßten für die Angeschuldigten gewährleistet sein, und die gemäß Kriegsvölkerrecht vorgenommenen Handlungen müßten als rechtmäßig anerkannt werden. Eine gerichtliche Würdigung der gegen Kriegsgefangene erhobenen Beschuldigungen sei besser, als die Betroffenen einer möglicherweise willkürlichen Behandlung auszusetzen. Eine dementsprechende Betrachtung der Frage liege allein im vaterländischen Interesse.

Die strafrechtliche Verantwortlichkeit der Kriegsgefangenen für vor der Gefangennahme begangene Handlungen fand im Laufe des Krieges weitere Befürworter[172]. Bei der Prüfung der Frage, welche Normen für die deutsche Gerichtsbarkeit maßgebend seien, wurde die Verbindlichkeit von § 3 RStGB und § 160 MStGB betont. Die Bestrafung von Kriegshandlungen, die zwar völkerrechtswidrig waren, aber keinen reichsrechtlichen Straftatbestand erfüllten, schied damit aus. Für die Anwendung des Kriegsgebrauchs als materielles Strafrecht sprach sich nur der Völkerrechtler Walter Schätzel aus[173].

---

170 Rissom, C[arl], Die strafrechtliche Behandlung der Kriegsgefangenen, in: Zeitschrift für die gesamte Strafrechtswissenschaft 36(1915), S. 588–594 (593f.); ders., Bestrafung Kriegsgefangener, S. 386f. Gleichwohl hält R. Bestrafungen nach § 160 MStGB für zulässig.

171 Wie Anm. 168. Beipflichtend Coester, Anwendung des heimischen Strafrechts auf Militärpersonen fremder Staaten, in: Deutsche Strafrechts-Zeitung 2(1915), Sp. 48–53.

172 Oppler, Friedrich, Bestrafung Kriegsgefangener wegen vor ihrer Gefangennahme verübter Straftaten, in: Zeitschrift für die gesamte Strafrechtswissenschaft 37(1916), S. 849–872; Kordt, Johannes, Die strafrechtliche Behandlung der Kriegsgefangenen, Jur. Diss. Heidelberg, Borna-Leipzig 1917; Giessner, Die strafrechtliche Stellung der Kriegsgefangenen nach deutschem Strafrecht, insbesondere ihre Verantwortlichkeit für vor der Ergreifung begangene Straftaten, in: Goltdammers Archiv 65(1918), S. 240–268; Romen/Rissom, S. 883f; Schätzel, Walter, Gerichtsbarkeit über Kriegsgefangene, in: Archiv für Militärrecht 8(1919/20), S. 178–181.

173 Schätzel, Walter, Bestrafungen nach Kriegsbrauch, in: Archiv für Militärrecht 8(1919/20), S. 13–24. – Dagegen: Beling, Ernst [von], Feindliche Heeressplitter im deutschen Machtbereich, in: Leipziger

Bei Kriegsende war die dargestellte Diskussion über die Bestrafung von Kriegsgefangenen in der deutschen Rechtswissenschaft noch offen. Die Lösung der in der Frage auch aufgetretenen Differenzen zwischen den Kriegführenden erhoffte sich Schätzel von einer friedensvertraglichen Regelung[174]. Sie sollte anders als vorgestellt ausfallen. Das Fazit der Diskussion war folgendes: Der Exterritorialitätsgedanke wurde fast einhellig als unhaltbar abgelehnt[175]. Die strafrechtliche Verantwortlichkeit der Kriegsgefangenen für vor der Gefangennahme begangene Handlungen fand im Grundsatz Anerkennung. Ein Dissens herrschte aber in der wichtigen Frage der Konsequenzen von völkerrechtswidrigen Kriegshandlungen, d. h. Handlungen, die nicht im privaten Interesse eines Täters, sondern im Interesse der Kriegführung vorgenommen worden waren. In bedeutendem Umfang wurde die Meinung vertreten, daß eine strafrechtliche Ahndung von völkerrechtswidrigen Kampfhandlungen durch den geschädigten Staat dem Charakter des Völkerrechts als Rechtsordnung zwischen Staaten widerspreche. Dem Gegner stehe in diesem Fall gemäß Artikel 3 des IV. Haager Abkommens jedoch das Recht zu, Schadenersatz zu fordern[176].

c) Staatenpraxis und juristisches Schrifttum in Frankreich

Die Zuständigkeit der französischen Militärgerichtsbarkeit, Kriegsgefangene wegen vor der Gefangennahme begangener Straftaten vor ihre Schranken zu ziehen, war in der Praxis und in der Theorie unbestritten. Die Kriegsgefangenen waren dem Code de justice militaire unterworfen, der Strafen für typisch militärische Vergehen und Verbrechen vorsah, wie z. B. Beraubung von Verwundeten und Toten auf dem Schlachtfeld, Plünderung oder Diebstahl in Ausnutzung der Einquartierung. Artikel 267 des genannten Code bestimmte für Straftatbestände, die in diesem nicht enthalten waren, die Anwendung des Code pénal[177].

Zu Beginn des Krieges zogen französische Militärgerichte in mehreren Fällen Kriegsgefangene für vor der Gefangennahme verübte Handlungen zur Verantwortung. Angehörige einer deutschen Kavalleriepatrouille unter der Führung der Leutnante v. Schierstaedt und Graf Strachwitz wurden wegen „Plünderung in bewaffneter Bande" zu schweren Strafen verurteilt. Sie hatten, nachdem sie im Verlauf der Marne-Schlacht von den eigenen Truppen abgeschnitten waren, drei Wochen lang versucht, zu diesen zurückzukehren und sich in dieser Zeit den nötigen Lebensunterhalt durch Requisitionen beschafft. Dieser

Zeitschrift für Deutsches Recht 10 (1916), Sp. 1073–1081 (1080 f.); Romen/Rissom, S. 884: „Eine – gerichtliche – Bestrafung Kriegsgefangener kraft Kriegsgebrauchs wegen vor Gefangennahme verübter völkerrechtswidriger Kriegshandlungen ist unzulässig, weil sich in dieser Richtung kein Kriegsgebrauch entwickelt hat."

174 Gerichtsbarkeit über Kriegsgefangene, S. 181.

175 Nur Arndt hielt an der Konstruktion fest, mit dem Ergebnis, „daß, was ein Soldat unter den Fahnen begangen habe, er nur vor seiner eigenen Gerichtsbarkeit zu verteidigen braucht". Zur Frage der Bestrafung Kriegsgefangener, S. 527.

176 So: Kordt, S. 32–34; Rissom, Bestrafung Kriegsgefangener, S. 382 f. u. 387; Romen/Rissom, S. 884 (Kommentar zum MStGB!). Dagegen: Beling, Militärpersonen als Angeklagte, S. 135; Oppler, S. 868–870; Schätzel, Gerichtsbarkeit über Kriegsgefangene, S. 180 f.

177 Siehe Renault, Louis, De l'application du droit pénal aux faits de guerre, in: Journal du droit international [Clunet] 42 (1915), S. 313–344, hier: S. 329; auch abgedruckt in: Revue générale de droit international public 25 (1918), S. 5–29. – Vgl. zum folgenden auch die Darstellung von Jescheck, Verantwortlichkeit der Staatsorgane, S. 42–47.

und andere Fälle[178] veranlaßte die deutsche Regierung, gegen französische Kriegsgefangene Repressalien zu ergreifen, um die Willkür der französischen Militärjustiz und die Härten in der Strafvollstreckung zu beseitigen. Die Maßnahmen erzielten den beabsichtigten Zweck; jedenfalls sind keine weiteren Verurteilungen von Kriegsgefangenen für vor der Gefangennahme begangene Handlungen bekannt geworden. Während der Dauer der Repressalien trat die deutsche Regierung über neutrale Mächte mit der französischen in Kontakt, um durch eine Vereinbarung das Los aller verurteilten Kriegsgefangenen zu erleichtern. Im August 1916 kam zwischen den beiden Regierungen ein Abkommen zustande, wonach die Vollstreckung aller bis zum 1. September 1916 verhängten gerichtlichen Strafen bis zum Friedensschluß ausgesetzt und die Gleichbehandlung der verurteilten mit den anderen Kriegsgefangenen festgelegt wurden[179]. In einer weiteren, am 26. April 1918 getroffenen Vereinbarung[180] wurde die Vollstreckung von später verhängten gerichtlichen Strafen geregelt, die unter gewissen Erschwernissen in Sonderlagern stattfinden sollte.

Auch die französische Rechtswissenschaft beschäftigte sich bald nach Kriegsausbruch mit der Problematik der Verantwortlichkeit für völkerrechtswidrige Kriegshandlungen[181]. Stärker als in der deutschen Diskussion wurde in der Bestrafung der Verantwortlichen ein Mittel gesehen, die Einhaltung einer völkerrechtsgemäßen Kriegführung zu sichern. Da die überwiegende Zahl der als Kriegsrechtsverstöße zu verfolgenden Taten auf französischem Territorium verübt worden war, bereiteten die formellen und materiellen Rechtsfragen nur geringe Schwierigkeiten. Die Zuständigkeit der Militärgerichte, über Handlungen Kriegsgefangener vor der Gefangennahme zu urteilen, wurde in der Regel nicht bestritten. Der Code justice militaire und der Code pénal standen als materielles Recht zur Verfügung. Die Frage, unter welche Straftatbestände völkerrechtswidrige Kriegshandlungen zu subsumieren seien, wurde generell durch die Befürwortung einer extensiven Auslegung der (vorwiegend für Friedenszeiten geschaffenen Strafgesetze!) beantwortet[182]. Die Schaffung eines Sonderstrafrechts mit dem Ziel, Verletzungen der Bestimmun-

---

178 Ausführliche Darstellung des Falles Schierstaedt-Strachwitz, insbesondere der ergriffenen Repressalien, bei Meurer, Verletzungen des Kriegsgefangenenrechts, S. 663–669. Der Fall Erler, ebd., S. 669. Bericht über einen weiteren Fall in: Journal du droit international [Clunet] 42(1915), S. 54–56.

179 Weißbuch vom 2. 3. 1917: Zusammenstellung der Vereinbarungen zwischen Deutschland und den feindlichen Staaten über die beiderseitigen Kriegs- und Zivilgefangenen, in: Verhandlungen des Reichstags. Stenographische Berichte bzw. Anlagen zu den Stenographischen Berichten (im folgenden zit. RT), Bd 320, Drucksache Nr. 645, hier: S. 7f. Vgl.: Kaiserliche Verordnung vom 24. 8. 1916, abgedruckt in: AVBl. 1916, S. 362f.; Meurer, Verletzungen des Kriegsgefangenenrechts, S. 469–476.

180 Sog. Zweite Berner Vereinbarung, abgedruckt in: Nouveau Recueil Général de Traités et autres actes relatifs aux rapports de droit international [Martens], 3. Serie hrsg. von Heinrich Triepel, Bd 11, Leipzig 1923, DokNr. 5. Vgl. Meurer, Verletzungen des Kriegsgefangenenrechts, S. 476f.

181 Außer Renault wurden von der umfangreichen französischen Literatur benutzt: Dumas, Jacques, Les sanctions pénales des crimes allemands, Paris 1916 (Ein nur leicht gekürzter Vorabdruck der ersten beiden Kapitel [S. 7–37] unter dem Pseudonym Vindex, in: La paix par le droit 26 [1916], S. 314–325). Mérignhac, A., De la sanction des infractions au droit des gens commises, au cours de la guerre européenne, par les Empires du Centre, in: Revue générale de droit international public 24 (1917), S. 5–56.

182 Renault, S. 330f. Mérignhac, S. 40–42, trat für eine besonders extensive Auslegung ein: „Et, s'il fallait quelque peu étendre la portée de nos lois pénales contrairement au mode normal d'interprétation, nous nous y résoudrions sans la moindre hésitation, car il nous semble que la règle suivant laquelle le doute s'interprète en faveur de l'accusé n'est point faite pour les bandits à face humaine dont l'histoire vengeresse livrera plus tard les exploits à l'indignation du monde civilisé!" (S. 42). Vgl. auch die von ihm vorgeschlagene Ausdehnung der Begriffe „intérêts étatiques" und „sûreté de l'Etat", ebd., S. 42–45.

gen der Genfer Konvention und einiger Haager Abkommen als Straftatbestände zu kodifizieren, stieß auf Ablehnung[183]. Eine Bestrafung auf der Grundlage völkerrechtlichen Gewohnheitsrechts wurde nicht diskutiert.

Da man während des Krieges der meisten Verantwortlichen für Kriegsrechtsverstöße nicht habhaft wurde und zudem Gerichtsverfahren gegen Kriegsgefangene wegen vor der Gefangennahme begangener Handlungen bedingt durch die Furcht vor deutschen Repressalien nicht mehr durchgeführt wurden, erhoben weite Kreise die Forderung, gegen die Schuldigen in ihrer Abwesenheit (in contumaciam) zu verhandeln. Von dieser im französischen Strafrecht vorgesehenen Möglichkeit versprach man sich viele Vorteile: Die Sammlung und gerichtliche Würdigung des die Kriegsrechtsverstöße beweisenden Materials liege im öffentlichen wie im privaten Interesse der Geschädigten, die Bekanntmachung von Urteilen wirke bei den feindlichen Soldaten und Offizieren abschreckend, und die Urteile würden bei den rechtlich gesinnten Menschen in neutralen und feindlichen Ländern eine günstige Aufnahme finden. In der Rechtswissenschaft blieb die Zweckmäßigkeit von Kontumazialverfahren jedoch umstritten, in der Praxis wurden nur Schritte zur Beweissicherung eingeleitet[184].

Neuartige Rechtsprobleme warf auch das im Laufe des Krieges zur Forderung gewordene Gefühl auf, daß nicht nur die von Einzelnen begangenen Kriegsrechtsverstöße strafrechtlich gesühnt werden müßten, sondern auch die, für die höchste Armee- und Regierungsstellen des Feindes die Verantwortung trugen. Es sei Aufgabe der Justiz, die Verantwortlichen für die Beschießung von offenen Städten, für die warnungslose Versenkung von Handelsschiffen, für die Zerstörung von Kirchen usw. festzustellen und durch deren Bestrafung diese Handlungen als Verbrechen zu kennzeichnen. Das französische Staatsrecht kenne das Institut der Ministeranklage. Es sei an der Zeit, daß auch der völkerrechtliche Grundsatz der Immunität der Staatsführung falle[185].

Wie die französische Öffentlichkeit waren auch die Juristen nicht nur über die von einzelnen deutschen Soldaten begangenen Kriegsrechtsverletzungen verbittert, sondern durchaus überzeugt von der planmäßig völkerrechtswidrigen deutschen Kriegführung. Für den Fall eines Sieges der Alliierten wurde die Aufnahme einer Amnestieklausel in den Friedensvertrag geradezu leidenschaftlich abgelehnt. Trotz des Nachteils eines möglichen „Krieges nach dem Kriege" sei es unvorstellbar, daß der Frieden einen Schleier der Vergessenheit über unglaubliche Schreckenstaten decke. Vor der Welt und gegenüber der Gerechtigkeit sei man verpflichtet, alle Schuldigen von Greueltaten zur Verantwortung zu ziehen[186]. Diesen Standpunkt teilte die französische Regierung. Sie erklärte öffentlich, daß die Erlangung von Wiedergutmachung für die erlittenen Schäden und die Bestrafung der Schuldigen zu ihren Zielen gehöre[187]. In der interessierten Öffentlichkeit ging mit der Ablehnung der Amnestie die Überlegung einher, im Friedensvertrag die Auslieferung der

---

[183] Einen diesbezüglichen Antrag hatte der Abgeordnete F. Engerand (Calvados) am 14. 1. 1915 in die Deputiertenkammer eingebracht. Der Text des Gesetzesvorschlags ist (wahrscheinlich auszugsweise) abgedruckt bei: Dumas, S. 9, Anm. 2. Dazu: Renault, S. 333 f.; Mérignhac, S. 40 f.; Dumas, S. 8–13.

[184] Mérignhac, S. 45–47; Dumas, S. 19–24 u. 27–36.

[185] Dumas, S. 29 f.; Mérignhac, S. 48 f. Dagegen lehnte Renault, S. 335–337, jede völkerstrafrechtliche Verantwortlichkeit der Staatsführung ab: „ce sera peut-être le droit de l'avenir" (S. 336).

[186] Renault, S. 338 f.; Dumas, S. 24–26; Mérignhac, S. 46 f.

[187] MinPräs. Briand in der Regierungserklärung vom 14. 9. 1916, Journal du droit international [Clunet] 44 (1917), S. 130 f. MinPräs. Ribot in einer Rede vor Parlamentsmitgliedern der alliierten Staaten am 5. 5. 1917, auszugsweise abgedruckt ebd., S. 1184 f.

für Völkerrechtsverletzungen Verantwortlichen zu fordern. Sie gewann an Zustimmung, obwohl einer der ältesten und bekanntesten Rechtsgelehrten Frankreichs einen solchen Gedanken als überheblich zurückgewiesen hatte, da er sich keine Regierung, selbst eines geschlagenen Landes, vorstellen konnte, die einer solchen Vertragsklausel zustimmen würde: „ce serait l'abdication de toute dignité"[188].

d) Staatenpraxis und juristisches Schrifttum in Großbritannien

Die britische Bevölkerung reagierte auf den Kriegsausbruch und auf die ersten Nachrichten aus Belgien und Frankreich über völkerrechtswidriges Verhalten der deutschen Truppen noch empfindlicher als die Öffentlichkeit anderer Kriegführender. Umgehend erhoben sich Stimmen, die in Wilhelm II. den Schuldigen am Kriege erblickten und ihn deshalb einer ähnlichen Behandlung wie Napoleon im Jahre 1815 unterworfen sehen wollten[189]. Vereinzelt wurde sogar angeregt, den Kaiser und seine verantwortlichen Berater wegen Verletzung der belgischen Neutralität vor ein Gericht zu stellen, um zu dokumentieren, daß die Zivilisation nicht auf Macht, sondern auf Recht beruhe und daß Verstöße gegen das Völkerrecht strafwürdige Delikte seien: „The invasion of Belgium was not an ‚act of war' but a criminal act, and the nations of the world must devise means to bring the authors of such acts to trial and punishment[190]."

Die öffentliche Erregung über das als brutal empfundene Vorgehen deutscher Truppen in Belgien, die von belgischen Emigranten kräftig geschürt wurde, veranlaßte die britische Regierung schon Anfang Oktober 1914, Beweismaterial für deutsche Kriegsrechtsverletzungen sammeln zu lassen[191]. Sie beauftragte im Dezember 1914 eine Kommission unter Vorsitz von Viscount Bryce, einem Gelehrten und Diplomaten von internationalem Ansehen[192], mit der Bewertung des Materials. Die Kommission urteilte, daß die deutschen Streitkräfte bei der Besetzung Belgiens die Kriegsgesetze und -gebräuche vielfach verletzt hätten. Sie drückte die Hoffnung aus,

> „that as soon as the present war is over the nations of the world will consider what means can be provided and sanctions devised to prevent the recurrence of such horrors as our generation is now witnessing[193]."

Noch bevor der Bericht der Bryce-Kommission mit seiner maßvollen Empfehlung der Regierung vorlag, sah sich diese mit der Frage konfrontiert, zu entscheiden, wie gegnerische Soldaten zu behandeln seien, die verdächtig waren, Kriegsrechtsverletzungen begangen zu haben. Dieses Problem resultierte aus dem U-Boot-Krieg: Am 4. Februar 1915 hatte die Reichsregierung die Gewässer rings um Großbritannien und Irland zum Kriegsgebiet erklärt und die Vernichtung aller dort angetroffenen feindlichen Handelsschiffe angekündigt, „ohne daß es immer möglich sein wird, die dabei der Besatzung und den Passagieren drohenden Gefahren abzuwenden"[194]. Am 4. März gelang britischen Zerstörern

[188] Renault, S. 339.
[189] Willis, S. 5.
[190] So ein anonymer Autor in „The Edinburgh Review" vom Oktober 1914, zit. nach Willis, S. 6.
[191] Read, S. 201.
[192] Viscount Bryce war von 1907–1913 brit. Botschafter in Washington gewesen. Der Kommissionsbericht erregte nicht zuletzt auf Grund des hohen Ansehens, das Bryce in den USA genoß, dort großes Aufsehen. Ebd., S. 202f.
[193] Report of the Committee on Alleged German Outrages, S. 48. Siehe zum Wert des Bryce-Report Read, S. 204–208.
[194] Die Maßnahme trug Repressaliencharakter. Bekanntmachung des Admiralstabes u. Denkschrift der Reichsregierung vom 4. 2. 1915, abgedruckt in: Seekriegsrecht im Weltkriege. Sammlung diplomati-

die Vernichtung des U-Bootes U 8. Der geretteten Besatzung wurde die ehrenhafte Behandlung als Kriegsgefangene versagt, sie wurde in Marinearrestanstalten (naval detention barracks) überführt. Das gleiche Schicksal erlitten die Überlebenden von U 12 und U 14. Die Admiralität begründete ihre Maßnahme mit dem Verdacht, daß die deutschen U-Boote unbewaffnete Handelsschiffe mit Nichtkombattanten, Neutralen und Frauen an Bord versenkt hätten. Gefangene, die unter einer solchen Beschuldigung stünden, müßten besonderen Beschränkungen unterworfen werden; denn die Beweise reichten für eine sofortige Verurteilung nicht aus, würden vielmehr erst bei Friedensschluß zur Verfügung stehen[195]. Die deutsche Regierung hielt die Sonderbehandlung der U-Bootsbesatzungen für nicht gerechtfertigt, da diese nur die ihnen erteilten Befehle ausgeführt hatten. Sie ließ als Repressalie kriegsgefangene Armeeoffiziere aus den besten englischen Familien – was ein bezeichnendes Licht auf die Denkweise im preußischen Kriegsministerium wirft! – in Militärarrestanstalten überführen. Aufgrund dieses Druckes billigte die britische Regierung den U-Bootsbesatzungen den Status von ordentlichen Kriegsgefangenen zu[196]. Sie erklärte jedoch, daß damit die Frage der persönlichen Verantwortlichkeit für Kriegsrechtsverletzungen nicht entschieden sei, sondern nur bis zum Ende des Krieges aufgeschoben werde[197].

Die Nachrichten von der Erschießung der Krankenschwester Edith Cavell[198] am 12. Ok-

---

scher Noten und anderer Urkunden. Zusammengestellt im Auftrage des Staatssekretärs des Reichs-Marine-Amts, 3 Bde, Berlin 1916/1918, Ergänzungsheft Berlin 1919, hier: Bd 1, DokNr. 117.

195 Statement of the Board of Admiralty vom 8. 3. 1915, abgedruckt in: Phillipson, Coleman, International Law and the Great War, London 1915, S. 259 f. – In der brit. Note vom 1. 4. 1915 heißt es: „the crews of the two submarines in question [. . .] cannot be regarded as honourable opponents, but rather as persons who at the orders of their Government have committed acts which are offences against the law of nations and contrary to common humanity." Zit. nach Bower, Graham, The Laws of War: Prisoners of War and Reprisals, in: Transactions of the Grotius Society 1(1915), S. 15–31 (19). Vgl. Übers. in: Seekriegsrecht im Weltkriege I, DokNr. 179.

196 Notenwechsel zwischen der Reichsregierung u. der US-Regierung (als Schutzmacht), abgedruckt in: Seekriegsrecht im Weltkriege I, DokNr. 157, 179, 186, 188 u. 222. Siehe auch Meurer, Verletzungen des Kriegsgefangenenrechts, S. 687 f. Die Entscheidung der Admiralität, den U-Bootsbesatzungen den Status als Kriegsgefangene zu verweigern, sollte wahrscheinlich auf diese abschreckend wirken und die dt. Regierung zur Einstellung des verschärften U-Bootkrieges zwingen. Als diese mit einer Repressalie antwortete, wurde starke Kritik an der Admiralität und ihrem First Lord, Winston Churchill, laut. Selbst König Georg V. ließ die Regierung seinen Unmut wissen. Erst nach einer Kabinettsumbildung, bei der Churchill sein Amt verlor, fand sich eine Mehrheit für die Einstellung der Sonderbehandlung der dt. U-Bootsbesatzungen. Inzwischen hatte die Regierung die freilich vage Zusage gemacht, bei Kriegsende für eine Bestrafung der Verantwortlichen für Kriegsrechtsverletzungen Sorge tragen zu wollen. Willis, S. 28–49.

197 Erklärung Balfours, First Lord of the Admiralty, am 9. 6. 1915, abgedruckt in: The Parliamentary Debates (Official Report), House of Commons, 5th series, Bd 72, Sp. 267 f.

198 Die brit. Staatsangehörige Edith Cavell war Leiterin einer Pflegeschule in Brüssel. Sie wurde von einem dt. Feldgericht zum Tode verurteilt, weil sie versprengten bzw. aus der Kriegsgefangenschaft entflohenen engl. und frz. Soldaten und wehrpflichtigen Belgiern bei ihrer Flucht aus Belgien behilflich war. Das Gericht sah es als erwiesen an, daß sie dem Feinde Mannschaften zugeführt und dadurch ein Verbrechen nach §§ 58, 160 MStGB begangen hatte. Miss Cavell handelte aus patriotischen Motiven. Die engl. Nation hat dies gewürdigt, indem sie eine Statue dieser noblen und tapferen Frau auf dem Trafalgar Square in London aufstellte. Gleichwohl widersprach ihre Verurteilung nicht den Kriegsgesetzen und -gebräuchen. Die Vollstreckung des Urteils erwies sich jedoch als schwerer politischer Fehler; die brit. Propaganda machte sich das allgemeine Mitgefühl mit dem Schicksal von Miss Cavell zunutze. Read, S. 210–216; Willis, S. 60–63; Eisenträger [Kurt], Cavell-Fall, in: Strupp WVR I, S. 188 f.

tober 1915 und des Handelsschiffskapitäns Charles Fryatt[199] am 27. Juli 1916 – jeweils nach vorangegangener feldgerichtlicher Verurteilung – wurde in England mit Empörung aufgenommen. Insbesondere die Verurteilung von Fryatt wurde als glatter Justizmord angesehen. Die Frage der Bestrafung der Kriegsverbrecher fand nun endgültig Eingang in die hohe Politik. Leserbriefe in den Zeitungen und Anfragen im Parlament häuften sich, der Ruf nach Sühne wurde unüberhörbar. Premierminister Asquith erklärte am 31. Juli 1916 vor dem Unterhaus, daß die deutschen Greuel nicht unverfolgt bleiben dürften. Die Regierung sei entschlossen, wenn der Zeitpunkt gekommen sei, die (Kriegs-)Verbrecher ohne Ansehen ihrer Person und ihres Ranges vor Gericht zu ziehen. Der Mann, der dem System seine Autorität verleihe, in dem solche Verbrechen (wie die „Ermordung" des Kapitäns Fryatt) möglich seien, könne sehr wohl der Schuldigste von allen sein[200].

Die Regierung überlegte daraufhin, in welcher Form die Ankündigung Asquith' in praktische Politik umgesetzt werden könne. Sie entschloß sich, die französische und die russische Regierung zu einer Erklärung zu veranlassen, daß die Bestrafung der Verantwortlichen für Kriegsrechtsverletzungen ein gemeinsames Kriegsziel sei. Doch der Vorschlag fand wenig Resonanz, weil die Verbündeten befürchteten, daß eine solche Erklärung einen vielleicht möglichen Verständigungsfrieden behindern oder sogar ausschließen könne[201].

---

[199] Charles Fryatt war Kapitän des zwischen Parkeston und Rotterdam verkehrenden engl. Handelsschiffs „Brussels". Am 28. 3. 1915 wurde er 10 sm westlich Maas Feuerschiff von U 33 zum Stoppen aufgefordert. Die „Brussels" kam der Aufforderung nicht nach, behielt zunächst Kurs und Fahrt bei, drehte aber plötzlich auf das zum Torpedoangriff anlaufende U-Boot zu. U 33 konnte sich dem offensichtlichen Rammversuch durch Schnelltauchen entziehen. Anfang Juli 1916 wurde die „Brussels" durch dt. Seestreitkräfte aufgebracht. Kapitän Fryatt wurde vor ein Feldgericht des Marinekorps gestellt, das am 27. 7. 1916 folgendes Urteil fällte: „Der Angeschuldigte ist schuldig, als nicht zur Wehrmacht des Feindes gehörig, es unternommen zu haben, der feindlichen Macht Vorschub zu leisten und der deutschen Wehrmacht zu schaden und wird deshalb nach Kriegsgebrauch zum Tode verurteilt. Der Angeschuldigte hat am 28. März 1915 auf offener See versucht, ein deutsches U-Boot durch Rammen zu vernichten." Das Urteil wurde am gleichen Tag vom Gerichtsherrn, dem Kommandierenden Admiral des Marinekorps, Adm. v. Schröder, bestätigt und darauf vollstreckt. Die brit. Regierung protestierte mit Note vom 7. 8. 1916 gegen dieses Verfahren. Sie bezeichnete die Erschießung Fryatts als „Justizmord", weil dieser als Kriegsgefangener (!) der dt. Regierung unter Verletzung des Völkerrechts und der Kriegsgebräuche erschossen worden sei. – Die „Kommission zur Untersuchung wegen völkerrechtswidriger Behandlung der Kriegsgefangenen in Deutschland" hat das Urteil einer Nachprüfung unterzogen. Dazu und zur rechtlichen Problematik unten, S. 146 f. u. 173 f. – Vgl.: Seekriegsrecht im Weltkriege II, DokNr. 357 u. 362; Hurd, Archibald, The Merchant Navy, 3 Bde, London 1921/1924/1929 (= History of the Great War), hier: Bd 2, S. 307–336.

[200] The Parliamentary Debates, H. C., 5th series, Bd 84, Sp. 2080 f. Ähnliche Erklärung am 16. 8. 1916, ebd., Bd 85, Sp. 1853.

[201] Die frz. Regierung reagierte mit der – allerdings zurückhaltenden – Erklärung von MinPräs. Briand vom 14. 9. 1916 (siehe Anm. 187). Vgl. Willis, S. 69–77. – Bemerkenswert ist jedoch folgende Passage in der Antwort der Alliierten auf den Friedensvorschlag der Mittelmächte vom 12. 12. 1916: „Pour l'avenir, les ruines causées par la déclaration de guerre allemande, les attentats innombrables commis par l'Allemagne et ses alliés contre les belligérants et contre les neutres exigent des sanctions [!], des réparations et des garanties: l'Allemagne élude les unes et les autres." Note der alliierten Mächte vom 30. 12. 1916 (übermittelt durch die Schweizerische Gesandtschaft in Berlin), abgedruckt in: L'Allemagne et les problèmes de la paix pendant la première guerre mondiale. Documents extraits des archives de l'Office allemand des Affaires étrangères, hrsg. von André Scherer u. Jacques Grunewald, Bd 1: Des origines à la déclaration de la guerre sous-marine à outrance, Paris 1962 (= Publications de la faculté des lettres et sciences humaines de Paris, série „Textes et Documents", tome III), DokNr. 451; Ursachen und Folgen. Vom deutschen Zusammenbruch 1918 und 1945 bis zur staatlichen Neuord-

Die Verluste während der Schlacht an der Somme im Sommer und Herbst 1916 führten auf britischer Seite zu einer Ernüchterung in der Lagebeurteilung. Man erkannte, daß der Krieg noch lange andauern konnte und daß sein Ausgang noch ungewiß war. Deshalb bemühte man sich, eine weitere Verschärfung im Verhältnis zu Deutschland nicht eintreten zu lassen. Die Regierung sah ebenso von Repressalien wie von der Einleitung von Gerichtsverfahren gegen Kriegsgefangene wegen völkerrechtswidriger Kriegshandlungen ab. Sie hielt es zudem für unangemessen, im eigenen Machtbereich befindliche Subalternoffiziere zur Verantwortung zu ziehen, die nur den Befehlen ihrer Vorgesetzten gehorcht hatten.

Die Meinungen der britischen Juristen über die Zulässigkeit der Maßnahme, geretteten U-Bootsbesatzungen den Status als Kriegsgefangene zu verweigern, gingen auseinander. Zugunsten der gegnerischen Marineangehörigen wurde vorgebracht, daß sie unzweifelhaft auf höheren Befehl gehandelt hätten und daher nicht bestraft werden könnten. Hieß es doch in Artikel 443 des vom War Office herausgegebenen „Manual of Military Law“:

> „It is important, however, to note that members of the armed forces who commit such violations of the recognised rules of warfare as are ordered by their Government or by their commanders are not criminals and cannot therefore be punished by the enemy. He may punish the officials or commanders responsible for such orders if they fall into his hands, but otherwise he may only resort to the other means of obtaining redress, [. . . i. e. reprisals][202].“

Diese Klausel hatte zweifellos durch die Mitarbeit von Professor Oppenheim Eingang in das „Manual“ gefunden[203]. Phillipson führte sie mit der Überlegung ad absurdum, daß, falls man die Berufung auf höheren Befehl als Strafausschließungsgrund anerkenne, man im Falle Deutschlands nur einen Verantwortlichen finden würde, nämlich den Kaiser. Doch keine Rechtsordnung – weder eine nationale noch die internationale – könne hinnehmen, daß eventuell Millionen, sich auf höheren Befehl berufend, gegen geltendes Recht verstießen[204]. Tatsächlich entsprach die Bestimmung in Artikel 443 nicht dem Common Law, ihr kam auch nicht der Rang von Statuary Law zu[205]. Deshalb verteidigte eine Reihe von Juristen die Sonderbehandlung der U-Bootsbesatzungen[206].

Auch die Politik der britischen Regierung, die Sühnung der Kriegsrechtsverletzungen bis zum Friedensschluß aufzuschieben, erfuhr Kritik. Hugh H. Bellot, Sekretär der Grotius-Gesellschaft, forderte, Kriegsgefangene für vor der Gefangennahme begangene völkerrechtswidrige Kriegshandlungen zur Verantwortung zu ziehen. Er erhoffte sich davon

---

nung Deutschlands in der Gegenwart. Eine Urkunden- und Dokumentensammlung zur Zeitgeschichte, hrsg. u. bearbeitet von Herbert Michaelis u. Ernst Schraepler, Bd 1: Die Wende des ersten Weltkrieges und der Beginn der innerpolitischen Wandlung 1916/1917, Berlin o. J. [1958], DokNr. 49.

202 Zit. nach Bower, S. 22. Ebenso Edmonds/Oppenheim, S. 95 f. (§ 443).

203 Vgl. Oppenheim II, S. 264 f. (§ 253).

204 Phillipson, International Law and the Great War, S. 260 f.

205 Bellot, Hugh H. L., War Crimes: Their Prevention and Punishment, in: Transactions of the Grotius Society 2(1917), S. 31–55 (46–49). Aufsatz auch abgedruckt in: The Nineteenth Century and After 80 (1916), S. 636–660. – Zur umstrittenen Rechtsfrage der Bedeutung des höheren Befehls für die Strafbarkeit von Kriegsverbrechen: Verdross, Die völkerrechtswidrige Kriegshandlung, S. 48–59 (freilich nicht beachtend, daß das „Manual of Military Law“ eine Dienstvorschrift ist, dem nicht der Rang von Gesetzesrecht [Statuary Law] zukommt); Mangoldt, S. 308 f.; Jescheck, Verantwortlichkeit der Staatsorgane, S. 255–262.

206 Phillipson, International Law and the Great War, S. 260; auch Professor T. E. Holland, so Willis, S. 36.

eine genauere Beachtung der Kriegsgesetze und -gebräuche, denn „no man likes to fight with a rope round his neck". Die Alliierten sollten sich auf einer ihrer Konferenzen mit dem Problem beschäftigen und abwägen, ob die Bestrafung Kriegsgefangener und die verstärkte Anordnung von Repressalien geeignete Mittel zur Erreichung dieses Zwecks seien. Wie auch immer ihre Entscheidung ausfalle, die zivilisierte Welt werde nicht ruhen, bis nicht nach Kriegsende alle Verantwortlichen für schwere Kriegsrechtsverletzungen, Anstifter und Täter, durch ein unparteiisches Gericht abgeurteilt seien[207]. Der Weg zu diesem Ziel lag auf der Hand: die Versagung einer friedensvertraglichen Amnestie[208].

---

[207] Bellot, War Crimes, S. 49f. u. S. 53–55.

[208] Vielleicht zuerst von John Macdonell im Septemberheft 1915 der Zeitschrift „The Contemporary Review" artikuliert. Wie Anm. 146, hier: S. 279.

II. Die Entstehung der Strafbestimmungen des Versailler Vertrages

1. Vorbereitungen und Vorentscheidungen für die Friedenskonferenz

Die öffentliche Diskussion über die Bestrafung der Verantwortlichen für Verletzungen des Kriegsrechts war zwischen Herbst 1916 und Sommer 1918 fast eingeschlafen. Sie lebte erst in den letzten Wochen des Krieges wieder auf. Die Zerstörungen, zu denen sich die deutschen Truppen an der Westfront auf ihrem seit Juli 1918 anhaltenden Rückzug gezwungen sahen, um ein schnelles Nachrücken der Feinde zu verhindern, riefen bei den Franzosen als Betroffenen, aber auch bei ihren Verbündeten Empörung hervor. Die englische Öffentlichkeit reagierte mit Unwillen auf neue Berichte über die Behandlung der Kriegsgefangenen in Deutschland. Eigentlicher Anlaß für das Aufleben der Erörterungen über Kriegsverbrechen und ihre Verfolgung war die sich bei den Alliierten ausbreitende Siegeszuversicht, der nach dem Waffenstillstand die Gewißheit des Sieges folgte[1]. Die französischen und britischen Politiker wußten sich bei ihrem weiteren Vorgehen in der Kriegsverbrecherfrage in Übereinstimmung mit der öffentlichen Meinung in ihren Ländern. Ihre im Herbst 1918 getroffenen Entscheidungen wurden von dieser getragen.

a) Nationale Vorbereitungen. Rechtsansichten der britischen und französischen Regierung

Die Zerstörungen, die die deutschen Truppen bei ihrem Rückzug vornahmen, alarmierten die französische Öffentlichkeit und Regierung. Die Befürchtung wurde laut, daß diesen die Absicht unterliege, die französische Wirtschaft auf Jahre hinaus zu schädigen und im Hinblick auf den für die Nachkriegszeit erwarteten Wettbewerb um die internationalen Märkte entscheidend zu schwächen[2]. Die französische Regierung ersuchte im September 1918 ihre Verbündeten, Deutschland eine gemeinsame Warnung zukommen zu lassen, daß die Zerstörungen Sanktionen und vollständige Wiedergutmachung zur Folge haben würden[3]. Die amerikanische und britische Regierung lehnten die Bitte jedoch ab, weil sie fürchteten, daß die Franzosen eher zu Repressalien greifen könnten, als das Kriegsende abzuwarten[4].

Das französische Ersuchen veranlaßte die Law Officers of the Crown, Sir Frederick Smith

---

[1] Vgl. Read, S. 244–247.

[2] Vgl. Lloyd George, David, The Truth about the Peace Treaties, 2 Bde, London 1938, hier: Bd 1, S. 441–443.

[3] Schreiben des frz. Botschafters in Washington vom 9. 9. 1918 an Präsident Wilson, erwähnt in: Baker, Ray Stannard, Woodrow Wilson. Life and Letters, Bd 8: March 1 – November 11, 1918, London-Toronto o. J. [1939], S. 392 f.

[4] Willis, S. 112. – Min.Präs. Clemenceau erläuterte am 17. 9. 1918 die Absicht der frz. Regierung, als er vor dem Senat erklärte, daß „kein Sieg eine Amnestie für so viele Verbrechen rechtfertigen könnte". Zit. nach Read, S. 246. Erst am 5. 10. 1918 – also nach dem dt. Waffenstillstandsersuchen – erließ die frz. Regierung die lange erwogene Warnung vor den Folgen der Zerstörungen: „Le peuple allemand qui participe à ces forfaits en supportera les conséquences. Les auteurs et les ordonnateurs de ces crimes en seront rendus responsables moralement, pénalement et pécuniairement." Pressekommuniqué abgedruckt in: Journal du droit international [Clunet] 45 (1918), S. 1618 f.

und Sir Gordon Hewart[5], Premierminister Lloyd George an die Zusagen zu erinnern, die die vorangegangenen Kabinette im Laufe des Krieges hinsichtlich der Verfolgung von Kriegsrechtsverletzungen nach Einstellung der Feindseligkeiten gegeben hatten. Sie forderten die Bestellung eines „strong Committee of Jurists and others", das sie bei der Vorbereitung der Anklagen unterstützen sollte[6].

Die Regierung zögerte zunächst, dem Antrag stattzugeben. Sie sah sich jedoch mit einer Öffentlichkeit konfrontiert, die stürmisch den Schutz der britischen Kriegsgefangenen in Deutschland verlangte und die Drohung, daß die Verantwortlichen für deren schlechte, vermeintlich völkerrechtswidrige Behandlung nach Niederringung des Reiches bestraft würden, für ein geeignetes Mittel hielt, um eine sofortige Linderung des Loses der Landsleute im deutschen Gewahrsam zu erreichen. Das Inter-Departmental Committee on Prisoners of War, gegründet, um der öffentlichen Kritik die Spitze zu nehmen, machte sich diese Forderung weitgehend zu eigen. Sein Vorsitzender, Sir George Cave, schlug in einer gemeinsamen Sitzung des War Cabinet und der Premierminister der Dominions am 11. Oktober 1918 vor,

> „that the British Government should say plainly that the Germans would be held accountable for these breaches of international law [i. e. treating the prisoners of war in an abominable way], and that the authors and those responsible for carrying out the breaches would be punished. He also suggested that we should threaten reprisals immediately"[7].

Dieses höchste Entscheidungsgremium der britischen Politik gab der Empfehlung mit der Einschränkung statt, daß die Bestrafung der Verantwortlichen für die schlechte Behandlung der Kriegsgefangenen nicht zu einer Friedensbedingung gemacht werden dürfe:

> „no nation, unless it was beaten to the dust, would accept such terms. If England had been badly beaten in this war, we should never agree to our officers being tried by German tribunals. As a matter of principle, threats should not be made which, in practice, could not be enforced"[8].

Die britischen Staatsmänner waren sich mithin der Tragweite von Forderungen, wie sie in den Artikeln 227–230 des Versailler Vertrages zum Ausdruck kommen sollten, durchaus bewußt. Zu einem Zeitpunkt, zu dem das deutsche Ersuchen um Waffenstillstand vorlag,

---

[5] Als Attorney-General bzw. Solicitor-General Englands die höchsten Rechtsberater der brit. Regierung. Sir F.E. Smith wurde Anfang 1919 zum Lord Chancellor ernannt und als Viscount Birkenhead in den Stand der Pairs erhoben. Gleichzeitig wurde Sir G. Hewart sein Nachfolger als Attorney-General.

[6] P. R. O. CAB 24/66, Bl. 190, W. C., G. T. 5956: Schreiben Law Officers of the Crown vom 30. 9. 1918 an Premierminister. Sir F. E. Smith hatte sich im Jahre 1918 wiederholt für die Bestrafung der Schuldigen am Kriege und der Schuldigen im Kriege ausgesprochen. So auch Mitte September in Liverpool, seinem Wahlkreis, in dem sich eine „League of Britons" gebildet hatte, die bei der nächsten Wahl nur einen Kandidaten unterstützen wollte, der für eine Bestrafung der Kriegsverbrecher eintreten würde. Willis, S. 113f.

[7] P. R. O. CAB 23/8, Bl. 15–22, W. C. 484, I. W. C. 35: Minutes of a Meeting of the War Cabinet and Imperial War Cabinet on Oct. 11th, 1918, item 6.

[8] Ebd. – Die brit. Regierung gab durch Pressekommuniqué am 12. 10. 1918 bekannt, daß sie zu Repressalien greifen werde, falls die dt. Regierung ihren Beschwerden über die Behandlung der Kriegsgefangenen nicht entsprechen werde. Sie habe weiterhin die dt. Regierung wissen lassen, daß sie Deutschland für die rechtswidrige Behandlung der Kriegsgefangenen verantwortlich machen und alle in ihrer Macht stehenden Schritte unternehmen werde, damit die dafür Verantwortlichen bestraft würden. Kommuniqué in frz. Übers. abgedruckt in: Journal du droit international [Clunet] 45 (1918), S. 1622 f.; vgl. The Parliamentary Debates, H. C., 5th series, Bd 110, Sp. 1356f.

jedoch das unmittelbar bevorstehende Kriegsende noch nicht abgesehen werden konnte, sprachen sie sich mehrheitlich dagegen aus, die Bestrafung der deutschen Kriegsverbrecher zu einem Kriegsziel zu machen.

Wie die Debatte im House of Lords am 16. Oktober 1918 zeigte, wurde die Ankündigung der Regierung, sie werde alle in ihrer Macht stehenden Schritte unternehmen, damit die für die widerrechtliche und grausame Behandlung britischer Kriegsgefangener Verantwortlichen bestraft würden, als ungenügend angesehen[9]. Das War Cabinet genehmigte daraufhin den Antrag der Law Officers of the Crown vom 30. September. Ein „Committee of Enquiry into Breaches of the Laws of War" sollte zu allen Rechtsfragen Stellung nehmen, die die Verfolgung von Verantwortlichen für Kriegsrechtsverletzungen aufwarfen. Es wurde angeordnet, daß die Berufung des Komitees vertraulich zu behandeln sei[10]. Mit dieser Vorkehrung sollte zweifellos die Unverbindlichkeit dieses ersten vorsichtigen Schrittes im Hinblick auf die Verfolgung Deutscher als Kriegsverbrecher gewahrt werden.

Die britischen Regierungsmitglieder vertraten unterschiedliche Ansichten in der Frage, welche Waffenstillstands- und Friedensbedingungen Deutschland zugemutet werden könnten, ohne die Gefahr heraufzubeschwören, daß der Krieg unnötig verlängert werde. Lord Curzon drang in einem an das War Cabinet gerichteten Memorandum vom 15. Oktober darauf, die wichtigsten britischen Friedensziele, die über die Vierzehn Punkte Präsident Wilsons hinausgingen, in das vorgesehene Waffenstillstandsabkommen aufzunehmen. Als solche führte er u. a. auf: „compensations, reparations, indemnities to the Allies for the cost of the War; and the trial and punishment of the principal criminals, possibly including the Kaiser, unless he abdicated"[11]. Nachdem Sir George Cave in einer Debatte des Unterhauses zur Lage der Kriegsgefangenen in Deutschland hatte anklingen lassen, daß beabsichtigt sei, Einzelpersonen, die der Mißhandlung von Gefangenen schuldig seien, in die eigene Gewalt zu bekommen und zu bestrafen[12], kam Lord Curzon in der Sitzung des War Cabinet am 31. Oktober auf diese Erklärung zurück. Auf sein und Caves Drängen faßte dieses den Beschluß, den in Paris weilenden Premierminister aufzufordern, die Auslieferung von Deutschen, die verdächtig seien, Kriegsgefangene mißhandelt zu haben, zu einer Bedingung des Waffenstillstands zu machen[13].

Lloyd George kam dem Verlangen seiner Minister offensichtlich nicht nach. Bei den Verhandlungen zwischen den britischen, französischen und italienischen Regierungschefs und Oberst Edward M. House als Bevollmächtigten des US-Präsidenten über die Vierzehn Punkte und die Waffenstillstandsbedingungen für das Deutsche Reich wurden eingehend die Geltendmachung von Schadenersatzansprüchen, nicht aber die Bestrafung von Kriegsverbrechern erörtert[14]. Lloyd George hielt zudem die alliierten Forderungen

---

9 Willis, S. 119f.

10 P. R. O. CAB 23/8, Bl. 37–39, W. C. 488: Minutes of a Meeting of the War Cabinet on Oct. 17th, 1918, item 6. – Die amtliche Bekanntgabe der Bildung des Komitees erfolgte am 8. 11. 1918, zwei Tage nach dessen erstem Zusammentritt. Read, S. 248; Willis, S. 125.

11 Lloyd George, David, War Memoirs, Bd 6, London 1936, S. 3291.

12 Sitzung des Unterhauses am 29. 10. 1918. The Parliamentary Debates, H. C., 5th series, Bd 110, Sp. 1345–1357 u. 1386.

13 P. R. O. CAB 23/14, Bl. 227f., W. C. 494 A: Minutes of a Meeting of the War Cabinet on Oct. 31st, 1918, item 3.

14 Vgl. die Berichte von House an Präsident Wilson, abgedruckt in: Papers Relating to the Foreign Relations of the United States (im folgenden zit. FRUS) 1918, Supplement 1: The World War, Bd 1, Wash-

für so weitgehend, daß er – zumindest vor Vereinbarung der Waffenruhe mit Österreich-Ungarn am 3. November – eine Ablehnung des Waffenstillstandes seitens Deutschlands nicht als ausgeschlossen ansah. Für die Behandlung der eminent politischen Frage schien ihm die Friedenskonferenz der geeignetere Ort zu sein[15]. Somit blieb das Waffenstillstandsabkommen frei von einer alliierten Auslieferungsforderung[16].

Nach der Waffenruhe nahmen die Erörterungen über die Bestrafung von Kriegsverbrechern in Frankreich und in noch intensiverer Form in England ihren Fortgang. Sie konzentrierten sich bald auf die Person des deutschen Kaisers, der sich durch seine Abdankung und Flucht ins Exil der Verantwortung entzogen zu haben schien. Weite Kreise des feindlichen Auslands bis in die höchsten Spitzen der Regierungen sahen in dem ehemaligen Herrscher den Hauptschuldigen für den Ausbruch des Krieges und für das unzählige Leid, das dieser über die Welt gebracht hatte. Lord Curzon konferierte mit dem französischen Ministerpräsidenten Clemenceau über dieses Thema. Beide stimmten überein, daß als Akt internationaler Gerechtigkeit und Vergeltung der Ex-Kaiser gerichtlich abzuurteilen sei. Curzon erstattete dem Imperial War Cabinet einen Bericht, in dem ein in seiner Einfachheit geradezu erschreckendes Bild zum Ausdruck kam, das sich die Welt am Ende des Krieges von Wilhelm II. und damit auch vom kaiserlichen Deutschland machte:

> „We know the war was started by the Kaiser, and we have reason to believe that all the cruelty, the iniquities, and the horrors that have been perpetrated, if not directly inspired by him, have been countenanced and in no way discouraged by him. In my view

---

ington 1933, S. 405 ff. (besonders S. 460–462). Auch in der Literatur zum Waffenstillstand mit Deutschland findet sich kein Hinweis auf die Behandlung der Frage. Doch wurde die Problematik gestreift in den interalliierten Verhandlungen über den Waffenstillstand mit Österreich-Ungarn. Clemenceau schlug eine Vertragsklausel vor, mit der den Einwohnern der besetzten Gebiete Schutz vor Übergriffen der Besatzungstruppen zugesichert werden sollte. Lloyd George lehnte eine solche Formel wegen ihrer möglichen Rückwirkungen auf den Waffenstillstand mit Deutschland ab. (Sie fand aus hier nicht zu untersuchenden Gründen doch Aufnahme in Art. VI des Abkommens vom 11. 11. 1918). Er bemerkte zu dem Wunsch nach einer von der deutschen sich unterscheidenden Besatzungspraxis, daß man sich nicht darauf einlassen könne, die Deutschen, die Verbrechen begangen hätten, unbestraft zu lassen. Clemenceau stimmte ihm zu. Aufzeichnung von P. Mantoux über o. a. Verhandlungen am 30. 10. 1918, abgedruckt in: Launay, Jacques de, Secrets diplomatiques 1914–1918, Bruxelles-Paris 1963 (= Dossiers secrets de l'histoire), S. 103–108 (106). Vgl. Willis, S. 124. (Bei den von de Launay publizierten „Dossiers" über die interalliierten Vorwaffenstillstandsverhandlungen in Paris vom 29. 10. bis 4. 11. 1918 handelt es sich um von Louis Loucheur gefertigte Auszüge aus den auf stenographischen Notizen beruhenden Aufzeichnungen des Konferenzdolmetschers Paul Mantoux.)

[15] P. R. O. CAB 23/8, Bl. 61–64, W. C. 497, I. W. C. 36: Minutes of a Meeting of the War Cabinet and Imperial War Cabinet on Nov. 5th, 1918, item 6e.

[16] Der Dt. Waffenstillstandskommission unter Leitung von StS Erzberger gelang in den Verhandlungen mit Marschall Foch über die Bedingungen des Waffenstillstands sogar die Vereinbarung einer Klausel, die die Einwohner der von dt. Truppen zu räumenden Gebiete vor Verfolgung wegen der Teilnahme an Kriegsmaßnahmen schützte. Art. VI Abs. 1 des Waffenstillstandsabkommens vom 11. 11. 1918. Deutsche Waffenstillstandskommission, Drucksache Nr. 3 [Berlin 1918], abgedruckt in: Kraus/Rödiger I, DokNr. 4. – Durch Art. 212 VV wurde Art. VI Waffenstillstandsabk. Bestandteil des Friedensvertrags. Dieser Umstand war für den unter Art. 228 VV fallenden Personenkreis belanglos. Doch machten die Einwohner der ehemaligen dt. Besatzungsgebiete, die wegen Zusammenarbeit mit dem Feinde von ihrem Heimatstaat zur Rechenschaft gezogen wurden, insbesondere belgische Flamen, geltend, daß sie durch Art. 212 VV amnestiert seien. Zu dieser umstrittenen Rechtsfrage: Schröder, Max, Amnestieklausel und Versailler Vertrag, in: Zeitschrift für Völkerrecht 16 (1932), S. 160–167, u. 19 (1935), S. 65–74; Wolgast, Ernst, Amnestie und Versailler Vertrag, in: Zeitschrift für öffentliches Recht 15 (1935), S. 1–17.

the Kaiser is the arch-Criminal of the world, and just as in any other sphere of life when you get hold of a criminal you bring him to justice, so I do not see, because he is an Emperor and living in exile in another country, why he should be saved from the punishment which is his due[17]."

Auch Lloyd George sprach sich für ein Gerichtsverfahren gegen den Kaiser aus, damit Herrscher, die die Welt ins Unglück stürzten, für alle Zeiten wüßten, daß Strafe auf sie warte. Die mit einem solchen Vorgehen verbundenen völkerrechtlichen Fragen überging er mit der bezeichnenden Bemerkung „we are making international law, and all we can claim is that international law should be based on justice"[18]. Nach kontroverser Diskussion[19] beauftragte das Kabinett die Law Officers of the Crown zu untersuchen, welche Anklagen gegen den Kaiser und den Kronprinzen erhoben werden könnten hinsichtlich eines Verbrechens gegen die Menschheit durch Herbeiführen des Krieges und hinsichtlich ihrer Verantwortlichkeit für Verstöße gegen das Völkerrecht während des Krieges. Zugleich sollten sie Stellung nehmen zur Konstituierung eines Gerichtshofs, der über die Anklagen verhandeln könnte, und zur Tunlichkeit eines an die Niederlande zu richtenden Auslieferungsersuchens[20].

Der Attorney-General, Sir Frederick Smith, hielt schon am 28. November – wegen der bevorstehenden, nach London einberufenen Konferenz der Alliierten zur Eile gedrängt – vor dem Imperial War Cabinet Vortrag[21]. Er lehnte es kategorisch ab, dem Kaiser Straffreiheit zu gewähren. Dieser sei nach seinen eigenen Einlassungen wie auch nach der deutschen Verfassung höchste Autorität des Reiches gewesen und trage für alle staatlichen Handlungen persönliche Verantwortung. Der Kaiser sei direkt verantwortlich für den Tod von Millionen junger Männer, für die Vernichtung von materiellen Gütern im Ausmaß des 200fachen der durch Napoleon zerstörten und für den schwersten Anschlag auf die internationale Rechtsordnung, der seit ihrer Legung durch Grotius verübt wurde. Wenn der „Allerhöchste" straffrei ausgehe, könnten die kleineren Übeltäter nicht gut bestraft werden. In Zukunft müßten alle Herrschenden wissen, daß ein Entschluß zum Kriege neben anderen auch mit Risiken für ihre eigene Person verbunden sei.

Es gebe zwei Wege für die Bestrafung Wilhelms II.: Er könne wie Napoleon behandelt werden. Die Alliierten könnten vor der Geschichte die Verantwortung übernehmen, daß ein Mann in seinen persönlichen Rechten beschränkt werde, der sich schwerer Verbre-

---

[17] Lloyd George, Peace Treaties I, S. 97f., zit. aus den offiziellen „Minutes" der Sitzung des Imperial War Cabinet am 20. 11. 1918. Vgl. Mögenburg, S. 504.

[18] Lloyd George, Peace Treaties I, S. 99f. (100).

[19] Lloyd George verschweigt in seiner Darstellung der Kabinettssitzung die Argumente, die von Männern wie W. Hughes, Premierminister von Australien, Sir R. Borden, Premierminister von Kanada, W. Churchill u. a. gegen eine gerichtliche Verfolgung des dt. Kaisers vorgebracht wurden. Er verschleiert zudem sein eigentliches Ziel, nämlich durch eine Verurteilung Wilhelms II. den Angriffskrieg zu einem international strafbaren Verbrechen zu machen. Willis, S. 130–133 (insbes. Anm. 67). Vgl. Mögenburg, S. 504f.

[20] Lloyd George, Peace Treaties I, S. 100f.

[21] P. R. O. CAB 24/71, Bl. 40–42, W. C., G. T. 6411: Statement by the Attorney-General at Meeting of the Imperial War Cabinet on Nov. 28th, 1918. Dieses Wortprotokoll ist mit Ausnahme der Diskussion abgedruckt bei Lloyd George, Peace Treaties I, S. 102–113. Vgl. Darstellung bei Dickmann, Kriegsschuldfrage, S. 21–23. Siehe auch Mögenburg, S. 505f. Zu M. ist kritisch anzumerken, daß er die Grundhaltung der brit. Regierung gegenüber dem dt. Volk – Erwartung, daß dieses sich läutern und zu wahrhaft demokratischem Leben finden werde, sowie Bereitschaft, den Demokratisierungsprozeß zu fördern – als Motivation ihrer Politik in den Schuldfragen überschätzt.

chen und Vergehen schuldig gemacht habe. Die Alternative sei, den Kaiser vor einen internationalen, mit alliierten Richtern besetzten Gerichtshof zu stellen. Sie habe den Vorteil, daß ein faires, rechtliche Formen wahrendes Verfahren auch vor der Weltöffentlichkeit standhalten könne.

Die Verantwortlichkeit des Kaisers für den Ausbruch des Krieges solle wegen der offensichtlichen Schwierigkeiten in der Beweisführung nicht zu einem Punkt der Anklage gemacht werden; es sei denn, weitere kompromittierende Dokumente, wie die seitens der bayerischen Regierung veröffentlichten[22], kämen zum Vorschein. Dafür könne und müsse als Anklage vorgebracht werden, daß der Kaiser die Verantwortung für den Bruch der belgischen Neutralität und die infolge der deutschen Invasion vorgekommenen verbrecherischen Handlungen trage. Unbedingt müsse Anklage erhoben werden wegen des Befehls zum uneingeschränkten U-Bootkrieg, der ein Befehl zum Morden gewesen sei. Es liege im Lebensinteresse der britischen Inseln, daß diese Form des Seekriegs von der ganzen zivilisierten Welt als strafbare Handlung gebrandmarkt und in Zukunft als internationales Verbrechen angesehen werde.

Die Law Officers hielten ein seitens der britischen Regierung an Holland gerichtetes Ersuchen, Wilhelm II. auszuliefern, für wenig erfolgversprechend. Sie glaubten jedoch, daß sich die Niederlande einer Aufforderung der Friedenskonferenz oder des Völkerbundes, hinter der das Gewicht politischer und moralischer Autorität stünde, nicht widersetzen könnten.

Der Attorney-General hatte auch das „Committee of Enquiry into Breaches of the Laws of War" um Äußerung gebeten. Dessen „Sub-Committee on Law", dem hervorragende Juristen angehörten[23], stimmte mit den Law Officers darin überein, daß der Kaiser Bestrafung verdiene. Im Gegensatz zu letzteren, die einem Vorgehen wie im Fall Napoleon zuneigten, empfahl es die Durchführung eines Gerichtsverfahrens[24].

Die Stellungnahme der Law Officers zeigt deutlich ihr Doppelgesicht im englischen Verfassungsleben: Juristen in ihrer Funktion als höchste Rechtsberater der Regierung, Politiker in ihrer Eigenschaft als Mitglieder des Kabinetts. Die in ihrem Gutachten enthaltenen politischen und moralischen Überlegungen erscheinen dem im kontinentalen Rechtsdenken verwurzelten Juristen als sachfremd, als rechtlich irrelevant. Man muß jedoch bedenken, daß im angelsächsischen Recht die Verhängung von Strafe nicht unbedingt auf einem

---

[22] Gemeint sind die von der Regierung Eisner am 23. 11. 1918 veröffentlichten Dokumente zum Kriegsausbruch. Dazu unten, S.140–142.

[23] Lloyd George urteilte während der Kabinettssitzung über das Sub-Committee: „the strongest legal body that you can possibly summon together in a matter of this kind in this country". Dem „Sub-Committee on Law" gehörten an: Prof. J. H. Morgan, Sir Frederick Pollock, Sir A. Hopkinson, C. A. Russell, Dr. Pearce Higgins, J. F. More. Zur Beurteilung der Spezialfrage der Strafbarkeit Wilhelms II. wurden außerdem herangezogen: Sir J. Macdonell (Vorsitzender des „Committee of Enquiry ..."), Mr. Justice Peterson u. C. F. Gill. Vgl. Lloyd George, Peace Treaties I, S. 101; Willis, S. 125.

[24] P. R. O. CAB 24/85, W. C., G. T. 7806: First Interim Report from the Committee of Enquiry into Breaches of the Laws of War, dtd. Jan. 13th, 1919 [Drucksache], S. 12. Darin Report of Special Sub-Committee on Law, S. 95–99. Das (gem. vorangegangener Anm. besetzte) „Sub-Committee on Law" empfahl, gegen Wilhelm II. in 15 Punkten Anklage zu erheben, u. a. „waging an aggressive and unjust war", „invasion of Belgium and Luxemburg in breach of treaties", „illegal methods of submarine warfare", „use of illegal methods of warfare". Während die Verantwortlichkeit des Kaisers als ehem. Oberbefehlshaber der dt. Streitkräfte für Verletzungen des Kriegsvölkerrechts als unzweifelhaft gegeben erachtet wurde, sprach sich nur eine knappe Mehrheit des Komitees dafür aus, Wilhelm II. als ehem. Staatsoberhaupt anzuklagen „[for] having provoked or brought about an agressive and unjust war".

geschriebenen Strafgesetz beruhen muß, d. h. der gesetzlich normierte Straftatbestand ist keine conditio sine qua non. Wenn kein Gesetz eingreift, wird die Frage, ob ein Verbrechen vorliegt, nach Präzedenzfällen (Case Law) oder nach den Prinzipien des Common Law entschieden. Das gemeine Recht kennt den Grundsatz der Billigkeit, und so ist die Strafbarkeit vielfach von Fall zu Fall nach dem Grad der Rechtswidrigkeit der Handlung und der Schuld des Angeklagten beurteilt worden[25]. In den Ausführungen des Attorney-General klingt die Berufung auf das Common Law an: Die Verantwortlichkeit des Kaisers für Kriegsausbruch und Kriegsrechtsverletzungen sei klar und sei auch von jedem einfachen Mann zu verstehen; die Billigkeit erfordere, daß nicht nur die kleinen Übeltäter, wie verbrecherische Gefangenenlager- und U-Bootkommandanten, sondern auch der Hauptverantwortliche zur Rechenschaft gezogen werde.

Das Gutachten der Law Officers überzeugte das Imperial War Cabinet. In der kurzen Aussprache bemerkte Lloyd George zu der geäußerten Befürchtung, daß die Vereinigten Staaten Schwierigkeiten machen könnten, diese müßten ihren eigenen Weg gehen. Großbritanniens Leiden seien größer gewesen, es trage in dieser Sache auch größere Verantwortung. Das Kabinett beschloß einstimmig, daß die Regierung darauf hinwirken solle, den Exkaiser persönlich zur Verantwortung zu ziehen „for [...] offences against international law and against humanity“[26].

Ebenso wie das Imperial War Cabinet befaßte sich auch das französische Kabinett mit der Frage der Bestrafung des ehemaligen deutschen Kaisers. Es beauftragte den Professor für Öffentliches Recht F. Larnaude und den Professor für Völkerrecht A. de Lapradelle, beide Mitglieder der Pariser juristischen Fakultät, mit der Erstellung eines Gutachtens[27]. Dieses wurde im Anschluß an die erste Plenarsitzung der Vorfriedenskonferenz am 18. Januar 1919 auf Veranlassung Clemenceaus den Delegierten sämtlicher alliierten und assoziierten Mächte zur Kenntnis gebracht[28].

Das Gutachten prüft zunächst die Zuständigkeit der französischen Militär- und Zivilgerichtsbarkeit für die Aburteilung von Verletzungen des Kriegsrechts, für die der Kaiser die höchste Verantwortung trage, indem er sie durch seine Befehle angeordnet oder indem er unterlassen habe, ihre Begehung zu unterbinden. Im Ergebnis wird festgestellt, daß das nationale Recht keine ausreichende Handhabe biete, Wilhelm II. zu bestrafen. Die Militärgerichte seien unzuständig, da der Kaiser kein Kriegsgefangener sei. Die zivile Strafgerichtsbarkeit scheitere an dem allgemein anerkannten Grundsatz der Immunität, die der

---

[25] Vgl. Criminal Law, The United Kingdom and other countries, in: Encyclopaedia Britannica (Ausgabe 1962), Bd 6, S. 715–719 (716).

[26] Der Diskussion über den Vortrag des Attorney-General (Anm. 21) entnommen. Das Protokoll lautet: „Mr. Bonar Law: Then I unterstand the decision of the Imperial War Cabinet is that, so far as we have the power, we intend to punish the ex-Kaiser. – The Prime Minister: As the person responsible for these offences against international law and against humanity.“ Davon geringfügig abweichend Lloyd George, Peace Treaties I, S. 114: „the Imperial War Cabinet carried unanimously the following resolutions: – ‚The Imperial War Cabinet adopted the report presented by the Attorney-General, and agreed that, so far as the British Government have the power, the ex-Kaiser should be held personally responsible for his crimes against international law‘.“

[27] Abgedruckt u. d. T. „Examen de la responsabilité pénale de l'empereur Guillaume II“, in: Conférence de la Paix. Recueil des actes, Partie IV: Commissions de la Conférence (Procès-verbaux, rapports et documents), B: Questions générales, (2) Commission des responsabilités des auteurs de la guerre et sanctions, Paris 1922 (Secret), S. 10–28. Veröffentlicht in: Journal du droit international [Clunet] 46 (1919), S. 131–159. Vgl. Darstellung bei Dickmann, Kriegsschuldfrage, S. 19f.

[28] Protokoll der Plenarsitzung am 18. 1. 1919, abgedruckt in: FRUS, P. P. C. III, S. 157–170 (169).

Kaiser für alle in seiner Funktion als Staatsoberhaupt begangenen Handlungen genieße. Doch sei es unmöglich, daß Verbrechen so gravierender Art unbestraft blieben! In erster Linie sei nicht irgendeine nationale, sondern die internationale Rechtsordnung durch die Vergehen eines ehemaligen Staatsoberhaupts gegen das Völkerrecht berührt, weshalb auch nur ein internationaler Gerichtshof berufen sei, sich mit der Angelegenheit zu befassen. Das Völkerrecht der Vergangenheit gebe dafür zwar keine Handhabe, aber das im Entstehen begriffene, ja schon geborene. Es komme in den von Präsident Wilson verkündeten Prinzipien zum Ausdruck, die in der zivilisierten Welt allgemeine Zustimmung erfahren hätten. Zwischen den Nationen bestehe ebenso wie zwischen den Bürgern eines Staates eine wirkliche Rechtsordnung. Ein Staat, der diese Rechtsordnung verletze, z. B. einen Angriffskrieg entfessele, sei nicht nur politisch, sondern auch juristisch verantwortlich. Wenn eine solche Verantwortlichkeit existiere – was die Verfasser des Gutachtens bejahten –, dann sei die Entente als einzige bestehende internationale Organisation, als Vorstufe des Völkerbundes, befugt, für die Völkerrechtsgemeinschaft zu handeln. Die Verantwortlichkeit des deutschen Staates könne natürlich nur auf zivilrechtlichem, d. h. finanziellem Gebiet liegen, die strafrechtliche Verantwortlichkeit treffe die hoheitlich handelnden Personen, insbesondere Wilhelm II. Dieser trage auf Grund seiner Stellung im deutschen Verfassungsrecht als Präsident des Bundesrats und Oberster Kriegsherr persönlich die Verantwortung für den Kriegsausbruch, für die Verletzung der belgischen Neutralität und für Verstöße gegen das geltende Kriegsrecht, die er gewollt und befohlen habe.

Als Folge des Krieges sei es Aufgabe der Alliierten unter Ausschluß der Neutralen, die nichts zum Sieg beigetragen hätten, einen internationalen Gerichtshof zu bilden, der Wilhelm II. wegen der genannten Handlungen in Verletzung des Völkerrechts aburteile. Der Gerichtshof sei kompetent, in einem rechtliche Formen wahrenden Verfahren die Verbrechen gegen die internationale Rechtsordnung zu würdigen und eine Strafe in freiem richterlichen Ermessen festzusetzen. Ein solches Verfahren bedinge die Anwesenheit des Angeklagten, womit sich die Frage nach seiner Auslieferung stelle. Es sei in diesem Fall jedoch wenig wahrscheinlich, daß ein Staat einem Auslieferungsersuchen nicht stattgebe, da er sich durch Verhinderung einer internationalen Rechtsprechung selbst aus der Völkergemeinschaft ausschlösse. Wenn notwendig, dürften im Interesse der internationalen Rechtsgemeinschaft auch Zwangsmittel angewandt werden, um die Auslieferung zu erlangen. Das Verfahren gegen den Ex-Kaiser sei dringend geboten; auf dem Spiel stehe Leben oder Tod des Völkerrechts und somit die Zukunft der Völkergemeinschaft.

Vergleicht man das Gutachten der Law Officers mit dem der Pariser Professoren, das sich die französische Regierung amtlich zu eigen machte, so stellt man fest, daß beide die Verantwortung Wilhelms II. für den Ausbruch des Krieges, für die Verletzung der belgischen Neutralität und für die vielfältigen Verstöße gegen das Kriegsrecht als erwiesen ansehen. Sie stimmen weiter darin überein, daß diese Verletzungen des Völkerrechts im Interesse der Staatengemeinschaft bestraft werden müßten. Während die britische Regierung eine Verurteilung des Kaisers aus allgemeinen Rechtserwägungen guthieß, stützte sich die französische auf ein – nach ihrer Meinung – durch die Macht der Umstände und die allgemeine Anerkennung seitens der alliierten und assoziierten Mächte neu entstandenes Recht. Mit der Bestrafung der Urheber eines rechtswidrigen Angriffskriegs und der Verantwortlichen für Völkerrechtsverletzungen sollte eine neue Ära des Völkerrechts anbre-

chen. Nicht zuletzt durch die französische Initiative bekamen die Verhandlungen der Friedenskonferenz in dieser Frage eine so grundsätzliche und weittragende Tendenz[29].
Neben der Prüfung der mit der beabsichtigten strafrechtlichen Belangung des Kaisers zusammenhängenden Fragen liefen die Arbeiten einher, die der Verfolgung der Verantwortlichen für einzelne Kriegsrechtsverstöße galten. In Frankreich unterzog sich dieser Aufgabe die Abteilung für Militärjustiz des Kriegsministeriums, der Unterstaatssekretär Edouard Ignace vorstand. In London bestellte der Attorney-General am 1. November 1918 das „Committee of Enquiry into Breaches of the Laws of War", das beauftragt wurde, die völkerrechtswidrigen Kriegsakte Deutschlands und seiner Verbündeten, soweit durch sie britische Militär- und Zivilpersonen geschädigt worden waren, zu untersuchen, die Verantwortlichen für diese Handlungen festzustellen und die Möglichkeit ihrer Bestrafung zu prüfen[30]. Mitglieder des Komitees waren bekannte Juristen[31] und mit den Sach- und Rechtsfragen vertraute Mitarbeiter verschiedener Ministerien, darunter War Office, Admiralty und Air Ministry. Auf Aufforderung des War Cabinet legte das Komitee am 1. Dezember einen Kurzbericht[32] vor, in dem es sich für die Bildung eines internationalen Gerichtshofs zur Aburteilung von Personen, die sich eines Verstoßes gegen die Kriegsgesetze und -gebräuche und die Gesetze der Menschlichkeit schuldig gemacht hatten, aussprach. Der Gerichtshof sollte in erster Linie mit Richtern der alliierten Hauptmächte und der Vereinigten Staaten besetzt werden, jedoch sollte Vorsorge für die Wahrnehmung der Interessen anderer direkt geschädigter Staaten getroffen werden. Das Komitee empfahl, daß durch Aufnahme einer Klausel in den Friedensvertrag, besser aber durch eine frühere Vereinbarung sichergestellt werde, daß die feindlichen Regierungen die Jurisdiktion des Gerichtshofs anerkennen und alle beschuldigten Personen an diesen ausliefern würden. Außerdem solle die Regierung Schritte unternehmen mit dem Ziel, so früh wie möglich die Verhaftung und Auslieferung von einigen deutschen U-Bootkommandanten zu erreichen.
Ein Bild von den Überlegungen des Komitees ergibt sich aus dessen „vorläufigen Empfehlungen" vom 19. Dezember 1918 und den dazu verfaßten „Begründungen" vom 7. Januar 1919[33]. Von besonderem Interesse sind die Ausführungen zu den schwierigen Rechtsfragen, die eine Bestrafung der Verantwortlichen für Kriegsrechtsverletzungen aufwerfen. Zunächst wird festgestellt, daß in den zu beurteilenden Fällen das englische zivile Strafrecht in der Regel keine ausreichende Handhabe biete, Angehörige eines feindlichen Staates für größtenteils im Ausland begangene Kriegshandlungen zu bestrafen. Der Militärgerichtsbarkeit, soweit sie ihre Kompetenz aus Gesetzesrecht (Army Act) ableite, unterlägen nur im Ausland befindliche britische Armeeangehörige; sie scheide deshalb ebenfalls aus. In Betracht kämen nur die geschriebenen und ungeschriebenen Rechtssätze des Kriegsvölkerrechts, die dem Gebrauch kriegerischer Gewalt Grenzen setzten. Seit Jahrhun-

[29] Dickmann, Kriegsschuldfrage, S. 20.
[30] P. R. O. CAB 24/85, W. C., G. T. 7806: First Interim Report from the Committee of Enquiry into Breaches of the Laws of War, S. 2.
[31] Siehe Anm. 23. Weiterhin ist noch Sir Ernest M. Pollock, ab Januar 1919 Solicitor-General Englands, zu nennen.
[32] P. R. O. CAB 24/71, Bl. 53–56, W. C., G. T. 6416: Schreiben Committee of Enquiry ..., Special Sub-Committee on Law, vom 1. 12. 1918 an The Attorney-General.
[33] Beide enthalten in: P. R. O. CAB 24/85, W. C., G. T. 7806: First Interim Report from the Committee of Enquiry into Breaches of the Laws of War, S. 13–31.

derten seien Einzelpersonen, die gegen die Kriegsgesetze und -gebräuche verstoßen hatten und in die Gewalt des geschädigten Staates gefallen waren, von dessen Militärgerichten bestraft worden. Zwar habe dieser Rechtsbrauch keine Kodifizierung in den Haager Abkommen erfahren, er sei aber in der Landkriegsordnung stillschweigend enthalten. Allerdings gebe es auf Grund der gewöhnlich in Friedensverträgen vereinbarten Amnestie nur wenige Beispiele für die Ausübung der Strafbefugnis nach Friedensschluß[34]. Um diese nachdrücklich zu wahren, solle in die abzuschließenden Friedensverträge eine Klausel aufgenommen werden, mittels der der besiegte Staat die Jurisdiktion des einzurichtenden Gerichtshofs über seine Staatsangehörigen, die der Kriegsrechtsverletzungen beschuldigt werden, anerkennt.

Der Gerichtshof solle als Recht anwenden die „Grundsätze des Völkerrechts, wie sie sich ergeben aus den unter zivilisierten Völkern feststehenden Gebräuchen, aus den Gesetzen der Menschlichkeit und den Forderungen des öffentlichen Gewissens“[35]. Diese Gesetze und Gebräuche seien in internationalen Abkommen und Deklarationen, nicht zuletzt in den Haager Abkommen, niedergelegt und auch in den Urteilen der Kriegs- und Prisengerichte enthalten.

Bei der Bildung des Gerichtshofs seien zwei Alternativen denkbar, entweder Konstituierung als internationales Tribunal mit Richtern der alliierten Hauptmächte und der Vereinigten Staaten oder als nationales Gericht. Der ersten Lösung gebe man den Vorzug, da den Urteilen eines internationalen Gerichts eine größere Autorität zukomme. Es sei auch besser für die Verfahren gegen hohe Offiziere geeignet, die die Verantwortung für Formen der Kriegführung trügen, die alle Alliierten betroffen hätten. Die Bestrafung eines schuldig befundenen Angeklagten solle im Ermessen des Gerichts liegen.

b) Vorbereitungen auf internationaler Ebene

Am 2. und 3. Dezember 1918 trafen sich die Regierungschefs Frankreichs, Italiens und Großbritanniens in London zur Erörterung von Fragen des Waffenstillstands und zur Vorbereitung der Friedenskonferenz. Die Vereinigten Staaten waren nicht vertreten, obwohl Lloyd George Oberst House eingeladen hatte[36], was nicht den Intentionen Clemenceaus, dem Initiator des Treffens, entsprach, der eine Verständigung mit der britischen Regierung über die französischen Vorstellungen bezüglich des Rheinlandes und der Saar-Kohle herbeizuführen versuchte[37]. Die Gründe für das Fernbleiben von House sind nicht mit Sicherheit bekannt. Entweder hinderte ihn Krankheit oder seine Befürchtung, daß seine Teilnahme den Wünschen Wilsons widersprechen könne, der Vorentscheidungen über Friedensregelungen vor seiner Ankunft in Europa vermieden sehen wollte[38].

---

[34] Der Bericht nennt auch nur die schon oben, S. 54 f., aufgeführten Präzedenzfälle: die Verurteilung von Captain Henry Wirz durch ein U.S. Kriegsgericht und die Vereinbarungen zwischen den Kriegführenden bei Beendigung der Burenkriege.

[35] Zitat entnommen aus der Präambel des IV. Haager Abkommens von 1907. Siehe RGBl. 1910, S. 109.

[36] Telegramm House vom 25. 11. 1918 an Secretary of State, abgedruckt in: FRUS, P. P. C. I, S. 333.

[37] Floto, Inga, Colonel House in Paris. A Study of American Policy at the Paris Peace Conference 1919, Aarhus 1973, S. 76–80.

[38] Floto, S. 80; Walworth, Arthur, America's Moment: 1918. American Diplomacy at the End of World War I, New York 1977, S. 101 f.

Auf der Londoner Konferenz wurde erstmals auf internationaler Ebene die Frage der Bestrafung des Kaisers und der Verantwortlichen für Kriegsrechtsverletzungen diskutiert. Lloyd George machte die Teilnehmer mit dem Gutachten der Law Officers und mit den Empfehlungen des Committee of Enquiry vertraut[39]. Der italienische Außenminister Baron Sonnino bezweifelte, ob es wünschenswert sei, Wilhelm II. zu einem Märtyrer zu machen; schließlich habe St. Helena nur den Bonapartisten genutzt. Dann warf er die entscheidende Frage auf, wer denn eigentlich die völkerrechtliche Verantwortung für staatliches Handeln trage, die Führer einer Nation oder die Nation in ihrer Gesamtheit? Hier hakte Clemenceau ein[40]: Es sei doch gerade ein Merkmal der auf der Konferenz vertretenen Regierungen, daß sie dem Prinzip der Verantwortlichkeit huldigten, womit er auf die in der demokratischen Staatsform bestehende Verantwortung der Regierung gegenüber der Volksvertretung und ihrer Verpflichtung gegenüber dem Gesetz anspielte. Es würde jedermann mit Genugtuung erfüllen, wenn in Zukunft auch Kaiser und Könige dem Recht unterstünden. Während der Vorschlag Lloyd Georges eine Anklage gegen den Kaiser wegen dessen Schuld am Ausbruch des Krieges nicht vorsah, erklärte Clemenceau, es wäre ein großer Fortschritt in der Entwicklung der Menschheit, wenn dieses große Verbrechen gesühnt werden könnte. Der Kaiser und seine Komplizen, zu denen er den Kronprinzen zählte, sollten vor einen internationalen Gerichtshof gestellt werden. Die ranghöchsten Soldaten, die nur Befehlen gehorcht hätten, sehe er nicht als Verbrecher an. Dagegen sollten die Kommandanten von Kriegsgefangenenlagern, die der Mißhandlung von Gefangenen schuldig seien, kriegsgerichtlich abgeurteilt werden. Der italienische Ministerpräsident Orlando stimmte den Überlegungen seiner Kollegen zu. Die Bestrafung des Kaisers sei keine Frage für juristische Experten, sondern berühre die höchsten moralischen Grundsätze der Menschheit. Die Konferenzteilnehmer waren sich auch in der Verfahrensweise einig. Der internationale Gerichtshof sollte mit Richtern aus den großen Siegermächten, die auf Grund ihrer im Krieg gebrachten Opfer allein zur Jurisdiktion legitimiert seien, besetzt werden. Clemenceau wies den Einwand, daß die Unparteilichkeit der Richter angezweifelt werden könnte, mit der Bemerkung zurück, daß alle Gerechtigkeit relativ sei.

Die Regierungschefs setzten Präsident Wilson von dem Beratungsergebnis auf diplomatischem Weg in Kenntnis: Holland solle aufgefordert werden, den Ex-Kaiser auszuliefern. Dieser solle unter der Anklage, der strafrechtlich Hauptverantwortliche für den Ausbruch des Krieges und die Verletzungen des Völkerrechts durch die deutschen Land-, See- und Luftstreitkräfte zu sein, von einem internationalen Gerichtshof abgeurteilt werden. Die Konferenz habe sich von folgenden Überlegungen leiten lassen: daß die Gerechtigkeit die Aburteilung des Kaisers und seiner Hauptmittäter erfordere; daß die Gewißheit einer persönlichen Bestrafung eine wichtige Sicherung gegen zukünftige Versuche, unrechtmäßig Krieg zu führen oder Völkerrecht zu verletzen, sein werde und eine notwendige Stufe in der Entwicklung des Völkerbundes darstelle; und daß es unmöglich sei, die „kleineren Verbrecher", die sich verschiedener Kriegsrechtsverletzungen schuldig gemacht hätten, zur Verantwortung zu ziehen, wenn der „Erzverbrecher" der gerechten Strafe entginge.

---

[39] Lloyd George, Peace Treaties I, S. 137f. Die anschließenden Erörterungen, S. 138–143. Vgl. Darstellung bei Willis, S. 147–149.

[40] Wahrscheinlich war Clemenceau zum Zeitpunkt der Konferenz das Gutachten von Larnaude und de Lapradelle noch nicht bekannt. Jedenfalls nahm er auf dieses nicht Bezug.

Die Konferenz hoffe, daß die US-Regierung ihre Ansicht teilen und einem Auslieferungsersuchen an Holland beitreten werde[41].

Noch bevor Präsident Wilson seinen Fuß auf europäischen Boden gesetzt hatte, sah er sich einer geschlossenen Front seiner Verbündeten in einer Frage gegenüber, die sein Konzept für die Schaffung einer neuen Friedensordnung durchaus berührte. Er und seine Mitarbeiter wollten eine Gemeinschaft der Völker auf der Grundlage des Rechts und nicht wie bisher der Gewalt aufbauen. Sollte dies gelingen, so mußte schon der Friedensschluß auf den Prinzipien des Rechts beruhen, dann mußte auch den Besiegten Gerechtigkeit widerfahren. Die künftige Behandlung Wilhelms II. und der Verantwortlichen für Kriegsrechtsverletzungen war in erster Linie eine Rechtsfrage, die demgemäß sorgfältiger Überlegung bedurfte. Daher war Wilson offenbar nicht bereit, sich durch seine Verbündeten festlegen zu lassen und behielt sich seine Entscheidung vor[42]. Ebenso wich er einem in seiner Aufdringlichkeit bemerkenswerten Versuch des französischen Staatspräsidenten Poincaré, ihn zu einer eindeutigen Äußerung in der Frage der Kriegsverbrechen zu verleiten, vorsichtig aus. In seiner Antwort bekundete er, ohne sich festzulegen, sein Verständnis für eine angemessene Erledigung des Problems[43].

In den amerikanischen Arbeitsplänen für die Friedenskonferenz war eine Behandlung von Schuldfragen nicht vorgesehen. Weder die Frage der Kriegsurheberschaft noch die Problematik der Kriegsrechtsverletzungen finden in ihnen Erwähnung[44]. Es schien aus mehreren Gründen fraglich, ob für die Erörterung dieser Themen Anlaß bestand. In der Staatenpraxis der vorangegangenen Jahrhunderte hatte man, wie aufgezeigt wurde, davon Abstand genommen. Die Anerkennung des freien Kriegführungsrechts erübrigte eine Diskussion der Kriegsschuldfrage. Die jeweils vereinbarten Amnestieklauseln bezweckten „friedewirkendes Vergessen“. Aber waren im Zeitalter der Kabinettspolitik entwickelte Maximen auch im 20. Jahrhundert noch anwendbar? Im Lager der Alliierten und Assoziierten war man von der Schuld Deutschlands am Kriegsausbruch vollständig überzeugt. Bei einem Frieden, der auf den Prinzipien des Rechts aufgebaut werden sollte, mußte ein Schuldspruch schwerwiegende juristische, materielle und moralische Folgen haben. Die deutsche Regierung schlug deshalb mit Noten vom 28. November 1918[45] den Regierungen Großbritanniens, Frankreichs, Italiens, Belgiens und der Vereinigten Staaten vor, eine neutrale Kommission zur Untersuchung der Kriegsschuldfrage einzusetzen. Die alliierten und assoziierten Mächte erwiderten übereinstimmend, daß der Vorschlag keiner Antwort

---

[41] Telegramm des brit. Außenministers vom 2.12. 1918, abgedruckt in: FRUS 1919, Bd 2, Washington 1934, S. 653f.; Lloyd George, Peace Treaties I, S. 143–145.

[42] Department of State, Aktennotiz vom 6. 12. 1918 für Assistant Secretary of State, abgedruckt in: FRUS, P. P. C. II, S. 78. Telegramm Secretary of State vom 8. 12. 1918 an Oberst House abgedruckt in: FRUS, P. P. C. I, S. 343. Siehe auch Telegramm House vom 10. 12. 1918 an Acting Secretary of State, ebd. Dagegen behauptet Lloyd George, Peace Treaties I, S. 145, daß Wilson sein Einverständnis mit der Entschließung der Londoner Konferenz zu verstehen gegeben habe. Dies bestätigt Mögenburg (S. 507); doch ist anzunehmen, daß beide Autoren auf derselben fehlweisenden Quelle fußen.

[43] Vorinformation über die von Poincaré beabsichtigte Begrüßungsansprache am 14. 12. 1918 und die beabsichtigte Erwiderung Wilsons, abgedruckt in: FRUS, P. P. C. I, S. 144–146 u. 147f.

[44] Vgl. die Memoranden von David Hunter Miller und James Brown Scott, beide Rechtsberater der amerik. Delegation, vom 30. 12. 1918, 9. 1. und 14. 1. 1919, ebd., S. 298–315, S. 316–324 u. S. 329–332.

[45] Abgedruckt in: Schulthess' Europäischer Geschichtskalender 1918 I, S. 531; Ursachen und Folgen, Bd 3: Der Weg in die Weimarer Republik, Berlin o. J. [1958], DokNr. 706 (dort jeweils fälschlich auf 29. 11. 1918 datiert). Siehe dazu unten, S. 139f.

bedürfe, da die deutsche Verantwortlichkeit für den Ausbruch des Krieges längst erwiesen sei[46]. Eigentlich hätte sich mit dieser Feststellung eine Behandlung der Kriegsschuldfrage auf der Friedenskonferenz erübrigt.
Doch bereits in den Mitte November 1918 von der französischen Regierung entwickelten Vorstellungen über die Organisation und die Aufgaben der Friedenskonferenz wurden die Fragen Kriegsschuld und Kriegsverbrechen angesprochen[47]. Zwecks Rechtfertigung der in einem Präliminarfrieden vorzusehenden Straf- und Vorsichtsmaßnahmen sollte Deutschland in einer Vertragsbestimmung moralischen Charakters anerkennen, daß auf den Mitgliedern seiner Regierung die Verantwortung für den Kriegsausbruch und die Kriegsrechtsverstöße laste. Die Konferenz sollte die Verletzungen des Völkerrechts und die Verbrechen gegen die Menschlichkeit feierlich mißbilligen und Sorge tragen für die Bestrafung der Verantwortlichen für Kriegsrechtsverletzungen[48]. Oberst House berichtete seiner Regierung über die französischen Vorstellungen zu den Fragen Schuld am Kriege und Schuld im Kriege höchst unzulänglich. Die Forderung nach Bestrafung der Kriegsverbrecher unterschlug er[49]. Die Amerikaner hatten die Bedeutung, die ihre europäischen Verbündeten diesen Fragen zumaßen, noch nicht erkannt[50]. Sie reagierten nicht auf die französischen Initiativen, weil Präsident Wilson angeordnet hatte, keine Festlegungen vor seinem Eintreffen in Paris einzugehen[51].
In dem ebenfalls von französischer Seite vorgeschlagenen Konferenzprogramm vom

---

[46] Die Initiative zur Sprachregelung ging von dem französischen Außenminister S. Pichon aus, der vorschlug zu antworten „that the German Note requires no reply, the responsibility of the war having been long since established incontestably by all the documents." Note der Frz. Botschaft in London vom 5. 12. 1918 an das Foreign Office (engl. Übers.), in: P. R. O. CAB 24/71, Bl. 317–319, W. C., G. T. 6481. Die amerik. Regierung schloß sich der Haltung der französischen und britischen an, siehe Dokumente in: FRUS, P. P. C. II, S. 73–75. Die schweizerische Regierung teilte unter dem Datum vom 7. 3. 1919 der Dt. Gesandtschaft in Bern die brit. Antwort mit. Die Reichsregierung legte gegen die Auffassung der Siegermächte nachdrücklich Verwahrung ein. Dazu unten, S. 156f.

[47] Zwei Noten der frz. Regierung an den Bevollmächtigten Wilsons in Paris. Über erstere berichtete House am 15. 11. 1918 an den Secretary of State, Telegramm abgedruckt in: FRUS, P. P. C. I, S. 344–352; Miller, David Hunter, My Diary at the Conference of Paris, 21 Bde, o. O., o. J. [Privatdruck New York 1924], hier: Bd 2, DokNr. 5. Erst die zweite, verbesserte Note der frz. Regierung enthielt die Vorschläge betreffend Kriegsschuld und Kriegsverbrechen. Sie ist im Original abgedruckt in: Miller, Diary II, DokNr. 4.

[48] Textauszug aus der französischen Note: „VI. Sanctions à prendre contre les violences et crimes commis durant la guerre contre le droit public. VII. Stipulations d'ordre moral. (Reconnaissance par l'Allemagne de la responsabilité et de la préméditation de ses dirigeants, qui placerait au premier plan les idées de justice et de responsabilité et légitimerait les mesures de pénalisation et de précaution prises contre elle. – Répudiation solennelle des violations du droit des gens et des crimes contre l'humanité.)" Miller, Diary II, DokNr. 4, hier: S. 16.

[49] Telegramm House vom 21. 11. 1918 an Secretary of State, abgedruckt in: FRUS, P. P. C. I, S. 352–354; Miller, Diary II, DokNr. 14 (anders der Entwurf, ebd., DokNr. 13). Vgl. Read, S. 249f. – Eine zutreffendere Information erhielt der Secretary of State durch die Note des französischen Botschafters in Washington vom 29. 11. 1918, abgedruckt in: FRUS, P. P. C. I, S. 365–371.

[50] Auch Miller ging in seiner Stellungnahme vom 21. 11. 1918 zur zweiten frz. Note nicht auf diese Fragen ein. Diary II, DokNr. 7; auch abgedruckt in: FRUS, P. P. C. I, S. 354–365.

[51] Wie Anm. 42. – Die Wilsonsche Taktik erwies sich gerade hinsichtlich der Note des frz. Botschafters (siehe Anm. 49) von Nachteil, denn sie entsprach in der Reparationsfrage voll den amerik. Vorstellungen. Diese ließen sich dann auf der Friedenskonferenz nicht mehr durchsetzen. Ebenso Seymour in: The Intimate Papers of Colonel House, hrsg. von Charles Seymour, Bd 4: The Ending of the War, June 1918 – November 1919, London 1928, S. 282f. (283).

5. Januar 1919[52] wurde die Aufstellung von Prinzipien angeregt, die Leitlinien für die Arbeit an den Friedensverträgen darstellen sollten. Unter diesen Prinzipien befanden sich einzelne der Vierzehn Punkte Wilsons, aber auch wiederum die Punkte Verantwortlichkeit der Urheber des Krieges, feierliche Mißbilligung aller Verletzungen des Völkerrechts und aller Verstöße gegen die Grundsätze der Humanität sowie Sanktionen. Zum Studium und zur Bearbeitung aller konkreten Probleme sollten Ausschüsse gebildet werden, so u. a. ein Ausschuß zur Beratung der mit der Verfolgung der Kriegsverbrecher zusammenhängenden Fragen. Bei der Erörterung des französischen Vorschlags im Obersten Rat der Alliierten, den die Regierungschefs und Außenminister der fünf Hauptmächte bildeten („Rat der Zehn"), plädierte Präsident Wilson für eine Konzentration auf die von ihm als vorrangig angesehenen Themen, nämlich Völkerbund, Reparationen, Bildung von neuen Staaten in Mitteleuropa, Regelung der Grenz- und Kolonialfragen. Es war Lloyd George, der sich für eine sofortige Behandlung der Kriegsschuld- und Kriegsverbrecherfrage einsetzte. Er fand bei der französischen Delegation Unterstützung, während Wilson seine zunächst eingenommene Haltung, die Frage der Verantwortlichkeit der Kriegsurheber im Zehnerrat – sozusagen im kleinen Kreis – zu behandeln, nicht weiter verfocht. Clemenceau wurde als (einstweilen noch vorläufiger) Präsident der Friedenskonferenz ermächtigt, den Delegationen aller Staaten das Arbeitsprogramm mitzuteilen und sie aufzufordern, ihre Vorschläge und Stellungnahmen beim Sekretariat der Konferenz einzureichen. Dabei sollte er darum bitten, den Fragen der Verantwortlichkeit der Kriegsurheber und der Bestrafung der Kriegsverbrecher besondere Beachtung zu schenken[53]. Die Entscheidung für die Behandlung der Themen Schuld am Kriege und Schuld im Kriege war gefallen und damit eine Abkehr von jahrhundertelang geübter Praxis des Friedensschlusses vollzogen.

c) Amerikanische Rechtsansicht

Präsident Wilson gab die Friedensziele seiner Regierung in vier öffentlichen Reden zwischen Januar und September 1918 bekannt. Keine dieser Reden enthielt auch nur eine Andeutung, daß die Bestrafung der Urheber des Krieges und der Verantwortlichen für Kriegsrechtsverletzungen angestrebt werde[54]. In dem Notenwechsel zwischen der deutschen und US-Regierung im Oktober/November 1918 über die Herbeiführung von Waffenstillstands- und Friedensverhandlungen drang Wilson auf die Einstellung von Kriegs-

---

[52] Abgedruckt in: FRUS, P. P. C. I, S. 386–396. Der Vorschlag war auf Veranlassung Clemenceaus von Tardieu, einem der französischen Bevollmächtigten auf der Friedenskonferenz, ausgearbeitet worden. Tardieu, André, La Paix, Paris 1921, S. 97 (–101).

[53] Sitzungen des Zehnerrats am 13. 1. u. 17. 1. 1919, Wortprotokolle abgedruckt in: FRUS, P. P. C. III. Britisches vom 13. 1., S. 531–538 (536); amerikanisches, S. 539–542 (enthält keine Erwähnung der Frage); britisches vom 17. 1., S. 601–611 (606–609); amerikanisches, S. 612–622 (618 f., jedoch ohne Erwähnung des wichtigen Beschlusses!).

[54] Ansprachen vor dem Kongreß am 8. 1. (die Vierzehn Punkte enthaltend) und am 11. 2. 1918, Ansprache in Mount-Vernon am 4. 7. sowie Ansprache in New York am 27. 9. 1918, abgedruckt in: Wilson, Woodrow, War and Peace. Presidential Messages, Addresses, and Public Papers (1917–1924), hrsg. von Ray Stannard Baker u. William E. Dodd, 2 Bde, New York – London 1927 (= The Public Papers of Woodrow Wilson, Bd 3), hier: Bd 1, S. 155–162, S. 177–184, S. 231–235, S. 253–261; FRUS 1918, Suppl. 1, Bd 1, S. 12–17, S. 108–113, S. 268–271, S. 316–321; auszugsweise in: Kraus/Rödiger I, DokNr. 1; Ursachen und Folgen, Bd 2: Der militärische Zusammenbruch und das Ende des Kaiserreichs, Berlin o. J. [1958], DokNr. 399.

handlungen, die er für völkerrechtswidrig und unmenschlich erachtete, machte sich aber die Forderung der Öffentlichkeit nach Bestrafung der Verantwortlichen nicht zu eigen[55]. Er verlangte auch nicht die Abdankung des Kaisers, sondern nur dessen Entmachtung. Denn er glaubte, daß eine parlamentarische Monarchie Deutschland vielleicht vor der Bolschewisierung bewahren könne[56].

Als die Verbündeten Anfang Dezember 1918 Wilson für ihren Plan zu gewinnen suchten, Wilhelm II. einer gerichtlichen Aburteilung zuzuführen, zögerte dieser, seine Zustimmung zu geben. Er war sich nicht ganz sicher, ob der Ex-Kaiser der Hauptverantwortliche für den Kriegsausbruch und für die völkerrechtswidrige deutsche Kriegführung gewesen war[57]. Doch fürchtete der Präsident, daß Wilhelm II. eine Rückkehr nach Deutschland versuchen und damit sein Ziel, den Weltfrieden, gefährden könne. Deshalb scheint er dazu geneigt zu haben, ihn wie Napoleon Bonaparte zu behandeln[58].

Präsident Wilson hatte schon im September 1917 seinen Freund Oberst House mit der Bearbeitung aller Fragen des Friedensschlusses beauftragt. Dieser berief zu diesem Zweck eine Kommission unabhängiger Fachleute. Die Expertenkommission, „The Inquiry" genannt[59], empfahl, Fragen des internationalen Rechts, u. a. auch „the procedure for determining violation of the laws [of war on land] which may give rise to claims for the punishment of guilty persons, or to claims for damages and reparation", durch die Rechtsabteilung des State Department behandeln zu lassen[60]. Secretary of State Robert Lansing kam der Empfehlung generell nach, aber offensichtlich nicht hinsichtlich der Prüfung des Problems, ob und wie Kriegsverbrechen zu verfolgen seien[61]. Denn Lansing befürchtete, daß durch die Ahndung von Kriegsrechtsverletzungen Präzedenzfälle geschaffen würden, die Rückwirkungen auf die Aktionsfreiheit der Vereinigten Staaten in zukünftigen militärischen Konflikten haben könnten. Auch glaubte er, daß die Gier nach Sanktionen – Reparationen und Bestrafungen – den Friedensschluß so sehr belasten würde, daß das Hauptziel, die Eindämmung des Bolschewismus, davon in Mitleidenschaft gezogen werden könne. Einem Freund, der sich offensichtlich für Sanktionen gegen Deutschland aussprach, weil die Kriegsverbrechen Ausdruck des das ganze deutsche Volk durchdringenden Nationalismus seien, schrieb er:

> „We must look to the future even though we forget the immediate demands of justice. Reprisals and reparations are all very well, but will they preserve society from anarchy and give the world an enduring peace?
>
> Don't be carried away, [. . .] either by victory or the natural desire for justice and punishment to be meted out to the criminals. The question is much greater than that[62]."

So ist es keineswegs zufällig, daß die amerikanische Friedensdelegation erst nach dem Be-

---

55 Dazu unten, S. 125–135.

56 Schwabe, Deutsche Revolution und Wilson-Frieden, S. 153–161 (155, 159); Willis, S. 101 f.

57 Willis, S. 106.

58 Ebd., S. 106 f. – Für diese Absicht spricht auch Wilsons Versuch, über das Schicksal Wilhelms II. im „Rat der Zehn" zu entscheiden.

59 Zur Organisation und Arbeit der „Inquiry": FRUS, P. P. C. I, S. 9–118; Gelfand, Lawrence E., The Inquiry. American Preparations for Peace, 1917–1919, New Haven – London 1963, passim; zusammenfassend Walworth, S. 75–80.

60 Schreiben von W. Lippmann vom 28. 12. 1917 an Oberst House, abgedruckt in: FRUS, P. P. C. I, S. 54.

61 Schreiben von D. H. Miller, J. B. Scott und L. H. Woolsey vom 10. 7. 1918 an Secretary of State, ebd., S. 99–102.

62 Brief Lansings vom 14. 11. 1918 an Edward N. Smith, zit. nach Read, S. 256. Vgl. Willis, S. 90 f.

schluß im „Rat der Zehn" vom 17. Januar 1919, über die Sühnung der Schuld am Kriege und der Schuld im Kriege alsbald zu beraten, begann, sich mit diesen schwierigen Fragen zu befassen. Präsident Wilson bat um die Vorlage eines „Memorandums", mit dessen Ausarbeitung Lansing die beiden Rechtsberater der Delegation David Hunter Miller und James Brown Scott beauftragte[63]. Diese legten ein sehr ausführliches Gutachten[64] vor, in dem sie zur strafrechtlichen Verantwortlichkeit der deutschen Staatsführung für den Kriegsausbruch und zu den wichtigsten Rechtsfragen, die die Verfolgung von Kriegsverbrechen aufwerfen, Stellung nahmen.

Miller und Scott prüften die Verantwortlichkeit der Kriegsurheber unter bewußter Ausklammerung aller moralischen Erwägungen streng juristisch: Ein Verbrechen liege vor, wenn die in Betracht kommende Handlung zum Zeitpunkt der Tat gesetzlich mit Strafe bedroht gewesen sei. Im Jahre 1914 habe es zu den souveränen Rechten eines jeden Staates gehört, Krieg zu führen. Der Krieg als Mittel der Politik sei vom geltenden Völkerrecht nicht verboten gewesen. Ein Verbrechen liege mithin nicht vor, eine Strafbarkeit der Verantwortlichen für den Kriegsausbruch entfalle. Mittels Verweisung auf Urteile amerikanischer und britischer Gerichte machten die Autoren des Gutachtens deutlich, daß sie unter „geltendem Völkerrecht" die zu Kriegsbeginn in Kraft befindlichen internationalen Verträge und das durch die Staatenpraxis bestätigte Völkergewohnheitsrecht verstünden. Was 1914 als allgemeine Rechtsüberzeugung gegolten habe oder gar erst jetzt – 1919 – als solche gelte, sei völkerrechtlich völlig unbeachtlich.

Hatten Miller und Scott, die wie alle Juristen der amerikanischen Delegation einem strengen Rechtspositivismus anhingen, sich somit von der englischen Auffassung einer Strafbarkeit nach Common Law distanziert, so setzten sie sich im folgenden mit dem ihnen bekannten französischen Gutachten auseinander. Sie verneinten, daß den alliierten Mächten nach ihrem Siege die Kompetenz zustehe, die Strafbarkeit des Krieges zu erklären und einen Gerichtshof zur Aburteilung der Verantwortlichen für den Kriegsausbruch einzusetzen. Eine Handlung ex post facto zum Verbrechen zu erklären, verletze einen von allen zivilisierten Nationen anerkannten Rechtsgrundsatz und sei zudem durch die Verfassung der Vereinigten Staaten ausdrücklich untersagt. Weiterhin wären die Siegermächte auch tatsächlich außerstande, neues, mit Drittwirkung ausgestattetes Völkerrecht zu setzen. Ein Recht, das in der Staatenpraxis wohl etabliert gewesen sei, könne nicht von einzelnen, ja nicht einmal von der Mehrheit der Staaten gegen den Widerspruch anderer aus dem Katalog des Völkerrechts gestrichen werden. Die souveräne Gleichheit aller Staaten lasse Mehrheitsentscheidungen nicht zu. Nur durch Zustimmung aller könne eine völkerrechtliche Norm – man muß wohl ergänzen: von heute auf morgen – untergehen bzw. neu entstehen. Miller und Scott verwarfen somit die französische Theorie, daß es nur der Deklaration und Anwendung allgemeiner Rechtsanschauungen durch die Mehrheit der zivilisierten Nationen in Gestalt der Sieger bedürfe, um neues Völkerrecht zu setzen.

Ebenso wie der Entschluß zum Krieg sei auch der Entschluß zur Invasion Belgiens ein politischer Akt gewesen. Der Bruch des die belgische Neutralität begründenden Vertrages stelle eine Verletzung des Völkerrechts dar, für die Deutschland und Österreich-Ungarn

---

[63] Miller, Diary I, S. 86 (Tagebucheintragung vom 21. 1. 1919).

[64] Abgedruckt in: Miller, Diary III, DokNr. 212 (undatiertes Anschreiben) u. DokNr. 213 (Gutachten). Vgl. Darstellung bei Dickmann, Kriegsschuldfrage, S. 25–27.

als Staaten die internationale Verantwortung trügen. Eine individuelle Verantwortlichkeit der politischen Führer sei völkerrechtlich nicht gegeben.
Das Gutachten weist jedoch auf die außerhalb des Rechts liegende Möglichkeit politischer Sicherungsmaßnahmen hin, die die alliierten Mächte zur Gewährleistung ihrer eigenen Sicherheit und zur Aufrechterhaltung des Weltfriedens gegen die Verantwortlichen für den Kriegsausbruch ergreifen könnten. Die Kompetenz der Sieger, gegen Friedensstörer politische Maßnahmen zu treffen, sei von der Staatenpraxis anerkannt, wie der Fall Napoleons I. und Vorgänge aus dem Boxer-Krieg zeigten.
Im zweiten Teil des Gutachtens werden die mit der Verfolgung von Kriegsverbrechen verbundenen Rechtsfragen behandelt. Ausgangspunkt der materiell-rechtlichen Prüfung ist die Feststellung, daß alle zivilisierten Nationen eine Beschränkung der Mittel der Kriegführung durch die Gesetze und Gebräuche des Krieges anerkennen. Bei ihrer Überschreitung oder Verletzung durch Angehörige der feindlichen Streitkräfte stehe der geschädigten Kriegspartei das Recht zu, die Verantwortlichen nach eigenem Militärrecht zu bestrafen. Die Strafkompetenz ergebe sich aus Völkergewohnheitsrecht („common law of war"). Sie werde im übrigen durch die militärischen Dienstvorschriften, wie „The Rules of Land Warfare of the United States" vom 25. April 1914 und „The Manual of Military Law", herausgegeben vom britischen War Office, und Veröffentlichungen, wie „Kriegsbrauch im Landkriege" und „The Laws of War on Land" von Holland bestätigt. Unsicher sei jedoch die Rechtslage beim Begehen von Kriegsverbrechen in Ausführung eines Befehls. Die angegebenen militärischen Dienstvorschriften verneinten in offensichtlicher Abhängigkeit von Oppenheim die strafrechtliche Verantwortlichkeit des Gehorchenden. Diese Rechtsauffassung sei in der Diskussion während des Krieges nicht unwidersprochen geblieben[65] und finde in dieser strikten Form auch in der amerikanischen Rechtsprechung keine Stütze. Über die Strafbarkeit des auf Befehl das Kriegsrecht verletzenden Soldaten müsse von Fall zu Fall je nach den Umständen befunden werden.
Für die Aburteilung der Kriegsverbrecher seien die Militärgerichte der verletzten Kriegspartei zuständig, in der Regel also nationale Gerichte. Zur Verfolgung der Fälle, in denen ein und dasselbe Kriegsverbrechen Schaden für mehrere Verbündete bewirkt habe, könnten alliierte Militärgerichte gebildet werden.
Zur Forderung einiger europäischer Alliierter, Deutschland und seine Verbündeten müßten die Personen, die sich Kriegsverbrechen schuldig gemacht hätten, zur Aburteilung ausliefern, bemerkten Miller und Scott:

> „From the point of view of international law, the proposal that the surrender of enemy individuals may be demanded for trial and punishment under the criminal law of their captors for acts committed during the prosecution of a war is believed to be without precedent or authority[66]."

Gemäß ihrem Wortlaut und ihrer Stellung im Text des Gutachtens bezieht sich diese Aussage auf die – nach amerikanischem Recht sowieso nicht zuständige – zivile Strafgerichtsbarkeit. Ob gleiches oder ähnliches auch hinsichtlich der feindlichen Militärgerichtsbarkeit zutreffe, führten die amerikanischen Rechtsberater nicht aus.

---

[65] Vgl. oben, S. 69.
[66] Miller, Diary III, S. 478.

d) Öffentliche Meinung vor Beginn der Friedenskonferenz

Die innerstaatlichen und diplomatischen Vorbereitungen standen ebenso wie später die Friedenskonferenz selbst unter dem Druck der öffentlichen Meinung. Die Staatsmänner aller kriegführenden Länder hatten während der Andauer des Waffenringens ihre Friedensziele bekanntgegeben, um ihren Völkern zu verdeutlichen, wofür sie kämpften, wofür sie die ungeheuren Leiden und Opfer auf sich nahmen. Die Veröffentlichung der Friedensziele, insbesondere die prinzipielle Einigung der Alliierten auf das Wilsonsche Programm der Vierzehn Punkte, schränkte den Handlungsspielraum der Sieger ein. Die Staatsmänner der Siegermächte hatten sich selbst Maßstäbe gesetzt, an denen, wie sie wußten, ihr Handeln gemessen werden würde – und wurde.

Eine Festlegung der Haltung der britischen Regierung in der Frage der Verfolgung des Kaisers und der Verantwortlichen für Kriegsverbrechen sowie in der Frage der von Deutschland zu leistenden Reparationen erfolgte ohne eigentliche Notwendigkeit in den sogenannten Khaki-Wahlen[67]. Diese waren nach dem Waffenstillstand von Lloyd George ausgeschrieben worden, damit der aus der Wahl hervorgehende britische Regierungschef sein Land mit der Autorität eines unzweifelhaften Mandates auf der Friedenskonferenz vertreten könne. Der Wahlkampf von Mitte November bis Mitte Dezember 1918 wurde seitens der Koalition, die sich aus dem Lloyd George unterstützenden Flügel der Liberalen und den Konservativen unter Bonar Law gebildet hatte, zunächst mit zugkräftigen Parolen geführt, die eine Verbesserung der sozialen Verhältnisse versprachen[68]. Die Koalition bezeichnete es als ihre Aufgabe „to make Britain a fit country for heroes to live in". Bezüglich der bevorstehenden Friedenskonferenz berief man sich auf die bekannten Programme, denen nichts hinzuzufügen sei. Eine kleine nationale Gruppe fragte, wie das Ziel der Koalition in einem vom Krieg mitgenommenen und vor den Problemen der Demobilisierung stehenden Land zu erreichen sei und bot die auf der Hand liegende Lösung an: Deutschland müsse eben die Kriegskosten ersetzen. Der einflußreiche Zeitungsverleger Lord Northcliffe schloß sich den nationalen Tönen an. In der „Daily Mail" forderte er seine Leser auf, nur für Kandidaten zu stimmen, die u. a. für eine volle Kriegsentschädigung und für die Aburteilung des Kaisers eintreten würden[69]. Im Laufe des Wahlkampfes nahmen die Kandidaten der Koalition, indem sie einer im Wahlvolk schon vorhandenen Stimmung nachgaben[70], diese Themen auf. Sie versprachen, für die Bestrafung des Kaisers und der „Hunnen", die für die Mißhandlung von Frauen, Kindern, Zivilisten, Seeleuten, Verwundeten und Kriegsgefangenen verantwortlich waren, Sorge zu tragen und sich für die Begleichung der britischen Kriegskosten durch Deutschland einsetzen zu wollen[71]. Sir Eric Geddes, First Lord of the Admiralty, ging so weit zuzusagen, daß er im Falle seiner Wiederwahl Deutschland wie eine Zitrone auspressen werde: Nicht nur das gesamte deutsche Auslandsvermögen solle den Alliierten zufallen, sondern Deutschland solle gezwun-

---

[67] Die Bedeutung dieser Wahlen im Hinblick auf die Friedenskonferenz untersucht Mayer, S. 133–166. Willis' Darstellung, S. 136–145, beschränkt sich auf das Wahlkampfthema „Bestrafung des Kaisers". Neueste Darstellung der Wahlen vor dem Hintergrund der brit. Innenpolitik bei Morgan, Kenneth O., Consensus and Disunity. The Lloyd George Coalition Government 1918–1922, Oxford 1979, S. 26–45.

[68] Mayer, S. 148–150.

[69] Ebd., S. 152f. Vgl. Bericht des US-Geschäftsträgers in London vom 4. 12. 1918 an Acting Secretary of State, abgedruckt in: FRUS, P. P. C. I, S. 409–412 (409).

[70] Willis, S. 137f.

[71] Mayer, S. 155f.

gen werden, auch seine gesamten Werte an Gold, Silber und Juwelen auszuhändigen und seine Galerien und Bibliotheken zu verkaufen, um seinen Schadenersatzverpflichtungen nachzukommen[72]. Die Wahlkampfparolen „Hang the Kaiser" und „Germany will pay" fielen, bedingt durch die zu Ende des Krieges wieder aufgeflammte Diskussion über die Kriegsgreuel, auf einen fruchtbaren Boden. Die Koalition errang einen hohen Wahlsieg.

Lloyd George behauptet in seinen Memoiren „The Truth about the Peace Treaties", daß die Bestrafung des Kaisers und der Verantwortlichen für Kriegsrechtsverletzungen der einzige Punkt gewesen sei, der erst nach dem Waffenstillstand Aufnahme in das britische Friedensprogramm gefunden habe[73]. Ohne seine Verantwortung zu bestreiten, besteht er darauf, daß er die Frage nicht als erster aufgegriffen habe[74]. Für den Ausgang der Wahl habe sie im übrigen keine Rolle gespielt, da auch die Oppositionsparteien eine ähnliche Haltung wie die Koalition eingenommen hätten. Er selbst habe die Parole „Hang the Kaiser" nie gebraucht, sondern nur betont, daß dieser angeklagt werden müsse, da der Krieg ein Verbrechen gewesen sei und auch gekrönte Häupter die Verantwortung für Verbrechen tragen müßten[75]. Zur Reparationsfrage habe er im Wahlkampf nur in seiner Rede in Bristol Stellung genommen und zwar dahingehend, daß Deutschland rechtlich zu vollem Kriegskostenersatz verpflichtet sei, aber tatsächlich nicht mehr zahlen könne, als seine Leistungsfähigkeit zulasse[76]. Doch diese Vorbehalte gingen unter in den weiteren Ausführungen Lloyd Georges, die in der Öffentlichkeit Hoffnung auf vollen bzw. weitgehenden Ersatz weckten[77]. Die Koalition hatte also im Wahlkampf Erwartungen gefördert, an denen die britische Delegation auf der Friedenskonferenz nicht vorbeigehen konnte[78].

Die französische Diskussion über die Bestrafung des Kaisers und der Verantwortlichen für die Kriegsgreuel bekam ihre Impulse aus der jenseits des Kanals tobenden Wahlschlacht[79]. Die Presse zeigte Geschlossenheit in ihrer Zustimmung zur Verfolgung des Kaisers. Von Interesse sind ihre unterschiedlichen Motive und Überlegungen. Die Linkspresse wünschte die Aburteilung des Kaisers: die Sozialisten, weil sie mit der Feststellung

---

[72] Ebd., S. 157 (Abdruck eines Zitates aus The Times [London] vom 10. 12. 1918).

[73] Lloyd George, Peace Treaties I, S. 93.

[74] Ebd., S. 95.

[75] So in seiner Wahlkampfrede am 11. 12. 1918 in Bristol, auszugsweise abgedruckt ebd., S. 178. Vgl. Lloyd Georges Rede am 29. 11. 1918 in Newcastle-upon-Tyne, auszugsweise abgedruckt bei Willis, S. 142 f. (nach The Times [London] vom 30. 11. 1918).

[76] Lloyd George, Peace Treaties I, S. 461–467.

[77] Mayer, S. 158. Ebenso urteilt Morgan, S. 39–41: Zwar habe sich Lloyd George in seinen öffentlichen Ansprachen hinsichtlich des Friedensschlusses Zurückhaltung auferlegt, trotzdem durch wenige, z. T. beiläufige einschlägige Erklärungen dem Wahlkampf Farbe gegeben. Er habe es versäumt, die Wähler über die wirtschaftliche Unmöglichkeit eines Kriegskostenersatzes durch Deutschland zu unterrichten, obwohl dies seine Wahlchancen kaum gemindert hätte.

[78] Dazu eine zeitgenössische Darstellung: „There [at the General Election] were three points, however, on which the electors insisted on laying special stress. All three were adopted and expounded by the Prime Minister in his election speeches. They were officially summarized on the eve of the polling as follows: – (1) Trial of the Kaiser. (2) Punishment of those responsible for atrocities. (3) Fullest indemnities from Germany. The result of the General Election was unmistakable. Its chief verdict was that there must be no weakness in the making of peace. [. . .] there could be no doubt that the result of the polling [. . .] greatly strengthened the hands of the British delegation when they entered the Peace Conference." The Times History of the War, Bd 21, London 1920, S. 145 f.

[79] Read, S. 249. – Zum Folgenden: Miquel, Pierre, La paix de Versailles et l'opinion publique française, Paris 1972 (= Nouvelle bibliothèque scientifique), S. 237–239.

seiner persönlichen Verantwortung für den Ausbruch des Krieges die Unschuld des deutschen Volkes für nachgewiesen erachteten; die Radikalen, weil sie in jakobinischer Manier die Befreiung Deutschlands von seinem Tyrannen wollten. Die Rechtspresse bezweckte mit der Verurteilung von Wilhelm II. eine moralische Verdammung des deutschen Volkes, das sich mit seinem Herrscher 1914 durchaus einig gefühlt habe.
In den Vereinigten Staaten fanden Anfang November 1918 Wahlen zum Kongreß statt[80]. Im Wahlkampf setzten sich die Republikaner mehr und mehr von Wilsons Vorstellungen von einer neuen Weltordnung ab. Sie forderten statt eines Verhandlungsfriedens „unconditional surrender", um den Feinden die Friedensbedingungen diktieren zu können. Vereinzelt wurde ausgesprochen, daß die bedingungslose Kapitulation auch die Möglichkeit eröffnen würde, Schuld am Kriege und Schuld im Kriege zu sühnen[81].
Durch den Wahlsieg der Republikaner wurde fraglich, ob die Mehrheit der Nation noch hinter der Außenpolitik Wilsons stand. Es zeichnete sich die Gefahr ab, daß der republikanische Senat seine Zustimmung zu einem vom Präsidenten unterzeichneten Friedensvertrag verweigerte. Somit engte die Wahlniederlage Wilsons Verhandlungsspielraum auf der Friedenskonferenz ein. Von seinen Drohungen, an die öffentliche Meinung Amerikas zu appellieren, ging keine wirkliche Gefahr aus[82]. Die insbesondere auf deutscher Seite herrschenden Hoffnungen, daß Wilson seine Vorstellungen von einer Neuordnung der Welt mit schiedsrichterlicher Autorität auf der Friedenskonferenz würde durchsetzen können, sollten sich nicht erfüllen.

2. Die Beratungen der „Commission des responsabilités des auteurs de la guerre et sanctions"

a) Zusammensetzung der Kommission und Arbeitsweise

Die Pariser Friedenskonferenz wurde am 18. Januar 1919 mit einer Plenarsitzung eröffnet[83]. Gemäß dem im Zehnerrat gefaßten Beschluß[84] rief Clemenceau, nachdem er zum Präsidenten der Konferenz gewählt worden war, die Teilnehmerstaaten auf, Memoranden mit ihren Stellungnahmen zu den Fragen der Verantwortlichkeit der Urheber des Krieges und der Verfolgung der Kriegsverbrechen einzureichen. Es sei unnötig, so führte er aus, die Gründe für die Dringlichkeit der Angelegenheit darzulegen. Wenn es wünschenswert sei, dem Recht in der Welt Geltung zu verschaffen, könnten Strafen für die Verletzung der Rechtsordnung sofort verhängt werden, da die Alliierten und Assoziierten die Sieger seien[85].
Die Konferenz ging in den Fragen von Kriegsschuld und Reparationen sofort an das Werk. Die Hauptmächte verständigten sich am 23. Januar im Zehnerrat über die Einsetzung von Ausschüssen und die Leitlinien für deren Arbeit[86]. In den beiden Ausschüssen

80 Zu den Wahlen und den politischen Implikationen ihres Ausgangs siehe: Mayer, S. 119–132; Walworth, S. 110–113.
81 Willis, S. 98f.
82 Lloyd George, Peace Treaties I, S. 160.
83 Das Protokoll der Sitzung ist abgedruckt in: FRUS, P. P. C. III, S. 157–170.
84 Siehe oben, S. 84.
85 FRUS, P. P. C. III, S. 169f.
86 Wortprotokoll ebd., S. 693–703 (698f., 703). Vgl. Protokoll der Plenarsitzung am 25. 1. 1919, ebd., S. 176–203.

„Commission des responsabilités des auteurs de la guerre et sanctions" und „Commission des réparations des dommages" fanden die grundsätzlichen Diskussionen statt, die zur Gestaltung der Strafbestimmungen (Artikel 227–230) und des Kriegsschuldartikels (Artikel 231) des Versailler Vertrages führten.

In der Kommission für die Fragen von Kriegsschuld und Kriegsverbrechen waren die fünf Hauptmächte mit je zwei, Belgien, Griechenland, Polen, Rumänien und Serbien mit je einem Delegierten vertreten. Die Amerikaner entsandten ihren Außenminister Robert Lansing und Major James Brown Scott, beide international bekannte Völkerrechtler[87], in den Ausschuß. Die britische Empire-Delegation nominierte den englischen Attorney-General Sir Gordon Hewart (ersatzweise den Solicitor-General Sir Ernest Pollock) und den Premierminister von Neuseeland W. F. Massey. Frankreich wurde von André Tardieu und Professor Fernand Larnaude, dem Mitverfasser des Gutachtens über die Verantwortlichkeit Wilhelms II., repräsentiert[88]. Der Ausschuß wählte Lansing zu seinem Vorsitzenden.

Der der Kommission erteilte Auftrag lautete, Folgendes zu untersuchen und darüber zu berichten: 1. Feststellung der Verantwortlichkeit der Kriegsurheber, 2. Feststellung der von deutschen Streitkräften und ihren Verbündeten begangenen Verstöße gegen die Gesetze und Gebräuche des Krieges, 3. Feststellung der Verantwortlichen für diese Kriegsrechtsverletzungen ohne Rücksicht auf ihren Rang und Stand und 4. Ausarbeitung von Vorschlägen für die Bildung eines Gerichts zur Aburteilung der Verantwortlichen[89].

Die Kommission setzte drei Unterausschüsse ein, von denen der erste die Materialien sammeln und Tatsachen feststellen sollte, die zum Ausbruch des Weltkriegs geführt und die während der Feindseligkeiten Kriegsrechtsverletzungen dargestellt hatten (Souscommission des faits criminels). Dem 2. Unterausschuß wurde die Prüfung der Frage zugewiesen, ob die Handlungen, die die Entfesselung des Krieges verursacht hatten bzw. mit

---

87 Siehe „Lansing, Robert", in: Encyclopaedia Britannica (Ausgabe 1962), Bd 13, S. 707 f. (von Eleanor L. Dulles). Siehe „Scott, James Brown", ebd., Bd 20, S. 178 D (von Eleanor H. Finch) und Nachruf von George A. Finch, in: AJIL 38 (1944), S. 183–217.

88 Von den übrigen Kommissionsmitgliedern waren international bekannte Juristen: der belgische Delegierte Edouard Rolin-Jaequemyns (Herausgeber der Revue de Droit International et de Législation Comparée), der japanische Delegierte Mineitero Adatci und der griechische Außenminister Nicolas Politis. Die Namen der Ausschußmitglieder sind aufgeführt in: FRUS, P. P. C. III, S. 204 f., S. 63–65 (Stand vom 1. 4. 1919) und S. 95–97 (Stand vom 1. 10. 1919).

89 Über die Arbeit der Kommission liegt an Quellenmaterial vor: 1.) Conférence de la Paix. Recueil des actes, P. IV, B (2). Dieser vom französischen Außenministerium veranlaßte, 1922 als „secret" klassifizierte Druck enthält die *offiziellen*, in indirekter Rede gehaltenen Protokolle der Voll- und Ausschußsitzungen der Kommission sowie die von dieser erarbeiteten und die von den nationalen Delegationen eingereichten Schriftstücke. – 2.) Documentation. La Paix de Versailles, Bd 3: Responsabilités des auteurs de la guerre et sanctions, Paris 1930 (= Les Editions internationales). Die dort veröffentlichten Protokolle geben die Verhandlungen zum größten Teil in direkter Rede wieder und sind fast immer bedeutend ausführlicher als die offiziellen. Dickmann meint, es handele sich bei dieser Publikation um die stenographischen Niederschriften der Verhandlungen der jeweiligen Ausschüsse (Kriegsschuldfrage, S. 1 f., Anm. 1 u. S. 27, Anm. 1). Dies scheint zuzutreffen – mit der Einschränkung, daß die Niederschriften nicht immer vollständig sein können, wie sich aus der vermerkten Dauer der Sitzungen leicht schließen läßt. Die stenographischen Niederschriften werden für die folgende Darstellung wegen ihrer größeren Aussagekraft und ihrer leichteren Zugänglichkeit benutzt. Die Angabe der Sitzungsart und -daten ermöglicht eine Heranziehung der offiziellen Protokolle, die den Vorzug größerer Übersichtlichkeit haben. – Zum Auftrag der Kommission und zu ihrer Zusammensetzung siehe: Documentation. La Paix de Versailles III, S. 5 f.; FRUS, P. P. C. III, S. 202.

dessen Beginn einhergegangen waren, gerichtlich verfolgt werden könnten. Im Falle der Bejahung sollten die Schuldigen benannt und Vorschläge für ihre Aburteilung gemacht werden (Sous-commission des responsabilités de la guerre). Der 3. Unterausschuß sollte untersuchen, ob die während des Krieges begangenen Verstöße gegen das ius in bello bestraft werden könnten und bei einem positiven Ergebnis die für eine Aburteilung der Verantwortlichen in Frage kommende Gerichtsbarkeit bezeichnen (Sous-commission des violations des lois et coutumes de la guerre)[90].

b) Schuld am Kriege. Verletzung der belgischen und luxemburgischen Neutralität

Die Beratungen in den Unterausschüssen litten unter der offensichtlich unglücklichen Aufgabenteilung. Die vorliegende Darstellung folgt diesen deshalb nicht immer, sondern orientiert sich an den Sachproblemen. Sie wendet sich zunächst dem Teil der Arbeiten des ersten Unterausschusses zu, der die Feststellung der Schuld am Kriege und der politischen Handlungen zu Kriegsbeginn betraf. Der Ausschuß ließ sich naturgemäß vom Auftrag der Kommission, der auf Ermittlung der „responsabilité des auteurs de la guerre" lautete, leiten. Diese Formulierung gab ihm in Hinblick auf Fragestellung, Richtung und Umfang seiner Untersuchungen einen weiten Spielraum. Für eine eingehende, wissenschaftlichen Kriterien genügende Erforschung der Kriegsschuldfrage fehlte es an der dafür erforderlichen Zeit. So beschloß der Unterausschuß, auf die in den verschiedenen Ländern gesammelten Materialien, insbesondere auf die von den Regierungen veröffentlichten Farbbücher zurückzugreifen[91]. Ein solches Vorgehen konnte natürlich für die Klärung eines so komplizierten historischen Sachverhalts, wie ihn die europäische Krise im Juli 1914 darstellt, nicht genügen und schon gar nicht für die Feststellung persönlicher Verantwortlichkeit und Schuld ausreichen. Deswegen regte der Vorsitzende des zweiten Unterausschusses, der englische Solicitor-General Sir Ernest Pollock, entsprechend dem Gutachten der Law Officers für das Imperial War Cabinet an, die Untersuchungen in der Kriegsschuldfrage einzustellen und den Historikern zu überlassen, deren Urteil im übrigen ja längst feststehe[92]. Seinem Vorschlag lag die Einsicht zugrunde, daß die politischen Handlungen der deutschen Staatsführung sich einer richterlichen Kontrolle und Beurteilung entzögen. Der Widerspruch der Franzosen erzwang die Fortsetzung der Arbeiten in der Kriegsschuldfrage. Ihr Ergebnis war eine „beschämend oberflächliche Darstellung"[93] der diplomatischen und militärischen Schritte, die den Ausbruch des Weltkriegs herbeigeführt hatten. Sie war zudem äußerst einseitig und ließ wichtige, ja für die Erklärung der deutschen Haltung entscheidende Tatsachen außer Betracht. Insbesondere fand die russische Gesamtmobilmachung vom 30. Juli 1914, die die deutschen Ultimaten und Kriegserklärungen auslöste, keine Erwähnung. Die Darstellung bot so viele Angriffspunkte, daß es für alle Kritiker ein Kinderspiel war, diese zu erschüttern[94].

---

[90] Protokoll der Vollsitzung der Kommission am 7. 2. 1919, abgedruckt in: Documentation. La Paix de Versailles III, S. 16–29 (16–22). Programme d'organisation des sous-commissions, abgedruckt in: Conférence de la Paix. Recueil des actes, P. IV, B (2), S. 38.

[91] Protokoll der Sitzung des 1. Unterausschusses am 17. 2. 1919, abgedruckt in: Documentation. La Paix de Versailles III, S. 235–241 (235–238).

[92] Protokoll der Sitzung des 2. Unterausschusses am 17. 2. 1919, ebd., S. 263–277 (263–265).

[93] Dickmann, Kriegsschuldfrage, S. 29.

[94] Die Mängel in der Darstellung der Kriegsschuldfrage wurden schon während der Friedenskonferenz erkannt. J. Headlam-Morley, Mitglied der brit. Delegation und Verfasser eines Buches über den Ausbruch des Krieges (The History of Twelve Days, 1915), machte schriftlich auf die wissenschaftliche Unhaltbarkeit der Darstellung aufmerksam. Obwohl das Foreign Office die Beachtung der Einwände empfahl,

Das im Bericht der Kommission an die Friedenskonferenz[95] enthaltene Urteil in der Kriegsschuldfrage lautet: „La guerre a été préméditée par les Puissances centrales, [...] et elle est le résultat d'actes délibérément commis dans l'intention de la rendre inévitable." Deutschland und Österreich-Ungarn hätten sich den vielfältigen Vorschlägen der Entente zur friedlichen Beilegung der Krise versagt. Sie hätten mit ihren Handlungen willentlich versucht, den Krieg unvermeidlich zu machen[96].

Was versteht nun die Kommission unter „préméditation de la guerre", was ist ihr Kriegsschuldbegriff? Die Antwort enthält der Schlußbericht, in dem eine Erörterung der tieferen Kriegsursachen politischer, wirtschaftlicher und militärischer Natur vermieden und die Untersuchung auf die Vorgänge in der Juli-Krise 1914 beschränkt wird. Mit dem Begriff Kriegsschuld, wie er z. B. auch in der Präambel und in Artikel 231 des Versailler Vertrages zum Ausdruck kommt, sind nur Handlungen gemeint, die den Krieg unvermeidlich gemacht bzw. ausgelöst haben. Ein Urteil über die gesamte deutsche Vorkriegspolitik sollte nicht gefällt werden. Es handelt sich, wie Dickmann wohl zutreffend ausführt[97], um den Versuch, an Hand bestimmter Kriterien den „Aggressor" festzustellen. Es ist die frühe Antwort auf ein völkerrechtstechnisches Problem, das erst nach der Errichtung des Völkerbundes seine eigentliche Bedeutung erlangen und erst im Rahmen der Vereinten Nationen einer Lösung zugeführt werden sollte[98].

Auch in der weiteren politischen Frage, der der Verletzung der belgischen und luxemburgischen Neutralität, kam die Kommission zu einer das Deutsche Reich belastenden Schlußfolgerung: Die vertraglich anerkannte Neutralität beider Länder sei von Deutschland und Österreich (von letzterem durch Leisten von Waffenhilfe) vorsätzlich verletzt worden[99]. Soweit dieser Schuldspruch Deutschland betrifft, wird man ihm zustimmen müssen, obwohl er materialmäßig nicht besser fundiert ist als in der Kriegsschuldfrage. So vermißt man ein Eingehen auf die deutscherseits vorgebrachten Gründe für die Verletzung der belgischen Neutralität wie Notstand bzw. Notwehr. Dieses Manko ist jedoch unbedenklich, da alle deutschen Rechtfertigungsversuche völkerrechtlich nicht überzeugen konnten[100].

---

ignorierte sie Sir Ernest Pollock (nicht: Sir Frederick!), der – so das Urteil H.-M.'s – in diesen Dingen absolut unwissend gewesen sei. Headlam-Morley, Sir James, A Memoir of the Paris Peace Conference 1919, hrsg. von Agnes Headlam-Morley, Russel Bryant, Anna Cienciala, London 1972, S. XXXVI.

[95] Rapport présenté à la Conférence des Préliminaires de Paix par la Commission des Responsabilités des Auteurs de la Guerre et Sanctions (vom 29. 3. 1919), abgedruckt in: Conférence de la Paix. Recueil des actes, P. IV, B (2), S. 162–234; Documentation. La Paix de Versailles III, S. 453–556; Kraus/Rödiger II, Anhang DokNr. XV. In engl. Fassung: U.S. Congress, Senate, Treaty of Peace with Germany. Hearings before the Committee on Foreign Relations, U.S. Senate, 66th Congress, 1st Session, Senate Document 106, Washington 1919, S. 313–378; selbständig u. d. T. „Violation of the Laws and Customs of War"; AJIL 14 (1920), S. 95–153; teilweiser Wiederabdruck in: The Law of War I, S. 842–867. In dt. Übersetzung: Teildruck betreffend die Kriegsschuldfrage, in: Materialien, betreffend die Friedensverhandlungen, Teil VI: Das deutsche Weißbuch über die Schuld am Kriege, Charlottenburg 1919, DokNr. 5 (Übersetzung S. 27–43 u. S. 49–54); Wiederabdruck in: Kraus/Rödiger I, DokNr. 57.

[96] Documentation. La Paix de Versailles III, S. 467.

[97] Kriegsschuldfrage, S. 30f.

[98] Die 29. UN-Generalversammlung verabschiedete am 14. 12. 1974 mit Resolution 3314 eine Definition des Begriffs Aggression. Text der Resolution in dt. Übersetzung abgedruckt in: Europa-Archiv 30 (1975), Dokumente S. 318–320.

[99] Documentation. La Paix de Versailles III, S. 467–471 (471).

[100] Vgl.: Kunz [Josef L.], Belgien, in: Strupp WVR I, S. 119–125 (122–124); Bredt, Joh. Victor, Die belgische Neutralität und der Schlieffensche Feldzugsplan, Berlin 1929, passim (insbes. S. 169–192).

c) Verantwortlichkeit der deutschen Staatsführung für Kriegsausbruch und Neutralitätsverletzungen

Dem zweiten Unterausschuß oblag die schwierige Aufgabe zu prüfen, ob die erwiesene Verantwortung der deutschen Staatsführung für den Kriegsausbruch und für die diesen begleitenden Völkerrechtsverletzungen eine gerichtliche Verfolgung der Schuldigen rechtfertige. Die schon dargestellten Rechtsauffassungen der einzelnen Delegationen prallten in den Beratungen hart aufeinander. Die in Überzeugungen wurzelnden Gegensätze ließen sich nicht durch Kompromisse ausräumen, ohne daß die eine oder andere Seite gezwungen gewesen wäre, wesentliche der von ihnen vertretenen Grundsätze aufzugeben. So blieb den Amerikanern in der „Commission des responsabilités des auteurs de la guerre et sanctions" wie auch in der gleichzeitig tagenden „Commission des réparations des dommages" nichts anderes übrig, als ihren von der Mehrheit abweichenden Standpunkt in Sondervoten niederzulegen.

Vom europäischen Völkerrecht, wie es zu Beginn des 20. Jahrhunderts in Kraft war, wurden politische Handlungen wie die Entfesselung eines Krieges oder die Verletzung eines internationalen Vertrages durch die Regierung eines Staates als in dessen Interesse geschehend angesehen. Ihre Strafbarkeit wurde verneint. Par in parem non habet imperium. Den betroffenen Staaten standen zur Wahrung ihrer eigenen Belange und zur Aufrechterhaltung der zwischenstaatlichen Rechtsordnung Mittel der Selbsthilfe zur Verfügung wie z. B. die Anwendung von Repressalien oder die Erklärung des Krieges. Den Mitgliedern des zweiten Unterausschusses fiel es schwer, sich zum überkommenen Völkerrecht zu bekennen. Stark lastete auf den Beratungen die Überzeugung von der Schuld Wilhelms II. am Ausbruch des Weltkriegs. Durfte der Krieg nach den bitteren Erfahrungen von vier Jahren noch als legitimes Mittel der Politik gelten? In der Überzeugung der Delegierten nicht. Aber doch sprachen schwere Bedenken gegen ein Vermengen von Moral und Politik. Sir Ernest Pollock ging die Fragen wiederum vom praktischen Gesichtspunkt an: Man dürfe nur solche Anklagen erheben, die mit Aussicht auf Erfolg vor einem Gerichtshof vertreten werden könnten, weshalb es besser sei, die Frage der Kriegsschuld und der Verletzung der belgischen Neutralität beiseite zu lassen. Dagegen seien ausreichende Beweise vorhanden, die eine Verurteilung Wilhelms II. als Hauptverantwortlichen für die deutsche völkerrechtswidrige Kriegführung wahrscheinlich machten[101]. Der französische Vertreter Professor Larnaude, der sich nur ungern mit einer Ausklammerung der Kriegsschuldfrage einverstanden zeigte, erhob Widerspruch in der Frage der Verletzung der belgischen Neutralität. Hier liege nun wirklich ein klarer, von der deutschen Regierung selbst eingestandener Rechtsbruch vor, der nicht ungesühnt bleiben dürfe. Es handele sich zudem nicht um eine politische oder moralische, sondern um eine eindeutig juristische Frage. Natürlich wußte auch er, daß das geltende Völkerrecht eine individuelle Haftung für politische Delikte nicht kannte, daß nur der Staat als Ganzes und nicht das Staatsoberhaupt oder einzelne Regierungsmitglieder verantwortlich zu machen waren. Aber, so fragte er, könne nach dem schrecklichen Krieg noch dasselbe Recht wie vor ihm gelten? Keinesfalls, vielmehr sei ein neues Völkerrecht entstanden, weil die Urheber des Krieges sich solcher Verbrechen schuldig gemacht hätten, daß das alte nicht mehr zur Anwendung gelangen

---

[101] Protokoll der Sitzung des 2. Unterausschusses am 17. 2. 1919, Documentation. La Paix de Versailles III, hier: S. 268 u. S. 269–271. Vgl. Memorandum der brit. Delegation vom 13. 2. 1919, abgedruckt in: Conférence de la Paix. Recueil des actes, P. IV, B (2), S. 41–49 (42–45).

könne. Die Neutralitätsverletzung sei ein so schweres Verbrechen, daß es einer Sanktion bedürfe, die der Welt ein sichtbares Zeichen gebe. Mit der Urteilsfindung in dieser politisch-moralischen Frage solle ein hoher politischer Gerichtshof, wie man ihn ja auch im Staatsrecht Großbritanniens, Belgiens und Frankreichs kenne, betraut werden. Als Richter kämen geachtete Staatsmänner, vielleicht Delegierte der Friedenskonferenz, in Betracht[102]. Den französischen Vorstellungen entgegenkommend, regte Sir Ernest Pollock an, der Friedenskonferenz zu empfehlen, sie solle in einer feierlichen Erklärung den Bruch der die Neutralität Belgiens und Luxemburgs garantierenden Verträge verurteilen. Nur schweren Herzens und unter Vorbehalten willigte Larnaude in diese Kompromißformel ein, die ein Gerichtsverfahren gegen den Kaiser und die übrigen Verantwortlichen ausschloß[103].

Bei der Beurteilung der rechtlichen Verantwortlichkeit der deutschen Staatsführung für den Kriegsausbruch war der 2. Unterausschuß zunächst den britischerseits geltend gemachten Bedenken praktischer Art gefolgt. Es schien völlig auszureichen, eine gerichtliche Verfolgbarkeit zu verneinen, im übrigen aber keine weiteren Konsequenzen zu ziehen. Der plötzliche Kurswechsel entsprang britischer Initiative. In der letzten Sitzung des Ausschusses unterbreitete der Attorney-General Sir Gordon Hewart unter dem Eindruck des Berichts des 1. Unterausschusses in der Kriegsschuldfrage[104] den Vorschlag zu folgender Empfehlung, die Zustimmung fand: Es obliege der Friedenskonferenz zu prüfen, ob es in dem beispiellosen Fall der Provozierung eines Weltkriegs und der mit dessen Beginn einhergegangenen Neutralitätsverletzungen nicht angezeigt sei, spezielle Maßnahmen zu ergreifen oder ein spezielles Organ zu schaffen, um mit den Urhebern dieser kriminellen Handlungen zu verfahren, wie sie es verdienten, und um deren feierliche Verurteilung zu verkünden[105].

Der Bericht der Kommission an die Friedenskonferenz geht von der Feststellung aus, daß die vorsätzliche Entfesselung eines Angriffskriegs („la préméditation d'une guerre d'agression") vom Gewissen der Welt („conscience publique") mißbilligt werde und von der Geschichte verurteilt werden würde, daß der Angriffskrieg aber mangels einer obligatorischen internationalen Streiterledigung nicht als im Widerspruch mit dem positiven Völkerrecht stehend angesehen werden könne[106]. Für ein Gerichtsverfahren gegen die Kriegsurheber bestehe daher keine Rechtsgrundlage. Die Verletzung der belgischen und luxemburgischen Neutralität wiege besonders schwer, da sie von einer Garantiemacht begangen worden sei. Dennoch greife eine strafrechtliche Verfolgung der verantwortlichen deutschen Staatsorgane oder Einzelpersonen nicht ein. Der Anschlag auf das Völkerrecht

---

102 Documentation. La Paix de Versailles III, S. 271–274.

103 Ebd., S. 274f.

104 Bericht des 1. Unterausschusses, abgedruckt in: Conférence de la Paix. Recueil des actes, P. IV, B (2), S. 59–66 (62–64).

105 Protokoll der Sitzung des 2. Unterausschusses am 6. 3. 1919, ebd., S. 319–323 (nicht abgedruckt in Documentation. La Paix de Versailles III!). Vgl. Bericht des 2. Unterausschusses, ebd., S. 67–73 (68f.).

106 Larnaude versuchte bei der Beratung des Berichts im Plenum der Kommission am 25. 3. 1919 eine inhaltliche Änderung des Textes zu erreichen. Er sprach sich dagegen aus, die Rechtmäßigkeit von Angriffs- und Verteidigungskrieg auf die gleiche Stufe zu stellen. Er fragte, ob auch die vorsätzliche Entfesselung eines Angriffskriegs rechtmäßig sei, ob auch sie ohne juristische Konsequenzen bleibe. Lansing und Sir E. Pollock widersetzten sich diesen herausfordernden Fragen. Die Aussage des Berichts befinde sich in strikter Übereinstimmung mit dem Völkerrecht. Documentation. La Paix de Versailles III, S. 426f.

sowie auf Treu und Glauben in den internationalen Beziehungen sei jedoch so schwerwiegend, daß die Friedenskonferenz diesen förmlich verurteilen müsse[107].

In einem gewissen Gegensatz zu den vorangegangenen Feststellungen heißt es in den empfehlenden Schlußfolgerungen des Berichts:

> „Sur l'ensemble des faits qui ont amené la guerre mondiale et qui en ont accompagné le début, notamment la violation de la neutralité du Luxembourg et de la Belgique, il appartient à la Conférence de la Paix d'examiner s'il ne conviendrait pas, devant une situation absolument sans précédent, d'adopter des mesures spéciales et même d'établir un organe spécial, pour traiter, comme ils le méritent, les auteurs de ces faits[108]."

Weiterhin unterbreitete die Kommission der Friedenskonferenz den Vorschlag, in Zukunft für schwerwiegende Verletzungen von elementaren Prinzipien des Völkerrechts strafrechtliche Sanktionen vorzusehen[109].

Von dem Schlußbericht der Kommission distanzierten sich die amerikanische und – in wesentlich geringerem Ausmaß – die japanische Delegation. Die Amerikaner haben sich zur Einnahme eines Sonderstandpunktes und damit zur Sprengung interalliierter Gemeinsamkeit in einer Frage, der von der Friedenskonferenz große Bedeutung zugemessen wurde, anscheinend nur schweren Herzens entschlossen. Erst nach Beendigung der Beratungen in den Unterausschüssen brachten sie am 12. März 1919 im Plenum der Kommission einen Antrag ein, der einen von den bis dahin gefällten Vorentscheidungen abweichenden Weg aufzeigte: Die Siegermächte sollten in einer bei Unterzeichnung des Friedensvertrages abzugebenden feierlichen Deklaration[110] Wilhelm II. und seine politischen und militärischen Mitarbeiter wegen Entfesselung eines Angriffskriegs, Bruchs internationaler Verträge und völkerrechtswidriger Kriegführung vor aller Welt verurteilen. Der im August 1914 begonnene Krieg sei nicht zum Schutz des nationalen Lebens, zur Wahrung der internationalen Rechtsordnung oder zur Verteidigung der Freiheit und der Menschlichkeit geführt worden; er sei daher moralisch nicht zu rechtfertigen. Seine moralische Verurteilung durch die Mitwelt müsse in die Geschichte eingehen, auch wenn die juristischen Voraussetzungen für eine Bestrafung der Schuldigen nicht gegeben seien. Weiterhin schlugen die Amerikaner die Einsetzung einer internationalen Untersuchungskommission vor, die den Fragen der Schuld am Kriege und der Schuld im Kriege unter Auswertung von Dokumenten in deutschen Archiven nachgehen sollte. Ihr Bericht sollte bis zum 11. November 1919 den verbündeten Regierungen vorgelegt und anschließend publiziert werden, um der Weltöffentlichkeit Kenntnis von dem Geschehen zu geben und ihr Urteil herauszufordern[111].

Die amerikanischen Vorschläge stießen bei den anderen Delegationen wegen ihrer eindeutigen Haltung in der Kriegsschuldfrage zunächst auf Interesse, verfielen dann aber der Ablehnung, als sie merkten, daß diese den Wegfall eines speziellen Verfahrens gegen den Kaiser und die Verantwortlichen für die politischen Handlungen zu Kriegsbeginn zur

---

[107] Ebd., S. 477–479.

[108] Ebd., S. 479.

[109] Ebd.

[110] Entwurf der Deklaration vom 11. 3. 1919, abgedruckt in: What Really Happened at Paris. The Story of the Peace Conference 1918–1919, hrsg. von Edward M. House u. Charles Seymour, London 1921, S. 476; Documentation. La Paix de Versailles III, S. 331.

[111] Weitere amerikanische Vorschläge vom 12. u. 13. 3. 1919, abgedruckt in: What Really Happened at Paris, S. 477f.; Documentation. La Paix de Versailles III, S. 332 u. 340.

Folge haben würden. Als auch Kompromißformeln scheiterten, sahen sich die Amerikaner zur Abgabe eines Sondervotums gezwungen[112]. Präsident Wilson ermutigte seinen Secretary of State, diesen Weg einzuschlagen[113].

Lansing und Scott, die Unterzeichner des amerikanischen Memorandums[114], setzten sich in diesem sehr ausführlich mit dem Kommissionsbericht auseinander. In der Kriegsschuldfrage und in der Frage der Neutralitätsverletzungen stimmten sie mit dessen Feststellung völlig, mit dessen Schlußfolgerungen indes nicht in allen Punkten überein. Die politischen Handlungen der deutschen Staatsführung, die den Krieg ausgelöst hatten bzw. mit dessen Beginn einhergegangen waren, seien als verwerflich und im moralischen, nicht aber im juristischen Sinn als Verbrechen anzusehen. Die Nichtbeachtung der belgischen und luxemburgischen Neutralität solle von der Friedenskonferenz feierlich verurteilt, die dafür Verantwortlichen gebrandmarkt werden. Die Empfehlung an die Friedenskonferenz, spezielle Maßnahmen gegen die für den Kriegsausbruch und die Neutralitätsverletzungen Verantwortlichen zu ergreifen und gar zu deren Durchführung ein spezielles Organ zu schaffen, stünden mit den diesbezüglichen grundsätzlichen Feststellungen und Schlußfolgerungen der Kommission im Widerspruch. Das spezielle Organ dürfe zumindest kein Gericht sein. Der Empfehlung, in Zukunft gravierende Völkerrechtsverletzungen strafrechtlich zu ahnden, würden die amerikanischen Kommissionsmitglieder zustimmen. Der Aggressionskrieg und der Bruch völkerrechtlicher Verpflichtungen müßten als Verbrechen gelten. Die Zweckmäßigkeit der Empfehlung sei allerdings im Hinblick auf die Schwierigkeit, den Angreifer eindeutig festzustellen, und auf die Problematik der Durchsetzung strafrechtlicher Sanktionen zu bezweifeln[115].

d) Kriegsrechtsverletzungen und Verantwortlichkeit der Urheber

Die Kommissionsberatungen in den Fragen der Verletzung der Kriegsgesetze und -gebräuche und der Bestrafung der dafür Verantwortlichen begannen dramatisch. Sir Ernest Pollock äußerte am 7. Februar 1919 seine Befürchtung, daß alle Besprechungen nutzlos bleiben könnten, wenn es nicht gelinge, der Schuldigen habhaft zu werden, um sie vor Gericht zu stellen. Er beantragte daher, die bevorstehende Verlängerung des Waffenstillstands von der Bedingung abhängig zu machen, daß die deutsche Regierung sich zur Auslieferung der von den Alliierten Beschuldigten verpflichte. Die deutsche Regierung solle sich gleichzeitig zur Aushändigung der für die Gerichtsverfahren notwendigen Doku-

---

112 Protokolle der Vollsitzungen der Kommission vom 12.–17. 3. 1919, Documentation. La Paix de Versailles III, S. 327 (330) – 383.

113 Wilson sprach sich am 15. 3. 1919 gegenüber Lansing für einen Minderheitsbericht aus, in dem ein Gerichtsverfahren gegen den Kaiser und die Bildung eines Haut-Tribunal abgelehnt werden sollte. Tagebucheintragung Lansings vom gleichen Tag, zit. bei Read, S. 265, u. Willis, S. 188. Vgl. Schwabe, Deutsche Revolution und Wilson-Frieden, S. 438.

114 Memorandum of Reservations presented by the Representatives of the United States to the Report of the Commission on Responsibilities, April 4, 1919 (Annex II to the Report ...), abgedruckt in: U.S. Congress, Senate, Treaty of Peace with Germany, Hearings, S. 360–376; Violation of the Laws and Customs of War, S. 58–79; AJIL 14 (1920), S. 127–151 (im folgenden als U.S. Memorandum of Reservations nach AJIL zitiert). Französische Übers. in: Documentation. La Paix de Versailles III, S. 533–552. Réserves formulées par la Délégation Japonaise, ebd., S. 533 f.; engl. Übers. in: U.S. Congress, Senate, Treaty of Peace with Germany, Hearings, S. 376 f.; Violation of the Laws and Customs of War, S. 79 f.; AJIL 14 (1920), S. 151 f.

115 U.S. Memorandum of Reservations, S. 127–133 u. S. 137–140 (Documentation. La Paix de Versailles III, S. 533–537 u. S. 540–543).

mente bereit erklären. Erst nach Abschluß dieser Vereinbarungen sollten von Zeit zu Zeit die Namen der Auszuliefernden und die zu übergebenden Dokumente bezeichnet werden, um einer Flucht der Beschuldigten nicht Vorschub zu leisten. In London seien die Vorbereitungen so weit gediehen, daß die ersten Auslieferungsforderungen gestellt werden könnten[116].

Der britische Vorschlag fand die Zustimmung aller Delegierten mit Ausnahme der Amerikaner, die erklärten, er überschreite die Kompetenzen der Kommission. Lansing nahm dieses Argument zum Vorwand, um die Vorlage der Resolution bei dem Obersten Kriegsrat der alliierten und assoziierten Mächte, dem für die Fragen des Waffenstillstands zuständigen Organ, zu verweigern[117]. Dort brachte der britische Außenminister Balfour die Angelegenheit zur Sprache, ohne einen bestimmten Vorschlag zu machen. Er meinte, eine solche Klausel gehöre nicht in einen Waffenstillstandsvertrag. Zudem würden die Deutschen die Auslieferung der Kriegsverbrecher zwecks Aburteilung durch ein ausländisches Gericht als schmählich empfinden und statt dessen ihre Bereitschaft erklären, diese selbst zur Rechenschaft zu ziehen. Nach den in der Öffentlichkeit erregten Erwartungen wäre es beklagenswert, wenn vor dem vorgesehenen alliierten Tribunal keine Kriegsverbrecher erschienen, aber er sei ratlos. Auch Präsident Wilson lehnte die Aufnahme einer Auslieferungsklausel in das Abkommen zur Waffenstillstandsverlängerung ab, da er sich keine Vorteile davon versprach[118].

Vielfach wird in der Literatur festgestellt, daß die alliierte Politik in der Kriegsverbrecherfrage fehlgeschlagen sei, weil die Auslieferung der Schuldigen nicht zu einer Bedingung des Waffenstillstands gemacht worden sei[119]. Hierzu ist zu bemerken, daß die Vereinbarung einer Auslieferungsklausel im Waffenstillstandsvertrag mit Deutschland oder in dessen Verlängerungsübereinkünften kaum mehr bewirkt hätte als die im Friedensvertrag enthaltene. Größere Wirksamkeit wäre vielleicht von einer im November 1918 gestellten Forderung nach Auslieferung namentlich bezeichneter Personen ausgegangen, aber auf alliierter Seite waren die entsprechenden Vorbereitungen nicht getroffen, als das Deutsche Reich überraschend um Waffenruhe bat. Bei der letztmaligen Verlängerung des Waffenstillstands im Februar 1919 waren die Siegermächte zudem nicht bereit, den Krieg für eine Forderung von letztlich doch untergeordneter Bedeutung wieder aufzunehmen. So blieb der deutschen Politik kurz nach der Eröffnung der Nationalversammlung die Auseinandersetzung mit einem Problem, das wenige Monate später die Gemüter aufs äußerste erregen sollte, erspart. Im Interesse des staatlichen Neuaufbaus war dies sicherlich von großem Vorteil.

Bei der Feststellung der Tatsachen, die Verletzungen der Kriegsgesetze und -gebräuche seitens der deutschen und der mit ihnen verbündeten Streitkräfte während des Weltkriegs darstellten, griff der 1. Unterausschuß ebenso wie in der Kriegsschuldfrage auf die von

[116] Protokoll der (2.) Vollsitzung der Kommission am 7. 2. 1919, Documentation. La Paix de Versailles III, S. 16–29 (23–25). Vgl. Sir Ernest Pollock in der Einleitung zu Mullins, Claud, The Leipzig Trials, London 1921, S. 6. Pollock entsprach mit seinem Antrag der Forderung des „Committee of Enquiry into Breaches of the Laws of War", dem er selbst angehörte.

[117] Documentation. La Paix de Versailles III, S. 28 f.

[118] Protokoll der Sitzung des Supreme War Council am 10. 2. 1919, abgedruckt in: FRUS, P. P. C. III, S. 945–956 (953 f.).

[119] So u. a. History of the United Nations War Crimes Commission and the Development of the Law of War, hrsg. von UN War Crimes Commission, London 1948, S. 52.

den alliierten Regierungen zur Verfügung gestellten, zum überwiegenden Teil veröffentlichten Materialien zurück[120]. Anders als bei der Behandlung der Schuld am Kriege dienten diese Materialien nicht in erster Linie zur Gewinnung eines Urteils über die Schuld im Kriege, sondern zur Feststellung verschiedener Arten von Kriegsrechtsverletzungen. Die Ermittlung der tatsächlichen Vorgänge und ihre Zurechnung zu einzelnen Verantwortlichen sollte ja Aufgabe eines alliierten Gerichtshofs bzw. nationaler Gerichte sein. Diese immanente Einschränkung hielt die Kommission jedoch keineswegs ab, ein moralisch vernichtendes Urteil über die Kriegführung der Mittelmächte und ihrer Verbündeten zu fällen.

Die Klassifizierung von verschiedenen Kriegsrechtsverletzungen kam auch der französischen Intention entgegen, nicht die vielen Einzeltäter zu verfolgen, die geschützt durch Uniform und Kriegssituation eigenmächtig und eigennützig Verbrechen begangen hatten, sondern die planmäßig völkerrechtswidrige Kriegführung seitens Deutschlands zu beweisen. Getroffen werden sollte die deutsche politische und militärische Führung: der Kaiser, der Generalstab und die obersten Heeresbehörden. Es galt, aus diesem Kreis Personen ausfindig zu machen, die vor aller Welt als Verächter des Völkerrechts, ja als Unmenschen hingestellt werden konnten[121].

Welche Handlungen hat die Kommission als Kriegsverbrechen im eigentlichen Sinn, d. h. als Verletzung von anerkannten Kriegsgesetzen und -gebräuchen, gewertet, welche Kriegshandlungen hielt sie für strafbar? Da eine praktischen Erfordernissen genügende Definition des Kriegsverbrechens noch nicht zur Verfügung stand – erst der Versailler Vertrag gab der Rechtswissenschaft den Anstoß, sich mit dem bis heute noch nicht eindeutig gelösten Problem zu beschäftigen[122] – wurde auf der Basis der von den Delegationen vorgelegten Materialien ein Katalog von Handlungen aufgestellt, die man als Kriegsverbrechen ansah bzw. ansehen zu müssen glaubte. Wahrscheinlich orientierte man sich an der Aufstellung von Oppenheim, der sich als erster systematisch mit den Rechtsfragen, die Kriegsverbrechen aufwerfen, auseinandergesetzt hat. Während Oppenheims Katalog der häufigsten Verstöße gegen die Gesetze und Gebräuche des Krieges nur von Kombattanten begangene Handlungen umfaßt[123], nahm die Kommission auch militärisch-politische Handlungen in ihre Aufzählung auf, die ihrem Charakter nach in den Verantwortungsbereich der jeweiligen Heeres- und Staatsführung fallen. Die Aufstellung der Liste der Kriegsverbrechen erfolgte in einem vom ersten Unterausschuß eingesetzten Redaktionskomitee, über dessen Arbeiten keine Dokumente veröffentlicht worden sind. Unklar bleibt, inwieweit sich die Amerikaner mit der Liste identifizierten. Sie schlossen ihrem Sondervotum ein Memorandum an, in dem sie Grundsätze vorschlugen, die als Maßstab für die Beurteilung einer Kriegshandlung als rechtlich erlaubt oder unerlaubt gelten sollten. Ob ein Kriegsverbrechen vorliege, sollte nach folgenden Kriterien geprüft werden (Zusammenfassung):

„there should be considered the wantonness or malice of the perpetrator, the need-

---

[120] Protokoll der Sitzung des 1. Unterausschusses am 17. 2. 1919, Documentation. La Paix de Versailles III, S. 235–241. Vgl. die von verschiedenen Delegationen an die Kommission gerichteten Memoranden und die Liste der zugänglich gemachten Veröffentlichungen, ebd., S. 31–232.

[121] Protokoll der Sitzung des 1. Unterausschusses am 19. 2. 1919, ebd., S. 242–249 (248 f.).

[122] Vgl. Zander, S. 6–13, für die vielfältigen von der Wissenschaft erarbeiteten Definitionen.

[123] Oppenheim II, S. 265 f.

lessness of the act from a military point of view, the perpetration of a justifiable act in a needlessly harsh or cruel manner, and the improper motive which inspired it[124]."

Die im Kommissionsbericht enthaltene Enumeration von Kriegsverbrechen war wegweisend für die Arbeiten der 1943 gegründeten United Nations War Crimes Commission sowie für die Gesetzgebung und Rechtsprechung in verschiedenen Staaten[125]. Wegen ihrer offensichtlichen Bedeutung soll sie hier folgen[126]:

1. Mord und Massaker; systematischer Terror,
2. Tötung von Geiseln,
3. Quälerei der Zivilbevölkerung,
4. vorsätzliches Aushungern der Zivilbevölkerung,
5. Notzucht,
6. Verschleppung von Mädchen und Frauen, um sie zur Prostitution zu zwingen,
7. Deportation von Zivilpersonen,
8. Internierung von Zivilpersonen unter unmenschlichen Bedingungen,
9. Zwangsarbeit von Zivilpersonen im Zusammenhang mit militärischen Operationen des Feindes,
10. Usurpation von Hoheitsrechten während militärischer Besetzung,
11. Zwangsrekrutierung von Soldaten unter der Bevölkerung von besetzten Gebieten,
12. Versuche, die Bevölkerung besetzter Gebiete zu entnationalisieren,
13. Plünderung,
14. Enteignung von Eigentum,
15. Auferlegung von unrechtmäßigen oder übermäßigen Kontributionen,
16. Zerrüttung der Währung und Ausgabe von Falschgeld,
17. Auferlegung von Kollektivstrafen,
18. grundlose Verwüstung und Zerstörung von Eigentum,
19. vorsätzliche Bombardierung unverteidigter Plätze,
20. grundlose Zerstörung historischer, dem Gottesdienst, der Wohltätigkeit und Erziehung dienender Gebäude und Denkmäler,
21. Zerstörung von Handels- und Passagierschiffen ohne Warnung und ohne Maßnahmen für die Sicherheit der Besatzung und Passagiere zu treffen,
22. Zerstörung von Fischerbooten und Schiffen der Wohltätigkeitsorganisationen,
23. vorsätzliche Bombardierung von Lazaretten,
24. Angriff auf und Zerstörung von Lazarettschiffen,
25. Verletzung anderer Bestimmungen das Rote-Kreuz[-Abkommen] betreffend,
26. Verwendung giftiger oder erstickender Gase,
27. Verwendung explodierender oder sich ausdehnender [Infanterie-]Geschosse und anderer inhumaner Waffen,
28. Befehl, keinen Pardon zu geben,
29. Mißhandlung von Verwundeten und Kriegsgefangenen,
30. Beschäftigung von Kriegsgefangenen zu nicht erlaubten Arbeiten,

---

[124] Memorandum on the Principles which should Determine Inhuman and Improper Acts of War, (in:) U.S. Memorandum of Reservations, S. 150f. (151). (Documentation. La Paix de Versailles III, S. 551f.).

[125] History of the UN War Crimes Commission, S. 170f.; Zander, S. 5f.

[126] Frz. Fassung: Documentation. La Paix de Versailles III, S. 473f.; engl. Fassung AJIL 14 (1920), S. 114f. Dt. Übersetzungen: Puttkamer, S. 444f.; Zander, S. 4f.

31. Mißbrauch der Parlamentärflagge,
32. Vergiftung von Brunnen.

Alle in der Liste aufgeführten Kriegsverbrechen wurden mit einigen Vorfällen, die aus den von den Delegationen eingereichten, notwendigerweise einseitigen Materialien ausgewählt worden waren, exemplarisch belegt[127]. Die Kommission hielt die Tatsachen für erwiesen. Sie kam zu der Schlußfolgerung, daß der Krieg von den Mittelmächten und ihren Verbündeten „mit barbarischen oder illegitimen Methoden“ in Verletzung der anerkannten Gesetze und Gebräuche des Krieges und der elementaren Prinzipien der Humanität geführt worden sei[128]. Diesem Urteil schlossen sich die amerikanischen Kommissionsmitglieder im wesentlichen an, widersprachen aber der Bezugnahme auf die Prinzipien der Humanität[129].

Schon in den Plenarberatungen der Kommission hatten Lansing und Scott die Bezugnahme auf die Gesetze der Humanität abgelehnt. Die französischen und britischen Vertreter verteidigten ihre Position mit dem Hinweis, daß die Gesetze und Gebräuche des Krieges die Grundsätze der Menschlichkeit enthielten. Ihre Erwähnung bedeute nicht die Schaffung eines neuen Deliktstatbestandes[130]. Obwohl die Martens'sche Klausel[131] den Standpunkt der Europäer zu unterstützen schien, sahen sich die amerikanischen Vertreter nicht in der Lage nachzugeben. Die Kommissionsarbeiten, so argumentierten Lansing und Scott, dienten der Prüfung und Vorbereitung rechtlicher Sanktionen gegen die Verantwortlichen für Kriegsrechtsverletzungen. Strafrechtliche Maßnahmen würden eine feste Rechtsgrundlage erfordern. Eine solche bildeten die Gesetze und Gebräuche des Krieges, wie sie in der Staatenpraxis und in den Werken angesehener Völkerrechtslehrer zum Ausdruck kämen, nicht dagegen die Gesetze oder Prinzipien der Menschlichkeit. Diese seien unsicher, sie seien abhängig von der Zeit, dem Ort und den Umständen, auch seien sie verschieden im Bewußtsein jedes einzelnen Richters. Da es keinen festen und allgemeinen Standard der Humanität gebe, gehöre die Ahndung von Verletzungen der Gesetze oder Prinzipien der Menschlichkeit nicht vor ein juristisches Tribunal, sondern sei anderen Foren vorbehalten[132].

Dem 3. Unterausschuß fiel die Behandlung der Fragen zu, ob die als erwiesen angesehenen Verletzungen der Kriegsgesetze und -gebräuche verfolgt und – im Falle der Bejahung – vor welche Gerichtsbarkeit die Verantwortlichen gezogen werden könnten. Die Aufgabe bedingte die Erörterung aller mit der Bestrafung von Kriegsverbrechern verbundenen Rechtsprobleme. Der von Lansing unternommene Versuch, die Untersuchungen auf die einschlägigen Regelungen des positiven Völkerrechts zu beschränken, schlug fehl. Besonders die britischen und französischen Ausschußmitglieder hielten diese Regelung für unzureichend und sprachen sich für einschneidende Neuerungen aus, darunter als wichtigste die Schaffung einer internationalen Strafgerichtsbarkeit. Dagegen leisteten die amerikanischen Delegierten in den Ausschuß- und Vollsitzungen anhaltenden Widerstand, konn-

[127] Anhang I zum Kommissionsbericht, Documentation. La Paix de Versailles III, S. 485–532.
[128] Ebd., S. 474.
[129] U.S. Memorandum of Reservations, S. 134 (Documentation. La Paix de Versailles III, S. 538).
[130] Protokoll der Vollsitzung der Kommission am 24. 3. 1919, Documentation. La Paix de Versailles III, S. 413–422 (421 f.).
[131] Siehe oben, S. 28 u. 37.
[132] U.S. Memorandum of Reservations, S. 133 f. u. S. 144 f. (Documentation. La Paix de Versailles III, S. 538 f. u. 546).

ten sich aber nicht durchsetzen[133]. Die Unvereinbarkeit der gegensätzlichen Positionen fand schließlich ihren Ausdruck in den amerikanischen Vorbehalten zum Kommissionsbericht.

Die grundlegenden Fragen, die die Verfolgung von feindlichen Kriegsverbrechen aufwerfen, betreffend die Strafgewalt, die Gerichtsbarkeit und das zur Anwendung gelangende Recht, beantwortet der Kommissionsbericht mit folgender, von allen Delegationen getragener Feststellung:

> „Tout belligérant a, selon les principes du droit international, le pouvoir et l'autorité suffisants pour juger les individus présumés coupables des crimes [. . .], relatif aux violations des lois et coutumes de la guerre, si ces individus ont été faits prisonniers ou sont autrement tombés en son pouvoir. Tout pays belligérant possède, ou si non il a la faculté d'instituer, d'après sa propre législation, un tribunal, civil ou militaire, approprié pour juger les cas de ce genre.
>
> Ces tribunaux sont à même de juger les inculpés suivant leur procédure propre[134]."

Die Aussage steht zweifellos im Einklang mit den einschlägigen Regelungen des kriegsvölkerrechtlichen Gewohnheitsrechts. Diese Basis verlassend, empfahl die Kommission in ihrem Bericht darüber hinaus die Bildung eines interalliierten Haut-Tribunal, vor dem Anklage in Fällen, die sich von gewöhnlichen Verletzungen der Kriegsgesetze und -gebräuche unterschieden, erhoben werden sollte, nämlich:

a. gegen Personen, die Kriegsverbrechen gegen Angehörige mehrerer alliierter Staaten begangen hatten, z. B. Kommandanten von Kriegsgefangenenlagern,
b. gegen Personen in hohen Stellungen, deren Befehlsgewalt sich auf verschiedene Kriegsschauplätze erstreckte,
c. gegen Personen in hohen zivilen oder militärischen Stellungen, ohne Ansehen des Ranges, einschließlich der Staatsoberhäupter, die Kriegshandlungen in Verletzung der Gesetze und Gebräuche des Krieges befohlen oder die – bei einschlägiger Kenntnis und im Besitz der Macht einzugreifen – davon Abstand genommen hatten, diese zu verhindern oder Maßnahmen zu ihrer Verhinderung oder Beendigung zu ergreifen;
d. gegen Personen, in deren Fällen eine Verhandlung vor dem Haut-Tribunal auf Grund der Art der Kriegsrechtsverletzung zweckmäßig erschien[135].

Das Haut-Tribunal sollte mit Richtern der höchsten Zivil- und Militärgerichtshöfe der alliierten und assoziierten Staaten besetzt werden. Die fünf Hauptmächte sollten je drei Mitglieder, Belgien, Griechenland, Polen, Portugal, Rumänien, Serbien und die Tschechoslowakei je ein Mitglied entsenden. Im Gegensatz zu den nationalen Gerichten sollte das Haut-Tribunal nach Völkerrecht urteilen, und zwar gemäß der Martens'schen Formel nach den „principes du droit des gens, tel qu'il résulte des usages établis entre nations

---

[133] Protokolle der Sitzungen des 3. Unterausschusses am 18., 21. und 25. 2. 1919, Documentation. La Paix de Versailles III, S. 295–324, besonders aber der Sitzungen vom 4. u. 8. 3. 1919, Conférence de la Paix. Recueil des actes, P. IV, B (2), S. 350–369 (nicht abgedruckt in Documentation. La Paix de Versailles III). Bericht des 3. Unterausschusses, ebd., S. 74–81 (im Anhang die die amerikanische Position aufzeigenden Memoranden vom 26. u. 27. 3. 1919).

[134] Documentation. La Paix de Versailles III, S. 479. Ausführlicher zur Strafkompetenz des geschädigten Staates U.S. Memorandum of Reservations, S. 141 (Documentation. La Paix de Versailles III, S. 543 f.).

[135] Documentation. La Paix de Versailles III, S. 479 f.

civilisées, des lois de l'humanité et des exigences de la conscience publique". Etwaige zu verhängende Strafen sollten dem Strafrecht eines auf der Richterbank vertretenen Staates oder des Heimatstaates des Angeklagten entnommen werden[136].

Hinter der Konzeption der Schaffung eines Haut-Tribunal stand ganz offensichtlich die britische und französische Intention, die Staats-, Heeres- und Marineführung des Deutschen Reiches auf die Anklagebank zu bringen[137]. War es in den Kommissionsverhandlungen nicht gelungen, die eigene Ansicht von einer völkerstrafrechtlichen Verantwortlichkeit des Kaisers und seiner maßgeblichen Berater wegen Entfesselung des Krieges und wegen Bruchs der belgischen und luxemburgischen Neutralität durchzusetzen, so schien diese bezüglich der Verletzung der Kriegsgesetze und -gebräuche auf der Hand zu liegen. Waren der uneingeschränkte U-Bootkrieg, die Deportation von belgischen Zivilarbeitern nach Deutschland und die vom deutschen Heer während der Rückzüge durchgeführten Zerstörungen nicht Verletzungen des Kriegsrechts im größten Ausmaß? Es mußte kein Hindernis für ihre Verfolgung sein, daß sie – zumindest zum Teil – staatliche Hoheitsakte waren; denn das gemäß seiner Entstehung und Besetzung alliierte Tribunal würde vor aller Welt den Eindruck erwecken, ein internationaler, ein Weltgerichtshof zu sein, vor dem sich die deutsche zivile und militärische Führung zu verantworten hatte.

Doch die amerikanischen Vertreter in der Kommission widersetzten sich entschieden einer solchen Auslegung bzw. „Weiterentwicklung“ des Völkerrechts[138]. Sie waren von der Völkerrechtswidrigkeit gewisser Operationen der deutschen Streitkräfte nicht weniger überzeugt als ihre Kollegen und sprachen sich daher für die moralische Verurteilung der Verantwortlichen aus, verneinten aber das Bestehen einer Rechtsgrundlage für deren gerichtliche Verurteilung durch ein Haut-Tribunal. Der Vereinigung zweier oder mehrerer nationaler Gerichte zu einem alliierten, der Anwendung „inter-nationalen“ – aus der Souveränität der zu Gericht sitzenden Staaten abgeleiteten – Rechts glaubten sie, guten Gewissens zustimmen zu können. Aber für einen internationalen Gerichtshof mit strafgerichtlichen Kompetenzen gebe es keinen Präzedenzfall. Im Gegenteil sei in den Vereinigten Staaten Voraussetzung jeder Strafgerichtsbarkeit die gesetzliche Festlegung einer Handlung als Straftatbestand, die gesetzliche Bestimmung der Strafe und der Gerichtsbarkeit. Was für die amerikanischen Staaten zutreffe, müsse für die losere Verbindung der Völkergemeinschaft ebenso zutreffen. Es gebe kein internationales Gesetz und keinen internationalen Vertrag, der die Verletzung der Gesetze und Gebräuche des Krieges – schon gar nicht die der Gesetze oder Prinzipien der Menschlichkeit – zu einem internationalen Verbrechen mache, eine Strafe und eine Gerichtsbarkeit bestimme[139].

Die entschiedene Ablehnung von Rechtskonstruktionen ex post facto durch die Amerikaner darf nicht als Rechtsformalismus gewertet werden. Vielmehr spricht aus ihr die tiefe Achtung vor elementaren Rechtsgrundsätzen[140]. Doch die britischen Vertreter verstanden

[136] Ebd., S. 480f.

[137] U.S. Memorandum of Reservations, S. 148. Vgl.: Protokoll der Sitzung des 2. Unterausschusses am 17. 2. 1919, Documentation. La Paix de Versailles III, S. 263–277 (272f.), und Protokoll der Vollsitzung der Kommission am 12. 3. 1919, ebd., S. 327–338 (334–337).

[138] In den Vollsitzungen der Kommission vom 12.–17. 3. 1919 fand fast ausschließlich eine Auseinandersetzung mit den amerikanischen Einwänden statt, die sich gegen die Bildung eines Haut-Tribunal und dessen vorgesehene Jurisdiktion richteten. Documentation. La Paix de Versailles III, S. 327–383.

[139] U.S. Memorandum of Reservations, S. 145–147 (Documentation. La Paix de Versailles III, S. 547f.).

[140] Ebenso Dickmann, Kriegsschuldfrage, S. 34f.

– wie sich in der Diskussion zeigte – auf Grund ihrer Rechtstradition die amerikanischen Einwände nicht ganz. Sir Ernest Pollock versuchte, sie mit der Entgegnung zu entkräften, er habe selbst erlebt, wie ein englisches Gericht einen Angeklagten wegen einer Handlung, die nicht gesetzlich unter Strafe gestellt war, allein unter Berufung auf Common Law verurteilt habe[141].

Der Kommissionsempfehlung, vor dem Haut-Tribunal Personen der zivilen und militärischen Führungsspitze der feindlichen Staaten wegen Befehlens bzw. Nichtverhinderns von Kriegsrechtsverletzungen anzuklagen, war eine Untersuchung über die strafrechtliche Verantwortlichkeit dieses Personenkreises vorausgegangen. Die Kommission war dabei zu dem Schluß gelangt, daß ohne Rücksicht auf Rang und Stellung alle Personen, die sich der Verstöße gegen die Kriegsgesetze und -gebräuche schuldig gemacht hatten, der strafrechtlichen Verfolgung unterlägen. Der zugunsten der Staatsoberhäupter vorgebrachte Einwand, daß sie Immunität genössen, sei aus internationaler Sicht nicht schlüssig. Eine mögliche Verletzung der Souveränität des betroffenen Staates würde zudem dadurch vermieden, daß dessen Zustimmung zur gerichtlichen Verfolgung seines ehemaligen Monarchen im Friedensvertrag enthalten sein werde. Die Sühnung der schweren Verletzungen des Kriegsrechts sei allein durch eine Bestrafung der rangniedrigen Missetäter nicht zu erreichen. Die zivilisierte Menschheit erwarte eine Bestrafung der Führungskräfte, insbesondere aber des Kaisers[142].

Die amerikanischen Kommissionsmitglieder widersprachen nachdrücklich dem Gedanken der Bestrafung von Staatsoberhäuptern. Sie fanden hierin Unterstützung bei ihren japanischen Kollegen. Lansing und Scott führten aus, daß Staatsoberhäupter für begangene Rechtsbrüche einschließlich der Verletzung des Kriegsrechts unzweifelhaft Verantwortung trügen. Sie seien aber als Vertreter ihres Volkes, dem eigentlichen Träger der Souveränität, nur diesem Rechenschaft schuldig. Gegenüber anderen Völkern und Staaten seien sie nur moralisch, nicht aber rechtlich verantwortlich. Der Völkerrechtsgrundsatz der Souveränität jedes Staates schließe letzteres aus. Es fehle somit an einer Rechtsgrundlage, sie wegen Verletzung der Kriegsgesetze und -gebräuche vor Gericht zu ziehen. Nicht mehr im Amt befindliche Staatsoberhäupter dürften hinsichtlich ihrer in Ausübung ihres Amtes begangenen Handlungen nicht verfolgt werden[143]. Die Amerikaner betonten, daß ihre Einwendungen rein juristischer Natur seien. Diese würden sich nicht beziehen auf politische Sanktionen für politische Handlungen wie die Verletzung der belgischen und luxemburgischen Neutralität. Über politische Sanktionen zu entscheiden, falle nicht in die Kompetenz von Richtern, sondern in die von Staatsmännern[144].

Der Kommissionsbericht geht auch auf zwei mit der Verfolgung von Kriegsverbrechen verknüpfte Spezialprobleme ein, nämlich auf die Stellung des Unterlassungsdelikts im Kriegsrecht und auf die rechtliche Relevanz des Handelns auf Befehl. Der Bericht spricht sich für eine Verfolgung der zur zivilen und militärischen Führung gehörenden Personen aus, die keine Schritte unternommen haben, Kriegsrechtsverletzungen zu verhindern oder Einhalt zu gebieten, obwohl sie von diesen Kenntnis hatten und ein Eingreifen in ihrer

---

141 Protokoll der Vollsitzung der Kommission am 17. 3. 1919, Documentation. La Paix de Versailles III, S. 369–387 (372 f.).

142 Ebd., S. 475 f.

143 U.S. Memorandum of Reservations, S. 135 f., S. 144 u. S. 147 (Documentation. La Paix de Versailles III, S. 539 f., S. 546 u. S. 548 f.).

144 Ebd., S. 136 (Documentation. La Paix de Versailles III, S. 540).

Macht stand[145]. Die Amerikaner erklärten, daß die zur Definition des Unterlassungsdelikts herangezogenen Merkmale nicht ausreichten. Entscheidend für die strafrechtliche Verantwortlichkeit dieser Personen sei, ob sie kraft ihres Amtes zu einem Eingreifen verpflichtet gewesen seien[146]. Zur Frage des Handelns auf Befehl führt der Kommissionsbericht aus, daß eine mögliche Verurteilung von vorgesetzten Stellen die untergebenen nicht von ihrer Verantwortung befreie, die sie für dieselben Kriegsrechtsverstöße trügen. Es obliege dem Gericht zu entscheiden, ob die Berufung auf einen höheren Befehl genüge, um jegliche Verantwortlichkeit zu verneinen[147].

Der Kommissionsbericht war am 29. März, das amerikanische Sondervotum am 4. April 1919 fertiggestellt. Die Beratungen hatten mithin zwei Monate in Anspruch genommen. Trotz des Zeitaufwands war man in wesentlichen Punkten, insbesondere in der Frage einer gerichtlichen Verfolgung Kaiser Wilhelms II. sowie der deutschen politischen und militärischen Führung, zu keiner Einigung gelangt. Mit dem Ergebnis wird kaum jemand zufrieden gewesen sein, vielleicht mit Ausnahme des U.S. Secretary of State, der mit Zustimmung Wilsons[148] beharrlich die amerikanische Position verteidigt hatte.

Lansing hat es als vornehmste Aufgabe der Pariser Konferenz angesehen, der Welt einen dauerhaften Frieden zu geben. Der Ruf nach Sanktionen für die Schuld am Kriege und die Schuld im Kriege, der Ruf nach Gerechtigkeit sollte hinter dieser Aufgabe zurückstehen[149]. Auf der Konferenz kamen Lansings politische Vorstellungen nicht zum Zuge. Er sah keine Möglichkeit, für ein „friedewirkendes Vergessen" zu arbeiten. Seine Haltung in der Kommission war der Versuch, seinen Intentionen treu zu bleiben. Wenn die Verbündeten der Gerechtigkeit den Vorzug vor der Oblivion gaben, dann mußte der Frieden auf den Prinzipien des Rechts beruhen, um langfristig versöhnend zu wirken. Die Rechtsanschauungen der Sieger waren zur Erreichung dieses Ziels untauglich, vielmehr mußte auf das bestehende, von der Völkergemeinschaft in ihrer Gesamtheit anerkannte Recht zurückgegriffen werden. Der „Kampf ums Recht", den die amerikanische Delegation so hartnäckig führte, erklärt sich nicht nur aus ihrer tiefen Achtung vor dem Recht, sondern auch aus ihrem politischen Wollen.

Lansing hat sich in einer im September 1919 gehaltenen Rede selbst zu den Motiven geäußert: Es sei der amerikanischen Delegation schwer gefallen, ihre Gefühle der Verachtung und der Rache zu zügeln und sich leidenschaftslos für Recht und Gerechtigkeit einzusetzen. Doch einer der Gründe für den Kriegseintritt der Vereinigten Staaten sei gewesen, die Rechtlosigkeit zu beseitigen. Die Achtung vor dem Recht sei eine wesentliche Bedingung für das Glück und die Wohlfahrt der Gesellschaft; die Aufrechterhaltung des Rechts, so unangenehm sie auch sein möge, sei fordernde Pflicht. Sein Kampf ums Recht in der Kommission sei Teil eines größeren Kampfes gegen den im Bolschewismus enthaltenen Geist des Internationalismus gewesen. Die Nationalstaaten seien die Basis der Weltordnung und müßten diese – freilich in der Staatsform der Demokratie – bleiben. Daher hätten die Rechte des Nationalstaates der Verteidigung bedurft[150].

---

145 Documentation. La Paix de Versailles III, S. 480.
146 U.S. Memorandum of Reservations, S. 143 f. (Documentation. La Paix de Versailles III, S. 545).
147 Documentation. La Paix de Versailles III, S. 476.
148 Siehe oben, Anm. 113.
149 Siehe oben, S. 85.
150 Lansing, Robert, Some Legal Questions of the Peace Conference [Vortrag gehalten am 5. 9. 1919 vor der American Bar Association in Boston, Mass.], abgedruckt in: AJIL 13 (1919), S. 631–650 (648 f.).

Die europäischen Kommissionsmitglieder hatten die Motive, die die Haltung ihrer amerikanischen Kollegen bestimmten, nicht erkannt. Sie sahen nur deren wenig kooperative Einstellung, die manchmal an Obstruktion grenzte. Sie verdächtigten die Amerikaner, sich kein zutreffendes Bild von den deutschen Greueltaten gemacht zu haben. Sie reagierten auch mit persönlichen Animositäten. Die Beziehungen zwischen den Kommissionsmitgliedern waren gespannt[151]. Als im Laufe des Aprils 1919 ziemlich ausführliche Zusammenfassungen des Berichts der Kommission und des amerikanischen Memorandums in der Presse erschienen, griffen Londoner und Pariser Zeitungen das letztere gereizt an. Der Tenor der Angriffe war, daß den Amerikanern das Verständnis für die durch die Schrecken des Krieges hervorgerufene Einstellung in den europäischen Ländern fehle[152].

3. Die Beratungen und Entscheidungen der „Großen Vier"

Der Bericht der „Commission des responsabilités des auteurs de la guerre et sanctions" war an den Auftraggeber, die „Conférence des préliminaires de Paix", gerichtet. Doch das Organ, bei dem die eigentliche Entscheidung über alle auf der Friedenskonferenz behandelten Fragen lag, war der „Rat der Vier". Dieses Gremium, dem die Regierungschefs Frankreichs, Großbritanniens, Italiens und der Vereinigten Staaten angehörten, war auf Initiative Präsident Wilsons Ende März 1919 gebildet worden, um durch Beratungen und Entscheidungen im kleinsten Kreis den Fortgang der Konferenz zu beschleunigen.

Im Mittelpunkt der Verhandlungen in der „Commission des responsabilités" hatte die Diskussion der aufgeworfenen Rechtsfragen durch qualifizierte Juristen gestanden. Dagegen spielten Erwägungen politischer Art im „Rat der Vier" die Hauptrolle. Den verantwortlichen Staatsmännern fiel nicht nur zu, die zwischen den Delegationen aufgetretenen Differenzen zu überbrücken, sondern sie mußten eine Lösung finden, die die in der Öffentlichkeit ihrer Länder geweckten Erwartungen befriedigte und zugleich dem Feind zugemutet werden konnte.

Lloyd George trat in den Beratungen der „Großen Vier" über Kriegsschuld und Kriegsverbrechen als der Treibende auf. Schon in seinem Memorandum vom 25. März 1919, das gleichermaßen der Darlegung des britischen Standpunktes zur Friedensregelung wie auch der Überwindung des eingetretenen Stillstands der Konferenz diente, hatte er diesen Punkten eine hohe Priorität eingeräumt. Zwar schlug er seinen Kollegen vor, wie unparteiische, die Leidenschaften des Krieges vergessende Schiedsrichter vorzugehen, doch nannte er als erstes der drei wesentlichen Ziele eines abzuschließenden Präliminarfriedens, daß den Alliierten Gerechtigkeit widerfahren müsse unter Anrechnung der Verantwortung Deutschlands für den Ausbruch des Krieges und für die Art der Kriegführung. Der Friede müsse so beschaffen sein, daß eine verantwortungsbewußte deutsche Regierung ihn in der Überzeugung unterzeichnen könne, die übernommenen Verpflichtungen auch ausführen zu können. Weiterhin dürfe er keinen Grund für einen neuen Krieg abgeben. In dem skizzierten Entwurf der Friedensbedingungen wird ausdrücklich die Auslieferung und Bestrafung des Kaisers und aller Personen, die für den Ausbruch des Krieges und

[151] Auskunft von James Brown Scott an das Auditorium seines am 21. 1. 1921 in Philadelphia gehaltenen Vortrags „The Trial of the Kaiser". What Really Happened at Paris, S. 479f.

[152] Read, S. 269.

die unmenschlichen Verletzungen des Kriegsrechts verantwortlich waren, verlangt[153]. Das offensichtliche Spannungsverhältnis zwischen der Forderung nach Gerechtigkeit und dem friedewirkenden Wollen wurde nicht erkannt.

In Großbritannien setzte Anfang April 1919 eine von der Northcliffe-Presse entfachte und genährte öffentliche Diskussion ein, in der der Regierung vorgeworfen wurde, den britischen Anspruch auf volle Kriegsentschädigung auf der Konferenz nicht zu vertreten und damit Wahlversprechen zu brechen. Es kam zu einer parlamentarischen Revolte; 233 Abgeordnete der Koalition sandten ein Protesttelegramm nach Paris[154]. Lloyd George sah sich gezwungen, die Arbeiten am Konferenzort zu unterbrechen und nach London zu eilen. In seiner am 16. April 1919 vor dem Unterhaus abgegebenen Regierungserklärung versprach er einen harten, aber gerechten Frieden. Die Härte sei erforderlich durch das Verbrechen der Kriegsverursachung. Die Schuldigen am Ausbruch des Krieges und die Verantwortlichen für die Kriegsgreuel würden bestraft werden. Es sei Ziel der britischen Friedenspolitik, gerechte Bedingungen zu schaffen, die nationalen Stolz nicht unnötig verletzten und keinen Anlaß zur Revanche gäben[155].

Die in der Öffentlichkeit seines Landes zu Tage getretene Erregung mußte für den Premierminister eine Mahnung sein, dem Wählerwunsch Geltung zu verschaffen. Zu diesem gehörte neben der Forderung nach voller Kriegsentschädigung die nach Bestrafung des Kaisers und der Verantwortlichen für Kriegsrechtsverletzungen. Lloyd George, der angesichts der begrenzten deutschen Zahlungsfähigkeit die Unerfüllbarkeit der ersten Forderung klar erkannt hatte, nahm sich der zweiten um so bereitwilliger an, als er auch persönlich von der deutschen Schuld am Kriege und im Kriege und der Notwendigkeit von Konsequenzen überzeugt war.

Der Druck der öffentlichen Meinung in Großbritannien erklärt, daß der Premierminister schon am 1. April 1919, also noch vor der Vorlage des amerikanischen Votums, die Behandlung des Kommissionsberichts im „Rat der Vier“ forderte[156]. Wilson verhehlte seine Abneigung nicht und scheint versucht zu haben, der Beratung auszuweichen, gewann aber nur einen Tag Aufschub. Zuvorderst drehte sich diese um die Verantwortlichkeit für den Ausbruch des Krieges. Lloyd George bedauerte, daß sich die Kommission gegen eine Verfolgung der Kriegsurheber ausgesprochen habe. Aber wenigstens sei die Verantwortlichkeit für die Verletzung der Neutralitätsverträge und des Kriegsrechts erwiesen und deren Strafbarkeit bejaht. Wilson trug seine Bedenken vor: Das Beispiel Karls I. von England und Napoleons I. mahne, daß eine Verfolgung Wilhelms II. dessen unerwünschte Heroisierung bedeuten könne. Vielleicht sei auch der Zeitpunkt zu einem solchen Vorgehen noch verfrüht, denn es könne Schwierigkeiten bereiten, die genaue Verantwortlichkeit des Kaisers festzustellen. Diesen Vernunftgründen fügte Wilson Gründe rechtlicher, ja rechtspolitischer Natur hinzu, die auch in dem deutscherseits geführten Kampf um die

---

153 Some Considerations for the Peace Conference before they finally draft their Terms [Fontainebleau-Memorandum vom 25. 3. 1919], Cmd. 1614, London 1922, abgedruckt in: Archiv der Friedensverträge, hrsg. von H. Dorn u. a., Bd 1, Mannheim-Berlin-Leipzig 1923, S. 68–74 (71 u. 75). Auszugsweiser Abdruck in: Lloyd George, Peace Treaties I, S. 404–416 (408 f.). Vgl. hierzu und zum Folgenden die Darstellung bei Dickmann, Kriegsschuldfrage, S. 37–43.

154 Lloyd George, Peace Treaties I, S. 558–564. Vgl. Archiv der Friedensverträge I, S. 90–94.

155 The Parliamentary Debates, H. C., 5th series, Bd 114, Sp. 2936–2956 (2950). Auszugsweise abgedruckt in: Lloyd George, Peace Treaties I, S. 565–576 (574).

156 Aufzeichnung über die Sitzung des Viererrats am 1. 4. 1919, 16 Uhr, Mantoux I, DokNr. 14 (hier: S. 114).

Strafbestimmungen eine wesentliche Rolle spielen sollten. Er bezweifelte das Recht der Sieger, ein Tribunal mit ihren eigenen Staatsangehörigen auf der Richterbank einzusetzen; denn damit würden die Parteien, d. h. also die Kläger, gleichzeitig zum Richter gemacht. Es würde ein gefährliches Präzedens geschaffen, wenn der Sieger über den Besiegten zu Gericht sitze. Zudem sei bisher die Verantwortlichkeit für völkerrechtliche Delikte eine kollektive gewesen, und es sei ungerecht, im nachhinein daraus eine individuelle zu machen. Die kollektive Seite der Haftung unterstrich Wilson mit der Bemerkung, er wolle Deutschland – und damit meinte er ebenso das kaiserliche wie das republikanische[157] – dem Abscheu der Geschichte überantworten. Er wolle künftigen Historikern keinerlei Sympathien für Deutschland lassen, indem sie möglicherweise den Siegern eine Überschreitung ihrer legitimen Rechte vorwerfen könnten. Es gelte weiterhin zu vermeiden, daß die Geschichte ihnen einmal vorhalte, gerichtet zu haben, bevor das juristische Prinzip Anerkennung gefunden habe.

Lloyd George hielt dagegen, daß die Geschichte sie auch wegen ihrer Schwäche verurteilen könne. Den Siegern stehe durchaus das Recht zu, die Schuldigen, die in ihre Hände fielen, zu bestrafen. Wenn man wünsche, daß der Völkerbund kein Stück Papier bleibe, müßten Verletzungen des Völkerrechts geahndet werden. Die Welt würde die „Großen Vier" nicht verstehen, wenn sie jetzt nur ein Prinzip verkündeten, ohne zu handeln. Clemenceau, der sich auffallend zurückhielt, aber seinem britischen Kollegen immer dann beisprang, wenn er Unterstützung nötig zu haben schien, ergänzte, daß das erste Gerichtsverfahren summarisch und brutal sein müsse; es werde trotzdem der Anfang einer großen Sache sein[158].

In diesem „Vorgefecht" – wie Dickmann die Beratung zutreffend bezeichnet[159] – erwies sich Wilson als standhafter Vertreter der amerikanischen Vorbehalte. Er versicherte seinen Verhandlungspartnern, daß er wie sie über die vorgefallenen Verbrechen denke, aber nach einer Lösung suche, die vor ihren Gewissen bestehen könne[160]. In der Folgezeit sollte er Zugeständnis um Zugeständnis machen.

Von vorentscheidender Bedeutung waren die Beratungen der „Großen Vier" am 8. April 1919[161]. Lloyd George eröffnete sie unter Darlegung des britischen Standpunkts, wie er durch das Gutachten der Law Officers of the Crown und das Auftreten der britischen Mitglieder in der „Commission des responsabilités" vorgezeichnet war: Keine Verfolgung der Verantwortlichen für den Ausbruch des Krieges, wohl aber der Verantwortlichen für die Verletzung der Neutralitätsverträge und der Kriegsgesetze und -gebräuche. Der Kaiser sei als Verantwortlicher für den Bruch der belgischen Neutralität der Hauptschuldige. Man könne ihn wie Napoleon behandeln oder vor ein Gericht stellen. Es komme darauf an, ihn politisch unschädlich zu machen. Clemenceau warf ein, daß eine förmliche ge-

[157] Siehe Schwabe, Deutsche Revolution und Wilson-Frieden, S. 439f.

[158] Aufzeichnung über die Sitzung des Viererrats am 2.4.1919, 16 Uhr, Mantoux I, DokNr. 16.

[159] Kriegsschuldfrage, S. 38.

[160] Mantoux I, DokNr. 16 (hier: S. 124).

[161] Aufzeichnung über die Sitzung des Viererrats am 8.4.1919, 15 Uhr, ebd., DokNr. 25 (hier: S. 184–192). Dies war die erste Sitzung, an der Präsident Wilson nach seiner Erkrankung am 3.4.1919 wieder teilnahm. In der Zwischenzeit waren die Beratungen über die Sanktionen gegen Kriegsurheber und Kriegsverbrecher ausgesetzt. Nach Floto (S. 206), die sich auf das Tagebuch von Oberst House stützt, hat Lloyd George für den Aufschub gesorgt, um eine Vertretung des Präsidenten durch den in dieser Frage unzugänglichen Lansing auszuschließen. Dagegen sei Wilsons diesbezügliche Konzessionsbereitschaft bekannt gewesen.

richtliche Verurteilung sicherlich mehr Eindruck in der Welt machen werde. Auch Lloyd George zog zweifellos ein Gerichtsverfahren der politischen Lösung vor.

Noch widerstand Wilson. Zögernd gab er die Zulässigkeit politischer Sicherungsmaßnahmen gegen den Kaiser zu, sprach sich aber deutlich gegen ein Gerichtsverfahren aus. Unvermittelt ließ er sich dann auf eine Erörterung über die Besetzung eines eventuellen internationalen Tribunals und über das Abstimmungsverfahren bei der Urteilsfindung, für das er Einstimmigkeit forderte, ein. Schließlich bat er, wohl in der Hoffnung, Unterstützung zu erlangen, den italienischen Ministerpräsidenten, der bis dahin geschwiegen hatte, um seine Stellungnahme. Orlando erklärte, daß die italienische Delegation hinter dem Kommissionsbericht stehe. Doch in einem persönlichen Votum führte er noch einmal alle Rechtsgründe gegen eine Verfolgung der Staatsoberhäupter an und bestritt deren Verantwortlichkeit gegenüber den Siegermächten. Hier hakte Clemenceau wie schon auf der Londoner Konferenz[162] mit großer Beredsamkeit ein. Er postulierte, daß die Grundlage eines Verfahrens gerade das Prinzip der Verantwortlichkeit sein müsse. Diesem staatsrechtlichen Prinzip müsse auch im Völkerrecht Geltung verschafft werden. Zugegebenermaßen fehle jedes Präzedens, aber die ungeheuren deutschen Greueltaten seien ebenfalls ohne Beispiel; ihnen werde man mit einem „Präzedens der Gerechtigkeit“ entgegentreten.

Hinsichtlich der Strafkompetenz über die eigentlichen Kriegsverbrecher, nämlich die Verantwortlichen für die Verletzung von Kriegsgesetzen und -gebräuchen, bestand weitgehende Übereinstimmung. Lloyd George nahm auf den (uneingeschränkten) U-Bootkrieg Bezug und bezeichnete ihn als Piraterie. Im Kriege hätte man das Recht gehabt, jeden feindlichen U-Bootfahrer zu füsilieren. Da diese auf Befehl gehandelt hätten, habe man vorgezogen zu warten, bis die Verantwortlichen für die „kriminellen Befehle“ verfolgt werden könnten. Präsident Wilson bemerkte hierzu, daß die Strafbarkeit der Kriegsverbrechen allgemein anerkannt sei; man müsse sich nur an die völkerrechtlich gültige Regelung halten. Es war Orlando, der – wiederum nur für seine Person sprechend – es ablehnte, einen Satz des Kriegsrechts noch imFrieden anzuwenden. Man habe dagegen das Recht, von den Deutschen zu verlangen, die Kriegsverbrecher selbst abzuurteilen. Lloyd George widersprach heftig: Man sei berechtigt zu erklären, daß der Krieg nicht beendet werden könne, solange der Feind die Verantwortlichen für die Kriegsrechtsverletzungen nicht ausgeliefert habe. Die englische Öffentlichkeit sei an dieser und an der Frage der Reparationen außerordentlich stark interessiert, und er könne keinen Friedensvertrag ohne deren befriedigende Regelung unterzeichnen. Clemenceau bemerkte, daß bei der von den Kriegsleiden direkt betroffenen Bevölkerung nichts mehr Haß säen würde als eine Amnestie.

Wilson zeigte sich vom Verlauf der Diskussion beeindruckt. Er bat sich Bedenkzeit aus, um mit Lansing, dessen Kompetenz als Völkerrechtler er unterstrich, die Fragen noch einmal besprechen zu können. Lansing notierte über die Unterredung in seinem Tagebuch:

> „He told me of meeting of Council of Four on trial of Kaiser. Three premiers practically agree with our memo but insist on trying Kaiser for violation of Belgian neutrality. Pres[iden]t favorably inclined[163].“

Wilson neigte also nach der harten Gesprächsrunde mit seinen Kollegen deren Ansicht zu, daß Wilhelm II. gerichtlich zur Verantwortung gezogen werden müsse. Er war nun auf

---

[162] Siehe oben, S. 81.

[163] Tagebucheintragung vom 8. 4. 1919, zit. nach Read, S. 270f.

der Suche nach einer Formel, die den Widerspruch zwischen seiner neuen Einstellung und dem im amerikanischen Memorandum niedergelegten Standpunkt ausräumte. Wie bekannt, hatten Lansing und Scott in diesem für die förmliche Verurteilung der Verletzung der belgischen und luxemburgischen Neutralität durch die Friedenskonferenz votiert. Ausgehend von der Feststellung, daß ein Vergehen im moralischen, nicht aber im juristischen Sinn vorliege, hielten sie es weder für ratsam noch für angemessen, ein spezielles Organ mit Maßnahmen gegen die Verantwortlichen für diese Handlungen zu betrauen. Auf keinen Fall dürfe das fragliche Organ ein Gerichtshof sein[164]. Nun berieten Lansing und Scott über eine Anpassung ihrer Vorstellungen an die des Präsidenten. Der Secretary of State unterbreitete Wilson brieflich den Vorschlag, ein außerordentliches, seinem Charakter nach politisches Gericht mit der Feststellung der Schuld des Kaisers zu beauftragen. Das Verfahren solle analog zu einem gerichtlichen geführt werden, die Sanktionen jedoch eine politische Maßnahme für ein politisches Vergehen sein. Lansing war sich darüber klar, daß diesen formellen Unterschieden zu einem echten Gerichtsverfahren tatsächlich nur wenig Bedeutung zukam. Er sprach deshalb die Hoffnung aus, daß der Viererrat die Unratsamkeit eines politischen Verfahrens einsehen und zum Mittel einer förmlichen Verurteilung ohne Gerichtsverfahren greifen werde[165].

Wilson entschied sich freilich anders. Er verfaßte eigenhändig[166] einen Vorschlag[167], in dem er die Prinzipien für die zu entwerfenden Vertragsbestimmungen niederlegte. Dieser sah hinsichtlich des Kaisers vor, seine Auslieferung von Holland zu fordern und ihn vor ein Sondergericht, besetzt mit fünf von den Großmächten zu ernennenden Richtern, zu stellen. Er sei nicht wegen eines Verbrechens im Sinne der Strafgesetze anzuklagen, sondern wegen eines schweren Anschlages auf die internationale Moral und die Vertragstreue. Die Strafe sei dem Ermessen des Gerichtshofs vorbehalten, der sich von den höchsten Grundsätzen der internationalen Politik leiten lassen solle. Die Verantwortlichen für Kriegsrechtsverletzungen sollten sich vor Militärgerichten verantworten müssen. Für die Aburteilung der Fälle, in denen mehrere Kriegführende geschädigt worden waren, sollten Militärgerichte besetzt mit aus den betroffenen Staaten stammenden Richtern zuständig sein. Das Verfahren und die Bestrafung sollten der gewohnheitsrechtlichen Übung entsprechen.

Lloyd George äußerte seine Befriedigung über die vorgeschlagene Formel, die alle Fälle von Völkerrechtsverletzungen decke, die man bestrafen wolle[168]. Die „Großen Vier" setzten ihre Unterschriften unter den Text[169], der vermutlich das erste unterzeichnete Teildokument des Friedensvertrags mit Deutschland darstellt. Tatsächlich hatten Lloyd George und Clemenceau Grund zur Zufriedenheit. Mit dem vorgesehenen Gerichtsverfahren gegen den ehemaligen deutschen Kaiser hatten sie eines ihrer wesentlichen Anliegen er-

---

164 Vgl. oben, S. 97.

165 Schreiben des Secretary of State vom 8.4.1919 an den Präsidenten, abgedruckt als Anlage 2.

166 Scott, James Brown, The Trial of the Kaiser, in: What Really Happened at Paris, S. 231–258 (237); Read, S. 271.

167 Wilsons Vorschlag, den er am 9.4.1919 im Viererrat vortrug, ist in frz. Übers. abgedruckt als Anlage 3. Weitere, im Wortlaut leicht abweichende Fassungen in: Conférence de la Paix. Recueil des actes, P. IV, B (2), S. 235; Mantoux I, DokNr. 26 (hier: S. 195). Teilabdruck des Originaltextes bei Schwabe, Deutsche Revolution und Wilson-Frieden, S. 514, Anm. 94.

168 Mantoux I, S. 196.

169 Der japanische bevollmächtigte Delegierte trat dem Übereinkommen etwas später bei.

reicht. Demgegenüber waren die noch existierenden Einschränkungen bedeutungslos. Ein Verfahren gegen Wilhelm II. vor einem mit Richtern der fünf Hauptmächte besetzten Gerichtshof mußte der Natur der Sache nach eher einen strafrechtlichen als einen politischen Charakter annehmen. Der amerikanische Rechtsstandpunkt war in dieser wichtigen Frage faktisch aufgegeben.

Doch die Amerikaner empfanden die gefundene Lösung durchaus nicht als Preisgabe ihrer Rechtsansicht. Lansing beglückwünschte den Präsidenten zu seinem Verhandlungserfolg. Indem dieser die Zustimmung der Verbündeten zu der von ihm vorgeschlagenen Formel erhalten habe, die dem vorgesehenen Verfahren den Charakter internationaler Politik und nicht den der Anwendung formalen Rechts gebe, sei die amerikanische Position gewahrt worden[170]. Damit wird deutlich, daß die Amerikaner die hinsichtlich der Prozedur gemachten Konzessionen gering einschätzten im Vergleich zur Behauptung des Nichteingreifens strafrechtlicher Kategorien.

Es ist merkwürdig, daß gerade Lansing, wenn auch warnend, den Weg zur unbestreitbaren Aufweichung der amerikanischen Rechtsposition gewiesen hat[171]. Deshalb kann man Dickmanns Vorwurf, den er allerdings in Unkenntnis der Kommunikation Lansings mit dem Präsidenten in dieser Frage erhebt, dieser habe seine Vertreter in der „Commission des responsabilités“ desavouiert[172], nicht beipflichten. Und doch darf nicht übersehen werden, daß Wilson im Widerspruch zu seiner anfänglichen, auf das amerikanische Sondervotum gestützten Haltung den Anstoß zu der Wendung gegeben hat. Die Gründe dafür sind wohl weniger in seinem Charakter als in seinen Grundüberzeugungen zu suchen. Geprägt vom Presbyterianertum seiner Vorfahren, mehr Moralist als Jurist, fiel es dem Präsidenten schwer, im Namen des Rechts Forderungen zu widerstehen, die er für sittlich gerechtfertigt hielt[173]. Er selbst gestand seinen Verhandlungspartnern im „Rat der Vier“ seinen Gewissenskampf[174]. In diesem gewannen schließlich die moralisch-ethischen Kräfte die Oberhand, nicht zuletzt unter dem Einfluß der starken Antipathie, die Wilson gegen das von Wilhelm II. verkörperte Deutschland empfand. In seinen Augen hatte sich dieses durch die Entfesselung des Krieges eines ungeheuren Verbrechens gegen die Zivilisation schuldig gemacht und daher schwerste Bestrafung verdient[175].

---

170 Schreiben Lansings vom 10.4. 1919 an Wilson, in dt. Übers. auszugsweise zit. bei Schwabe, Deutsche Revolution und Wilson-Frieden, S. 514.

171 Die Beziehungen zwischen Wilson und Lansing waren auf der Friedenskonferenz äußerst gespannt. Der Präsident hatte vor seiner Anfrage vom 8. 4. 1919 längere Zeit auf den Rat seines Secretary of State verzichtet. Dieser scheint geradezu nach einer Kompromißmöglichkeit gefahndet zu haben, um seine Bereitschaft zur Zusammenarbeit zu signalisieren. Lansing hat seine Differenzen mit Wilson in seinem Buch: The Peace Negotiations. A Personal Narrative, London 1921, dargestellt. Leider enthält es nichts zur Entstehungsgeschichte der Strafbestimmungen.

172 Kriegsschuldfrage, S. 40.

173 So Dickmann, der jedoch Wilsons „Umfall“, überhaupt sein „Versagen in vielen wichtigen Fragen“ mit dessen Charaktereigenschaften erklärt. Ebd., S. 40f. Siehe auch Schwabe, Klaus, Woodrow Wilson. Ein Staatsmann zwischen Puritanertum und Liberalismus, Göttingen-Zürich-Frankfurt 1971 (= Persönlichkeit und Geschichte, Bd 62), passim (insbes. S. 109f.).

174 Mantoux I, DokNr. 16 (hier: S. 124).

175 Auf ein Schreiben des südafrikanischen Generals Jan C. Smuts vom 14. 5. 1919, in dem dieser sich für eine Mäßigung der Friedensbedingungen einsetzte, antwortete Wilson am 16. 5. 1919: „I feel the terrible responsibility of this whole business, but inevitably my thought goes back to the very great offence against civilization which the German State committed, and the necessity for making it evident once for all that such things can lead only to the most severe punishment.“ Beide Schreiben abgedruckt in: Selec-

Am 1. Mai 1919 berieten die „Großen Vier" über den auf der Basis der zwischen ihnen getroffenen Vereinbarung vom Redaktionskomitee der Friedenskonferenz ausgearbeiteten Entwurf der Bestimmungen, die dann Teil VII des Friedensvertrags bilden und in dessen deutscher Übersetzung als „Strafbestimmungen" bezeichnet werden sollten[176]. Lloyd George vertrat die Einwände, die die Law Officers of the Crown gegen den Entwurf erhoben hatten. Er forderte die Streichung des Passus, daß die Anklage gegen den Kaiser nicht strafrechtlicher Art sei, da dieser dahin ausgelegt werden könne, daß die alliierten und assoziierten Mächte zugeben würden, der ehemalige Herrscher habe im Kriege keinerlei kriminelle Handlungen begangen. Wilson stimmte der beantragten Änderung kommentarlos zu, was nun wirklich erstaunlich und unerklärlich ist[177]; denn damit war der letzte Hinweis auf den politischen Charakter des gegen den Kaiser vorgesehenen Verfahrens aufgegeben.

Der Entwurf des Redaktionskomitees rechtfertigte die Absicht der Siegermächte, Verantwortliche für Verstöße gegen die Kriegsgesetze und -gebräuche vor ihre Gerichte zu ziehen, mit der Begründung, daß die deutsche Regierung für deren Bestrafung nicht Sorge getragen habe. Lloyd George wandte gegen diesen Passus ein, er könnte von Deutschland dazu benutzt werden, die vorgesehene Verpflichtung zur Auslieferung der Beschuldigten zu umgehen, indem es diese vor eigene Gerichte stelle und nur einer nominalen Bestrafung zuführe[178]. Die übrigen Regierungschefs gaben diesen Bedenken statt und beauftragten das Redaktionskomitee, ihnen Rechnung zu tragen[179]. Die auf Grund dieser Anweisung erfolgte Umformulierung von Absatz 1 des späteren Artikels 228[180] bewirkte keine wesentliche Änderung der Friedensbedingungen. Diese verlangten die ausdrückliche Anerkennung des Rechts der alliierten und assoziierten Mächte, die der Kriegsrechtsverletzun-

---

tions from the Smuts Papers, hrsg. von W.K. Hancock u. Jean van der Poel, Bd 4: November 1918 – August 1919, Cambridge 1966, DokNr. 967 u. 970. Vgl. Elcock, Howard, Portrait of a Decision. The Council of Four and the Treaty of Versailles, London 1972, S. 306 f.

176 Protokoll der Sitzung des Viererrats am 1. 5. 1919, 11 Uhr, abgedruckt in: FRUS, P. P. C. V, S. 389–402 (389 f.). Der betreffende Beratungspunkt findet in der Aufzeichnung von Mantoux keine Erwähnung. Entwurf des Redaktionskomitees abgedruckt als Anlage 4. Engl. Fassung in FRUS, P. P. C. V, S. 401 f.

177 Schwabes Erklärung, daß Wilson letztlich nur „sekundäres Interesse" an den Strafbestimmungen gehabt habe, ist wenig überzeugend (Deutsche Revolution und Wilson-Frieden, S. 515 f.). Mögenburgs Erklärung, daß der Präsident sich für sein Verhalten Zugeständnisse der brit. Regierung in anderen Fragen erhoffte (S. 512), ist unbelegt.

178 Es ist allgemein anerkannt, daß ein Staat von seiner Pflicht zur Auslieferung entbunden ist, wenn er wegen der in Frage stehenden Tat selbst einen Strafanspruch besitzt und gegen den Täter ein Strafverfahren eingeleitet oder durchgeführt hat. Vgl. Grützner, Heinrich, Auslieferung, in: Strupp-Schlochauer WVR I, S. 115–123 (120).

179 Beschluß des Viererrats in seiner Sitzung am 1. 5. 1919, 11 Uhr, wie Anm. 176.

180 Bei der Umformulierung durch das Redaktionskomitee entstand eine Diskrepanz zwischen dem frz. und dem engl. Wortlaut. Im frz. heißt es: „Le Gouvernement allemand *reconnaît aux* Puissances alliées [...] *la liberté* de traduire devant leurs tribunaux militaires les personnes accusées de [...]", im engl.: „the German Government *recognises the right of* the Allied [...] Powers to bring before military tribunals persons accused of [...]". Während nach der frz. Version das Recht zur Strafverfolgung der Kriegsverbrecher den Siegermächten erst durch den Friedensvertrag *eingeräumt* wird, geht die engl. Version – zutreffend – davon aus, daß jeder geschädigte Staat das Recht zur Strafverfolgung von Kriegsverbrechern auch nach Friedensschluß *besitzt* (wenn er auf dieses nicht durch eine friedensvertragliche Amnestie verzichtet hat). Dieser Textdiskrepanz, deren Ursachen im Dunkeln liegen, kam allerdings keine praktische Bedeutung zu.

gen Beschuldigten zur Aburteilung vor ihre Militärgerichte, im Fall der Schädigung mehrerer Siegerstaaten vor kombinierte Militärgerichte der betroffenen Staaten zu ziehen. Sie forderten die Auslieferung aller Personen, die von den Siegern namhaft gemacht würden. Etwaige vor deutschen Gerichten anhängige oder anhängig gewesene Verfahren sollten nicht zur Ablehnung der Auslieferung berechtigen. Die deutsche Regierung sollte zur Mithilfe bei der Aufklärung der Kriegsverbrechen und der Ermittlung der Schuldigen verpflichtet werden[181].

Die Strafbestimmungen des Versailler Vertrages hatten nun ihre endgültige Form gefunden. Weder die von den Delegationen der alliierten und assoziierten Mächte vorgetragenen Einwände noch die von der deutschen Delegation während der Verhandlungen über den Friedensvertrag gemachten Vorschläge und erhobenen Proteste führten zu ihrer Abänderung. Daher soll im Folgenden ein Blick auf die Artikel 227–230 des Versailler Vertrages geworfen werden, um die in deren Formulierung enthaltenen Unklarheiten anhand ihrer Entstehungsgeschichte aufzuhellen. Mit diesem Versuch soll zugleich eine kurze Zusammenfassung verbunden werden.

In Artikel 227 klagten die alliierten und assoziierten Mächte Wilhelm II. „wegen schwerster Verletzung des internationalen Sittengesetzes und der Heiligkeit der Verträge" öffentlich an. Die Genesis des Artikels erlaubt die Interpretation, daß die Anklage sich nicht auf die Verursachung des Krieges, sondern allein auf die Verletzung der belgischen und luxemburgischen Neutralitätsverträge bezog. Diese Auslegung findet ihre Stütze im englischen Text des Friedensvertrags[182], aber auch in den Protokollen über die im „Rat der Vier" geführten Verhandlungen. Als Clemenceau in diesem Gremium mitteilte, die Belgier weigerten sich die (ihnen vom französischen Ministerpräsidenten irrtümlich zugedachte) Rolle des Anklägers im Prozeß gegen Wilhelm II. zu spielen, stellte Wilson ausdrücklich fest, daß der Kaiser (nur) wegen Verletzung der belgischen Neutralität zur Verantwortung gezogen werden solle[183]. Somit war dessen Verfolgung wegen Verletzung der Kriegsgesetze und -gebräuche entgegen der lange Zeit von den Briten verfolgten Forderung nicht vorgesehen. Vielmehr hatte sich die amerikanische Ansicht von der strafrechtlichen Immunität der Staatsoberhäupter behauptet.

Auch hinsichtlich der Bestrafung der Verantwortlichen für Kriegsrechtsverletzungen hatten sich die amerikanischen Vorstellungen, die die Beachtung der hergebrachten völkerrechtlichen Regelungen forderten, durchsetzen können. Nationale Militärgerichte sollten für die Durchführung der Verfahren zuständig sein und nur in besonderen Fällen Gerichte mit einer bi- bzw. multinationalen Besetzung gebildet werden. Die im Kommissionsbericht enthaltene Forderung auf Einsetzung eines Haut-Tribunal, eines internationalen Strafgerichtshofs, war somit gescheitert. Die Anklagen waren begrenzt auf Verstöße gegen die Gesetze und Gebräuche des Krieges. Dem weitergehenden Verlangen einiger Delegationen, auch Verfehlungen gegen die Gesetze oder Prinzipien der Menschlichkeit zu verfolgen, war nicht stattgegeben worden. Ebenso waren Anklagen wegen unechter Unterlassungsdelikte nicht vorgesehen. Im Falle eines Schuldspruchs sollten die gesetzlich

---

181 Vgl. die Strafbestimmungen des Friedensvertrags, abgedruckt als Anlage 5.

182 Dort heißt es: „The Allied and Associated Powers publicly arraign William II. [...] for a [!] supreme offence against international morality and the sanctity of treaties."

183 Protokoll der Sitzung des Zehnerrats am 16. 4. 1919, 16 Uhr, abgedruckt in: FRUS, P. P. C. IV, S. 476–482 (482); ebenso Mantoux I, DokNr. 37 (hier: S. 269).

vorgesehenen Strafen zur Anwendung gelangen, d. h. die im jeweils maßgeblichen nationalen Militärstrafgesetzbuch angedrohten[184].

Zusammenfassend kann festgestellt werden, daß es den Amerikanern gelungen war, ihren Rechtsstandpunkt in der Frage der Verfolgung der Kriegsurheber und Kriegsverbrecher weitgehend durchzusetzen. Nach den in den Beratungen der „Commission des responsabilités" aufgetretenen tiefgreifenden Meinungsverschiedenheiten, die sie zur Abgabe einer „dissenting opinion" genötigt hatten, konnten sie das Ergebnis als einen nicht vorherzusehenden Erfolg betrachten. Ein Erfolg freilich, der mit einer erheblichen Konzession erkauft worden war: Bei dem Beitritt zu der Anklage gegen Kaiser Wilhelm II. war der politische Charakter des Verfahrens, obwohl formell aufrechterhalten, faktisch nicht gewahrt worden.

Die Strafbestimmungen des Friedensvertrags fanden bei den Alliierten und Assoziierten keine ungeteilte Zustimmung. Die kleineren Mächte hatten kaum Gelegenheit, auf die geheimen Beratungen der „Großen Vier" einzuwirken und wurden mit deren Entscheidungen ziemlich brüsk konfrontiert. Während der Inhalt der Friedensbedingungen erst in der Plenarsitzung der Konferenz am 6. Mai 1919 allen Delegationen der alliierten und assoziierten Mächte mitgeteilt wurde, war ihnen der Wortlaut der Strafbestimmungen in der Form des Entwurfs des Redaktionskomitees[185] schon zugegangen[186]. Zu Beginn der erwähnten Plenarsitzung ergriff der Delegierte von Honduras, Dr. Bonilla, das Wort, um im Namen des Rechts gegen diese zu protestieren[187]. Er legte dar, daß der Rechtssatz „nullum crimen, nulla poena sine lege praevia" die naturrechtliche Bedingung jeder Strafrechtspflege sei. Die Anklage gegen Kaiser Wilhelm II. könne sich weder auf einen Satz des Völkerrechts noch auf einen Präzedenzfall stützen. Daher könne Holland einem Auslieferungsersuchen nicht stattgeben, ohne seine eigenen Gesetze zu verletzen. Bonilla trug also mit seinem Einwand dem politischen Charakter des gegen den Kaiser vorgesehenen Verfahrens nicht Rechnung, was ihm, da dieser Umstand in der Bestimmung nicht eindeutig zum Ausdruck kam, nicht anzulasten ist. Aber kein Vertreter der Großmächte hielt es für nötig, eine diesbezügliche Erklärung abzugeben. Wahrscheinlich scheute man eine Diskussion, weil Bonilla in seinen Ausführungen zur Verfolgung der Verantwortlichen für Kriegsrechtsverletzungen noch deutlicher wurde. Er bezweifelte die Kompetenz der Militärgerichte, über feindliche Staatsangehörige zu urteilen. Man könne sie höchstens für die Fälle anerkennen, in denen die Rechtsbrecher in alliiertem Gewahrsam seien. Die Forderung nach Auslieferung deutscher Staatsangehöriger lehnte er ab, indem er einen

---

[184] Der Entwurf des Artikels 228 enthielt den klaren Passus „peines prévues par les lois militaires". Auf Verlangen der belgischen Delegation wurde „militaire" gestrichen, da in Belgien die Ziviljustiz für die Ahndung bestimmter von Soldaten begangenen Straftaten zuständig war. Eine Sinnänderung war damit nicht beabsichtigt. Protokoll der Sitzung des Viererrats am 30. 5. 1919, 16 Uhr, abgedruckt in: FRUS, P. P. C. VI, S. 115–129 (116 u. 120f.); Mantoux II, DokNr. 103 (hier: S. 257f.).

[185] Siehe Anm. 176.

[186] Vorausgegangen war ein entsprechender Beschluß der „Großen Vier". Protokoll der Sitzung des Viererrats am 23. 4. 1919, 11 Uhr, abgedruckt in: FRUS, P. P. C. V, S. 149–154 (153); Conférence de la Paix. Recueil des actes, P. I: Actes du Conseil Suprême. Recueil des résolutions, 2me fasc., Paris 1934 (Secret), No. 286 (dort freilich Anmerkung, daß der Beschluß nicht ausgeführt wurde. Die Ausführung ist jedoch wahrscheinlich, siehe ebd., P. IV, B (2), S. 235).

[187] Protokoll der Plenarsitzung der Friedenskonferenz am 6. 5. 1919, abgedruckt in: FRUS, P. P. C. III, S. 333–390 (334). Die von Bonilla vorgetragene Note der Delegation von Honduras vom 23. 4. 1919, ebd., S. 388–390.

angemesseneren Weg aufzeigte: Die deutsche Regierung solle verpflichtet werden, alle der Kriegsverbrechen beschuldigten Personen vor ihre eigene Gerichtsbarkeit zu ziehen und die notwendigen Garantien für eine unparteiische Rechtsprechung und eine strenge Vollstreckung der Strafen zu geben. Wenn man aber wünsche, um der Menschenrechte und der Gerechtigkeit willen einen Präzedenzfall zu schaffen, so müsse man eine Gegenseitigkeitsklausel vereinbaren, die auch den Siegermächten die Verpflichtung auferlege, ihre eigenen Staatsangehörigen, die Kriegsrechtsverletzungen begangen hätten, in gleicher Weise zu verfolgen wie die feindlichen.

Die Versammlung würdigte den Antrag Bonillas nicht einmal der Diskussion. Er selbst wußte, daß er keine Unterstützung finden würde. Aber er hat den Antrag im Namen der Gerechtigkeit und in der Zuversicht gestellt, daß künftige unparteiische Historiker seine Ansicht teilen würden. Darin sollte er sich nicht getäuscht haben. Wäre man dem Vorschlag dieses mutigen Anwalts des Rechts gefolgt, so wäre der Makel der Sieger- und Rachejustiz, den die Kriegsverbrecherprozesse heute tragen, vermieden worden.

Heftige Kritik an den Strafbestimmungen übten auch zwei Männer, die als einzige deren wahrscheinliche Folgen aus Erfahrung beurteilen konnten. Es waren die Besiegten im Frieden von Vereeniging[188], nämlich die Generale Louis Botha und Jan C. Smuts, die als Premier- bzw. Verteidigungsminister der Südafrikanischen Union der britischen Empire-Delegation angehörten. Beide setzten sich während der Pariser Konferenz immer wieder für einen auf Mäßigung und Ausgleich bedachten Frieden mit Deutschland ein[189]. Sie kritisierten die Strafbestimmungen scharf, da auf Jahre hinaus, so lange wie alliierte Militärgerichte über deutsche Soldaten urteilen würden, ein wirklicher Friede mit Deutschland nicht möglich sein werde. Es hieße, den Kriegszustand aufrechtzuerhalten, wenn man im Frieden Kriegsrecht anwende. Die vorgesehene Vertragsbestimmung, mit der die deutsche Regierung sich verpflichten solle, eine unbekannte Zahl ihrer Staatsangehörigen auszuliefern, komme der Forderung nach Unterzeichnung eines Blankoschecks gleich. Man selbst würde ein solches Verlangen ablehnen und könne es auch dem Gegner nicht zumuten. Der einzige gangbare Weg sei, die Auslieferung von namentlich bezeichneten Personen, die sich besonders schwerer Kriegsrechtsverletzungen schuldig gemacht hätten, zu verlangen[190].

Lloyd George scheint die Einwände der Südafrikaner, denen die anderen Empire-Delegationen zudem nicht beigetreten waren, nicht geteilt zu haben. Jedenfalls berücksichtigte er sie nicht bei seinen am 1. Mai im „Rat der Vier" gestellten Änderungsanträgen[191]. Erst als in diesem Gremium nochmals die Sprache auf die Strafbestimmungen kam, erwähnte er Bothas Verlangen, den Deutschen die Namen der Auszuliefernden mitzuteilen. Auf die

---

188 Siehe oben, S. 55.

189 Siehe Schreiben Smuts' vom 26. 3. u. 14. 5. 1919 an Lloyd George sowie vom 14. 5. u. 30. 5. 1919 an Wilson, abgedruckt in: Selections from the Smuts Papers IV, DokNr. 918, 967 u. 1001. Zur Haltung Smuts' auf der Friedenskonferenz Hancock I, S. 505–548.

190 P. R. O. CAB 29/28, Minutes of a Meeting of the British Empire Delegation on April 28th, 1919 (Peace Conference, B. E. D., Minutes 29), item 7. Die Einwände von Botha und Smuts hatten zur Folge, daß die Behandlung des Berichts der „Commission des responsabilités" und des Entwurfs der Strafbestimmungen von der Tagesordnung der Plenarsitzung der Friedenskonferenz am 28. 4. 1919 abgesetzt wurde. Mitteilung Lansings vom 29. 4. 1919 an die amerik. Delegierten. FRUS, P. P. C. XI, S. 169.

191 Siehe oben, S. 112. Vgl. Bericht des Premierministers, in: P. R. O. CAB 29/28, Minutes of a Meeting of the British Empire Delegation on May 5th, 1919 (Peace Conference, B. E. D., Minutes 30), item 1 (d).

Bemerkung Wilsons, er habe immer gefühlt, daß „dies" der schwache Punkt des Friedensvertrags sei, womit er wahrscheinlich die fehlende Benennung der Auszuliefernden meinte, erwiderte Lloyd George, „das" hänge von der Mentalität der Deutschen ab[192].
Noch am 5. Mai 1919 richtete General Smuts ein Memorandum an Lloyd George, in dem er – nach flüchtiger Lektüre des Friedensvertrags – den Premierminister dringend aufforderte, einige der Bedingungen zu ändern, bevor das Dokument den Deutschen überreicht würde. Denn der Vertrag enthalte Klauseln, die es der deutschen Regierung schwer, wenn nicht unmöglich machen würden, ihn anzunehmen, deren Änderung für die Alliierten jedoch nur von geringer Bedeutung sei. Zu den änderungsbedürftigen Klauseln zählte Smuts auch die Strafbestimmungen, die keine Regierung in Ehren akzeptieren könne. Bei dem gegen den Kaiser vorgesehenen Verfahren könne man es belassen, aber die Verfolgung der der Verletzung des Kriegsrechts Beschuldigten solle dem Völkerbund anvertraut werden. Für eine in dessen Rahmen zu schaffende Organisation würde der Anschein größerer Unparteilichkeit sprechen[193]. Der Vorstoß Smuts', tatsächlich eine erste große Kritik des Vertragswerks, war auf Grund des Zeitplans der Konferenz zum Scheitern verurteilt[194], aber auch seine späteren Einwände und Vorschläge fanden sehr wenig Resonanz[195]. Der General geriet so in die Rolle eines der frühesten und heftigsten Kritikers des Versailler Vertrages[196].

4. Zum Verhältnis zwischen den Strafbestimmungen und dem „Kriegsschuldartikel" des Versailler Vertrages

Die Strafbestimmungen des Versailler Vertrages sehen Sanktionen gegen Wilhelm II. und die der Kriegsrechtsverletzungen beschuldigten Deutschen vor. Die Urheber von Rechtsverletzungen sollten persönlich haftbar gemacht werden, individuelle Schuld sollte gesühnt werden. Im Unterschied dazu enthält Artikel 231 des Vertrages einen kollektiven Schuldvorwurf:

> „Die alliierten und assoziierten Regierungen erklären, und Deutschland erkennt an, daß Deutschland und seine Verbündeten als Urheber für alle Verluste und Schäden verantwortlich sind, die die alliierten und assoziierten Regierungen und ihre Staatsangehörigen infolge des ihnen durch den Angriff Deutschlands und seiner Verbündeten aufgezwungenen Krieges erlitten haben."

Keine Bestimmung des Friedensvertrags hat im politischen Leben der Weimarer Republik

---

[192] Protokoll der Sitzung des Viererrats am 5. 5. 1919, 11 Uhr, abgedruckt in: FRUS, P. P. C. V, S. 463–473 (470 f.). Der Bezug der Pronomen ist nicht eindeutig, sie könnten sich auch auf die Auslieferungsforderung oder die Strafbestimmungen als solche beziehen. Unergiebig Mantoux I, DokNr. 62 (hier: S. 489).

[193] Memorandum Smuts' vom 5. 5. 1919 (abends?) an Lloyd George, abgedruckt in: Selections from the Smuts Papers IV, DokNr. 958.

[194] Der Viererrat hatte in seiner Sitzung am 5. 5. 1919, 11 Uhr, beschlossen, die dt. Delegation für den 7. 5. 1919, 15 Uhr, zur Übergabe des Friedensvertrags einzuladen. Protokoll abgedruckt in: FRUS, P. P. C. V, S. 463–473 (464 f.). Selbst der italienischen Delegation wurde eine Verschiebung dieses Termins abgelehnt. Protokoll der Sitzung des Viererrats am 6. 5. 1919, 11 Uhr, ebd., S. 474–490 (484 f.).

[195] Siehe unten, S. 195 f.

[196] Siehe unten, S. 232.

eine wichtigere Rolle gespielt. Mit den Strafbestimmungen scheinbar eng verkoppelt wurde nach dem Verzicht der Sieger auf die Auslieferung der beschuldigten Deutschen der „Kriegsschuldartikel“ zum Hauptangriffspunkt der nationalen Propaganda. Der erbittert geführte Kampf gegen die „Kriegsschuldlüge“ sollte zwei Zielen dienen: Deutschland von dem als diskriminierend empfundenen Vorwurf, 1914 der Aggressor gewesen zu sein zu befreien und – im Falle des Gelingens – eine Streichung oder wenigstens Verminderung der wirtschaftlich drückenden Reparationszahlungen zu erreichen.

Die Problematik der Schuld am Kriege und die der Schuld im Kriege haben sowohl während der Beratungen der Alliierten und Assoziierten auf der Pariser Friedenskonferenz als auch im deutschen Kampf gegen Versailles in einem engen Zusammenhang gestanden. Doch tatsächlich hat der „Kriegsschuldartikel“ eine von den Strafbestimmungen völlig unabhängige Entstehungsgeschichte, ebenso wie ihm eine ganz andere Intention unterliegt. Seine Genesis vollständig darzustellen, ist nicht Aufgabe dieser Arbeit. Sie ist zudem von Dickmann in seiner wiederholt zitierten Abhandlung geleistet worden[197]. Es scheint deshalb vertretbar zu sein, in einem Exkurs auf die sehr wichtige Thematik einzugehen.

Zunächst ist festzuhalten, daß der „Kriegsschuldartikel“ seine Gestaltung im Zusammenhang mit der Regelung der infolge des Krieges entstandenen finanziellen Ansprüche der Siegermächte gegen Deutschland gefunden hat. Dies ist auch an seiner Stellung im Text des Versailler Vertrages als erster Artikel des Teils VIII „Wiedergutmachungen“ erkennbar[198].

Finanzielle Vereinbarungen sind seit altersher Bestandteil vieler, jedoch nicht aller Friedensverträge. Die seit der Mitte des 17. Jahrhunderts abgeschlossenen enthalten immer häufiger Bestimmungen über die Leistung von Kriegsentschädigung im Sinne von Ersatz der Kriegskosten des Siegers. Napoleon I. legte seinen total geschlagenen Feinden fast immer Kriegsentschädigungen (indemnités) auf und machte das Institut damit zur Regel. Dieser Praxis folgten Preußen und das Deutsche Reich 1866 und 1871. Die Friedensvertragstexte enthalten verschiedentlich Hinweise auf die Art des Zahlungsanspruchs, z. B. Ersatz der Kriegsausgaben, Ersatz der durch den Krieg verursachten Schäden an öffentlichem Eigentum oder Ersatz der durch den Krieg verursachten Privatschäden, doch ist dies nicht immer der Fall. Die 1871 im Friedensschluß zwischen dem Deutschen Reich und Frankreich vereinbarte Zahlung von 5 Mrd. Franken galt als Kriegsentschädigung. Aber weder der Präliminarfriedensvertrag von Versailles noch der Friedensvertrag von Frankfurt geben an, auf welchen Anspruch sich die deutsche Forderung stützte[199].

---

197 Kriegsschuldfrage, S. 43–59. Als weiterer wichtiger Beitrag zur Entstehungsgeschichte des Artikels 231 ist zu nennen: Burnett, Philip Mason, Reparation at the Paris Peace Conference. From the Standpoint of the American Delegation, 2 Bde, New York 1940 (= The Paris Peace Conference, History and Documents. Published for the Carnegie Endowment for International Peace). Reprint New York 1965.

198 Auf der Friedenskonferenz ist wohl nur einmal der Versuch unternommen worden, eine direkte Verbindung zwischen den Fragen Wiedergutmachung der Kriegsschäden und Bestrafung der Schuldigen zu schaffen. Der rumänische Delegierte S. Rosental führte in der 2. Vollsitzung der „Commission des responsabilités“ am 7. 2. 1919 aus, die Feinde hätten eingewilligt, „réparations complètes“ zu leisten. Nach den Prinzipien des Rechts umfasse „réparations complètes“ materielle Entschädigung und Bestrafung der Schuldigen. Lansing und Sir E. Pollock lehnten diese Auslegung des Reparationsbegriffs sofort kategorisch ab. Documentation. La Paix de Versailles III, S. 25 f.

199 Ausführlichste Darstellung der Regelung finanzieller Fragen in Friedensverträgen bei Feilchenfeld, Ernst H./Ulrich Kersten, Reparations from Carthage to Versailles, in: World Polity 1 (1957), S. 29–60.

Im Einklang mit der Staatenpraxis erkannte die Völkerrechtswissenschaft des 19. und beginnenden 20. Jahrhunderts das Anrecht des Siegers auf finanzielle Entschädigung an. Diese sollte den Ersatz der direkten materiellen und moralischen Kriegsschäden und die Wiedergutmachung für die indirekten Schäden, welche das Volksvermögen, das allgemeine Staatsvermögen und das Vermögen von Privatpersonen infolge eines Krieges erlitten hatten, umfassen. Besonders französische Völkerrechtler verurteilten jedoch die mißbräuchliche Praxis der Kriegsentschädigung im 19. Jahrhundert. Durch Forderungen in ungerechtfertigter Höhe habe sie oftmals den Charakter einer Entschädigung verloren und sei zu einem Instrument der Bereicherung des Siegers und der Schwächung des Besiegten geworden[200].

Die Kriegsentschädigung war rechtlich an keine andere Voraussetzung geknüpft als an die faktische – den militärischen Sieg. Es bestand daher keine Notwendigkeit, in den Friedensverträgen die Anspruchsgrundlage festzuhalten. Im Zeitalter des freien Kriegführungsrechts bedurften Ersatzforderungen auch von der Völkerrechtstheorie her keinerlei moralischer oder juristischer Rechtfertigung. Sie hätte zudem dem allen Friedensverträgen unterliegenden Gedanken der Oblivion widersprochen. Die Begründung der in Artikel 231 des Versailler Vertrages stipulierten Zahlungsverpflichtung mit der deutschen Schuld am Kriege stellt neben den Strafbestimmungen ein weiteres Novum in der Geschichte der Friedensverträge dar[201].

Die Formulierung des Schuldspruchs in Artikel 231 hat ihren Ausgangspunkt in den Verhandlungen zwischen der deutschen und der amerikanischen Regierung, die dem Waffenstillstand vorausgingen. Am 3. Oktober 1918 ersuchte Reichskanzler Prinz Max von Baden den Präsidenten der Vereinigten Staaten, den sofortigen Abschluß eines allgemeinen Waffenstillstands herbeizuführen und die Herstellung des Friedens in die Hand zu nehmen. Gleichzeitig akzeptierte die deutsche Regierung das von dem Präsidenten in der Kongreßbotschaft vom 8. Januar 1918 und in seinen späteren Kundgebungen aufgestellte Programm als „Grundlage für die Friedensverhandlungen"[202]. Das Kernstück des Wilsonschen Friedensprogramms, die Vierzehn Punkte, enthielten hinsichtlich der Wiedergutmachung von Kriegsschäden nur die Forderung nach Räumung und Wiederherstellung Belgiens, Rumäniens, Serbiens, Montenegros und der besetzten Teile Frankreichs[203]. In

---

[200] Funck-Brentano, Th./Albert Sorel, Précis du droit des Gens, Paris 1877, S. 322–325; Bonfils, Henry, Lehrbuch des Völkerrechts für Studium und Praxis, 3. Aufl. hrsg. von Paul Fauchille u. übers. von August Grah, Berlin 1904, S. 834; Nys, Ernest, Le Droit International. Les principes, les théories, les faits, Bd 3, Bruxelles 1912, S. 750–752.

[201] Es gibt allerdings auch für den „Kriegsschuldartikel" einen Vorläufer, der freilich selbst in der wissenschaftlichen Literatur bisher unbeachtet geblieben ist. Der Artikel 3 des Friedens- und Freundschaftsvertrags zwischen Argentinien und Paraguay vom 3. 2. 1876 lautet: „La République du Paraguay reconnaît et accepte l'obligation de payer à la République Argentine: 1° Le total des dépenses faites pendant la guerre, où ce dernier Etat s'est vu entraîné par les agressions du Paraguay en 1866." Nouveau Recueil Général de Traités, 2. Serie, Bd 3, Göttingen 1878, DokNr. 56; Corpus Pacificationum, S. 372. Siehe hierzu die oben, Kapitel I, Anm. 90, gegebene Erläuterung.

[202] Note vom 3. 10. 1918, abgedruckt in: Kraus/Rödiger I, DokNr. 2 a; Ursachen und Folgen II, DokNr. 400; Burnett I, DokNr. 16. Ausführliche Darstellung der dt.-amerik. Verhandlungen zwischen dem 3. 10. u. 5. 11. 1918 bei Schwabe, Deutsche Revolution und Wilson-Frieden, S. 88–226.

[203] Ansprache Wilsons am 8. 1. 1918 vor dem Kongreß, abgedruckt in: Wilson I, S. 155–162 (160); FRUS 1918, Suppl. 1, Bd 1, S. 12–17; auszugsweise in: Kraus/Rödiger I, DokNr. 1 a; Burnett I, DokNr. 8; Ursachen und Folgen II, DokNr. 399 a.

seiner Kongreßrede vom 11. Februar 1918 hatte der Präsident die Begrenzung der finanziellen Ansprüche bekräftigt, indem er ausführte: „There shall be no annexations, no contributions, no punitive damages[204]."

Mit seinen Erklärungen hatte Wilson den Gedanken der Kriegsentschädigung, wie sie in dem vorangegangenen Jahrhundert üblich war, ausdrücklich verworfen. Die finanziellen Ansprüche der Sieger und die entsprechenden Verpflichtungen der Besiegten sollten auf einem Rechtsgrund beruhen. Nur für die in Verletzung des Völkerrechts verursachten Schäden sollten die Mittelmächte Ersatz leisten müssen. Diese Position wurde in dem von der Delegation des Oberst House in Paris ausgearbeiteten und von Wilson generell gutgeheißenen Kommentar zu den Vierzehn Punkten deutlich vertreten: Deutschland sollte nicht für alle Kriegsschäden einstehen, sondern nur für die, die durch klare Rechtsverletzungen hervorgerufen worden waren. Als solche wurde der Angriff auf Belgien unter Bruch der Neutralität angesehen. Die rechtswidrige Invasion belaste Deutschland mit allen Belgien durch den Krieg entstandenen Kosten. Im Falle Frankreichs könne Deutschland nur zur Wiederherstellung von dessen nordöstlichen Gebieten verpflichtet werden, die infolge des Durchmarsches deutscher Truppen durch Belgien zum Kriegsgebiet geworden seien. Ein Ersatz der sonstigen französischen Kriegsschäden komme nicht in Frage, da der Krieg zwischen den beiden Ländern nach dem 1914 geltenden Völkerrecht nicht rechtswidrig gewesen sei[205].

Der persönliche Bevollmächtigte des amerikanischen Präsidenten, Oberst House, versuchte in den Ende Oktober/Anfang November 1918 in Paris geführten Verhandlungen mit den Alliierten deren Zustimmung zu Wilsons Friedensprogramm zu erlangen. Trotz Anwendung größten diplomatischen Drucks – House drohte mit der Aufkündigung des Bündnisses – glückte ihm das nur unvollkommen. Lloyd George verweigerte seinen Beitritt zu Wilsons Programm in zwei Punkten: In der möglichen Einschränkung der britischen Seemacht durch Anerkennung des Prinzips der „Freiheit der Meere" und in der auf Wiederherstellung der besetzten Gebiete begrenzten Schadenersatzregelung. Letztere hätte bedeutet, daß Großbritannien völlig leer ausgegangen wäre. Nach Lloyd Georges Meinung hatte Großbritannien im U-Boot- und Luftkrieg ähnliche Schäden erlitten wie die Verbündeten in den vom Feinde besetzten Gebieten. Er forderte deshalb den Ersatz aller Schäden, nicht nur Sach-, sondern auch Personenschäden, die der Zivilbevölkerung der alliierten Länder durch deutsche Kriegsmaßnahmen zugefügt worden waren. House versuchte, den Ersatzanspruch auf die in Verletzung von Rechtsnormen entstandenen Schäden zu begrenzen. Aber der britische Premierminister blieb unnachgiebig. Er, Clemenceau und House einigten sich auf eine maßgeblich von der britischen Delegation redigierte Formel, die die Vorbehalte der Alliierten zu dem Friedensprogramm Wilsons aus-

---

204 Ansprache Wilsons am 11. 2. 1918 vor dem Kongreß, abgedruckt in: Wilson I, S. 177–184 (180); FRUS 1918, Suppl. 1, Bd 1, S. 108–113 (110). Auszug in: Burnett I, DokNr. 10.

205 Sog. Cobb-Lippmann-Kommentar zu den Vierzehn Punkten enthalten in Telegramm House vom 29. 10. 1918 an Wilson, abgedruckt in: FRUS 1918, Suppl. 1, Bd 1, S. 405–413 (409). Antwort Wilsons vom 30. 10. 1918, ebd., S. 421. Telegrammwechsel auch abgedruckt in: Burnett I, DokNr. 21 u. 23; Kommentar auch abgedruckt in: The Intimate Papers of Colonel House IV, S. 198–209 (siehe auch Darstellung, S. 156–163); Walworth, S. 275–284. Vgl.: Floto, S. 47 f.; Schwabe, Deutsche Revolution und Wilson-Frieden, S. 176–178. Siehe auch Snell, John L., Wilson on Germany and the Fourteen Points, in: The Journal of Modern History 26 (1954), S. 364–369 (365).

drückte[206]. Sie fand wörtlich Aufnahme in die amerikanische Note vom 5. November 1918 an das Deutsche Reich. Der die Wiedergutmachung ansprechende Passus lautet:

> „Further, in the conditions of peace laid down in his address to Congress of January 8, 1918, the President declared that invaded territories must be restored as well as evacuated and freed. The Allied Governments feel that no doubt ought to be allowed to exist as to what this provision implies. By it they understand that compensation will be made by Germany for all damage done to the civilian population of the Allies and their property by the aggression of Germany by land, by sea and from the air[207]."

Der in dieser Formel enthaltene Begriff „aggression" ermöglichte nicht vorhergesehene Deutungen. Er war von der britischen Delegation zweifellos im Sinne von „militärische Angriffsoperation" gebraucht worden, um den Anspruch ihres Landes auf Ersatz der durch den deutschen U-Boot- und Luftkrieg entstandenen Schäden auszudrücken[208]. Aber „aggression" hat auch die Wortbedeutung von „Angriffskrieg". Die in Verhandlung über die Grundlagen des Friedens stehenden Parteien übersahen die in der vagen Formulierung des Vorbehalts liegenden Gefahren. Präsident Wilson haderte mit House über das unbefriedigende Ergebnis in der Frage der „Freiheit der Meere", schloß sich aber – anscheinend unbedacht – dem alliierten Vorbehalt in der Reparationsfrage an[209]. Die deutsche Regierung befand sich bei Erhalt der „Lansing-Note" am 6. November 1918 in schwerster innerer Notlage. In dieser Situation sah sie es als einen Erfolg an, neben der Einleitung von Waffenstillstandsverhandlungen die verbindliche Zusicherung der Gegner für einen Frieden auf der Grundlage des Wilson-Programms erreicht zu haben. Dem Vorbehalt in der Reparationsfrage maß man keine besondere Bedeutung bei, weder hinsichtlich seiner Formulierung noch hinsichtlich seiner praktischen Tragweite[210]. Damit waren die Voraussetzungen geschaffen, die später die Handhabe bieten sollten, Reparations- und Kriegsschuldfrage miteinander zu verbinden.

In der Vorbereitungsphase der Friedenskonferenz mußten die Amerikaner erkennen, daß die Alliierten das Wilsonsche Friedensprogramm nicht als bindende Grundlage für den

---

206 Telegramme House vom 30. 10. 1918 an Wilson, abgedruckt in: FRUS 1918, Suppl. 1, Bd 1, S. 421–427. Telegramm House vom 3. 11. 1918 an Secretary of State, ebd., S. 455–457. Telegramm House vom 4. 11. 1918 an Wilson, ebd., S. 460–462. Burnett I, DokNr. 24–26, 29, 31, 32, 35 u. 36. Vgl.: The Intimate Papers of Colonel House IV, S. 163–194; Lloyd George, Peace Treaties I, S. 78–85. Vgl. die Darstellungen von: Burnett I, S. 3–8; Floto, S. 49–54; Schwabe, Deutsche Revolution und Wilson-Frieden, S. 178–182; Mögenburg, S. 518–523 (auf Grund neuer Quellen!).

207 Sog. „Lansing-Note", abgedruckt in: FRUS 1918, Suppl. 1, Bd 1, S. 468f.; Burnett I, DokNr. 38; Kraus/ Rödiger I, DokNr. 2h; Ursachen und Folgen II, DokNr. 446.

208 Dies geht eindeutig aus der Entstehungsgeschichte der Formel hervor. Belege wie Anm. 206 sowie insbesondere die Notiz von Sir Maurice Hankey vom 4. 11. 1918 u. Dulles' Memorandum vom 29. 3. 1919, abgedruckt in: Burnett I, DokNr. 35 u. DokNr. 202 (hier: S. 759). In gleichem Sinne Mögenburg, S. 524–526.

209 Vgl.: Snell, S. 366 u. passim; Floto, S. 55–60; Schwabe, Deutsche Revolution und Wilson-Frieden, S. 180f.

210 Vgl. Aufruf des Reichskanzlers an das deutsche Volk am 6. 11. 1918, abgedruckt in: Ursachen und Folgen II, DokNr. 447. In dem Aufruf wurde die Öffentlichkeit über den Eingang der „Lansing-Note" unterrichtet. Von den beiden Vorbehalten fand nur der die Freiheit der Meere betreffende Erwähnung. Im Auswärtigen Amt war man über die Antwortnote „befriedigt und erleichtert". Geh. LegRat Dr. Rhomberg meinte, daß wegen der Entschädigung „der Friede nicht werde scheitern können". Man müsse versuchen, bei den Verhandlungen möglichst billig davonzukommen. Bericht des bayer. Gesandten Graf Lerchenfeld vom 6. 11. 1918 an König Ludwig III., abgedruckt in: Regierung Max von Baden, DokNr. 134. Siehe auch unten, S. 136.

mit dem Deutschen Reich abzuschließenden Friedensvertrag ansahen. An ihrer Haltung war Oberst House jedoch nicht unschuldig, hatte er doch während der dem Waffenstillstand vorangegangenen Verhandlungen erklärt, daß die Vierzehn Punkte vage seien und einen weiten Raum für Interpretationen ließen[211]. Nun verlangten die Franzosen neben Reparationen auch Verhandlungen über eine Kriegsentschädigung. Die Briten hatten ebenfalls den Anspruch auf Ersatz der vollen Kriegskosten noch nicht aufgegeben. Bei der Prüfung der Zahlungsfähigkeit Deutschlands erkannten sie allerdings die praktische Aussichtslosigkeit einer solchen Forderung und räumten daher dem Wiedergutmachungsanspruch Vorrang ein. Auch auf der Londoner Konferenz der Alliierten von Anfang Dezember 1918 handelten sie wohl nicht entgegen ihrer Einsicht in die wirtschaftlichen Zusammenhänge, obwohl sie mit ihren europäischen Hauptverbündeten übereinkamen, auf der Friedenskonferenz die Einsetzung eines Ausschusses zu verlangen „to examine and report on amount enemy countries are able to pay for reparation and *indemnity*"[212].
Die Friedenskonferenz beschloß am 25. Januar 1919 die Bildung der „Commission des réparations des dommages"[213]. Die Kommission, der Vertreter der fünf Hauptmächte und von (zunächst) fünf europäischen Siegerstaaten angehörten, hatte die Aufgabe, über die Höhe der deutschen Reparationsschuld, die deutsche Zahlungsfähigkeit sowie die Zahlungsmodalitäten zu beraten und Empfehlungen auszuarbeiten. Veranlassung zu der juristischen Grundsatzdiskussion, die schließlich zur Formulierung des „Kriegsschuldartikels" führen sollte, war das fast allgemeine Verlangen nach einer Kriegsentschädigung. Alle Kommissionsmitglieder fochten für den wirtschaftlichen Vorteil ihres eigenen Landes: Die meisten für eine Kriegsentschädigung zur Entlastung der Staatshaushalte von den Kriegsfolgekosten, die amerikanischen jedoch für die Wiederherstellung eines im Interesse der USA liegenden freien Welthandels.
Die Befürworter der Kriegsentschädigung trugen in der Kommission vor, in der Rechtsordnung aller Kulturvölker gelte das Prinzip, daß der Verursacher eines Schadens zur Wiedergutmachung verpflichtet sei. Wiedergutmachung heiße Wiederherstellung des ur-

---

211 Aufzeichnung von P. Mantoux über die Besprechung der all. Regierungschefs mit House am 29. 10. 1918, abgedruckt in: de Launay, S. 85–93 (92). Lloyd George, Peace Treaties I, S. 79f. Vgl.: Floto, S. 51 (insbes. Anm. 196 u. 197); Schwabe, Deutsche Revolution und Wilson-Frieden, S. 179 u. 182.

212 Telegramm House vom 6. 12. 1918 an Wilson, abgedruckt in: FRUS, P. P. C. I, S. 340–342 (340. Hervorhebung nicht im Original). Vgl. Lloyd George, Peace Treaties I, S. 483–486. Ergänzend Mögenburg, S. 530–534. – Mit o. a. Beschluß war freilich eine Formel gefunden, die Ansprüche jeder Art, insbesondere Ansprüche auf Kriegsentschädigungen zuließ. House empfahl deshalb für den Fall, daß Wilson der Übereinkunft beizutreten wünsche, die Worte „and indemnity" zu streichen (FRUS, P. P. C. I, S. 342). Die brit. Regierung verband mit der Formulierung wohl nicht die Absicht einer Kriegsentschädigung. Mögenburg (S. 535f., insbes. Anm. 107) weist in diesem Zusammenhang darauf hin, daß Lloyd George von „reparations" sprach, wenn er den Ersatz von Sachschäden, von „indemnities", wenn er den Ersatz von Personenschäden meinte. Allerdings zählte er zu den Personenschäden auch die Unterhaltszahlungen für die Angehörigen im Kriege eingezogener Wehrpflichtiger sowie die Renten für Kriegsversehrte und für Kriegerwitwen u. -waisen.

213 Protokoll der Plenarsitzung am 25. 1. 1919, abgedruckt in: FRUS, P. P. C. III, S. 176–203. Vorangegangen war eine Beratung im Zehnerrat am 22. 1. 1919, in der Lloyd George die Einsetzung einer Kommission „to consider the question of reparation and indemnity" vorschlug. Wilson verlangte die Streichung von „indemnity", was Lloyd George unter dem Vorbehalt zugestand, daß „reparation" „restitution" umfassen müsse (so amerikanisches Protokoll, ebd., S. 690) bzw. daß „reparation" im weitesten Sinne verstanden werden müsse (so britisches Protokoll, ebd., S. 682f.). Weitere Behandlung der Frage im Zehnerrat am 23. 1. 1919, ebd., S. 698f.

sprünglichen Zustands in seinem vollen Umfang. Sie forderten mithin eine „integrale" Entschädigung. Die Franzosen beriefen sich dabei auf § 823 des deutschen Bürgerlichen Gesetzbuchs, die Briten auf das Common Law und andere Delegierte auf allgemeine Rechtsprinzipien. Noch war eine juristische Hürde wegzuräumen: Im Zivilrecht tritt in der Regel eine Haftung des Schädigers nur im Falle eines rechtswidrigen und schuldhaften Verhaltens ein. Diese Hürde erwies sich als unproblematisch. Man hatte keine Skrupel, aus der moralischen Verurteilung des Krieges eine juristische herzuleiten. Der Krieg wurde als rechtswidriger Akt, als internationales Verbrechen bezeichnet. Von der deutschen Schuld an seiner Herbeiführung im Spätsommer 1914 war man ohnehin überzeugt.

Es fiel den amerikanischen Vertretern in der Kommission – unter ihnen als Rechtsexperte John Foster Dulles – nicht schwer, solche windigen und letztlich abwegigen juristischen Konstruktionen zu widerlegen. Sie hielten daran fest, daß in der „Lansing-Note" eine Vereinbarung mit Deutschland über die Regelung der Entschädigungsansprüche der Sieger getroffen worden sei, über die nicht hinweggegangen werden könne. Da in der Kommission eine Verständigung über die juristischen Grundsatzfragen nicht erreicht werden konnte, suchte Dulles nach einem Kompromiß unter stärkerer Berücksichtigung von politischen und praktischen Gesichtspunkten. In den von ihm formulierten Vorschlägen findet sich zuerst die Verbindung von einem auf der deutschen „Aggression" sich gründenden, theoretischen Anspruch der Sieger auf volle Kriegskostenerstattung und der die deutsche Zahlungsfähigkeit Rechnung tragenden Begrenzung auf Wiedergutmachung der Zivilschäden. Dem Wort „Aggression" kam nun – anders als in der „Lansing-Note" – die Bedeutung von „Angriffskrieg" zu. Die Verknüpfung von Reparations- und Kriegsschuldfrage war erfolgt[214].

Nachdem der Versuch eines Sachverständigengremiums, eine Reparationssumme festzusetzen, gescheitert war, stand man wiederum vor dem Problem, im Friedensvertrag mit Deutschland dessen finanzielle Verpflichtungen beschreibend zu regeln. Lloyd George unterbreitete am 29. März 1919 im Viererrat einen Vorschlag, der sich im wesentlichen an Dulles' Gedankengänge anschloß. Dieser enthielt als Hinweis auf die Ursache des den Alliierten und Assoziierten entstandenen Schadens den berühmt gewordenen Passus „the war, imposed upon them by the aggression of the enemy states by land, air and sea". Die Sieger würden unbeschadet ihres unbestreitbaren Anspruches auf vollen Schadenersatz anerkennen, daß es den Feindstaaten angesichts ihrer begrenzten finanziellen und wirtschaftlichen Ressourcen unmöglich sei, volle Wiedergutmachung zu leisten. Präsident Wilson zeigte sich mit dem Hinweis auf die deutsche Kriegsschuld nicht einverstanden, doch die von ihm entworfene Fassung des die Reparationsbestimmungen einleitenden Artikels fand keine Berücksichtigung[215]. Wenig später erachteten es Clemenceau und Lloyd George im Hinblick auf die innenpolitische Lage in ihren Ländern für angezeigt, den Anspruch der Sieger auf volle Entschädigung voranzustellen, um ihre freiwillige Selbstbe-

---

[214] Dulles' Entwürfe zwischen dem 21. 2. und 13. 3. 1919, abgedruckt in: Burnett I, DokNr. 133, 134, 142, 144, 166, 167 u. 172–174. Vgl. die in Zusammenarbeit von amerik. u. brit. Experten ab 19. 3. 1919 entstandenen Entwürfe, ebd., DokNr. 181, 185, 188, 190 u. 191. Eingehende Darstellung der amerik. Verhandlungsführung bei Schwabe, Deutsche Revolution und Wilson-Frieden, S. 428–435.

[215] Protokoll abgedruckt in: FRUS, P. P. C. V, S. 15–20 (16f.; Vorschlag von Lloyd George, S. 19f.); Mantoux I, DokNr. 10 (hier: S. 83f.). Vorschlag von Lloyd George auch abgedruckt in: Burnett I, DokNr. 200.

schränkung zu betonen[216]. Die folgenden Entwürfe aus amerikanischer Feder kamen dem Begehren der beiden Regierungschefs nach, veränderten jedoch die Aussage, indem sie den Anspruch auf Entschädigung zurückstellten und die Verantwortlichkeit der Feindstaaten als Verursacher der den alliierten und assoziierten Mächten entstandenen Kriegsschäden hervorhoben[217]. Hinter dieser Veränderung stand die Intention, zwischen der moralischen Verantwortung Deutschlands für alle Schäden und seiner juristischen Haftung für die zivilen Personen- und Sachschäden zu differenzieren[218].

Die Feststellung, Deutschland trage auf Grund seiner Aggression die Verantwortung für alle alliierten Kriegsschäden, genügte Clemenceau und Lloyd George freilich nicht. Um der Unruhe in der Öffentlichkeit der europäischen Siegerstaaten, die sich besonders deutlich in der sich abzeichnenden „parlamentarischen Revolte" des britischen Unterhauses äußerte, zu begegnen, erklärten sie, Deutschland müsse seine Verantwortlichkeit auch anerkennen[219]. Erst dieser juristisch überflüssige, ganz auf politische Wirkung zielende Zusatz prägte dem Artikel 231 den „Charakter eines demütigenden Schuldbekenntnisses"[220] auf.

In Kenntnis der Genesis des Artikels 231 wird nun versucht, die oft diskutierte Frage zu beantworten, welche Bedeutung ihm nach der Absicht seiner Autoren zukommt. Der Artikel ist das Produkt eines von den Amerikanern herbeigeführten Kompromisses, mit dem es gelang, gegensätzliche politische Positionen auszugleichen. Die Amerikaner anerkannten den theoretischen Anspruch der Sieger auf volle Kriegskostenerstattung, der, um nicht als dem Wilsonschen Friedensprogramm widersprechende Kriegsentschädigung im überkommenen Sinn zu erscheinen, mit der Kennzeichnung Deutschlands als Angreifer begründet werden mußte. Diese Konzession ermöglichte es ihnen, ihren Standpunkt in der Hauptsache sowohl faktisch wie auch juristisch durchzusetzen[221]. Ein Rechtsanspruch der Sieger auf integrale Entschädigung wurde vertraglich nicht stipuliert. Die Haftung Deutschlands blieb wie in der „Lansing-Note" vorgesehen auf Wiedergutmachung der der Zivilbevölkerung zugefügten Schäden begrenzt (siehe Artikel 232). Clemenceau und

---

216 Aufzeichnung über die Sitzung des Viererrats am 31. 3. 1919, 11 Uhr, Mantoux I, DokNr. 11 (hier: S. 85–89).

217 Amerik. Entwürfe vom 1. u. 2. 4. 1919 sowie Expertenentwurf vom 2. 4. 1919, abgedruckt in: Burnett I, DokNr. 216, 217 u. 224. Vgl. die vorangegangenen amerik. Entwürfe vom 29. u. 31. 3. 1919, ebd., DokNr. 201 u. 204.

218 Vgl. die eingehende Darstellung bei Burnett I, S. 66–70.

219 Protokoll der Sitzung des Viererrats am 5. 4. 1919, 11 Uhr, abgedruckt in: FRUS, P. P. C. V, S. 21–30 (22; ohne Erwähnung der Motive!); Mantoux I, DokNr. 21 (hier: S. 152); Burnett I, DokNr. 235 (hier: S. 826). Eingehende Darstellung der amerikanischen Verhandlungsführung bei Schwabe, Deutsche Revolution und Wilson-Frieden, S. 498–510. Auf S. 505 die interessante (wohl auf das unveröffentlichte Tagebuch von Oberst House gestützte) Bemerkung, daß Wilson, der an o. a. Sitzung nicht teilgenommen hatte, sich später bei seinen Kollegen vergeblich um die Streichung des Zusatzes bemüht habe.

220 Dickmann, Kriegsschuldfrage, S. 59. Zur Problematik des Zusatzes auch Fisch (S. 207), dessen Ausführungen jedoch Dickmanns Urteil nicht zu entkräften vermögen.

221 Ein weiteres wichtiges Zugeständnis half mindestens die Verhandlungsatmosphäre zu entspannen. Wilson stimmte dem im britischen Interesse liegenden Antrag zu, die während des Krieges geleisteten Unterhaltszahlungen für die Angehörigen der Wehrpflichtigen und die Renten für die Kriegsbeschädigten u. -hinterbliebenen als Zivilschäden anzuerkennen. Er handelte gegen den Rat seiner Experten, die darin eine Verletzung der in der „Lansing-Note" getroffenen Vereinbarungen sahen. Burnett I, S. 61–65.

Lloyd George gaben ihre Zustimmung zu dem Kompromiß, da sie um die begrenzte deutsche Zahlungsfähigkeit wußten. Für die vor ihnen stehenden innenpolitischen Auseinandersetzungen genügten die gefundenen Formeln.

Zur Bedeutung von Artikel 231 haben französische Historiker die Ansicht vertreten, er bezwecke nur die Bezeichnung der Rechtsgrundlage der Reparationen. Aus Deutschlands Anerkenntnis, die alliierten Kriegsschäden durch seinen Angriff verursacht zu haben, folge analog zum Zivilrecht aller Länder die Wiedergutmachung. Artikel 231 enthalte dagegen keine gewollte Diskriminierung Deutschlands als Aggressor[222]. Die juristische Aussage dieser Meinung ist wohl im Vorangegangenen schon widerlegt worden. Hinsichtlich ihres moralischen Aspekts ist ihr zuzustimmen. Doch bleibt zu bedenken, daß ein kleiner Gedankenschritt genügt, um von der ursächlichen Verantwortlichkeit Deutschlands für die Kriegsschäden zu dessen moralischer Verurteilung als Aggressor zu gelangen. Diesen zu vollziehen, war man auf der Pariser Friedenskonferenz im Lager der Sieger jederzeit bereit[223].

---

[222] Bloch, Camille/Pierre Renouvin, L'art. 231 du Traité de Versailles. Sa genèse et sa signification, in: Revue d'Histoire de la Guerre Mondiale 10 (1932), S. 1–24 (Erstabdruck der Studie in Le Temps vom 15. 11. 1931. Dt. Übers. in: Berliner Monatshefte für internationale Aufklärung. Die Kriegsschuldfrage 9(1931), S. 1166–1187. Dazu Bemerkungen von Alfred v. Wegerer, ebd., S. 1188–1209. Der hier angegebene Wiederabdruck enthält eine Entgegnung auf die heftige dt. Kritik). Renouvin sieht nach wie vor in Artikel 231 „le fondement juridique des paiements de réparations". Le Traité de Versailles, S. 76.

[223] Zu gleichem Ergebnis gelangt Burnett I, S. 70.

III. Die Schuldfragen in der deutschen Politik zwischen Waffenstillstand und Unterzeichnung des Friedensvertrags

1. Die Frage der Kriegsrechtsverletzungen in den Verhandlungen zur Herbeiführung des Waffenstillstands

Das Wiederaufleben der öffentlichen Diskussion über deutsche Kriegsrechtsverletzungen in den Ländern der Alliierten und Assoziierten während der letzten Kriegswochen fand auch seinen Niederschlag in den Verhandlungen, die zwischen der Regierung des Prinzen Max von Baden und Präsident Wilson über die Herbeiführung eines Waffenstillstands und die Anbahnung von Friedensverhandlungen geführt wurden[1]. In der Note vom 14. Oktober 1918[2] erklärte Wilson, daß Deutschland nicht erwarten könne, einen Waffenstillstand zu erhalten, solange seine Streitkräfte weiterhin unmenschliche Handlungen begingen und Plünderungen und Verwüstungen vornähmen. Auch jetzt, wo die deutsche Regierung Friedensfühler ausstrecke, würden ihre U-Boote Passagierschiffe versenken und sogar Rettungsboote, in denen die Passagiere und Besatzungsangehörigen versuchten, ihr Leben zu retten, nicht schonen[3]. Die deutschen Armeen würden bei ihrem erzwungenen Rückzug aus Flandern und Frankreich mutwillige Zerstörungen, die immer als Verletzung der Regeln und Gebräuche der zivilisierten Kriegführung gegolten hätten, vornehmen und vielfach auch die Einwohner aus ihren Städten und Dörfern vertreiben.

---

[1] Zur Tätigkeit der Regierung des Prinzen Max von Baden, insbesondere zum dt.-amerik. Dialog über die Herbeiführung des Waffenstillstands und die Grundlagen des Friedens: Regierung Max von Baden; Prinz Max von Baden, Erinnerungen und Dokumente, [2. Aufl.] neu hrsg. von Golo Mann u. Andreas Burckhardt, Stuttgart 1968 (im folg. zit. Prinz Max); Huber, Ernst Rudolf, Deutsche Verfassungsgeschichte seit 1789, Bd 5: Weltkrieg, Revolution und Reichserneuerung 1914–1919, Stuttgart-Berlin-Köln-Mainz 1978, S. 535–669; Ritter, Gerhard, Staatskunst und Kriegshandwerk, Bd 4: Die Herrschaft des deutschen Militarismus und die Katastrophe von 1918, München 1968, S. 414–470; Schwabe, Deutsche Revolution und Wilson-Frieden, S. 88–226.

[2] Zweite Wilson-Note, abgedruckt in: FRUS 1918, Suppl. 1, Bd 1, S. 358f.; Kraus/Rödiger I, DokNr. 2d; Ursachen und Folgen II, DokNr. 413.

[3] Wilson nahm hier Bezug auf die Versenkung des Fährschiffes „Leinster", die am 10. 10. 1918 vermutlich durch U-Boot UB 123 in der Irischen See erfolgte. Der Verlust von 176 Menschenleben – in der zeitgenössischen Presse wurde eine bedeutend höhere Zahl angegeben, in der Sitzung des Kriegskabinetts am 16. 10. 1918 nannte Scheidemann 600 (Regierung Max von Baden, DokNr. 61, hier: S. 207), noch Read (S. 246) spricht von ungefähr 450 – rief besonders in der Öffentlichkeit Englands, aber auch der Frankreichs und der USA, eine tiefe Erregung und Empörung hervor. Die Rettungsboote der „Leinster" blieben jedoch unbelästigt. Der Krieg zur See 1914–1918, hrsg. vom Marinearchiv, von der Kriegswissenschaftlichen Abteilung der Marine und vom Arbeitskreis für Wehrforschung. Der Handelskrieg mit U-Booten, bearbeitet von Arno Spindler, Bd 5: Januar bis November 1918, Frankfurt a. M. 1966, S. 320f.; Hurd III, S. 296.
Der einzige (dem Verf. bekannte) belegte Fall des Ersten Weltkriegs, bei dem ein deutscher U-Bootkommandant sich zur Vernichtung von besetzten Rettungsbooten entschloß, ereignete sich am 27. 6. 1918 anläßlich der Versenkung des brit. Lazarettschiffs „Llandovery Castle" durch U 86. Siehe dazu Urteil des Reichsgerichts, 2. Strafsenat, vom 16. 7. 1921 gegen Oblt. z. S. Ludwig Dithmar u. Oblt. z. S. a. D. John Boldt, abgedruckt in: Weißbuch, enthaltend Abdrucke der vom Reichsgericht auf Grund der Gesetze vom 18. 12. 1919/24. 3. 1920 erlassenen Urteile, RT, Bd 368, Drucksache Nr. 2584, S. 75–89. Siehe auch unten, S. 347–349 u. 357–359.

Die Aufgabe gewisser, aus deutscher Sicht notwendiger, in den Augen der Feinde aber unmenschlicher Praktiken der deutschen Kriegführung als Voraussetzung eines Waffenstillstands war nur eine der Bedingungen Wilsons. Er stellte zwei weitere, die auf seiten des Verhandlungspartners schwerer wogen: Der Waffenstillstand sollte die bestehende militärische Überlegenheit der Alliierten und Assoziierten garantieren. Damit war ein echtes Aushandeln der Waffenstillstandsklauseln, auf das die deutsche Oberste Heeresleitung abgezielt hatte, ausgeschlossen. Als weitere Bedingung forderte Wilson eine Entmachtung derjenigen Kräfte, die die deutsche Politik bisher bestimmt hatten und seiner Ansicht nach noch maßgeblich bestimmten. Diese Forderung implizierte eine Änderung der Verfassung des Deutschen Reiches und bedeutete eine Einmischung in die inneren Angelegenheiten des deutschen Staates und Volkes.

Mit der im Vergleich zur ersten in Sprache und Sache erheblich schärferen zweiten Note riskierte Wilson ein Reißen des gerade zustande gekommenen, noch feinen Drahtes nach Berlin. Dank Ritters und Schwabes Forschungen sind heute die Motive für sein Verhalten bekannt[4]. Sie sind weder in seiner Person noch in dem Auftreten der deutschen Regierung zu suchen. Vielmehr sah sich der Präsident bei der Abfassung der Antwort zur Berücksichtigung innen- und außenpolitischer Kräfte gezwungen: Innenpolitisch enthielt die Note ebenso ein Zugeständnis an seine eigenen Anhänger, die das kaiserliche Deutschland als Verhandlungspartner nicht glaubten akzeptieren zu können, wie an die Republikaner, die die bedingungslose Kapitulation des Feindes forderten. Außenpolitisch kam sie den dringenden Vorstellungen der Ententeregierungen entgegen, die befürchtet hatten, in dem Dialog zwischen dem Deutschen Reich und dem amerikanischen Präsidenten übergangen zu werden[5]. Nunmehr war letzterer ihrem Verlangen, daß der Waffenstillstand die Überlegenheit der alliierten Waffen verbürgen müsse, beigetreten. Nach dieser Klärung fällt es nicht schwer, Wilsons Forderung nach Einstellung bestimmter Praktiken der deutschen Kriegführung einzuordnen. Der Präsident machte sich mit dieser zum Fürsprecher der öffentlichen Meinung seines Landes wie auch der Frankreichs und Englands und handelte damit gleichzeitig im Interesse der Regierungen in Paris und London[6]. Zusammenfassend kann festgestellt werden: Wilson hatte seine Abhängigkeit von den großen europäischen Verbündeten erkannt. Ihr Übergehen hätte einen Zerfall der Allianz und damit ein Scheitern seiner in den Vierzehn Punkten formulierten Politik bedeutet.

Die zweite Wilson-Note schlug in Berlin wie eine Bombe ein[7]. Der Kreis derjenigen, die sich enttäuscht und empört äußerten, reichte über ein weites politisches Spektrum – vom Kaiser bis zu Philipp Scheidemann, dem Vertreter der SPD im Kabinett. Wilson schien seine Position als edler Weltschiedsrichter aufgegeben zu haben und nun als Sieger zu sprechen. Nach Ansicht des Auswärtigen Amts, der sich im Laufe der Beratungen das Kabinett und der Bundesrat anschlossen, enthielt die Note nur einen Lichtblick: Der Ver-

---

[4] Ritter, Staatskunst und Kriegshandwerk IV, S. (428) 433–435; Schwabe, Deutsche Revolution und Wilson-Frieden, S. 125–133.

[5] Note und Telegramm der Regierungschefs Frankreichs, Großbritanniens und Italiens vom 9. 10. 1918, abgedruckt in: FRUS 1918, Suppl. 1, Bd 1, S. 353 f.

[6] Schon ein Entwurf der ersten Antwortnote, der von Wilson selbst stammt, enthält einen Protest gegen die barbarische Art des deutschen Truppenrückzuges in Frankreich. Dieser war jedoch zunächst unberücksichtigt geblieben. Schwabe, Deutsche Revolution und Wilson-Frieden, S. 132.

[7] So StS Conrad Haußmann in der Sitzung des Kriegskabinetts am 16. 10. 1918, Protokoll abgedruckt in: Regierung Max von Baden, DokNr. 61 (hier: S. 210).

handlungsweg blieb offen, und unter Inkaufnahme des angebotenen harten Waffenstillstands konnte eine rechtlich verbindliche Basis für die Friedensverhandlungen gewonnen werden. Daher hielt man es für notwendig, Wilson auf militärischem und innenpolitischem Gebiet weit entgegenzukommen. Dieser Politik standen der Reichskanzler mit einer gewissen Reserve und die Oberste Heeresleitung mit Ablehnung gegenüber. Gleichwohl stimmten sie darin überein, den Draht zu Wilson noch nicht abreißen zu lassen[8].
Von den schwerwiegenden Problemen, über die sich die Reichsleitung schlüssig werden mußte, sollen hier nur zwei zur Darstellung gelangen. Die Überlegungen zum Waffenstillstand sind von Interesse wegen ihrer Verknüpfung mit der Frage der Waffenehre. Im Mittelpunkt steht aber die Stellungnahme zu den Vorwürfen Wilsons hinsichtlich der Völkerrechtswidrigkeit bestimmter Praktiken der deutschen Kriegführung.
Die politisch-militärische Gesamtlage bildete den Ausgangspunkt für alle Entscheidungen der Reichsleitung. Der zum Kabinettsvortrag geladene Erste Generalquartiermeister, General d. Inf. Erich Ludendorff, der zu Anfang des Monats, den Zusammenbruch der Front im Westen befürchtend, die sofortige Einleitung von Waffenstillstands- und Friedensverhandlungen als unumgänglich gefordert hatte, beurteilte die militärische Lage jetzt günstiger. Trotz der anhaltenden Überlegenheit des Gegners bestehe für die Front gegenwärtig keine akute Gefahr[9]. Der Gedanke an eine bedingungslose Kapitulation kam daher im Kabinett nicht auf. Staatssekretär Conrad Haußmann äußerte sich dahingehend schon vor der Anhörung Ludendorffs: Die militärische Überlegenheit der Alliierten sei eine Tatsache, weshalb man offen, auch im Interesse des Heeres, die Niederlage eingestehen solle. Dieses Eingeständnis lasse aber immer noch den – die Dolchstoßlegende schon ankündigenden! – Satz zu: „Wir sind militärisch unterlegen, aber besiegt sind wir nicht." Es liege im allerhöchsten nationalen Interesse, die Ehre der Armee zu schützen. Sie verlange die Vermeidung der Kapitulation. Um diese der Armee und ihre Folgen dem Reich zu ersparen, müsse man Wilson weit entgegenkommen[10]. Eigenartigerweise nahm Ludendorff nicht direkt zur Problematik des Waffenstillstands Stellung, aber Haußmann faßte seinen Eindruck mit den Worten zusammen:

> „Die frühere Auffassung [der O. H. L.] sei gewesen, keine militärische Katastrophe, sondern diplomatische Hilfsaktion; die heutige: lieber militärische Kapitulation als Annahme von entehrenden Bedingungen[11]."

Von ausschlaggebender Bedeutung war die Haltung des Reichskanzlers. Er beabsichtigte, das deutsche Volk zur nationalen Erhebung aufzurufen, wenn Wilson in seiner Antwort auf die noch abzusendende Note Bedingungen stellen oder Forderungen erheben sollte, die mit der Ehre Deutschlands unvereinbar wären[12]. Obwohl die Mehrzahl der Kabinettsmitglieder es für angebracht hielt, die im Entwurf der Note[13] enthaltene Verwahrung ge-

---

[8] Siehe hierzu und zum folgenden: Protokolle u. Aufzeichnungen über die Beratungen der Reichsleitung zwischen 16. u. 20. 10. 1918, abgedruckt in: Regierung Max von Baden, DokNr. 61–78; Prinz Max, S. 387–445; Huber V, S. 566–576; Ritter, Staatskunst und Kriegshandwerk IV, S. 441–445; Schwabe, Deutsche Revolution und Wilson-Frieden, S. 134–144.
[9] Protokolle der Sitzungen des Gesamtkabinetts am 17. 10. 1918, abgedruckt in: Regierung Max von Baden, DokNr. 64 (auch in Prinz Max, S. 398–421) und 65.
[10] Wie Anm. 7, hier: S. 211.
[11] Protokoll der Sitzung des Gesamtkabinetts am 17. 10. 1918, nachmittags, abgedruckt in: Regierung Max von Baden, DokNr. 65 (hier: S. 246). Als die Äußerung fiel, war Ludendorff noch nicht anwesend.
[12] Prinz Max, S. 422 u. 430.
[13] Entwurf vom 18. 10. 1918, im wesentlichen erarbeitet vom Wirkl. Geh. Legationsrat Dr. Walter Simons

gen entehrende Waffenstillstandsbedingungen nicht in den endgültigen Text aufzunehmen, setzte Prinz Max die Beibehaltung des Ehrenpassus durch[14], der wie folgt lautet:

> „Sie [die deutsche Regierung] vertraut darauf, daß der Präsident der Vereinigten Staaten keine Forderung gutheißen wird, die mit der Ehre des deutschen Volkes und mit der Anbahnung eines Friedens der Gerechtigkeit unvereinbar sein würde[15]."

Die Beratungen der Reichsleitung über die zu ergreifenden Maßnahmen, um den in der amerikanischen Note vom 14. Oktober erhobenen Vorwürfen hinsichtlich völkerrechtswidriger Kriegspraktiken der deutschen Land- und Seestreitkräfte zu begegnen, führten unerwartet zu einer Regierungkrise. Den Anlaß hierzu bildete der Entschluß des Kabinetts, den uneingeschränkten U-Bootkrieg einzustellen, dem sich die Oberste Heeresleitung und die Seekriegsleitung widersetzten.

Doch soll zunächst die Reaktion auf die Vorhaltung Wilsons betrachtet werden, die deutschen Truppen mißachteten bei ihrem Rückzug aus den besetzten Gebieten Frankreichs und Belgiens das Völkerrecht, indem sie ungerechtfertigte Zerstörungen vornähmen, Privateigentum mißachteten und teilweise die Bevölkerung aus ihren Städten und Dörfern vertrieben. Diese Vorwürfe waren der deutschen Regierung schon aus der gegnerischen Presse bekannt. Der Staatssekretär des Auswärtigen Amtes, Wilhelm Solf, war ihnen am 11. Oktober entgegengetreten[16]: Es sei unwahr, daß deutsche Truppen bei ihrem Rückzug systematisch das besetzte Gebiet verwüstet und Verbrechen an der Zivilbevölkerung begangen hätten. Allerdings seien Zerstörungen bei jeder Rückzugsoperation unvermeidlich, um dem Gegner keine Stützpunkte von militärischem Wert zu hinterlassen. Dies sei aus Rücksicht auf das Leben der eigenen Vaterlandsverteidiger geboten. Die Zerstörungen hätten sich auf das Maß unerläßlicher Kriegsnotwendigkeit beschränkt. Es sei unverständlich, daß die Feinde die Kriegsnotwendigkeit bestritten, andererseits aber die Beschießung der Städte hinter der deutschen Front als militärisch geboten ansähen. Gerade die Wirkung der schweren Artillerie zwinge die Bevölkerung zum Verlassen der gefährdeten Orte.

Daß Wilson die bekannten Vorwürfe gegen einzelne Praktiken der deutschen Kriegführung nun auf diplomatischer Ebene zur Sprache brachte, wurde in Berlin wegen des damit in die Verhandlungen eingeführten schärferen Tones mit Besorgnis registriert. In der Sache fanden die Vorwürfe im Kabinett ein gewisses Verständnis. Den Staatssekretären Scheidemann und Gröber lagen auf privatem Wege erhaltene Nachrichten vor, daß Plünderungen vorgekommen und sinnlose Zerstörungen von Industrieanlagen vorgenommen worden seien[17]. Allgemein empfand man Mitleid mit der Bevölkerung des Kampfgebiets.

---

unter Beteiligung des Kanzlers und dessen Vertrauten Kurt Hahn, abgedruckt in: Prinz Max, S. 430–432.

[14] Ebd., S. 441 f. Dort Abdruck des Schreibens des Reichskanzlers vom 20. 10. 1918 an den StS des AA, Wilhelm Solf (Anm. d).

[15] Note der Reichsregierung vom 20. 10. 1918 (abgesandt am 21. 10., 00.20 Uhr) an Präsident Wilson, abgedruckt in: Kraus/Rödiger I, DokNr. 2 e; Ursachen und Folgen II, DokNr. 420.

[16] Interview am 11. 10. 1918 mit Dr. Mantler, Direktor von Wolff's Telegraphisches Büro (W.T.B.), in: Berliner Tageblatt Nr. 522 vom 12. 10. 1918. Eine weitere „amtliche Abwehr der Beschuldigungen" erfolgte durch W.T.B. am 13. 10. 1918, ebd., Nr. 526 vom 14. 10. 1918, auszugsweise abgedruckt in: Schulthess 1918 I, S. 339.

[17] Protokoll der Sitzung des Kriegskabinetts am 16. 10. 1918, abgedruckt in: Regierung Max von Baden, DokNr. 61 (hier: S. 207 f.).

Ludendorff beteuerte, daß die Oberste Heeresleitung der Truppe bezüglich der Zerstörungen Schranken auferlegt habe[18]. Es sei allerdings kaum zu vertreten, Häuser intakt zu lassen, da Unterkunft eine große Hilfe für den Feind sei. Die Verursacher der meisten Zerstörungen seien nicht die eigenen Truppen, sondern die englischen Flieger und großen Geschütze. Ludendorff bat darum, in der Antwortnote zu betonen, daß die Armee nicht identisch sei mit „einzelnen rohen Menschen", die ihr angehörten. Die Leitung kämpfe gegen Roheit an. Die Armee habe ein Recht auf diese Klarstellung[19].

Tatsächlich glaubte die Oberste Heeresleitung, pflichtgemäß gehandelt zu haben: die Zerstörung von Verkehrs- und Fernmeldeanlagen hielt man für völkerrechtlich zulässig, den eigenen Truppen war die Beachtung der Kriegsgesetze und -gebräuche wiederholt eingeschärft worden. Da man meinte, das Urteil der Öffentlichkeit nicht scheuen zu brauchen, schlug der Vertreter der Obersten Heeresleitung beim Reichskanzler vor, eine internationale Kommission solle die Vorwürfe an Ort und Stelle untersuchen[20].

Obwohl zwei seiner Mitglieder die Vorhaltungen Wilsons für nicht unberechtigt hielten, sah die Mehrheit des Reichskabinetts diese als Verleumdung der deutschen Wehrmacht an. Sie sollten scharf zurückgewiesen werden, um Deutschlands Ehre zu wahren[21]. Prinz Max von Baden, der diesen Standpunkt teilte, wählte in seinem mit Geheimrat Simons erarbeiteten Entwurf einer Antwortnote einen konzilianteren Ton, indem er den Rechtsstandpunkt in den Vordergrund stellte: Zerstörungen seien zur Deckung von Rückzügen notwendig und insoweit auch völkerrechtlich zulässig. Den deutschen Truppen seien strenge Befehle zur Achtung des Privateigentums gegeben worden, Zuwiderhandelnde würden bestraft werden. Die Truppe sei außerdem angewiesen worden, der aus ihren Wohnorten fliehenden Bevölkerung nach Kräften zu helfen. Ihre Flucht sei keineswegs von deutscher Seite veranlaßt worden, vielmehr verlasse die Bevölkerung ihre Wohnorte aus Angst vor den Gefahren des Kampfgebiets. Doch sollten neutrale Kommissionen gebeten werden, den Tatbestand, über den der Präsident Klage führe, festzustellen. Die deutsche Regierung spreche den Wunsch aus,

> „daß dereinst auf der Friedenskonferenz solche neutrale Kommissionen mit der Untersuchung aller Beschuldigungen von Greueltaten und Völkerrechtsverletzungen, die während des Krieges von den Kriegführenden gegeneinander erhoben worden sind, betraut werden mögen, damit eine unparteiische Aufklärung auf allen Seiten die Schuldigen wie die Verleumder bloßstellt"[22].

---

[18] Schon in der Besprechung beim Reichskanzler am 9. 10. 1918 berichtete Ludendorff, daß Befehl gegeben sei, Wohnungen nicht zu zerstören und Bergwerke nur zu unterbrechen, ebd., DokNr. 36 (hier: S. 121).

[19] Protokoll der Sitzung des Gesamtkabinetts am 17. 10. 1918, nachmittags, ebd., DokNr. 64 (hier: S. 241).

[20] Oberst v. Haeften in der Sitzung des Gesamtkabinetts am 17. 10. 1918, ebd., DokNr. 65 (hier: S. 247). Die Regierung nahm den Vorschlag auf und bat eine neutrale Kommission, bestehend aus den holländischen und spanischen Gesandten in Brüssel und Delegierten der Reliefkommission, zur Untersuchung der Beschuldigungen in das Rückzugsgebiet zu reisen. Die Kommission gelangte hinsichtlich des Vorwurfs der Vertreibung zu der Feststellung, „daß die Maßnahmen, die von den deutschen Behörden in den Städten, denen die Beschießung drohte, ergriffen worden sind, stets von der Sorge um die Lage der Bevölkerung getragen waren, deren trauriges Los sie, so gut es ihnen möglich war, zu mildern bemüht gewesen sind." Berliner Tageblatt Nr. 539, 540 u. 543 vom 21., 22. u. 23. 10. 1918; Schulthess 1918 I, S. 391. Vollständiger Bericht der Kommission vom 19. 10. 1918, in: PA/AA WK 9, Bd 30, Bl. 219–224, Telegramm des dt. Gesandten in Brüssel vom 20. 10. 1918 an AA.

[21] Wie Anm. 11 (Regierung Max von Baden, S. 243 f. u. 250).

[22] Prinz Max, S. 431.

Im Kabinett stieß das Begehren nach Untersuchung der Kriegsrechtsverletzungen auf scharfe Ablehnung, die insbesondere von den Staatssekretären Solf, Scheidemann und Graf v. Roedern artikuliert wurde[23]. Solf stützte sein Votum auf die Stellungnahme des Direktors der Rechtsabteilung im Auswärtigen Amt, Geheimrat Kriege, der erklärt hatte, das Verlangen hätte zur Folge, daß Deutschland die ganzen Kriegsschäden „aufgebrummt" bekomme[24]. So fand die Forderung nach neutraler Untersuchung aller im Krieg vorgekommenen Völkerrechtsverletzungen, die wenige Monate später von der deutschen Regierung geradezu leidenschaftlich erhoben werden sollte, keine Aufnahme in die Antwortnote. Zwar wurde in dieser Verwahrung gegen den Vorwurf, die deutschen Streitkräfte hätten sich ungesetzlicher und unmenschlicher Handlungen schuldig gemacht, eingelegt und der deutsche Rechtsstandpunkt hinsichtlich der Zulässigkeit von Zerstörungen zur Deckung eines Rückzuges verteidigt, aber auf alle möglicherweise herausfordernd wirkenden Bemerkungen wurde verzichtet, um ein „Abschnappen" Wilsons nicht zu riskieren. Der Versuch, ein Übereinkommen zur Regelung der Frage der Kriegsrechtsverletzungen auf der Friedenskonferenz herbeizuführen, unterblieb aus Furcht vor den gegnerischen Schadenersatzansprüchen. Zweifellos eine kurzsichtige Entscheidung – auch wenn man eine zustimmende Reaktion der Alliierten und Assoziierten kaum erwarten konnte[25].

Als weitere Vorbedingung für einen Waffenstillstand forderte Wilson den Verzicht auf die in seiner Note als unmenschlichen Akt der Kriegführung bezeichnete Versenkung von Passagierschiffen durch deutsche Unterseeboote. In Berlin wurde dieses Verlangen von politischer und militärischer Seite als gleichbedeutend mit der Forderung nach Einstellung des uneingeschränkten U-Bootkriegs angesehen. Unter Hinweis auf das „schreckliche Unglück mit dem Passagierdampfer [,Leinster']" trat Scheidemann im Kabinett als erster für diese Konsequenz ein[26]. Aus seinen Äußerungen sprach die im deutschen Volk vorhandene Enttäuschung über die unerfüllt gebliebene Versprechung der Marine, mit einem rücksichtslos geführten U-Bootkrieg die Feinde friedensbereit zu machen[27]. Für Admiral Scheer, den Chef des Admiralstabs, gab es keinen Zweifel, daß die Annahme der Forderung Wilsons die Einstellung *jeglicher* Handelskriegführung mit U-Booten zur Folge haben mußte. Da er in der Fortführung und Intensivierung des uneingeschränkten U-Bootkriegs das einzige Mittel erblickte, um die verzweifelte Lage des Reiches zu verbessern, widersetzte er sich einem bedingungslosen Eingehen auf das Verlangen des amerikani-

---

[23] Aufzeichnung von StS Haußmann über die Sitzung des Kriegskabinetts am 19. 10. 1918, vormittags, abgedruckt in: Regierung Max von Baden, DokNr. 71 a. Die in dortiger Anm. 5 enthaltene Kommentierung ist unzutreffend.

[24] Prinz Max, S. 432.

[25] Vgl. Note der Reichsregierung vom 20. 10. 1918, abgedruckt in: Kraus/Rödiger I, DokNr. 2 e. In dieser wurde nur eine Untersuchung des Verhaltens der dt. Truppen beim Rückzug aus den besetzten Gebieten und des Verhaltens von Einheiten der dt. Marine gegenüber Rettungsbooten versenkter Schiffe durch neutrale Kommissionen angeboten. Die Note enthält damit einen indirekten Beweis, daß das Auswärtige Amt von der Versenkung der „Llandovery Castle" durch U 86 keine Kenntnis hatte. Siehe Anm. 3 u. 33 zu diesem Kapitel.

[26] Wie Anm. 17 (Regierung Max von Baden, S. 207).

[27] Vgl. Prinz Max, S. 393 u. 430. Im September 1918 belief sich das Versenkungsergebnis der U-Boote auf nur 171 972 BRT gegenüber dem vom Admiralstab erwarteten von 650 000 BRT. Stegemann, Bernd, Die Deutsche Marinepolitik 1916–1918, Berlin 1970 (= Historische Forschungen, Bd. 4), S. 92 u. 101.

schen Präsidenten. Nur unter einer Voraussetzung war er zur Einstellung des U-Bootkriegs bereit: wenn die Alliierten als Gegenleistung der Armee (!) den Waffenstillstand gewährten[28].

Die für die Abfassung der Antwortnote federführenden Stellen, Reichskanzleramt und Auswärtiges Amt, hielten es jedoch für angezeigt, Wilson entgegenzukommen. Der U-Bootkrieg sollte in der völkerrechtlich weniger umstrittenen Form des Handelskriegs nach Prisenordnung fortgesetzt werden[29]. In dem vom Reichskanzler mitredigierten Entwurf wird die Sicherstellung des Lebens von Nichtkombattanten zugesagt. Gleichzeitig wird in diesem aber darauf hingewiesen,

> „daß die deutschen Nichtkombattanten heute unter einer Seekriegführung leiden, die den Grundsätzen des Präsidenten über die Freiheit der Meere ebenso wie dem bisher geltenden Völkerrecht widerspricht"[30].

Prinz Max von Baden wollte damit an die nach deutscher Auffassung völkerrechtswidrige Blockade erinnern, die den Rechtsgrund für die gewählte Repressalie, den uneingeschränkten U-Bootkrieg, abgegeben hatte. In dessen Einstellung sollte kein Schuldeingeständis liegen. Die Konzession sollte für das nationale Ehrgefühl leichter tragbar sein, der „gute Name der Marine" nicht unverteidigt bleiben[31].

Bei der Beratung des Notenentwurfs im Kabinett[32] offenbarte sich in der U-Bootfrage ein schwerer sachlicher Gegensatz, der alle anderen Überlegungen überschattete. Die Admirale Scheer und Ritter v. Mann, letzterer Staatssekretär des Reichsmarineamts, erklärten die Fortsetzung des U-Bootkriegs als Kreuzerkrieg für militärisch unmöglich und forderten, an seiner rücksichtslosen Führung festzuhalten. Die Einstellung des uneingeschränkten U-Bootkriegs dürfe nur gleichzeitig mit dem Waffenstillstand erfolgen[33]. Dieser An-

---

[28] Wie Anm. 19 (Regierung Max von Baden, S. 236–238); Scheer [Reinhard], Deutschlands Hochseeflotte im Weltkrieg. Persönliche Erinnerungen, Berlin o. J. [1920], S. 488–490. Die Marschroute Scheers für die Verhandlungen in Berlin und für den weiteren Kurs der Marine lag seit dem Bekanntwerden der zweiten Wilson-Note in Deutschland am Morgen des 16. 10. 1918 fest. BA-MA RM 5/v. 6359, Anlage Nr. XI zum Kriegstagebuch der Seekriegsleitung, Aufzeichnung vom 25. 10. 1918 über die „Reise des Chefs des Admiralstabs nach Berlin vom 15.–21. 10. 1918" (hier: S. 2). Auszug betr. Standpunkt Scheers in: Der Krieg zur See 1914–1918. Der Krieg in der Nordsee, Bd 7: Vom Sommer 1917 bis zum Kriegsende 1918, bearbeitet von Walter Gladisch, Frankfurt a. M. 1965, S. 336.

[29] Prinz Max sprach sich in der Sitzung des Gesamtkabinetts am 17. 10. 1918, nachmittags, gegen „eine ganze Aufgabe des U-Bootkrieges" aus, sie „sei Clemenceau und Lloyd George gegenüber nicht am Platze". Protokoll abgedruckt in: Regierung Max von Baden, DokNr. 65 (hier: S. 250). Vgl. auch Diskussion und Scheidemanns Entwurf einer Antwortnote, ebd., S. 244 u. 248, Anm. 14.

[30] Prinz Max, S. 431.

[31] Ebd., S. 438.

[32] Wie Anm. 23. Bericht des Kontreadmirals a. D. v. Levetzow über die Sitzung des Kriegskabinetts am 19. 10. 1918, vormittags, abgedruckt in: Ursachen und Folgen II, DokNr. 419 (hier: S. 420f.). Vgl.: Prinz Max, S. 432f.; Scheer, S. 490f. (auch abgedruckt in: Regierung Max von Baden, DokNr. 71b). Die hier u. im folgenden zitierten Berichte des Kontreadmirals a. D. v. Levetzow, als Kapitän z. S. Chef des Stabes der Seekriegsleitung, sind unter Verwendung des Kriegstagebuchs der SKL im Dezember 1921 abgefaßt und u. d. T. „Der letzte Akt" veröffentlicht worden in: Süddeutsche Monatshefte 21 (1924), Heft 7 (sog. „Dolchstoßheft"), S. 55–71. Wiederabdruck in: Niemann, Alfred, Revolution von oben – Umsturz von unten. Entwicklung und Verlauf der Staatsumwälzung in Deutschland 1914–1918, 4.–6. Aufl., Berlin 1928, S. 404–422.

[33] Eine Stellungnahme der Marinevertreter zu dem Vorwurf Wilsons, deutsche U-Boote würden bei ihren Operationen sogar Rettungsboote nebst ihren Insassen nicht schonen, ist in den Aufzeichnungen über die Kabinettsberatungen nicht überliefert. In der von der SKL vorgeschlagenen Fassung einer Antwortnote wird es als nicht den Tatsachen entsprechend bezeichnet, „daß sich die Besatzungen der U-Boote

sicht schlossen sich Vizekanzler Friedrich v. Payer sowie die Staatssekretäre Gröber und – besonders prononciert – Erzberger an. Die Gegenposition vertraten der Reichskanzler, die Staatssekretäre Solf und Haußmann sowie der preußische Kriegsminister, Generalleutnant Scheüch. Ihrer Meinung nach war es der uneingeschränkte U-Bootkrieg nicht wert, einen Abbruch der Verhandlungen zu riskieren. Das Votum der herbeigerufenen Diplomaten Graf Wolff-Metternich, Graf Brockdorff-Rantzau und Friedrich Rosen überzeugte das Kabinett schließlich von der Notwendigkeit seiner Einstellung[34]. Staatssekretär Solf schlug daraufhin vor, in die Note aufzunehmen, daß den U-Bootkommandanten Befehl gegeben sei, keine Passagierschiffe anzugreifen; die zu erteilenden Befehle sollten so abgefaßt werden, daß unliebsame Zwischenfälle vermieden würden[35]. Admiral Scheer beharrte darauf, daß eine Beschränkung des U-Bootkriegs dessen Einstellung bedeuten müsse, da er eine Garantie für „die loyale Befolgung dieses Zugeständnisses" sonst nicht übernehmen könne[36]. Das Kabinett nahm diese Konsequenz in Kauf und stimmte dem Passus der deutschen Note zu, der Wilsons Forderung nach Schonung der Passagierschiffe erfüllte. Zudem schien die Möglichkeit offengehalten, im Falle des Scheiterns der Verhandlungen den uneingeschränkten U-Bootkrieg wieder aufzunehmen[37].

Der Chef des Admiralstabs gab sich jedoch noch nicht geschlagen. Er rief die Hilfe der Obersten Heeresleitung an[38], die in seinem Sinne die Preisgabe des uneingeschränkten U-Bootkriegs ohne jede Gegenleistung als Schritt auf dem Weg in Richtung einer ehrlosen Kapitulation bezeichnete[39]. Scheer wandte sich außerdem an den Kaiser, der ebenfalls der Ansicht der Marine beitrat. Dem Reichskanzler gelang es schließlich, Wilhelm II. von der Notwendigkeit der Konzession zu überzeugen, allerdings nur unter dem Druck der Kabinettsfrage[40].

Die Entscheidung des Kaisers schuf klare Verhältnisse und ermöglichte die Endredaktion der deutschen Antwortnote. Während dieser entfiel das mannhafte Memento an die Blokkade, auf das der Reichskanzler so viel Wert legte, da mit diesem Wilson auf der von ihm so betonten Ebene moralischer Politik entgegengetreten worden wäre. Einige Staatsse-

---

unmenschliche Handlungen absichtlich haben zuschulden kommen lassen". BA-MA N 239/22 (NL v. Levetzow), Bl. 11–14 (12). Auch der Fassung eines Regierungsentwurfs vom 19. 10. 1918, „wenn bei früheren Versenkungen von Schiffen Rettungsboote nebst ihren Insassen zu Schaden gekommen sind, so kann es sich nur um Versehen handeln", stimmte die SKL nicht zu. Ebd., Bl. 26f. Der entsprechende Passus in der deutschen Note vom 20. 10. 1918 lautet: „Die deutsche Regierung bestreitet [. . .], daß die deutsche Marine bei Versenkung von Schiffen Rettungsboote nebst ihren Insassen absichtlich vernichtet habe."

[34] Aufzeichnung von Haußmann u. Bericht von Levetzow über die Sitzung des Kriegskabinetts am 19. 10. 1918, nachmittags, abgedruckt in: Regierung Max von Baden, DokNr. 72a u. b. Vgl.: Prinz Max, S. 433f.; Scheer, S. 491f.

[35] Regierung Max von Baden, DokNr. 72a (hier: S. 278). Davon abweichend, wohl unzutreffend, Prinz Max, S. 434.

[36] Scheer, S. 492. Bericht von Levetzow über die Sitzung des Kriegskabinetts am 19. 10. 1918, abends, abgedruckt in: Regierung Max von Baden, DokNr. 73.

[37] Prinz Max, S. 434.

[38] BA-MA N 239/22 (NL v. Levetzow), Telegramm vom 20. 10. 1918 an OHL, z. Hd. General Ludendorff.

[39] Telephon. Mitteilung der OHL vom 20. 10. 1918, 13 Uhr, an den Reichskanzler, abgedruckt in: Prinz Max, S. 434f.

[40] Aufzeichnung des Grafen Lerchenfeld über eine Besprechung des Kaisers mit dem Reichskanzler am 20. 10. 1918 in seiner Anwesenheit, abgedruckt in: Regierung Max von Baden, DokNr. 75. Vgl. Prinz Max, S. 440f.

kretäre hielten den Passus für zu herausfordernd gegenüber dem Verhandlungspartner[41]. Das Auswärtige Amt sah es sogar für angezeigt an, die tatsächliche Einstellung des Handelskriegs mit U-Booten der amerikanischen Regierung vertraulich zur Kenntnis zu bringen, um das deutsche Entgegenkommen zu unterstreichen[42].

Die Auseinandersetzung zwischen der politischen und militärischen Führung des Reiches hatte weitreichende Konsequenzen: Die Oberste Heeresleitung wurde gezwungen, den Primat der Politik anzuerkennen[43]. Damit war Ludendorffs Macht gebrochen, seine Entlassung zeichnete sich ab. Doch die Marineführung entzog sich dieser Entwicklung und folgte ihren eigenen Vorstellungen[44]. Zwar versicherte Scheer den Reichskanzler seiner Loyalität[45] und ließ den Handelskrieg mit U-Booten einstellen, aber gleichzeitig befahl er den Einsatz der Hochseeflotte[46]. Obwohl die politische Tragweite dieses Befehls offensichtlich war, unterließ er es bewußt, das Vorhaben mit den Intentionen der politischen Führung abzustimmen[47]. Die Weigerung der Mannschaften der Hochseeflotte, eine Unternehmung mitzumachen, die, wie sie zutreffend herausfühlten, dem Ehrempfinden der Seeoffiziere entsprang und die den bevorstehenden Abschluß der Verhandlungen mit Wilson gefährden konnte, löste die Revolution aus, die die politischen und gesellschaftlichen Grundlagen des Deutschen Reiches tief erschütterte.

In seiner Antwort vom 23. Oktober[48] auf die deutsche Note vom 20. Oktober 1918 erklärte sich Wilson bereit, das Gesuch um Waffenstillstand an die Regierungen weiterzuleiten, mit denen die Vereinigten Staaten verbündet seien. Die Zusicherungen der Reichsregierung, auch ihr ausdrückliches Versprechen, daß nunmehr die Regeln der zivilisierten Kriegführung von ihren Land- und Seestreitkräften eingehalten würden, hätten dafür die Voraussetzung geschaffen. Doch seien die Sicherheiten für eine anhaltende Demokratisierung Deutschlands ungenügend. Mit den bisherigen politischen und militärischen Machthabern könne nicht über einen Frieden verhandelt, ihnen könne kein Waffenstill-

[41] Prinz Max, S. 441.

[42] Telegramm des U. S. Vice Consul in Zürich vom 23. 10. 1918 an Secretary of State, abgedruckt in: FRUS 1918, Suppl. 1, Bd 1, S. 394f. Siehe Schwabe, Deutsche Revolution und Wilson-Frieden, S. 209, Anm. 60.

[43] Erklärung der OHL, abgegeben von Oberst v. Haeften, in der Sitzung des Kriegskabinetts am 21. 10. 1918, abgedruckt in: Prinz Max, S. 444f.; Ursachen und Folgen II, DokNr. 422. Vgl. Regierung Max von Baden, DokNr. 78 a u. b.

[44] Siehe dazu die ausführliche Darstellung der Motivation und Zielsetzung des seit dem 5./6. 10. 1918 geplanten Einsatzes der Hochseeflotte: Deist, Wilhelm, Die Politik der Seekriegsleitung und die Rebellion der Flotte Ende Oktober 1918, in: VfZG 14 (1966), S. 341–368. Auch Ritter, Staatskunst u. Kriegshandwerk IV, S. 461–464. Davon abweichend Huber V, der unter Anerkennung der aus dem Selbstverständnis der Marineführung resultierenden Motivation für den Flotteneinsatz den militärischen Sinn der geplanten Operation hervorhebt, S. 636–646 (639–642).

[45] Besprechung mit dem Reichskanzler am 20. 10. 1918, abends, Scheer, S. 493; Bericht von Levetzow, abgedruckt in: Ursachen und Folgen II, DokNr. 466 (hier: S. 499); Deist, S. 356f.

[46] Der Befehl zur Einstellung des U-Boot-Handelskriegs erging am 21. 10. 1918 (Abdruck des Wortlauts in: Ursachen und Folgen II, DokNr. 427). Am Abend desselben Tages fuhr Kapt. z. S. v. Levetzow nach Wilhelmshaven, um dem Flottenchef mündlich den Einsatzbefehl zu überbringen. Scheer, S. 494; Bericht von Levetzow, abgedruckt in: Ursachen und Folgen II, DokNr. 466 (hier: S. 499f.).

[47] Ebenso: Deist, S. 356–358; Ritter, Staatskunst u. Kriegshandwerk IV, S. 464. Zur verfassungsrechtlichen Problematik Huber V, S. 642–646. Vgl. Prinz Max, S. 542–545.

[48] Dritte Wilson-Note, abgedruckt in: FRUS 1918, Suppl. 1, Bd 1, S. 381–383; Kraus/Rödiger I, DokNr. 2f; Ursachen und Folgen II, DokNr. 425.

stand gewährt, sondern von ihnen müsse die Kapitulation gefordert werden[49]. Die Oberste Heeres- und die Seekriegsleitung sahen die von Wilson gestellten Bedingungen, sein Bestehen auf Sicherung der militärischen Überlegenheit und seine Einmischung in die inneren Verhältnisse Deutschlands als so maßlos an, daß es die nationale und soldatische Ehre gebiete, die Verhandlungen abzubrechen und das Volk zum letzten Kampf aufzurufen. Die Regierung versagte sich diesem vom Ehrbegriff des Offizierstandes geprägten Verlangen[50], führte die Parlamentarisierung des Reiches fort und bat die Gegner um ihre Vorschläge für einen Waffenstillstand, „der einen Frieden der Gerechtigkeit einleitet, wie ihn der Präsident in seinen Kundgebungen gekennzeichnet hat"[51].

Die Auseinandersetzungen über die Rechtmäßigkeit einzelner Akte der Kriegführung nahmen derweil ihren Fortgang. Im französischen Senat bekräftige Außenminister Pichon den Willen der Regierung, für die Wiedergutmachung der durch deutsche Truppen völkerrechtswidrig in Nordfrankreich angerichteten Zerstörungen ebenso Sorge zu tragen wie für die Bestrafung der Verantwortlichen[52]. Der preußische Kriegsminister trat öffentlich den von Wilson und nun wiederum im französischen Senat gegen die deutsche Landkriegführung und die deutschen Soldaten erhobenen Anschuldigungen entgegen[53]. Er erklärte sie im wesentlichen mit den bereits von Staatssekretär Solf vorgebrachten Argumenten[54] für unbegründet. Zuversichtlich äußerte er, daß das deutsche Heer ruhig das Urteil der Welt abwarten könne, es müsse allerdings die Bedingung genauer und unparteiischer Untersuchung stellen.

Auf Betreiben der belgischen Regierung kam es kurz vor dem Waffenstillstand noch einmal zu einer Demarche der Vereinigten Staaten über das Verhalten der deutschen Trup-

---

[49] Mit diesen Bemerkungen zollte Wilson wiederum der öffentlichen Meinung seines Landes Tribut. Sie erlaubten seiner Partei, die Note im Wahlkampf entsprechend zu verwerten. Wilsons eigentliches Ziel war die Durchsetzung seiner Friedensvorstellungen gegenüber den Alliierten. Zwar hätte er eine Abdankung des Kaisers als Wahlhilfe begrüßt, aber eine Revolutionierung Deutschlands wünschte er nicht. Schwabe, Deutsche Revolution und Wilson-Frieden, S. 144–161. Es ist zu beachten, daß bei der Endredaktion der Note die Reichstagsrede des Prinzen Max vom 22. 10. 1918, in der er die Einführung der parlamentarischen Verantwortlichkeit des Reichskanzlers ankündigte, in Washington noch nicht vorlag. Ebd., S. 160f.

[50] Deutlich in der Besprechung zwischen der OHL und der SKL mit Vizekanzler v. Payer am 25. 10. 1918. BA-MA RM 5/v. 6359, Anlage Nr. XIV zum Kriegstagebuch der SKL, Aufzeichnung vom 29. 10. 1918 betr. „Reise des Chefs des Admiralstabes nach Berlin vom 24.–27. Oktober 1918", auszugsweise abgedruckt in: Militär und Innenpolitik im Weltkrieg 1914–1918, bearbeitet von Wilhelm Deist, Düsseldorf 1970 (= Quellen zur Geschichte des Parlamentarismus und der politischen Parteien. Zweite Reihe: Militär und Politik, Bd 1/II), DokNr. 495; weitere Berichte abgedruckt in: Ursachen und Folgen II, DokNr. 431 a u. b. Vgl. Regierung Max von Baden, DokNr. 86, 89, 94–96.

[51] Note der Reichsregierung vom 27. 10. 1918 an Präsident Wilson, abgedruckt in: Kraus/Rödiger I, DokNr. 2g; Ursachen und Folgen II, DokNr. 433.

[52] Sitzung des Senats am 17.(?)10. 1918. Meldung im Berliner Tageblatt Nr. 533 vom 18. 10. 1918.

[53] Berliner Tageblatt Nr. 540 vom 22. 10. 1918. Scheüch hatte zunächst vor, die im frz. Senat zur Sprache gekommenen „Verleumdungen" in einer Rede vor dem Reichstag zurückzuweisen. Aufzeichnung von Hauptmann Böhm vom 19. 10. 1918, abgedruckt in: Adjutant im preußischen Kriegsministerium Juni 1918 bis Oktober 1919. Aufzeichnungen des Hauptmanns Gustav Böhm, hrsg. u. bearbeitet von Heinz Hürten u. Georg Meyer, Stuttgart 1977 (= Beiträge zur Militär- und Kriegsgeschichte, Bd 19), S. 42. Der Kriegsminister fand zu der beabsichtigten Rede wahrscheinlich keine Gelegenheit. Daher gab er Direktor Stollberg von der Norddeutschen Allgemeinen Zeitung am 21. 10. 1918 ein entsprechendes Interview, das über W. T. B. verbreitet wurde.

[54] Siehe oben, S. 128.

pen beim Rückzug aus den besetzten Gebieten[55]. Das State Department protestierte gegen die deutscherseits vorgenommene Außerbetriebsetzung von belgischen Kohlenbergwerken und deren vorgesehene Zerstörung, die durch Ausfall der Kohleproduktion für viele Menschen Leiden und Tod zur Folge haben müsse. Wenn die Zerstörungen in flagranter Verletzung der in der Note vom 20. Oktober enthaltenen Erklärung durchgeführt würden, bestätige sich, daß die feierlichen Zusicherungen der deutschen Regierung nicht in gutem Glauben abgegeben seien. Staatssekretär Solf erwiderte, daß die Reichsregierung ihren Verpflichtungen vollständig nachgekommen sei[56]. Nach Auskunft der Obersten Heeresleitung sei nirgends in Belgien mit der Zerstörung von Bergwerken begonnen worden. Es seien allerdings Maßnahmen getroffen worden, die für den Fall des Fortgangs der militärischen Operationen die Förderung für ca. drei Monate unterbrechen würden. Um dauernde Schäden zu vermeiden, sei die deutsche Regierung aber bereit, die Bergwerke in holländische und spanische Treuhänderschaft zu übergeben.

In der Kontroverse über die Völkerrechtsmäßigkeit gewisser Akte der Kriegführung sah sich die deutsche Diplomatie zweifellos in die Defensive gedrängt. Wo sich Gelegenheit bot, ging sie aber auch offensiv vor. So protestierte sie gegen die alliierte Luftkriegführung, die mit dem Zurückweichen der deutschen Fronten den Bombenkrieg in das westliche Reichsgebiet hineintrug[57]. Im Oktober wurden Bomben auf Wetzlar, Kaiserslautern, Mainz, Ludwigshafen, Freiburg, Forbach und andere Städte abgeworfen, die zahlreiche Opfer unter der Zivilbevölkerung fanden[58]. Da die deutsche Regierung – in der Annahme, daß die feindlichen Regierungen sich ähnlich verhalten würden – Anfang Oktober 1918 ihre Luftstreitkräfte angewiesen hatte, Bombenangriffe nur gegen bedeutende militärische Ziele im Operationsgebiet zu fliegen, forderte sie die Gegner auf, ihren Luftwaffen entsprechende Befehle zu geben.

Auch über Vorkommnisse des U-Bootkriegs schwebte ein Notenwechsel. Ende Oktober 1918 sah es das Auswärtige Amt als unumgänglich an, auf die vom spanischen Botschafter in Berlin schon Mitte Juli übermittelte Note der britischen Regierung betreffend die Versenkung des Lazarettschiffs „Llandovery Castle" zu antworten[59]. Es erklärte, daß nach Auskunft des Kaiserlichen Admiralstabes kein deutsches U-Boot für diese Versenkung in Frage komme[60]. Doch die britische Regierung gab sich mit dieser, den ihr bekannten Tatsachen offensichtlich widersprechenden Replik nicht zufrieden und übersandte Anfang November Beweismaterialien zur Unterstützung ihres Vorbringens[61].

---

[55] Note des belgischen Gesandten in Washington vom 2. 11. 1918 an Secretary of State, abgedruckt in: FRUS 1918, Suppl. 2, S. 789f. Note der amerik. Regierung vom 7. 11. 1918 an die Reichsregierung, ebd., S. 790f.

[56] Note der Reichsregierung (übermittelt am 11. 11. 1918 durch den schweizerischen Gesandten in Washington) an US-Regierung, abgedruckt in: Schulthess 1918 II, S. 598. Vgl. FRUS 1918, Suppl. 2, S. 791.

[57] Note der Reichsregierung (übermittelt am 2. 11. 1918 durch den schweizerischen Gesandten in Washington) an US-Regierung, abgedruckt in: FRUS 1918, Suppl. 2, S. 788f. Siehe auch Schulthess 1918 I, S. 407f.

[58] Am 31. Oktober wurde ein Bombenangriff auf die „offene Stadt Bonn (Innenstadt)" geflogen, dem 27 Tote und 35 Schwerverletzte zum Opfer fielen. Weitere Angriffe erfolgten auf den „Kurort Wiesbaden" und die „wie Bonn jeder militärischen Bedeutung entbehrenden Städte" Aschaffenburg, Heidelberg und Pirmasens. Berliner Tageblatt Nr. 564 vom 4. 11. 1918.

[59] PA/AA WK 9, Bd 30, Bl. 22f., Note der Spanischen Botschaft in Berlin vom 10. 7. 1918.

[60] PA/AA WK 9, Bd 30, Bl. 237, Note vom 30. 10. 1918 an den spanischen Botschafter in Berlin. Vgl. oben, Anm. 33.

[61] BA-MA RM 20/843, Bl. 10–22, Note der Brit. Gesandtschaft in Den Haag vom 1. 11. 1918 an den Außenminister der Niederlande zwecks Weiterleitung an die Reichsregierung (Abschrift).

2. Die Revolution und die Fragen Schuld am Kriege und Schuld im Kriege

Am 6. November 1918 nachmittags, als die Revolution schon von den Städten Norddeutschlands Besitz ergriffen hatte, wurde die „Lansing-Note" in Berlin bekannt[62]. Der politischen und militärischen Führung fiel ein Stein vom Herzen, da es nun nicht mehr nötig war, daß die Oberste Heeresleitung – wie schon beschlossen – an Marschall Foch, den Oberkommandierenden der verbündeten feindlichen Streitkräfte, mit der Bitte um Waffenstillstand herantreten mußte[63]. Statt der drohenden militärischen Kapitulation war es in letzter Minute gelungen, eine rechtlich verbindliche Basis für die Waffenstillstands- und Friedensverhandlungen zu erzielen.

Im Auswärtigen Amt war man erleichtert und über den Inhalt der Antwort Wilsons sehr befriedigt. Die Bedeutung der Note sah man darin, daß sich nun auch die Entente-Mächte auf den Boden der Vierzehn Punkte gestellt hatten. Man habe Wilson gegenüber mißtrauisch sein können, aber er habe nun bewiesen, daß es ihm mit seinem Programm ernst sei und daß er seine Ansichten gegenüber der Entente mit Entschiedenheit vertrete. Den in der „Lansing-Note" ausgedrückten Vorbehalten in den Fragen der Freiheit der Meere und der Entschädigung stand man gelassen gegenüber; in letzterer müsse man bei den Friedensverhandlungen sehen, „möglichst billig durchzukommen". Insgesamt gesehen machte man sich Hoffnung auf eine großzügige und im Vergleich mit den Kriegszielen Englands und Frankreichs günstige Interpretation des Friedensprogramms[64]. Sie liegt in dem Umstand begründet, daß der Kommentar, den die liberal denkenden Mitarbeiter von Oberst House in Paris zu den Vierzehn Punkten verfaßt hatten, dem Auswärtigen Amt bekannt war; er war durch den deutschen Nachrichendienst abgefangen und entschlüsselt worden[65].

Am 8. November 1918 wies der Staatssekretär des Auswärtigen Amtes seine Behörde an, die Vorbereitungen für die bevorstehenden Friedensverhandlungen, die bisher von einem siegreichen oder Status quo ante-Frieden ausgegangen seien, auf das Programm Wilsons umzustellen[66]. Die nun einsetzenden Arbeiten basierten auf der Vorstellung, daß durch die Waffenstillstandsvorverhandlungen ein Vorvertrag (pactum de contrahendo) zustande gekommen sei, der Deutschland einen Rechtsanspruch auf einen Frieden entsprechend den Vierzehn Punkten gebe, mit den in der „Lansing-Note" enthaltenen beiden Ein-

---

[62] Vgl. Regierung Max von Baden, DokNr. 131 b, Anm. 15.

[63] Aufzeichnungen von Haußmann u. Erzberger über die Sitzung des Kriegskabinetts am 6. 11. 1918, vormittags, ebd., DokNr. 131 a (hier: S. 551–555) u. DokNr. 131 b u. c; Prinz Max, S. 556 f.

[64] Bericht des bayer. Gesandten Graf Lerchenfeld an König Ludwig III. von Bayern vom 6. 11. 1918, abgedruckt in: Regierung Max von Baden, DokNr. 134.

[65] Es handelt sich um das (auf dem Funkweg übermittelte) Telegramm House vom 29. 10. 1918 an Wilson, die Ausarbeitung von Cobb und Lippmann enthaltend. Siehe oben, S. 119 (insbes. Anm. 205). Interzept im Original in: PA/AA WK 5 e, Telegramme OHL vom 31. 10. u. 2. 11. 1918 an AA (Abschriften in WK 30, Bd 1, 4069/D916 999–917 019). Vgl.: Krüger, Deutschland und die Reparationen, S. 36; Schwabe, Deutsche Revolution und Wilson-Frieden, S. 220. – Soweit die Akten des Politischen Archivs des Auswärtigen Amts verfilmt sind, wird zusätzlich zum Fundort die Filmserien-Nummer (hier: 4069) und die Nummer der verfilmten Aktenseite (hier: D916 999 ff.) angegeben.
Siehe dazu: A Catalogue of Files and Microfilms of the German Foreign Ministry Archives, 1867–1920, hrsg. von The American Historical Association, Committee for the Study of War Documents, Oxford 1959, und A Catalogue of Files and Microfilms of the German Foreign Ministry Archives, 1920–1945, hrsg. von George O. Kent, 3 Bde, Stanford, Calif., 1962–1966.

[66] PA/AA WK 30, Bd 1 (4069/D917 030), Zirkularverfügung Solfs an die Unterstaatssekretäre und Direktoren des AA. Entwurf vom 7. 11. 1918, ebd. (4069/D917 029).

schränkungen. Unzweifelhaft lag eine völkerrechtlich bindende Vereinbarung vor[67], deren politischer Wert jedoch abhing von der Willenskraft und dem Durchsetzungsvermögen des amerikanischen Präsidenten. Denn die in den Vierzehn Punkten niedergelegten programmatischen Friedensregelungen waren nicht nur auslegungsfähig, sondern auch auslegungsbedürftig. Die deutsche Politik erwartete eine auf Recht und Billigkeit beruhende, einem Rechtsfrieden angemessene Interpretation.

Die erste Enttäuschung brachte das Waffenstillstandsabkommen. In der Beratung über die Annahme der Waffenstillstandsbedingungen, die der Parteivorsitzende der SPD, Friedrich Ebert, in Wahrnehmung der Geschäfte des Reichskanzlers mit den Staatssekretären des Kabinetts Max von Baden am 10. November 1918 abhielt, erklärte er, daß Deutschland kein anderer Weg bleibe, als zu unterzeichnen, obwohl die auferlegten Opfer unerhört seien und zu einer Vernichtung des deutschen Volkes führen müßten. „Er müsse aber schon heute betonen, daß von einem Frieden des Rechts und der Gerechtigkeit bei solchen Bedingungen keine Rede mehr sein könne[68]." Das Auswärtige Amt richtete, von Ebert dazu ermächtigt, eine Note an Staatssekretär Lansing, in der es gegen die harten Bedingungen des Waffenstillstands protestierte und den Präsidenten bat, bei den Alliierten auf deren Milderung zu dringen. Die Unterhaltung der Besatzungstruppen, die Abgabe von Verkehrsmitteln und die Fortdauer der Blockade würden sich auf die Ernährungslage Deutschlands katastrophal auswirken und den Hungertod von Millionen zur Folge haben. Solche Bedingungen müßten im deutschen Volk „das Gegenteil der Gesinnung erzeugen [...], die eine Voraussetzung für den neuen Aufbau der Völkergemeinschaft bildet und einen dauerhaften Rechtsfrieden verbürgt"[69]. Gleichzeitig wandte sich Ebert vertraulich mit einer persönlichen Botschaft an Wilson. Er bat den Präsidenten um die *Erklärung*, daß er bereit sei, „die Einfuhr von Lebensmitteln nach Deutschland innerhalb kürzester Frist zu veranlassen, vorausgesetzt, daß die öffentliche Ordnung dort aufrechterhalten wird und eine gerechte Verteilung dieser Lebensmittel gesichert ist"[70]. Ebert ging es bei seiner Bitte nicht darum, im deutschen Volk zur Festigung des Glaubens

---

[67] Bestätigt in der „Denkschrift", die die Note des Präsidenten der Friedenskonferenz vom 16. 6. 1919 („Mantelnote") begleitete. Dort heißt es: „The Allied and Associated Powers are in complete accord with the German Delegation in their insistence that the basis for the negotiation of the Treaty of Peace is to be found in the correspondence which immediately preceded the signing of the Armistice on November 11, 1918. [...] these are the principles which have guided them in the deliberations which have led to the formulation of the Conditions of Peace". „Denkschrift" abgedruckt in: FRUS, P. P. C. VI, S. 935–996 (935 f.); Kraus/Rödiger I, DokNr. 64b (hier: S. 575).

[68] Aufzeichnung abgedruckt in: Regierung der Volksbeauftragten I, DokNr. 5 a (hier: S. 25). In seiner ersten Reaktion drückte Ebert eine Enttäuschung aus, von der in den folgenden Monaten weite Kreise der öffentlichen Meinung ergriffen wurden und die zu der demagogischen Behauptung führte, das deutsche Volk sei von Wilson hintergangen worden. Siehe Krüger, Deutschland und die Reparationen, S. 42 f.

[69] PA/AA WK 30, Bd 1 (4069/D917 171), Note der Reichsregierung vom 10. 11. 1918 (in Form eines Funkspruchs über Nauen), abgedruckt in: Schulthess 1918 I, S. 460f.; Ursachen und Folgen II, Dok Nr. 455 a. Siehe auch Regierung der Volksbeauftragten I, DokNr. 5 a (hier: S. 25 f.).

[70] Zit. nach Schwabe, Deutsche Revolution und Wilson-Frieden, S. 232; vgl. Schulthess 1918 II, S. 600. Während die offizielle Übergabe der Note durch den schweizerischen Gesandten in Washington erst am 12. 11. erfolgte (siehe FRUS, P. P. C. II, S. 629), erreichte die parallele Übermittlung über die US-Gesandtschaft in Bern das State Department schon am späten Abend des 10. 11. 1918. Die Note war ohne Wissen Solfs abgesandt. Die Verantwortung dafür übernahm der Unterstaatssekretär in der Reichskanzlei und Vertraute Eberts, Curt Baake. PA/AA WK 30, Bd 2 (4069/D917 378), Aufzeichnung vom 14. 11. 1918. Eine o. a. Note ergänzende Mitteilung Eberts lief über die US-Gesandtschaft im Haag. Schwabe, Deutsche Revolution und Wilson-Frieden, S. 232 u. 238 f. (bes. Anm. 61).

an einen Rechtsfrieden beizutragen, sondern darum, innenpolitisch eine weitere Radikalisierung der revolutionären Bewegung und außenpolitisch eine Hinwendung an Sowjetrußland zu verhindern. Als Wilson dem Ersuchen in der gewünschten Form nachkam[71], war dem unbestrittenen Führer der Mehrheitssozialisten ein politischer Schachzug gelungen, der den Verlauf der Novemberrevolution entscheidend geprägt hat[72].

Die Orientierung der deutschen auswärtigen Politik im November/Dezember 1918 auf Wilson konnte nicht offensichtlicher sein[73]. Dessen Friedensprogramm bildete zudem den einzigen Schutz gegen die maßlosen Forderungen, die aus England und Frankreich in der Frage der Kriegsentschädigung zu vernehmen waren. An der insgesamt zuversichtlichen Erwartung, eine günstige Interpretation der Vierzehn Punkte erreichen zu können, die von dem Versuch charakterisiert war, den Begriff „Rechtsfrieden" mit bestimmten „Lebensrechten" des deutschen Volkes in wirtschaftlicher und territorialer Hinsicht auszufüllen, wurden aber auch Zweifel laut. Welche Folgen würde eine Erörterung der Schuldfragen auf der Friedenskonferenz für einen auf Rechtsprinzipien gegründeten Friedensvertrag haben? Kam es zu einer Schuldfeststellung, so war der Gedanke, vom Verursacher aller Kriegsschäden und -verluste Ersatz zu verlangen, sehr naheliegend; im Falle der Kriegsrechtsverletzungen war eine Schadenersatzpflicht nach Artikel 3 des IV. Haager Abkommens von 1907 sogar vertraglich gegeben. Staatssekretär Solf scheint diese Problematik vor Augen gehabt zu haben, als er schon am 7. November 1918 der Nachrichtenabteilung seines Hauses folgende Anweisung gab:

> „Bei den bevorstehenden Friedensverhandlungen werden die Schuldfrage des Krieges und die Greuel-Frage eine besondere Rolle spielen; wir werden gezwungen sein, uns nicht nur zu verteidigen, sondern dem Angriff der Gegner mit Gegenangriffen zu begegnen. Ich bitte daher, alles geeignete Material [...] bereit zu stellen, [...] (In Frage kommt auch Material über die Lügenpropaganda der Entente und ihre Methoden)[74]."

---

[71] Wilson reagierte aus Furcht, die deutsche Revolution könne eine ähnliche Entwicklung wie in Rußland nehmen, sofort. Er sicherte in seiner am 11. 11. 1918 – in Kenntnis der Note Solfs, wahrscheinlich noch in Unkenntnis der Eberts – gehaltenen Rede die Versorgung der „Central Empires" mit Lebensmitteln zu. Rede abgedruckt in: Wilson, War and Peace I, S. 294–302. Nach eingehender Beratung mit seinem Kabinett entschloß sich Wilson, Ebert auch direkt zu antworten. Er wies auf seine Kongreßbotschaft hin und sagte zu, sich für die Versorgung Deutschlands mit Lebensmitteln unter der Voraussetzung einzusetzen, daß die öffentliche Ordnung aufrechterhalten werde und bleibe. Note vom 12. 11. 1918, abgedruckt in: FRUS, P. P. C. II, S. 629f. Siehe Schwabe, Deutsche Revolution und Wilson-Frieden, S. 233f.

[72] Die Regierung der Volksbeauftragten benutzte die Stellungnahme Wilsons in der Versorgungsfrage und die aus diplomatischen Kreisen der Siegermächte zu vernehmende Drohung, mit einem bolschewistischen Deutschland keinen Frieden zu schließen, zur Festigung ihrer Position gegenüber der radikalen Linken. Die entsprechende Propaganda wurde vom Auswärtigen Amt initiiert und von der sozialdemokratischen und bürgerlichen Presse getragen. Mayer, S. 97–105; Schwabe, Deutsche Revolution und Wilson-Frieden, S. 239f. Miller warnt vor einer Überbewertung „der Propaganda mit angeblichen oder tatsächlichen Versprechungen oder Drohungen der Sieger" angesichts der realen Nöte des ausgebeuteten Landes. Bürde der Macht, S. 197. Siehe zur Versorgungsfrage Haupts, S. 227–246.

[73] Dazu ausführlich Schwabe, Deutsche Revolution und Wilson-Frieden, S. 227–324. Vgl. Bluhm, Uwe Knud, Novemberrevolution und Außenpolitik. Aspekte der deutschen Außenpolitik vom November 1918 bis zum Zusammentritt der Nationalversammlung im Februar 1919, Phil. Diss. Bonn 1978, S. 69–77.

[74] PA/AA WK 30, Bd 1 (4069/D917031), Hausverfügung (Entwurf). Durch Erlaß der Reichsregierung vom 17. 11. 1918 wurde das Referat M der Nachrichtenabtlg. des AA mit der Bildung einer „Kommission für Verletzung des Völkerrechts und der Kriegsgebräuche durch Angehörige der Ententeheere" be-

Es ist der Aufmerksamkeit der Forschung nicht entgangen, daß in der von Solf am gleichen Tage erlassenen Verfügung, alle Friedensvorbereitungen auf die Vierzehn Punkte abzustellen, die durch die „Lansing-Note" erfolgten Einschränkungen unerwähnt blieben. Es erscheint aber nicht angezeigt, die Anweisung deshalb als „von der Entwicklung überholt" und „wenig realistisch" zu kritisieren[75]. Denn es ist gut möglich, daß Solf sich über die Tragweite der deutschen Wiedergutmachungspflicht – „compensation will be made [...] for all damage done to the civilian population [...] by the aggression of Germany by land, by sea and from the air" – erst Klarheit verschaffen wollte. Jedenfalls meldete der Gesandte in Den Haag, Rosen, über die Bedeutung der Kriegsschuldfrage für die Problematik der Kriegsentschädigung und über die aus Berlin berichtete Absicht, den Siegermächten eine internationale Untersuchung der von Deutschen begangenen Kriegsgreuel vorzuschlagen, die Ansicht von „Melchiors Freund", einem Mitarbeiter der dortigen amerikanischen Gesandtschaft[76]: Erfolg dürfe man sich nur von internationalen Kommissionen versprechen, die die Schuld aller Beteiligten am Ursprung des Krieges, an den Greueln, an der Blockade und an anderen Vorkommnissen feststellen würden. Ohne eine solche Enquête könne Deutschland nicht hoffen, maßvolle Friedensbedingungen namentlich hinsichtlich des Schadenersatzes zu erhalten, da die öffentliche Meinung in den Siegerstaaten die Forderungen mit Schuldfragen begründe[77].

Das Auswärtige Amt hielt es für dringend geboten, den sich hier aufzeigenden Gefahren entgegenzutreten. Ein wie auch immer geartetes Aufwerfen der Kriegsschuldfrage auf der Friedenskonferenz konnte nur nachteilige Folgen für die deutsche Position haben. Um die Gefahr abzuwenden, entschloß man sich, selbst initiativ zu werden. Mit Noten vom 28. November 1918[78] schlug die Reichsregierung den Hauptsiegerstaaten vor, eine neutrale Kommission zur Untersuchung der Kriegsschuldfrage einzusetzen. Die Regierungen von sämtlichen kriegführenden Ländern sollten sich bereit erklären, den Mitgliedern der Kommission ihre Archive zu öffnen und ihnen die Möglichkeit zur Vernehmung von Beteiligten und Zeugen zu gewähren. Eine gerechte Würdigung der Hergänge im Juli 1914 bei Freund und Feind würde einen Beitrag zur Versöhnung der Völker leisten und damit die unumgängliche Grundlage für den Bund der Völker schaffen. Das Auswärtige Amt unterließ es vorzuschlagen, die Kriegsrechtsverletzungen beider Seiten durch neutrale Kommissionen untersuchen zu lassen. Da eine entsprechende Anregung in der deutschen Note vom 20. Oktober 1918[79] unbeantwortet geblieben war, versprach man sich wahrscheinlich nicht viel von ihrer Wiederholung.

---

auftragt. Die Kommission sollte sowohl entsprechendes Belastungsmaterial als auch „Entlastungsmaterial für die von der Entente gleicher Vergehen beschuldigte[n] Angehörige[n] des deutschen Heeres" zusammenstellen. Mit der Leitung der Kommission wurde der Leiter des Referats M, Maj. (Otto) v. Stülpnagel, beauftragt. Zugleich wurden alle „amtlichen Stellen" angewiesen, die Arbeit der Kommission zu unterstützen. BA R 43 I/10, Bl. 3.

[75] Krüger, Deutschland und die Reparationen, S. 35.

[76] Bei dem Gewährsmann handelte es sich um J. Noeggerath, einen Deutsch-Amerikaner, dessen Sympathien der deutschen Sache galten. Er war „rechte Hand" von A. Kirk, dem für die Berichterstattung über Deutschland zuständigen Attaché. Schwabe, Deutsche Revolution und Wilson-Frieden, S. 20f. u. S. 245, Anm. 87. Zu N.'s Haltung vor Eintritt der USA in den Krieg siehe Prinz Max, S. 91–93.

[77] PA/AA WK 30, Bd 5 (4069/D918032 u. D918105), Telegramme der Dt. Gesandtschaft im Haag vom 21. u. 22. 11. 1918.

[78] PA/AA WK adh. 4, Bd 12 (8860/E617683), abgedruckt in: Schulthess 1918 I, S. 531; Ursachen und Folgen III, DokNr. 706.

[79] Siehe oben, Anm. 15 u. 25.

Die Reichsregierung wollte vermeiden, daß die Kriegsschuldfrage eine Rolle auf der Friedenskonferenz spiele. Daher der Versuch, sie aus der Tagespolitik auszuklammern, sie auf die Ebene der internationalen friedlichen Streiterledigung abzuschieben und die Auseinandersetzung um sie einer Abkühlungsperiode zu unterwerfen. Die Absicht scheiterte; die deutsche Note blieb ohne Einfluß auf die Behandlung der Kriegsschuldfrage. Die Behauptung Krügers, daß erst durch sie die Diskussion „materiell eröffnet" wurde, geht sicherlich fehl[80]. Doch ist seiner Beobachtung zuzustimmen, daß sich die neue und alte Führung des Reiches weitgehend einig war in ihrem Bemühen, die von den feindlichen Regierungen sowie von fast der gesamten ausländischen Presse erhobene Behauptung, Deutschland trage die alleinige Schuld am Ausbruch des Weltkriegs, zurückzuweisen. Der Drang zur Rechtfertigung, „der Wunsch, sich als Nation ein makelloses ‚Wir-Bild' zu bewahren"[81], stimulierte sicherlich die Absendung der Note, die zudem auch eine nach außen gerichtete Reaktion auf die „Enthüllungen" des bayerischen Ministerpräsidenten Eisner in der Kriegsschuldfrage war.

Der idealistische Sozialist Kurt Eisner, den die von ihm initiierte Münchener Revolution in das höchste bayerische Staatsamt getragen hatte, glaubte, daß nach dem Sturz des alten Regimes in Deutschland auch außenpolitisch ein neuer Anfang notwendig sei. Nach seiner Auffassung konnte Deutschland an der sich abzeichnenden Ära des Friedens und der Gerechtigkeit nur teilhaben, wenn es sich zu seiner Schuld am Ausbruch des Weltkriegs bekannte. Diesen Vorstellungen entsprechend faßte er seinen Appell ab, mit dem er sich am 10. November 1918 ähnlich wie Ebert an die Gegenseite wandte, allerdings nicht direkt an Wilson, sondern an alle feindlichen Regierungen und an das Proletariat dieser Länder[82]. Die harten Waffenstillstandsbedingungen versetzten dem Idealisten einen Schock; doch gaben ihm vertraulich zugegangene Nachrichten, daß diese dem kaiserlichen, nicht aber dem neuen Deutschland gelten würden, neue Zuversicht. Übermittler der Informationen war der sich zeitweilig in der Schweiz aufhaltende, Eisner geistig nahestehende radikale Pazifist Professor Friedrich Wilhelm Foerster. Der alsbald zum bayerischen Gesandten in Bern ernannte Gelehrte unterhielt Kontakte zu zwei in dem neutralen Land nachrichtendienstlich tätigen Kollegen: zu dem für das französische Außenministerium arbeitenden Professor Emile Haguenin und dem mit dem U. S. Department of State in Verbindung stehenden George D. Herron. Letzterer gab der bayerischen Volksregie-

---

80 Krüger, Deutschland und die Reparationen, S. 49. Siehe dagegen die frz. Vorschläge für die Tagesordnung der Friedenskonferenz, oben, S. 83 f.

81 Krüger, Deutschland und die Reparationen, S. 49 f. (50).

82 Abgedruckt in: Schulthess 1918 I, S. 466 f.; Ursachen und Folgen III, DokNr. 593; Bayerische Dokumente zum Kriegsausbruch und zum Versailler Schuldspruch, hrsg. von P. Dirr, 3. erw. Aufl., München-Berlin 1925, S. 26 f. (im folgenden zit. Bayerische Dokumente). Siehe hierzu und zum Folgenden: Schade, Franz, Kurt Eisner und die bayerische Sozialdemokratie, Hannover 1961 (= Schriftenreihe der Forschungsstelle der Friedrich-Ebert-Stiftung, B. Historisch-politische Schriften), S. 69–72; Mitchell, Allan, Revolution in Bavaria 1918–1919. The Eisner Regime and the Soviet Republic, Princeton, N. J., 1965, S. 126–138; Wiesemann, Falk, Kurt Eisner. Studie zu seiner politischen Biographie, in: Bayern im Umbruch. Die Revolution von 1918, ihre Voraussetzungen, ihr Verlauf und ihre Folgen, hrsg. von Karl Bosl, München-Wien 1969, S. 387–426 (408–410 u. 413 f.); Miller, Bürde der Macht, S. 194 f. Auch Huber V, S. 1020–1024, der freilich mit seiner juristischen Betrachtungsweise und mit seiner Interpretation, die der in der Zwischenkriegszeit vorherrschenden Beurteilung verhaftet bleibt, der Politik Eisners nicht gerecht zu werden vermag. Ebenfalls unzureichend, da zu knapp und in der Tendenz apologetisch, Eisner, Freya, Kurt Eisner: Die Politik des libertären Sozialismus, Frankfurt a. M. 1979 (= edition suhrkamp, 422), S. 113–119.

rung den Rat, in Verfolg der eingeschlagenen außenpolitischen Linie „Schritte zu einem vollen und offenen Bekenntnis der Schuld und Untaten der deutschen Regierung am Anfang des Krieges und an den Grausamkeiten der Kriegführung zu unternehmen“[83]. Weiterhin regte Herron an, eine bayerische oder deutsche Kommission zu bilden, die sich in den verwüsteten Gebieten Frankreichs und Belgiens ein Bild von den Zerstörungen machen sollte[84]. Den letzten Anstoß zur Veröffentlichung von Dokumenten zum Kriegsausbruch gab ein Bericht des neu ernannten bayerischen Gesandten in Berlin, der die Zentralregierung als unfähig darstellte und vor der Reaktion, aber auch vor den Spartakisten unter der Führung Liebknechts warnte. Wenn eine dieser Kräfte die Macht erringe, seien die Ergebnisse der Revolution in Frage gestellt – im Falle eines Sieges der Spartakisten durch die dann zu erwartende Intervention der Entente. Um diese Gefahren zu bannen, sei es notwendig, „die versinkende Flamme des revolutionären Geistes zu beleben“. Die Süddeutschen müßten zu diesem Zweck die sofortige Veröffentlichung der Geheimakten, die Verhaftung der Schuldigen (am Kriege) und die Einsetzung eines Staatsgerichtshofs verlangen sowie eine Umbildung der Reichsregierung anstreben[85]. Eisner stimmte diesen Überlegungen zu und beschloß zu handeln. Am 23. November 1918 übergab er der Presse Auszüge aus im bayerischen Außenministerium aufgefundenen Dokumenten, mit denen er die deutsche Schuld am Ausbruch des Krieges, von der er selbst zutiefst überzeugt war, nachweisen zu können glaubte. Unzweifelhaft wollte Eisner mit der Veröffentlichung der „Wahrheit“ in der Kriegsschuldfrage dazu beitragen, daß „jenes Vertrauensverhältnis zwischen den Völkern hergestellt werden [könne], das Voraussetzung für einen Frieden der Völkerversöhnung [sei]“[86]. Im Vordergrund seines Kalküls stand aber wohl die Absicht, die Stellung des Rats der Volksbeauftragten zu erschüttern, um in Berlin selbst an die Macht zu kommen oder doch zumindest mehr Einfluß zu gewinnen. Deutlich spürbar ist diese Intention des bayerischen Ministerpräsidenten in seinen Angriffen gegen Solf und Erzberger, den die Außenpolitik leitenden Staatssekretären. Sie waren in den Augen Eisners kompromittierte Vertreter des alten Systems, die unverzüglich entlassen werden müßten, wenn man sich nicht von vornherein aller Chancen für eine Verständigung mit den Siegern begeben wollte[87].

---

[83] Telegramm Herrons vom 17. 11. 1918 an Eisner und Jaffé, abgedruckt in: Bayerische Dokumente, S. 39f. Herron handelte bei seiner Initiative ohne Autorisation des Department of State (Schwabe, Deutsche Revolution und Wilson-Frieden, S. 245f. u. 255. Dort auch zur Person Herrons, S. 22–24). Eine französische Beteiligung an der Initiative läßt sich nicht nachweisen, wird gleichwohl als wahrscheinlich erachtet bzw. nicht ausgeschlossen. Dirr in Einführung zu Bayerische Dokumente, S. XXXIII–XXXVII (XXXVI); Köhler, S. 95–100 (97f.).

[84] Eisner trat sofort mit einem entsprechenden Gesuch an die Siegermächte heran. Telegramm vom 18. 11. 1918 an Foerster, abgedruckt in: Bayerische Dokumente, S. 41. Das Gesuch blieb unbeantwortet. Zur ablehnenden Reaktion Frankreichs und Belgiens siehe: FRUS, P.P.C. II, S. 28, 30 u. 58; Köhler, S. 100–103.

[85] Bericht Dr. Friedrich Muckle vom 19. 11. 1918 an den Ministerpräsidenten, abgedruckt in: Bayerische Dokumente, S. 43–45; Ursachen und Folgen III, DokNr. 596. Dazu ergänzend Eisner, S. 108.

[86] Amtliche Veröffentlichung des bayer. Ministerpräsidenten vom 23. 11. 1918, abgedruckt in: Bayerische Dokumente, S. 3–16 (hier dessen einleitende Bemerkung, S. 3). Vgl. Telegramm des bayer. Ministerpräsidenten vom 21. 11. 1918 an die Bayer. Gesandtschaft in Berlin, ebd., S. 46.

[87] Die Absicht Kurt Eisners, durch Bildung einer Regierungsspitze, bestehend aus ihm selbst, Ebert, Haase und Liebknecht, in Berlin an die Macht zu kommen sowie das Scheitern seiner Pläne auf Grund der Weigerung Liebknechts, wird erstmals von Freya Eisner dargelegt. Sie stützt sich dabei auf eine Aktennotiz vom 23. 11. 1918 (überliefert im Geheimen Staatsarchiv München), die der Forschung bisher entgangen

Von den vier auszugsweise der Öffentlichkeit übergebenen Berichten bzw. Meldungen der bayerischen Gesandtschaft in Berlin vom Juli/August 1914[88] war das bedeutendste Dokument der Bericht des Geschäftsträgers vom 18. Juli „betr.: Die Aktion Österreichs gegen Serbien. Albanien. Die Haltung Rußlands". Diesen publizierte Eisner in einer Form, die nach dem Urteil von Dickmann „den wirklichen Sinn grob entstellte und einer Fälschung nahe kam"[89]. Indem alle Stellen weggelassen worden waren, die das Bemühen der deutschen Regierung zeigen, den österreichisch-serbischen Konflikt zu lokalisieren, war die Bereitschaft des Reiches, die Habsburg-Monarchie auch auf die Gefahr eines europäischen Krieges hin zu unterstützen, unterstrichen worden.
Das feindliche Ausland reagierte auf die „Enthüllungen" Eisners mit unverhohlener Freude. Gab es nun doch auch „Beweise" aus deutschen Archiven für die schon immer behauptete Schuld des Reiches am Kriege[90]! Die Verfasser des Berichts der „Commission des responsabilités des auteurs de la guerre et sanctions" stützten sich tatsächlich auf die Dokumentenauszüge als Beleg für die vorgefaßte Absicht der Mittelmächte, Krieg führen zu wollen („la préméditation de la guerre"), ohne den inzwischen erfolgten Berichtigungen und Stellungnahmen Beachtung geschenkt zu haben[91].
Dem Auswärtigen Amt kam die Publikation Eisners völlig ungelegen. Sie kollidierte zunächst mit eigenen Überlegungen über die einzuschlagende Taktik in der Behandlung der Kriegsschuldfrage. Von maßgeblicher Bedeutung war aber der Gegensatz in den politischen Grundüberzeugungen, der in den Verwahrungen gegen die Veröffentlichung zum Ausdruck kam: Das Amt warnte vor der Hoffnung, daß ein deutsches Bekenntnis zur Kriegsschuld Milderungen in den Friedensbedingungen zur Folge haben werde. Das Gegenteil müsse befürchtet werden. Die neue Reichsregierung sei aber bereit festzustellen, ob Deutschland eine *Mit*schuld am Ausbruch des Krieges treffe. Zu diesem Zweck würden die einschlägigen Akten des Auswärtigen Amtes von dessen Unterstaatssekretär überprüft und das Ergebnis veröffentlicht werden. Die volle Wahrheit könne aber erst an das Licht kommen, wenn auch die Pariser und Londoner Archive geöffnet werden würden[92].
Durch den selbstherrlichen Schritt Eisners kam endlich auch die Frage der Durchsicht der Archive ins Rollen. Nach dem Vorbild der Bolschewiki in Rußland, die das zaristische Regime kompromittierende Geheimakten veröffentlicht hatten, eine echte revolutionäre Forderung! In der Kabinettssitzung vom 23. November 1918 beantragte der Volksbeauf-

---

zu sein scheint. Leider gibt die Verfasserin keinen weiteren Aufschluß über die Quelle. Eisner, S. 109–113. – Nachdem Liebknecht sich Eisner versagt hatte, forderte dieser auf der am 25. 11. 1918 abgehaltenen Reichskonferenz, daß an die Spitze Deutschlands, „an die Stelle des halb aufgelösten Bundesrats", ein provisorisches Präsidium treten müsse. Das Präsidium solle aus fünf bis sieben unbelasteten Männern, die sowohl Vertreter der Reichsregierung wie der Bundesstaaten sein könnten, bestehen. Es solle die Aufgabe haben, alle Verhandlungen mit den Siegermächten zu führen. Protokoll der Reichskonferenz, abgedruckt in: Regierung der Volksbeauftragten I, DokNr. 30 (hier: S. 165 u. 179f.).

[88] Synoptischer Abdruck der Veröffentlichung Eisners und der Originale in: Bayerische Dokumente, S. 3–16. Die Bedeutung der Diskrepanzen zwischen beiden untersucht Dirr, ebd., S. XXXVII–LVI.

[89] Kriegsschuldfrage, S. 62f. Nach Mitchell, S. 137, soll Eisner eine Sinnentstellung des Berichts freilich ferngelegen haben.

[90] PA/AA WK adh. 4, Bd 12, Telegramm Nr. 2156 des Gesandten in Bern, Frhr. v. Romberg, vom 27. 11. 1918: In Ententekreisen herrsche „heller Jubel" über Eisners Enthüllungen. Man sei „der Überzeugung, daß man uns jetzt ganz in der Hand habe und mit uns machen könne, was man wolle".

[91] Siehe Bayerische Dokumente, S. 17–19.

[92] Halbamtliche Mitteilung des AA in DAZ Nr. 600 vom 25. 11. 1918, ebd., S. 51–53, und Pressenotiz des AA vom 26. 11. 1918, ebd., S. 60 (mit kleinen Abweichungen auch in Schulthess 1918 I, S. 515).

tragte Hugo Haase (USPD) die Beschlagnahme des Archivs des Auswärtigen Amtes. Der Rat der Volksbeauftragten faßte daraufhin den Beschluß, die politischen Archive unter seine „Obhut" zu stellen[93]. Wahrscheinlich schon zuvor hatte der Beigeordnete im Auswärtigen Amt, der bekannte Theoretiker des Marxismus Karl Kautsky (USPD), den Vorschlag gemacht, deutsche Dokumente zum Kriegsausbruch zu veröffentlichen. Der Rat der Volksbeauftragten stimmte einer Durchsicht und Sammlung der Archivalien zu, machte aber zur Auflage, nicht die von Eisner praktizierte Methode der Veröffentlichung von Einzeldokumenten nachzuahmen[94]. Mit dieser Anweisung brachte sich die Revolutionsregierung um den politischen Effekt, den eine baldige Veröffentlichung von zielbewußt ausgewählten Dokumenten im In- und Ausland hätte haben können.

Nach dem Novemberumsturz 1918 wäre noch eine weitere revolutionäre Behandlung der Schuldfragen möglich gewesen. Die neuen Machthaber hätten entsprechend historischer Parallelen ein Revolutionstribunal errichten können, um die Verantwortlichen zur Rechenschaft zu ziehen. Diese Forderung ist in den Monaten des Umbruchs erhoben worden, ihr fehlte allerdings die nötige Durchschlagskraft. Dickmann meint sogar, „nach einer Forderung dieser Art sucht man in den revolutionären Kundgebungen [...] vergebens"; zwei ihm dennoch bekannte Beispiele hält er für nicht repräsentativ genug, um ihnen historische Relevanz zuzumessen[95]. Es gibt aber durchaus weitere Belege:

Auf der am 25. November 1918 in Berlin abgehaltenen Konferenz der Reichsregierung mit den Vertretern der deutschen Einzelstaaten forderte Arthur Crispien, der als gemäßigtes USPD-Mitglied in der Provisorischen Regierung Württembergs das Innenressort bekleidete, die Einsetzung eines Gerichtshofs, „vor dem alle an diesem Kriege Schuldigen zu erscheinen hätten, nicht um gegen sie mit Freiheitsstrafen vorzugehen, sondern um die Schuldfrage öffentlich festzustellen"[96]. In der Kabinettssitzung am 6. Dezember 1918 beriet man über einen Antrag der Hessischen Regierung, der die „Bestrafung der an Beginn und Verlängerung des Krieges schuldigen Personen" bezweckte. Der Rat der Volksbeauftragten vertagte die Behandlung des Antrags[97].

Diesen „offiziellen" Forderungen nach Schaffung eines besonderen Staatsgerichtshofs

---

[93] Protokoll der Kabinettssitzung am 23.11.1918, abgedruckt in: Regierung der Volksbeauftragten I, DokNr. 26 (P. 6). Der entsprechende Beschluß wurde am 26. 11. 1918, wahrscheinlich auf einer nachmittags oder abends abgehaltenen Kabinettssitzung, gefaßt. Ein Protokoll existiert nicht. Ebd., DokNr. 26, Anm. 8, und DokNr. 31, Anm. 23.

[94] Kautsky, Karl, Wie der Weltkrieg entstand. Dargestellt nach dem Aktenmaterial des Deutschen Auswärtigen Amts, Berlin 1919, S. 7 f. In den Kabinettsprotokollen sind die Beauftragung Kautskys und die getroffene Auflage nicht dokumentiert, vgl. aber die stattgefundenen einschlägigen Beratungen, Regierung der Volksbeauftragten I, DokNr. 16 (P. 6), 26 (P. 6) u. 36 (P. 13, Beauftragung von Dr. Max Quarck [SPD] als Mitbearbeiter). In der Kabinettssitzung am 5. 12. 1918 berichteten Kautsky und Quarck, daß der erste Band des geplanten Weißbuchs die Zeit vom Attentat in Sarajewo bis zum Ultimatum an Serbien umfassen solle. Die Bearbeiter wurden angewiesen, das Manuskript dem Kabinett vorzulegen, damit dieses über die Drucklegung beschließen könne. Ebd., DokNr. 39 (P. 2).

[95] Dickmann, Kriegsschuldfrage, S. 61. Er kennt nur die im Programm des Zentralrats der Marine (53er-Ausschuß) vom 9. 12. 1918 enthaltene Forderung nach Einsetzung eines Volksgerichts zur Aburteilung der am Kriege Schuldigen und eine ähnliche Forderung des Soldatenrats der 4. Armee vermutlich vom Januar 1919.

[96] Protokoll der Reichskonferenz, abgedruckt in: Regierung der Volksbeauftragten I, DokNr. 30 (hier: S. 177). Die Reichsregierung wurde auch durch einen förmlichen Antrag aufgefordert, einen Staatsgerichtshof zur Erforschung der Schuld am Krieg zu bestellen. Aus dem Protokoll geht nicht hervor, von wem der Antrag eingebracht wurde. Ebd., S. 187.

[97] Protokoll der Kabinettssitzung am 6. 12. 1918, mittags, ebd., DokNr. 41 (P. 8).

stehen die von revolutionären Gremien und von politischen Gruppen erhobenen zur Seite. So verlangte der Zentralrat der Marine (53er-Ausschuß) in seinem politischen Programm vom 9. Dezember 1918 das „Einsetzen eines Volksgerichtes zur Untersuchung und Aburteilung der am Kriege schuldigen Personen, sowie derjenigen, die einen früheren Verständigungsfrieden vereitelt haben"[98]. Der Vollzugsausschuß des Zentral-Soldatenrates in Brüssel hatte kurz zuvor bei der Reichsregierung die Bildung eines Staatsgerichtshofs zwecks Untersuchung folgender „Vergehen" und Bestrafung der Schuldigen beantragt: Deportation belgischer Arbeiter, Zerstörung belgischer Industrieanlagen, Prozeß gegen Miß Cavell und „Fall Winterfeldt, der mit 2 Divisionen gegen Aachen und Köln marschieren wollte, um die Revolution niederzuschlagen"[99]. Es wurde die Erwartung ausgesprochen, daß die deutsche Regierung den Staatsgerichtshof unverzüglich und ohne Druck der Alliierten schaffe[100]. Klangen in diesem Antrag schon Vorstellungen an, die einem Revolutionstribunal nahe kamen, so wurde letzteres Mitte Dezember 1918 vom Spartakusbund explizit verlangt. Zu den Maßnahmen, die zur Sicherung der Revolution sofort ergriffen werden müßten, zählte er die „Einsetzung eines Revolutionstribunals, vor dem die Hauptschuldigen am Kriege und seiner Verlängerung, die beiden Hohenzollern, Ludendorff, Hindenburg, Tirpitz und ihre Mitverbrecher sowie alle Verschwörer der Gegenrevolution abzuurteilen sind"[101].

Die Forderung nach einem Staatsgerichtshof war übrigens schon vor der Revolution zu vernehmen gewesen. Soweit zu sehen, ist sie erstmalig auf dem am 12. und 13. Oktober 1918 in München veranstalteten Parteitag der bayerischen Sozialdemokratie erhoben worden. In der einstimmig verabschiedeten Entschließung des Parteitages heißt es:

> „Der Parteitag fordert vom Reichstag die Einsetzung und Wahl eines Staatsgerichtshofes zur Feststellung und Aburteilung aller Schuldigen, die frühere Friedensaktionen zum Scheitern gebracht und damit für den unglücklichen Kriegsausgang und für die ungeheure Zahl von Opfern während und nach dem Kriege die Verantwortung zu tragen haben. Diese Untersuchungen haben vor keiner noch so hochstehenden Person Halt zu machen[102]."

Die Anregung stieß auch in bürgerlichen Kreisen auf Sympathie. Der Marineexperte und

---

[98] Abgedruckt in: Ursachen und Folgen III, DokNr. 552.

[99] Bezugnahme auf den von der OHL am 8. 11. 1918 zeitweilig verfolgten Plan, die 2. Garde- und die 52. Reserve-Infanteriedivision unter dem Kommando von Gen. Lt. v. Winterfeldt (Chef des Stabes des Generalgouvernements Belgien) gegen die „roten Brückenköpfe" Aachen, Köln, Bonn und Koblenz einzusetzen. Frdl. Mitteilung von Oberstlt. Dr. Ernst-Heinrich Schmidt, Rastatt. Siehe jetzt seine inzwischen erschienene Dissertation: Heimatheer und Revolution 1918. Die militärischen Gewalten im Heimatgebiet zwischen Oktoberreform und Novemberrevolution, Stuttgart 1981 (= Beiträge zur Militär- und Kriegsgeschichte, Bd 23), S. 327f. Vgl. Thaer, Albrecht von, Generalstabsdienst an der Front und in der O. H. L. Aus Briefen und Tagebuchaufzeichnungen 1915–1919, hrsg. von Siegfried A. Kaehler, Göttingen 1958 (= Abhandlungen der Akademie der Wissenschaften in Göttingen. Philologisch-historische Klasse, Dritte Folge, Nr. 40), S. 256 (Tagebuchaufzeichnung über den 8. 11. 1918).

[100] Bericht des Vollzugsausschusses des Zentral-Soldaten-Rates in Brüssel vom 1. 12. 1918 an die Reichsregierung, zit. nach Regierung der Volksbeauftragten I, DokNr. 41, Anm. 6. Vgl. Protokoll der Kabinettssitzung am 6. 12. 1918, mittags, ebd., DokNr. 41 (P. 9).

[101] Programmatische Kundgebung des Spartakusbundes, veröffentlicht in „Rote Fahne" Nr. 29 vom 14. 12. 1918, auszugsweise abgedruckt in: Schulthess 1918 I, S. 568f. (568); Ursachen und Folgen III, DokNr. 637.

[102] Schulthess 1918 I, S. 338f. (338).

-kritiker des liberalen „Berliner Tageblatts", Kapitän z. S. a. D. Persius, sprach sich dafür aus, den ehemaligen Staatssekretär des Reichsmarineamts, Großadmiral Tirpitz, wegen seiner verfehlten Flottenbaupolitik, insbesondere aber wegen mangelnder Forcierung des U-Bootbaus während des Krieges, vor einem Staatsgerichtshof zur Verantwortung zu ziehen[103].

Den in den Monaten des politischen Umbruchs laut gewordenen Forderungen nach einem Staatsgerichtshof lagen unterschiedliche Vorstellungen zugrunde. Die gemäßigteren orientierten sich an der Stellung der Staatsgerichtshöfe in den Verfassungen der süddeutschen Bundesstaaten. Vor dem jeweiligen Staatsgerichtshof konnte gegen die Minister sowie teilweise auch gegen die höchsten Staatsbeamten Anklage erhoben werden, die Verfassung verletzt zu haben[104]. Die Strafbefugnis der Gerichte war verschieden geregelt. Die Verfassung Württembergs sah als Sanktionen Verweise und Geldstrafen, Suspension und Entfernung vom Amt sowie zeitweiser oder dauernder Verlust des passiven Wahlrechts zu den Kammern vor[105]. Dagegen liefen die radikaleren Vorstellungen auf die Schaffung eines Revolutionstribunals hinaus. Der Rat der Volksbeauftragten hat zu den Forderungen nach einem letztlich politischen Gerichtshof nicht direkt Stellung genommen. Gewiß ist nur, daß er jede Art von ungesetzlicher Sondergerichtsbarkeit ablehnte[106]. Warum er sich der Einführung einer politischen Jurisdiktion versagte, läßt sich nur vermuten: Es scheint, als habe die Reichsregierung nach dem Appell an die Siegermächte, einer neutralen Untersuchung der Kriegsschuldfrage zuzustimmen, zunächst deren Reaktion abwarten wollen. Schritte auf nationaler Ebene konnten eine internationale Lösung des Problems durchkreuzen. Weittragender ist vielleicht die Erklärung, daß man auf diesem

---

103 Persius, L[othar], Der Vorsitzende der Vaterlandspartei, in: Berliner Tageblatt Nr. 534 vom 18. 10. 1918. – Ein weiteres Zeugnis für die Zustimmung bürgerlicher Kreise, die politischen Verfehlungen der Reichsführung im Weltkrieg durch einen Staatsgerichtshof untersuchen zu lassen, findet sich in der Aufzeichnung „Ein politischer Gerichtshof?" vom 14. 10. 1918, erstmals veröffentlicht in: Die Schuld am deutschen Zusammenbruch. Tagebuchblätter eines höheren preußischen Verwaltungsbeamten, hrsg. von Otto Baumgarten, Tübingen 1919 (Exemplar in: BA R 43 I/805, Bl. 9–29). Der Verfasser der Tagebuchaufzeichnungen war Frhr. v. Lüdinghausen gen. Wolff, Polizeipräsident von Schöneberg-Wilmersdorf von 1908–1919. Siehe dessen Schreiben vom 1. 8. 1919 an Reichsministerpräsident Bauer, ebd., Bl. 8.

104 Die Ministeranklage war eine charakteristische Konstruktion im konstitutionellen Verfassungstypus, in dem eine parlamentarische Ministerverantwortlichkeit nicht gegeben war. Zur Ausgestaltung im dt. Reichsrecht vgl.: Verfassung für das Königreich Württemberg vom 25. 9. 1819 §§ 195–205; Verfassung für das Großherzogtum Baden vom 22. 8. 1818 §§ 67a–67g, eingefügt durch Gesetz vom 20. 2. 1868; Verfassung für das Königreich Bayern vom 26. 5. 1818, Abschnitt X §§ 5 u. 6, ergänzt durch Gesetz vom 4. 6. 1848 die Ministerverantwortlichkeit und durch Gesetz vom 30. 3. 1850 den Staatsgerichtshof und das Verfahren bei Anklagen gegen Minister betreffend. Auch die Verfassung für das Königreich Sachsen vom 4. 9. 1831 enthielt in §§ 142–153 eingehende Vorschriften über den Staatsgerichtshof als Organ zum Schutz der Verfassung. Das in Artikel 61 der preußischen Verfassung vom 31. 1. 1850 vorgesehene Gesetz zur Regelung der Ministeranklagen ist nicht ergangen. Die Reichsverfassung von 1871 kannte weder einen Staatsgerichtshof (die Schlichtung staatsrechtlicher Streitigkeiten oblag dem Bundesrat) noch das Institut der Ministeranklage. – Die Texte der genannten Verfassungen sind abgedruckt in: Dokumente zur deutschen Verfassungsgeschichte, hrsg. von Ernst Rudolf Huber, Bd 1: Deutsche Verfassungsdokumente 1803–1850, Stuttgart 1961.

105 § 203. – Nach der Verfassung Badens (§ 67a) war im Falle der Verurteilung auf Entlassung des Angeklagten aus dem Amt zu erkennen. In der Verfassung Sachsens (§ 148) erstreckte sich die Strafbefugnis des Staatsgerichtshofs auf ausdrückliche Mißbilligung des Verfahrens oder Entfernung vom Amt.

106 Vgl. Schreiben des Rats der Volksbeauftragten vom 5. 12. 1918 an die Bundesregierungen, auszugsweise abgedruckt in: Regierung der Volksbeauftragten I, DokNr. 36, Anm. 8.

subtilen Gebiet Entschlüssen der künftigen Nationalversammlung nicht vorgreifen wollte[107].

In einem Punkt der Schuldfragen sah sich der Rat der Volksbeauftragten allerdings veranlaßt, sofortige Maßnahmen zu ergreifen. Am 30. November 1918 erließ er eine „Verordnung über Zusammensetzung und Geschäftsgang der Kommission zur Untersuchung der Anklagen wegen völkerrechtswidriger Behandlung der Kriegsgefangenen in Deutschland"[108]. Der Kommission wurde die Aufgabe übertragen, den Sachverhalt offizieller Beschwerden der gegnerischen Regierungen über die Behandlung von Kriegsgefangenen in Deutschland aufzuklären und die Verantwortlichen für Verfehlungen festzustellen. Die Untersuchungen und die vorgesehenen öffentlichen Verhandlungen, zu denen beglaubigte Vertreter der betroffenen gegnerischen Regierung zuzulassen waren, sollten sich nach den Vorschriften der Strafprozeßordnung richten. Zur Ahndung von „Disziplinarvergehen oder ähnlicher völkerrechtswidriger Behandlung der Kriegsgefangenen" stand der Kommission und den aus ihrer Mitte gebildeten Spruchkammern die Befugnis zu, den oder die Schuldigen aus dem Heere auszustoßen. Bei der Feststellung einer strafbaren Handlung sollte die Sache an das zuständige Gericht abgegeben werden. Die Reichsregierung ernannte mit dem Völkerrechtler Professor Walther Schücking einen Juristen zum Vorsitzenden der Kommission, der als Anwalt einer auf dem Rechtsgedanken basierenden internationalen Verständigung auch im Ausland bekannt war. Nach seinem Vorsitzenden erhielt das neue Gremium die Kurzbezeichnung „Kommission Schücking". Namhafte Persönlichkeiten verschiedener Parteizugehörigkeit und sachverständige Mitarbeiter aus den Reichsbehörden wurden zu ihren Mitgliedern berufen[109].

Die Verordnung zur Untersuchung der Anklagen wegen völkerrechtswidriger Behandlung der Kriegsgefangenen in Deutschland kam auf dringende Anregung von Staatssekretär Matthias Erzberger, dem Vorsitzenden der Deutschen Waffenstillstandskommission, zustande. Soweit festgestellt werden konnte, erhielt er den Anstoß zu seiner Initiative von einem gewissen Mr. Abrahamson, der sich als Vertreter des Kopenhagener Büros des englischen Roten Kreuzes zwischen dem 19. und 21. November 1918 in Berlin aufhielt, um

---

[107] Dazu auch: Fischer-Baling, Eugen, Der Untersuchungsausschuß für die Schuldfragen des ersten Weltkrieges, in: Aus Geschichte und Politik. Festschrift zum 70. Geburtstag von Ludwig Bergstraesser, hrsg. von Alfred Herrmann, Düsseldorf 1954, S. 117–137. F.-B. erklärt die nicht erfolgte Einsetzung eines Tribunals zur Aburteilung der Schuldigen damit, daß die neuen Machthaber keine Notwendigkeit sahen, „den [politisch] Toten noch Fußtritte zu versetzen". Antimilitaristischer Geist schien selbstverständlich, der Kriegsgeist völlig ausgelöscht zu sein. Ebd., S. 118.

[108] BA R 43 I/10, Bl. 5f., veröffentlicht in: RGBl. 1918, S. 1388–1390.

[109] Berufen wurden: Eduard Bernstein (USPD, Beigeordneter im Reichsschatzamt), Rechtsanwalt Dr. Oskar Cohn (USPD, Beigeordneter im Reichsjustizamt), Geh. Justizrat Heinrich Dove (Fortschrittliche Volkspartei, Vizepräsident des Reichstags seit 1912), Wirkl. Geh. Legationsrat Dr. Eckardt (Rechtsabtlg. des AA), Oberst v. Fransecky (Direktor des Unterkunfts-Departements im preuß. Kriegsministerium), Karl Hildenbrand (württ. Gesandter bei der Reichsregierung), Dr. M. Pfeiffer (Zentrum), Heinrich Prinz zu Schönaich-Carolath (Nationalliberale Partei/DDP), D. Stücklen (SPD, Vorsitzender der Anfang 1919 gegründeten Reichszentrale für Kriegs- und Zivilgefangene), Kapitän z. S. E. Vanselow (Mitglied der Wako). PA/AA Kommission Schücking, Generalia II; auch: Die Behandlung der feindlichen Kriegsgefangenen. Amtlicher Bericht der Kommission zur Untersuchung der Anklagen wegen völkerrechtswidriger Behandlung der Kriegsgefangenen in Deutschland Berlin 1920, S. 9 (im folgenden zit. Bericht Kommission Schücking, Exemplar in BA R 43 I/10). Siehe zur Einsetzung und Arbeit der „Kommission Schücking" auch: Acker, Detlev, Walther Schücking (1875–1935), Münster 1970 (= Veröffentlichungen der Historischen Kommission Westfalens XVIII, Westfälische Biographien, Bd 6), S. 133–137.

im Auftrag der britischen Regierung Besprechungen über die Repatriierung der britischen Kriegsgefangenen zu führen[110]. Erzberger nahm die Gelegenheit wahr, um Abrahamson auf die Härte der Waffenstillstandsbedingungen aufmerksam zu machen. Er beklagte in diesem Zusammenhang eindringlich die Forderung nach Abgabe großer Mengen Eisenbahnmaterials, die die wirtschaftliche Situation in Deutschland außerordentlich verschlechtern werde und damit der „Anarchie" – gemeint war sicherlich der Bolschewismus – Vorschub leiste. Auf seine Frage, ob Deutschland nicht irgend etwas tun könne, um das Mißtrauen zu zerstreuen, aus dem heraus die Härte der Waffenstillstandsbedingungen doch wohl zu erklären sei, entgegnete der Engländer, in seiner Heimat würde nichts größeren Eindruck hervorrufen als Deutschlands Bereitschaft, von sich aus die englischen Anklagen über die schlechte, grausame und völkerrechtswidrige Behandlung der Kriegsgefangenen in seinem Gewahrsam zu untersuchen und die Schuldigen zu bestrafen. Der Wert eines solchen Schrittes wäre besonders hoch, wenn Deutschland Vertreter neutraler oder alliierter Mächte zu der Untersuchung hinzuziehen würde. Erzberger stimmte der Anregung zu. Er erklärte, daß er versuchen wolle, einen entsprechenden Regierungsbeschluß herbeizuführen, dessen Grundlage nicht das „Verlangen nach Gegenseitigkeit", sondern das „Prinzip der vollen Gerechtigkeit, auf dem die neue deutsche Regierung aufgebaut" sei, sein solle[111].

Erzberger folgte der Anregung um so bereitwilliger, als die Ententemächte bei der Deutschen Waffenstillstandskommission Spa immer wieder Beschwerden über die unzureichende Fürsorge für die Kriegsgefangenen in den Lagern und auf den Repatriierungstransporten vorbrachten. Die gegnerischen Demarchen ließen die Befürchtung aufkommen, daß die Differenzen in der Kriegsgefangenenfrage eine Verlängerung des Waffenstillstands gefährden könnten. Die Reichsregierung fühlte sich daher unter Zugzwang gesetzt. Sie entschloß sich zur Bildung einer nationalen Untersuchungskommission, da es aussichtslos erschien, die Zustimmung der Sieger zu einer neutralen Überprüfung der von allen Kriegführenden erhobenen Beschuldigungen in der Behandlung der Gefangenen zu erhalten[112]. Der deutsche Schritt, der die Bereitschaft zur Aufklärung alter und neuer Mißstände dokumentierte, wurde – entgegen Erzbergers ursprünglicher Intention – den Gegnern mit dem Ersuchen notifiziert, eine ähnliche Untersuchung in ihren Ländern einzuleiten. Diese Anregung wurde jedoch keiner Antwort für würdig erachtet[113].

---

[110] Vgl.: Der Waffenstillstand 1918–1919, hrsg. von Edmund Marhefka, Bd 3: Die Deutsche Waffenstillstands-Kommission. Bericht über ihre Tätigkeit vom Abschluß des Waffenstillstandes bis zum Inkrafttreten des Friedens, 2. Aufl., Berlin 1928, S. 54.

[111] PA/AA WK 9, Bd 31, Telegramm Gesandter in Kopenhagen Nr. 908 vom 23. 11. 1918 an AA (für StS Erzberger). Brockdorff-Rantzau gab in diesem eine auf den Mitteilungen Abrahamsons basierende Zusammenfassung der in Berlin geführten Besprechungen und bat um Bestätigung der getroffenen Vereinbarungen. – Obwohl die Vorarbeiten zur Bildung der „Kommission Schücking" weitgehend im Dunkeln liegen, besteht kein Zweifel, daß diese ein „Kind" Erzbergers war: Er teilte am 27. 11. 1918 den Beschluß des Rats der Volksbeauftragten (vom 23. 11. 1918?) über die Einsetzung der Kommission u. die Namen der in Aussicht genommenen Mitglieder der Öffentlichkeit mit (Berliner Tageblatt Nr. 608 vom 28. 11. 1918; Schulthess 1918 I, S. 526). Er erarbeitete die Verordnung, die freilich erst am Nachmittag bzw. Abend des 30. 11. 1918 von Ebert u. Haase unterzeichnet wurde. BA R 43 I/10, Bl. 4–6; vgl. Regierung der Volksbeauftragten I, DokNr. 34 (P. 3). Erzberger eröffnete auch die erste Sitzung der Kommission am 2. 12. 1918.

[112] Bericht Kommission Schücking, S. 7f.

[113] PA/AA Kommission Schücking, Generalia I, Bl. 4, Verbalnote vom 5. 12. 1918 an die Schweizerische Gesandtschaft in Berlin (Abschrift); Bericht Kommission Schücking, S. 11.

3. Die Schuldfragen während der Konzipierung der Richtlinien für die deutschen Friedensunterhändler

Die Annahme des Rücktrittsgesuchs von Wilhelm Solf hat dem Rat der Volksbeauftragten die Gelegenheit gegeben, den Posten des Staatssekretärs für Auswärtiges mit einem Mann aus den eigenen Reihen zu besetzen. Die Wahl fiel jedoch auf Ulrich Graf v. Brockdorff-Rantzau, den Gesandten in Kopenhagen, da man auf die Erfahrung eines Berufsdiplomaten bei den bevorstehenden Friedensverhandlungen nicht glaubte verzichten zu können[114]. Rantzau[115] war nicht nur seiner Herkunft, sondern auch seinem Wesen und Fühlen nach Aristokrat. Als Kritiker des alten Regimes sowie als Befürworter einer Demokratisierung Deutschlands und eines Verständigungsfriedens stand er dennoch bei den neuen Machthabern in einem guten Ruf. Als Gesandter war er während des Krieges in dienstlichen Kontakt zu den nunmehrigen Volksbeauftragten Ebert und Scheidemann gekommen. Seitdem verband diese Männer ein Verhältnis gegenseitiger Achtung[116].

Die Übernahme des ihm angebotenen Amtes hatte Rantzau von der Erfüllung einer Reihe von Bedingungen abhängig gemacht[117]. Diese lauteten auf Festigung der Autorität der Regierung, beschleunigte Einberufung der Nationalversammlung, Konsolidierung des deutschen Kredits im Ausland, Schaffung einer republikanischen Armee und Einschränkung der Kompetenzen der Arbeiter- und Soldatenräte. Die Bedingungen, mit denen Rantzau bewußt in die Innenpolitik eingriff, hatten ein Wiedererstarken des kraftlos daniederliegenden Deutschen Reiches zum Ziel. Er hielt es für unmöglich, ohne ihre Erfüllung auswärtige Politik mit Erfolg betreiben zu können. Der Rat der Volksbeauftragten stimmte den Bedingungen zu[118]. Er sicherte Rantzau weiterhin Selbständigkeit in der Leitung des Auswärtigen Amtes zu, mit der Auflage, im Einvernehmen mit dem Kabinett zu handeln. In einem Punkte hat der künftige Staatssekretär offenbar keine Antwort erhalten, da das Kabinett die Frage für vorweggenommen erachtete. Dieser hatte erfahren wollen, ob er ermächtigt werden würde, seine Unterschrift unter Friedensbedingungen zu verweigern, die „eine auch nur annähernd menschenwürdige Existenzmöglichkeit für das [deutsche] Volk ausschließen“, oder „ob nur beabsichtigt wird, den Vertrag unter Protest zu vollziehen“[119]. Eine die Haltung Rantzaus charakterisierende und das Dilemma der deutschen Politik im Juni 1919 antizipierende Frage!

Der Wechsel in der Leitung des Auswärtigen Amtes bedeutete keine Neuorientierung der

---

114 Protokoll der Kabinettssitzung am 18. 12. 1918, abgedruckt in: Regierung der Volksbeauftragten I, DokNr. 60 (P. 5).

115 Graf Brockdorff-Rantzaus benutzte selbst diese Kurzform seines Namens. Wengst, S. 104, Anm. 3.

116 Vgl. ebd., S. 9–14.

117 Schreiben Rantzau vom 9. 12. 1918 an Scheidemann und, diesem beigefügt, ein an den Rat der Volksbeauftragten adressiertes Promemoria, beide abgedruckt in: Brockdorff-Rantzau, [Ulrich] Graf [von], Dokumente und Gedanken um Versailles, 3. erw. Aufl., Berlin 1925, S. 29–35.

118 Protokolle der Kabinettssitzungen am 13. 12. u. 18. 12. 1918, abgedruckt in: Regierung der Volksbeauftragten I, DokNr. 54 (P. 4) u. DokNr. 60 (P. 5). Schreiben des Rats der Volksbeauftragten vom 18. 12. 1918 an Rantzau, ebd., DokNr. 61. Über die mündlichen Verhandlungen, die Rantzau mit Mitgliedern des Kabinetts führte, ist wenig Sicheres bekannt. Seiner Forderung, daß das Weißbuch zur Kriegsschuldfrage „reine Tatsachen [...], vollständig und in chronologischer Reihenfolge, [enthalten]“ und unter seiner Mitwirkung erscheinen solle, wurde stattgegeben. Ebd., DokNr. 60 (P. 5) u. 61. Siehe auch Wengst, S. 16f.

119 Schreiben Rantzaus vom 9. 12, 1918 an Scheidemann (wie Anm. 117), hier: S. 30f. Stellungnahme der Volksbeauftragten in der Kabinettssitzung am 18. 12. 1918, wie Anm. 114, hier: S. 398. Zur Berufung Rantzaus vgl.: Elben, Wolfgang, Das Problem der Kontinuität in der deutschen Revolution. Die Politik

deutschen Außenpolitik. Rantzau kennzeichnete die vor ihm liegende Aufgabe als Herbeiführung eines Rechtsfriedens, dessen Fundamente durch die Vierzehn Punkte Wilsons gelegt und die von allen Parteien durch die „Lansing-Note“ mit den bekannten zwei Einschränkungen akzeptiert worden seien. Deutschland werde seine Zusagen gewissenhaft einlösen, werde aber nicht über das hinausgehen, was es als Recht anerkannt habe. Rechte, die anderen Völkern zugebilligt würden, müßten auch für die besiegten gelten. Einen Frieden der Gewalt, der Vernichtung und Versklavung des deutschen Volkes lehnte Rantzau für seine Person kategorisch ab. Prononciert sprach er sich für die Idee des Völkerbundes als Grundlage einer Neugestaltung der Welt aus[120].

In der praktischen Führung der auswärtigen Politik hing Rantzau zunächst ebenfalls der Orientierung an Wilson an. Gleichwohl hatte auch er erkannt, daß die Stellung des amerikanischen Präsidenten innen- wie außenpolitisch geschwächt war. Innenpolitisch durch die Niederlage seiner Partei in den Kongreßwahlen, außenpolitisch durch die nach dem Sieg über Deutschland geringere Abhängigkeit der Entente von den USA. Daher maß Rantzau der in der deutschen Öffentlichkeit vielfach gehegten Erwartung, Wilson werde auf der Friedenskonferenz als Sachwalter des Rechts auftreten und zwischen Siegern und Besiegten vermitteln, wenig Realitätssinn zu[121]. Obwohl er an dem Durchsetzungsvermögen des Präsidenten zweifelte, konnte Deutschland nur bei ihm Schutz vor exorbitanten Forderungen der Entente finden. Deshalb schien es Rantzau angezeigt, die Stellung Wilsons zu stützen[122]. Immer wieder unterstrich er die Übereinstimmung der deutschen Regierung mit Wilsons Vorstellungen über die Prinzipien, die zu einer Neugestaltung der Welt führen sollten. Dagegen prangerte er Poincaré und Clemenceau als Vertreter des alten Systems der Allianzen und des fragwürdigen Gleichgewichts an, des Systems, das den Weltkrieg ermöglicht habe[123].

Zur Frage der Schuld am Kriege äußerte er sich dahingehend, daß deren Untersuchung geboten sei, da sie alle gerecht denkenden Menschen interessiere. Die Untersuchung sei geeignet, den Geist festzustellen, der den Tod von Millionen zur Folge hatte, und die Gesinnung für eine Weltfriedensordnung auf der Grundlage des Rechts zu fördern. Voraussetzung dafür sei, daß alle Seiten den Mut zur Offenheit und Unparteilichkeit aufbringen würden. Die Reichsregierung habe durch ihren Vorschlag, eine neutrale Kommission zur Untersuchung der Kriegsschuldfrage einzusetzen, ihre Bereitschaft zur Entgiftung der internationalen Atmosphäre bewiesen. Dagegen habe Poincaré – alten politischen Kategorien verhaftet – in seiner Rede zur Eröffnung der Friedenskonferenz die wohlbekannte

der Staatssekretäre und der militärischen Führung vom November 1918 bis Februar 1919, Düsseldorf 1965 (= Beiträge zur Geschichte des Parlamentarismus und der politischen Parteien, Bd 31), S. 114–118; Albertin, S. 310f.; Bluhm, S. 114–116.

120 „Programmatische Erklärungen“ vom 24. 12. 1918 und 2. 1. 1919, abgedruckt in: Brockdorff-Rantzau, S. 36f.

121 Entwurf Rantzaus vom 21. 1. 1919 (gedacht als Entgegnung auf die Ausführungen von Gen. Lt. Groener in der Kabinettssitzung vom gleichen Tag), abgedruckt in: Regierung der Volksbeauftragten II, DokNr. 115. Dort wird die Anlehnung an die USA auch realpolitisch begründet: „Es kann keinem Zweifel unterliegen, daß Amerika nach diesem unheilvollen Kriege diejenige Macht ist, die am meisten gewonnen hat, und daß es in der Welt die führende Rolle spielen wird. [...] Wir müssen daher suchen, unsere Politik so einzurichten, daß wir Amerika in seinem eigenen Interesse allmählich auf unsere Seite führen.“ (S. 299).

122 Zu den Versuchen Rantzaus, auf Wilson einzuwirken, Wengst, S. 17–21. Vgl. Bluhm, S. 123–126.

123 Ansprache an die Vertreter der ausländischen Presse am 24. 1. 1919, abgedruckt in: Brockdorff-Rantzau, S. 40–43.

Greuelhetze gegen das deutsche Volk wiederum aufgetischt[124]. So könne man keine moralischen Eroberungen machen. Das Ziel müsse der Völkerbund sein. Deutschland wünsche ihn, könne ihm aber nicht als ein Paria beitreten, könne ihm auch kein Vertrauen entgegenbringen, wenn man es bei seinem Eintritt mit Verleumdungen und übler Nachrede empfange. Das demokratische Deutschland sei bereit, am Aufbau einer neuen Welt gleichberechtigt mit den anderen Völkern mitzuwirken. Die Kriegsgefahr könne allerdings nicht gebannt werden, wenn durch den Friedensschluß nationale Güter vergewaltigt, Irredenten geschaffen und dem Revanchegedanken Raum gegeben werde[125].

Im gleichen Sinne nahm Brockdorff-Rantzau als Außenminister im Kabinett Scheidemann in seiner parlamentarischen Jungfernrede vor der Nationalversammlung zu den Schuldfragen Stellung[126]. Er hob die politischen Veränderungen in Deutschland hervor, die es ihm ermöglichten, auch Unrecht und historische Schuld, die das vergangene Regime auf sich geladen habe, zu bekennen. Die Haltung Deutschlands auf den Haager Friedenskonferenzen in den Fragen der Schaffung einer internationalen Schiedsgerichtsbarkeit und der Begrenzung der Rüstungen habe auf einer falschen Einschätzung des politischen Wertes von Macht und Recht beruht. Insofern trage das Reich eine historische Schuld. Dieses Bekenntnis schließe aber keineswegs

> „das Geständnis ein, daß das deutsche Volk im Sinne feindlicher Behauptungen allein den Weltkrieg verschuldet und daß es ihn mit einer Barbarei geführt habe, die ihm ausschließlich eigen sei. Wir haben uns über jahrelange Kriegspläne unserer Gegner und über schwere Grausamkeiten ihrer Kriegführung zu beklagen und sind bereit, über die Schuld am Kriege und Schuld im Kriege unparteiische Männer urteilen zu lassen, die das Vertrauen aller Kriegführenden genießen. Deshalb [!] halten wir an den Wilson'schen Grundsätzen fest, daß dem Sieger keine Kriegskosten zu bezahlen und keine Gebiete der Besiegten abzutreten sind. Verpflichtet und bereit sind wir, die Schäden wieder gutzumachen, die in den von uns besetzten Gebieten der Zivilbevölkerung durch unseren Angriff entstanden sind[127]."

Deutschland habe, so erklärte Rantzau, durch Annahme des Wilsonschen Friedensprogramms seine Abkehr von den politischen Zielen der Vergangenheit und seine Anerkennung der Wahrheit kundgetan, die „einer der Großen von Weimar" (Schiller) in die Worte gekleidet habe: „Die Weltgeschichte ist das Weltgericht". Die Feinde seien als Richter wegen Befangenheit abzulehnen. Ihre Zahl mache ihre Zuständigkeit nicht größer. Nicht dem Spruch des Siegers, nur dem Urteil des Unparteiischen könnten die Deutschen sich innerlich beugen[128].

Die Regierungerklärung zur auswärtigen Politik enthielt einmal mehr ein Bekenntnis zu dem Friedensprogramm Wilsons, freilich in dessen deutscher Auslegung! Sie betonte die Beziehungslosigkeit zwischen der vereinbarten Grundlage für einen Rechtsfrieden und

---

124 Vgl. Rede des Präsidenten der Republik vom 18. 1. 1919, in engl. Übers. abgedruckt in: FRUS, P. P. C. III, S. 159–164.

125 Wie Anm. 123.

126 Rede gehalten am 14. 2. 1919, veröffentlicht in: Verhandlungen der verfassunggebenden Deutschen Nationalversammlung. Stenographische Berichte bzw. Anlagen zu den Stenographischen Berichten (im folgenden zit. Nationalversammlung), Bd 326, S. 66–72. Auch abgedruckt in: Brockdorff-Rantzau, S. 44–61.

127 Zit. nach Brockdorff-Rantzau, S. 46 f. Das stenographische Protokoll verzeichnet Zustimmung bei den Demokraten, Nationalversammlung, Bd 326, S. 66(D) u. 67 (A).

128 Brockdorff-Rantzau, S. 46; Nationalversammlung, Bd 326, S. 66 (C u. D).

den Schuldfragen. Die Rede endete mit einem Wort der Besinnung und der Mahnung, das ganz aus der Persönlichkeit Rantzaus resultierte. Die Abgeordneten auf ihre Verpflichtung gegenüber den „inneren und äußeren Gütern" der Nation hinweisend, erklärte er:

> „Wir sind besiegt, aber nicht entehrt! Der größte Dichter der deutschen Freiheit sagt: Nichtswürdig ist die Nation, die nicht ihr alles freudig setzt an ihre Ehre! Die Freudigkeit mag manchem von uns vergangen sein, aber der Wille, der unerschütterliche Wille, bleibt bestehen. Zu einem Teil ist des deutschen Volkes Würde in meine Hand gegeben, und ich gelobe, daß ich sie bewahren will[129]."

Die nicht ohne Pathos gehaltene Rede entsprach inhaltlich der Auffassung der Reichsregierung. Am 15. und 27. Januar 1919 hatte sich der Rat der Volksbeauftragten, der von den innenpolitischen Aufgaben überaus in Anspruch genommen war, etwas eingehender mit den Vorbereitungen für die Friedensverhandlungen befaßt[130]. Die Reichsregierung bekannte sich in einem amtlichen Kommuniqué zur Verantwortung, die ihr durch die Annahme des Wilsonschen Programms auferlegt sei. Sie werde jede der übernommenen Verpflichtungen streng einhalten, doch bei weitergehenden Forderungen der Gegner dürfe sie eine Überschreitung der Grenzen nicht zulassen, die der „Behauptung der jungen deutschen Republik als Staat, Volk und Wirtschaftskörper" gezogen seien[131]. Das Kabinett stimmte den von Staatssekretär Erzberger und Graf Bernstorff ausgearbeiteten „Richtlinien für die deutschen Friedensunterhändler" in ihrer Fassung vom Januar 1919[132] im Grundsatz zu. Diese sollten in den kommenden Monaten noch vervollständigt und flexi-

---

[129] Brockdorff-Rantzau, S. 61. Das stenographische Protokoll verzeichnet „Bravo! links" bzw. „Sehr richtig! links", Nationalversammlung, Bd 326, S. 72(A). Rantzau zitierte Friedrich Schiller, Jungfrau von Orleans I, 3.

[130] Protokolle der Kabinettssitzungen am 15. 1. 1919, vormittags, und am 27. 1. 1919, vormittags, abgedruckt in: Regierung der Volksbeauftragten II, DokNr. 106 und 120 a u. b. An der Übereinstimmung Rantzaus mit dem Kabinett besteht kein Zweifel, da die Teilnehmer der Sitzung vom 27. 1. 1919 – die fünf der SPD angehörenden Volksbeauftragten und eine Reihe von Staatssekretären – größtenteils der Regierung Scheidemann als Minister angehörten.

[131] Erklärung der Reichsregierung vom 17. 1. 1919, ebd., DokNr. 110.

[132] BA-MA RM 9/v. Fasz. 6021, Handakte Fr. I, Bl. 44–50 (Anlage zu Friko-Nr. 1057 vom 27. 1. 1919), abgedruckt in: Regierung der Volksbeauftragten II, DokNr. 120a (hier: S. 319–322). Eine erste Fassung der „Richtlinien" gelangte auf einer Sitzung im AA am 21. 12. 1918 zur Verteilung. Der Leiter der Friedenskommission im Reichsmarineamt notierte dazu: „Ich erfuhr, daß sie von Exzellenz Graf Bernstorff und Exzellenz Erzberger aufgestellt sind; ob und inwieweit sie der Auffassung des [sic] Volksbeauftragten entsprechen, ist mir nicht bekannt." BA-MA RM 9/v. Fasz. 6021, Handakte Fr. I, Aktenvermerk von K. Adm. v. Bülow vom 21. 12. 1918 (Bl. 15) sowie „Richtlinien" vom Dezember 1918 (Bl. 16–20). Die „Richtlinien" vom Januar entsprachen der früheren Fassung mit Ausnahme gewisser vom RMA beantragter Änderungen. Verfügung der Marine-Friedenskommission vom 27. 1. 1919 (Bl. 43). – Die Beteiligung Erzbergers erklärt sich dadurch, daß der Rat der Volksbeauftragten ihn und StS Solf mit den Vorarbeiten für die Friedensverhandlungen beauftragt hatte. (Kabinettssitzung mit Staatssekretären am 16. 11. 1918, Regierung der Volksbeauftragten I, DokNr. 13, hier: S. 62). Die Bemerkung von StS Brockdorff-Rantzau in der Kabinettssitzung am 15. 1. 1919 – „ich habe die Richtlinien entworfen" (ebd., DokNr. 106, hier: S. 268) – ist wohl dahin zu verstehen, daß Rantzau sich mit diesen identifizierte, nachdem er die Leitung der auswärtigen Politik übernommen hatte. Erst am 21. 2. 1919 erfolgte zwischen Rantzau und Erzberger eine förmliche Vereinbarung über die Abgrenzung der Kompetenzen, auf Grund derer die Vorbereitung der Friedensverhandlungen ganz in die Zuständigkeit des AA gelangte. Wengst, S. 112, Anm. 8. Vgl. Elben, S. 119.
Graf Bernstorff, früherer Botschafter in Washington u. in Konstantinopel, war im November 1918 mit der Leitung der Friedensvorarbeiten im AA beauftragt worden. Er stand dann der dem AA angegliederten „Geschäftsstelle für die Friedensverhandlungen" vor. Vgl. Bernstorff, Graf Johann Heinrich, Erinnerungen und Briefe, Zürich 1936, S. 183–190.

bler gestaltet werden. Es fällt auf, daß die Problematik der Kriegsschuldfrage in den „Richtlinien" vom Januar 1919 mit keinem Wort Erwähnung fand. Die Gefahr, daß die Siegermächte hohe Reparationsforderungen mit der deutschen Schuld am Kriege begründen könnten, wurde noch nicht gesehen. Die Wiedergutmachungspflicht schien in den Vierzehn Punkten und in der „Lansing-Note" fest umrissen zu sein. Der in ihr ausgedrückte Vorbehalt wurde im Gegensatz zur Intention seiner Autoren[133] restriktiv ausgelegt, nämlich dahingehend, daß die deutsche Ersatzpflicht begrenzt sei auf Ersatz der Schäden, die der Zivilbevölkerung in den ehemals besetzten Gebieten Belgiens und Nordfrankreichs und ihrem Eigentum durch *deutsche* Kriegshandlungen entstanden seien[134]. Eine Berechnung der Reichsentschädigungskommission bezifferte die Höhe des zu leistenden Schadenersatzes auf 9,3 Mrd. Goldmark. Sehr optimistisch bezeichnete Erzberger in der Kabinettssitzung am 27. Januar 1919 diesen Betrag als das Höchstmaß dessen, was Deutschland auf Grund des Wilsonschen Friedensprogramms zu zahlen habe. Ungeachtet der restriktiven Auslegung der „Lansing-Note" rechnete man mit der Möglichkeit, daß die Siegermächte Ersatz für die durch die deutsche U-Bootkriegführung entstandenen Schäden fordern würden. Grundsätzlich sollte eine dahingehende Forderung abgelehnt werden, da der U-Bootkrieg sowohl in seiner beschränkten als auch in seiner uneingeschränkten Form eine Repressalie gegen die unrechtmäßige britische Seeblockade und daher völkerrechtlich gerechtfertigt gewesen sei. Sollten die Sieger diese Argumentation nicht anerkennen, so sollte die Forderung nach Ersatz der „U-Bootschäden" mit den dem deutschen Volk durch die Blockade zugefügten – nach deutscher Schätzung weit höheren! – Schäden verrechnet werden[135].

Diese in den „Richtlinien" niedergelegten und im Kabinett im wesentlichen von Erzberger erläuterten, gleichwohl von Rantzau mitgetragenen Vorstellungen zur Wiedergutmachungsfrage waren äußerst unrealistisch. Sie lassen sich nur erklären mit der Zuversicht der maßgebenden deutschen Politiker, daß die Amerikaner aus ideellen und realpolitischen Gründen berechtigte deutsche Interessen unterstützen und sich für die Erhaltung der „Lebensfähigkeit" des Landes in der Mitte Europas einsetzen würden[136]. Man war – eigentlich unbegründet – optimistischer als Staatssekretär Solf, der mit einer Erörterung der Schuldfragen auf der Friedenskonferenz gerechnet und entsprechende Vorbereitungen veranlaßt hatte[137]. Auf ihn geht wahrscheinlich auch die Einsetzung einer „Kommis-

---

[133] Vgl. oben, S. 119f.

[134] So sind doch wohl die Richtlinien für die dt. Friedensunterhändler zu verstehen (Regierung der Volksbeauftragten II, DokNr. 120, hier: S. 321). Eigenartig und unverständlich ist die vorgenommene Interpretation des Vorbehalts zuungunsten des Anmeldenden, hier der Siegermächte. Sie geht möglicherweise auf Erzberger zurück (siehe Erzberger [Matthias], Der Völkerbund als Friedensfrage. Rede gehalten am 27. 12. 1918 in der Berliner Handelshochschule auf Einladung der Ältesten der Kaufmannschaft von Berlin, Berlin 1919, S. 26; Berliner Tageblatt Nr. 661 vom 28. 12. 1919). Später rückte Erzberger von der ganz engen Auslegung ab (siehe Kabinettssitzung am 21. 3. 1919, Kabinett Scheidemann, DokNr. 19, P. 3). Er folgte nun der Interpretation der offiziellen Außenpolitik, „daß sich die [Lansing-]Note nur auf die besetzten Gebiete bezieht, und daß daher Deutschland nur den Schaden zu ersetzen hat, der in den von deutschen Truppen besetzten Gebieten [der all. Zivilbevölkerung und ihrem Eigentum] entstanden ist." (Richtlinien für die dt. Friedensunterhändler vom 21. 4. 1919, ebd., DokNr. 49; ebenso Bemerkungen der Dt. Friedensdelegation zu den Friedensbedingungen vom 29. 5. 1919, abgedruckt in: Kraus/Rödiger I, DokNr. 60, hier: S. 481f.).

[135] Aufzeichnung über die Kabinettssitzung mit Staatssekretären am 27. 1. 1919, abgedruckt in: Regierung der Volksbeauftragten II, DokNr. 120a (hier: S. 312f. u. 321).

[136] Siehe Schwabe, Deutsche Revolution und Wilson-Frieden, S. 350–354.

[137] Siehe oben, S. 138f.

sion zur Feststellung von Rechtsverletzungen" zurück, die die Aufgabe zugewiesen bekam, „alles Material zusammenzustellen, das geeignet ist, positive feindliche Beschuldigungen, in erster Linie solche, auf die gegnerische Schadenersatzansprüche gegründet werden könnten, zu widerlegen [und] eben solche eigenen Beschuldigungen zu begründen"[138]. Demzufolge arbeiteten eine Reihe von Reichsämtern an der Erschließung von Materialien und an der Erstellung von Denkschriften, die die eigene Kriegführung rechtfertigten und Beschuldigungen gegen die der alliierten und assoziierten Mächte belegten[139]. Ihre unmittelbare Verwertung sahen die „Richtlinien für die deutschen Friedensunterhändler" – vielleicht mit Ausnahme der Materialien betreffend die U-Boot-Kriegführung – jedoch nicht vor.

Mithin war deutscherseits nicht beabsichtigt, die Schuldfragen auf der Friedenskonferenz aufzuwerfen. Die „Richtlinien" in der Fassung vom Januar 1919 sprachen die Problematik der Kriegsrechtsverletzungen nur in folgender Hinsicht an:

> „Keine Auslieferung von irgendwelchen deutschen Staatsangehörigen an unsere Feinde zum Zwecke gerichtlicher Verfolgung und Bestrafung wegen im Kriege begangener Handlungen. Keine Schaffung von entsprechenden [deutschen] Sondergesetzen[140]."

Die Aufnahme dieses Passus in die „Richtlinien" hatte der Staatssekretär des Reichsmarineamts mit Schreiben vom 14. Januar 1919 als „dringend geboten" vorgeschlagen. Vizeadmiral Rogge reagierte damit offenbar auf Nachrichten der feindlichen Presse, daß die Siegermächte den Gedanken eruierten, Verantwortliche für Kriegsrechtsverletzungen – unter ihnen nicht zuletzt zahlreiche U-Bootkommandanten – persönlich haftbar zu machen. Graf Bernstorff erwiderte dem Admiral, daß er und Staatssekretär Erzberger, mit dem er Rücksprache gehalten habe, mit dem Vorschlag durchaus einverstanden seien[141]. Dieser Schriftwechsel ist von lapidarer Kürze; eine eingehendere Auseinandersetzung mit der neuartigen Problematik scheint nicht stattgefunden zu haben.

Auch in der folgenden Phase der intensiven Vorbereitung der Friedensverhandlungen hat – soweit erkennbar – weder das Auswärtige Amt noch die Geschäftsstelle für die Friedensverhandlungen dem sich immer deutlicher abzeichnenden Vorhaben der Gegner, Verantwortliche für Kriegsrechtsverletzungen persönlich zur Rechenschaft zu ziehen, besondere Aufmerksamkeit geschenkt. Man hielt an der jahrhundertealten Praxis der friedensvertraglich zu vereinbarenden Amnestie fest, der das Deutsche Reich in den Ostfriedensschlüssen von 1918 ganz selbstverständlich gefolgt war[142]. Auf einer Ressortbesprechung

---

[138] BA R 43 I/10, Bl. 11–13, Erlaß der Reichsregierung (gez. Ebert) vom 10. 12. 1918 (Abschrift; auch BA-MA RM 20/409, Bl. 14f.). Die Kommission war als Referat M der Nachrichtenabteilung des AA angegliedert. Die Leitung war Maj. v. Bülow übertragen worden. Vgl. Anm. 74.

[139] Siehe hierzu u. a.: BA R 43 I/1, Bl. 28, Verzeichnis des im preuß. Kriegsministerium in Arbeit befindlichen Materials für die Friedensverhandlungen; BA-MA RM 9/v. Fasz. 6021, Handakte Fr. I, Bl. 53–61, Schreiben Der Vertreter des RMA bei der deutschen Friedenskommission vom 15. 3. 1919 an Geschäftsstelle für die Friedensverhandlungen u. a. (Abschrift).

[140] Richtlinien für die deutschen Friedensunterhändler, Abschnitt IV: Rechtliches, Ziff. 3 (Regierung der Volksbeauftragten II, DokNr. 120a, hier: S. 322).

[141] PA/AA WK 30, Bd 16 (4080/D 920 870), Schreiben StS RMA vom 14. 1. 1919 an AA, Graf Bernstorff (auch in BA-MA RM 9/v. Fasz. 6021, Handakte Fr. I, Bl. 42); PA/AA WK 30, Bd 16 (4080/D 920 871) Schreiben AA vom 21. 1. 1919 an StS RMA (Entwurfsvfg.).

[142] BA-MA RM 9/v. Fasz. 6010, Mitwirkung beim dt. Entwurf eines rechtspolitischen Zusatzvertrags, Bl. 1–24, Schreiben AA vom 20. 12. 1918 an StS RMA: Übersendung des Entwurfs eines rechtspolitischen Zusatzvertrags zum Friedensvertrag. Die in diesem Entwurf vorgesehenen Regelungen bezüg-

über den Entwurf eines rechtspolitischen Zusatzvertrags zum Friedensvertrag, dem der Zusatzvertrag mit Rußland zugrunde lag, wurden die vorgesehenen Amnestiebestimmungen nicht in Frage gestellt, ja nicht einmal diskutiert[143]. Erst im Anschluß an diese Sitzung regte ein maßgeblicher Vertreter des Auswärtigen Amtes bei den Vertretern des preußischen Kriegsministeriums an, „Richtlinien" für den Fall aufzustellen, daß bei den Friedensverhandlungen eine Untersuchung der Kriegsgreuel in Betracht komme. Das Kriegsministerium nahm daraufhin zu den Gedanken Stellung, Kriegsrechtsverletzungen durch Gerichtsverfahren gegen Einzelne oder durch Untersuchungsverfahren aufklären zu lassen. Zunächst sah es mit beiden Verfahrensweisen den Nachteil verbunden, daß sie geradezu der „Pflege des Völkerhasses" dienen würden. Insbesondere sei der Vorwurf der Parteilichkeit voraussehbar. Deshalb müsse die Berichterstattung vertraglich so reglementiert werden, daß die Verfahren nicht zu einer neuen Greuelpropaganda gegen das deutsche Volk mißbraucht werden könnten. Allgemeinen Untersuchungen über das Verhalten der Truppen und der Besatzungsbehörden dürfe nur zugestimmt werden, wenn die Objektivität der untersuchenden Stelle garantiert und die Gegenseitigkeit gewahrt seien. Die Erwägung, vermeintliche Kriegsverbrecher vor irgendein Gericht zu stellen, sei abzulehnen, wenn sie die Auslieferung Deutscher an feindliche oder internationale Gerichte zur Folge haben würde. Denn diese sei nach § 9 RStGB unzulässig. Bei Gerichtsverfahren gegen Reichsangehörige vor einheimischen Gerichten seien die Amnestieerlasse vom 3. und 7. Dezember 1918 zu berücksichtigen. Doch dürfe eine Zusage, Deutsche wegen Kriegsrechtsverletzungen der inländischen Justiz zu überantworten nur im „Notfall" und „auch nur unter Zusicherung der Gegenseitigkeit und unter Austausch von Listen der Namen der gegenseitig Beschuldigten erfolgen"[144].

Die Äußerung des Kriegsministeriums bestärkte das Auswärtige Amt in seiner Haltung zur Problematik der Schuld im Kriege. Es verfolgte weiterhin den Gedanken einer umfassenden, den Regelungen in den Ostfriedensverträgen entsprechenden Amnestie. Demgemäß sahen die „Richtlinien für die deutschen Friedensunterhändler" in ihrer endgültigen, am 21. April 1919 vom Kabinett gebilligten Fassung als Verhandlungsziel vor:

---

lich einer Amnestie entsprachen fast wörtlich den in den Zusatzverträgen zu den Ostfriedensverträgen getroffenen Vereinbarungen. Siehe: Deutsch-ukrainischer Zusatzvertrag vom 9. 2. 1918 zum Friedensvertrag ... (Art. 20–22, insbes. Art. 20 § 3), abgedruckt in: RGBl. 1918, S. 1030ff. Deutsch-russischer Zusatzvertrag vom 3. 3. 1918 zum Friedensvertrag ... (Art. 23–27, insbes. Art. 23 § 3), RGBl. 1918, S. 622ff. Friedensvertrag zwischen Deutschland und Finnland vom 7. 3. 1918 (Art. 22–24, insbes. Art. 22), RGBl. 1918, S. 701 ff. Deutsch-rumänischer rechtspolitischer Zusatzvertrag vom 7. 5. 1918 zum Friedensvertrag ... (Art. 31–33, insbes. Art. 31 § 3), abgedruckt in: Die Friedensverträge, hrsg. von Karl Strupp, Bd 1: Die Ostfrieden, Berlin 1918 (= Guttentagsche Sammlung Deutscher Reichsgesetze, Nr. 134, Textausgaben mit Anmerkungen), S. 635–671.

Die Beobachtung von Fisch, S. 115 f., daß die Ostfriedensschlüsse hinsichtlich der Amnestie eine Sonderstellung einnehmen, ist zutreffend. Denn die einschlägigen Vertragsbestimmungen gehen nicht wie üblich von einer allgemeinen Straflosigkeit für im Kriege begangene Handlungen aus, sondern beschreiben die Personengruppen, die in den Genuß von Straffreiheit kommen sollten. Ob damit ein „völlig neues Prinzip der Amnestie", das „Prinzip der Nicht-Amnestie", in Erscheinung tritt, ist freilich nicht zwingend erwiesen. Hierüber könnte erst eine Untersuchung der Entstehungsgeschichte der Amnestiebestimmungen in den genannten Zusatzverträgen sicheren Aufschluß geben.

143 PA/AA Geschäftsstelle für die Friedensverhandlungen, Protokolle, Bd 2, Aufzeichnung über die kommissarische Beratung am 24. 3. 1919, betr. den Entwurf eines rechtspolitischen Zusatzvertrags zum Friedensvertrage.

144 PA/AA Geschäftsstelle für die Friedensverhandlungen, Bd 73, Schreiben Kriegsministerium Nr. 838.3.19. Z.V. vom 3. 4. 1919 an AA, z. Hd. LegRat Gaus.

„Liberale Amnestie für Handlungen von Kriegsgefangenen und Zivilinternierten, für Handlungen zu Ungunsten gegnerischer Staaten sowie für Handlungen von Einwohnern besetzter Gebiete. Zulassung des Wiederaufnahmeverfahrens zu Gunsten der während des Krieges im Kontumazial-Verfahren verurteilten feindlichen Ausländer[145]."

Das Auswärtige Amt wußte aus Meldungen der gegnerischen Presse, die durch Berichte der Gesandtschaft im Haag tendenziell bestätigt wurden, von der Absicht der Siegermächte, den Kaiser als Schuldigen für den Ausbruch des Krieges und die Verantwortlichen für Kriegsrechtsverletzungen persönlich haftbar zu machen[146]. Wenn es trotzdem an dem Gedanken der Amnestie starr festhielt, so hätte sich wohl eine intensive Öffentlichkeitsarbeit empfohlen, in der der friedebewirkende Effekt dieser traditionellen Rechtsinstitution hätte herausgestellt werden müssen. Die Propagierung der Amnestie unterblieb aber ebenso wie der Hinweis auf die fortbestehende Bereitschaft, Kriegsrechtsverletzungen durch neutrale Kommissionen untersuchen zu lassen. Ganz untätig blieb man deutscherseits jedoch nicht: Die Waffenstillstandskommission in Spa überreichte den Gegnern umfangreiches Material zwecks Widerlegung der in der feindlichen Presse erhobenen Beschuldigungen, die deutschen Truppen hätten in den besetzten französischen und belgischen Gebieten fortgesetzt gegen die Gesetze und Gebräuche des Krieges verstoßen[147].

Diese Problematik beschäftigte die deutsche Waffenstillstandskommission schon seit einiger Zeit. Obwohl im Waffenstillstandsabkommen vom 11. November 1918 vereinbart worden war, daß die Einwohner der besetzten deutschen Gebiete wegen Teilnahme an Kriegsmaßnahmen nicht verfolgt werden dürften[148], wurde eine Reihe von Beamten, Soldaten und Privatpersonen von den Franzosen verhaftet und unter zum Teil harten Bedingungen gefangen gehalten. Zu den Verfolgten zählten insbesondere Personen, die bei der Beschlagnahme von Maschinen und Material in den besetzten Gebieten Belgiens und Nordfrankreichs und ihrer anschließenden Verwertung in der deutschen Kriegsindustrie mitgewirkt hatten. Industrielle, die beschlagnahmte Maschinen nach deutschem Recht rechtmäßig erworben hatten, wurden in Haft genommen, u. a. ein Mitglied der Unternehmerfamilie Röchling. Auf die deutschen Proteste erwiderte die interalliierte Waffenstillstandskommission auf Anweisung Marschall Fochs, daß die in Frage stehenden Handlungen nicht zu den Kriegsmaßnahmen rechnen würden, deren Nichtverfolgung vereinbart

---

[145] Richtlinien für die dt. Friedensunterhändler (vom 21. 4. 1919), abgedruckt in: Kabinett Scheidemann, DokNr. 49 (hier: S. 201).

[146] Pars pro toto: PA/AA WK 30, Bd 17, Zeitungsausschnitt: DAZ Nr. 42 vom 27. 1. 1919 (betr. Untersuchungsgegenstände der „Commission des responsabilités"); ebd., Bd. 19 (4080/D921 838), Bericht der Dt. Gesandtschaft im Haag vom 5. 2. 1919; ebd., Bd 30, Zeitungsausschnitt: DAZ Nr. 126 vom 15. 3. 1919; Kriegsarchiv VR, Nr. XII, E 5 b, Zeitungsausschnitt: Temps No. 21071 vom 16. 3. 1919 (betr. Kommuniqué der „Commission des responsabilités" vom 15. 3. 1919).
Stellungnahme von MinDir. Simons, Leiter der Rechtsabteilung im AA und designierter Generalkommissar der Friedensdelegation, in der Kabinettssitzung am 22. 3. 1919: Mit der Forderung der Auslieferung der Hauptschuldigen sei ernsthaft zu rechnen, sie sei unakzeptabel. Kabinett Scheidemann, DokNr. 20 (hier: S. 87).

[147] PA/AA WK 30, Bd 33 (4097/D924614), Telegramm Wako Spa vom 27. 3. 1919 an AA. Berliner Tageblatt Nr. 136 vom 28. 3. 1919.

[148] Artikel VI Abs. 1 Satz 2: „Personne ne sera poursuivi pour délits de participation à des mésures de guerre antérieures à la signature de l'Armistice." Vgl. oben, S. 73 f.

sei[149]. Die deutsche Kommission bestritt diese Rechtsauffassung. Die Nutzung französischer und belgischer Maschinen und Materialien innerhalb der deutschen Kriegswirtschaft sei aufgrund der Blockade erforderlich gewesen und habe der Kriegführung gedient. Sie sei mithin eine Kriegsmaßnahme gewesen. An ihr beteiligte Unternehmer, Werkleiter und Arbeiter würden unter dem Schutz von Artikel VI des Waffenstillstandsabkommens stehen[150].

Eine Neueinschätzung der Rolle, die der Kriegsschuldfrage auf der Friedenskonferenz zukommen konnte, bewirkte die britische Note vom 7. März 1919[151]. In dieser hieß es, daß der deutsche Vorschlag, eine neutrale Kommission zur Untersuchung der Schuld am Kriege einzusetzen, keiner Antwort bedürfe; nach Ansicht der verbündeten Regierungen sei die Verantwortlichkeit Deutschlands für den Krieg längst unzweifelhaft festgestellt. Die außerordentlich wichtige und möglicherweise folgenschwere Frage nach der Schuld am Kriege jetzt noch einfach auf sich beruhen zu lassen, wie es das bisherige Konzept der Reichsregierung vorsah, hätte bedeutet, „den zu erwartenden Machtspruch des Gegners widerstandslos und ergeben abzuwarten“[152]. Was konnte man tun, um der sich drohend abzeichnenden Gefahr zu begegnen?

Das Kabinett diskutierte in seiner Sitzung am 22. März 1919 ausführlich die Lage[153]. Ebert, Erzberger und die Vertreter des Auswärtigen Amtes, Graf Bernstorff und Simons, traten mit Nachdruck für Maßnahmen ein, die geeignet erschienen, zu einer Klärung der Kriegsschuldfrage beizutragen. Sie erwarteten von einer deutschen Initiative eine günstige Wirkung auf die Weltöffentlichkeit. Man stimmte im Kabinett darin überein, daß man sich von den zutage tretenden Fehlern und Sünden des alten Regimes distanzieren müsse und könne. Die besonders von Schiffer gegen die vorgeschlagenen Schritte geäußerten Bedenken drückten die Befürchtung aus, daß die Gegner die deutschen Feststellungen nicht anerkennen würden. Dann stehe den möglichen innenpolitischen Nachteilen außenpolitisch kein Äquivalent gegenüber. Das Kabinett beschloß: gegen die britische Note Verwahrung einzulegen, die Einsetzung eines Staatsgerichtshofs zu betreiben, die Entscheidung über die Veröffentlichung von Dokumenten zum Kriegsausbruch zu vertagen, jedoch eine Denkschrift zur Kriegsschuldfrage vorbereiten zu lassen.

---

[149] Amtliche Mitteilung der Wako vom 12. 1. 1919, veröffentlicht in: Berliner Tageblatt Nr. 9 vom 13. 1. 1919. Vortrag des Vorsitzenden der Wako Spa, Generalmajor Frhr. v. Hammerstein, vor dem Reichskabinett am 4. 3. 1919, abgedruckt in: Kabinett Scheidemann, DokNr. 5b (hier: S. 18f.).

[150] PA/AA WK 30, Bd 27, Zeitungsausschnitt: DAZ Nr. 107 vom 3. 3. 1919 (Auszug aus der am 1. 3. 1919 übergebenen Note der Wako Spa). Erklärung der Reichsregierung in der Sitzung der Nationalversammlung am 4. 3. 1919, Nationalversammlung, Bd 326, S. 483–485. – Die Frage fand im April/Mai 1919 eine Klärung in der Form, daß die deutschen Besitzer von (früherem) feindlichen Eigentum nicht verfolgt werden durften, falls sie nach deutschem Recht die Nutznießung ausgeübt, den Besitz angemeldet und nicht entwertet hatten. PA/AA WK 30, Bd 35 (4097/D925 302), Telegramm Wako Spa vom 8. 4. 1919 an AA; ebd., Bd 43 (4097/D928 010), Telegramm Wako Spa vom 24. 5. 1919 an AA. – Bis zum Inkrafttreten des Friedensvertrags blieb die Dt. Waffenstillstandskommission damit beschäftigt, sich um das Schicksal Deutscher zu kümmern, die von französischen und belgischen Militärbehörden im besetzten Gebiet Deutschlands mit der Begründung festgenommen worden waren, gegen Kriegsgesetze und -gebräuche verstoßen zu haben. Den Verhafteten wurden meistens in Nordfrankreich oder Belgien begangene Eigentumsdelikte vorgeworfen.

[151] Sie wurde unter dem Datum des 7. 3. 1919 von der schweizerischen Regierung der Dt. Gesandtschaft in Bern übermittelt. Abgedruckt in: Schulthess 1919 I, S. 145; Ursachen und Folgen III, DokNr. 706a.

[152] Dickmann, Kriegsschuldfrage, S. 69.

[153] Protokoll abgedruckt in: Kabinett Scheidemann, DokNr. 20 (P. 8–10).

Die Reichsregierung legte in ihrer Antwort an die britische Regierung[154] nachdrücklich Verwahrung gegen die Auffassung der Alliierten über die Schuld am Kriege als „res judicata" ein. Die Sieger würden sich anmaßen, „in einer Sache, in der sie zum Teil gleichfalls der Schuld geziehen werden", Ankläger und Richter zugleich zu sein. In der Kriegsschuldfrage könne Deutschland nur einen unparteiischen Urteilsspruch anerkennen. Der Notenwechsel wurde umgehend veröffentlicht, um insbesondere die Neutralen von der Ungerechtigkeit eines einseitigen Urteils und von dem eigenen guten Willen zur Aufklärung der Wahrheit zu überzeugen.

Nachdem die Siegermächte ihre Zustimmung zur Untersuchung der Schuldfragen durch die Neutralen verweigert hatten, konnte auf deren Mitwirkung nicht mehr gerechnet werden. Die deutsche Bereitschaft zur Wahrheitsfindung ließ sich nun nur durch einseitige Schritte dokumentieren. Die neuerdings wieder von verschiedenen Seiten geforderte Einsetzung eines Staatsgerichtshofs wurde nun als erwägenswert angesehen[155]. In Reaktion auf die britische Note hatte Reichsjustizminister Otto Landsberg schon am 12. März 1919 dem Kabinett einen Gesetzentwurf über die „Einsetzung eines Gerichtshofs zur Untersuchung von Vorgängen vor und in dem Weltkriege"[156] vorgelegt. Der Entwurf wies dem Gericht zwei Aufgaben zu:

„a) einen Spruch darüber abzugeben, ob und welche Deutsche eine Mitschuld an dem Ausbruche des Weltkriegs trifft,

b) festzustellen, in wieweit die von den Regierungen der alliierten und assoziierten

---

[154] Note der Dt. Gesandtschaft in Bern an das schweizerische Politische Departement, übergeben am 25. 3. 1919, abgedruckt in: Schulthess 1919 I, S. 145; Ursachen und Folgen III, DokNr. 706b; Kabinett Scheidemann, DokNr. 22, Anm. 16. Krüger sieht in der Note eine „klare Kampfansage" und folgert: „Die Erörterung dieses Problems [Kriegsschuldfrage] auf der Friedenskonferenz um der Reparationen willen war damit kaum noch zu umgehen, wenn auch seine Erforschung auf die Zukunft verschoben werden sollte." Er wirft Dickmann vor, zwischen „Erörterung" und „Erforschung" der Kriegsschuldfrage nicht unterschieden und deshalb den falschen Schluß gezogen zu haben, die Reichsregierung habe die Behandlung der Kriegsschuldfrage überhaupt vermeiden wollen. Deutschland und die Reparationen, S. 147f. Dennoch: in den „Richtlinien für die deutschen Friedensunterhändler" in ihrer letzten Fassung vom 21. 4. 1919 wurde die „Erörterung" der Frage im Zusammenhang mit der Regelung des Schadenersatzes ausdrücklich abgelehnt. Kabinett Scheidemann, DokNr. 49 (hier: S. 203f.).

[155] Verschiedene Persönlichkeiten hatten die Einsetzung eines Staatsgerichtshofs gefordert, um sich vor diesem gegenüber in der Öffentlichkeit laut gewordenen Vorwürfen hinsichtlich ihres Verhaltens vor dem Krieg und im Krieg bzw. bei der Herbeiführung des Waffenstillstands rechtfertigen zu können. So u. a. Ludendorff in einem Schreiben an Scheidemann vom 28. 2. 1919, abgedruckt in: Vossische Zeitung Nr. 138 (75) vom 16. 3. 1919 (Zeitungsausschnitt in: BA R 43 I/703, Bl. 11). Zuvor Bethmann Hollweg in einer in der DAZ veröffentlichten Erklärung, auszugsweise abgedruckt in: Berliner Tageblatt Nr. 607 vom 27. 11. 1918. Erzberger nannte in der Kabinettssitzung am 22. 3. 1919 auch noch Zimmermann und Falkenhayn, Kabinett Scheidemann, DokNr. 20 (hier: S. 86). Auch das Aktionsprogramm der USPD, beschlossen auf ihrem Parteitag vom 2.–6. 3. 1919 in Berlin, enthielt die Forderung nach sofortiger Einsetzung eines Staatsgerichtshofs, der die Schuldigen am Krieg und an der Verhinderung eines zeitigeren Friedens zur Verantwortung ziehen sollte. Programmatische Kundgebung, abgedruckt in: Dokumente und Materialien zur Geschichte der deutschen Arbeiterbewegung, hrsg. vom Institut für Marxismus-Leninismus beim Zentralkomitee der Sozialistischen Einheitspartei Deutschlands, Bd 7: Februar 1919 – Dezember 1923, 1. Hlbbd: Februar 1919 – Dezember 1921, Berlin [Ost] 1966, DokNr. 19 (hier: S. 39). Siehe auch Schulthess 1919 I, S. 106f.

[156] BA R 43 I/1348, S. 57–61 (Anlage 3 zum Protokoll der Kabinettssitzung am 12. 3. 1919). Aus der Begründung des Gesetzentwurfs geht die Bezugnahme auf die brit. Note zur Kriegsschuldfrage klar hervor. Siehe Kabinett Scheidemann, DokNr. 10a, Anm. 15.

> Mächte aufgestellten Behauptungen über deutsche Völkerrechtsverletzungen bei Führung des Krieges gerechtfertigt sind und gegebenenfalls, wer die Schuld an diesen Verletzungen trägt"[157].

Der Gerichtshof sollte nur die Tatsachen feststellen; eine Strafkompetenz sollte ihm nicht zustehen. Bei Verdacht strafbarer Handlungen sollten die Akten an die für die Strafverfolgung zuständige Behörde abgegeben werden.

Obwohl Landsberg als der bedeutendste politische Jurist der SPD galt, mangelte es dem von ihm vorgelegten Gesetzentwurf auffällig an politischer Substanz. Dafür ist neben der fehlenden Strafbefugnis des Gerichts kennzeichnend, daß die Vertretung der Anklage ungeregelt blieb. Die dem Entwurf zugrunde liegende Idee war wohl, daß die Reichsregierung dem Gerichtshof die zur Erledigung seiner Aufgabe nötigen Unterlagen zuleiten sollte. Hiergegen richteten sich denn auch die Bedenken des Kabinetts. Der Staatsgerichtshof sollte kein von der Regierung abhängiges Organ sein. Daher schien es angezeigt, die Nationalversammlung als Repräsentantin des Volkswillens an der Untersuchung der Schuldfragen zu beteiligen und ihr Einfluß auf das Verfahren vor dem Staatsgerichtshof einzuräumen[158].

Die Öffentlichkeit erfuhr von der Absicht der Reichsregierung, einen Staatsgerichtshof einzusetzen, durch eine Aufsehen erregende Rede des Ministerpräsidenten vor der Nationalversammlung[159]. In dieser warnte Scheidemann die politische Rechte davor, die schwierige innere und äußere Lage des Reiches für ihre Zwecke zu mißbrauchen. Die fatale Lage sei nicht der Revolution, sondern in erster Linie der Politik der kaiserlichen Regierungen anzulasten. Um dies jedem zu beweisen, werde die Regierung der Forderung Ludendorffs nach einem Staatsgerichtshof gerne nachkommen.

Der neue Entwurf eines Gesetzes über die Errichtung eines Staatsgerichtshofs mußte ebenso den innen- wie den außenpolitischen Zwecken Rechnung tragen. Er wurde diesmal von dem Reichsminister des Innern Hugo Preuß dem Kabinett vorgelegt. Der Gesetzentwurf[160] sah die Bildung eines Ausschusses aus Mitgliedern der Nationalversammlung vor, der Vorgänge in der politischen und militärischen Leitung des Reiches, die „zum Ausbruch, zur Verlängerung oder zum Verlust des Krieges beigetragen" hatten, untersuchen sollte. Gelangte dieser Untersuchungsausschuß zu der Überzeugung, daß eine Person ein Verschulden an den genannten Vorgängen treffe, so sollte er die Eröffnung des Verfahrens vor dem Staatsgerichtshof beschließen. Zudem sollte jedem Deutschen das Recht zustehen, beim Untersuchungsausschuß die Eröffnung eines Verfahrens gegen sich selbst zu

---

157 § 2 des Gesetzentwurfs.

158 Protokoll der Kabinettssitzung am 12. 3. 1919, abgedruckt in: Kabinett Scheidemann, DokNr. 10a (P. 9).

159 Sitzung am 26. 3. 1919, Nationalversammlung, Bd 327, S. 807–809 (809). Siehe zum Anlaß der Rede Protokoll der Kabinettssitzung am 25. 3. 1919, abgedruckt in: Kabinett Scheidemann, DokNr. 22 (P. 3, insbes. Anm. 4).

160 BA R 43 I/1348, S. 405–412 (Anlage zum Protokoll der Kabinettssitzung am 8. 4. 1919; auch BA R 43 I/1244, Bl. 10–13), 1. Gesetzentwurf des Reichsinnenministeriums. BA R 43 I/1348, S. 437–447 (Anlage zum Protokoll der Kabinettssitzung am 10. 4. 1919; auch BA R 43 I/1244, Bl. 4–9), 2. Gesetzentwurf des Reichsinnenministeriums. Die Abweichungen zum ersten sind im wesentlichen formaler und stilistischer Art, die Begründung ist allerdings wesentlich knapper gehalten. (Die in Kabinett Scheidemann, DokNr. 38, Anm. 10, auszugsweise abgedruckte Begründung gehört nicht zum 1., sondern zum 2. RMI-Entwurf!) Der 2. Entwurf wurde unverändert in den Staatenausschuß eingebracht.

beantragen. Der beim Reichsgericht zu bildende Staatsgerichtshof sollte durch Urteilsspruch feststellen, ob dem zur Verantwortung Gezogenen ein Verschulden treffe, ob ein Verschulden nicht erwiesen oder ob die Nichtschuld erwiesen sei. Bei Feststellung eines Verschuldens sollte das Gericht die Befugnis haben, die Fähigkeit des Betroffenen zur Bekleidung öffentlicher Ämter und seine Wählbarkeit in öffentliche Körperschaften für dauernd abzuerkennen.

Der von Preuß vorgelegte Gesetzentwurf trug einen sichtlich politischeren Charakter als der Landsbergs. Das Volk, vertreten durch seine demokratisch legitimierten Repräsentanten, sollte Anteil nehmen an der Klärung der Fragen, die von so brennendem allgemeinen Interesse waren, wie die nach der Schuld am Kriege, den Friedensmöglichkeiten während des Krieges und den Gründen für den Verlust des Krieges. Denjenigen, die dem deutschen Volk durch ihr Verhalten in diesen Fragen Schaden zugefügt, die politisch oder moralisch gefehlt hatten, sollte das Recht entzogen werden, im öffentlichen Leben Vertrauensstellungen einzunehmen. Ihnen sollte verwehrt werden, in dem neuen republikanischen Staatswesen eine politische Rolle zu spielen. Es ist der Gedanke der wehrhaften Demokratie, der hier zaghaft anklingt.

Der Gesetzentwurf wurde am 8. und 10. April 1919 im Kabinett beraten und mit großer Mehrheit gebilligt[161]. Die Empfehlung der Ministerialdirektoren Simons und Joël (Reichsjustizministerium), von der vorgesehenen Straffolge Abstand zu nehmen, wurde verworfen. Die Schuldigen sollten vom politischen Leben ausgeschlossen, insbesondere ihre Wahl in den Reichstag verhindert werden können.

Der Gesetzentwurf wurde am 11. April in den Staatenausschuß, die Vertretung der Länder nach dem Gesetz über die vorläufige Reichsgewalt, eingebracht[162]. Dort wurden erhebliche Bedenken gegen ihn geltend gemacht. Es wurde vorgeschlagen, einen parlamentarischen Untersuchungsausschuß einzusetzen und die Errichtung eines Staatsgerichtshofs zwar vorzusehen, zunächst aber nicht zu verfügen. Die Reichsregierung beharrte auf der Durchberatung ihres Entwurfs. Als Konzession sollte höchstens die Streichung der Strafbestimmung über die Aberkennung gewisser bürgerlicher Ehrenrechte zugestanden werden[163].

Die schleppende Behandlung der Vorlage im Staatenausschuß gefährdete den außenpolitischen Zweck des Gesetzes und widersprach daher den Intentionen der Regierung. Am 3. Juni 1919 ersuchte der in Versailles weilende Rantzau den Ministerpräsidenten, die Einbringung der Gesetzesvorlage in die Nationalversammlung zu beschleunigen[164]. Die nun umgehend angesetzte Beratung des Staatenausschusses stand unter dem Druck des außenpolitischen Kalküls. Die Bedenken politischer Art, darunter als wichtigstes, daß die einseitige Behandlung der Schuldfrage auch schaden könne, wurden zurückgestellt. Dagegen setzte sich die preußische Regierung mit ihrem Antrag durch, die im Gesetzentwurf vorgesehene Straffolge zu streichen, da diese gegen den Rechtsgrundsatz „nulla poena sine lege“ verstoße. Die so abgeänderte Gesetzesvorlage wurde gegen die Stimmen Würt-

---

[161] Protokolle abgedruckt in: Kabinett Scheidemann, DokNr. 38 (P. 4) u. 39 (P. 3).

[162] HStA Stuttgart E 130 IV, Büschel 881, Drucksache des Staatenausschusses Nr. 62.

[163] Protokoll der Kabinettssitzung am 21. 5. 1919, abgedruckt in: Kabinett Scheidemann, DokNr. 81 (P. 2).

[164] PA/AA Dt. Friedensdeleg. Versailles, Pol. 7, Bd 2 (4662/E213519), Telegramm vom 3. 6. 1919 an den Ministerpräsidenten (auch: BA R 43 I/1244, Bl. 20), abgedruckt in: Kabinett Scheidemann, DokNr. 102, Anm. 15.

tembergs und Hamburgs angenommen[165] und sofort der Nationalversammlung zugeleitet[166]. Dort fand die erste Lesung des Gesetzes am 28. Juli 1919 statt[167], genau einen Monat nach der Unterzeichnung des Friedensvertrags. Der Versuch, die Gegner durch die Beauftragung eines Staatsgerichtshofs mit der Untersuchung der Kriegsschuldfrage zu beeindrucken und sie zu einem Überdenken ihrer Ansicht zu bewegen, war fehlgeschlagen. Zunächst blieb offen, inwieweit er zur Reinigung der innenpolitischen Atmosphäre würde beitragen können.

Noch ein weiteres Mittel stand der Reichsregierung zur Verfügung, um die in der britischen Note von Anfang März geäußerte Ansicht, die Verantwortlichkeit Deutschlands für den Kriegsausbruch sei längst festgestellt, zu erschüttern: die Veröffentlichung der deutschen Dokumente. Das Kabinett hat sich mit dieser Frage sehr eingehend beschäftigt[168]. Der Eindruck, den der Inhalt der von Kautsky gesammelten Dokumente[169] auf die Minister machte, war alles andere als ermutigend. Die Ungereimtheiten in der deutschen Politik, ihre Fehler und Versäumnisse in der Juli-Krise 1914 waren zu offensichtlich. Kein Kabinettsmitglied sah Veranlassung, die kaiserliche Regierung von jeder Schuld am Kriegsausbruch freizusprechen. Die Mehrzahl der Minister erblickte den Grund für das schlechte Abschneiden Deutschlands in der Begrenzung der Dokumentenauswahl auf die Wochen zwischen Sarajewo und Kriegsbeginn. Die deutsche Haltung in der Krise sei nur durch einen Blick auf die politische Entwicklung in der Vorkriegszeit, die Einkreisungspolitik Englands, die Revanchepolitik Frankreichs, die panslawistischen und großserbischen Aspirationen, zu verstehen. Aus dieser weiteren Vorgeschichte des Krieges ergebe sich der Gedanke des Präventivkriegs, in dem – so Erzberger – alles seine „natürliche Erklärung" finde[170]. Selbst der Sozialdemokrat David, der seine frühere Auffassung von der Schuldlosigkeit Deutschlands widerrief, stimmte dieser Ansicht unter der Einschränkung zu, daß die Vorgeschichte „den Präventivgedanken zwar nicht rechtfertige, aber doch wenigstens erkläre"[171].

Am 8. April 1919 faßte das Kabinett den Beschluß, von der Veröffentlichung der deutschen Dokumente zum Kriegsausbruch vorerst abzusehen. Doch sollte das Material dem Staatsgerichtshof übergeben und nach Abschluß seiner Tätigkeit im Zusammenhang veröffentlicht werden. Mit dieser Entscheidung folgte das Kabinett der Empfehlung Rantzaus. Von den früheren entschiedenen Befürwortern einer Publikation der deutschen Dokumente, Erzberger, Preuß und David, hielt nur der letztere an seiner Meinung fest. Das

---

165 HStA Stuttgart E 130 IV, Büschel 881, Qu. 4, Bericht des Württembergischen Bevollmächtigten zum Staatenausschuß vom 5. 6. 1919 an das Staatsministerium.

166 Protokoll der Kabinettssitzung am 6. 6. 1919, abgedruckt in: Kabinett Scheidemann, DokNr. 102 (P. 14); Nationalversammlung, Bd 335, S. 213 f. (Drucksache Nr. 355); Begründung des Gesetzentwurfs auch abgedruckt in: Ursachen und Folgen III, DokNr. 665.

167 Nationalversammlung, Bd. 328, S. 1997 ff.

168 Siehe Protokolle der Kabinettssitzungen am 17. 3., 22. 3., 25. 3. und 8. 4. 1919, abgedruckt in: Kabinett Scheidemann, DokNr. 15 (P. 8), 20 (P. 8–10), 22 (P. 4) und 38 (P. 3). Vgl. die ausführliche Darstellung von Dickmann, Kriegsschuldfrage, S. 71–74.

169 Kautsky hatte durch das Ausscheiden der Unabhängigen aus dem Rat der Volksbeauftragten am 29. 12. 1918 zwar sein Amt als Beigeordneter im AA verloren, blieb aber mit der „Herausgabe der Akten" beauftragt (Regierung der Volksbeauftragten II, DokNr. 93, hier: S. 190). Am 26. 3. 1919 teilte er Rantzau mit, daß die von ihm geleitete Sammlung der Dokumente abgeschlossen sei und ihre Drucklegung erfolgen könne. Kautsky, S. 8.

170 Kabinett Scheidemann, DokNr. 38 (hier: S. 147).

171 Ebd.

Kabinett kam weiterhin überein, die Nationalversammlung und die Siegermächte unter Hinweis auf das Scheitern einer internationalen Untersuchung der Kriegsschuldfrage von seinem Beschluß zu unterrichten. Dies ist aus unbekannten Gründen unterblieben.

Allen Beteiligten war klar, daß die Entscheidung, die Veröffentlichung der Dokumente mit der Tätigkeit des noch zu gründenden Staatsgerichtshofs zu verbinden, eine Vertagung der Publikation auf längere Zeit bedeutete. Für die Vertagung waren außenpolitische Rücksichten maßgebend: Die Forderung nach unparteiischer Untersuchung der Kriegsschuldfrage, an der man weiterhin festhielt, hätte an Stringenz verloren, wenn man die eigenen Dokumente vorab mitteilte. Aus ihnen, so befürchtete man, würden die Gegner nur das entnehmen, was zugunsten ihrer, aber zuungunsten der deutschen Sache sprach. Ex post wird man freilich einwenden müssen, daß es nicht schlimmer kommen konnte, als es tatsächlich kam. Vielleicht hätte eine rechtzeitige Publikation der deutschen Dokumente die Überheblichkeit der Gegner erschüttert und eine gedeihlichere Atmosphäre in Paris bewirkt. Damit wäre viel gewonnen gewesen. Graf Rantzau trifft als verantwortlichen Außenminister der Vorwurf, die negativen Folgen einer Veröffentlichung zu hoch, die möglichen positiven aber zu gering eingeschätzt zu haben[172].

Die deutsche Politik trat in die Friedensverhandlungen ein, ohne einen wirklich demonstrativen Schritt in der Kriegsschuldfrage getan zu haben. Und dies, obwohl man damit rechnete, daß die Schwere der gegnerischen Bedingungen mit Deutschlands Schuld am Ausbruch des Krieges begründet werden würde[173]. Die „Richtlinien für die deutschen Friedensunterhändler" in ihrer endgültigen Fassung bestimmten, daß diese einer solchen Begründung entgegentreten sollten. Die Vorgänge, die zum Kriegsausbruch geführt hätten, seien noch nicht hinreichend genug bekannt. Insbesondere müsse auch die weitere Vorgeschichte des Krieges erforscht werden. Die deutsche Regierung habe, nachdem ihr auf eine Untersuchung der Kriegsschuldfrage durch neutrale Kommissionen zielender Vorschlag abgelehnt worden sei, eine eigene eingeleitet und erwarte gleiches von den Gegnern. Die Ergebnisse dieser Untersuchungen müßten abgewartet werden. Bis zu ihrem Vorliegen müsse die Reichsregierung eine Erörterung dieser Frage ablehnen. Deutschland – so das Resümee der „Richtlinien" – könne unter Vorbehalt der Kriegsschuldfrage in die Friedensverhandlungen eintreten; denn die „Lansing-Note" stelle fest, „welche Pflichten zum Schadenersatz Deutschland übernimmt. Ihre Durchführung ist von weiteren Feststellungen über die Schuldfrage unabhängig[174]."

---

[172] Schärfer urteilt Dickmann, der in der nicht erfolgten Veröffentlichung der deutschen Dokumente zum Kriegsausbruch „ein schweres Versäumnis der [...] Regierung [...], für das Brockdorff-Rantzau die Hauptverantwortung trägt", sieht. Kriegsschuldfrage, S. 73.

[173] Vortrag des Gesandten Haniel v. Haimhausen vor dem Friedensausschuß der Nationalversammlung am 15. 4. 1919, in engl. Übers. abgedruckt in: Luckau, Alma, The German Delegation at the Paris Peace Conference, New York 1941 (Reprint 1971), DokNr. 16 (hier: S. 187f.).

[174] Kabinett Scheidemann, DokNr. 49 (hier: S. 203f.). Ebenso Schreiben des Reichsministerpräsidenten vom 20. 4. 1919 an den Preußischen Ministerpräsidenten, ebd., DokNr. 47. Letzterer hatte mit Schreiben vom 11.4. 1919 die Reichsregierung gebeten, „öffentlich zu bekunden, daß das ganze deutsche Volk es ablehnt, mit der Schuld am Kriege belastet zu werden und aus dieser Beschuldigung entspringende Bedingungen auf sich zu nehmen. Das ändert nichts an der erklärten Bereitschaft, an den 14 Punkten des Präsidenten Wilson festzuhalten und hinsichtlich der Entschädigungen die Folgen des Kriegsausganges auf sich zu nehmen." Ebd., DokNr. 47, Anm. 2. Zu den Vorstellungen der Reichsregierung über die Regelung der Entschädigungsfrage siehe ebd., DokNr. 19 (P. 3) u. DokNr. 49 (hier: S. 187). Ausführliche Darstellung bei Krüger, Deutschland und die Reparationen, S. 144–160.

Auf die Entscheidung, wie deutscherseits in den Schuldfragen zu verfahren sei, versuchten auch militärische Stellen Einfluß zu nehmen. Der Leiter der Deutschen Waffenstillstandskommission Spa, Generalmajor Frhr. v. Hammerstein, wies die Friedenskommission auf die Bedeutung der Schuldfragen für die Verhandlungen in Paris hin. Die Erfahrung zeige, daß die Sachlichkeit der Verhandlungen in Spa stark unter dem „tief eingewurzelten Haß" und der „Vergeltungssucht" der Gegner litte. Der Haß werde genährt durch die bei den Siegern vorhandene Überzeugung von der deutschen Schuld am Kriege, der Tatsache des deutschen Einmarsches in Belgien und den unzutreffenden Auffassungen über die Härte und Völkerrechtswidrigkeit gewisser Akte der deutschen Kriegführung. Durch vielfältige Veröffentlichungen müsse der deutsche Standpunkt in diesen Fragen dem eigenen Volk und der Weltöffentlichkeit überzeugend dargelegt werden. Es komme dabei darauf an, gegnerische Verleumdungen richtigzustellen und den Feinden zu beweisen, daß sie „nicht fleckenlos" dastünden. Angesichts der bevorstehenden Friedensverhandlungen mahnte Frhr. v. Hammerstein:

> „Legen wir nicht *bald* Bresche in die Geistesrichtung unserer Feinde, die in ihrem Haß und ihrer Verachtung gegen uns immer noch ihren einheitlichen Sammelpunkt findet, so wird das deutsche Volk dies mit jahrelanger Erniedrigung und mit vielen Milliarden zu bezahlen haben. Der Weg der Reue für etwas, was wir garnicht begangen haben, oder woran wir wenigstens nicht allein schuld sind, führt nur noch tiefer in den Sumpf[175]."

Vom gleichen Tag wie das zitierte Schreiben datiert eine Denkschrift aus der Feder des bei der Waffenstillstandskommission Spa tätigen Majors v. Boetticher. Während sein Vorgesetzter eine zielgerichtete Aufklärungsarbeit für notwendig hielt, damit das deutsche Volk möglichst bald zu sich finden und sein Selbstvertrauen wiedergewinnen möge, glaubte der Stabsoffizier, daß dessen Lebenswillen schon wieder erwacht sei. Phantastisch optimistisch meinte er: „Wir treten nicht an den Verhandlungstisch, um ein Diktat entgegenzunehmen, sondern als ein gleichberechtigter Faktor im Spiel der Kräfte dieser Welt." Daher müsse die erste deutsche Forderung die nach Verhandlungen sein. Die nächste müsse das Verlangen sein, daß die Frage der Schuld am Kriege geprüft werde; denn:

> „Die Schuldfrage ist von entscheidender Bedeutung für die Friedensverhandlungen und für unsere Zukunft. Für die Friedensverhandlungen deshalb, weil man aus unserer vom Feinde behaupteten Schuld am Kriege unsinnige Forderungen herleiten kann auf Ersatz aller Schäden, die der Krieg als solcher gebracht hat. [...] Solchen Forderungen können wir nur dann kraftvoll entgegentreten, wenn wir von vornherein von uns aus die Schuldfrage aufrollen, also als Ankläger, nicht als Angeklagter auftreten. Für unsere Zukunft können wir dann nicht allein materielle Forderungen von uns abwälzen, sondern auch den sittlichen, keineswegs leicht zu nehmenden, auf Genera-

[175] PA/AA WK 30, Bd 33 (4097/D924639–646), Schreiben Wako Spa vom 25. 3. 1919 an Friedenskommission. Ähnlich äußerte sich der Große Generalstab in einer Denkschrift, die auch die OHL unterstützte. Die Denkschrift forderte, der Verunglimpfung des deutschen Namens durch französische Greuellegenden mit allen Mitteln entgegenzutreten. Den Franzosen müsse eine Gegenrechnung aufgemacht, ihre Heuchelei gebrandmarkt und ihnen sowie der Weltöffentlichkeit die bewußt stattfindende Erziehung ihrer Jugend zur Revanche vor Augen geführt werden. BA R 43 I/63, Bl. 7–12, Schreiben Chef des Generalstabes des Feldheeres (gez. Groener) vom 20. 4. 1919 an Reichsminister Graf Brockdorff-Rantzau u. a., Anlage: Großer Generalstab, Oberquartiermeister F (gez. v. Winterfeldt) vom 16. 4. 1919 („Die Greuellegenden als Ausgangspunkt für neue Verhetzungen und neue Revanchegedanken in Frankreich").

tionen fortwirkenden Makel vom deutschen Volke nehmen, der uns sonst noch lange schwer belasten und hemmen wird[176]."

Boetticher fragte sich selbst, ob es für den im Kriege Geschlagenen politisch klug sei, bei den Friedensverhandlungen als Ankläger aufzutreten. Er glaubte, dies bejahen zu müssen, war er doch davon überzeugt, daß die Forderung nach Untersuchung der Kriegsschuldfrage das auf Kompromissen beruhende Verhandlungskonzept der Gegner sofort erschüttern werde[177]. Er ahnte nicht, daß gerade die Kriegsschuldfrage dafür am ungeeignetsten war.

Derselben Fehleinschätzung unterlag Generalleutnant Wilhelm Groener, Nachfolger Ludendorffs als Erster Generalquartiermeister der Obersten Heeresleitung. Er war von Boettichers Denkschrift sehr angetan und griff zumindest partiell auf die in ihr geäußerten Gedankengänge in einer Unterredung zurück, die er am 4. April 1919 mit Außenminister Graf Brockdorff-Rantzau führte[178]. Groener meinte, daß sich die politische Lage seit Abschluß des Waffenstillstands zum Vorteil Deutschlands verbessert habe. Insbesondere die Amerikaner würden über den Krieg und seine Folgen nüchterner denken; auch in der Frage der Kriegsschuld vollziehe sich ein Wandel. Diese Gunst solle man nutzen, um Deutschland von der Anklage der Kriegsschuld zu befreien. Man müsse immer wieder betonen, daß die deutsche Politik den Krieg nicht gewollt habe, sondern daß dieser „einfach die logische Folge der jahrzehntelangen politischen Einkreisung unserer Gegner gewesen ist, der wir uns nicht entziehen konnten"[179]. In der Juli-Krise 1914 habe sie sich dann einer schwierigen Situation gegenüber gesehen, aus der sie sich nicht rechtzeitig retten konnte. Diese habe die Verletzung der belgischen Neutralität unumgänglich gemacht, da auf Grund der geostrategischen Lage Deutschlands der Krieg nur offensiv geführt werden konnte, wenn man siegreich aus ihm hervorgehen wollte. Groener faßte zusammen: „Wir müssen also kämpfen um die Schuldfrage, um die Notwendigkeit des Einmarsches nach Belgien, und dadurch die Gefahr einer zu starken materiellen Belastung, die die Franzosen bei den Friedensverhandlungen uns auferlegen wollen, herabzusetzen suchen[180]." Es fällt auf, daß in dieser und in den anderen Stellungnahmen von militärischer Seite zu den Schuldfragen des Krieges – im Gegensatz zu der späteren emotionalen Betrachtung – noch nüchtern argumentiert wurde.

Rantzau, der übrigens keine allzu hohe Meinung von der politischen Befähigung der

---

[176] BA-MA N 46/130 (NL Groener), Bl. 108–118 (110f.), Denkschrift Maj. v. Boetticher: „Gedanken für die bevorstehenden Friedensverhandlungen" (Abschrift). Vgl.: Dickmann, Kriegsschuldfrage, S. 74; Rakenius, Gerhard W., Wilhelm Groener als Erster Generalquartiermeister. Die Politik der Obersten Heeresleitung 1918/19, Boppard a. Rh. 1977 (= Wehrwissenschaftliche Forschungen, Abteilung Militärgeschichtliche Studien, Bd 23), S. 199f.

[177] BA-MA N 46/130 (NL Groener), Bl. 111f.

[178] Groener vermerkte auf der Denkschrift: „Sehr gut! In diesem Sinne am 4./4. in Berlin mit Minister Graf Brockdorff-Rantzau eingehend gesprochen." Ebd., Bl. 108. Über die Unterredung haben beide Gesprächspartner Aufzeichnungen angefertigt bzw. anfertigen lassen. Die Groeners vom 7. 4. 1919 in: BA-MA N 46/130, Bl. 92–96, u. in PA/AA NL Brockdorff-Rantzau Az. 7/1 (9105/H234123–132), die ausführlichere Rantzaus ebd. (9105/H234 106–121). Vgl.: Rakenius, S. 200–202; Wengst, S. 61f.; Groener, Wilhelm, Lebenserinnerungen. Jugend, Generalstab, Weltkrieg, hrsg. von Friedrich Frhr. Hiller von Gaertringen, Göttingen 1957 (= Deutsche Geschichtsquellen des 19. u. 20. Jahrhunderts, Bd 41), S. 484; Groener-Geyer, Dorothea, General Groener. Soldat und Staatsmann, Frankfurt a. M. 1955, S. 137f.

[179] BA-MA N 46/130 (NL Groener), Bl. 92.

[180] Ebd., Bl. 93.

Offiziere hatte, diese sogar der Mitschuld am Niedergang Deutschlands zieh, reagierte ärgerlich auf die unerbetenen Ratschläge, wohl nicht zuletzt auch deshalb, weil Groener Zweifel an der Festigkeit der Regierung in den bevorstehenden Friedensverhandlungen geäußert hatte. In der Sache war er anderer Ansicht als der General. Er vermochte dessen Optimismus hinsichtlich einer unvoreingenommenen Haltung Wilsons in der Kriegsschuldfrage nicht zu teilen. Den Standpunkt Groeners in der Frage der Verletzung der belgischen Neutralität lehnte er ab. Aber er ließ keinen Zweifel daran, daß er für Deutschlands Interessen kämpfen werde, auch und gerade in der Kriegsschuldfrage[181].

4. Die Schuldfragen in der deutschen öffentlichen Meinung

Wie gezeigt, vermochten die revolutionären Vorstellungen nach Aufklärung der Schuldfragen sich nicht durchzusetzen. Die von der USPD und einer Reihe von Arbeiter- und Soldatenräten erhobene Forderung nach Einsetzung eines Staatsgerichtshofs, mehr oder weniger in Form eines Revolutionstribunals, fand kein Gehör. Der Rat der Volksbeauftragten blieb den überkommenen rechtsstaatlichen Prinzipien treu. In der Behandlung der Schuldfragen folgte die revolutionäre wie die erste demokratisch legitimierte Reichsregierung den Anregungen, die insbesondere von liberalen Kreisen ausgingen und getragen wurden. Denn die Schuldfragen waren ein bedeutsamer Teil der zu gestaltenden Außenpolitik, für die die SPD bekanntlich kein eigenes Konzept besaß[182].

Schon am 17. November 1918 forderten führende Politiker verschiedener, in ihrer Mehrzahl aber liberaler Parteizugehörigkeit eine Untersuchung der bisher nur von den Gegnern, während der ersten Revolutionswochen zum Teil auch von eigenen Volksgenossen gegen Deutschland erhobenen Vorwürfe, durch militärisch nicht gerechtfertigte Grausamkeiten der Kriegführung, durch Vergehen gegen die Zivilbevölkerung der besetzten Gebiete und durch Mißhandlung Gefangener das Völkerrecht verletzt zu haben. Die Untersuchung solle sofort durch eine unparteiische Kommission unter Zuziehung anerkannt neutraler Hilfsvereine erfolgen. Ihr Zweck solle nicht so sehr die Bestrafung der Schuldigen sein, sondern sie solle durch rückhaltloses Bekenntnis der Wahrheit zur Entlastung des eigenen Gewissens dienen. Die Redaktion des „Berliner Tageblatts" pflichtete dem Appell bei und betonte, daß sie schon während des Krieges, soweit es die Zensur zuließ, eine entsprechende Untersuchung verlangt habe[183].

Die Liberalen lehnten eine öffentliche Diskussion der Kriegsschuldfrage, besonders ein Suchen nach Schuld und Schuldigen als unwürdig ab. Dem Bekenntnis Eisners zur deutschen Schuld am Kriege trat Max Weber leidenschaftlich entgegen. Im Namen der Ehrlichkeit müsse der Welt zugerufen werden, dieses „Literatenvolk" sei nicht Deutschland und sein Gebaren entspreche nicht der wirklichen inneren Stellung der Deutschen zu ihrem Kriegsschicksal. Mit einer einseitigen Publikation von Akten über den unmittelbaren

---

[181] Ebd., Bl. 93 u. 95.

[182] Albertin, S. 309f.

[183] Berliner Tageblatt Nr. 594 vom 20. 11. 1918. Die Erklärung war u. a. unterzeichnet von den Liberalen Prof. H. Delbrück, F. Naumann, Heinrich Prinz zu Schönaich-Carolath, H. Frhr. v. Richthofen, den Zentrumsangehörigen M. Pfeiffer, Frhr. v. Rechenberg und den Sozialdemokraten C. Legien u. J. Sassenbach. Welchen Einfluß dieser Appell auf die dann von Erzberger betriebene Einsetzung der „Kommission Schücking" hatte, konnte nicht geklärt werden. Es fällt auf, daß zwei der Unterzeichner, Prinz zu Schönaich und M. Pfeiffer, Mitglieder der Kommission wurden. Siehe oben, S. 146.

Anlaß des Krieges sei das große Problem nicht zu lösen, sondern es bedürfe einer Erforschung der tieferen Gründe. Doch Weber ließ keinen Zweifel, wem er die Schuld am Kriege zumaß: Rußland, d. h. dem Zarismus als System[184].

Auf Anregung des Prinzen Max von Baden wurde Anfang Februar 1919 im Hause Max Webers in Heidelberg die „Arbeitsgemeinschaft für Politik des Rechts (Heidelberger Vereinigung)" gegründet. Ihr gehörten so hervorragende Wissenschaftler wie die Soziologen Max und Alfred Weber, die Nationalökonomen Bonn, Brentano und Herkner, die Historiker Delbrück, Meinecke, Oncken und Troeltsch, die Völkerrechtler Mendelssohn Bartholdy, Schücking und Wehberg sowie die Politiker Fehrenbach und Haußmann an. Es waren Persönlichkeiten, die nicht durch Eintreten für annexionistische Kriegsziele kompromittiert waren. Die exklusive Vereinigung sah ihre wichtigste Aufgabe darin, vor der Weltöffentlichkeit überzeugend und unüberhörbar gegen die Kriegsschuldthese der Sieger zu protestieren. Sie setzte sich als positive Ziele, den Anspruch Deutschlands auf einen Rechtsfrieden im Geiste der Vierzehn Punkte Wilsons zu unterstützen und für eine auf der sittlichen Macht des Rechts beruhende Weltordnung zu wirken[185].

In seinem anläßlich der Gründung der „Heidelberger Vereinigung" gehaltenen Vortrag berief sich Prinz Max auf die alte Forderung des ethischen Liberalismus: die sittliche Verpflichtung der Macht[186]. Die Sieger hätten dieser Forderung nicht genügt, wie die harten Waffenstillstandsbedingungen, insbesondere die Fortdauer der Blockade und die anhaltende Internierung der deutschen Kriegsgefangenen zeigten. Noch gebe es allerdings einen Weg, um zu einem Rechtsfrieden zu gelangen: Es müsse sofort eine internationale Organisation, der neutrale und alle kriegführenden Staaten angehören sollten, geschaffen werden. Diese solle bei den bevorstehenden Friedensberatungen als Instanz zur Verfügung stehen, um bei Meinungsverschiedenheiten zwischen den Verhandlungspartnern – etwa über die Auslegung der Vierzehn Punkte – zu entscheiden[187].

Erste praktische Aufgabe der zu gründenden internationalen Rechtsorganisation müsse die Aufklärung jener umstrittenen Geschehnisse vor dem Krieg und während des Krieges sein, die von bestimmendem Einfluß für die Haltung der Kriegführenden zueinander geworden seien. Aus der Entstehung des Krieges und aus der Art seiner Führung leiteten die Gegner moralisch und juristisch den Anspruch her, als Kläger und Richter aufzutreten und sich selbst Schadenersatz zuzusprechen. Deutschland bestreite jedoch die Grundlage der gegnerischen Ansprüche, nämlich allein schuldig zu sein. Daher könne nur der Spruch einer unparteiischen Instanz, einer aus Männern neutraler Staaten gebildeten Kommission, Klarheit schaffen. Gegenstände der Untersuchung müßten die Schuld am Ausbruch des Krieges, die Schuld an der Verlängerung des Krieges sowie die Völkerrechtsverletzungen und Greueltaten sein, welche die Kriegsparteien sich gegenseitig vorwürfen[188].

Prinz Max von Baden konzipierte für alle Punkte ein detailliertes Untersuchungspro-

---

[184] Weber, Max, Zum Thema der „Kriegsschuld", in: Frankfurter Zeitung vom 17. 1. 1919, abgedruckt in: Ders., Gesammelte politische Schriften, 3. Aufl. hrsg. von Johannes Winckelmann, Tübingen 1971, S. 488–497.

[185] Weber, Marianne, Max Weber. Ein Lebensbild, Tübingen 1926 (im folgenden zit. Lebensbild), S. 659; Albertin, S. 213. Vgl.: Dickmann, Kriegsschuldfrage, S. 66f.; Mommsen, Wolfgang J., Max Weber und die deutsche Politik 1890–1920, 2. erw. Aufl., Tübingen 1974, S. 338f.

[186] Prinz Max von Baden, Völkerbund und Rechtsfriede. Vortrag gehalten am 3. 2. 1919, abgedruckt in: Preußische Jahrbücher 175 ([März] 1919), S. 295–318 (297).

[187] Ebd., S. 308–310.

[188] Ebd., S. 310.

gramm. Der Kommission zur Feststellung der Völkerrechtsverletzungen wollte er folgende Aufträge zuweisen: Feststellung, wem die Priorität bei der Begehung verschiedener Völkerrechtsverstöße angelastet werden müsse, und Klärung von Fragen, die die Führung des deutschen U-Boot-Handelskriegs und die britischen Blockademaßnahmen betrafen[189].

Obwohl Deutschland leider zu Recht eine Reihe von Völkerrechtsverletzungen vorgeworfen würde, sei es – so meinte der Prinz – dennoch legitimiert, eine internationale Untersuchung zu fordern, da auch die Feinde sich mancher Untaten schuldig gemacht hätten. Verwerflicher als die Kriegsgreuel, für die die wirkliche oder eingebildete Kriegsnotwendigkeit zwar keine Rechtfertigung, aber wenigstens eine Erklärung abgebe, seien die „Waffenstillstandsgreuel". Zu ihnen sei in erster Linie die Blockade zu zählen, die rechtswidrig andauere. Denn sie sei als Repressalie gegen die deutsche Seekriegführung erklärt worden, die doch längst eingestellt sei. Aber neben den rechtlichen Gründen verdienten auch die menschlichen und politischen Berücksichtigung. Die Blockade habe zur Folge, daß in Deutschland täglich 800 Menschen sterben und Hunderttausende an ihrer Gesundheit geschädigt würden. Die politische Wirkung sei, daß der deutsche Bolschwismus durch Hunger, Unordnung und Arbeitslosigkeit eine mächtige Bundesgenossenschaft erhalten habe[190]. Nicht rechtswidrig, jedoch äußerst inhuman sei das Verhalten der Sieger in der Gefangenenfrage. Jedes „menschliche und soldatische Anstandsgefühl" hätte gefordert, daß die faktische Beendigung des Krieges – eine Wiederaufnahme durch Deutschland sei ja unmöglich – ihnen die Freiheit bringe oder in nahe Aussicht stelle[191].

Die Mitglieder der „Heidelberger Vereinigung" stimmten im wesentlichen den Ausführungen des Prinzen Max zu[192]. Im Mittelpunkt ihrer Diskussion standen die Schuldfragen. General Max Graf Montgelas[193] wies auf die Notwendigkeit hin, so lange wie die Sieger ihre Kriegsschuldanklage mit dem Verhalten Deutschlands in der Juli-Krise begründeten, ihnen in diesem Punkte entgegenzutreten und nicht in eine Diskussion über die weiteren Ursachen des Krieges auszuweichen. Das Deutsche Reich habe schwerwiegende politische Fehler begangen, z. B. Einwilligung in die österreichische Aktion gegen Serbien, Durchmarsch durch Belgien und Aufnahme von unerwiesenen Behauptungen in die Kriegserklärung an Frankreich, aber es könne der Anklage der Gegner, den Krieg seit Jahren geplant zu haben, mit reinem Gewissen widersprechen. Man müsse auch einen Blick auf die Problematik der Mobilmachungen werfen. Der englische und der französische Generalstab hätten gewußt, daß das deutsche strategische Konzept als Antwort auf

---

189 Ebd., S. 312f.

190 Ebd., S. 300–303. Vgl. Art. XXVI des Waffenstillstandsabkommens vom 11. 11. 1918, abgedruckt in: Kraus/Rödiger I, DokNr. 3; Ursachen und Folgen II, DokNr. 457.

191 Prinz Max von Baden, Völkerbund und Rechtsfriede, S. 304. Während das Waffenstillstandsabkommen (Art. X) Deutschland die Pflicht auferlegte, sämtliche Kriegsgefangenen aus den alliierten u. assoziierten Staaten unverzüglich in ihre Heimat zu befördern, sollte das Schicksal der dt. Kriegsgefangenen erst bei Abschluß des Präliminarfriedens geregelt werden.

192 Die folgende Darstellung stützt sich auf Luckau, The German Delegation, S. 49f. Die Verfasserin gibt als (unveröffentlichte) Quelle ein „Protokoll der Gründungssitzung der Heidelberger Vereinigung", datiert „Heidelberg, 3. und 4. Februar 1919", an. Dies ist ihr wahrscheinlich von einem der Teilnehmer zugänglich gemacht worden. In der sonstigen Literatur findet das Protokoll keine Erwähnung.

193 Maximilian Graf v. Montgelas (1860–1938), General d. Inf. z. D., 1910–1912 Oberquartiermeister im Großen Generalstab, dann Kommandeur der 4. bayer. Infanteriedivision. M. wurde 1915 zur Disposition gestellt, da er gegen den dt. Einmarsch in Belgien Stellung genommen hatte! Weber, Lebensbild, S. 659.

eine russische Mobilmachung die Kriegserklärung (gegenüber Rußland und Frankreich) vorsah. Großbritannien und Frankreich treffe kein Schuldvorwurf, da sie nur ihren Bündnispflichten nachgekommen seien. Doch müsse man der französischen Regierung den schweren Vorwurf machen, die Nachricht über die russische Mobilmachung der Öffentlichkeit einen Tag vorenthalten und dadurch den falschen Eindruck erweckt zu haben, daß Deutschland ohne Zwang den Krieg erklärt habe.

Einen breiten Raum nahm auch die Erörterung der Greuelpropaganda der Entente ein, deren Zunahme man nach Abschluß des Waffenstillstands beobachtet hatte. Es wurde beschlossen, den Anschuldigungen entgegenzutreten, sie nach Möglichkeit zu widerlegen und alliierte Kriegsrechtsverletzungen, besonders hinsichtlich der Behandlung der deutschen Kriegsgefangenen und Zivilinternierten, an die Öffentlichkeit zu bringen. Die Völkerrechtler Schücking und Wehberg sowie Johannes Lepsius, der für sein mutiges Eintreten zugunsten der Armenier bekannt geworden war, wurden beauftragt, Materialien zu sammeln.

Die „Heidelberger Vereinigung" wandte sich mit einer Erklärung an die Öffentlichkeit, in der sie sich zur Verantwortlichkeit der früheren deutschen Gewalten vor dem Krieg und im Krieg bekannte. Zugleich brachte sie in der Kriegsschuldfrage zum Ausdruck,

> „daß eine gemeinsame Schuld aller kriegführenden Großmächte Europas vorliegt. [...] wir glauben, daß Wachsamkeit und reiner Wille in allen Ländern den Weltkrieg hätten verhindern können. Daher darf [...] die Entente nicht in eigener Sache Recht sprechen[194]."

Unter dem Anspruch, zu richten und zu strafen, würden die gegnerischen Politiker sich anschicken, imperialistische Kriegsziele zu verfolgen. Deutschland sei z. Zt. in Paris von der Wahrnehmung seiner Interessen ausgeschlossen. Deshalb trete die Vereinigung der Forderung bei, durch eine neutrale Untersuchungskommission den Anteil feststellen zu lassen, den die einzelnen Staaten an der Schuld am Kriegsausbruch tragen würden. Dem „pactum de contrahendo" zwischen Wilson, der Entente und Deutschland komme eine erhabenere Bedeutung zu als eine formale Erfüllung der Vierzehn Punkte durch die Friedensbedingungen. Der Geist der Wilsonschen Grundsätze müsse für die internationale Politik richtungweisend werden und auch während des Waffenstillstands zum Ausdruck kommen. Andernfalls würden die Gesinnungsgrundlagen für den Völkerbund im deutschen Volk zerstört werden.

In der Erklärung der „Heidelberger Vereinigung" vom 7. Februar 1919 wurde zur Problematik der Kriegsrechtsverletzungen nicht Stellung genommen. Das Anschreiben, mit dem Max Weber die Erklärung der „Frankfurter Zeitung" zur Veröffentlichung übersandte, verifiziert jedoch die oben referierte Darstellung Luckaus. In ihm heißt es, daß die Vereinigung folgende Aufgaben auf sich zu nehmen beabsichtige:

> „1. Prüfung der gegenwärtig mehr als je grassierenden feindlichen „Greuel"-Propaganda; 2. sachgemäße, *nicht* Völker verhetzende, aber eindrucksvolle Verwertung des gewaltigen *eigenen* Greuelmaterials, 3. sachgemäße Prüfung der gegnerischen Privateigentumsverletzungen"[195].

---

194 Erklärung der „Arbeitsgemeinschaft für Politik des Rechts" vom 7. 2. 1919, abgedruckt in: Preußische Jahrbücher 175 (1919), S. 319f. (319). Zuvor in der liberalen Tagespresse abgedruckt, z. B. in Berliner Tageblatt Nr. 67 vom 13. 2. 1919.

195 Schreiben vom 9. 2. 1919 an die Redaktion der „Frankfurter Zeitung", abgedruckt in: Weber, Max, Gesammelte politische Schriften, 1. Aufl. [hrsg. von Marianne Weber], München 1921, S. 485 f. (486);

Zu diesen Fragen, wie zur Wahrung des deutschen Selbstbestimmungsrechts und zur Neugestaltung einer Heeresverfassung auf demokratischer Basis, beabsichtigten die Mitglieder der Vereinigung durch individuelle und gelegentlich kollektive Äußerungen – auch durchaus propagandistisch – das Wort zu ergreifen.

Die Wirkung der „Heidelberger Vereinigung" blieb sicherlich hinter den Erwartungen ihrer Mitglieder, die nicht zuletzt auf ihren internationalen Ruf gesetzt hatten, zurück. Die erhoffte Resonanz im Ausland oder gar am Ort der Friedenskonferenz stellte sich nicht ein. Dagegen zeigte das Auswärtige Amt sofort außerordentliches Interesse für die neue Stimme in der deutschen Politik. Die international geachteten Männer waren durch ihr Bekenntnis zum demokratischen Gedanken – sie gehörten überwiegend der Deutschen Demokratischen Partei (DDP) an – geeignet, das neue Deutschland zu repräsentieren. Ihr außenpolitischer, an der Idee des Rechtsfriedens festhaltender, auf internationalen Ausgleich wie auf Wahrung der nationalen Würde bedachter Kurs entsprach dem des Amtes. Kleinere Gruppen und einzelne Mitglieder der Vereinigung wurden zu offener oder stiller Mitarbeit an den Vorbereitungen für die Friedensverhandlungen in Berlin und zu den Verhandlungen in Versailles herangezogen. Walther Schücking wurde zu einem der sechs Hauptdelegierten ernannt[196]. Hans Delbrück, Max Weber, Max Graf Montgelas und Albrecht Mendelssohn Bartholdy verfaßten in Versailles die deutsche Denkschrift zur Kriegsschuldfrage[197]. Der Einfluß der „Heidelberger Vereinigung" auf die deutsche Öffentlichkeit ist schwer einzuschätzen, war aber sicher von einer gewissen Bedeutung[198]. Wenn es allerdings das Ziel der Vereinigung war, wie Luckau meint[199], die Aufmerksamkeit des deutschen Volkes auf seine von den Entscheidungen der Friedenskonferenz abhängende Zukunft zu lenken und es zu einer einheitlichen Manifestation seines Lebenswillens zu bewegen, die die Sieger beeindrucken mußte, so ist dieses Ziel vor Bekanntwerden der Friedensbedingungen nicht erreicht worden.

Auf Anregung von Prinz Max und Graf Montgelas und in Absprache mit dem Auswärtigen Amt[200] schaltete sich Max Weber nach Erhalt der britischen Note, in der die Verantwortlichkeit Deutschlands für den Krieg als längst unzweifelhaft festgestellt bezeichnet worden war, noch einmal in die Diskussion über die Behandlung der Kriegsschuldfrage ein. Seine Stellungnahme ging davon aus, dem Auswärtigen Amt freie Hand zu lassen. Er selbst hielt es nunmehr für das Richtigste, eine Kommission möglichst unabhängiger, in politischen Dingen erfahrener Persönlichkeiten des Inlands und neutralen Auslands mit der Untersuchung der Kriegsschuldfrage zu betrauen. Die Einsetzung eines parlamentarischen Untersuchungsausschusses lehnte er ab, da in diesem alle Erörterungen sofort unter parteipolitische Gesichtspunkte geraten würden[201]. In dem in der „Frankfurter Zeitung"

---

das Schreiben, Teil einer ersten Sammlung politischer Briefe, wurde in den folgenden Auflagen nicht abgedruckt.

196 Vgl. Acker, S. 113 f., der allerdings Schückings Zugehörigkeit zur „Heidelberger Vereinigung" mit keinem Wort erwähnt. Die engeren Gründe für die Berufung sieht er in dessen Hervortreten als Pazifist und fachlichen Eignung als Völkerrechtler.

197 Siehe unten, S. 185–187.

198 Luckau, The German Delegation, S. 46 f.; Albertin, S. 213 f. Anderer Meinung Mommsen, S. 339.

199 Luckau, The German Delegation, S. 50–53 (51 f.).

200 Weber, Lebensbild, S. 659 f.; Mommsen, S. 339 f.

201 Schreiben vom 20. 3. 1919 an die Redaktion der „Frankfurter Zeitung", abgedruckt in: Weber, Gesammelte politische Schriften, 3. Aufl., S. 502 f.

vom 22. März 1919 erschienen Artikel[202] sprach sich Weber für eine Veröffentlichung der deutschen Akten zum Kriegsausbruch aus, trotz der Bedenken, die nach wie vor gegen diesen einseitigen Schritt bestünden. Im übrigen sei die Publikation zugesagt worden[203]. Bei der wenig überzeugenden Kraft, die Weißbücher in der Öffentlichkeit hätten, müsse sie eine Ergänzung finden in einer Vernehmung der beteiligten Persönlichkeiten, in der die Motive ihres Handelns aufgedeckt werden sollten. Für diesen Zweck müsse eine besondere Instanz geschaffen werden. Der (immer wieder geforderte) Staatsgerichtshof sei ungeeignet, da es sich nicht um die Feststellung von Schuld im juristischen Sinn, sondern um die Aufklärung politischer Vorgänge handele. Für diese Aufgabe würde eine deutsche juristische Körperschaft vor dem Forum der Welt schwerlich die genügende Autorität genießen. Das Auswärtige Amt solle nun die Öffentlichkeit unterrichten, ob und wie es dem Verlangen nach einer Feststellung des deutschen Verhaltens in der Juli-Krise 1914 entsprechen wolle.

Max Weber erachtete mithin gerade die Wege, die zunächst die Reichsregierung und später die Nationalversammlung wählten, für unzweckmäßig. Von der deutschen Öffentlichkeit ist dagegen die Ankündigung Scheidemanns über die Einsetzung eines Staatsgerichtshofs überwiegend begrüßt worden, obwohl bis zur Vorlage des Gesetzentwurfs offen blieb, mit welchen Schuldfragen – Schuld am Kriege, Schuld im Kriege, Schuld am Verlust des Krieges bzw. am Zusammenbruch – sich dieser zu beschäftigen haben würde. Das „Berliner Tageblatt" forderte eine Untersuchung aller Anklagen, die von deutscher, neutraler oder feindlicher Seite gegen bestimmte Persönlichkeiten erhoben worden seien. Zugleich bezweifelte es die Eignung des Staatsgerichtshofs zur Klärung der Kriegsschuldfrage. Diese sei eine internationale Frage. Nur von einer internationalen Untersuchung könne unter Heranziehung der Akten aller Kriegführenden die volle historische Wahrheit erwartet werden. Vielleicht könne der Staatsgerichtshof trotzdem die Geschehnisse auf der deutschen Seite ermitteln. Das dann gewonnene Bild könne aber nicht als lückenlos und vollständig gelten. Dagegen hätten die die Kriegführung betreffenden Beschuldigungen „keinen internationalen Charakter" und ließen sich von einem deutschen Gericht vollständig aufklären[204]. Nach Bekanntwerden der Gesetzesvorlage der Reichsregierung betreffend den Staatsgerichtshof, in der ja eine Verfolgung von Kriegsrechtsverletzungen nicht vorgesehen war, kritisierte das „Berliner Tageblatt" diese Lücke im Entwurf[205]. Immer wieder forderte es die Untersuchung und Ahndung der Verstöße gegen das Völkerrecht. Man solle nicht warten, bis man das Anklagematerial in Versailles auf dem Konferenztisch vorfinde, man solle wenigstens einmal rechtzeitig und freiwillig tun, „was dann doch, nur spät und nicht ganz freiwillig geschieht"[206]!

Die Redaktion des „Berliner Tageblatts" versprach sich von der Tätigkeit des Staatsgerichtshofs weniger eine außenpolitische als eine innenpolitische Wirkung. Sie sah in ihm

---

202 Abgedruckt ebd., S. 503 f.

203 Wahrscheinlich nahm Weber Bezug auf die Pressenotiz des AA vom 26. 11. 1918, in der die Prüfung der Akten und eine Veröffentlichung des *Ergebnisses* zugesagt worden waren, siehe: Bayerische Dokumente, S. 60. Zum Zusammenhang siehe oben, S. 140–142 (142).

204 Berliner Tageblatt Nr. 133 vom 27. 3. 1919.– Zur Haltung des „Berliner Tageblatts" zu den Schuldfragen siehe auch: Schwarz, Gotthart, Theodor Wolff und das „Berliner Tageblatt". Eine liberale Stimme in der deutschen Politik 1906–1933, Tübingen 1968 (= Tübinger Studien zur Geschichte und Politik, Bd 25), S. 113–115.

205 Berliner Tageblatt Nr. 163 vom 12. 4. 1919.

206 Nr. 140 vom 31. 3. 1919, Leitartikel gezeichnet T. W. (= Theodor Wolff).

ein Mittel zur Einschüchterung der „lärmenden Agitation" reaktionärer Kreise und damit langfristig zur Erlangung stabilerer politischer Verhältnisse im Innern[207]. Auch hoffte sie, daß der Staatsgerichtshof dazu beitragen werde, das Volk „zur Wahrheit, zum Wahrheitsmut [und] zu klarem Denken zu erziehen"[208].

Diese Auffassungen und Erwartungen wurden von der DDP, der Partei, der das „Berliner Tageblatt" am nächsten stand, nicht geteilt. Ihr Fraktionsvorsitzender v. Payer lehnte vor der Nationalversammlung den Gedanken der politischen Justiz und damit die in dem Projekt der Errichtung eines Staatsgerichtshofs anklingende Idee der wehrhaften Demokratie ab. Die Regierung werde es schwer haben, nicht nur die rechtspolitischen Bedenken auszuräumen, sondern sich gegen den Vorwurf zu verteidigen, daß sie die Gelegenheit benutze, „um ihr Mütchen an ihren früheren politischen Gegnern zu kühlen". Darüber hinaus würde man mit dem geplanten Vorgehen den Feinden, die die einzig angemessene Behandlung der Schuldfragen durch einen internationalen Gerichtshof abgelehnt hätten, nur Material für ihre Angriffe liefern. Aus diesen Gründen fürchtete Payer, daß „durch diese Art selbstquälerischer und selbstbestrafender Politik" dem Deutschen Reich innen- wie außenpolitisch nur Schaden entstehen werde und bat daher, von der Vorlage des Gesetzentwurfs über die Einsetzung eines Staatsgerichtshofs abzusehen[209].

Dagegen begrüßte die SPD das Vorhaben der Reichsregierung. Nach den Ausführungen des Abgeordneten Gustav Hoch in der Nationalversammlung sollte der Staatsgerichtshof die Schuld am Kriege und die Schuld an den „Schandtaten" im Kriege feststellen. Hoch sprach die Überzeugung aus, daß der Gerichtshof zu dem Ergebnis gelangen werde, daß in erster Linie der Militarismus und der Kapitalismus die Ursachen des Weltkriegs gewesen seien. Schuldige am Kriege würden sich in allen Völkern, Schuldige an „Schandtaten" im Kriege in allen Heeren finden. Die SPD sei bereit, in den Schuldfragen Klarheit zu schaffen. Sie verspreche sich davon, daß dem Militarismus in Deutschland der Boden entzogen werde, – wenn nicht dem deutschen Volk durch einen Gewaltfrieden eine andere Entwicklung aufgezwungen werde[210].

Die Deutsche Volkspartei (DVP) und die Deutschnationale Volkspartei (DNVP) sahen keinen Anlaß, sich zur Einsetzung eines Staatsgerichtshofs verbindlich zu äußern, bevor der Gesetzentwurf bekannt war[211]. Sie gaben ihrer Erwartung Ausdruck, daß die überkommenen Garantien der Rechtspflege gewahrt würden. Beide Rechtsparteien ließen es damit aber nicht genug sein. Sie fügten die hetzerische Drohung hinzu, die Regierung möge bedenken, daß das Rad der Geschichte sich drehe. Es könne der Tag kommen, an dem diejenigen vor ein Tribunal gefordert würden, die die Revolution gemacht hätten[212].

In der Kriegsschuldfrage vertraten DVP und DNVP den Standpunkt, daß diese keinesfalls an Hand der Vorgänge im Juli 1914 beurteilt werden dürfe. Maßgebend für die Bewertung müsse vielmehr die internationale Entwicklung in den vorangegangenen Jahren

[207] Berliner Tageblatt Nr. 133 vom 27. 3. 1919.

[208] Berliner Tageblatt Nr. 140 vom 31. 3. 1919.

[209] Sitzung am 10. 4. 1919, Nationalversammlung, Bd 327, S. 936f.

[210] Ebd., S. 924.

[211] Auch das Zentrum behielt sich seine Stellungnahme vor. Nationalversammlung, Bd 327, S. 836 (Sitzung am 27. 3. 1919).

[212] Schultz (Bromberg, DNVP) in der Sitzung der Nationalversammlung am 10. 4. 1919, Nationalversammlung, Bd 327, S. 942 (B). Gleicher Tenor in der Erklärung des DVP-Abg. Becker (Hessen) am 27. 3. 1919, ebd., S. 858.

sein, die durch die Einkreisungspolitik der Entente und durch ihre Rüstungsanstrengungen gekennzeichnet sei. So vermochten die Rechtsparteien auch hinsichtlich der tieferen Ursachen des Weltkriegs keine deutsche Schuld zu erkennen. Vielleicht, so meinte Gustav Stresemann (DVP), trage jene deutsche Außenpolitik eine „Schuld am Kriege in höherem Sinne", die es verstanden habe, sich gleichzeitig Rußland und England zu Feinden zu machen[213]. Die DNVP forderte durch ihren Fraktionsvorsitzenden die Regierung auf, zu Beginn der Friedensverhandlungen den Gegnern eine Denkschrift zu überreichen, in der mit urkundlichen Unterlagen die Tatsachen zusammengestellt sein sollten, „die den Nachweis für die Schuld der Gegner Deutschlands am Kriege erbringen". Wenn sich Deutschland einem willkürlichen Schuldspruch der Entente unterwerfe, würde es sich – in den Augen der Welt dauernd schuldbeladen – schwerer ideeller und materieller Folgen im internationalen Verkehr aussetzen[214]. Die Gefahr stand sicherlich auch der Reichsregierung vor Augen. Trotzdem konnte es die DNVP nicht unterlassen, die nationale Einigkeit in dieser Frage anzuzweifeln. Bewußt verletzend und provozierend verkündete der für seine Fraktion sprechende DNVP-Abgeordnete Schultz (Bromberg) von der Parlamentstribüne, es sei unerhört, daß man nicht einmal sicher sei,

> „ob die Regierung nicht aus Haß, aus Abneigung gegen die alten Machthaber hie und da nachgibt und ihren Vorgängern ein gerüttelt Maß dieser Schuld [am Kriege] beimessen will"[215].

Auch die wenigen Stimmen, die schon vor der Überreichung des Friedensvertrags gegen eine Forderung nach Auslieferung der Schuldigen am Kriege und Schuldigen im Kriege protestierten, kamen aus dem Lager der politischen Rechten. Im „Militär-Wochenblatt" erschien bereits Ende Januar 1919 ein offener Brief an Marschall Foch, in dem die Empörung über das in der französischen Presse diskutierte Verlangen nach Auslieferung und Bestrafung des Kaisers und einiger hoher Heerführer zum Ausdruck kam. Eine internationale Solidarität des Soldatentums beschwörend – „wir [Soldaten] haben Sie und Ihr tapferes Heer als Gegner aufrichtig geschätzt und fordern die gleiche Achtung für uns" –, ersuchte man den Marschall,

> „jene chauvinistischen und eines siegreichen Frankreichs *unwürdigen* Stimmen zum Schweigen zu bringen, auf daß nach ausgetobtem Völkerkampfe wir als friedliche Nachbarn mit *Achtung* und nicht mit *Haß* einander gedenken können"[216].

---

[213] Rede auf dem Parteitag der DVP in Jena am 13. 4. 1919, abgedruckt in: Stresemann, Gustav, Von der Revolution bis zum Frieden von Versailles. Reden und Aufsätze, Berlin 1919, S. 132–165 (160).

[214] BA R 43 I/803, Bl. 2–4, Schreiben v. Posadowsky vom 2. 4. 1919 (Anlage vom 30. 3. 1919) an Präsident des Reichsministeriums mit der Bitte um eine persönliche oder mit dem Vorstand der Fraktion zu führende Unterredung. Scheidemann erklärte sich dazu bereit. Ebd., Bl. 8, Schreiben UStS in der Reichskanzlei vom 5. 4. 1919 an Graf v. Posadowsky. Am 8. 4. 1919 beschloß das Reichskabinett, die Rechtsparteien über den Inhalt der deutschen Akten zum Kriegsausbruch zu informieren. Am 11. 4. 1919 berichtete Reichsminister Bell dem Kabinett über seine Unterredung mit Graf Posadowsky, Delbrück (beide DNVP) und Heinze (Fraktionsvorsitzender der DVP). Über das Ergebnis dieser Besprechung ist nichts bekannt. Kabinett Scheidemann, DokNr. 38 (P. 3) u. DokNr. 40 (P. 6).

[215] Sitzung am 10. 4. 1919, Nationalversammlung, Bd 327, S. 944(B). Scheidemann wies die Unterstellung gelassen, sich Selbstbeherrschung auferlegend, mit nur einem Satz zurück. Ebd., S. 944(D).

[216] Livonius (Oberst) v., Ein offener Protest an Marschall Foch, in: Militär-Wochenblatt Nr. 91 vom 30. 1. 1919, Sp. 1611–1614. – Eine weitere Stellungnahme zu der möglicherweise zu erwartenden Auslieferungsforderung der Siegermächte in der Bamberger Erklärung des Alldeutschen Verbandes vom 16. 2. 1919: „So wenig eine Auslieferung Kaiser Wilhelms II. und seines Kanzlers in Betracht kommen kann, so wenig wird ein etwaiges Verlangen unserer Feinde Gehör finden dürfen, das andere Deutsche

Der auf herkömmlichen soldatischen Ehrvorstellungen beruhende Appell an den Großmut des siegreichen Feldherrn war unzeitgemäß und unrealistisch zugleich. Er ging ebenso wie die im Sommer und Herbst 1919 folgenden ähnlichen Kundgebungen von einem überholten Kriegsbild aus. In einem unter Einsatz aller materiellen und geistigen Volkskräfte geführten Kampf war kein Platz mehr für traditionelles, ehemals durchaus international gepflegtes Ehrempfinden eines Standes. Die totale, auf allen Seiten durch Ideologie und Propaganda verstärkte Konfrontation konnte mit dem Schweigen der Waffen nicht einer Ära der internationalen Verständigung und Versöhnung weichen. Daher waren die im „Berliner Tageblatt" immer wieder erhobenen Forderungen nach Untersuchung aller der deutschen Kriegführung vorgeworfenen Völkerrechtsverletzungen, nach Sühnung der tatsächlichen Verstöße und nach öffentlicher Zurückweisung der ungerechtfertigten Anschuldigungen bei weitem realistischer: Nur durch ein Bekenntnis zur Wahrheit und Wahrhaftigkeit könne das deutsche Volk erwarten, nach Friedensschluß wieder am internationalen wirtschaftlichen und kulturellen Verkehr teilzuhaben. Begangenes Unrecht müsse eingestanden und gutgemacht werden. Wenn die Sieger hinsichtlich ihrer Schuld sich anders verhielten, so sei das ihre Sache – und ihre Schmach[217].

Das preußische Kriegsministerium sah sich gezwungen, auf die fortgesetzten Rufe nach Aufklärung der von deutschen Truppen begangenen Kriegsgreuel und nach wahrheitsgemäßer Unterrichtung der Öffentlichkeit zu antworten. Der Leiter der „Militäruntersuchungsstelle für Verletzungen des Kriegsrechts", in der alles einschlägige Material seit Oktober 1914 erfaßt worden war, wies darauf hin, daß auch seine Dienststelle hinsichtlich ihrer Veröffentlichungen während des Krieges unter Zensur gestanden habe. Manche geplante Zurückweisung von gegnerischen Anschuldigungen sei aus Rücksichtnahme auf höhere politische Gesichtspunkte unterblieben. Weiter machte er auf die – in der Tat – sehr schwierige und zeitraubende Arbeit aufmerksam, die die Aufklärung der von der feindlichen Propaganda angeprangerten Kriegsgreuel erfordere. Daher möge die deutsche Presse nicht jedes vage Gerücht verzeichnen. Auch sei es ein Irrtum zu glauben, Deutschland brauche nur seine angeblichen Verfehlungen einzugestehen, um die schweigsame Gegenseite ins moralische Unrecht zu versetzen. Zur Völkerversöhnung könne nur eine Untersuchung der beiderseitigen amtlichen Vorwürfe durch eine neutrale Kommission beitragen. Die deutsche Presse solle einmütig mit der Reichsregierung eine solche Untersuchung verlangen. Sollte aber die Antwort der Gegner auf diese Forderung wie in der Frage der Schuld am Kriege ausfallen, so solle sich die deutsche und neutrale Wissenschaft der Angelegenheit annehmen. Die Tore der Militäruntersuchungsstelle stünden jedem „ehrlichen Wahrheitssucher" weit offen[218].

wegen angeblicher ‚Mitschuld am Kriege' vor Gericht stellen will; insbesondere müßte ein solches Ansinnen zurückgewiesen werden, wenn es sich [...] gegen Generalfeldmarschall von Hindenburg und General Ludendorff richtete." Erklärung abgedruckt in: Ursachen und Folgen III, DokNr. 643 a.

[217] Salomon, Alice, Volle Wahrheit, in: Berliner Tageblatt Nr. 149 vom 4. 4. 1919.

[218] Grasshoff (Rechtsanwalt Dr.), Gerechtigkeit, in: Berliner Tageblatt Nr. 180 vom 23. 4. 1919. Zustimmend: A. K., Die deutschen Zerstörungen und Verwüstungen im besetzten Gebiet. Ein Wort zu den Anklagen des „Berliner Tageblattes", in: Militär-Wochenblatt Nr. 136 vom 20. 5. 1919. K. meinte, kein Deutscher habe „Ursache nach ‚voller Wahrheit', nach ‚einem Gericht' und dgl. zu rufen", denn die Militär-Untersuchungsstelle sei ihren Aufgaben nachgekommen. Natürlich seien im deutschen Millionenheer von „untergeordneten Persönlichkeiten" strafwürdige Ausschreitungen begangen worden. Diese Einzelfälle deutscher Untaten sollten mit den von den Feinden begangenen in einen „gemeinsamen Papierkorb" geworfen werden. Übrig blieben dann „angebliche Kriegsbrauchverletzun-

Die Stimmen, die immer wieder auf Untersuchung der der deutschen Kriegführung vorgeworfenen Verstöße gegen das Völkerrecht drängten und die im „Berliner Tageblatt" ein Sprachrohr gefunden hatten, waren nicht stark genug, um eine über die Replik des Leiters der Militäruntersuchungsstelle im preußischen Kriegsministerium hinausgehende, offizielle Reaktion auszulösen. Die Reichsregierung hätte immerhin auf die Einsetzung und Tätigkeit der „Kommission zur Untersuchung der Anklagen wegen völkerrechtswidriger Behandlung der Kriegsgefangenen in Deutschland" verweisen können. Tatsächlich wurde die Arbeit der „Kommission Schücking" von der Öffentlichkeit kaum beachtet, bis sie wegen ihres Urteilsspruchs im Fall Fryatt plötzlich in die Schußlinie der Kritik geriet.

Den Anlaß zur Einsetzung der Untersuchungskommission hatten die Beschwerden der Siegermächte über die Behandlung der Kriegsgefangenen in Deutschland, die sie bei der deutschen Waffenstillstandskommission in Spa einlegten, gegeben[219]. Doch waren neben dem äußeren Anlaß noch andere Intentionen maßgebend gewesen. Sie kamen in den Reden Erzbergers und Schückings anläßlich des ersten Zusammentritts der Kommission zum Ausdruck: Das neue Deutschland wollte unter Beweis stellen, daß es bereit war, Verletzungen des Völkerrechts objektiv zu untersuchen, erwiesene Schuld zu bekennen und Schuldige zu bestrafen. Dem möglichen Anspruch der Sieger, selbst zu strafen, sollte die Berechtigung genommen werden. Gleichzeitig sollten die Untersuchungen der Kommission zur Selbstbesinnung des deutschen Volkes beitragen[220].

Die im Dezember 1918 einsetzenden Arbeiten der Kommission konnten naturgemäß nicht sofort Ergebnisse zeitigen. Doch schon ab Ende Januar 1919 waren erste Untersuchungen abgeschlossen und wurden Urteilssprüche verkündet. Die Voten der Kommission lauteten überwiegend dahin, daß in der Behandlung der Kriegsgefangenen keine dem Deutschen Reich anzulastenden Völkerrechtsverletzungen vorlägen[221]. Mit diesem Ergebnis waren die Siegermächte natürlich nicht zu beeindrucken. Professor Schücking, der inzwischen zum Mitglied der Friedensdelegation ernannte Vorsitzende der Kommission, erkannte die außenpolitische Zwangslage. Von einigen im April 1919 zur öffentlichen Behandlung anstehenden Fällen versprach er sich „eine gute Wirkung auf die Friedensverhandlungen", namentlich von der Überprüfung des Falles Fryatt, bei dem es sich seiner Meinung nach um einen „traurigen Justizmord" handelte[222]. Das Votum der Kommission

---

gen, die von höheren deutschen Behörden angeordnet und planmäßig ausgeführt sein sollen". Am Beispiel der Zerstörungen, die im Frühjahr 1917 beim Rückzug des Westheeres in die Siegfriedstellung angeordnet und ausgeführt wurden („eine von der Not unserer damaligen militärischen Lage unabweisbar geforderte Maßnahme"), glaubte er belegen zu können, daß die obersten deutschen Militärbehörden nichts zu verbergen und nichts zu befürchten hätten. Trotzdem wandte er sich gegen die „Namens-Deutschen"(!) Theodor Wolff und Alice Salomon, weil sie „einmütig mit der feindlichen Presse nach Strafe für im Kriege begangene Rechtsverletzungen durch deutsche Truppen schreien"!

219 Siehe oben, S. 147.

220 PA/AA Kommission Schücking, Generalia III, Bl. 4–7, Texte der Reden Erzbergers u. Schückings anläßlich der 1. Sitzung der Kommission am 2. 12. 1918. Vgl.: Bericht Kommission Schücking, S. 7f.; Acker, S. 134f.

221 Nach dem Bericht Kommission Schücking wurden insgesamt 21 Fälle durch Urteil abgeschlossen. Das Vorliegen einer Völkerrechtsverletzung wurde in 17 Fällen verneint, in einem Fall teils bejaht, teils verneint und in 3 Fällen bejaht. Siehe: Entschließung des 3. Unterausschusses des Untersuchungsausschusses des Reichstags vom 14. 11. 1925, abgedruckt in: WUA, Völkerrecht im Weltkrieg III/1, S. 8. Ausführlicher Meurer, Verletzungen des Kriegsgefangenenrechts, S. 53–57.

222 Schreiben Schückings vom 23. 3. 1919 an Erzberger, auszugsweise zit. bei Acker, S. 135, Anm. 138. Siehe zum Fall Fryatt Kapitel I, Anm. 199.

fiel nach ausführlicher und sorgfältiger Beratung entgegen der Erwartung und Rechtsüberzeugung Schückings aus. In der Erschießung des englischen Handelsschiffskapitäns Charles Fryatt auf Grund des Urteils eines Feldgerichts des Marinekorps vom 27. Juli 1916 wurde keine Verletzung des Völkerrechts gesehen[223].
An dieser Stelle soll auf die juristische Problematik des Falles nicht eingegangen werden. Der Hinweis möge genügen, daß das Urteil des Feldgerichts und der Spruch der Kommission sich auf die deutsche seekriegsrechtliche Auffassung stützten, daß jede kriegerische Betätigung eines Handelsschiffs völkerrechtswidrig sei. Die anglo-amerikanische Rechtsansicht stand in dieser Frage der deutschen konträr entgegen[224]. So ist es verständlich, daß die Kommission nach Verkündung ihres Spruches im Fall Fryatt einer heftigen in- und ausländischen Kritik unterlag und im Endeffekt einen gewaltigen Autoritätsverlust erlitt.
Kapitän zur See a. D. Persius übte eine scharfe Urteilsschelte. Der Gang der Kommissionsverhandlungen sei symptomatisch für die politische Lage in Deutschland: Ein erbitterter Kampf habe zwischen zwei Parteien stattgefunden,

> „zwischen der rechthaberischen, die allen Vernunftgründen unzugänglich bleibt, die den alten, echten preußischen Militarismus verkörpert, und der gemäßigten, menschlich fühlenden und zugleich realpolitisch abwägenden Partei, deren Repräsentanten leider noch gar zu zaghaft auftreten“[225].

Der Eindruck, den der Spruch bei den Gegnern hervorrufen müsse, werde einen „bösen Einfluß“ auf die Friedensverhandlungen haben und die Wiederanknüpfung freundschaftlicher Beziehungen erschweren. Die Kommission habe nichts von jenem Geist bekundet, „der den Menschheitsinteressen und unseren Interessen im besonderen diene. Sie sollte ihre Tätigkeit schleunigst einstellen“[226].
Die in erster Linie politisch motivierte und fundierte Kritik Persius' fand nicht einmal die volle Billigung der der USPD angehörenden Kommissionsmitglieder Bernstein und Cohn. Zwar stimmten sie mit ihm in der Beurteilung des Falles überein, sahen also in der Erschießung Fryatts eine schwere Verletzung des Völkerrechts, betonten jedoch, daß jeder Zweifel an der strengen Unparteilichkeit der Kommission unbegründet sei. In ihr herrsche der einstimmige Wille, unter allen Umständen der Wahrheit die Ehre zu geben[227]. Auch Schücking, zu einer persönlichen Erklärung von der „Deutschen Liga für Völkerbund“ aufgefordert, stellte sich vor seine Amtsgenossen. Er bekannte, er selbst hätte lieber einen anderen Spruch für die Kommission verkündet. Der Wille auch der obsiegenden Kommissionsmitglieder, nur dem Recht zu dienen, müsse jedoch anerkannt werden[228].

---

[223] Ausführlicher Bericht in der Sonderveröffentlichung der „Kommission Schücking“: Entscheidung der Kommission zur Untersuchung der Anklagen wegen völkerrechtswidriger Behandlung der Kriegsgefangenen in Deutschland über den Fall der feldgerichtlichen Erschießung des englischen Kapitäns Charles Fryatt, Berlin 1919. Zusammenfassend Bericht Kommission Schücking, S. 18 f. u. S. 47–51.

[224] Vgl.: Rocholl [Erich], Fryatt-Fall, in: Strupp WVR I, S. 350–353; Dischler, Ludwig, Fryatt-Fall, in: Strupp-Schlochauer WVR I, S. 606–608. Dort auch weitere Literaturangaben.

[225] Persius, L[othar], Der Fall „Captain Fryatt“, in: Berliner Tageblatt Nr. 155 vom 8. 4. 1919.

[226] Ebd.

[227] Dem „Berliner Tageblatt“ von Bernstein und Cohn übersandte Erklärung, auszugsweise abgedruckt in Nr. 196 vom 2. 5. 1919. Beide waren „durch wichtige und unaufschiebliche öffentliche Angelegenheiten gehindert“, an der Abstimmung teilzunehmen, deren Ergebnis (so die Erklärung) bei ihrer Anwesenheit anders ausgefallen wäre.

[228] Briefwechsel zwischen Prof. Hans Wehberg und Schücking, abgedruckt in: Berliner Tageblatt Nr. 188 vom 27. 4. 1919.

Die Sitzungen der „Kommission Schücking“ waren öffentlich. An ihnen nahmen Vertreter der Siegermächte bzw. der mit der Wahrnehmung ihrer Interessen beauftragten Schutzmächte und ausländische Zeitungskorrespondenten als Beobachter teil. Ihr Urteil über die Tätigkeit der Kommission ist aufschlußreich. Allgemein bemängelten sie die unzureichende Aufklärung der Sachverhalte der zur Untersuchung gekommenen Fälle. Diese war verursacht durch das – freilich nicht von der Kommission zu vertretende – Fehlen der Belastungszeugen, also der ehemaligen Kriegsgefangenen. Ein britischer Offizier gewann den Eindruck, daß die Kommissionsmitglieder um Objektivität bemüht waren, sah aber keinen Sinn in einer einseitigen Untersuchung, deren Ergebnis wegen unzureichender Beweisführung nicht überzeugend sei[229]. Die Berichte der Korrespondenten britischer Zeitungen waren noch vernichtender. Ihre Kritik konzentrierte sich wiederum auf die Mängel in der Beweisführung und auf das unangemessene Auftreten deutscher Marineoffiziere als Zeugen und Sachverständige im Fall Fryatt[230]. Diese hatten in der Tat wenig Gespür gezeigt für die besondere Bedeutung, die das Ausland der Untersuchung dieses Falles beimaß. Sie waren der Überzeugung, zu der wohl auch ein Teil der Kommissionsmitglieder tendierte, daß es angesichts der inkonzilianten Haltung der Siegermächte notwendig sei, die deutsche Position zu verteidigen. Zweifellos sahen sich die ausländischen Korrespondenten durch Persius' Kommentar in ihrer Auffassung bestätigt[231].

Die Kommission Schücking hat trotz bester Absichten ihrer Mitglieder die in sie gesetzten Erwartungen nicht erfüllen können. Die Schuld daran trifft nicht sie allein, sondern auch die Reichsregierung[232]. Es ist versäumt worden, im In- und Ausland auf den Fortschritt hinzuweisen, der in dem Tätigwerden der Kommission überhaupt lag. Es ist ebenso versäumt worden, die Kritik zum Anlaß zu nehmen, erneut eine internationale Untersuchung aller Kriegsrechtsverletzungen zu fordern. Unwidersprochen blieb der ungünstige Eindruck des Auslands über die Tätigkeit der Kommission: „Eyewash for the Allies and whitewash for the old German régime“[233].

5. Die Friedensverhandlungen: Die deutsche Position in den Schuldfragen und die Reaktion der „Großen Vier“

Die Stimmung, in der sich die deutsche Friedensdelegation auf ihrem Weg nach Versailles befand, war eine eigenartige Mischung aus „vorsichtigem Optimismus“ und „düsteren Vorahnungen“[234]. Der geringfügige Optimismus bezog sich auf die taktische Lage. Die Delegation machte sich nach dem Notenwechsel, der ihrer Abreise vorangegangen war,

---

229 P.R.O. W.O. 32/5609, Bericht von Lieutenant T. F. Breen (Intelligence Corps) an Major-General Sir Richard Ewart (Chief of the British Military Mission Berlin), undatiert (ca. Anfang April 1919).

230 P.R.O. W.O. 32/5609, Zeitungsausschnitt: Daily Telegraph vom 4. 4. 1919.

231 Ebd., Zeitungsausschnitt: The Times vom 13. 4. 1919.

232 Vgl. auch die Schwierigkeiten bei der praktischen Anwendung der Verordnung vom 30. 11. 1918, Bericht Kommission Schücking, S. 12–14.

233 P.R.O. W.O. 32/5609, Bericht des Korrespondenten H. J. Greenwall vom 2. 4. 1919: „Whitewash and Eyewash. Germans Inquire into their own Crimes. Solemn Farce“, Daily Express vom 5. 4. 1919. Vgl. auch Bericht des brit. Geschäftsträgers in Berlin vom 29. 5. 1920 an Earl Curzon, abgedruckt in: DBFP IX, DokNr. 662 (bes. Anm. 3).

234 Schwabe, Deutsche Revolution und Wilson Frieden, S. 565 u. 566.

Hoffnungen auf mündliche Verhandlungen über die „Gesamtheit der Friedensfragen"[235]. Die düsteren Vorahnungen bezogen sich auf den Friedensvertragsentwurf, der ihr vorgelegt werden würde. Über seinen Inhalt waren in Berlin vielerlei, zum Teil höchst widersprüchliche Nachrichten eingegangen. Die Nachrichten, denen das Auswärtige Amt den höchsten Informationswert zumaß, entstammten der ausländischen Presse und den Mitteilungen der Emissäre feindlicher Staaten. Von hohen und höchsten Stellen autorisiert, kamen immer wieder Amerikaner nach Deutschland, um einzelne vorgesehene Friedensregelungen zu enthüllen, die deutsche Reaktion zu prüfen und Stimmung für die Annahme des Friedensvertrags zu machen. Die Emissäre, unter ihnen Oberst Arthur L. Conger, Chef der nachrichtendienstlichen Abteilung Advanced Headquarters, American Expeditionary Forces, in Trier[236] und Ellis L. Dresel, *der* Deutschlandexperte der amerikanischen Friedensdelegation[237], waren nicht immer auf dem Stand der neuesten Entwicklung in Paris, denn viele Entscheidungen fielen im „Rat der Vier" erst wenige Tage vor der Übergabe des Vertragsentwurfs an die Deutschen. Doch zeichnete sich durch ihre Mitteilungen für die Verantwortlichen in Berlin in groben Umrissen ein Bild von dem Vertragsentwurf ab, das diese als den Vierzehn Punkten Wilsons widersprechend und als unakzeptabel für die im Amt befindliche Regierung erachteten.

Die deutsche Seite erhielt auch über den Inhalt der Strafbestimmungen Informationen. Dresel[238] fragte einen seiner Berliner Gesprächspartner, den Gesandten Graf Oberndorff, wie sich Deutschland zu dem eventuellen Verlangen der Sieger nach Verfolgung des Kaisers stellen würde. Der Graf antwortete, daß er in einem solchen Ansinnen einen „Angriff auf die Ehre der Deutschen Nation" erblicken würde. Kein Volk, das seine Ehre hochhalte, könne seinen früheren Herrscher ausliefern. Er hoffe, daß die Alliierten eine solche schmachvolle Zumutung nicht stellten und, sollten sie es dennoch tun, daß die deutschen Bevollmächtigten eine solche Forderung nicht mit ihrer Unterschrift decken würden[239].

Da Dresel die Möglichkeit einer „solchen Zumutung" nicht ausschloß, wurde der Inhalt des Gesprächs nach Versailles telegraphiert, wo die deutsche Friedensdelegation am

---

[235] Notenwechsel zwischen dem Vorsitzenden der Ständigen Interalliierten Waffenstillstandskommission, General Nudant, und der Reichsregierung, abgedruckt in: Kraus/Rödiger I, DokNr. 23. Vgl. Protokolle der Kabinettssitzungen am 19. und 21. 4. 1919, abgedruckt in: Kabinett Scheidemann, DokNr. 46 (P. 1) u. 48 (P. 2). Siehe auch: Wengst, S. 41 f.; Gründer, Horst, Walter Simons als Staatsmann, Jurist und Kirchenpolitiker, Neustadt an der Aisch 1975 (= Bergische Forschungen, Bd 13), S. 78.

[236] Zur Rolle Congers als Mittler zwischen der US-Friedensdelegation und der Reichsregierung: zuerst Epstein, Fritz T., Zwischen Compiègne und Versailles. Geheime amerikanische Militärdiplomatie in der Periode des Waffenstillstandes 1918/1919: Die Rolle des Obersten Arthur L. Conger, in: VfZG 3 (1955), S. 412–445; jetzt Schwabe, Deutsche Revolution und Wilson-Frieden, S. 281 (zur Person Congers), S. 533–539 (dt.-amerik. Kontakte Ende März 1919) u. S. 551–553 (Gespräch mit Rantzau am 29. 4.1919 im Sonderzug, mit dem die dt. Delegation nach Versailles reiste).

[237] Schwabe, Deutsche Revolution und Wilson-Frieden, S. 291 (zu seiner Person) u. S. 541–551 (zu seinem Aufenthalt in Berlin vom 18. 4.–3. 5. 1919); Mayer, S. 759–762.

[238] Die amerik. Mission in Paris informierte Dresel mit Telegramm vom 29. 4. 1919 über die Strafbestimmungen. Schwabe, Deutsche Revolution und Wilson-Frieden, S. 546 f. (bes. Anm. 37). Diese Mitteilung muß sich auf den Entwurf des Redaktionskomitees der Konferenz (abgedruckt als Anlage 4) gestützt haben, denn der endgültige Wortlaut der Strafbestimmungen wurde erst in der Sitzung des Viererrates am 1. 5. 1919 festgelegt. Siehe oben, S. 110–113 (112 f.)

[239] PA/AA Dt. Friedensdeleg. Versailles, Pol. 2 (4662/E 212 240) u. Pol. 7 a, Bd 1 (4662/E 213 569), Telegramm Paxkonferenz (Telegrammadresse der Geschäftsstelle für die Friedensverhandlungen in Berlin) vom 1. 5. 1919 an Friedensdelegation.

29. April 1919 ihr Quartier bezogen hatte. Die Nachricht, an sich ein böses Omen für den Charakter des Friedensvertragsentwurfs, wird wohl kaum beachtet worden sein, denn die Delegation erhielt zur selben Zeit davon Kenntnis, daß die Siegermächte nicht zu mündlichen Verhandlungen bereit sein würden[240]. Damit war die deutsche Taktik für die Friedenskonferenz gescheitert! Mit um so größerem Eifer stürzte sich die Delegation nun auf die Vorbereitung der Rede, die Außenminister Graf Brockdorff-Rantzau bei der Entgegennahme des Vertragsentwurfs halten würde. Zwar hoffte man immer noch auf die Einsicht der Gegner, daß persönliche Verhandlungen der allein angemessene Weg seien, um zu einer wirklichen Verständigung zu gelangen; doch es war nicht auszuschließen, daß die Vollsitzung der Friedenskonferenz am 7. Mai 1919 die einzige Gelegenheit sein würde, den deutschen Standpunkt über die zu treffende Friedensregelung allen Vertretern der alliierten und assoziierten Mächte vorzutragen.

Aus zehn verschiedenen Entwürfen für die Rede Rantzaus, die Alma Luckau in dem Nachlaß von Dr. Walter Simons, dem Generalkommissar der deutschen Friedensdelegation, vorfand, hat sie drei für den Abdruck in ihrer Publikation ausgewählt[241]. In diesen drei Entwürfen kam die Überzeugung von einem neuen Anfang zum Ausdruck, der durch die Demokratisierung Deutschlands und durch die bevorstehende Gründung eines Bundes der Völker gesetzt worden sei. Übereinstimmend wiesen sie auf den dem Waffenstillstand vorangegangenen Vertrag hin, durch den die Vierzehn Punkte Wilsons mit Ausnahme der beiden bekannten Einschränkungen zur rechtlich bindenden Grundlage für die Friedensregelung zwischen allen kriegführenden Parteien geworden seien. Dennoch unterschieden sich die drei Redekonzepte beträchtlich voneinander, und in dem Umfang, in dem einzelne Aussagen eine Konkretisierung erfuhren, verschärfte sich der sprachliche Ton.

In dem vom Appell an die Prinzipien des Geistes, der Kultur und des Rechts beherrschten Entwurf I wurde der Machtgedanke verworfen und die Notwendigkeit eines Ausgleichs betont. Anders als in den beiden weiteren Entwürfen, in denen die Sieger eindringlich an ihre Versprechungen und Verpflichtungen erinnert wurden, fehlte in ihm die Erwähnung der Schuldfragen. Während im Entwurf II nur der deutsche Wunsch nach Einsetzung eines internationalen Gerichtshofs zur Untersuchung der Kriegsschuldfrage ins Gedächtnis gerufen wurde, sah Entwurf III eine scharfe Zurückweisung der Unterstellung einer Alleinschuld Deutschlands vor. Ähnlich verhielt es sich mit den Äußerungen zur Schuld im Kriege: Der Entwurf II begnügte sich damit, auf die verheerenden Wirkungen der über den Waffenstillstand hinaus aufrechterhaltenen Blockade hinzuweisen. Der Entwurf III war gerade in diesem Punkt leidenschaftlicher und provozierender. Nicht nur Deutschland habe das Kriegsvölkerrecht verletzt, sondern der „Ehrenschild keiner der europä-

---

240 PA/AA WK 31, Bd 1 (4121/D 931 270), Telegramm Gesandter im Haag vom 2. 5. 1919 an AA (Nachricht aufgrund Entschlüsselung von Telegrammen amerik. Journalisten). Vgl. Wengst, S. 49. Zum Vorgang: In der Sitzung des Viererrats am 24. 4. 1919, 11 Uhr, erklärte Wilson, daß er dem Vorschlag (Clemenceaus) zuneige, die Verhandlungen mit der deutschen Delegation schriftlich zu führen. Der entsprechende Beschluß fiel in der Sitzung am 26. 4. 1919, 12.15 Uhr. Protokolle abgedruckt in: FRUS, P.P.C. V, S. 202–209 (205) u. S. 291–298 (293); Mantoux I, DokNr. 46 (hier: S. 351) u. 49 (hier: S. 386). Die dt. Delegation erhielt offizielle Kenntnis von dem Beschluß am 7. 5. 1919. Tagesordnung der Sitzung im Hotel „Trianon-Palace" in Versailles am gleichen Tag, 15 Uhr, abgedruckt in: Kraus/Rödiger I, DokNr. 31 a.

241 Luckau, The German Delegation, S. 63 f. Bei den ebd., DokNr. 28, abgedruckten Entwürfen handelt es sich jedoch nicht, wie Gründer (S. 79) meint, um die für die Rede in die engere Auswahl genommenen.

ischen Großmächte" sei rein geblieben, und das Gewissen keiner Nation habe der Kriegsverrohung standgehalten. Deutschland bedauere, durch den Einfall in Belgien der Verachtung des Völkerrechts freie Bahn geschaffen zu haben. Es wolle, über die schon übernommenen Verpflichtungen hinaus, alles Unrecht wiedergutmachen und alle Schuldigen bestrafen, soweit dies in seiner Macht stehe. Wenn das deutsche Volk die Einlösung dieser Zusage als eine Ehrenpflicht ansehen solle, sei es allerdings notwendig, daß über das wiedergutzumachende Unrecht aller Kriegführenden nicht ein einseitiger Spruch der Sieger, sondern der einer unparteiischen Rechtsinstanz befinde.

Der Entwurf III bildete die maßgebliche Vorlage für die schließlich von Rantzau verlesene Rede, mit deren Ausführungen sich alle Hauptdelegierten einverstanden erklärten[242]. Sie hofften, daß der in der Rede zum Ausdruck kommende, sich auf eine neue demokratische Weltordnung berufende Appell seine Wirkung besonders auf die Angelsachsen nicht verfehlen und eine gewisse Bereitschaft zu Verhandlungen wecken würde. Für den Fall, daß sich Clemenceau bei der Übergabe der Friedensbedingungen auf reine Formalitäten beschränken sollte, hatte Rantzau eine kurze Erwiderung vorbereiten lassen. Diese lehnte sich an die Schlußformel der langen Rede an[243].

Am Nachmittag des 7. Mai 1919 trafen sich die Delegierten der alliierten und assoziierten Mächte mit den Abgesandten des Deutschen Reiches im Hotel „Trianon-Palace" in Versailles zur Übergabe des Entwurfs ihrer Friedensbedingungen. Clemenceau ergriff in seiner Eigenschaft als Präsident der Friedenskonferenz kurz das Wort. Er sprach von dem sehr schmerzlichen und fürchterlichen Krieg, der den siegreich gebliebenen Verbündeten unerbittlich aufgezwungen worden sei. Nun sei die Stunde der schweren Abrechnung gekommen[244].

Die Anspielung auf die deutsche Schuld am Weltkrieg veranlaßte Graf Brockdorff-Rantzau die vorbereitete lange Rede zu halten. Sie begann mit einem offenen Eingeständnis der deutschen Niederlage und ging dann, geradezu unvermittelt, über auf das politische Klima, das die Friedensverhandlungen zu bestimmen schien:

> „Wir kennen die Wucht des Hasses, die uns hier entgegentritt, und wir haben die leidenschaftliche Forderung gehört, daß die Sieger uns zugleich als Überwundene zahlen lassen und als Schuldige bestrafen sollen.
>
> Es wird von uns verlangt, daß wir uns als die allein Schuldigen am Kriege bekennen; ein solches Bekenntnis wäre in meinem Munde eine Lüge. Wir sind fern davon, jede Verantwortung dafür, daß es zu diesem Weltkrieg kam, und daß er so geführt wurde, von Deutschland abzuwälzen. [...] aber wir bestreiten nachdrücklich, daß Deutsch-

---

242 Die Autorschaft der Rede Rantzaus vom 7. 5. 1919 ist nicht völlig klar. Sie wird (gerade für die Stellungnahme in der Kriegsschuldfrage) maßgeblich Kurt Hahn (in Versailles Privatsekretär des Delegierten C. Melchior) zugeschrieben. Mann, Golo, Kurt Hahn als Politiker, in: Neue Rundschau 76 (1965), S. 590–622 (607 f.). Die Endredaktion lag wohl in den Händen Simons', der selbstverständlich die Wünsche Rantzaus berücksichtigte. So das Zeugnis Schückings, Acker, S. 119. Die Autorschaft beansprucht auch: Cahén, Fritz Max, Der Weg nach Versailles. Erinnerungen 1912–1919. Schicksalsepoche einer Generation, Boppard a. Rh. 1963, S. 313. – Zur Mitwirkung der Delegierten: Brief Simons' vom 7. 5. 1919 an seine Frau, in engl. Übers. abgedruckt in: Luckau, The German Delegation, S. 117. Vgl. Acker, S. 119. Auch PA/AA Dt. Friedensdeleg. Versailles, Pol. 2a (4662/E 212 373), Protokoll der Sitzung der Friedensdelegation am 7. 5. 1919, 12.20 Uhr.

243 In engl. Übers. abgedruckt in: Luckau, The German Delegation, S. 65. Siehe Protokoll der Sitzung der Friedensdelegation am 7. 5. 1919, wie Anm. 242.

244 Rede (in verschiedenen Versionen) abgedruckt in: Kraus/Rödiger I, DokNr. 31 b.

land, dessen Volk überzeugt war, einen Verteidigungskrieg zu führen, allein mit der Schuld belastet ist[245].“

Rantzau brandmarkte als allgemeine Kriegsursache den „Imperialismus aller europäischen Staaten“. Die „Politik der Vergeltung“, die „Politik der Expansion“ und die „Nichtachtung des Selbstbestimmungsrechts der Völker“ hätten zur chronischen Vergiftung der internationalen Lage beigetragen, die sich mit dem Weltkrieg entlud. Die früheren deutschen Regierungen würden Verantwortung tragen für ihren Anteil an dieser unheilvollen Politik, insbesondere für ihre Handlungen und Unterlassungen in der Juli-Krise 1914, die aber den Krieg nicht ausgelöst hätten. Erst die russische Mobilmachung habe die friedliche Beilegung der Krise vereitelt.

Nach seiner Stellungnahme zur Schuld am Kriege führte er zur Schuld im Kriege aus:

> „Die öffentliche Meinung in allen Ländern unserer Gegner hallt wider von den Verbrechen, die Deutschland im Kriege begangen habe. Auch hier sind wir bereit, getanes Unrecht einzugestehen. Wir sind nicht hierher gekommen, um die Verantwortlichkeit der Männer, die den Krieg politisch und militärisch geführt haben, zu verkleinern und begangene Frevel wider das Völkerrecht abzuleugnen.“

Dies unter Beweis stellend, wiederholte Rantzau die Erklärung, die zu Beginn des Krieges der damalige Reichskanzler öffentlich abgegeben hatte: „Belgien ist Unrecht geschehen, und wir wollen es wieder gutmachen“. Doch, so betonte er, Deutschland habe in der Art der Kriegführung nicht allein gefehlt. Jede europäische Nation kenne Taten und Personen, deren sich die besten Volksgenossen ungern erinnerten. Er wolle nicht Vorwürfe mit Vorwürfen erwidern, aber wenn man von den Deutschen Buße verlange, so dürfe man nicht vergessen, welche Lasten Deutschland mit dem Waffenstillstand auferlegt worden seien:

> „Verbrechen im Kriege mögen nicht zu entschuldigen sein, aber sie geschehen im Ringen um den Sieg, in der Sorge um das nationale Dasein, in einer Leidenschaft, die das Gewissen der Völker stumpf macht. Die Hunderttausende von Nichtkämpfern, die seit dem 11. November an der Blockade zugrunde gingen, wurden mit kalter Überlegung getötet, nachdem für unsere Gegner der Sieg errungen und verbürgt war. Daran denken Sie, wenn Sie von Schuld und Sühne sprechen.“

Rantzau beendete seine Ausführungen zu den Schuldfragen, die mehr als ein Drittel seiner Rede ausmachten(!), mit der Wiederholung der Forderung nach unparteiischer Untersuchung der Schuld am und im Kriege. Sie solle in die Hände einer neutralen Kommission gelegt werden, der die Befugnis eingeräumt werden müßte, die Hauptbeteiligten zu verhören und Einblick in alle Archive zu nehmen.

Dem Gedanken, einen etwaigen Schuldspruch zur Basis des Friedensvertrags zu machen, hatte Rantzau damit eine klare Absage erteilt. Er wies nun auf die vereinbarte Grundlage hin, auf die Grundsätze Wilsons, die durch das in der „Lansing-Note“ erklärte Einverständnis der Alliierten für beide Kriegsparteien rechtsverbindlich geworden seien. Nachdem er unterstrichen hatte, daß Deutschland seinen internationalen Verpflichtungen und Aufgaben nur mit Unterstützung der Siegermächte nachkommen könne, beschwor er in seiner Schlußbemerkung noch einmal die Bedeutung des Rechts für die Friedensregelung:

---

245 Rede Rantzaus abgedruckt in: Kraus/Rödiger I, DokNr. 31c; Ursachen und Folgen III, DokNr. 714a.

„Das deutsche Volk ist innerlich bereit, sich mit seinem schweren Los abzufinden, wenn an den vereinbarten Grundlagen des Friedens nicht gerüttelt wird. Ein Friede, der nicht im Namen des Rechtes vor der Welt verteidigt werden kann, würde immer neue Widerstände gegen sich aufrufen. Niemand wäre in der Lage, ihn mit gutem Gewissen zu unterzeichnen, denn er wäre unerfüllbar. Niemand könnte für seine Ausführung die Gewähr, die in der Unterschrift liegen soll, übernehmen."

Seit der Einleitung der Waffenstillstandsverhandlungen im Oktober 1918 hatte kein in der Verantwortung stehender Politiker gewagt, in einer so offenen Sprache den deutschen Standpunkt zu vertreten. Nach dem Urteil Hans v. Hentigs war die Rede von „verletzender Aufrichtigkeit", die, in einem Augenblick, in dem es darauf ankam, Friedenserleichterungen zu erkämpfen, „unzweckmäßig, ehrenhaft-irrational, typisch deutsch" war. Doch konzediert Hentig, daß eine Situation vorlag, „in der es fast unmöglich war, sich klug und gleichzeitig würdig zu verhalten"[246]. Und Deutschlands Würde zu wahren, hatte Rantzau feierlich gelobt.

Die Wirkung der Ansprache auf die „Großen Vier" war äußerst negativ. Wilson fühlte sich persönlich provoziert. Der Vorwurf, die Blockade länger als notwendig aufrechterhalten zu haben, traf ihn tief. Die Überzeugung, daß die Umstände es nicht erlaubt hätten, den Friedensvertrag schneller fertigzustellen, entlastete sein Gewissen. Es ist bezeichnend, wie seine Kollegen im „Rat der Vier" sein Schuldgefühl zerstreuten. Clemenceau erbot sich, ihm die Bekanntschaft von 14–60jährigen Mädchen und Frauen zu vermitteln, die von Deutschen geschändet worden seien. Lloyd George wies darauf hin, daß in der „Commission des responsabilités" so schwere Greueltaten zur Sprache gekommen seien, daß deren Mitglieder es nicht ertragen hätten, alle Einzelfälle zu erörtern[247].

Bei der Beratung über die Maßnahmen, die im Falle der Nichtunterzeichnung des Friedensvertrags durch Deutschland zu ergreifen seien, kamen die „Großen Vier" auf die Rede Rantzaus zurück. Lloyd George befürwortete eine Besetzung Berlins als sichtbares Zeichen der Niederlage der „Junker". Nach seinem Eindruck von der Rede Rantzaus würden diese nicht anders zu überzeugen sein. Wilson äußerte darauf seine Hoffnung, daß es den Deutschen gelingen möge, sich von den „Junkern" zu trennen. Er stimmte mit Lloyd George in der Ansicht überein, daß die anmaßenden Teile der Rede von Rantzau selbst, die verständigen von den anderen Delegierten stammten[248].

Die augenscheinliche Rücksichtnahme auf Wilson, die der deutsche Außenminister in seiner Ansprache geübt hatte – bis auf die die Blockade betreffenden richteten sich alle Vorhalte an die Adresse der europäischen Mächte – zahlte sich nicht aus. Im Gegenteil: Für den amerikanischen Präsidenten hatte der „Junker" das Recht verwirkt, für das deutsche Volk zu sprechen. Gleichzeitig rief Rantzaus „Provokation" eine Änderung seiner Einstellung zum Friedensvertrag hervor. Hatte er Ende April 1919 den Entwurf als noch keineswegs ideal bezeichnet[249], so war er jetzt zu Änderungen zugunsten wie zuungunsten

---

[246] Hentig, Hans von, Der Friedensschluß. Geist und Technik einer verlorenen Kunst, Stuttgart 1952, S. 290.

[247] Protokoll der Sitzung des Viererrats am 8. 5. 1919, 11 Uhr, abgedruckt in: FRUS, P.P.C. V, S. 510–518 (513).

[248] Protokoll der Sitzung des Viererrats am 9. 5. 1919, 16 Uhr, ebd., S. 526–536 (527f.). Ähnlich Mantoux II, DokNr. 70 (hier: S. 19f.).

[249] Schreiben Wilsons vom 28. 4. 1919 an Herron, auszugsweise zitiert von Schwabe, Deutsche Revolution und Wilson-Frieden, S. 583, Anm. 76. Ähnlich sein Schreiben vom 3. 5. 1919 an Lansing, den er an-

Deutschlands nicht mehr bereit[250]. Er versteifte sich immer mehr in der Vorstellung, daß der Friedensvertrag im wesentlichen seine Vierzehn Punkte verwirklich habe. Die Kritik, mit der seine alten Anhänger in der US-Delegation ihre Enttäuschung über den Gewaltfrieden Luft machten, tat der Präsident mit der Entgegnung ab, daß die amerikanische öffentliche Meinung den harten Frieden begrüße. Nur – diese feierte den Sieg des praktischen Politikers über den Idealisten[251].

Die leise Hoffnung der deutschen Delegation, die Bereitschaft der Siegermächte zu mündlichen Verhandlungen zu wecken, erfüllte sich nicht[252]. Sie ist wohl auch kaum ernstlich gehegt worden. Denn die Rede Rantzaus war nicht nur an die Anwesenden im „Trianon-Palace“ gerichtet, sondern in erster Linie an die Weltöffentlichkeit. Sie sollte die liberalen und sozialistischen Kräfte in den Entente-Ländern von der deutschen Sache überzeugen und in ihrer Opposition gegen ihre Regierungen bestärken. Sie war ebenso an die Neutralen adressiert, um ihren publizistischen und diplomatischen Einfluß gegen die Siegermächte zu mobilisieren[253]. Diese Absicht, die deutlich auch dem „Notenkrieg“ der folgenden drei Wochen zugrunde lag, war anläßlich der Rede am 7. Mai 1919 weitgehend fehlgeschlagen. Denn die internationale Presse beschäftigte sich mehr mit den Umständen, unter denen die Rede gehalten wurde – Rantzau hatte sie entgegen diplomatischem Brauch im Sitzen verlesen[254] – als mit ihrem Inhalt.

Die deutsche Delegation äußerte sich zum Entwurf des Friedensvertrags mit 17, zum Teil sehr umfangreichen Noten und mit der voluminösen „zusammenfassenden Stellungnahme“ vom 29. Mai 1919. Der „Notenkrieg“ sollte vor der Weltöffentlichkeit nachweisen, „daß und inwiefern die gegnerischen Bedingungen den Wilson'schen 14 Punkten widersprächen“[255]. Zugleich sollte die Basis des Vertragsentwurfs, die anscheinend die These von der Alleinschuld Deutschlands am Weltkrieg bildete, ins Wanken gebracht werden. Das erklärte Ziel war, die Siegermächte an den Verhandlungstisch zu zwingen[256].

---

wies, daß der Vertragstext nicht der amerikanischen Presse übergeben werden dürfe, da „jeder Teil des Vertrages bis zum letzten Moment der Revision unterliegt“. Ebd., S. 558.

250 Wie Anm. 247, hier: S. 517. Ähnliche Erklärung Wilsons in der Sitzung des Viererrats am 10. 5. 1919, Mantoux II, DokNr. 71 (hier: S. 22).

251 Zur Reaktion Wilsons auf Rantzaus Rede, Schwabe, Deutsche Revolution und Wilson-Frieden, S. 580–584; zur Haltung der Ratgeber des Präsidenten und zur amerik. öffentlichen Meinung, ebd., S. 574–580.

252 Die „Großen Vier“ beschlossen, die in der Rede Rantzaus enthaltenen diesbezüglichen Vorschläge nicht zu beantworten. Wie Anm. 247, hier: S. 510f. Vgl. Mantoux II, DokNr. 68 (hier: S. 5 u. 7).

253 PA/AA Dt. Friedensdeleg. Versailles, Pol. 2a (4662/E212374), Protokoll der Besprechung der Friedensdelegation am 7. 5. 1919, 22.30 Uhr. Vgl.: Wengst, S. 50f.; Schwabe, Deutsche Revolution und Wilson-Frieden, S. 569.

254 In verschiedenen französischen Zeitungen war ein Bild des Sitzungssaals abgedruckt worden, auf dem die Plätze der deutschen Delegation als „banc des accusés“ bezeichnet waren. Rantzau entschloß sich deshalb, seine Rede sitzend zu verlesen, um nicht als „Angeklagter“ vor den Siegern zu stehen. Brief Simons vom 10. 5. 1919 an seine Frau, in engl. Übers. abgedruckt in: Luckau, The German Delegation, S. 117–121 (119; siehe auch Darstellung S. 67f.); „Aufzeichnung zu den Friedensverhandlungen“ im Nachlaß von Brockdorff-Rantzau, auszugsweise abgedruckt bei: Dickmann, Kriegsschuldfrage, S. 78, Anm. 2; Aufzeichnung Rantzaus vom 1. 1. 1922, abgedruckt in: Brockdorff-Rantzau, S. 202–207 (202–204). Weitere Quellen- und Literaturhinweise bei: Wengst, S. 51f.; Gründer, S. 80f.

255 Protokoll der Besprechung der Friedensdelegation am 7. 5. 1919, 22.30 Uhr, wie Anm. 253.

256 PA/AA Dt. Friedensdeleg. Versailles, Pol. 13, Bd 1 (4663/E215413–416), Telegramm Rantzaus vom 8. 5. 1919 an Paxkonferenz (auch PA/AA WK 31, Bd 1, 4121/D931382–384). Zur Taktik des „Notenkriegs“ siehe: Wengst, S. 53–55; Mayer, S. 769.

Die erste deutsche Note datiert vom 9. Mai 1919. Sie stellte summarisch fest, „daß in entscheidenden Punkten die vereinbarte Basis des Rechtsfriedens verlassen" worden sei[257]. Die „Großen Vier" reagierten auf den Vorwurf umgehend. Sie wiesen ihn zurück und behaupteten, daß sich die alliierten und assoziierten Mächte bei der Festlegung ihrer Friedensbedingungen ständig von den Prinzipien hätten leiten lassen, gemäß denen der Waffenstillstand und die Friedensverhandlungen in Vorschlag gebracht worden seien[258]. Damit hatte die deutsche These des „pactum de contrahendo" implizit Anerkennung gefunden! Die deutsche Delegation sah dies als taktischen Erfolg an[259], was allerdings nur möglich war, indem man die weiteren Ausführungen der Note unbeachtet ließ. Dort hieß es nämlich, daß die Siegermächte keine Diskussion über die Grundbedingungen des Friedens zulassen, sondern nur Anregungen praktischer Art in Erwägung ziehen könnten.
Obwohl Rantzau in der gegnerischen Note eine Bestätigung des deutschen Rechtsstandpunkts über die Grundlage des Friedens sah, begnügte er sich mit diesem „Erfolg" nicht. Er griff nun den Gedanken an, auf dem der Vertragsentwurf tatsächlich zu beruhen schien: die Bestrafung Deutschlands als Schuldigen am Kriege. Zu diesem taktischen Schritt ließ er sich vielleicht durch den „Rapport ... par la Commission des responsabilités des auteurs de la guerre et sanctions" geradezu verführen, von dem er kurz zuvor Kenntnis bekommen hatte[260]. Denn erst diese Kenntnis ermöglichte es, die sich vermeintlich bietenden Vorteile zu sehen. Erstens schien sich – bedingt durch das Sondervotum von Lansing und Scott – eine Gelegenheit aufzutun, die Amerikaner gegen ihre Verbündeten auszuspielen[261]. Zweitens bot der Bericht über die Verantwortlichkeit für den Ausbruch des Krieges so viele Blößen, daß Rantzau glaubte, Deutschland werde von dessen Bekanntwerden und der sich daran anschließenden Diskussion nur profitieren[262].
In der am 13. Mai 1919 überreichten Note zur Schuldfrage[263] wählte der deutsche Außen-

---

257 Abgedruckt in: Kraus/Rödiger I, DokNr. 32.

258 Note des Präsidenten der Friedenskonferenz vom 10. 5. 1919, ebd., DokNr. 34. Der Entwurf der Note stammte von Wilson, siehe Protokolle der Sitzungen des Viererrats am 10. 5. 1919, 11.45 u. 16.00 Uhr, abgedruckt in: FRUS, P.P.C. V, S. 541–543 (542) u. S. 559–564 (559 u. 564). Ebenso Mantoux II, DokNr. 71 (hier: S. 27) u. 72 (hier: S. 35).

259 PA/AA Dt. Friedensdeleg. Versailles, Pol. 13, Bd 1 (4663/E215 486–489), telegraph. Bericht Rantzaus vom 10. 5. 1919 an Paxkonferenz.

260 Die Dt. Gesandtschaft im Haag hatte sich ein Druckexemplar des Berichts zu verschaffen gewußt. Es wurde am 7. 5. 1919 vom AA nach Versailles gesandt. PA/AA Dt. Friedensdeleg. Versailles, Pol. 7, Bd 1 (4662/E213 404), Privatdienstschreiben Geh.LegRat v. Simson vom 7. 5. 1919 an Wirkl.LegRat Gaus. Das Druckexemplar des Berichts ebd., Bd 2.

261 Dies bestätigt Prof. A. Mendelssohn Bartholdy, in Versailles einer der Sachverständigen für die Kriegsschuldfrage (siehe unten, S. 185), in der wohl ersten wissenschaftlichen Abhandlung zum Kommissionsbericht aus dt. Feder: „Man wird, je weiter man von den Zeiten der Verhandlung und Unterzeichnung des Vertrages abrückt, desto klarer einsehen, wie recht die Mitglieder der deutschen Delegation und der Berliner Kommissionen hatten, die den Vertrag von dieser Stelle [nämlich: „der Anmaßung einer Strafgewalt der feindlichen Regierungen über das deutsche Volk"] aus angreifen [...] wollten. Wir wissen heute [die dt. Delegation aber schon während der Verhandlungen!], daß [...] nirgends die Einigkeit zwischen den verbündeten und assoziierten Großmächten so schwer zu erzielen und demnach auch so brüchig war als bei den Fragen dieses Abschnittes [also den Strafbestimmungen]." Die „Sanktionen" des Vertrages von Versailles, in: Festgabe für Dr. jur. h. c. Otto Liebmann, Berlin 1920, S. 103–112 (104).

262 PA/AA Dt. Friedensdeleg. Versailles, Pol. 7, Bd 1 (4662/E213 309f.), Telegramm Rantzaus vom 15. 5. 1919 an Paxkonferenz (Graf Bernstorff zur Mitteilung an das Kabinett).

263 Abgedruckt in: Kraus/Rödiger I, DokNr. 38.

minister Artikel 231 des Vertragsentwurfs, der bekanntlich das der Regelung der Reparationen gewidmete Kapitel einleitete, als Objekt seines Angriffs. In dem Artikel schienen Kriegsschuld und Wiedergutmachung miteinander verquickt zu sein. Die Note führte, den „Richtlinien für die Friedensunterhändler" folgend, aus, daß Deutschland die Verpflichtung zur Wiedergutmachung übernommen habe „auf Grund der Note des Staatssekretärs Lansing vom 5. November 1918, unabhängig von der Frage der Schuld am Kriege". Aus einer Schuld der früheren deutschen Regierung an der Entstehung des Weltkriegs könne daher ein Recht oder Anspruch der Siegermächte auf Ersatz ihrer Kriegsverluste durch Deutschland nicht abgeleitet werden. Diese hätten selbst wiederholt erklärt, daß das deutsche Volk nicht für die Fehler seiner Regierung verantwortlich gemacht werden solle. Zudem trage nach Ansicht der Delegation die frühere deutsche Regierung nicht die alleinige oder hauptsächliche Schuld am Kriege. Auch in dem Vertragsentwurf finde sich kein entsprechender Beweis. Daher bitte die Delegation um Mitteilung des Berichts der Kommission zur Prüfung der Verantwortlichkeit der Urheber des Krieges.

Mit dieser Note wurde die Debatte über die Kriegsschuldfrage auf der Friedenskonferenz endgültig heraufbeschworen. Sie ist keineswegs – wie Dickmann meint – „der deutschen Seite sehr gegen ihren Willen aufgedrängt worden", man hat durchaus nicht „alles versucht [. . .], sie zu vertagen und dem Urteil der Geschichte Raum zu geben"[264]. Vielmehr sollte mit der Erörterung Gelegenheit geschaffen werden, aus der Vorgeschichte des Krieges Material zu veröffentlichen, das dazu bestimmt war,

> „unseren Freunden im neutralen und feindlichen Auslande die Möglichkeit zu geben, für unsere Rechte einzutreten. Bisher werden sie immer mit dem Argument mundtot gemacht, daß wir als die allein Schuldigen Strafe verdienen"[265].

Es ist nun nicht Aufgabe dieser Arbeit, den weiteren „Notenkrieg" in der Kriegsschuldfrage im einzelnen zu verfolgen und alle geltend gemachten Argumente wiederzugeben. Dies ist zudem schon weitgehend von Dickmann geleistet worden[266]. Gleichwohl erscheint es – auch im Hinblick auf die oben erfolgten Ausführungen zur Genesis von Artikel 231 des Versailler Vertrages – angezeigt, die grundsätzlichen Positionen der Parteien und das schließliche Verhandlungsergebnis darzulegen.

Die Sieger nahmen zum Ausgangspunkt ihrer Antwort auf die erste deutsche Schuldnote deren Behauptung, das deutsche Volk würde niemals einen „guerre d'agression" geführt haben. Diese Erklärung stehe doch ganz auffällig im Gegensatz zur „Lansing-Note", die besage, daß „l'obligation de réparer résulte de ‚l'agression de l'Allemagne sur terre, sur mer et par la voie des airs'". Die deutsche Regierung habe gegen diese Feststellung nicht protestiert:

> „L'Allemagne a donc en novembre 1918 implicitement mais clairement reconnu et l'agression et sa responsabilité."

---

264 Kriegsschuldfrage, S. 88 f. (ähnlich, S. 83). Dieser vielleicht einzige schwache Punkt in Dickmanns Arbeit scheint seine Ursache darin zu haben, daß seine Darstellung von der Antwortnote des Präsidenten der Friedenskonferenz vom 22. 5. 1919 (!) auf die dt. Note vom 13. 5. 1919 betreffend Wirtschaftsfragen ausgeht.

265 PA/AA Dt. Friedensdeleg. Versailles, Pol. 7, Bd 1 (4662/E213311–312), Privatdienstschreiben LegSekr. v. Bülow vom 15. 5. 1919 an UStS Frhr. Langwerth v. Simmern.

266 Kriegsschuldfrage, S. 81–90. Zu der – in der folgenden Darstellung unberücksichtigten – Verstimmung zwischen dem Reichskabinett und der Friedensdelegation, die wesentlich aus der Behandlung der Kriegsschuldfrage durch letztere herrührte, siehe auch Wengst, S. 65–70.

Die weiterhin vorgebrachte Einwendung, das deutsche Volk könne nicht für die von seiner früheren Regierung begangenen Verfehlungen haftbar gemacht werden, stehe im Widerspruch zum geltenden Völkerrecht und zur Praxis des Deutschen Reiches. Der erwünschte Kommissionsbericht gelte als internes Dokument der Friedenskonferenz und könne daher nicht ausgehändigt werden[267].

Die Siegermächte erklärten also die Annahme der „Lansing-Note" durch Deutschland zum Eingeständnis seiner Schuld am Kriege. Dies erscheint fast unglaublich, wenn man an den Sinn und Zweck denkt, der mit dem Gebrauch des Wortes „aggression" zur Definition der Schadenersatzpflicht des Deutschen Reiches ursprünglich verbunden war. Es ist jedoch weniger verwunderlich, daß die Sieger sich nicht in der Lage sahen, ihren Formelkompromiß über die Grundlagen der Reparationsregelung zu erläutern. Mit ihrer Antwort gaben sie Artikel 231 einen quasi-juristischen Anstrich. Sie leisteten damit der aufkommenden deutschen Agitation gegen den „Kriegsschuldartikel" Vorschub.

Die Auseinandersetzung wurde mit der Erwiderung der Sieger auf die deutsche Note über Wirtschaftsfragen noch angeheizt. Es ist wohl kaum zu bestreiten, daß die Note die nachteiligen Folgen des Vertragsentwurfs für die deutsche Volkswirtschaft stark überzeichnete[268]. Aber die Gegner replizierten ohne eigentliche Notwendigkeit unter Benutzung ihrer schärfsten Waffe, der Schuldanklage. Sie warfen der deutschen Delegation vor,

> „die grundlegenden Prinzipien zu verkennen, die sich aus den Ursachen des Krieges und aus seinem Ausgang ergeben, und welche die aufzulegenden Bedingungen erklären und rechtfertigen.
>
> [...] Diese Lasten und diese Verluste sind ihnen [allen Nationen Europas] durch den Angriff Deutschlands auferlegt worden. Es ist gerecht, daß Deutschland als die Ursache dieses Unglücks, es nach dem vollen Maße seiner Mittel wieder gutmache. Seine Leiden werden nicht aus den Friedensbedingungen entstehen, sondern aus den Handlungen jener, die den Krieg verursacht und verschuldet haben. Die Urheber des Krieges können seinen gerechten Folgen nicht entgehen[269]."

---

[267] Note des Präsidenten der Friedenskonferenz vom 20. 5. 1919, abgedruckt in: Kraus/Rödiger I, DokNr. 45.
Die Note wurde in einer gemeinsamen Sitzung der Mitglieder der „Commission des responsabilités" und der „Commission des réparations" unter dem Vorsitz des frz. Finanzministers Klotz entworfen. Schreiben Klotz' vom 16. 5. 1919 mit beiliegendem Entwurf an Clemenceau, abgedruckt in: FRUS, P. P. C. V, S. 728 f. Der Entwurf wurde im Viererrat beraten und mit kleineren Änderungen genehmigt. Protokoll der Sitzung am 19. 5. 1919, 16 Uhr, ebd., S. 716–731 (723 f. u. 729 f.). Die Notizen des Dolmetschers über o. a. Sitzung enthalten folgenden, für die Sachfremdheit bezeichnenden Dialog: Wilson – „Au moment de l'armistice, les Allemands se sont reconnus responsables des dommages causés par l'agression de l'Allemagne par terre, par mer et dans les airs. Aujourd'hui ils continuent à déclarer que ce n'est pas eux qui ont causé la guerre. Cette attitude est incroyable." Lloyd George – „Elle montre que l'Allemagne est toujours aux mains de son ancien personnel, ou ne l'a pas encore renvoyé." Mantoux II, DokNr. 84 (hier: S. 121 f.).

[268] Note der Dt. Friedensdelegation vom 13. 5. 1919, abgedruckt in: Kraus/Rödiger I, DokNr. 39.

[269] Note des Präsidenten der Friedenskonferenz vom 22. 5. 1919, ebd., DokNr. 50; zit. in Anlehnung an die Übersetzung in: Die Friedensverhandlungen in Versailles, [Weißbuch] hrsg. vom Auswärtigen Amt, Teil I, Berlin [1919], S. 89–93 (89 u. 93). Der Viererrat beriet am 20. 5. 1919 über einen von Experten der vier Großmächte verfaßten Entwurf einer Antwort auf die dt. Note betreffend Wirtschaftsfragen, der im wesentlichen sachliche Ausführungen enthielt. Lloyd George und Wilson stimmten darin überein, daß die Entgegnung überzeugender sein müsse; sie müsse auf die deutsche öffentliche Meinung Eindruck machen. Beide suchten daher einen Mann „with the gift of writing" und einigten sich auf den amtierenden brit. Außenminister Lord Curzon. Protokoll abgedruckt in: FRUS, P. P. C. V,

Diese Note erwähnte die Prinzipien Wilsons, deren Charakter als Grundlage für den Friedensvertrag eben erst bestätigt worden war, mit keinem Wort. Sie bezeichnete vielmehr das deutsche Verschulden als dessen Basis. Rantzau stellte nun den gegenteiligen Standpunkt in aller Schärfe heraus, die Problematik im Sinne der „Richtlinien für die Friedensunterhändler“ in die beiden Komplexe Wiedergutmachung und Kriegsschuld trennend.

Die deutsche Friedensdelegation trug in ihrer Note vom 24. Mai 1919 („über die Frage der Verantwortlichkeit für die Folgen des Krieges“[270]) ihre Ansicht zur Bedeutung der „Lansing-Note“ vor. Auf seiten der Gegner bestehe ein Mißverständnis, wenn sie in deren widerspruchslosen Annahme durch die Reichsregierung ein Eingeständnis der Schuld am Kriege erblickten. Sie enthalte nur eine Auslegung des Terminus „Wiederherstellung der besetzten Gebiete“, d. h. die Ersatzpflicht sollte sich nur auf die Gebiete beziehen, deren Schädigung deutscherseits als rechtswidrig anerkannt worden und deren Restitution ein Kriegsziel der gegnerischen Mächte gewesen sei. Der Angriff, von dem die „Lansing-Note“ spreche, habe in der Verletzung der belgischen Neutralität und der dadurch ermöglichten Invasion Nordfrankreichs bestanden. Für diesen Angriff, nicht jedoch für den Ausbruch des Krieges habe die Reichsregierung Deutschlands Verantwortlichkeit zugegeben[271]. Die neuerdings von den alliierten und assoziierten Regierungen vertretene Auffassung, daß für jede im Krieg vorgekommene Völkerrechtsverletzung Schadenersatz geschuldet werde, bedeute eine Abkehr von der getroffenen Vereinbarung. Dann müßten auch die deutschen Ansprüche Berücksichtigung finden. Wenn der Friedensvertrag die Schuld an allen Schäden und Leiden des Krieges dem deutschen Volk aufbürde, könne dieses mit Recht verlangen, die Gründe und Beweismittel dafür mitgeteilt zu bekommen. Diese „Lebensfrage des deutschen Volkes“ müsse in aller Öffentlichkeit erörtert werden.

Den eigentlichen Angriff gegen die Schuldanklage der Sieger führte Rantzau, indem er dem – offiziell vorenthaltenen, tatsächlich aber bekannten – Bericht der „Commission des responsabilités“ mit einem gut dokumentierten Memorandum entgegentrat. Dieses war von vier nach Versailles gerufenen unabhängigen Sachverständigen, den Professoren Hans Delbrück, Albrecht Mendelssohn Bartholdy und Max Weber sowie General Graf Montgelas, ausgearbeitet worden. Die Autorität der auch im Ausland bekannten Männer sollte der Äußerung zur Kriegsschuldfrage besonderes Gewicht verleihen[272]. Deshalb wurde das Memorandum als Stellungnahme deutscher Sachverständiger zum Bericht der

S. 732–753 (732 f. u. 740–742); Mantoux II, DokNr. 85 (hier: S. 125). Curzon nahm in seinen Entwurf Anklagen hinsichtlich der deutschen Schuld am Kriege und im Kriege auf. Dieser fand die Billigung des britischen, französischen und amerikanischen Regierungschefs. Wilson regte übrigens während der Beratung der Note an, den deutschen Sachverständigen die finanziellen und wirtschaftlichen Bestimmungen des Friedensvertrags mündlich zu erläutern, stieß aber mit seinem Vorschlag bei Clemenceau und Lloyd George auf entschiedenen Widerstand. Protokoll der Sitzung des Viererrats am 21. 5. 1919, 18.15 Uhr, abgedruckt in: FRUS, P. P. C. V, S. 800–806; Mantoux II, DokNr. 87 (hier: S. 156–158).

270 Abgedruckt in: Kraus/Rödiger I, DokNr. 53.

271 Die Bedeutung der „Lansing-Note“ habe für die dt. Regierung darin gelegen, „daß die Entschädigungspflicht sich nicht auf die Wiederherstellung der Sachwerte beschränkte, sondern auf jeden Schaden ausgedehnt wurde, den die Zivilbevölkerung im besetzten Gebiet an Person oder Eigentum erlitten hatte, mochte er im Verlauf der Kriegshandlungen zu Lande, zu Wasser oder von der Luft aus herbeigeführt sein“. Ebd., S. 273.

272 PA/AA Dt. Friedensdeleg. Versailles. Pol. 7, Bd 1 (4662/E213294–295), Telegramm Dt. Friedensdelegation vom 13. 5. 1919 an Paxkonferenz.

„Commission des responsabilités" nur mit einer kurzen Begleitnote Clemenceau übermittelt[273].

Rantzau sandte die Note zur Kriegsschuldfrage gegen das ausdrückliche Votum des Reichskabinetts ab[274]. Sein Motiv für diese unerhörte Eigenmächtigkeit liegt auch heute noch im dunkeln. Er selbst gab an, die Gegner veranlassen zu wollen, ihr Material zu veröffentlichen. Wahrscheinlicher ist, daß er sie mittels der öffentlichen Meinung zwingen wollte, entweder die Kriegsschuldanklage fallen zu lassen und den Vertrag zu Deutschlands Gunsten zu ändern oder diese noch einmal eindeutig zu formulieren und zu begründen. Im letzten Fall mußten die Chancen steigen, Regierung und Nationalversammlung für die Ablehnung des als ungeheuerlich empfundenen Friedensvertrags zu gewinnen[275].

Die Sachverständigen waren über die von ihnen erwartete Arbeit wenig glücklich. Galt es doch, den Bericht der „Commission des responsabilités" zu entkräften, die ihre Untersuchungen über die „Verantwortlichkeit der Urheber des Krieges" auf die Juli-Krise 1914 beschränkt hatte. Die deutschen Referenten sahen in dem Verfahren, die Kriegsschuldfrage an Hand der diplomatischen Aktionen beantworten zu wollen, einen grundsätzlichen Fehler. Sie waren der Ansicht, Untersuchungsgegenstand müsse das politische Gesamtverhalten der europäischen Mächte vor dem Kriege sein und die Enquete sich schließlich auf die Frage zuspitzen, welche Regierungen politische und wirtschaftliche Interessen verfolgt hätten, die nur durch einen Krieg verwirklicht werden konnten[276].

Die Sachverständigen, die in ihrem Bericht wiederholt auf die Notwendigkeit einer unparteiischen Untersuchung hinwiesen, kamen zu folgendem Ergebnis: Deutschland habe den Weltkrieg nicht gewollt, wenn auch dieses Risiko mit in den Kreis der Überlegungen einbezogen worden sei. Eroberungspläne hätten den leitenden deutschen Staatsmännern „weltenfern" gelegen. Dagegen hätten sich in Rußland in den Tagen, die über Krieg und Frieden entschieden, die führenden panslawistischen Kreise durchgesetzt, deren Absichten ohne Krieg nicht erreichbar gewesen seien. Die Anordnung der russischen Gesamtmobilmachung am 30. Juli 1914 sei das entscheidende – im Bericht der „Commission des responsabilités" verschwiegene – Faktum gewesen, das die Aufrechterhaltung des Friedens unmöglich gemacht habe. Jede sachkundige Persönlichkeit habe gewußt, daß Deutschland um seiner Selbstbehauptung willen diese mit militärischen Maßnahmen beantworten würde. Die kriegerische Auseinandersetzung der Mittelmächte mit dem Zarismus sei bei dem Fehlen einer übernationalen Zwangsgewalt unvermeidbar gewesen. Eine Verständigung mit ihm sei vollkommen ausgeschlossen gewesen, denn er

---

273 Note der Dt. Friedensdelegation vom 28. 5. 1919, abgedruckt in: Kraus/Rödiger I, DokNr. 56.

274 Protokoll der Kabinettssitzung am 27. 5. 1919, abgedruckt in: Kabinett Scheidemann, DokNr. 88 (P. 5). Reaktion des Kabinetts auf die Mitteilung, daß das Gutachten der Sachverständigen über die Schuld am Kriege überreicht worden sei: Protokolle der Kabinettssitzungen am 30. u. 31. 5. 1919, ebd., DokNr. 91 (P. 2) u. 94 (P. 2). – Rantzau konnte sich auf den einstimmigen Beschluß der Delegierten stützen, das Gutachten zu übergeben. PA/AA Dt. Friedensdeleg. Versailles, Pol. 2 a (4662/E 212 591), Protokoll der Sitzung der Friedensdelegation am 28. 5. 1919.

275 Dickmann, Kriegsschuldfrage, S. 89 f.; Wengst, S. 57.

276 Bemerkungen zum Bericht der Kommission der alliierten und assoziierten Regierungen über die Verantwortlichkeiten der Urheber des Krieges vom 27. 5. 1919 [„Professoren-Denkschrift"], abgedruckt in: Kraus/Rödiger I, DokNr. 58 (hier: S. 306). „Bemerkungen ..." zuerst veröffentlicht in: Weißbuch betreffend die Verantwortlichkeit der Urheber am Kriege, hrsg. vom Auswärtigen Amt, Berlin [Juni] 1919, S. 36–187.

„bildete das furchtbarste System der Verknechtung von Menschen und Völkern, welches – bis zu diesem jetzt vorgelegten Friedensvertrage – jemals ersonnen worden ist. Nur als Verteidigungskrieg gegen den Zarismus hat 1914 das deutsche Volk, wie mit Recht namentlich die gesamte Sozialdemokratie damals erklärt hat, den Kampf einmütig und entschlossen aufgenommen[277]."

Es darf keineswegs als taktischer Schachzug angesehen werden, daß die Hauptverantwortung einem Staatswesen aufgebürdet wurde, das inzwischen untergegangen war[278]. Dies war ehrliche Überzeugung der Sachverständigen, ganz besonders aber Max Webers, dessen Geisteskraft und politische Anschauungen die „Bemerkungen" geprägt zu haben scheinen[279]. Letztere enthielten im übrigen auch manche kritischen Ausführungen zur Politik der Entente. Nach Meinung der Sachverständigen wäre der „verhängnisvolle Schritt" der russischen Gesamtmobilmachung wohl unterblieben, „wenn von London und Paris ein ebenso starker Druck auf Petersburg ausgeübt worden wäre, wie von Berlin auf Wien"[280].

Im Urteil der Historiker schneidet die deutsche Denkschrift zur Kriegsschuldfrage weitaus günstiger ab als der Bericht der „Commission des responsabilités". Dickmann würdigt die aus manchen „Kompromissen geborene Arbeit", die daher „nicht wie aus einem Guß wirken konnte", wie folgt:

> „An Breite der Quellengrundlage, Reife des Urteils, Wille zur Unparteilichkeit und Wahrheit steht sie immer noch hoch über dem dürftigen Machwerk der Ententekommission. Ihre apologetische Tendenz ist natürlich nicht zu verkennen, wirkt aber maßvoll und würdig und geht nicht so weit, Deutschland und seine Verbündeten schlechthin weiß waschen zu wollen[281]."

Einen Tag nach der Übergabe der Denkschrift zur Kriegsschuldfrage überreichte Rantzau als Anlage zu einer „Mantelnote" die sehr umfangreichen, den Fleiß der deutschen Delegation dokumentierenden „Bemerkungen ... zu den Friedensbedingungen"[282]. In

---

277 Kraus/Rödiger I, DokNr. 58, hier: S. 303–306 u. S. 310 (Zitat).

278 So doch wohl Wengst, S. 56.

279 Über den Anteil Max Webers an der Autorschaft der „Bemerkungen" besteht Streit. Während Johannes Winckelmann, der mit Recht darauf hinweist, daß in ihnen „Gedanken und Beispiele Max Webers aus seinen [...] politischen Aufsätzen in nuce wiederkehren", diese voll für Weber in Anspruch nimmt (Weber, Gesammelte politische Schriften, 3. Aufl., S. 571), hält Mommsen (S. 342, Anm. 139) dies für verfehlt, da der Denkschrift Entwürfe der anderen Mitglieder zugrunde lagen. Vermutlich stammten nur die „Rückblickenden Betrachtungen" (Kraus/Rödiger I, S. 306–314) größtenteils aus der Feder Webers. Beide Autoren fußen auf Marianne Weber (Lebensbild, S. 667f.), die wohl aus einem Brief ihres Mannes zitiert (genaue Quellenangabe fehlt). Dem Verf. scheint nicht einmal erwiesen zu sein, daß sich die angeführte Äußerung Max Webers auf seine Mitarbeit an der „Kriegsschulddenkschrift" bezieht. Vgl. zur Entstehung und Diskussion der Denkschrift in Versailles: Auszug aus den „Aufzeichnungen zu den Friedensverhandlungen von Versailles im Jahre 1919" von MinDir. Simons, abgedruckt in: Kabinett Scheidemann, DokNr. 88, Anm. 10; Mommsen, S. 341–343; Dickmann, Kriegsschuldfrage, S. 87–89.

280 Kraus/Rödiger I, S. 306. Ähnlich schon in der Erklärung der „Heidelberger Vereinigung" vom 7. 2. 1919, siehe oben, S. 167.

281 Kriegsschuldfrage, S. 88.

282 Zusammenfassende Stellungnahme der Deutschen Friedensdelegation zu den gegnerischen Friedensbedingungen, abgedruckt in: Kraus/Rödiger I, DokNr. 60, darin u. a.: Note der Dt. Friedensdeleg. vom 29. 5. 1919 an den Präsidenten der Friedenskonferenz, S. 433–437, dazu Anlage I: Bemerkungen der Dt. Friedensdeleg. zu den Friedenbedingungen, S. 437–512, u. Anlage II: dto., Nachtrag (Besondere Rechtsfragen), S. 512–528.

deren einleitenden, von Walther Schücking verfaßten Ausführungen wurde noch einmal der deutsche Rechtsstandpunkt bekundet. An Hand eines Vergleichs der Friedensbedingungen mit den diplomatischen und öffentlichen Erklärungen der leitenden Staatsmänner der Siegermächte wurde dargelegt, daß der Vertragsentwurf den Anspruch Deutschlands auf einen Rechtsfrieden nicht erfülle, sondern daß in diesem „eine sterbende Weltanschauung imperialistischer und kapitalistischer Tendenzen [...] ihren letzten entsetzlichen Triumph" feiere[283].

Die „Bemerkungen" gingen nur kurz auf die Kriegsschuldfrage ein. In Anlehnung an eine Äußerung Wilsons wurde betont, daß der Krieg nicht durch das Verschulden einzelner Menschen entstanden sei. Wenn Deutschland nun anerkennen solle, daß es für alle Schäden, die die gegnerischen Regierungen und Staatsangehörigen durch seinen und seiner Verbündeten Angriff erlitten haben, verantwortlich sei, so sei dies unerträglich[284]. Die deutsche Schadenersatzpflicht ergebe sich aus der „Lansing-Note". Die Verantwortlichkeit für den Krieg könne nur durch eine neutrale Untersuchung festgestellt werden, die erneut gefordert werde[285].

Die in den Artikeln 227–230 des Vertragsentwurfs geforderte Auslieferung des Kaisers und der der Verletzung der Gesetze und Gebräuche des Krieges Beschuldigten stand in Versailles hinter der Diskussion der anderen schweren, als untragbar empfundenen Friedensbedingungen zurück. Dies kam schon in der Sitzung der Gesamtdelegation am Abend des 8. Mai 1919 zum Ausdruck, die einer zwanglosen Aussprache über die Vertragsvorlage diente. Die Vertreter der abzutretenden Gebiete und die Sachverständigen für Finanzen, Industrie, Handel, Schiffahrt usw. sprachen ihre Befürchtungen, Sorgen und Enttäuschungen aus. Generalmajor Hans v. Seeckt, der Vertreter des preußischen Kriegsministeriums bei der Delegation, nahm das Wort zu den militärischen Bedingungen. Im blieb es vorbehalten, zur Forderung nach Auslieferung des Kaisers und von Offizieren Stellung zu nehmen:

> „es [ist] für mich ganz ausgeschlossen, an einem Vertrag mitzuarbeiten, welchen einen früheren Offizier [–] und ich betrachte den Kaiser als früheren Offizier [–] oder einen jetzigen Offizier vor ein Gericht bringen will, in dem Fremde sitzen. Ich halte es mit meiner persönlichen Ehre und [meinem] Kameradschaftsgefühl nicht vereinbar, an einem derartigen Vertrage mitzuwirken[286]."

Nach Seeckts eigenem Bericht folgte seinen Worten Totenstille. „Heimlich" seien später viele zu ihm gekommen, um ihm ihre Zustimmung auszudrücken, unter ihnen auch Rant-

---

[283] Einleitung zu den „Bemerkungen", ebd., S. 438–452 (452). Simons hielt die Einleitung für inopportun, glaubte jedoch, daß sie als Dokument für die Zukunft von unschätzbarem Wert sein werde. Brief Simons' vom 30. 5. 1919 an seine Frau, in engl. Übers. abgedruckt in: Luckau, The German Delegation, S. 122–128 (124). Vgl.: Ebd., S. 85–87; Acker, S. 120f.; Mayer, S. 770f.

[284] Kraus/Rödiger I, S. 445 („Bemerkungen").

[285] Ebd., S. 436 (Note vom 29. 5. 1919).

[286] PA/AA Dt. Friedensdeleg. Versailles, Pol. 2a (4662/E 212 380–399), Protokoll der vertraulichen Besprechung der Delegierten und Sachverständigen am 8. 5. 1919. Weitere Aufzeichnung über die Besprechung im Nachlaß Generaloberst v. Seeckt: BA-MA N 247/66, Bl. 81–90. Dort heißt es (Bl. 85): „Als ältester hier anwesender Offizier erkläre ich, daß eine Diskussion über die Auslieferung des Kaisers oder anderer Offiziere vor fremden Gerichten [sic] (und ich betrachte den Kaiser nur als früheren Offizier) Teilnahme an den Verhandlungen für uns unmöglich macht und unsere Mitarbeit ausschließt." Zitat auch abgedruckt bei: Meier-Welcker, Hans, Seeckt, Frankfurt a. M. 1967, S. 221. Bei Rabenau, Friedrich von, Seeckt. Aus seinem Leben 1918–1936, Leipzig 1940, S. 170, ungenau zitiert und mit dem Zusatz versehen: „Dies wäre eines deutschen Offiziers unwürdig."

zau[287]. Schon am Tage der Übergabe der Friedensbedingungen hatte Seeckt geäußert, daß er sich vorläufig nicht denken könne, daß eine deutsche Regierung der Auslieferung des Kaisers zustimmen und daß die Sieger den Frieden an dieser Weigerung scheitern lassen würden. „Bisher haben die Sozialdemokraten versichert, daß sie nicht dafür zu haben seien – aber –[288]."

Vielleicht teilte auch die Leitung der Friedensdelegation zeitweise Seeckts Zuversicht. Der Gesandte Rosen hatte nämlich am 5. Mai 1919 aus dem Haag gemeldet, daß alle „maßgebenden Persönlichkeiten" den Standpunkt der Entente in der Frage der Ahndung von Kriegsrechtsverletzungen für „sehr schwach" einschätzen würden. England habe kein Interesse an der Bestrafung Deutscher, und auch Belgien habe im Stillen ernste Bedenken dagegen. Nach Ansicht des niederländischen Außenministers sei bei einer entschiedenen deutschen Zurückweisung der Gedanke eines Entente-Gerichts als erledigt anzusehen[289].

Zwischen der deutschen Friedensdelegation und der Reichsregierung bestand Einigkeit darüber, daß die im Entwurf des Friedensvertrags vorgesehenen Strafbestimmungen abzulehnen seien[290]. Sie galten als unannehmbar, da sie in gleicher Weise das Rechtsgefühl wie die Ehre verletzten. Die beiden Entwürfe, die den in den „Bemerkungen der deutschen Friedensdelegation zu den Friedensbedingungen" enthaltenen Ausführungen zu den Strafbestimmungen zugrunde lagen, unterschieden sich in einer Reihe von Einzelheiten und Argumenten, jedoch nicht im Tenor[291]. Der von den Reichsministern David, Erzberger und Gothein unter Benutzung von Vorarbeiten Schückings gefertigte Entwurf sah einen Hinweis darauf vor, daß die Artikel 227–230 mit den zwischen den alliierten und assoziierten Mächten vereinbarten Rechtsgrundlagen für den Friedensschluß in Widerspruch stünden. Präsident Wilson habe in keiner seiner Erklärungen Strafen gefordert[292]. Der Entwurf sollte weiter daran erinnern, welche gewaltige Empörung das österreichisch-ungarische Verlangen vom Juli 1914 nach Einmischung in die serbische Rechtspflege zwecks Sühnung des Mordes an dem Erzherzogpaar gerade bei den Siegermächten her-

[287] BA-MA N 247/222, Bl. 147f., Brief Seeckts vom 9. 5. 1919 an seine Frau, auszugsweise abgedruckt bei: Rabenau, S. 171.

[288] BA-MA N 247/222, Bl. 145, Brief Seeckts vom 7. 5. 1919 an seine Frau, auszugsweise abgedruckt bei: Rabenau, S. 168.

[289] PA/AA Dt. Friedensdeleg. Versailles, Pol. 13, Bd 1 (4663/E215 491), Telegramm vom 5. 5. 1919 an AA.

[290] PA/AA Dt. Friedensdeleg. Versailles, Pol. 2, Bbd. (4662/E212 342–343), Schreiben des preuß. Justizministers vom 16. 5. 1919 an Geschäftsstelle für die Friedensverhandlungen (hier: Abschrift für Dt. Friedensdelegation). Ebd., Pol. 7a, Bd 1 (4662/E213 585–590), Schreiben des Präsidenten des Reichsministeriums vom 21. 5. 1919 an Rantzau mit der Bitte um Stellungnahme zum anliegenden Entwurf eines Schreibens an Reichskanzler a. D. Bethmann Hollweg, siehe unten, S. 209f.

[291] PA/AA WK 31 geh., Bd 1 (4121/D933 972–934 287), Geschäftsstelle für die Friedensverhandlungen, Äußerungen der zur Prüfung der Friedensbedingungen in Berlin eingesetzten Arbeitskommissionen (Drucksache, hier: S. 269f. = D 934 246f.). PA/AA Dt. Friedensdeleg. Versailles, Pol. 13, Bd 3a (4663/E216 148–227), Entwurf der dt. Gegenvorschläge zu den all. Friedensbedingungen (hier: E216 193–195; auch BA R 43 I/1349, S. 103–237, hier: S. 183–185). Vgl. Kabinett Scheidemann, DokNr. 76 (P. 2) u. 78 (P. 3).

[292] Dazu (Schücking in der) Einleitung zu den „Bemerkungen": Nicht die Auslieferung deutscher Staatsangehöriger zur Aburteilung durch feindliche Gerichte entspreche dem Gedanken des Rechtsfriedens, sondern etwa die Einsetzung einer unparteiischen Behörde, deren Aufgabe die Feststellung aller (!) im Kriege vorgekommenen Völkerrechtsverletzungen sein müßte. Kraus/Rödiger I, S. 445.

vorgerufen hatte. Die „Bemerkungen" beschränkten sich schließlich auf Darlegungen rein juristischer Natur:
Die vorgesehene Strafverfolgung des früheren deutschen Kaisers wegen schwerster Verletzungen des internationalen Sittengesetzes und der geheiligten Macht der Verträge entbehre jeder Rechtsgrundlage. Das geltende Völkerrecht kenne keine Strafsanktion bei Verstößen gegen seine Gebote und Verbote. Auch die innerstaatlichen Rechtsordnungen der beteiligten Staaten würden die dem früheren deutschen Herrscher vorgeworfenen Verfehlungen nicht mit Strafe bedrohen. Das in Artikel 227 vorgesehene Verfahren widerspreche darüber hinaus den allgemeinsten Rechtssätzen. Es solle ein Ausnahmegericht geschaffen werden, dessen Urteilsgrundlage ebenso ein Ausnahmegesetz sein werde. Dieses solle sich noch nicht einmal an den Maßstäben des Rechts, sondern an denen der Politik orientieren. Die deutsche Regierung könne die Berechtigung zu einer Strafverfolgung des Kaisers nicht anerkennen. Sie könne sich auch nicht damit einverstanden erklären, daß an die niederländische Regierung das Ansinnen gerichtet werde, einen Deutschen zum Zweck eines nicht zu rechtfertigenden Verfahrens an eine fremde Macht auszuliefern[293].
Ebenso widersetze sich die deutsche Friedensdelegation der Forderung nach Auslieferung deutscher Staatsangehöriger auf Grund der Beschuldigung, gegen Kriegsgesetze und -gebräuche verstoßen zu haben. Diese Bedingung des Vertragsentwurfs würde Deutschland verpflichten, § 9 seines Strafgesetzbuchs zu ändern, der die Auslieferung von Deutschen an ausländische Regierungen verbiete. „Die Ablehnung dieser Zumutung ist ein selbstverständliches Gebot der deutschen Ehre"; um so mehr als der Rechtssatz der Nichtauslieferung eigener Staatsbürger in den Staaten, in denen er gelte, das Ansehen eines verfassungsmäßig gewährleisteten Grundrechts genieße[294].
Doch anerkannten die deutschen Friedensunterhändler, daß die durch die gegenseitig erhobenen Vorwürfe, im Kriege das Völkerrecht mißachtet zu haben, erregten Leidenschaften nicht übergangen werden konnten. Sie schlugen zweierlei vor: Die während des Krieges von Einzelpersonen begangenen Verstöße gegen die Gesetze und Gebräuche des Krieges sollten gesühnt werden. Alle anderen durch die Kriegsverhältnisse bedingten Verfehlungen sollten, soweit es das allgemeine Rechtsempfinden gestatte, dem Vergessen anheimfallen. Neben dem Gedanken der Sühnung von Völkerrechtsverletzungen müsse im Friedensschluß auch der Gedanke der Oblivion zur Geltung kommen. Eine Amnestie sei in vielen früheren Friedensverträgen vereinbart worden und werde auch jetzt zur Wiederannäherung der Völker beitragen[295].
Wenn aber Unrecht gesühnt werden solle, um dem gekränkten Rechtsgefühl Genugtuung zu verschaffen, dann müsse das Verfahren rechtmäßig sein. Artikel 228–230 würden diesem Grundsatz widersprechen. Sie würden dem Sieger die Rolle des Richters übertragen und setzten damit Gewalt an die Stelle des Rechts. Nach geltendem Völkerrecht sei nur (!)

---

[293] Kraus/Rödiger I, S. 504f. Dort Druckfehler: es muß auf S. 504 im vorletzten Absatz heißen: 2. Satz „*keine* Strafsanktion"; 4. Satz: „der Entwurf mußte ..., und er mußte ..." (jeweils statt müßte).
[294] Ebd., S. 505.
[295] Ebd., S. 527f. (Nachtrag zu den „Bemerkungen": „Besondere Rechtsfragen"). Unter die Amnestie sollten fallen: Straftaten, die Angehörige der jeweils anderen Partei zugunsten ihres Heimatstaates begangen hatten, Zuwiderhandlungen gegen die zum Nachteil feindlicher Ausländer erlassenen Ausnahmegesetze und gewisse Handlungen, die vor Friedensschluß von den Einwohnern vom Feinde besetzter Gebiete begangen worden waren.

der Staat „als Träger der völkerrechtlichen Verpflichtung“ für Verstöße gegen die Gesetze und Gebräuche des Krieges verantwortlich. Der verletzte Staat dürfe nicht selbst strafen, er könne nur die Bestrafung der Schuldigen von dem verantwortlichen Staat verlangen. Deutschland habe sich niemals geweigert und sei auch jetzt bereit, Klagen der Gegner über Völkerrechtsverletzungen unparteiisch zu prüfen und Verfehlungen mit der vollen Strenge des Gesetzes zu ahnden. Es erkläre sich darüber hinaus bereit, die Entscheidung der völkerrechtlichen Vorfrage, ob eine im Krieg begangene Handlung als Verletzung der Gesetze und Gebräuche des Krieges anzusehen sei, einem aus Neutralen zusammengesetzten internationalen Gerichtshof zu überlassen. Die Bestrafung der Schuldigen solle jedoch den nationalen Gerichten vorbehalten bleiben. Deutschland mache diesen Vorschlag unter dem Vorbehalt, daß die Kriegsrechtsverletzungen aller am Friedensvertrag beteiligten Staaten vor den Gerichtshof gebracht werden könnten und daß es bei der Bestellung des Gerichts gleichberechtigt Anteil nehmen könnte[296].

Nach Übergabe der Note vom 29. Mai mit der zusammenfassenden Stellungnahme zu den Friedensbedingungen befaßte sich die Delegation offensichtlich mit der Frage, was noch zur Unterstützung der deutschen Sache getan werden könnte. Im Hinblick auf die Schuldfragen drang die Ansicht durch, daß es vorteilhafter wäre, wenn die eigene Bereitschaft zu ihrer Untersuchung und Aufklärung nicht nur deklariert, sondern auch dokumentiert würde. Die Delegierten erinnerten sich an den Gesetzentwurf über den Staatsgerichtshof, der im Staatenausschuß steckengeblieben war. Rantzau forderte Ministerpräsident Scheidemann nun auf, dafür Sorge zu tragen, daß dieser umgehend in die Nationalversammlung eingebracht werde. Die Bedenken des Staatenausschusses müßten wegen „entscheidender außenpolitischer Bedeutung [der] Vorlage zurückgestellt werden“, was er folgendermaßen begründete: Für die „richtige Stellungnahme“ der öffentlichen Meinung in den feindlichen Ländern sei es unbedingt erforderlich, daß die Bereitschaft Deutschlands zur Behandlung der Schuldfrage im Augenblick des unmittelbar bevorstehenden „gewalttätigen Ultimatums“ der feindlichen Regierungen unzweideutig dargetan werde[297]. Das noch zu setzende Zeichen galt also nicht – zumindest nicht in erster Linie – den gegnerischen Regierungen. Denn der Außenminister rechnete nicht mehr mit entscheidenden Konzessionen, die den Frieden in seiner Einschätzung für Deutschland akzeptabel machen würden. Er bereitete daher die Ablehnung des Friedensvertrags vor. Rantzau wußte, daß die Konsequenz dieser Politik ein Wiederaufleben des Krieges sein würde. Aber er glaubte, daß die Bevölkerung der Gegnerländer ihren Regierungen in den Arm fallen werde, ja er meinte, schon jetzt erste Anzeichen für eine revolutionäre Krise in den Ententestaaten zu sehen. Diese Entwicklung, so kalkulierte Rantzau, würde eine Lokkerung der gegnerischen Koalition zur Folge haben und das Klima für eine gründliche Revision der Friedensbedingungen schaffen[298].

Die deutschen Gegenvorschläge haben auf die Delegationen der alliierten und assoziierten Mächte durchaus Eindruck gemacht. Besonders die Friedensunterhändler der Vereinigten Staaten und des British Empire neigten zu Konzessionen. In den Ausschüssen und

---

[296] Ebd., S. 505 f.

[297] Telegramm Dt. Friedensdelegation vom 3. 6. 1919 an den Ministerpräsidenten, abgedruckt in: Kabinett Scheidemann, DokNr. 102, Anm. 15. Vgl. Interview Rantzaus am 4. 6. 1919 mit dem Korrespondenten der „Vossischen Zeitung“, Dr. A. Redlich, abgedruckt in: Brockdorff-Rantzau, S. 188–195 (189 f.). Siehe auch oben, S. 181.

[298] Vgl. Schwabe, Deutsche Revolution und Wilson-Frieden, S. 638–641.

im Rat der Vier wurde über wichtige Teile des Vertragsentwurfs, darunter die territorialen, wirtschaftlichen und finanziellen Bestimmungen, erneut beraten und verhandelt. Die Milderungen der Friedensbedingungen hielten sich trotzdem in engen Grenzen, denn die divergierenden Interessen der Hauptmächte ließen nur wenig Spielraum für neuerliche Kompromisse[299].

Über die Fragen Schuld am Kriege und Schuld im Kriege gab es dagegen fast keine Diskussionen. Der Grund lag in der Initiative Lloyd Georges, der seinen Privatsekretär Philip Kerr beauftragt hatte, eine Antwort auf die generelle Stellungnahme der deutschen Delegation zu den Friedensbedingungen zu entwerfen. In dieser sollten die Grundlage des Friedens und die Gerechtigkeit einzelner Bestimmungen überzeugend dargelegt werden. Lloyd Georges Absicht fand die Billigung seiner Kollegen. Wilson bedang sich nur aus, daß die Antwort die deutsche Bezichtigung widerlege, die vereinbarten Grundlagen des Friedens seien ignoriert worden. Das sei nicht der Fall. „The real case was that justice had shown itself overwhelmingly against Germany." Die Erwiderung solle deutlich, aber ohne Grobheiten abgefaßt werden. Lloyd George hatte vom Zweck der Note wohl etwas andere Vorstellungen als Wilson und wird zweifellos Kerr entsprechend instruiert haben. Seiner Meinung nach galt es, der deutschen Delegation eine Antwort zukommen zu lassen, die zugleich die von den deutschen Gegenvorstellungen beeinflußte öffentliche Meinung in den alliierten und assoziierten Ländern wieder hinter ihre Führer brachte. Er hielt dies für eine Vorsichtsmaßnahme für den Fall der Wiederaufnahme des Krieges nach einer deutschen Weigerung, den Friedensvertrag zu unterzeichnen[300].

Der Gesichtspunkt, die Öffentlichkeit in den Siegerstaaten für eine Politik zu gewinnen, die nicht gewillt war, sich die Früchte des Sieges entreißen zu lassen, hat wohl die Antwort gerade in den Fragen bestimmt, denen das besondere Interesse dieser Untersuchung gilt. Philip Kerr formulierte die im Lager der Sieger vorherrschende Überzeugung von der alleinigen Schuld Deutschlands am Kriege und von der Völkerrechtswidrigkeit der deutschen Kriegführung in schärfster Tonart. Seine Entwürfe der „Mantelnote" und der Antwort auf die deutschen Gegenvorstellungen zu den Schuldfragen, die die Wirkung auf die Deutschen und damit auf die Zukunft des Friedenswerks außer acht ließen, wurden fast unverändert von den „Großen Vier" übernommen[301]. Niemals zuvor war in der europäischen Diplomatie einem besiegten Gegner eine so demütigende und verletzende Antwort zuteil geworden!

In der „Mantelnote" vom 16. Juni 1919 äußerten die Siegermächte ihr Befremden über die Proteste der deutschen Delegation. Diese verstehe nicht den Charakter dieses Friedensschlusses nach einem Krieg, der das größte Verbrechen gegen die Menschheit und gegen die Freiheit der Völker gewesen sei, das je eine sich zivilisiert nennende Nation begangen habe. Deutschland trage die Verantwortung für diesen Krieg, den es geplant und begon-

---

[299] Lloyd George, Peace Treaties I, S. 682–728; Schwabe, Deutsche Revolution und Wilson-Frieden, S. 610–637; Mayer, S. 796–799 u. 802–807.

[300] Protokoll der Sitzung des Viererrats am 3. 6. 1919, 16 Uhr, abgedruckt in: FRUS, P.P.C. VI, S. 147–167 (159); Mantoux II, DokNr. 106 (hier: S. 287 f.). Siehe auch Lloyd Georges Äußerung vom 12. 6. 1919 zum Zweck der Note, Mantoux II, DokNr. 120 (hier: S. 392).

[301] Protokoll der Sitzung des Viererrats am 12. 6. 1919, 11 Uhr, abgedruckt in: FRUS, P.P.C. VI, S. 324–347 (Beratung der „Mantelnote", S. 324–326, Beratung betr. Kriegsschuldfrage, S. 326 f., Entwurf der „Mantelnote", S. 330–339); Mantoux II, DokNr. 120 (hier: S. 390–392). Protokoll der Sitzung des Viererrats am 12. 6. 1919, 16 Uhr, abgedruckt in: FRUS, P. P. C. VI, S. 348–369 (350); Conférence de la Paix. Recueil des Actes, P. I, 2 me fasc., No. 669.

nen habe mit dem Ziel, getreu seiner preußischen Tradition, die Herrschaft über Europa zu erringen[302]. Die Antwort auf die deutsche Note vom 28. Mai 1919 zur Kriegsschuldfrage („Professoren-Denkschrift") führte im selben Sinne aus:

> „the Allied and Associated Powers are statisfied that the series of events which caused the outbreak of the war was deliberately plotted and executed by those who wielded the supreme power in Vienna, Budapest, and Berlin.
>
> The history of the critical days of July1914, however, is not the sole ground upon which the Allied and Associated Powers consider that the responsibility of Germany for the war must be tried. The outbreak of the war was no sudden decision taken in a difficult crisis. It was the logical outcome of the policy which had been pursued for decades by Germany under the inspiration of the Prussian system.
>
> The whole history of Prussia has been one of domination, aggression and war. Hypnotised by the success with which Bismarck, following the tradition of Frederick the Great, robbed the neighbours of Prussia and forged the unity of Germany through blood and iron, the German people after 1871 submitted practically without reserve to the inspiration and the leadership of their Prussian rulers.
>
> The Prussian spirit was not content that Germany should occupy a great and influential place in a Council of equal nations to which she was entitled, and which she had secured. It could be satisfied with nothing less than supreme and autocratic power[303]."

Lloyd George hat die hier auszugsweise zitierte Arbeit Philip Kerrs als „piece of cogent writing" bezeichnet[304]. Dies ist ein zutreffendes Urteil, richtete sich die Versailler Anklage nun doch auf eine doppelte Gegebenheit: auf die angebliche Entfesselung des Krieges in der Juli-Krise 1914 und auf die Gesamttendenz der deutschen Politik seit der Reichsgründung 1871. Versagte die erste, so mußte die zweite Argumentation, mit der eine von der alliierten Kriegspropaganda erfundene Geschichtslegende ihre offizielle Legitimation erhielt, um so sicherer das Selbstgefühl des deutschen Volkes treffen[305]. Nach diesen verletzenden Ausführungen blieb den Deutschen keine andere Option, als das Wort „aggression" in Artikel 231 im Sinne von „Angriffskrieg" auszulegen; nicht zuletzt auch deshalb, weil die Sieger wiederum ablehnten, die die Reparationsregelung einleitende Vertragsbestimmung ihrerseits zu interpretieren[306]. Das Aufwerfen der Kriegsschuldfrage durch die deutsche Friedensdelegation führte zu dem Ergebnis – ob gewollt oder ungewollt, soll hier nicht untersucht werden –, daß es in der Weimarer Republik nur eine Meinung über Artikel 231 gab. Das deutsche Volk erblickte in ihm die vertraglich aufgezwungene morali-

---

302 Note des Präsidenten der Friedenskonferenz vom 16. 6. 1919 an den Vorsitzenden der Dt. Friedensdelegation („Mantelnote"), abgedruckt in: Kraus/Rödiger I, DokNr. 64a (engl. Text nicht frei von Druckfehlern, vgl. daher Abdruck in: FRUS, P. P. C. VI, S. 926–935).

303 „Denkschrift" (Anlage zur „Mantelnote" vom 16. 6. 1919: Antwort der all. u. ass. Mächte auf die Bemerkungen der dt. Delegation zu den Friedensbedingungen), abgedruckt in: Kraus/Rödiger I, DokNr. 64b, hier: The Responsibility of Germany for the War, S. 612–620 (616f.). Engl. Text auch abgedruckt in: FRUS, P. P. C. VI, S. 935–996, hier: The Responsibility . . ., S. 957–961 (959).

304 Lloyd George, Peace Treaties I, S. 263f.

305 Kaehler, Siegfried A., Neuere Geschichtslegenden und ihre Widerlegung, in: Ders., Studien zur deutschen Geschichte des 19. und 20. Jahrhunderts, hrsg. von Walter Bußmann, Göttingen 1961, S. 306–335 („Kriegsschuld-Legende", S. 309–314, hier: S. 311).

306 Kraus/Rödiger I, S. 623; FRUS, P.P.C. VI, S. 962 („Denkschrift", Anlage zur „Mantelnote" vom 16. 6. 1919). Vgl. Mögenburg, S. 553f.

sche Verurteilung als schuldig am Kriege, die es als ebenso unwahr wie diffamierend empfand.

Doch beschränkte sich die „Mantelnote" vom 16. Juni 1919 nicht darauf, Deutschlands Schuld an der Entfesselung des Krieges hervorzuheben. Es wurde in gleich agitatorischer Weise bezichtigt, die alleinige Verantwortung zu tragen für die grausame und unmenschliche Art, in der der Krieg geführt worden sei: Obwohl eine der Garantiemächte Belgiens, habe das Deutsche Reich die Neutralität dieses friedensliebenden Landes gebrochen. Willkürliche Hinrichtungen und Brandstiftungen seien durchgeführt worden, um die belgische Bevölkerung einzuschüchtern und zum Gehorsam zu zwingen. Die Deutschen hätten als erste Giftgase benutzt. Sie hätten damit begonnen, Städte auf weite Entfernung zu beschießen und zu bombardieren, nicht aus militärischen Gründen, sondern um den Widerstandswillen ihrer Gegner im Felde zu verringern, indem sie sich gegen deren Frauen und Kinder wandten. Die Deutschen hätten den U-Bootkrieg angefangen, der eine Herausforderung an das Völkerrecht nach Piratenart gewesen sei. Sie hätten Tausende von Männern, Frauen und Kindern mit brutaler Roheit in die Sklaverei verschleppt. Sie hätten eine barbarische Behandlung der Kriegsgefangenen, vor der die unzivilisiertesten Völker zurückgeschreckt wären, geduldet[307]. Deutschland habe die Industrie seiner Nachbarländer zerstört, aber nicht etwa infolge des Kampfes, sondern mit der vorgefaßten Absicht, die Märkte dieser Länder für seinen Handel zu gewinnen[308].

Mit diesen, der Kriegspropaganda entlehnten maßlosen Anklagen beschworen die „Großen Vier" die Kriegspsychose ihrer Völker. Diesem Vorgehen entsprach die Selbstgefälligkeit, mit der eigene Handlungsweisen im Kriege noch zur Zeit des Friedensschlusses verteidigt wurden. Zum Vorwurf der Deutschen, die Blockade an sich, besonders aber ihre Aufrechterhaltung während des Waffenstillstands sei völkerrechtswidrig und unmenschlich, führte die „Mantelnote" aus:

> „Blockade is and always has been a legal and recognised method of war, and its operation has from time to time been adapted to changes in international communications.
>
> If the Allied and Associated Powers have imposed upon Germany a blockade of exceptional severity which throughout they have consistently sought to conform to the principles of international law, it is because of the criminal character of the war initiated by Germany and of the barbarous methods adopted by her in prosecuting it[309]."

Nach Auffassung der Sieger kam angesichts der schweren Vergehen Deutschlands gegen die internationale Ordnung und gegen das Völkerrecht nur ein Gedanke als Grundlage für die Beilegung des Krieges in Betracht: der Gedanke der Gerechtigkeit. Er fordere, daß Deutschland bis zur Grenze seiner Fähigkeit Wiedergutmachung leisten müsse; denn Wiedergutmachung getanen Unrechts sei der Inbegriff der Gerechtigkeit. Er fordere auch, daß die Personen, die für die deutsche Aggression und für die unmenschlichen Akte der deutschen Kriegführung klar verantwortlich seien, zur Rechenschaft gezogen wür-

---

307 Kraus/Rödiger I, S. 558f.; FRUS, P.P.C. VI, S. 927 („Mantelnote" vom 16. 6. 1919).

308 Kraus/Rödiger I, S. 563; FRUS, P.P.C. VI, S. 929 („Mantelnote" vom 16. 6. 1919).

309 Kraus/Rödiger I, S. 572; FRUS, P.P.C. VI, S. 934. In diesem Zitat zeigt sich der durch und durch politische Charakter der „Mantelnote". Der auf Grotius zurückgehende Grundsatz des Völkerrechts, daß die Einhaltung der Kriegsgesetze und -gebräuche unabhängig von den Kriegsgründen Pflicht aller streitenden Parteien ist, findet sich hier zur Disposition gestellt!

den[310]. Die Bestrafung der Verantwortlichen sei notwendig, um abschreckend auf die zu wirken, die später einmal versucht sein könnten, ihrem Beispiel zu folgen:

> „The present Treaty is intended to mark a departure from the traditions and practices of earlier settlements which have been singularly inadequate in preventing the renewal of war[311]."

Auf die deutschen Gegenvorstellungen zu den Strafbestimmungen ging die Erwiderung der Sieger, die ebenfalls von Philip Kerr verfaßt worden war[312], nur in zwei Punkten ein: Geschickt, aber verletzend konterte sie den Vorwurf, die Sieger maßten sich an, gleichzeitig Kläger und Richter zu sein. Es sei doch unmöglich, die Rechtsprechung in die Hände der Helfershelfer der Verantwortlichen für Verbrechen gegen die Humanität und gegen das Völkerrecht zu legen. Der größte Teil der Welt habe sich gegen Deutschlands Eroberungs- und Herrschaftspläne verbündet; diese Länder seien allein berufen, zu Gericht zu sitzen. Die alliierten und assoziierten Mächte würden sich hinsichtlich der Unvoreingenommenheit und Rechtlichkeit der Verfahren dem Urteil der Geschichte stellen. Das Verfahren gegen den ehemaligen Kaiser solle im übrigen nicht dem Inhalt, sondern nur der Form nach juristischen Charakter tragen. Die damit verbundene Absicht sei, dem Angeschuldigten alle Rechte und Freiheiten für seine Verteidigung zu gewährleisten und dem Urteil einen erhabenen rechtlichen Rang zu verleihen.

Die Sieger machten zu Artikel 227–230 nur eine Konzession, die klein erschien, aber nicht unbedeutend war. Sie verpflichteten sich, der deutschen Regierung innerhalb eines Monats nach Inkrafttreten des Friedensvertrags eine endgültige Liste der auszuliefernden Personen zu überreichen[313]. Sie verzichteten mithin darauf, fortgesetzt die Auslieferung von Deutschen wegen Verletzung der Kriegsgesetze und -gebräuche zu verlangen. Dieses Zugeständnis trug zur Rechtssicherheit in Deutschland bei. Von Artikel 228 potentiell Betroffene mußten nur bis zum Bekanntwerden der Liste bangen. Fehlten ihre Namen auf dieser, brauchten sie ihre Auslieferung nicht mehr zu befürchten.

Es ist nicht bekannt, wer der Urheber dieser geringfügig erscheinenden, aber weitsichtigen Konzession war[314]. Man ist versucht, an den Einfluß von General Smuts zu denken. Er

---

310 Kraus/Rödiger I, S. 562; FRUS, P.P.C. VI, S. 929 („Mantelnote" vom 16. 6. 1919).

311 Kraus/Rödiger I, S. 621; FRUS, P.P.C. VI, S. 961 („Denkschrift", Anlage zur „Mantelnote" vom 16. 6. 1919).

312 Philip Kerr wurde vom Viererrat mit der Redaktion der Antwort auf die dt. Bemerkungen zu den Strafbestimmungen beauftragt, nachdem ein Entwurf eines von Vertretern der fünf Großmächte gebildeten „Comité des responsabilités" zwar als sachlich richtig befunden, aber als zu schwach im Ausdruck verworfen worden war. Protokoll der Sitzung des Viererrats am 12.6. 1919, 16 Uhr, abgedruckt in: FRUS, P. P. C. VI, S. 348–369 (355). Entwurf des „Comité des responsabilités" ebd., S. 368f., im frz. Wortlaut abgedruckt in: Conférence de la Paix. Recueil des Actes, P. I, 2 me fasc., No 677.
Kerrs Entwurf wurde in der Sitzung des Viererrats am 13. 6. 1919, 16 Uhr, gebilligt. Protokoll abgedruckt in: FRUS, P. P. C. VI, S. 395–416 (396 u. 400f.); Conférence de la Paix. Recueil des Actes, P. I, 2 me fasc., No. 684; Mantoux II, DokNr. 124 (hier: S. 413). Siehe auch Protokoll der Sitzung des Viererrats am 14. 6. 1919, 11 Uhr, abgedruckt in: FRUS, P. P. C. VI, S. 417–445 (418f.).

313 Kraus/Rödiger I, S. 622; FRUS, P.P.C. VI, S. 962 („Denkschrift", Anlage zur „Mantelnote" vom 16. 6. 1919). Die Konzession fand keine Aufnahme in den Text des Friedensvertrags, sondern wurde in dem Protokoll zum Friedensvertrag vom 28. 6. 1919 niedergelegt. Protokoll abgedruckt in: RGBl. 1919, S. 1332–1335; Kraus/Rödiger I, DokNr. 102.

314 Die Konzession findet sich zuerst in dem Entwurf Kerrs, gebilligt vom Viererrat am 13. 6. 1919 (in dem es allerdings heißt, daß die Liste mit den Namen der Auszuliefernden innerhalb eines Monats nach *Unterzeichnung* des Friedensvertrags überreicht werden wird. FRUS, P. P. C. VI, S. 401). Als der Viererrat

hatte am 22. Mai 1919 ein Schreiben an Lloyd George gerichtet, das auch an Wilson gelangte[315]. Hätten die „Großen Vier" den darin enthaltenen, politisch weisen Empfehlungen mehr Beachtung geschenkt, wäre das für die Zukunft des Friedensvertrags, um die sich Smuts sorgte, sicher von Vorteil gewesen. Er meinte, die Deutschen sollten nicht gezwungen werden, den Vertrag unter Androhung von Waffengewalt zu unterzeichnen. Sie sollten keinen Grund haben, um diesen mit moralischer Entrüstung zurückzuweisen. Smuts gab daher die Änderung einer ganzen Reihe von Vertragsbestimmungen zu bedenken (über Einzelheiten sollte mit deutschen Delegierten nach dem 29. Mai mündlich verhandelt werden!), hielt diese aber in fünf Fragenkomplexen für unbedingt angezeigt: die Bestimmungen über die Besetzung des Rheinlandes, über das Saarbecken, die Reparationen und die Ostgrenzen sowie die Strafbestimmungen. Im Grundsatz erklärte er sich mit letzteren durchaus einverstanden. Aber so wie sie stünden, seien sie für die deutsche Regierung nahezu, wenn nicht sogar völlig unannehmbar. Eine unbestimmte Verpflichtung zu übernehmen, jede Person, die irgendeiner der Verbündeten benenne, auszuliefern und auch noch Beweismaterial für deren Verurteilung auszuhändigen, sei zuviel verlangt, „is more than any Government with a sense of honour and regard for its people could sign". Die Forderung solle begrenzt werden auf Kriegsverbrecher, die auf Grund ihrer Stellung oder ihrer Verbrechen herausragten. Diese sollten in einer endgültigen und maßvoll kurzen Liste benannt werden[316].

In der Mantelnote vom 16. Juni 1919 erklärten die alliierten und assoziierten Mächte, daß diese und ihre Anlagen (zu denen ein Exemplar des Entwurfs des Friedensvertrags gehörte, in dem die wenigen Änderungen und Zugeständnisse vermerkt waren), ihr letztes Wort darstelle. Wenn die deutsche Regierung nicht innerhalb von fünf Tagen ihre Bereitschaft mitteile, den Friedensvertrag zu unterzeichnen, gelte der Waffenstillstand als gekündigt[317].

Damit waren die „Friedensverhandlungen" beendet. Die deutsche Delegation reiste aus Versailles ab, nur eine kleine Nachhut zurücklassend. Die sechs Delegierten stellten in einer für das Kabinett ausgearbeiteten Denkschrift zusammenfassend fest:

> „Die Antwort der Alliierten und Assoziierten Regierungen läßt den ursprünglichen Entwurf in seinen entscheidenden Punkten bestehen. Auch jetzt noch sind die Friedensbedingungen
> *unerträglich,* weil Deutschland sie nicht annehmen und dabei als unabhängige, auf die Wahrung ihrer Ehre bedachte Nation leben kann,
> *unerfüllbar,* weil sie finanzielle und wirtschaftliche Forderungen stellt [sic], die selbst ein blühendes Deutschland beim besten Willen nicht durchführen könnte, [...]

---

vom „Comité des responsabilités" auf die Schwierigkeit aufmerksam gemacht wurde, die Liste bis zum Inkrafttreten des Friedensvertrags fertigzustellen, hielt er an seinem Beschluß fest, da das Zugeständnis den Deutschen schon mitgeteilt worden war. Protokoll der Sitzung am 21. 6. 1919, 11 Uhr, abgedruckt in: FRUS, P.P.C. VI, S. 558–568 (561 u. 568); Conférence de la Paix. Recueil des Actes, P. I, 2 me fasc., No. 745.

[315] Abgedruckt in: Selections from the Smuts Papers IV, DokNr. 986; Baker, Ray Stannard, Woodrow Wilson and World Settlement, Bd 3: Original Documents of the Peace Conference, Garden City – New York 1923, DokNr. 66.

[316] Ebd. (P. 5 des Memorandums). Vgl. Smuts' ähnliche Stellungnahmen vom 28. 4. u. 5. 5. 1919, oben, S. 115 f.

[317] Die Frist wurde durch Note des Präsidenten der Friedenskonferenz vom 17. 6. 1919 auf sieben Tage verlängert. Note abgedruckt in: Kraus/Rödiger I, DokNr. 65.

rechtsverletzend, weil sie die feierlichen und öffentlichen Zusagen an das deutsche Volk verleugnen,
unaufrichtig, weil Deutschland der Wahrheit zuwider seine alleinige Schuld am Kriege bekennen und einen Gewaltfrieden als Rechtsfrieden annehmen soll.
Die Deutsche Delegation ist daher der festen Überzeugung, daß die Deutsche Regierung den Vertrag auch in der jetzt vorliegenden Form ablehnen muß. Würde der Vertrag auf Grund des Ultimatums unterzeichnet, so hätten wir freiwillig einen Rechtstitel geschaffen, auf dessen Revision wir keinen Anspruch haben würden[318]."

6. Die Strafbestimmungen in den ersten deutschen Stellungnahmen zum Friedensvorschlag

In der ersten Sitzung des Reichskabinetts nach Erhalt der Friedensbedingungen der alliierten und assoziierten Mächte gaben dessen Mitglieder übereinstimmend der Ansicht Ausdruck,

> „daß die Bedingungen die schlimmsten Erwartungen weit übertroffen haben, daß sie für Deutschland nicht nur psychisch, sondern auch wirtschaftlich unerträglich seien, daß sie niemals die Grundlage für einen Völkerfrieden von Dauer bilden könnten und daß infolge der territorialen und wirtschaftlichen Knebelung die auferlegten wirtschaftlichen Verpflichtungen vollständig unerfüllbar seien"[319].

Auch über das weitere Vorgehen bestand Konsens: Man war sich einig, daß es sich nicht empfehle, die Verhandlungen mit einem „Unannehmbar" sofort abzubrechen. Die Frage Annahme oder Ablehnung sei vorläufig zurückzustellen. Es müsse mit aller Energie angestrebt werden, durch Verhandlungen eine Milderung der Friedensbedingungen zu erreichen. Die deutsche Friedensdelegation wurde angewiesen, gegen die „unerträglichen und unerfüllbaren" Bedingungen Stellung zu nehmen und dabei an die „Lansing-Note" zu erinnern[320].
Die Reichsregierung wandte sich sogleich mit einem Aufruf an das deutsche Volk, in dem sie erklärte, daß der Vertragsentwurf der gegebenen Zusage, der Friede werde ein Friede des Rechts auf der Grundlage der Vierzehn Punkte Wilsons sein, widerspreche. Die jetzt erhobenen Bedingungen seien „unerträglich" und auch bei Aufbietung aller Kräfte „unerfüllbar". Die „deutsche Volksregierung" werde den „Friedensvorschlag der Vergewaltigung" mit einem Entwurf eines Rechtsfriedens beantworten, der die Grundlage für einen dauernden Völkerfrieden bilden werde[321].

---

[318] PA/AA Dt. Friedensdeleg. Versailles. Pol. 13, Bd 6 (4663/E 216 724–734), Stellungnahme der Delegierten zum Friedensvertrag vom 17. 6. 1919. Auch abgedruckt in: Brockdorff-Rantzau, S. 109–117 (116); Kabinett Scheidemann, DokNr. 113 (hier: S. 475; der letzte Absatz des Zitates ist irrtümlich ausgelassen); Kraus/Rödiger II, Anhang DokNr. II (hier: S. 1091). Vgl. Gründer, S. 103 f.

[319] Protokoll der Kabinettssitzung am 8. 5. 1919, abgedruckt in: Kabinett Scheidemann, DokNr. 66 (hier: S. 303).

[320] Ebd., S. 304. Vgl. Protokoll der Kabinettssitzung am 9. 5. 1919, ebd., DokNr. 67 (P. 3, besonders auch Anm. 2). Siehe hierzu und zum Folgenden: Albertin, S. 324–326; Miller, Bürde der Macht, S. 278–280; Morsey, S. 181–183.

[321] Aufruf des Reichspräsidenten und der Reichsregierung vom 8. 5. 1919, abgedruckt in: Schulthess 1919 I, S. 203 f.

Im Kabinett wurde deutlich erkannt, daß mit einem sofortigen Aussprechen des „Unannehmbar" die Regierung ihre Handlungsfreiheit verlieren würde. Und doch steuerte man sehenden Auges auf diese Misere zu, als eine klare Einigung über die Einwirkung auf die Äußerungen der Öffentlichkeit nicht erreicht werden konnte. Die Empörung des deutschen Volkes über die Friedensbedingungen sollte in Wort und Schrift, in Versammlungen und Umzügen machtvoll zum Ausdruck kommen; Arbeiter, Bürger und Beamte sollten der Regierung bei ihren Bemühungen, einen besseren Frieden zu erlangen, den öffentlichen Rückhalt geben. Während es einige Minister für notwendig erachteten, die Propaganda so zu lenken, daß das Volk sich hinter die Worte „unerträglich" und „unerfüllbar" stelle und damit eine Diskussion über die Frage, ob der Friede angenommen oder abgelehnt werden solle, unterbleibe, vertraten andere die Auffassung,

> „daß auch dagegen nichts einzuwenden sei, wenn die Bevölkerung mit größter Entrüstung und Bestimmtheit in ihren Kundgebungen das Wort ‚unannehmbar' ausspreche. Die Regierung dürfe sich dadurch allerdings nicht binden lassen[322]."

Die Empörung des deutschen Volkes wuchs von Tag zu Tag. In keiner Weise gedämpft oder kanalisiert gewann das „Nein" zu den Friedensbedingungen die Oberhand. Die Ablehnung trat besonders deutlich hervor bei der Bevölkerung der preußischen Ostprovinzen, die an Polen fallen sollten. Sie schien sich diesem Schicksal mit Waffengewalt widersetzen zu wollen. Dieser gärenden Stimmung mußte sofort politisch Rechnung getragen werden. Die DDP beschloß, dabei die Führungsrolle zu übernehmen[323]. Ihre Minister beantragten im Kabinett, daß Scheidemann in der vorgesehenen Regierungserklärung den *vorliegenden* Vertrag als „unannehmbar" bezeichnen solle. Erzberger warnte eindringlich davor, diesen Ausdruck zu benutzen. Die Regierung werde einen gewaltigen Tageserfolg haben; sie müsse aber daran denken, was in drei bis vier Wochen geschehen solle. Nur um die drohende Regierungskrise zu vermeiden, gaben die Koalitionspartner dem Verlangen der Demokraten nach[324]. Damit hatte sich das Kabinett nach Ansicht Scheidemanns festgelegt, den Friedensvertrag abzulehnen, falls nicht noch „ganz gewichtige Zugeständnisse" von den Siegermächten gemacht würden[325].

Über der Sitzung der Nationalversammlung am 12. Mai 1919 in der Aula der Berliner

---

[322] Protokoll der Kabinettssitzung am 9. 5. 1919, abgedruckt in: Kabinett Scheidemann, DokNr. 67 (P. 5).

[323] BA NL Koch (-Weser), Nr. 16, S. 216–218 (Seitenangaben für Nr. 16 erfolgen nach der ursprünglichen Paginierung!), Tagebucheintragung unter dem 10. 5. 1919: „Wir [die Fraktion der DDP in der Nationalversammlung] haben beschlossen, nicht nur unsererseits ein glattes ‚Unannehmbar' zu erklären, sondern auch unsere Vertreter im Kabinett zu ersuchen, darauf zu bestehen, daß die Regierung ein ‚Unannehmbar' spricht. Gelingt es ihnen nicht, die Regierung vorzutreiben, so werden sie gehen müssen. Jetzt ist der Augenblick, wo wir, die wir so oft durch die Lage der Dinge genötigt waren, der Linken nachzugeben, zu einer Führerrolle berufen sind, allerdings zu einer schweren und traurigen Führerrolle". Zu den Motiven der DDP siehe Albertin, S. 326. – Unter dem Druck der öffentlichen Meinung beschloß auch die Fraktion der MSPD am 12. 5. 1919 – in Abänderung ihres am 10. 5. getroffenen Votums –, den Vertrag als unannehmbar zu erklären. Schulthess 1919 I, S. 205. Vgl.: Arns, Günter, Regierungsbildung und Koalitionspolitik in der Weimarer Republik 1919–1924, Phil. Diss. Tübingen 1970, S. 77; Albertin, S. 325; Miller, Bürde der Macht, S. 279.

[324] Protokoll der Kabinettssitzung am 12. 5. 1919, abgedruckt in: Kabinett Scheidemann, DokNr. 70 (P. 4). Dazu Erzberger, M[atthias], Erlebnisse im Weltkrieg, Stuttgart-Berlin 1920, S. 368.

[325] Scheidemann, Philipp, Der Zusammenbruch, Berlin 1921, S. 240f. (241). Vgl. ders., Memoiren eines Sozialdemokraten, 2 Bde, Dresden 1928, hier: Bd 2, S. 365.

Universität lag der Schatten der Vergangenheit. Das Bild Fichtes beherrschte den Raum; es schien, „als sei die Vergangenheit größer als die Gegenwart“[326]. Angesichts der politischen und militärischen Ohnmacht beflügelte der genius loci den moralischen Protest. Scheidemanns Ausführungen gipfelten in den rhetorischen Fragen: „Wer kann als [...] ehrlicher vertragstreuer Mann solche Bedingungen eingehen? Welche Hand müßte nicht verdorren, die sich und uns in diese Fesseln legt[327]?“ Dem Unannehmbar der Regierung folgte das Unannehmbar aller Fraktionen mit Ausnahme der USPD. Gleichwohl protestierte auch sie gegen die Friedensbedingungen, erwartete aber deren baldige Revision durch die Weltrevolution.

Aus vielen Reden klang die Enttäuschung über Wilson, über den Bruch der in der „Lansing-Note“ gemachten rechtsverbindlichen Zusage, einen Frieden auf der Grundlage der Vierzehn Punkte zu schließen. Scheidemann äußerte voll Resignation, die Welt sei wieder einmal um eine Illusion ärmer geworden[328]. Conrad Haußmann behauptete sogar, weder das deutsche Heer noch die Soldatenräte hätten die Waffen niedergelegt, wenn sie am 5. und 9. November die Friedensbedingungen gekannt hätten, auch die Arbeiterschaft hätte weiter ausgeharrt[329].

Im Mittelpunkt der parlamentarischen Demonstration standen die Proteste gegen die geforderten Gebietsabtretungen, die im Widerspruch zum Selbstbestimmungsrecht der Völker zu stehen schienen, und gegen die finanziellen und wirtschaftlichen Bedingungen, die als unerhörte Knebelung angesehen wurden. Noch bezog sich kein Protest auf Artikel 231, der schon bald als die angebliche Basis des Friedensvertrags agitatorisch herausgestellt wurde. Der „Kriegsschuldartikel“ war noch nicht „entdeckt“! Doch nahmen alle bürgerlichen Parteien Stellung gegen die Forderung nach Auslieferung Wilhelms II. und deutscher Heerführer und Beamter, in der sie eine das Staats- und Völkerrecht ignorierende Zumutung erblickten. Die Sprecher beider Rechtsparteien betonten den ehrenrührigen Charakter dieser Bestimmungen. Stresemann erklärte, daß es bei deren Ablehnung keinen Gegensatz zwischen Monarchisten und Republikanern geben dürfe, denn es handele sich um eine Frage der Aufrechterhaltung des Rechts gegenüber jedermann und um eine Frage der Ehre des deutschen Volkes. Wenn die Abgeordneten der Nationalversammlung den Strafbestimmungen zustimmten, würden sie sich selbst unzuständig erklären, über Schuld am Kriege und im Kriege Recht zu sprechen, und zugleich verlieren, was ihnen niemand sonst nehmen könne: die Achtung vor sich selbst. Er warnte diejenigen, „die hier in menschlicher Vermessenheit glauben, Recht sprechen zu können, als wären sie höhere Schicksalsgewalt, die das Recht dazu hätte“. Es müsse um so verletzender wirken, daß „Partei und Richter in einer Person hier über eine Frage sprechen wollen, in der die Menschheit nach Jahrhunderten und Jahrtausenden noch tastend versuchen wird, das Recht zu finden“[330]. Es ist bezeichnend für die allgemeine Entrüstung in Deutschland über die Friedensbedingungen, daß Ludwig Quidde (DDP), der Stresemann sonst weltenfern

---

326 So der Eindruck der DDP-Abgeordneten Gertrud Bäumer, zit. nach Albertin, S. 326.

327 Erklärung der Regierung zu den Friedensbedingungen, Nationalversammlung, Bd 327, S. 1082–1084, Zitat S. 1083(C). Auszugsweise abgedruckt in: Ursachen und Folgen III, DokNr. 715 (Zitat S. 351).

328 Nationalversammlung Bd 327, S. 1082(D).

329 Ebd., S. 1093(A).

330 Ebd., S. 1101. Vgl. Stresemanns Aufsatz „Wilsons Frieden“ vom 14. 5. 1919, zuerst veröffentlicht in der von ihm herausgegebenen Wochenschrift „Deutsche Stimmen“, abgedruckt in: Stresemann, S. 166–171 (168 f.).

stand, diesen Ausführungen beitrat. Als Vertreter des politischen Pazifismus zu Wort kommend, protestierte er gegen einen Friedensvertrag, der den Gedanken der internationalen Verständigung verhöhne und Anlaß zu neuen Kriegen geben werde. Aus der Ablehnung einer internationalen Untersuchung der Kriegsschuldfrage und aus der Anmaßung, über Deutsche zu Gericht zu sitzen, spreche „ein Geist der moralischen Überhebung gegenüber dem deutschen Volke". Gerade die deutschen Pazifisten seien aufgerufen, diesen Hochmut öffentlich zu mißbilligen. Das demokratische Deutschland habe keinen Anlaß, als Büßer vor die Sieger zu treten; es habe moralisch und politisch einen Anspruch auf Anerkennung als gleichberechtigtes Mitglied in der Gemeinschaft der Völker[331].

Nach Schluß der Rednerliste nahm der Präsident der Nationalversammlung das Wort. In einer politisch höchst unklugen Ansprache schlug Constantin Fehrenbach Töne an, die dem noch auf Verhandlungen hoffenden Kabinett viel zu weit gingen. Zur Kriegsschuldfrage erklärte er, daß das deutsche Volk, das friedliebendste der Welt, keinen Anteil am Kriege habe. Es habe nur das Verlangen gehabt, „nach einem bescheidenen Platz an der Sonne". Die Handlungen der Reichsregierung in der Juli-Krise 1914 mögen zum Ausbruch des Krieges beigetragen haben, „aber die Schuld der Ursachen des Krieges lastet auf den Schultern unserer Feinde". Die vorgeschlagenen Friedensbedingungen bedeuteten die Verewigung des Krieges; deutsche Kinder würden heranwachsen, erzogen mit dem Willen, rächend die beabsichtigten Sklavenketten zu brechen und die angetane Schmach abzuwaschen. Das „Hohe Haus" dankte seinem Präsidenten mit „anhaltendem stürmischen Bravo und Händeklatschen", als er seine Rede mit dem Ausruf „Deutschland, Deutschland, über alles, über *alles* in der Welt" beendete[332].

Die Voraussage Erzbergers, die Regierung werde mit einem „unannehmbar" einen gewaltigen Tageserfolg haben, erwies sich als zutreffend. In Tausenden von öffentlichen Kundgebungen wurde der Widerstand gegen den Entwurf des Friedensvertrags bekräftigt, oftmals unter Anschlagen recht nationalistischer Töne, was nach der parlamentarischen Demonstration vom 12. Mai kein Wunder war. Reichspräsident, Reichsregierung und Nationalversammlung wurden von Adressen und Eingaben gegen die Friedensbedingungen, darunter auch Proteste gegen die Forderung nach Auslieferung des Kaisers und

---

331 Nationalversammlung, Bd 327, S. 1109.

332 Ansprache Fehrenbachs, ebd., S. 1110f. (1111). – Einige Mitglieder des Kabinetts mißbilligten die Ansprache und hielten „wegen der befürchteten ungünstigen Wirkung im Ausland" eine öffentliche Distanzierung der Regierung für notwendig. Der Beschluß, „eine kurze Pressenotiz darüber zu veröffentlichen, daß die Reichsregierung von den Reden der einzelnen Parteien und von der Schlußansprache des Präsidenten [...] vorher keine Kenntnis gehabt habe", wurde nicht ausgeführt. Protokoll der Kabinettssitzung vom 13. 5. 1919, abgedruckt in: Kabinett Scheidemann DokNr. 71 (P. 3). Vgl. Morsey, S. 183. Der DDP-Abgeordnete Koch befürchtete: Die Ansprache Fehrenbachs „wird eine Katastrophe im In- und Ausland, die erst alles verdirbt. Man soll einen unpolitischen Schönredner nicht zum Präsidenten machen!" BA NL Koch(-Weser) Nr. 16, S. 225 f., Tagebucheintragung vom 12. 5. 1919, abgedruckt in: Kabinett Scheidemann DokNr. 71, Anm. 3. Dagegen Stresemann (im Aufsatz „Wilsons Frieden", siehe Anm. 330), S. 171: „Ihm [Fehrenbach] gab in dieser Stunde ein Gott zu sagen, was das deutsche Volk empfindet. Die persönliche Wirkung seiner Rede war wohl die größte, die in den letzten Jahren ein Redner in der deutschen Volksvertretung ausgelöst hat. [...] da sprach der deutsche Mann, der den Geist seines Volkes verteidigte gegen die Angriffe von außen, [...] da sprach schließlich der deutsche Vater, der seine Söhne aufruft zum Rachekampf für die Zukunft. [...] direkt unter dem Bilde, das Fichte zeigte, wie er einst die preußische Jugend anfeuerte zum Kampf in den Befreiungskriegen. [...] Es lag in diesem Auftreten etwas von bleibender Größe. Die Wirkung war gewaltig auf alle, die deutsch empfanden."

deutscher Bürger[333], geradezu überschwemmt[334]. In einer Zeit, in der Sieger und Besiegte auf die öffentliche Meinung Rücksicht nehmen mußten, waren die Kundgebungen geeignet, der deutschen Regierung und Diplomatie Rückhalt zu geben[335]. Doch was sollte geschehen, wenn die Gegner keine hinreichenden Zugeständnisse machen würden? Die Frage lastete bleiern auf den in der Regierungsverantwortung stehenden Parteien. Schon agitierte die USPD für die Unterzeichnung, die Schrecken einer Wiederaufnahme des Krieges beschwörend. Sie gewann Zulauf unter der Arbeiterschaft, der sie versicherte, die bevorstehende Weltrevolution werde den Friedensvertrag „wegfegen"[336].

Doch lag – wie man heute weiß – die letzte Entscheidung über die Annahme oder Ablehnung des Friedensvertrags nicht bei den Politikern, sondern bei den Militärs, den Führern der Reste der alten Armee, der Freikorps und der in Aufstellung befindlichen Reichswehr. Wie reagierte die bewaffnete Macht auf die Friedensbedingungen, insbesondere auf die Forderung nach Auslieferung Wilhelms II., ihres ehemaligen, in Holland im Exil lebenden Obersten Kriegsherrn, und auf die Aufforderung, die der Verletzung der Kriegsgesetze und -gebräuche beschuldigten Offiziere und Soldaten auszuliefern?

Doch zunächst ist zu klären, wer die berufenen Sprecher der Armee im Frühsommer 1919 waren. Auch nach Inkrafttreten des Gesetzes über die vorläufige Reichsgewalt vom 10. Februar 1919, durch das das Amt des Reichswehrministers geschaffen wurde, bestanden die überkommenen militärischen Verhältnisse zum Teil fort[337]. Die ausschlaggebende Verwaltungsbehörde blieb das preußische Kriegsministerium unter der Leitung von Oberst Walther Reinhardt. Obwohl preußischer Minister, gehörte er dem Reichskabinett als nicht stimmberechtigtes Mitglied an. Er war gleichzeitig verantwortlich für die Demobilmachung der alten (preußischen) Armee und für die Aufstellung der neuen Reichswehr. Reinhardt war wegen seines Bemühens, die militärischen Verhältnisse den Erfordernissen des entstandenen demokratischen Staates anzupassen, im überwiegend reaktionär-konservativ denkenden Offizierkorps nicht gerade beliebt. In diesem genoß das höchste Ansehen zweifellos Generalfeldmarschall Paul v. Hindenburg, der „Alte von Tannenberg". Zusammen mit seinem Gehilfen, dem Ersten Generalquartiermeister Generalleutnant

---

[333] Bis zum 14. 5. 1919 waren allein beim Reichspräsidenten 649 Kundgebungen gegen den Gewaltfrieden eingelaufen, davon 181 gegen die Auslieferung des Kaisers, „zum Teil erweitert auf einen Einspruch gegen die Auslieferung jeden deutschen Bürgers, gleichgültig ob Kaiser oder U-Boot-Mann". PA/AA WK 31, Bd 2 (4121/D931 578–583 u. D931 634–638), Schreiben Vertreter des AA beim Reichspräsidenten vom 14. u. 15. 5. 1919 an AA. Siehe auch Mitteilung des Präsidenten der Nationalversammlung, anläßlich der Eröffnung der Sitzung am 12. 5. 1919, Nationalversammlung, Bd 327, S. 1081 (C).

[334] Siehe Erklärung des Reichspräsidenten und der Reichsregierung vom 9. 5. 1919, abgedruckt in: Schulthess 1919 I, S. 205 f.

[335] Rantzau äußerte sich zufrieden über Scheidemanns „große Rede und die kraftvolle Kundgebung der Nationalversammlung", die die Arbeiten der Delegation unterstützt hätten. Nur die Überzeugung, daß Deutschland die Friedensvorschläge nach erheblicher Änderung annehmen werde, werde die Siegermächte „zum Beginn wirklicher Friedensverhandlungen geneigt machen". Im Interesse dieses Zieles solle die Entscheidung über Annahme oder Ablehnung ausgesetzt werden. PA/AA Dt. Friedensdeleg. Versailles, Pol. 13, Bd 1 (4663/E215 526–528), Telegramm Rantzaus vom 14.5. 1919 an Paxkonferenz für Scheidemann (auch PA/AA WK 31, Bd 2, 4121/D931 576f.).

[336] Siehe Entschließung der Parteikonferenz der USPD vom 11. 5.1919, abgedruckt in: Schulthess 1919 I, S. 206. Vgl. Bericht des Reichs- und preuß. Staatskommissars für Westfalen vom 17. 5. 1919 über die Haltung der Arbeiterschaft, abgedruckt in: Ursachen und Folgen III, DokNr. 716. Siehe auch Miller, Bürde der Macht, S. 280.

[337] Zur staatsrechtlichen Stellung des Militärwesens in der Zeit vom Oktober 1918 bis Oktober 1919 jetzt Hürten in der Einleitung zu: Zwischen Revolution und Kapp-Putsch, S. XXVII–XXXVIII.

Groener, stand er an der Spitze der Obersten Heeresleitung, die von Kolberg aus die zum Schutz der Ostgrenzen und im Baltikum eingesetzten Truppen befehligte. Auch Groener war insbesondere im höheren Offizierkorps unbeliebt. Ihm wurde (zu Unrecht) vorgeworfen, den Kaiser bewogen zu haben, abzudanken und ins Exil zu gehen[338].

Gustav Noske widmete sich nach seiner Ernennung zum Reichswehrminister weniger dem Aufbau der Reichswehr als der ihm von seiner Tätigkeit als Volksbeauftragter bekannten und ihm wiederum übertragenen Aufgabe, für die Aufrechterhaltung der Ordnung im Innern des Reiches zu sorgen[339]. Aufgrund der Energie und Konsequenz, mit der er dieser Aufgabe nachkam, erwarb er sich bei der Armee, besonders bei den Kommandeuren der ihm direkt unterstellten Einheiten, großes Ansehen und Vertrauen.

Doch das Wort der höchsten militärischen Autoritäten hatte im Nachkriegsdeutschland nicht mehr das Gewicht, das es früher besessen hatte. Die Führer der Freikorps und Reichswehreinheiten nahmen für sich selbst außergewöhnliche Freiheiten in Anspruch. Hinter ihnen stand die reale Macht der Truppe.

In ihrer ersten Reaktion auf den Friedensvorschlag der Sieger stimmte die Armeeführung mit der politischen Führung überein. Die Bedingungen galten als unannehmbar, Verhandlungen sollten mit dem Ziel aufgenommen werden, akzeptablere zu erlangen. Um der zu erwartenden Beunruhigung unter den Truppen entgegenzuwirken, bat Kriegsminister Reinhardt das Reichskabinett um eine Erklärung, daß der Frieden unerträglich sei und nur bei Änderungen angenommen werden könne und daß die Regierung an Ostpreußen, Westpreußen und Oberschlesien festhalten wolle[340].

Am 14. und 15. Mai 1919 trafen Reinhardt, Groener, Seeckt und Vertreter von hohen Stäben zu Besprechungen über die militärische Lage und über die Friedensbedingungen in Berlin zusammen[341]. Im Mittelpunkt der den Friedensbedingungen geltenden Beratungen stand die zu erwartende starke Beschränkung der deutschen Wehrkraft, insbesondere die Begrenzung der Heeresstärke auf 100000 Mann[342]. In einer den Besprechungen im größeren Kreis vorangehenden Unterredung zwischen Reinhardt und Groener erklärte letzterer, daß der Vertrag, so wie er sei, nicht unterzeichnet werden dürfe. Er habe begründete Hoffnung auf Verbesserungen. Beide Offiziere stimmten in der Ansicht überein, daß die „Auslieferungsparagraphen" unter keinen Umständen hingenommen werden dürften[343].

---

338 Dazu Groener-Geyer, S. 173–201.

339 Die preuß. Regierung ernannte Noske am 3. 3. 1919 zum Oberbefehlshaber in den Marken, siehe AVBl. 1919, S. 223. Eine Erweiterung der Befehlsbefugnis erfolgte durch den Erlaß des Reichspräsidenten vom 9. 3. 1919, ebd., S. 207.

340 Erklärung in der Sitzung des Reichskabinetts am 8. 5. 1919, auszugsweise abgedruckt in: Ernst, Fritz, Aus dem Nachlaß des Generals Walther Reinhardt, in: Die Welt als Geschichte 18 (1958), S. 39–121, hier: S. 68. Im offiziellen Protokoll nicht überliefert, vgl. Kabinett Scheidemann, DokNr. 66. Die Reichsregierung richtete einen Aufruf an das deutsche Volk und zusammen mit der preußischen Regierung einen weiteren an die Bevölkerung der preuß. Ostprovinzen, beide abgedruckt in: Schulthess 1919 I, S. 203f.

341 An beiden Tagen fand eine Reihe von Besprechungen im preuß. Kriegsministerium u. im Generalstab statt. Siehe: BA-MA N 46/25 (NL Groener), Bl. 72, Tagebucheintragung Groeners vom 14. u. 15. 5. 1919.

342 Ernst, S. 69; Groener, S. 492f. Zur innerdeutschen Diskussion über die Heeresstärke: Ernst, S. 71f.; Meier-Welcker, S. 221–226; Rakenius, S. 203–206.

343 Aufzeichnung von Maj. Fleck, dem persönlichen Adjutanten von Oberst Reinhardt, auszugsweise abgedruckt bei: Ernst, S. 69f. Die Unterredung fand am 14. 5. 1919, 15.40 Uhr, statt.

Groener stieß im übrigen mit dem Kriegsminister heftig zusammen, als dieser den Gedanken vertrat, „die deutsche Einheit vorübergehend aufzugeben und vom selbständigen Osten her den Widerstand gegen den Feind aufzunehmen“[344]. Bei zahlreichen preußischen Offizieren lebte in jener Zeit die Erinnerung an die Befreiungsbewegung der Jahre 1806–1813 auf. Ihnen schien „die Unversehrtheit des Ostens die Voraussetzung aller nationalen Erneuerung“ zu sein. Der Württemberger Reinhardt schloß sich dieser Auffassung an, sein Landsmann Groener hatte für sie kein Verständnis. Für letzteren war die Erhaltung der Reichseinheit „conditio sine qua non“, für die er zu jedem Opfer bereit war. Seiner Meinung nach würde es sehr schwer sein, diese, wenn sie erst einmal verloren sei, gegen den französischen Widerstand zurückzugewinnen[345]. Er warnte daher die Offiziere der Obersten Heeresleitung vor historischen Vergleichen, die Gefahr betonend, „aus falsch aufgefaßter Historie Schlüsse von der schwerwiegendsten Bedeutung zu ziehen“[346].

Obwohl die Armeeführung die Auslieferungsforderung grundsätzlich ablehnte, hielt es der Kriegsminister offenbar für seine Pflicht, sich für den Fall der Unterzeichnung des Friedensvertrags Gedanken über die Ausführung der Strafbestimmungen zu machen. Er sorgte sich um die innere Geschlossenheit der Armee, denn er befürchtete, „daß ein gegenseitiges Abschieben der Verantwortung stattfindet“. Es müsse an dem Grundsatz festgehalten werden, daß die ausführenden Organe durch die übergeordneten Behörden soweit wie möglich gedeckt werden. „Nur wenn offensichtliche Überschreitungen oder Zuwiderhandlungen gegen gegebene Befehle vorliegen“, müsse Preisgabe erfolgen. Reinhardt befürchtete aber, daß selbst bei Anwendung dieser Grundsätze „innerhalb der Armee gegenseitiges Mißtrauen, Angeberei und damit moralische Zerrissenheit sich breit macht“. Er schlug daher vor, eine vom allgemeinen Vertrauen getragene Kommission darüber entscheiden zu lassen, wer den Gerichtshöfen der Entente zu überantworten sei. Ihm schwebte vor, die Generale v. Gallwitz, v. Seeckt, v. Winterfeldt, dazu einen Pionier- und einige inaktive Generale in dieses Gremium zu berufen. Er beauftragte Generalmajor v. Winterfeldt, ihm weitere Vorschläge zu machen[347].

Winterfeldt, Oberquartiermeister F im Großen Generalstab in Berlin, meldete die Überlegungen Reinhardts an die Oberste Heeresleitung und bat um „grundsätzliche Äußerung“. Zugleich sprach er seine Absicht aus, die Mitarbeit versagen zu wollen, da er die Auslieferung von Deutschen an die Sieger für eine Handlung halte, „die kein Soldat von Ehrgefühl und einfachstem Anstand auf sich nehmen kann“[348]. Groener stimmte dieser Ansicht zu. Er telegraphierte:

---

344 Groener, S. 493.

345 Ebd.

346 BA-MA N 42/12 (NL v. Schleicher), Bl. 31–69, Vortrag Groeners vor den Offizieren der O. H. L. am 19./20. 5. 1919, auszugsweise abgedruckt in: Zwischen Revolution und Kapp-Putsch, DokNr. 35 (Zitat S. 122). Zu den Plänen vom „selbständigen Osten“ siehe: Ribhegge, Wilhelm, August Winnig. Eine historische Persönlichkeitsanalyse, Bonn-Bad Godesberg 1973 (= Schriftenreihe des Forschungsinstituts der Friedrich-Ebert-Stiftung, Bd 99), S. 203–217; Schulze, Hagen, Freikorps und Republik 1918–1920, Boppard a. Rh. 1969 (= Wehrwissenschaftliche Forschungen, Abteilung Militärgeschichtliche Studien, Bd 8), S. 112–125; ders., Der Oststaat-Plan 1919, in: VfZG 18 (1970), S. 123–163.

347 PA/AA Dt. Friedensdeleg. Versailles, Pol. 7a, Bd 1 (4662/E213612), Telegramm Gen. Maj. v. Winterfeldt vom 27. 5. 1919 an O. H. L. (Abschrift). Vgl. Rabenau, S. 180.

348 Telegramm wie Anm. 347.

> „Es ist mit unserer nationalen Ehre völlig unvereinbar und muß als ausgeschlossen gelten, daß deutsche Untertanen zur Aburteilung an feindliche Staaten ausgeliefert werden und daß Offiziere sich zur Mitarbeit bei einer solchen Infamie bereit erklären.
> Der Herr Generalfeldmarschall hat geäußert, daß er jeden Soldaten, der sich zu einer derartigen Handlung bereit finden sollte, öffentlich an den Pranger stellen würde. Ich bitte, den Herrn Kriegsminister in diesem Sinne zu verständigen und auch die Mitglieder der Friedens-Kommission in Versailles und Berlin über diese Stellungnahme des Herrn Generalfeldmarschall[s] nicht im Unklaren zu lassen[349]."

Die oberste militärische Autorität hatte damit gesprochen! Der Kriegsminister nahm sofort von seinen Überlegungen Abstand und erklärte, daß er die Ansicht Hindenburgs teile und bei einer Auslieferung niemals mitwirken werde[350].

Der Truppe ist zu diesem Zeitpunkt keine Stellungnahme der Armeeführung zur Auslieferungsforderung der Sieger zugegangen, jedenfalls ist eine solche nicht bekannt. Sie meldete sich indessen selbst zu Wort. Sie wandte sich an ihre Vorgesetzten und an die Reichsregierung, aber auch an die Öffentlichkeit. Das militärischer Disziplin widersprechende öffentliche Hervortreten wurde sogar von dem erzkonservativen „Militär-Wochenblatt" mit „besonderer Genugtuung" begrüßt:

> „Die früher geübte Zurückhaltung der militärischen Dienststellen und Verbände muß, nachdem die Revolution dahin geführt hat, daß nur der gehört wird, der sich gehörig bemerkbar zu machen weiß, ein für allemal zu politischen und wirtschaftlichen Fragen vorbei sein[351]."

Am 31. Mai 1919 versammelten sich „Abgeordnete und Vertreter der gesamten deutschen Reichswehr, der Reichswehrtruppen des Ostschutzes, von Bayern, Sachsen, Württemberg, Baden und Preußen" in der Berliner Universität, um zu dem Entwurf des Friedensvertrags Stellung zu nehmen. Einstimmig wurde eine Entschließung verabschiedet, in der es hieß:

> „Wir wissen, daß Deutschlands alleinige Schuld am Kriege nichts anderes ist als ein geschickt erfundenes und propagiertes Märchen unserer Feinde. Die Wurzel allen Unglücks liegt in der von der Entente lange Jahre hindurch zielbewußt betriebenen Einkreisungspolitik. Am härtesten empfindet die Armee die Bedingungen, die uns rein deutschen Heimatboden entreißen wollen. [...] Die aus dem alten Heer neu entstandene Reichswehr erhebt schärfsten Widerspruch dagegen, daß sie bis auf einen kleinen Teil aufgelöst werden soll zu einem Zeitpunkt, in dem im Innern und von Osten noch schwere Gefahren die Sicherheit des Vaterlandes bedrohen. Kein deutscher Soldat kann es mit seiner Ehre vereinbaren, zuzustimmen, daß seine alten Führer dem Feinde ausgeliefert und von ihm abgeurteilt werden[352]."

Der Tenor aller Kundgebungen aus der Truppe war gleich: Es kamen die Überzeugung, 1914 zur Verteidigung des Vaterlandes in den Krieg gezogen zu sein, der Wille, die preußischen Ostprovinzen zu behaupten, und die Absicht, dem Kaiser und den Heerführern

---

349 PA/AA Dt. Friedensdeleg. Versailles, Pol. 7a, Bd 1 (4662/E213613), Telegramm Gen. Lt. Groener vom 28. 5. 1919 an Gen. Maj. v. Winterfeldt (Abschrift).

350 Ebd., Telegramm Maj. v. Harbou vom 30. 5. 1919 an O. H. L. (Abschrift).

351 Militär-Wochenblatt Nr. 145 vom 12. 6. 1919, Sp. 2695.

352 Berliner Tageblatt Nr. 250 vom 1. 6. 1919.

die Treue halten zu wollen, zum Ausdruck[353]. Die meisten Offiziere und Unteroffiziere, in geringerem Umfang auch die Mannschaften, erblickten in einer etwaigen Zustimmung der Reichsregierung zu der Auslieferungsforderung eine Verletzung der Ehre, die sie zwingen würde, aus dem Dienst zu scheiden. Die Alternative, den Gehorsam zu versagen und die politischen Geschicke Deutschlands selbst in die Hand zu nehmen, wurde bei den im Osten stehenden Einheiten kaum verhüllt in Erwägung gezogen. Aus beiden Verhaltensweisen konnten der Regierung Gefahren erwachsen, die sie zu bannen versuchen mußte.

Die Marine hatte es leichter als die Armee, ihre Stellungnahme zu den Friedensbedingungen zu formulieren, denn sie besaß seit dem 26. März 1919 in der Admiralität eine militärische Spitze. Zu ihrem Chef war Kontreadmiral Adolf v. Trotha ernannt worden[354]. Er richtete am 17. Mai 1919 ein Schreiben an Reichswehrminister Noske, in dem er die materielle Lage der Marine und die katastrophalen Folgen der Friedensbedingungen für die Seemacht des Reiches schilderte. Zu den Strafbestimmungen führte er aus, daß durch die Verpflichtung, Personen, die die Gesetze und Gebräuche des Krieges verletzt haben sollen, einer feindlichen Aburteilung zu unterwerfen, die „Grundpfeiler der militärischen Disziplin zerstört" würden. Denn der Soldat müßte sich in Zukunft nicht nach den erhaltenen Befehlen, sondern nach den Auffassungen des Feindes über Kriegsrecht und -unrecht richten[355].

Im November 1918 war die Führung der Marine den Kommandobehörden völlig entglitten. Seitdem lag deren Hauptaugenmerk darauf, diese wieder zu erlangen und zu festigen. Daher ermahnte Trotha sofort bei Bekanntwerden der Friedensbedingungen alle Angehörigen der Marine,

> „in diesen Tagen vaterländischer Not und Gefahr durch ernsteste Pflichterfüllung der Regierung die feste Ordnungsgrundlage für die Führung der Verhandlungen zu gewährleisten"[356].

Dieser Verfügung folgte eine Anweisung, die eine einheitliche Stellungnahme des Wehrmachtteils zum Vertragsentwurf bezweckte. Es sollten die Friedensbedingungen be-

---

[353] BA R 43 I/1795, Bl. 253–255, Schreiben der 10. Feldartillerie-Brigade vom 24. 5. 1919 an die Reichsregierung, die Kundgebungen des 1. Posenschen Feldartl.-Regt. Nr. 20 vom 21. 5. 1919 und des 2. Posenschen Feldartl.-Regt. Nr. 56 vom 22. 5. 1919, dem sich der Stab der 10. Feldartl.-Brigade anschloß, vorlegend. In letzterer erklärten Kanoniere, Unteroffiziere und Offiziere: „Auch wir Sozialdemokraten im Heere haben 1914 unserem damaligen Obersten Kriegsherrn aus voller Überzeugung Gefolgschaft gelobt und wollen ihn jetzt in der Stunde der Not nicht im Stiche lassen." [!] Resolution des Feldartl.-Regt. Nr. 56, abgedruckt in: Zwischen Revolution und Kapp-Putsch, DokNr. 36. Protest der Niederschlesischen Reichswehrbrigade Nr. 5, gerichtet an den Reichspräsidenten, abgedruckt in: Militär-Wochenblatt Nr. 145 vom 12. 6. 1919, Sp. 2695–2698.

[354] MVBl. 1919, S. 147. Näheres zur Spitzenorganisation der Marine zwischen November 1918 und Juli 1919 bei Hürten in der Einleitung zu: Zwischen Revolution und Kapp-Putsch, S. XXXV f. Zur Persönlichkeit Trothas siehe Schubert, Helmuth, Admiral Adolf von Trotha (1868–1940). Ein Versuch zur historisch-psychologischen Biographik, Phil. Diss. Freiburg i. Br. 1976 (T. als Chef der Admiralität, S. 238–260).

[355] BA-MA RM 20/409, Bl. 86–88 (auch RM 9/v. Fasz. 6021, Sitzungsberichte der Friedensgeschäftsstelle, Bl. 36–38), Schreiben Chef der Admiralität vom 17. 5. 1919 an RWM, nachrichtlich an KM, O. H. L., Admiralstab u. Friko RMA.

[356] BA-MA RM 20/409, Bl. 59 (auch RM 23/2, Bl. 157), Verfügung des Chefs der Admiralität vom 8. 5. 1919 zur Bekanntgabe an alle Angehörigen der Marine. Die Verfügung ist auch von Noske unterzeichnet.

kämpft werden, die durch den Raub der Kolonien, die Enteignung der Handelsflotte usw. die deutsche Seegeltung zu vernichten und durch die Beschränkung der Rüstung in die deutsche Souveränität einzugreifen drohten. Schließlich sollte auch gegen die Strafbestimmungen angegangen werden, da „der Zwang, jeden Offizier willkürlich zur Aburteilung von einem feindlichen Gericht und durch ein feindliches Gesetz aus[zu]liefern, [...] das Offizierkorps auseinander [treibt]". Die Stationskommandos Ostsee und Nordsee wurden angewiesen, in diesem Sinne auf Offiziere, Deckoffiziere und Unteroffiziere einzuwirken[357].

Die Einwirkung stieß auf ein von der Admiralität in dieser Form wahrscheinlich nicht erwartetes Echo. Der Soldatenrat der Marinestation der Ostsee, der Deckoffizier- und der Unteroffizierbund regten eine öffentliche Kundgebung gegen einen Gewaltfrieden an[358]. Am 22. Mai 1919 marschierte die gesamte Kieler Garnison, Offiziere, Deckoffiziere, Unteroffiziere und Mannschaften mit klingendem Spiel auf einem mitten in der Stadt gelegenen Platz auf; es schien, als habe es den November 1918 nie gegeben. Nach Reden der Vertreter des Soldatenrats und der Bünde endete die Kundgebung mit der Annahme einer vom Stationschef verlesenen Resolution. In dieser erklärten die Marineangehörigen, „vom Admiral bis zum jüngsten Mann", sich eins mit der Reichsregierung in der Ablehnung des „uns zugemutete[n] Gewaltfriede[ns], der das deutsche Volk zu einem ehrlosen und elenden Sklavendasein verurteilen will". Sie erhoben insbesondere Protest gegen die Bedingungen, die darauf zielen würden, Deutschlands Seemacht zu vernichten, seine See- und Weltgeltung zu zerstören sowie seine Souveränität und sein gesamtes Wirtschaftsleben zu liquidieren. Sie begehrten auf gegen „den schmachvollen Zwang, nach Feindeswillkür jeden Marineangehörigen zur Aburteilung vor ein feindliches Gericht ausliefern zu müssen". Die Kieler Marinegarnison gelobte: „In der Abwendung der uns durch diese Bedingungen drohenden Vernichtung stehen wir geschlossen und mit allen unseren Kräften hinter der Regierung, komme, was kommen mag[359]!"

Obwohl in der Stellungnahme der Admiralität und in den Protesten der Marineeinheiten der Ehrenstandpunkt weniger klar zum Ausdruck kommt als in denen der Armee, darf daraus nicht geschlossen werden, daß dieser eine geringere Rolle gespielt habe. So protestierte der „Verband der aktiven Unteroffiziere der Reichsmarine" gegen die im Vertragsentwurf geforderte „Auslieferung auch des letzten Restes unserer modernen Schiffe" und erklärte, „daß es sich mit unserer nationalen Ehre nicht vereinbaren läßt, an der eventuellen Überführung der Schiffe teilzunehmen"[360].

Sechs Monate nach dem Waffenstillstand, in einer Zeit also, in der das Band zwischen den aktiven und inaktiven Offizieren noch besonders eng war, kam den Stellungnahmen ihrer beruflichen und kameradschaftlichen Vereinigungen besonderes Gewicht zu. Der Vorsitzende des Deutschen Offizierbundes, der größten Offiziervereinigung, wies den Reichs-

---

[357] BA-MA RM 20/409, Bl. 70–72, Schreiben des Chefs der Admiralität vom 13. 5. 1919 an M. St. O. u. M. St. N. (hs. Entwurfsvfg.).

[358] BA-MA RM 20/409, Bl. 73 f., Fernschreiben Chef des Stabes M. St. O. vom 19. 5. 1919 an den (sich in Berlin aufhaltenden) Stationschef, K. Adm. Meurer.

[359] Gouvernements- und Stations-Tagesbefehl vom 20. 5. 1919, abgedruckt in: Güth, Rolf, Die Marine des Deutschen Reiches 1919–1939, Frankfurt a. M. 1972, S. 30f. Die Resolution entsprach weitgehend der vom Chef der Admiralität erlassenen Anweisung vom 13. 5. 1919! Die Marine-Garnison Wilhelmshaven unterstützte die Entschließung der Kieler Kameraden. Fernschreiben M. St. N. vom 24. 5. 1919 an Chef der Admiralität u. Reichswehrminister, in: BA-MA RM 20/409, Bl. 75.

[360] BA-MA RM 20/409, Bl. 84, Telegramm vom 27. 5. 1919 an Chef der Admiralität.

wehrminister darauf hin, daß es ihm unmöglich sein würde, den Bund in seiner bisherigen Geschlossenheit, vor allem auch in seiner die Parteipolitik ablehnenden Stellung zur Regierung zusammenzuhalten, wenn die „schmachvollste Bedingung" des Friedensvertrags, die Auslieferung des Kaisers, nicht unter allen Umständen abgelehnt werde[361].
Doch war nicht auch eine andere Reaktion auf die Strafbestimmungen denkbar als öffentliche Proteste, in denen der infame Angriff auf die nationale Ehre beklagt wurde? Bestand nicht die Gefahr, daß die Kundgebungen ungehört verhallten und daß die Sieger kraft ihrer Macht die Auslieferung des Kaisers und der der Kriegsrechtsverletzungen beschuldigten Offiziere erzwingen würden? Der glühende Patriot Max Weber grübelte, wie „die teuflische Absicht, die Ehre einer großen Nation zu vernichten"[362], abgewendet werden könne. Er kam zu dem Schluß, daß der Kaiser, Bethmann Hollweg als der zur Zeit des Kriegsausbruchs und der Erklärung des uneingeschränkten U-Bootkriegs amtierende Reichskanzler, die Führer der Armee und der Marine sich freiwillig den Feinden stellen sollten. Für diesen, aus seiner rigoristischen Verantwortungsethik – „man muß einstehen für die Folgen seines Tuns"[363] – entsprungenen Gedanken schien etwas Bestechendes zu sprechen: die in der öffentlichen Meinung fast der gesamten Welt Verfemten würden durch ein solches Verhalten zu ihrer und Deutschlands Rehabilitierung beitragen; ja, aus den Angeklagten konnten Ankläger werden!
Vor seiner Abreise nach Versailles forderte Max Weber General Ludendorff, den ehemaligen Ersten Generalquartiermeister und faktischen Diktator Deutschlands in den Jahren 1917/1918, brieflich auf, sich umgehend durch Gestellung bei den amerikanischen Grenzposten in Kriegsgefangenschaft zu begeben. Dabei solle er eine schriftliche Erklärung abgeben, daß er den Monarchen bei dessen Handlungen maßgebend und ausschlaggebend beraten habe, mithin für diese die (Mit)Verantwortung trage. Zugleich solle er – auch im Namen der ihm unterstellt gewesenen, befehlführenden Offiziere – bestreiten, daß Kriegsmaßnahmen angeordnet worden seien, die nicht als Repressalie oder als absolute Kriegsnotwendigkeit gerechtfertigt gewesen waren. Er solle den Feinden anheimstellen, mit ihm nach Belieben zu verfahren, aber auf eine Behandlung dringen, die dem soldatischen Ehrgefühl entspreche, und im Falle eines gerichtlichen Prozesses auf öffentlicher Verhandlung und freier Verteidigung bestehen[364].
Weber versprach sich von einer freiwilligen Gestellung Ludendorffs – und er zweifelte nicht, daß die führenden Generale und Admirale dessen Beispiel folgen würden[365] – neben der außenpolitischen eine große innenpolitische Wirkung. Die letztere hatte für ihn sogar Vorrang. Das im deutschen Volk vorhandene Gefühl, für die Interessen der Dynastien und der Generale und Admirale gekämpft zu haben und nun auch noch für die Taten sei-

---

[361] BA-MA RM 20/409, Bl. 96, Schreiben des Bundesvorsitzenden des Deutschen Offizierbundes vom 16. 5. 1919 an den Reichswehrminister (hier: dem Chef der Admiralität durch Schreiben der Berufsvereinigung aller Marineoffiziere Berlin vom 27. 5. 1919 übersandte Abschrift).

[362] Weber, Lebensbild, S. 662. [363] Mommsen, S. 350.

[364] PA/AA Dt. Friedensdeleg. Versailles, Pol. 7a (4662/E 213 579–582), Brief Max Webers vom 14. 5. 1919 an Ludendorff (Abschrift). Das Faktum und der ungefähre Inhalt des Briefes waren bekannt (Weber, Lebensbild, S. 663; Mommsen, S. 349), doch galt dieser bisher als nicht überliefert.

[365] So in o. a. Brief an Ludendorff u. auch im Brief an Friedrich Naumann, auszugsweise abgedruckt bei: Heuss, Theodor, Friedrich Naumann. Der Mann, das Werk, die Zeit, 2. neubearb. Aufl., Stuttgart-Tübingen 1949, S. 488. Die Datierung dieses Briefes ist unsicher; Mommsen (S. 348, Anm. 158) gibt 10. 5., Heuss 17. 5. u. für die Weiterleitung an Bethmann Hollweg 18. 5. 1919 an. Da es hier auf den Inhalt ankommt, kann die offensichtlich verwickelte Datierungsfrage unberücksichtigt bleiben.

ner Führer büßen zu müssen, da diese dem Zugriff der Feinde entzogen seien, würde mit einem Schlage verschwinden. Das Einstehen der Führer für ihre Taten und ihr persönlicher Mut werde bei den Massen Eindruck machen und eine Welle der Sympathie auslösen. Ihre Selbstgestellung sei daher die Voraussetzung dafür, daß „das Offizierskorps und der Generalstab künftig einmal im Herzen der Nation auferstehen“[366]. Weber appellierte an Ludendorff:

> „Ich glaube also, der Schritt wäre [. . .] der letzte und ein wichtiger Dienst, den Sie dem Lande, der Dynastie, dem Offizier-Corps und Ihrem eigenen auch mir bei aller politischen Gegnerschaft nicht gleichgültigen Andenken leisten könnten.
> [. . .] Der Staatsgerichtshof, den Sie angerufen haben, leistet für den gleichen Zweck garnichts. [. . .] Eine Verurteilung könnte nur politische Gründe haben und nur auf politischen Argumenten begründet werden, und wäre eine Schande für Deutschland. Der vorauszusehende Freispruch aber würde den Massen als politisch (nationalistisch) motiviert erscheinen, die Lage nicht entlasten, sondern vergiften, Kritik hervorrufen, jedenfalls aber Ihrem Andenken nichts hinzufügen und dem Offizier-Corps und der Armee nichts nützen [. . .][367].“

Weber war davon überzeugt, daß in Ludendorff derselbe Heldenmut lebendig sei, von dem er selbst beseelt war. Zwar hatte sein Verhältnis zu dem General durch die Enthüllungen über dessen Eingriffe in die Politik, die seinem Bild vom Feldherrn widersprachen, eine radikale Veränderung erfahren, aber er zweifelte nicht an dessen persönlicher Größe und Würde[368].

Bei seiner Rückkehr aus Versailles hatte Weber die (ablehnende) Antwort Ludendorffs noch nicht erhalten[369]. Er suchte deshalb den General in Berlin auf und unterbreitete ihm nochmals mündlich seine Ansicht über das, was die Stunde den militärischen Führern des Weltkriegs abverlange. Zwischen beiden Persönlichkeiten kam ein langes Gespräch zustande, in dem die verschiedenen Charaktere aufeinander stießen. Auf Webers Drängen, die Ehre der Nation sei nur zu retten, wenn Ludendorff sich freiwillig den Feinden stelle, entgegnete dieser (nach Webers Bericht): „Die Nation kann mir den Buckel herunterrutschen. *Diese* Undankbarkeit[370]!“ Weber war tief enttäuscht, weniger über die Tatsache, daß der General die Selbstgestellung als nutzloses Sich-Opfern ablehnte, sondern über den Menschen Ludendorff:

> „Vielleicht ist es für Deutschland doch besser, daß er sich nicht ausliefert. Sein persönlicher Eindruck würde ungünstig wirken. *Noch einmal* würden die Feinde finden: ‚die Opfer eines Krieges, der diesen Typus kaltstellt, haben sich gelohnt!‘ Ich verstehe jetzt, wenn die Welt sich dagegen wehrt, daß Menschen wie er ihr den Stiefel auf den Nacken setzen. Mischt er sich aufs neue in die Politik, so muß man ihn rücksichtslos bekämpfen[371].“

---

[366] Brief Max Webers vom 15.5.1919 an Professor Hans Delbrück, zit. nach Mommsen, S. 348.

[367] Brief wie Anm. 364. [368] Vgl.: Weber, Lebensbild, S. 662f.; Mommsen, S. 316f.

[369] So Weber, Lebensbild, S. 663.

[370] Ebd., S. 664f. (664). – Die Erinnerung Ludendorffs an die Begegnung mit Weber ist wenig glaubwürdig; Webers Anliegen ist kaum wiederzuerkennen. Ludendorff will geäußert haben, daß gerade die Liebe zu seinem Volk ihm verbiete, diesem die Schande zu bereiten, sich in die Hände des Feindes zu begeben. Doch bekennt er: „Uns trennt[e] eine Welt in unseren moralischen Begriffen.“ Ludendorff [Erich], Vom Feldherrn zum Weltrevolutionär und Wegbereiter Deutscher Volksschöpfung. Meine Lebenserinnerungen von 1919 bis 1925, München 1940, S. 104f. (105).

[371] Weber, Lebensbild, S. 665. Vgl. Mommsen, S. 349f.

Max Weber war im übrigen der Meinung, daß auch der Kaiser sich in den Machtbereich der Feinde begeben sollte. Dies wäre ein Schritt,

> „der ihn sicherlich keinem traurigeren, jedenfalls aber einem würdigeren Lose entgegenführen würde, als die Existenz eines mühsam der ‚Strafe' entronnenen Flüchtlings"[372].

Weber, der die streng parlamentarische Monarchie für die „stärkste Staatsform" hielt, glaubte, daß die Hohenzollern-Dynastie durch die Selbstgestellung Wilhelms II. nur gewinnen könnte. Doch er trat mit diesem Vorschlag nicht an den ehemaligen Kaiser heran, das wollte er dessen Umgebung überlassen. Dagegen wandte er sich an seinen Parteifreund Friedrich Naumann mit der fordernden Frage, ob er nicht Bethmann Hollweg den Rat geben wolle, die von ihm (Weber) für notwendig angesehene Konsequenz zu ziehen: „Nur so ist eine innerpolitische Sanierung möglich, nicht durch ‚Denkwürdigkeiten'[373]!"

Naumann fiel es schwer, Webers Verlangen nachzukommen. Er vermochte dessen Standpunkt nicht zu teilen, verstand wohl dessen Beweggründe gar nicht. Doch er sandte, „aus Pflichtgefühl und ohne einen Rat zu geben", eine Abschrift von Webers Brief an den ehemaligen Reichskanzler. Er schrieb diesem, daß Artikel 227–230 des Vertragsentwurfs „empörend" seien und „für sich allein nie vom deutschen Volke angenommen" würden. Es könne schwere Verwicklungen geben, wenn diese Artikel auch bei Entgegenkommen in anderen Bedingungen aufrechterhalten würden. Seine Partei stehe zu dem Entschluß, den Friedensentwurf abzulehnen, aber in anderen Parteien sei dieser weniger fest und daher die Stellung der Regierung nicht für alle Fälle gesichert:

> „In dieser unheimlichen Lage muß jede Möglichkeit ins Auge gefaßt werden, keinesfalls soll der Fall eintreten, wo sich im eigenen Volke Auslieferungsgedanken regen, was bis heute, so viel ich sehe, nicht der Fall ist. [Aber:] Die Spannkraft des Volkes ist schwach geworden[374]!"

Bethmann hatte schon vor der Übermittlung von Webers Brief den Gedanken erwogen, sich den Feinden zu stellen[375]. Er fühlte sich von der in Artikel 227 des Vertragsentwurfs erhobenen Anklage gegen den Kaiser, das internationale Sittengesetz und die geheiligte Macht der Verträge verletzt zu haben, persönlich betroffen. Denn nach deutschem Staatsrecht trug der Reichskanzler für alle politischen Handlungen des Monarchen die Verantwortung[376]. Der Anstoß von außen bewog Bethmann zu handeln. Er ersuchte den Reichsminister des Auswärtigen, den alliierten und assoziierten Mächten mitzuteilen, daß er bereit sei, sich ihren Gerichten zu stellen[377].

---

372 So im Brief an Ludendorff, siehe Anm. 364.

373 Brief an Naumann, wie Anm. 365.

374 Brief Naumanns vom 18. 5. 1919 an Bethmann Hollweg, auszugsweise abgedruckt bei: Heuss, S. 489.

375 So Heuss, ebd.

376 Artikel 17 Satz 2 der Verfassung des Deutschen Reiches von 1871 lautete: „Die Anordnungen und Verfügungen des Kaisers werden im Namen des Reichs erlassen und bedürfen zu ihrer Gültigkeit der Gegenzeichnung des Reichskanzlers, welcher dadurch die Verantwortlichkeit übernimmt."

377 PA/AA Dt. Friedensdeleg. Versailles, Pol. 7a (4662/E 213 587), Telegramm Bethmann Hollwegs vom 20. 5. 1919 an Reichsminister des Auswärtigen (Abschrift; auch in BA R 43 I/803, Bl. 22), abgedruckt in: Kabinett Scheidemann, DokNr. 80, Anm. 7. Vgl. Vietsch, Eberhard v., Bethmann Hollweg. Staatsmann zwischen Macht und Ethos, Boppard a. Rh. 1969 (= Schriften des Bundesarchivs, 18), S. 287.

Die Reichsregierung lehnte es ab, dem Wunsch Bethmanns nachzukommen. Sie befürchtete, die Weiterleitung des Anerbietens könne dahin gedeutet werden, daß sie mindestens stillschweigend der Aburteilung Deutscher durch feindliche Gerichte zustimme und daß ihr grundsätzlicher Widerspruch gegen die Strafbestimmungen in Frage gestellt werde[378].

Rein rechtlich gesehen durfte die Reichsregierung sich gar nicht anders verhalten, war sie doch durch § 9 RStGB gebunden, der die Auslieferung Deutscher an ausländische Regierungen zum Zweck der Strafverfolgung untersagte. Sie durfte mithin keinesfalls an einer Auslieferung mitwirken. Doch bat Scheidemann den in Versailles weilenden Außenminister um Äußerung, ob er sich von einer Selbstgestellung des ehemaligen Reichskanzlers eine günstige politische Wirkung verspreche. Er selbst erwartete diese nicht, befürchtete vielmehr, „daß unsere Gegner diesen Schritt [Bethmann Hollwegs] für das Eingeständnis der Schuld Deutschlands seitens des vor und während des Krieges maßgebendsten Staatsmannes hinstellen würden"[379].

Bethmann Hollweg beugte sich den Argumenten der Reichsregierung. Unbeschadet seiner grundsätzlichen Bereitschaft, auch vor einem gegnerischen Tribunal persönlich „für die Ehre des deutschen Namens einzustehen", verzichtete er zunächst auf die weitere Verfolgung seines Anerbietens[380].

Im Reichskabinett bestand Konsens über die Haltung zu den Strafbestimmungen, insbesondere über die Ablehnung der Auslieferung Deutscher zur Aburteilung durch Gerichte der Feinde. Zwar war man bereit, hinsichtlich der Strafverfolgung von Verantwortlichen für Kriegsrechtsverletzungen Zusicherungen zu machen[381], aber in der Frage der Auslieferung war man zu keinem Nachgeben gewillt. Reichsminister Johann Giesberts (Zentrum) erklärte in einer Kabinettssitzung, in der über die Annahme oder Ablehnung des Friedensvertrags vorberaten wurde, daß Deutschland den Kriegsschuldartikel und die Strafbestimmungen niemals unterzeichnen könne. Durch die Verpflichtung zur Auslieferung des Kaisers und der der Kriegsrechtsverletzungen Beschuldigten würde die Regierung zum „Sklavenvogt" des eigenen Volkes. Dies dürfe nicht sein, sonst würde das Volk jede Hoffnung verlieren[382].

Obwohl das Kabinett der Friedensdelegation die Übergabe der „Professoren-Denkschrift" zur Kriegsschuldfrage untersagt hatte, war es in den Schuldfragen nicht weniger kämpferisch eingestellt als jene. Es erteilte seine Zustimmung zur Drucklegung einer

---

378 BA R 43 I/803, Bl. 19–21, Entwurf: Schreiben Präsident des Reichsministeriums vom 20. 5. 1919 an Bethmann Hollweg (Abschrift. Gemäß Vermerk des Bürodirektors der Reichskanzlei, Hofrat Ostertag, wurde eine Durchschrift des Entwurfs am 21. 5. 1919, die Reinschrift am 28. 5. 1919 an Bethmann Hollweg abgesandt. Abschrift auch in: PA/AA Dt. Friedensdeleg. Versailles, Pol. 7a, Bd 1 [4662/E213588–590]), auszugsweise abgedruckt in: Kabinett Scheidemann, DokNr. 80, Anm. 7. Vgl. Protokoll der Kabinettssitzung am 20. 5. 1919, ebd., DokNr. 80 (P. 5).

379 PA/AA Dt. Friedensdeleg. Versailles, Pol. 7a, Bd 1 (4662/E213585–586) (Entwurf auch in BA R 43 I/803, Bl. 24f.), Schreiben Präsident des Reichsministeriums vom 21. 5. 1919 an Rantzau. Das Schreiben trägt den Vermerk Rantzaus vom 30. 5. 1919: „Mündlich in Spa erledigt."

380 BA R 43 I/803, Bl. 125f., Schreiben Bethmann Hollwegs vom 29. 5. 1919 an den Präsidenten des Reichsministeriums. Vgl. Protokoll der Kabinettssitzung am 31. 5. 1919, abgedruckt in: Kabinett Scheidemann, DokNr. 94 (P. 11).

381 Protokoll der Kabinettssitzung am 14. 5. 1919, abgedruckt in: Kabinett Scheidemann, DokNr. 72 (P. 9). Vgl. die deutschen Gegenvorschläge zu den Strafbestimmungen, siehe oben, S. 190f.

382 BA NL Erzberger, Nr. 14, Aufzeichnung Erzbergers über die Kabinettssitzung am 3. 6. 1919, abgedruckt in: Kabinett Scheidemann, DokNr. 99.

Denkschrift des Generalstabs zur Vorgeschichte des Krieges[383] und beschloß, die Dokumente über die Vorgeschichte des Krieges druckfertig machen zu lassen, „damit sie sofort nach Fortfall der außenpolitischen Hinderungsgründe erscheinen" könnten[384]. Die Regierung billigte weiterhin die Herausgabe einer Dokumentation über die Mißhandlung deutscher Kriegsgefangener im Ausland[385] und die Herstellung eines Films über die „Hungerblockade"[386]. Diese Aktivitäten hatten zum Ziel, die öffentliche Meinung des In- und Auslandes von der Haltlosigkeit der gegen Deutschland erhobenen Schuldvorwürfe zu überzeugen. Man versprach sich davon, auch bei nur teilweisem Gelingen, eine beträchtliche Hebung des deutschen Ansehens in der Welt. Unermüdlich wies das Kriegsministerium (und später die Heeresleitung im Reichswehrministerium) auf diesen Gesichtspunkt hin und forderte von der Regierung eine aufklärende Propaganda in den Fragen Schuld am Kriege und Schuld im Kriege[387].

Auch für Reichsminister Erzberger, der in der Debatte um die Unterzeichnung des Friedensvertrags die Führerrolle übernahm, galten die Strafbestimmungen als unannehmbar. In seinen Gesprächen mit in Berlin sich aufhaltenden amerikanischen, britischen und französischen Mittelsmännern ließ er daran keinen Zweifel. Zu diesen war er Mitte Mai 1919 in Kontakt getreten, da er den von Rantzau in Versailles initiierten Notenkrieg für taktisch falsch hielt. Er wollte die für Deutschland wesentlichen Fragen einer Friedensregelung in den Mittelpunkt der Verhandlungen gestellt sehen, um diese so schnell wie möglich den „Großen Vier" zu unterbreiten. Die Gründe für den sich abzeichnenden Dissens zwischen Erzberger und Rantzau lagen, obwohl beide Männer aus ihrer gegenseitigen Antipathie keinen Hehl machten, nicht eigentlich auf persönlichem, sondern auf sachlichem Gebiet. Während der Außenminister von Anfang an in Erwägung gezogen hatte, den Friedensvorschlag der Sieger abzulehnen, wenn die Bedingungen das Lebensrecht und die Ehre Deutschlands verletzten, existierte für den Zentrumsführer diese Alternative nicht. Für ihn gab es keinen Zweifel, daß Deutschland unbedingt Frieden brauchte. Diese Überzeugung ließ ihn versuchen, durch private Kontakte mit ausländischen Mittelsmännern, abseits der offiziellen Diplomatie, eine Milderung der Friedensbedingungen zu erreichen[388].

Der Deutschlandexperte der amerikanischen Friedensdelegation E. L. Dresel entzog sich dem Wunsch Erzbergers, zu Gesprächen nach Berlin zu kommen[389]. Es erschien jedoch Oberst Conger, nicht als autorisierter Unterhändler, sondern – wie er selbst betonte – in

[383] Protokolle der Kabinettssitzungen am 24. u. 26. 5. 1919, abgedruckt in: Kabinett Scheidemann, DokNr. 85 (P. 3) u. 86 (P. 6). Die Denkschrift erschien unter dem Titel: Hat der Deutsche Generalstab zum Krieg getrieben? Berlin [Juli] 1919.

[384] Protokoll der Kabinettssitzung am 6. 6. 1919, abgedruckt in: Kabinett Scheidemann, DokNr. 102 (P. 8). Zur Vorgeschichte siehe oben, S. 160f.

[385] Protokolle der Kabinettssitzungen am 24. 5. u. 2. 6. 1919, ebd., DokNr. 85 (P. 3) u. 97 (P. 6). Die Dokumentation wurde zwar vorbereitet, erschien jedoch nie in amtlicher Form; insoweit ist Anm. 8 zu DokNr. 97 unzutreffend. Siehe unten, S. 301–303, insbes. Anm. 281.

[386] Protokoll der Kabinettssitzung am 26. 5. 1919, abgedruckt in: Kabinett Scheidemann, DokNr. 86 (P. 10).

[387] So auch Groener in: BA R 43 I/803, Bl. 253–256, Schreiben Chef des Generalstabes des Feldheeres vom 3. 6. 1919 an Reichskanzlei, Reichswehrminister u. a.

[388] Vgl.: Epstein, Klaus, Matthias Erzberger and the Dilemma of German Democracy, Princeton, N. J., 1959, S. 305; Eschenburg, Theodor, Matthias Erzberger. Der große Mann des Parlamentarismus und der Finanzreform, München 1973 (= Serie Piper, Bd 39), S. 131.

[389] Schwabe, Deutsche Revolution und Wilson-Frieden, S. 591.

seiner Eigenschaft als Nachrichtenoffizier im Stabe General Pershings[390]. Mit Conger und dessen Begleitoffizier, Major Henrotin, führte Erzberger am 19. Mai 1919 eine Unterredung, in der er seine Karten auf den Tisch legte, indem er erklärte, es sei für jedermann offenkundig, daß Deutschland Frieden brauche. Die Reichsregierung hege diesen Wunsch, könne aber die vorliegenden Bedingungen nicht annehmen. Es gelte deshalb, die Alliierten über die Schwierigkeiten, die einer Unterzeichnung des Friedensvertrags entgegenstünden, zu informieren und zugleich praktische Vorschläge zu machen. Der Zentrumsführer trug daraufhin vor, welche Konzessionen er von den Siegern wünschte. Diese entsprachen im wesentlichen den Vorstellungen der Berliner Regierungsstellen, wichen allerdings in einigen bedeutsamen Punkten von den deutschen Gegenvorschlägen ab, die zehn Tage später dem Präsidenten der Friedenskonferenz übergeben wurden[391].

Erzberger nahm ausführlich zu den Strafbestimmungen Stellung: Die Reichsregierung sei aus Rechtsgründen nicht in der Lage, deutsche Staatsangehörige auszuliefern. Es wäre eine „Gemeinheit", wenn sie den Kaiser im Stich ließe. Grundsätzlich sei er der Ansicht, daß alle Verantwortlichen für den Ausbruch des Krieges und für grausame Handlungen während des Krieges bestraft werden sollten. Da er einsehe, daß die Alliierten deren Aburteilung durch deutsche Gerichte nicht akzeptieren könnten, schlage er vor, daß ein neutraler Gerichtshof im Haag oder anderswo errichtet werde. Die Beschuldigten müßten sich diesem Gericht, in dem die Alliierten als Kläger auftreten würden, stellen. Dagegen könne sich das deutsche Volk mit der im Entwurf des Friedensvertrags vorgesehenen Regelung nicht abfinden. Denn es könne sich nicht vorstellen, daß in Verfahren, in denen die Sieger sowohl als Ankläger als auch als Richter auftreten würden, wirklich Recht gesprochen und Gerechtigkeit geübt werden würde[392].

Der Zentrumsführer beendete das Gespräch mit der Versicherung, er werde unter Anwendung eines gewissen Maßes von „Camouflage" gegenüber der deutschen Öffentlichkeit für die Unterzeichnung des Friedensvertrags Sorge tragen[393]. Mit dieser, einem parlamentarisch verantwortlichen Minister nicht gerade gut zu Gesicht stehenden Äußerung wollte er sowohl die Notwendigkeit als auch die Erfolgsaussichten von Konzessionen unterstreichen. Obgleich die Äußerung geeignet war, die auf die Alternative der Ablehnung aufgebaute Position Rantzaus zu unterminieren, hatte sie dies nicht zur Folge. Denn Wilson rechnete bis zum 20. Juni 1919 mit der Möglichkeit, daß Deutschland die Unterzeichnung des Friedensvertrags verweigern und der Krieg wieder aufgenommen werden würde. Dieses Risiko nahm der Präsident auf sich, um die Gefahr eines Zerfalls der Kriegsko-

---

390 Die Berichte Congers und Henrotins über ihre Gespräche in Berlin am 18. u. 19. 5. 1919 (die am 21. 5. 1919 Präsident Wilson vorgelegt wurden) sind abgedruckt in: FRUS, P.P.C. XII, S. 124–135, und – mit entsprechenden Aufzeichnungen der dt. Gesprächspartner – bei Epstein, Zwischen Compiègne und Versailles, S. 429–445.

391 Memorandum Congers vom 20. 5. 1919, abgedruckt in: FRUS, P.P.C. XII, S. 124–128 (126); Epstein, Zwischen Compiègne und Versailles, DokNr. 6. Memorandum Henrotins vom 20. 5. 1919, abgedruckt in: FRUS, P.P.C. XII, S. 131–134; Epstein, Zwischen Compiègne und Versailles, DokNr. 13. Vgl.: Epstein, Matthias Erzberger, S. 307f.; Schwabe, Deutsche Revolution und Wilson-Frieden, S. 593f.

392 Memorandum Henrotins, wie Anm. 391. Aus diesem geht nicht klar hervor, ob Erzberger auch gegen den Kriegsschuldartikel protestierte. Klaus Epstein bejaht dies (Matthias Erzberger, S. 308), während Schwabe es verneint (Deutsche Revolution und Wilson-Frieden, S. 593). Die Wahrscheinlichkeit spricht für S., denn der Kriegsschuldartikel rückte erst langsam in den Mittelpunkt der dt. Agitation.

393 Memoranden Henrotins vom 20. 5. 1919, abgedruckt in: FRUS, P.P.C. XII, S. 131–134 (134) u. S. 135; Epstein, Zwischen Compiègne und Versailles, DokNr. 13 (hier: S. 441) u. DokNr. 14.

alition zu bannen, die größere, insbesondere zu Lasten Frankreichs gehende Konzessionen heraufbeschworen hätte[394]. Erzberger hatte viel zuviel gefordert, um für den Leiter der amerikanischen Politik interessant zu sein. Oberst Conger ließ ihm eine klare Absage zugehen[395]. Doch das Fehlschlagen seiner riskanten diplomatischen Aktion[396] entmutigte den Schwaben nicht, weiter nach Wegen zu suchen, die Deutschland den Frieden bringen sollten.

7. Die „Ehrenpunkte" in der Debatte um die Unterzeichnung des Friedensvertrags

Auf Drängen Erzbergers befaßte sich das Reichskabinett am 3. und 4. Juni 1919 mit der Frage, ob der Friedensvertrag unterzeichnet oder abgelehnt werden solle. Seinen Standpunkt begründete er in einer auf Wunsch Scheidemanns verfaßten Denkschrift, in der er die voraussichtlichen Folgen der beiden Alternativen darlegte[397]. Der Zentrumsführer forderte,

> „daß die Erhaltung des Reiches der maßgebende Leitsatz der Politik des Kabinetts sein müsse; diesem ersten Erfordernis habe sich alles unterzuordnen, auch die Frage der Unterzeichnung unter Protest, der Gewalt weichend"[398].

Obwohl Erzberger die Folgen einer Ablehnung in den schwärzesten Farben malte, gelang es ihm nicht, eine Entscheidung des Kabinetts in seinem Sinne herbeizuführen. Nur Noske, Wissell und David traten an seine Seite; Reichspräsident Ebert und die übrigen anwesenden Minister blieben dem ausgesprochenen „unannehmbar" treu. Ausschlaggebend war ihr Wille, ihre Unterschrift nicht unter einen Vertrag zu setzen, von dem sie wußten, daß Deutschland ihn nicht würde erfüllen können. Der dem Zentrum angehörende Minister Giesberts begründete die Ablehnung mit seinem Nein zu den „Schmachparagraphen"[399]. Die Demokraten erklärten, im Falle der Unterzeichnung aus der Regierung ausscheiden zu wollen[400].

---

394 Schwabe, Deutsche Revolution und Wilson-Frieden, S. 598–606, 618 f. u. 634–637.

395 Bericht des deutschen Vertrauensmanns Walter Loeb vom 6. 6. 1919 über die Unterredung mit Conger in der Nacht vom 3. zum 4. 6. 1919 in Trier, abgedruckt in: Kabinett Scheidemann, DokNr. 103.

396 Zur Beurteilung von Erzbergers Privatdiplomatie: Epstein, Zwischen Compiègne und Versailles, S. 444 f.; Epstein, Matthias Erzberger, S. 310–313; Schwabe, Deutsche Revolution und Wilson-Frieden, S. 594–596; Eschenburg, S. 132.

397 Exemplare der Denkschrift in: BA R 43 I/5, Bl. 55–59a, u. NL Erzberger, Nr. 14. Abgedruckt bei: Scheidemann, Zusammenbruch, S. 244–248; Erzberger, Erlebnisse, S. 371–373 (mit einer bemerkenswerten Auslassung, nämlich der – nicht eingetroffenen – Voraussage, daß im Falle der Unterzeichnung die dt. Valuta steigen werde. So auch Nachdruck in Ursachen und Folgen III, DokNr. 719).

398 Kabinett Scheidemann, DokNr. 99 (hier: S. 417).

399 Ebd., hier: S. 418. Siehe auch oben, S. 210. Giesberts hielt an dieser Meinung lange fest. Noch bei Erhalt des feindlichen Ultimatums äußerte er, daß die geforderte Auslieferung Deutscher und der Kriegsschuldartikel Grund genug seien, die Unterzeichnung des Friedensvertrags zu verweigern. „Selbst eine gewaltsame Zerstückelung Deutschlands sei der freiwilligen Unterwerfung und Versklavung vorzuziehen. Die Arbeiterschaft stünde auf demselben Standpunkt." PA/AA Dt. Friedensdeleg. Versailles, Pol. 2a (4662/E 212613–615), Protokoll der Sitzung der Friedensdelegation am 16. 6. 1919.

400 Zu den Kabinettssitzungen am 3. u. 4. 6. 1919: BA NL Erzberger, Nr. 14, Aufzeichnungen Erzbergers, abgedruckt in: Kabinett Scheidemann, DokNr. 99 u. 100. Erzberger, Erlebnisse, S. 373–375. Dort u. a.: „Ich erklärte, daß ich nicht daran dächte, den Friedensvertrag, auch wenn er noch eine Reihe von Abänderungen nicht wesentlicher Art enthalte, aus freien Stücken zu unterzeichnen; die Unterzeichnung könne nur immer unter dem Gesichtspunkt beurteilt werden, daß man der Gewalt weiche." (S. 374). Scheidemann, Zusammenbruch, S. 248–251 (mit Auszügen aus seinem verlorengegangenen Tagebuch); vgl. ders., Memoiren II, S. 371 f.

Die schwierige Lage gebot die Suche nach politischen Aushilfen. Folgende Möglichkeiten wurden von der Reichsregierung und der Friedensdelegation erwogen und größtenteils verworfen: die Neutralen um Intervention bei den Siegermächten zu bitten; den Friedensvertrag abzulehnen und den Siegern vorzuschlagen, die deutscherseits als unberechtigt erachteten Bedingungen einem Schiedsgericht zu unterbreiten; den Friedensvertrag abzulehnen und das Reich dem Völkerbund zu unterstellen; den Volkswillen in die Waagschale zu werfen, sei es durch eine Volksabstimmung oder durch eine Erklärung der Volksvertretung. Erzberger regte letztere Aushilfe am 10. Juni 1919 im Kabinett an. Er schlug vor, falls die Siegermächte nur ungenügende Zugeständnisse machen würden, einen Beschluß der Nationalversammlung herbeizuführen, daß sie einen Frieden „ohne bestimmte, näher zu bezeichnende Punkte" nicht billigen könne. Die Resolution solle dann den gegnerischen Regierungen mitgeteilt werden „in der Erwartung, daß diese sich darauf äußern, ohne inzwischen gewaltsame Schritte zu unternehmen"[401].

Das Kabinett hielt die Anregung für erwägenswert und beauftragte Erzberger, die Angelegenheit mit je zwei Mitgliedern der Fraktionen der Nationalversammlung zu besprechen. Über diesbezügliche Gespräche ist nichts bekannt, aber am 11. Juni 1919 übersandte die Geschäftsstelle für die Friedensverhandlungen der Friedensdelegation den Entwurf eines in die Nationalversammlung einzubringenden Beschlußantrags. Der von Erzberger formulierte Antrag führte aus, daß die parlamentarischen Vertreter des deutschen Volkes den Auftrag hätten, einen Frieden auf der Grundlage des Wilsonschen Programms abzuschließen. Die Nationalversammlung stelle fest, daß der Entwurf des Friedensvertrags der völkerrechtlich vereinbarten Rechtsgrundlage widerspreche. Sie erhebe dagegen schärfsten Protest und billige voll die von der deutschen Delegation überreichten Gegenvorschläge. Da die Sieger diesen nur in geringem Umfang entsprochen hätten, könne die Nationalversammlung den Friedensbedingungen nicht zustimmen, ohne ihr Mandat zu mißbrauchen. Sie sei zu einer Verständigung bereit, könne aber keinen Frieden gutheißen, der

„1. Deutschland die Anerkennung abpressen will, daß es als Urheber des Krieges für alle Kriegsschäden verantwortlich sei,
2. Deutsche den Militärgerichten der Gegner ausliefert,
3. rein deutsches Gebiet vom deutschen Volkskörper losreißt [...]
4. die Dauer der Besetzung des linksrheinischen Gebiets nicht ganz erheblich verkürzt, [...]
5. nicht vollkommene wirtschaftliche Gleichberechtigung des deutschen Volkes [...] mit allen anderen Völkern der Erde gewährt,
6. die finanziellen Lasten, welche Deutschland zu tragen hat, für die ersten 10 Jahre auf [...] einen tragbaren [...] Prozentsatz des Etats des Deutschen Reiches festsetzt,
7. das deutsche Volk von jeder Betätigung auf kolonialem Gebiet ausschließt"[402].

---

401 Protokoll der Kabinettssitzung am 10. 6. 1919, abgedruckt in: Kabinett Scheidemann, DokNr. 105 (P. 2).

402 PA/AA Dt. Friedensdeleg. Versailles, Pol. 13, Bd 4 (4663/E216451–455), Schreiben Geschäftsstelle für die Friedensverhandlungen vom 11. 6. 1919 an den (Haupt-)Delegierten C. Melchior. – Die Friedensdelegation erklärte sich im Grundsatz mit dem Vorschlag Erzbergers einverstanden, hielt es aber für angezeigt, in der Nationalversammlung über die Resolution erst zu verhandeln, nachdem der Führer der Delegation seinen Rechenschaftsbericht abgegeben habe. Ebd. (4663/E216457–458), Telegramm Dt. Friedensdelegation vom 13. 6. 1919 an Paxkonferenz.

Mit etwa denselben Bedingungen, ergänzt durch die Forderung nach baldiger Aufnahme in den Völkerbund, wandte sich Erzberger noch einmal an die Adresse der Amerikaner. In einer Unterredung mit dem sich in Berlin aufhaltenden Beobachter der US-Friedensdelegation, dem Diplomaten Charles B. Dyar, bezeichnete er ihre Erfüllung als die Voraussetzung, die es ihm ermöglichen würde, die Unterzeichnung des Friedensvertrags herbeizuführen. Besonderen Wert legte der Zentrumspolitiker auf die Eliminierung der „Ehrenpunkte“. Man könne von Deutschland nicht verlangen, daß es seine volle Verantwortung für den Krieg zugebe, wenn es selbst nicht daran glaube. Daher solle aus Artikel 231 der Passus „and Germany accepts“, das – wie gezeigt, auf Verlangen von Clemenceau und Lloyd George eingefügte[403] – ausdrückliche Anerkenntnis der Schuld gestrichen werden. Erzberger betonte wiederum, daß Prozesse gegen die Verantwortlichen für Kriegsrechtsverletzungen nur vor neutralen Gerichtshöfen stattfinden dürften[404].

Doch alle Anstrengungen Erzbergers, eine Erleichterung der Friedensbedingungen zu erlangen, schlugen fehl. Als am 18. Juni 1919 die deutsche Friedensdelegation in Weimar – die Regierung hatte sich in Anbetracht der bevorstehenden schweren Entschlüsse an den Tagungsort der Nationalversammlung begeben – eintraf, mußte eine Entscheidung darüber getroffen werden, ob der gegenüber dem Vorschlag nur wenig modifizierte Friedensvertrag angenommen oder abgelehnt werden sollte. Graf Brockdorff-Rantzau erstattete dem Kabinett Bericht, wobei er sich auf das von allen Delegierten unterzeichnete ablehnende Gutachten[405] stützte. Er äußerte die Zuversicht,

> „daß wir mit einer Ablehnung den Block der Entente sprengen und durch Herbeiführung mündlicher Verhandlungen, in deren Verlauf die Unmöglichkeit der Durchführung der Bedingungen sich herausstellen würde, mit Sicherheit einen erträglichen Frieden erreichen werden“[406].

Rantzau versäumte es anscheinend bei dieser Gelegenheit, sein Konzept für die deutsche Politik in den nächsten zwei bis drei Monaten vorzutragen. Er wollte nämlich dem erwarteten Einmarsch der Feinde nur mit passivem Widerstand begegnen, der „ungerechten Gewalt“ keine Gewalt entgegensetzen. Dieses Verhalten und ein gleichzeitiges Anrufen der Schiedsgerichtsbarkeit des Völkerbundes, die über die Rechtmäßigkeit der gegnerischen Forderungen urteilen sollte, sollte die Weltöffentlichkeit für Deutschland gewinnen und die Feinde zum Einlenken zwingen[407].

Rantzaus Ausführungen überzeugten das Kabinett – vielleicht mitbedingt durch die unterlassene Darlegung seines politischen Konzepts – keineswegs. Es stand unter dem Eindruck, daß es zwischen einem harten Frieden und dem Wiedereintritt des Kriegszustandes zu wählen habe. In seiner Nachtsitzung vom 18./19. Juni offenbarte sich die erste Regierungskrise. Sieben Kabinettsmitglieder stimmten für und sieben gegen die Unterzeichnung des Friedensvertrags. Ebert, selbst Gegner der Unterzeichnung, stellte die Aktionsunfähigkeit des Kabinetts fest und regte an, eine Entscheidung durch die Koalitionsfraktionen herbeizuführen[408].

---

[403] Siehe oben, S. 123.

[404] Unterredung Erzbergers am 11. 6. 1919 mit C. B. Dyar. Schwabe, Deutsche Revolution und Wilson-Frieden, S. 599 (nach einem Memorandum Dyars im Nachlaß Wilsons!). Vgl. Mayer, S. 794f.

[405] Siehe oben, S. 196f.

[406] Aufzeichnung Rantzaus vom 2. 7. 1919 über die Kabinettssitzungen am 18. u. 19. 6. 1919, abgedruckt in: Kabinett Scheidemann, DokNr. 118 (hier: S. 500).

[407] Wengst, S. 86f. u. 91.

[408] Erzberger, Erlebnisse, S. 376f. Nach einem Bericht Landsbergs, allerdings bedeutend später als Erzbergers Erinnerungen abgefaßt, lautete das Abstimmungsergebnis sechs für und acht Stimmen gegen

Bei politisch so unklaren Verhältnissen mußte die Stellungnahme der Führer der bewaffneten Macht zur Unterzeichnungsfrage von ausschlaggebender Bedeutung sein. Zunächst kam es auf das Votum der Obersten Heeresleitung über die Aussichten einer Wiederaufnahme des Krieges gegen die alliierten und assoziierten Mächte an. Groener hatte dieser Frage pflichtgemäß seine besondere Aufmerksamkeit geschenkt[409]. Er kam zu dem Ergebnis, daß die Voraussetzungen für eine Wiederaufnahme des Kampfes nicht gegeben waren; nach „schönen Anfangserfolgen im Osten" würde Deutschland unter den Schlägen von Fochs Armeen zusammenbrechen[410]. Groener setzte sich daher konsequent für die Annahme des Friedensvertrags ein, hielt aber an der Forderung fest, daß alles versucht werden müsse, um die „Schmachparagraphen" zu Fall zu bringen[411]. Da er wußte, daß seine Haltung im Offizierkorps auf starken Widerspruch, ja sogar auf Ablehnung stoßen würde, veranlaßte er vor seiner Abreise nach Weimar Hindenburg zu einer schriftlichen Formulierung seiner Stellungnahme[412]. Diese lautete:

> „Wir sind bei Wiederaufnahme der Feindseligkeiten militärisch in der Lage, im Osten die Provinz Posen zurückzuerobern und unsere Grenzen zu halten. Im Westen können wir bei ernstlichem Angriff unserer Gegner angesichts der numerischen Überlegenheit der Entente und deren Möglichkeit, uns auf beiden Flügeln zu umfassen, kaum auf Erfolg rechnen.
>
> Ein günstiger Ausgang der Gesamtoperationen ist daher sehr fraglich, aber ich muß als Soldat den ehrenvollen Untergang einem schmählichen Frieden vorziehen[413]."

Obwohl Hindenburg in der Beurteilung der militärischen Lage mit seinem Gehilfen, dem Ersten Generalquartiermeister, übereinstimmte, differierten beide in den zu ziehenden politischen Konsequenzen. Der Heros des deutschen Volkes war nicht bereit, die Verantwortung für die Unterzeichnung des Friedens mitzutragen. Die Schmach dieses Schrittes sollte der Regierung zufallen, sein Name und der der Armee mit ihr nicht belastet werden. Doch hatte Hindenburgs Äußerung weinigstens die positive Folge, daß das Entstehen einer möglichen neuen Legende – militärischer Widerstand wäre nicht aussichtslos gewesen – der Boden entzogen wurde.

---

die Unterzeichnung. Landsberg, Otto, Die Entscheidung im Kabinett. 19. Juni 1919, in: Schiff, Victor, So war es in Versailles, Berlin 1929, S. 109–115 (114). Siehe auch David, Eduard, Die Nationalversammlung und ihr Werk, in: Friedrich Ebert und seine Zeit. Ein Gedenkwerk über den ersten Präsidenten der deutschen Republik, Charlottenburg 1928, S. 211–278 (250f.). – Die Quellenlage läßt eine eindeutige Rekonstruktion des Abstimmungsverhaltens der Kabinettsmitglieder nicht zu. Arns, S. 80, insbes. Anm. 49. Gegen Hubers Rekonstruktion (Bd 5, S. 1161f.) spricht, daß Reichsernährungsminister Robert Schmidt (SPD) zu den Befürwortern der Unterzeichnung gehörte. So Miller, Bürde der Macht, S. 291.

409 Siehe dazu: Groener, S. 494–499; Rakenius, S. 207–217.

410 BA-MA N 46/176 (NL Groener), Denkschrift des Ersten Generalquartiermeisters, Gen.Lt. Groener, vom 17. 6. 1919 über die militärische Lage, auszugsweise abgedruckt bei: Groener-Geyer, S. 379–385. Vgl. Groener, S. 500f.

411 Groener, S. 500.

412 BA-MA N 42/12 (NL v. Schleicher), Bl. 88–111, undatierte Aufzeichnung Groeners über die Tage in Weimar vom 18.–20. 6. 1919, abgedruckt in: Kabinett Scheidemann, DokNr. 114 (hier: S. 477).

413 BA R 43 I/702, Bl. 33f., Fernschreiben Hindenburgs vom 23. 6. 1919 an den Reichspräsidenten, in dem die Erklärung vom 17. 6. 1919 wiederholt ist. Siehe unten, Anm. 480. Groener übersandte am 20. 6. 1919 die Erklärung Hindenburgs vom 17. 6. 1919 im Original dem Reichswehrminister. Wie Anm. 412 (Kabinett Scheidemann, S. 477 u. 490). Wortlaut der Erklärung Hindenburgs vom 17. 6. 1919 auch abgedruckt in: Ursachen und Folgen III, DokNr. 722 (fälschlich als Telegramm an die Reichsregierung gekennzeichnet).

In Weimar unterrichtete Groener den Reichswehrminister über die militärische Lage[414]. Beide hielten aus innenpolitischen und militärischen Gründen die Annahme des Friedens für unvermeidlich. Ihre Übereinstimmung in dieser Auffassung wird sie nur wenig erleichtert haben, denn sie wußten um die Unruhe innerhalb der Armee. Der General hatte in seiner Lagebeurteilung vom 17. Juni dazu ausgeführt:

> „Ein großer Teil der Truppen und vor allen Dingen das Offizierskorps wird auch einen aussichtslosen Kampf der Annahme der schmählichen Friedensbedingungen vorziehen. Ich habe daher pflichtmäßig darauf hinzuweisen, daß bei Annahme der sogenannten Schmachparagraphen eine große Anzahl Offiziere und Freiwilligen-Truppen der Regierung die Dienste aufsagen wird[415]."

Das ungefestigte Verhältnis der bewaffneten Macht zur jungen Republik offenbarte sich besonders deutlich in einem nach dem Urteil Groeners, „militärisch unnötige[n], ja gefährliche[n] Kriegsrat, der politisch zur größten Katastrophe für Deutschland führen konnte"[416]. Auf Einladung Noskes und Reinhardts trafen sich am Vormittag des 19. Juni 1919 über 30 Generale und führende Generalstabsoffiziere sowie der Chef der Admiralität zu einer Beratung über die Haltung der Streitkräfte im Falle der Unterzeichnung bzw. Ablehnung des Friedensvertrags. Die inneren Gegensätze im militärischen Führerkorps kamen klar zum Vorschein. Die von Groener geforderte Unterstellung unter die Entscheidung der Reichsregierung, die die Anerkennung des Primats der Politik bedeutet hätte, fand keine ungeteilte Zustimmung. Eine Reihe von Führern glaubte, daß die Zeit von ihnen verlange, selbst eine politische Rolle zu spielen[417].

Symptomatisch für die Gegensätze im militärischen Führerkorps war, daß der in der neueren deutschen Militärgeschichte wohl einzigartige „Kriegsrat" keine direkten Entschlüsse zeitigte und nur in wenigen Fragen zu einer Klärung der Lage beitrug, so im Verhältnis der Generalität zum Reichswehrminister. Noske legte in der Besprechung seine Ansicht dar, daß der Friedensvertrag unbedingt unterzeichnet werden müsse, um die Einheit des Reiches zu wahren und eine Gesundung des deutschen Volkes zu ermöglichen. Den ihm bekannten Bestrebungen, im Osten den Kampf wieder aufzunehmen, erteilte er eine klare

---

[414] Wie Anm. 412 (Kabinett Scheidemann, S. 479).

[415] Schlußbemerkung der Denkschrift Groeners vom 17. 6. 1919, siehe Anm. 410. Auch zit. bei Groener, S. 501.

[416] Groener, S. 503.

[417] Die Darstellung stützt sich auf folgende Quellen:
a. ungezeichnetes Protokoll der Generalsbesprechung am 19. 6. 1919 aus dem Nachlaß von Gen. d. Inf. W. Reinhardt (vermutlich auf Notizen von Maj. Fleck beruhend), auszugsweise abgedruckt bei: Ernst, S. 74–76;
b. Tagebuchaufzeichnung von Oberstlt. van den Bergh, Chef der Ministerialabteilung im preuß. Kriegsministerium, vom 19. 6. 1919, auszugsweise abgedruckt ebd., S. 72, Anm. 23;
c. unsignierte handschriftliche Aufzeichnung in Protokollform „Bericht über die Besprechungen mit den Generalen am 19. 6., 900 Vorm. in Weimar", abgedruckt bei: Schützle, Kurt, Der „Kriegsrat" am 19. Juni 1919, in: Zeitschrift für Militärgeschichte 5 (1966), S. 584–594. hier: DokNr. 2;
d. Aufzeichnung Groeners, wie Anm. 412 (Kabinett Scheidemann, S. 479–483);
e. BA-MAN 42/12 (NL v. Schleicher), Bl. 127–147, Vortrag Groeners am 12. 7. 1919 vor den Verbindungsoffizieren der OHL, hier: Bl. 138 f.

Vgl.: Groener, S. 503 f.; Maercker [Georg], Vom Kaiserheer zur Reichswehr. Ein Beitrag zur Geschichte der deutschen Revolution, Leipzig 1921, S. 286; Noske, Gustav, Von Kiel bis Kapp. Zur Geschichte der deutschen Revolution, Berlin 1920, S. 151. – Der „Kriegsrat" vom 19. 6. 1919 ist in der Literatur mehrfach dargestellt worden, zuletzt bei: Carsten, Francis L., Reichswehr und Politik 1918–1933, Köln-Berlin 1964, S. 47–49; Rakenius, S. 219–222.

Absage, da er an den Elan der Bewegung nicht glaubte. Er orientierte die Versammlung sodann über die neuste politische Lage: Es sei damit zu rechnen, daß sich die Mehrheit der Nationalversammlung für eine Unterzeichnung des Friedensvertrags unter Protest ausspreche. Die dann notwendige Regierungsumbildung könne dazu führen, daß er unter Beibehaltung seines Amts zum Präsidenten des Reichsministeriums berufen werde. Er wolle sich jedoch nur zur Verfügung stellen, wenn Führer und Truppen hinter ihm stünden und einer Entwicklung, „die eine Art Diktatur mit sich brächte"[418], unterstützten. Die militärischen Führer erklärten spontan, daß der Minister ihr Vertrauen genieße, daß man mit ihm durch „dick und dünn" gehen wolle. Für den Fall der Annahme des Friedens war das Vertrauensvotum jedoch an einen Vorbehalt geknüpft: die „Schmachparagraphen" müßten aus dem Vertrag verschwinden[419].

Tatsächlich war der einzige Punkt, in dem das militärische Führerkorps voll übereinstimmte, die Forderung nach Wahrung der Ehre. In der Unterzeichnungsfrage klafften die Ansichten auseinander. Gegen die Annahme des Friedens wandte sich neben General v. Lüttwitz ausdrücklich Oberst Reinhardt, denn

> „das Ja-Sagen würde zu viel sittliche Werte zerstören. Erhebliche Elemente der Armee würden dadurch abgesplittert oder gar in das Spartakistenlager getrieben werden. Besonders sei eine Anerkennung der Schmachparagraphen über die Auslieferung und die Bekennung der Schuld am Kriege in diesem Sinne gefährlich[420]."

Groener entgegnete dem Kriegsminister

> „ziemlich temperamentvoll, es handle sich hier um das ganze Volk, und da lägen die sittlichen Werte in der Rettung der Volkseinheit durch Zusammenhalten mit eiserner Gewalt. Noskes Weg sei der einzig mögliche, um bald wieder hochzukommen. Den Schmachparagraphen müsse man zu beseitigen suchen[421]."

Sehr deutlich zeichnete sich in der Besprechung die Gefährdung der Reichseinheit ab. Der Oberbefehlshaber des Reichswehrgruppenkommandos 4 (München), Generalmajor Ritter v. Möhl, ließ keinen Zweifel daran, daß Bayern sich im Fall der Ablehnung des Friedens vom Reich lösen werde[422]. Für den Fall der Annahme jedoch drohte Aufruhr im Osten, sei es durch eine von politischen und militärischen Stellen geleitete Sezession, sei es durch ein selbständiges Losschlagen der im Grenzschutz stehenden Truppen. Befürworter des Planes, von einem selbständigen Osten aus den Kampf zunächst gegen Polen wieder aufzunehmen, waren General d. Inf. v. Below, Kommandierender General des XVII. Armeekorps in Danzig, und Generalmajor v. Loßberg, Chef des Generalstabes des Oberkommandos Grenzschutz Süd. Die Reaktion der Anwesenden war vage. Reinhardt hielt sich auffallend zurück[423]. Groener lehnte für sich und „die OHL als Organ der Regierung" ab, die Leitung eines selbständigen Vorgehens im Osten zu übernehmen. Eine et-

---

418 Tagebuchaufzeichnung von Oberstlt. van den Bergh, abgedruckt bei: Ernst, S. 72, Anm. 23.

419 Bericht über die Besprechungen am 19. 6. 1919, abgedruckt bei: Schützle, hier: S. 592 f.; Aufzeichnung Groeners, wie Anm. 412 (Kabinett Scheidemann, S. 481 f.); Vortrag Groeners am 12. 7. 1919, wie Anm. 417 lit. e, hier: Bl. 138.

420 Tagebuchaufzeichnung von Oberstlt. van den Bergh, abgedruckt bei: Ernst, S. 72, Anm. 23.

421 Ebd.

422 Bericht über die Besprechungen am 19. 6. 1919, abgedruckt bei: Schützle, hier: S. 591.

423 Reinhardt wollte die Frage „nur im kleinsten Kreis erörtern". Ebd., S. 594. Auch die Tagebuchaufzeichnung von Oberstlt. van den Bergh vermerkt seine Zurückhaltung. Der Eindruck Groeners, daß Reinhardt den Kampf im Osten auch gegen den Willen der Regierung befürwortete, wird mithin durch diese Quellen nicht bestätigt.

waige Aufstandsbewegung müsse sich auf eine politische Führung stützen, die eine staatliche Neubildung wage. Führer und Truppen sollten sich sodann der neuen Regierung zur Verfügung stellen[424]. Es ist unerfindlich, warum Groener zum Schluß der Besprechung diese Äußerung getan hat und nicht, getreu seiner grundsätzlichen Auffassung, jedem Gedanken eines eigenmächtigen Handelns konsequent entgegengetreten ist[425].

Die „Ehrenpunkte" rückten nun immer mehr in die Mitte der Überlegungen und Auseinandersetzungen. Die Gegner der Unterzeichnung beriefen sich bei der Werbung für ihre Ansicht nur zu gerne auf sie[426]. Die Befürworter wurden sich der politischen Bedeutung der „Schmachparagraphen" voll bewußt. Die einmütige Stellungnahme der militärischen Führer machte es unmöglich, einen Friedensvertrag, der sie enthielt, anzunehmen. Die Regierung hätte sofort die Unterstützung der bewaffneten Macht, auf der ihre Autorität in weiten Teilen des Reiches beruhte, verloren. Auch war nicht auszuschließen, daß die Streitkräfte versuchen würden, die Regierungsgewalt an sich zu reißen. Das Reich wäre einer akuten Belastungsprobe, die man durch die Unterzeichnung gerade vermeiden wollte, ausgesetzt worden[427].

Überzeugt von der Notwendigkeit, Frieden zu schließen, suchte Erzberger unermüdlich nach Wegen, die diesen Schritt ermöglichten. In seiner Fraktion stieß er zunächst auf erheblichen Widerstand. Erst am 19. Juni 1919 beschloß sie mit Vierfünftel-Mehrheit, den Friedensvertrag „unter gewissen Voraussetzungen und unter Protest" anzunehmen. Als Voraussetzung galt der Verzicht der Siegermächte auf das deutsche Schuldbekenntnis

---

424 Bericht über die Besprechungen am 19. 6. 1919, abgedruckt bei: Schützle, hier: S. 594; Aufzeichnung Groeners, wie Anm. 412 (Kabinett Scheidemann, S. 482 f.).

425 Vgl. Rakenius, S. 221 f. – Am Abend des 19. 6. 1919 fand eine Besprechung zwischen politischen Vertretern der Ostprovinzen und Führern der im Ostschutz stehenden Truppen statt. Die Erkenntnis, daß die Bevölkerung der Ostgebiete im Fall der Unterzeichnung des Friedens zu einer Erhebung nicht bereit sein würde, entzog allen Plänen vom selbständigen Osten den Boden. Aufzeichnung Groeners, wie Anm. 412 (Kabinett Scheidemann, S. 486–490); Vortrag Groeners am 12. 7. 1919, wie Anm. 417 lit. e, hier Bl. 140. Vgl.: Schulze, Freikorps u. Republik, S. 117–119; ders., Oststaat-Plan, S. 153 f.

426 So z. B. Rantzaus Versuch am 19. 6. 1919, Noske auf seine Seite zu ziehen. Aufzeichnung Rantzaus vom 2. 7. 1919 über die Kabinettssitzungen am 18. u. 19. 6. 1919, abgedruckt in: Kabinett Scheidemann, DokNr. 118 (hier: S. 501 f.). Erklärung der Fraktionen der DNVP und der DVP vom 20. 6. 1919, abgedruckt in: Ursachen und Folgen III, DokNr. 725.

427 Der preuß. Kriegsminister legte seinen schon im „Kriegsrat" vertretenen Standpunkt auch vor dem Reichskabinett dar. Er betonte, „daß eine Regierung, die die Auslieferungsparagraphen unterschreibt, die besten militärischen Stützen verlieren wird", und befürchtete, „daß durch das Ja [zum Friedensvertrag] ein Teil wertvoller militärischer Kräfte, auch Führer, ins Lager der Kommunisten gleiten wird und diesen damit das Element bringen wird, das ihnen bisher fehlte und dessen Fehlen tatsächlich an ihrer Niederlage schuld war". Entwurf Reinhardts „Zur Sitzung am 19. Juni abends", abgedruckt bei: Ernst, S. 78–80 (78).
Der Chef der Admiralität unterrichtete mit Schreiben vom 19. 6. 1919 das Reichsministerium über die Bedeutung der Ehrenfragen für die Marine: „Falls der Auslieferungsparagraph in irgendeiner Form zur Verwirklichung kommen sollte, bin ich der festen Überzeugung, daß das Offizierkorps der Marine nicht mehr zusammenhalten [wird . . .]. Durch welche Krise die Marine hindurchgeht, geht z. B. daraus hervor, daß sowohl Unteroffiziere wie Deckoffiziere und Offiziere sich geweigert haben, weitere Schiffe [zwecks Auslieferung] zu überführen, und daß das Offizierkorps [. . .] Zweifel darüber trägt, ob die für die vorläufige Reichsmarine bindende Verpflichtung auch das Überführen weiterer Schiffe in sich schließt." PA/AA Dt. Friedensdelegation Versailles, Pol. 7a, Bd 1 (4662/E 213518; auch: BA R 43 I/340, Bl. 4, sowie BA-MA RM 6/7, Bl. 9 u. 10), abgedruckt in: Trotha, Adolf von, Volkstum und Staatsführung. Briefe und Aufzeichnungen aus den Jahren 1915–1920, Berlin 1928, S. 166; Kabinett Scheidemann, DokNr. 115.

und die Auslieferung deutscher Staatsangehöriger sowie ihr Zugeständnis, daß die wirtschaftlichen Bedingungen unerfüllbar seien und daher im gegenseitigen Einvernehmen modifiziert werden müßten. Die von Erzberger beeinflußten Abgeordneten rechneten zumindest in den „Ehrenpunkten" mit einem Entgegenkommen[428].

Auf der Grundlage des von der Zentrums-Fraktion gefaßten Beschlusses ergab sich eine Verständigung mit dem zur Vertragsannahme neigenden sozialdemokratischen Koalitionspartner[429]. Doch die DDP machte die Aufgabe ihrer ablehnenden Haltung von einer wesentlichen Erweiterung der anzumeldenden Vorbehalte abhängig[430]. Die Mehrheitsparteien konnten sich auf kein gemeinsames Vorgehen einigen. Die Regierung erklärte daraufhin gegen Mitternacht des 19./20. Juni 1919 ihren Rücktritt[431].

Angesichts des Ultimatums der Siegermächte konnte sich das Kabinett dem Wunsch des Reichspräsidenten nicht entziehen, die Geschäfte weiterzuführen. Erzberger schlug vor, die Friedenskonferenz über die Lage zu informieren und dabei nachdrücklich darauf hinzuweisen, daß eine Mehrheit für die Unterzeichnung in der Nationalversammlung nicht zu finden sei, wenn die „Ehrenpunkte", Schuld am Kriege und Auslieferung gemäß Artikel 227–230, aufrechterhalten würden. Rantzau versprach sich von diesem Schritt keinen Erfolg, „weil [die] Gegner auf die Schuldfrage ihre ganze schamlose Aktion basiert hätten". Trotzdem erarbeitete er zusammen mit Scheidemann, Erzberger und Dernburg einen Notenentwurf, der dem Vermittlungsvorschlag der Demokraten vom Vortag weitgehend Rechnung trug[432]. Der Entwurf verlangte von den alliierten und assoziierten Mächten den Verzicht auf das Anerkenntnis, „daß das deutsche Volk der allein Schuldige am Kriege sei", sowie den Verzicht darauf, Deutschland zur Auslieferung eigener Staatsangehöriger zu verpflichten. Weiterhin wurden Konzessionen erwartet, die die baldige Aufnahme Deutschlands in den Völkerbund, das Verbleiben Danzigs, Westpreußens und des Netzedistrikts beim Reich, die Feststellung der Reparationssumme durch eine unparteiische Instanz und die baldige Revision des Friedensvertrags durch den Völkerbund bezweckten[433].

Mit Mühe gelang es Scheidemann, die Zustimmung der Demokraten zu dem Notenentwurf zu erhalten. Als diese Hürde genommen war, stellte sich heraus, daß niemand aus der geschäftsführenden Regierung bereit war, die Note zu unterzeichnen und damit zu verantworten. Rantzau lehnte ab, da er den Schritt „nicht nur für aussichtslos, sondern für einen schweren politischen Fehler" hielt. Scheidemann dachte nicht daran, „sich noch mit

---

[428] Erzberger, Erlebnisse, S. 375. Fraktionsbeschluß wiedergegeben in: Berliner Tageblatt Nr. 274 vom 20. 6. 1919; Schulthess 1919 I, S. 245. Vgl. Morsey, S. 185 f.

[429] Bei einer Probeabstimmung der MSPD-Fraktion am Vormittag des 19. 6. 1919 wurden 75 Stimmen für u. 39 Stimmen gegen die Unterzeichnung abgegeben. Miller, Bürde der Macht, S. 283 f. u. 291.

[430] BA NL Koch(-Weser), Nr. 16, S. 249 f., Tagebucheintragung über die interfraktionelle Besprechung am 19. 6. 1919, 21.30 Uhr, abgedruckt in: Kabinett Scheidemann, DokNr. 118, Anm. 6. Ebd. auch zum Vermittlungsvorschlag der DDP, der den Siegern notifiziert werden sollte. Ausführlicher: Berliner Tageblatt Nr. 276 vom 21. 6. 1919. Siehe auch Arns, S. 78 f.

[431] Aufzeichnung Rantzaus vom 2. 7. 1919 über die Kabinettssitzungen am 18. u. 19. 6. 1919, abgedruckt in: Kabinett Scheidemann, DokNr. 118 (hier: S. 503); Erzberger, Erlebnisse, S. 377 f.; Scheidemann, Memoiren II, S. 373; Landsberg, S. 115.

[432] Aufzeichnung Rantzaus vom 1. 7. 1919 über die Kabinettssitzungen am 20. 6. 1919, abgedruckt in: Kabinett Scheidemann, DokNr. 117 (hier: S. 496 f.).

[433] PA/AA Dt. Friedensdeleg. Versailles, Pol. 13, Bd 5 (4663/E216584–585), ungezeichneter Entwurf einer Note an den Präsidenten der Friedenskonferenz, abgedruckt in: Kabinett Scheidemann, DokNr. 117, Anm. 2.

dieser Blamage zu belasten". Eine Klärung der verfahrenen Situation trat ein, als die Fraktion der SPD ihre Zustimmung zur Note zurückzog[434].

Da das amtierende Kabinett sich als geschäftsunfähig erwies, war die sofortige Bildung einer neuen Regierung unumgänglich. Reichspräsident Ebert betraute den SPD-Abgeordneten und bisherigen Reichsarbeitsminister Gustav Bauer mit dieser Aufgabe[435]. Sein zunächst unternommener Versuch, die alte Koalition zu retten, scheiterte. Die Sozialdemokratie und das Zentrum, die in der Nationalversammlung rein zahlenmäßig über eine ausreichende Mehrheit verfügten, nahmen die Bürde der Regierungsbildung auf sich. Die konstituierende Sitzung des Kabinetts am frühen Nachmittag des 21. Juni 1919 war natürlich der Unterzeichnungsfrage gewidmet[436], denn die von den Siegern durch ihr Ultimatum gesetzte Frist lief in kaum mehr als 48 Stunden ab[437]. Das Kabinett faßte den Beschluß, die Nationalversammlung um ihre Zustimmung zu ersuchen, den Friedensvertrag unter Vorbehalt zu unterzeichnen. Man einigte sich auf folgende Formulierung:

> „Die Regierung der deutschen Republik ist bereit, den Friedensvertrag zu unterzeichnen, ohne jedoch damit anzuerkennen, daß das deutsche Volk der Urheber des Krieges sei und ohne eine Verpflichtung nach Artikel 227 bis 230 des Friedensvertrages zu übernehmen[438]."

Noske berichtet über die Hintergründe, die zu dem Beschluß führten, unter Vorbehalt zu unterzeichnen: „Wieder hatte ein Optimist in bestimmte Aussicht gestellt, die alliierten Regierungen würden sich mit einem solchen Vorbehalt abfinden[439]." Der Optimist kann nur Erzberger gewesen sein. Freimütig schreibt er in seinen Erinnerungen, daß er nach dem Rücktritt des Kabinetts Scheidemann Besprechungen mit französischen und italienischen Diplomaten gehabt und ihnen erklärt habe, daß die Sieger auf die Aufzwingung der Ehrenklauseln verzichten müßten. Es sei unmöglich, Deutsche den Gerichtshöfen der

---

434 Wie Anm. 432, hier: S. 497–500. BA NL Koch(-Weser), Nr. 16, S. 250f., Tagebucheintragung vom 23. 6. 1919, auszugsweise abgedruckt in: Kabinett Scheidemann, DokNr. 117, Anm. 3. – Erzberger setzte sich vehement für die Absendung der Note ein. Sein Versuch, sie ohne Unterschrift (!) nach Paris abgehen zu lassen, scheiterte an dem Widerspruch der Beamten des AA. Kabinett Scheidemann, DokNr. 117 (hier: S. 499, insbes. auch Anm. 6). Dazu jetzt Huber V, S. 1166f. – Die Sozialdemokraten zogen offensichtlich ihr Plazet zur Note zurück, weil die Demokraten sich weigerten, dem Friedensvertrag zuzustimmen, falls die Sieger die Änderungswünsche zurückweisen sollten. Berliner Tageblatt Nr. 276 vom 21. 6. 1919. Vgl. Arns, S. 81.

435 Zur Bildung des Kabinetts Bauer siehe: Arns, S. 82f.; Golecki in Einleitung zu Kabinett Bauer, S. XXII–XXIV; Miller, Bürde der Macht, S. 292–295; Morsey, S. 186–188. Zur Haltung der DDP siehe Albertin, S. 337–340 u. 344–354. – Ebert war davor zurückgeschreckt, Noske mit der Ministerpräsidentschaft zu betrauen, weil er fürchtete, dies würde auf die Arbeiterschaft provozierend wirken. Groener meinte, daß die nur bedingte Vertrauenserklärung der Generalität (Vorbehalt hinsichtlich der „Schmachparagraphen") ein weiterer wichtiger Grund für die Nichternennung Noskes war. Aufzeichnung Groeners wie Anm. 412 (Kabinett Scheidemann, S. 482 u. 491); Vortrag Groeners vom 12. 7. 1919, wie Anm. 417 lit. e, hier: Bl. 141.

436 Siehe Schreiben des Reichswirtschaftsministers vom 21. 6. 1919 an den Reichsministerpräsidenten, abgedruckt in: Kabinett Bauer, DokNr. 2.

437 Am 23. 6. 1919, 19.00 Uhr.

438 PA/AA Dt. Friedensdeleg. Versailles, Pol. 13, Bd 6 (4663/E 216600–604; auch in: PA/AA Dt. Friedensdeleg. Paris/Versailles, Pol. 13, Bd 1), Telegramm Reichsministerpräsident vom 21. 6. 1919 an Dt. Friedensdelegation, Gesandten v. Haniel. Übermittlung der Note, die – im Text nur unwesentlich verändert – am 22. 6. 1919 dem Präsidenten der Friedenskonferenz zugeleitet wurde. Note abgedruckt in: Kraus/Rödiger I, DokNr. 73.

439 Noske, Von Kiel bis Kapp, S. 152.

Feinde auszuliefern, jedoch könne die Aburteilung von „Kriegsschuldigen" durch das „höchste deutsche Gericht" erfolgen. Es sei ihm Hoffnung gemacht worden, daß in diesen Punkten auf Entgegenkommen gerechnet werden könne[440].

Über den neuerlichen Versuch Erzbergers, durch Privatdiplomatie Erleichterungen der Friedensbedingungen zu erlangen, ist heute Genaueres bekannt. Schon am 17. Juni hatte er Professor Emile Haguenin, nunmehr Leiter einer in Berlin residierenden Beobachtermission der französischen Regierung[441], nach Weimar gebeten. Dieser kam dem Wunsch nach. Zusammen mit seinem Mitarbeiter Professor Hesnard führte er ausführliche Gespräche mit Erzberger und seiner Umgebung sowie mit Abgeordneten der sozialistischen Parteien. Erzberger unterrichtete die Franzosen darüber, daß die Einwendungen seiner Fraktion gegen die Schuldartikel das Haupthindernis für die Unterzeichnung des Friedens bildeten. Das Zentrum könne der Anerkennung der alleinigen Schuld Deutschlands am Kriege und der Auslieferung deutscher Staatsangehöriger nicht zustimmen. Erzberger und Haguenin besprachen daraufhin mögliche Aushilfen, um die sich aufzeigenden Schwierigkeiten zu überwinden. Der Leiter der französischen Mission telegraphierte am Abend des 20. Juni nach Paris, daß man Erzberger in seinem Bemühen, die Annahme des Friedensvertrags zu erreichen, unterstützen möge. In der Frage der Kriegsschuld empfahl er, den Schuldvorwurf dahingehend einzuschränken, daß er nicht die ganze deutsche Nation treffe, oder aber wenigstens einen feierlichen Protest der Reichsregierung zuzulassen, über dessen Formulierung noch verhandelt werden könne. Die Ahndung der Kriegsverbrechen solle einem deutschen Gerichtshof übertragen werden. Zugleich könne die Mitwirkung alliierter und neutraler Vertreter an den Verfahren vorgesehen werden. Doch glaube er, daß einflußreiche Mitglieder des Zentrums sich hinsichtlich der Strafbestimmungen auch mit einer Vertagung und der sicheren Aussicht auf einen Kompromiß begnügen würden. Mit dieser Schlußbemerkung stellte Haguenin freilich selbst die Dringlichkeit der Änderungsbegehren in Frage[442]. Sicher nicht unbedacht, denn er selbst wünschte „la signature sans réserves et sans phrases"[443].

Am Nachmittag des 21. Juni sandte der Leiter der französischen Mission ein weiteres Telegramm nach Paris[444]. In diesem meldete er den Wortlaut der Formel, mit dem die Reichsregierung am folgenden Tag ihre Bereitschaft zur Unterzeichnung des Friedensvertrags unter Vorbehalt notifizierte. Informant war Erzberger, der, geschäftig wie immer, auch gleich einen Vorschlag machte, der den Siegern das Einlenken erleichtern sollte: Es genüge, wenn ein Mitglied des Rates der Vier die geheime schriftliche Zusicherung gebe, daß man eine Auslieferung von Deutschen nicht fordern werde. Haguenin fügte hinzu, er habe Grund zu der Annahme, daß eine mündliche Erklärung ausreiche.

---

440 Erzberger, Erlebnisse, S. 379.

441 Zur Person Haguenins und zu seiner Tätigkeit als Leiter der „Mission en Allemagne" jetzt ausführlich Köhler, S. 270–309. Damit weitgehend überholt Nowak, Karl Friedrich, Versailles, Berlin 1927, S. 283–287 u. 320–325.

442 Köhler, S. 303 f.

443 Brief Haguenins vom 17. 6. 1919, auszugsweise abgedruckt ebd., S. 302, Anm. 28.

444 Abgedruckt bei Read, S. 293 (Vorlage ist ein Exemplar des Telegramms im Nachlaß Wilsons! Siehe auch Schwabe, Deutsche Revolution und Wilson-Frieden, S. 649, Anm. 65); auszugsweise abgedruckt bei Köhler, S. 305, Anm. 33 u. 34. Das Telegramm trägt folgende Orts- und Zeitangaben: Berlin, 21. 6. 1919, 16.50 Uhr; Ankunft [Paris], 21. 6. 1919, 21.35 Uhr.

Mit dieser Mitteilung nahm Erzberger – ob gewollt oder ungewollt muß dahingestellt bleiben[445] – der deutschen Note vom 22. Juni jeglichen Überraschungseffekt. Mit seinem Vorschlag deutete er sogar seine Bereitwilligkeit an, letztlich auch bedingungslos zu unterzeichnen. Erstaunlich ist, daß es dem Zentrumspolitiker wiederum nicht gelungen war, seinen Gesprächspartner von der absoluten Notwendigkeit der gewünschten Konzessionen zu überzeugen[446].

Allerdings stand Erzberger mit seiner Annahme, daß die Sieger wenigstens in den „Ehrenpunkten" Erleichterungen gewähren würden, nicht allein. Der Gesandte Haniel v. Haimhausen meldete am 21. Juni aus Versailles, die dortigen Mitglieder der Friedensdelegation seien der Überzeugung, daß es

> „geeigneten Unterhändlern gelingen würde, Änderung einzelner Bedingungen, insbesondere Ausmerzung ehrverletzender Forderungen, wie die der Auslieferung Deutscher, durchzusetzen"[447].

Am Sonntag, dem 22. Juni 1919, stellte der neue Ministerpräsident sein Kabinett der Nationalversammlung vor. Seine Regierungserklärung beschränkte sich auf die Stellungnahme zur Unterzeichnungsfrage. Trotz schärfster Verurteilung des Friedensvertrags sei das Kabinett entschlossen, ihn signieren zu lassen, um dem deutschen Volk neue Not und neues Leid durch den andernfalls wieder eintretenden Kriegszustand zu ersparen und die nationale Einheit zu wahren. Die Reichsregierung werde bemüht sein, die Deutschland auferlegten Friedensbedingungen zu erfüllen. Sie betone jedoch, um nicht später dem Vorwurf der Unwahrhaftigkeit ausgesetzt zu sein, daß diese Bedingungen das Maß dessen überschreiten, was geleistet werden könne. Darüber hinaus könne Deutschland sich keinesfalls als alleiniger Urheber des Krieges bekennen; ebensowenig könne es die Verpflichtung übernehmen, Angehörige des eigenen Volkes zur Aburteilung durch die Siegermächte auszuliefern. Daher sei beabsichtigt, bei der Unterzeichnung entsprechende Vorbehalte anzumelden[448].

Die Sprecher der schwarz-roten Koalition legten die Gründe dar, die sie veranlaßten, für die Annahme des Friedens einzutreten. Während Löbe (SPD) sich zu den Vorbehalten nicht äußerte, führte Gröber aus, daß das Zentrum nicht bereit sei, die Ehre des deutschen Volkes preiszugeben: „Ehre verloren, alles verloren!" Die Auslieferung Deutscher würde zudem den Friedensschluß nur belasten, denn sie würde Gefühle des Hasses und der Rache hervorrufen. Über etwaige Verfehlungen im Kriege solle man die deutsche Justiz befinden lassen[449].

---

[445] Die Überlegungen Erzbergers sind nicht mit Sicherheit nachvollziehbar, da der Zeitpunkt des Gesprächs mit dem frz. Agenten ([Prof. Hesnard?] vor oder nach der konstituierenden Sitzung des Kabinetts Bauer?) nicht bekannt und ein Protokoll der fraglichen Kabinettssitzung nicht überliefert ist.

[446] Zur Rolle Haguenins bei den Kontakten siehe Köhler, S. 303–306.

[447] PA/AA Dt. Friedensdeleg. Paris/Versailles, Pol. 13, Bd 1, Telegramm Dt. Friedensdelegation P. Vers. Nr. 13 vom 21. 6. 1919 an Rantzau persönlich, abgedruckt in: Kabinett Bauer, DokNr. 1. – LegRat Frhr. v. Lersner ging noch weiter und meldete (obwohl er das obige Telegramm des kommissarischen Leiters der Delegation kannte) wenig später: „Ich kann mich [des] Eindrucks nicht erwehren, daß wir bei begründeter Ablehnung andere Friedensbedingungen erhalten hätten und sogar unter den jetzigen Umständen durch Festhalten noch erhebliche Konzessionen erlangen können." PA/AA Dt. Friedensdeleg. Paris/Versailles, Pol. 12, Telegramm Nr. 18 vom 21. 6. 1919, Lersner an Rantzau (auch in PA/AA Dt. Friedensdeleg. Versailles, Pol. 13, Bd 6 [4663/E 216677]).

[448] Nationalversammlung, Bd 327, S. 1113–1115.

[449] Ebd., S. 1115–1118.

Die bürgerlichen Oppositionsparteien plädierten für die Ablehnung des Friedensvertrags, ohne tragfähige Vorschläge für eine Alternativpolitik zu machen, aber auch ohne den Gedanken des militärischen Widerstandes zu propagieren. DVP und DNVP betonten ihren extremen Standpunkt in der Kriegsschuldfrage und prangerten die Schamlosigkeit der Auslieferungsforderung an[450].

Stärker als in den Reden offenbarte sich der tiefe Dissens in der Unterzeichnungsfrage in der Mühe, die aufgewandt werden mußte, um eine parlamentarische Mehrheit für die von der Regierung vorgeschlagene Politik zu finden. Sowohl in der Sozialdemokratie als auch im Zentrum gab es eine Minderheit, die dem Vertrag ablehnend gegenüberstand[451]. Sie wurde durch die wenigen Demokraten, die die Unterzeichnung befürworteten, nicht kompensiert. Daher glaubten die Führungen der Koalitionsparteien, den dem parlamentarischen Brauch gemäßen Weg nicht riskieren zu können. Sie befürchteten, daß der Antrag, die Nationalversammlung möge der Regierung auf Grund ihrer Erklärung das Vertrauen aussprechen, nicht die erforderliche Mehrheit finden könnte. Man nahm daher zu dem Trick Zuflucht, über Friedens- und Vertrauensfrage, letztlich *einer* politischen Frage, zweimal abstimmen zu lassen, um von einer „vagabundierenden" Mehrheit zu profitieren. Als dann während der Sitzung der Eindruck entstand, daß eine Mehrheit für den Antrag der Koalition, „die Nationalversammlung billigt die Haltung der Regierung in der Frage der Unterzeichnung des Friedensvertrags"[452], unsicher sei, kamen die Fraktionsführungen von MSPD und Zentrum der USPD, die dezidiert die vorbehaltlose Unterzeichnung forderte[453], entgegen, um ihre Stimmen zu gewinnen[454]. Der ursprüngliche Antrag wurde in „die Nationalversammlung ist mit der Unterzeichnung des Friedensvorschlags einverstanden"[455] geändert und mit 237 Ja- gegen 138 Nein-Stimmen gebilligt[456]. In einer weiteren Abstimmung wurde der Regierung Bauer mit 235 zu 89 Stimmen bei 69 Enthaltungen das Vertrauen ausgesprochen[457].

---

[450] Ebd., S. 1118–1120 (Schiffer, DDP), S. 1120–1125 (v. Posadowsky-Wehner, DNVP) u. S. 1129–1133 (Kahl, DVP).

[451] Ein Teil der SPD-Minderheit fehlte bei der Abstimmung über die Unterzeichnung des Friedensvertrags (siehe Erklärung von Mitgliedern der SPD-Fraktion vom 21. 6. 1919, abgedruckt in: Ursachen und Folgen III, DokNr. 725 b), ein weiterer Teil stimmte der Unterzeichnung trotz grundsätzlicher Ablehnung des Vertrages zu, um eine Wiederaufnahme des Krieges zu vermeiden (siehe die Erklärung des Abg. Hörsing, Nationalversammlung, Bd 327, S. 1133 f.).

[452] Antrag Schulz (Ostpreußen, SPD) u. Gröber (Zentrum), Nationalversammlung, Bd 327, S. 1115(D).

[453] Siehe Rede von Hugo Haase, ebd., S. 1125–1129. Zu den Vorbehalten erklärte er, daß es unverantwortlich wäre, den Frieden gerade an diesen zwei Punkten scheitern zu lassen. Die Ausführungen zur Kriegsschuldfrage in der „Mantelnote" der Alliierten und Assoziierten würden „viel Wahres" enthalten. Die Forderung nach Auslieferung der Schuldigen habe die Regierung durch ihre Untätigkeit selbst heraufbeschworen.

[454] Erzberger, Erlebnisse, S. 379 f. Dagegen berichtete der im allgemeinen gut informierte frz. Beobachter Prof. Hesnard, daß die Initiative von der USPD ausgegangen sei. Der Abg. Cohn habe Gröber von der bitteren Notwendigkeit überzeugen können, die Regierung zur Unterzeichnung zu ermächtigen, ohne sie zur Anmeldung von Vorbehalten zu verpflichten. Bericht der Mission en Allemagne No. 170 vom 26. 6. 1919, abgedruckt bei: Köhler, S. 338–342 (340 f.).

[455] Nationalversammlung, Bd 327, S. 1125(A).

[456] Die Abstimmung erwies, daß das Entgegenkommen der Koalition gegenüber der USPD unnötig war: 209 Abgeordnete der MSPD u. des Zentrums votierten für die Unterzeichnung. Die Stimmenzahl hätte ausgereicht, die verfassungsrechtliche Bedingung für die Annahme eines Antrags (absolute Mehrheit der abgegebenen Stimmen) zu erfüllen.

[457] Ergebnisse der namentlichen Abstimmungen, Nationalversammlung, Bd 327, S. 1136–1138. Tabelle über das Abstimmungsverhalten der Fraktionen bei Arns, Anlage III.

Die durch die knappen Mehrheitsverhältnisse bedingte parlamentarische Taktik führte mithin zu der Ermächtigung der Reichsregierung, den Friedensvertrag vorbehaltlos zu unterzeichnen. Doch wäre es falsch, aus diesem Faktum den Schluß zu ziehen, „daß nicht nur die Unabhängigen, sondern auch das Zentrum und die Mehrheitssozialisten bereits jetzt entschlossen waren, die in der Regierungserklärung angekündigten Vorbehalte nach der zu erwartenden Zurückweisung fallen zu lassen"[458]. Zumindest für das Zentrum waren die Vorbehalte „conditio sine qua non"[459], und nach seiner Ansicht war die Vollmacht der Reichsregierung in der Friedensfrage (politisch) begrenzt[460]. Darüber hinaus scheint niemand in der Regierung und den sie tragenden Fraktionen ernstlich mit einer Zurückweisung der Vorbehalte durch die Sieger gerechnet zu haben[461], wenigstens ein geringfügiges Entgegenkommen glaubte man erwarten zu dürfen[462].
Nachdem die neue Reichsregierung in ihrem Amt bestätigt war, ermächtigte sie den Gesandten v. Haniel zur Übergabe der Note, mit der sie ihre Bereitschaft zur Unterzeichnung des Friedensvertrags unter den bekannten Vorbehalten anzeigte. Die Note enthielt noch einmal eine Darlegung der Gründe, die es Deutschland verwehren würden, den Vertrag als den zugesagten Rechtsfrieden anzuerkennen. Auch würden die Friedensbedingungen die deutsche Leistungsfähigkeit überschreiten. Die Reichsregierung könne daher für ihre Ausführung keine uneingeschränkte Gewähr übernehmen. Wenn sie dennoch zur Unterzeichnung bereit sei, dann nicht aus freiem Willen, sondern der Gewalt weichend[463].

---

[458] So Huber V, S. 1169f.

[459] Dies wird am deutlichsten in der Stellungnahme der Zentrumsminister u. -führer in der Kabinettssitzung in der Nacht vom 22./23. 6. 1919. Siehe unten, S. 226.

[460] Zu den Gründen, die die Zentrumsfraktion in der Sitzung der Nationalversammlung bewogen, dem die Vorbehalte nicht enthaltenden Antrag zuzustimmen, äußerte sich deren Mitglied Josef Andre in einer wohl im Juli 1919 verfaßten Rechtfertigungsschrift: „Die Deutsch-Nationalen witterten [...] in der veränderten Fassung die Preisgabe der beiden Vorbehalte [...]. Ministerpräsident Bauer selbst, wie der Zentrumsführer Gröber, hatten sich aber hinsichtlich der Berücksichtigung der Vorbehalte in ihren Reden so stark festgelegt, daß es *gleichgültig* war, ob die erste oder die zweite Fassung zur Annahme gelangte." Andre, Jos[ef], Wie kam der Friedensvertrag in der Nationalversammlung zur Annahme?, Stuttgart 1919, S. 17 (Exemplar in: BA NL Erzberger, Nr. 46). Ein Indiz für das Zutreffen von Andres Darstellung ist auch Erzbergers Antwort auf ein Telegramm von Gen. Maj. Frhr. v. Hammerstein, daß er und die ihm unterstellten Offiziere den Dienst in der Dt. Waffenstillstandskommission Spa nicht fortführen würden, sollten die Art. 227–230 angenommen werden: Erzberger zeigte Verständnis für den Standpunkt der Offiziere und führte – objektiv unzutreffend – aus, „daß die Mehrheit der Nationalversammlung, die sich [...] für die Unterzeichnung des Friedensvertrags erklären zu müssen geglaubt hat, dies nur unter der ausdrücklichen Ablehnung des Artikels 231 und der Artikel 227 bis 230 getan hat". BA NL Erzberger, Nr. 52, Telegramm Wako Spa Nr. 25 895 vom 22. 6. 1919 an Erzberger u. dessen Antworttelegramm W. I. 1491 vom gleichen Tag.

[461] Dies belegt die Abreise vieler Abgeordneter vom Tagungsort der Nationalversammlung und derzeitigen Regierungssitz. Auch Noske verließ Weimar, um in Berlin „dringende Geschäfte" zu erledigen. Von Kiel bis Kapp, S. 152.

[462] Das Votum der Nationalversammlung für eine bedingungslose Unterzeichnung des Friedensvertrags war natürlich geeignet, sich schwächend auf den Versuch der Regierung auszuwirken, Vorbehalte geltend zu machen. Soweit erkennbar, blieb es jedoch ohne Einfluß auf die Entscheidung der Siegermächte. Siehe: Protokoll der Sitzung des Viererrats am 22. 6. 1919, 19.15 Uhr, abgedruckt in: FRUS, P. P. C. VI, S. 605 f.; Mantoux II, DokNr. 135 (hier: S. 478). Protokoll der Sitzung des Fünferrats am 22. 6. 1919, 21.00 Uhr, abgedruckt in: FRUS, P. P. C. VI, S. 607–612.

[463] Note vom 22. 6. 1919 an den Präsidenten der Friedenskonferenz, abgedruckt in: Kraus/Rödiger I, DokNr. 73. Wortlaut des Vorbehalts siehe oben, S. 221.

Clemenceau, Lloyd George und Wilson trafen sofort nach Erhalt der Note zu einer Beratung zusammen. Sie zeigten sich unnachgiebig. Wie von Rantzau richtig vorhergesehen, hatten die deutschen, auf eine Änderung des Friedensvertrags in den Schuldfragen hinauslaufenden Vorbehalte nach der in der Note der Siegermächte vom 16. Juni 1919 zum Ausdruck gekommenen Versteifung ihrer diesbezüglichen Position keine Chance, akzeptiert zu werden. Wilson, der dank der von französischer Seite ihm zugänglich gemachten Information Erzbergers auf die Situation vorbereitet war[464], zog einen Entwurf für die Deutschland zu erteilende Antwort aus der Tasche, dem seine Kollegen zustimmten. Die Sieger forderten die umgehende und bedingungslose Unterzeichnung[465].

Die Note schlug in Weimar wie eine Bombe ein; sie traf die Reichsregierung völlig unvorbereitet[466]. Nun mußte sich herausstellen, welcher Stellenwert den „Ehrenpunkten" zukam. Durfte man an ihnen den Frieden scheitern lassen, nachdem alle materiellen Bedingungen angenommen waren? Die Koalition hätte mit ihrer Antwort nicht gezögert, wenn deren innenpolitische Implikationen nicht so gravierend gewesen wären.

Das Kabinett trat sofort nach Eintreffen der Note in Weimar zu einer Beratung der neuen Lage zusammen. Während die Regierungsmitglieder der SPD glaubten, daß ihre Fraktion auch zu einer bedingungslosen Unterzeichnung des Friedensvertrags bereit sei, vertraten die des Zentrums – nach Rücksprache mit den Führern der Fraktion, den Abgeordneten Gröber und Trimborn – den Standpunkt, daß ein Nachgeben in den „Ehrenpunkten" nicht in Frage kommen könne. Die Konsequenzen müßten daher getragen werden. Das Kabinett ging auseinander, ohne einen Konsens gefunden zu haben[467]. Es ließ den schon aus Weimar abgereisten Reichswehrminister zurückrufen[468] und wies v. Haniel an, um Fristverlängerung des Ultimatums zu ersuchen[469].

Der 23. Juni 1919 war ein Tag voll hektischer Aktivitäten, aber auch ein Tag, an dem Farbe bekannt werden mußte. Dies galt insbesondere für die Führer der politischen Opposition und für die Führer der bewaffneten Macht. Würde sich die Reichswehr überkommenen, vielleicht schon überlebten Idealen verpflichtet fühlen oder weiter der Republik dienen? Noske ließ Generalmajor Maercker, Kommandeur des Freiwilligen Landesjägerkorps und für den Schutz der Regierung und Nationalversammlung in Weimar verantwortlich, zu sich bitten, um sich zu informieren, wie die Reichswehr angesichts der neuen

---

[464] Siehe Anm. 444.

[465] Protokolle der Sitzungen des Vierer- u. des Fünferrats am Abend des 22. 6. 1919, wie Anm. 462. Note des Präsidenten der Friedenskonferenz vom 22. 6. 1919 an den Leiter der Dt. Friedensdelegation, abgedruckt in: Kraus/Rödiger I, DokNr. 75; Ursachen und Folgen III, DokNr. 727.

[466] David, S. 254.

[467] Über die Vorgänge, die zur bedingungslosen Unterzeichnung des Versailler Vertrags führten, fertigten die Reichsminister Bell und Mayer (-Kaufbeuren) am 6. 7. 1919 eine Aufzeichnung an. Die Originale des in mehreren Exemplaren erstellten Dokuments gelten als verloren; eine engl. Übersetzung veröffentlichte: Luckau, Alma, Unconditional Acceptance of the Treaty of Versailles by the German Government, June 22–28, 1919, in: The Journal of Modern History 17 (1945), S. 215–220 (217–219).

[468] Ebd., S. 217; Noske, Von Kiel bis Kapp, S. 152.

[469] Note der Dt. Friedensdelegation vom 23. 6. 1919 an den Präsidenten der Friedenskonferenz u. ablehnende Antwortnote vom gleichen Tag, abgedruckt in: Kraus/Rödiger I, DokNr. 76 u. 77. – Die Staatsmänner der Siegermächte standen bei ihren Beratungen am 22. u. 23. 6. 1919 unter dem Eindruck der Selbstversenkung der deutschen Hochseeflotte in Scapa Flow am 21. 6. 1919. Ausweislich der Sitzungsprotokolle hat dieser Akt, der als eine Verletzung des Waffenstillstandsabkommens und damit als ein Vertrauensbruch angesehen wurde, ihre Entscheidung über die Ablehnung der deutschen Vorbehalte nicht, ihre Entscheidung über die Ablehnung der Fristverlängerung jedoch maßgeblich beeinflußt. Siehe Protokoll der Sitzung des Fünferrats am 23. 6. 1919, 9.00 Uhr, abgedruckt in: FRUS, P. P. C. VI, S. 613–616. Ergänzend, aber sachlich unergiebig Mantoux II, DokNr. 136.

Lage zur bedingungslosen Unterzeichnung des Friedensvertrags stehe. Maercker meldete, er sei als „preußischer General" außerstande, einer Regierung zu dienen, die Deutschland die Schuld am Kriege zuerkenne sowie seinen ehemaligen Obersten Kriegsherrn und deutsche Führer dem Feinde ausliefere. Ebenso denke auch ein großer Teil des Offizierkorps und nicht wenige der Unteroffiziere und Mannschaften seiner Einheit[470].

Im Kabinett berichtete Noske aus der Sicht seines Ressorts über die voraussichtliche Lageentwicklung: Im Falle der Ablehnung des Friedens müsse mit den schlimmsten Konsequenzen gerechnet werden, mit der Wiederaufnahme der Kampfhandlungen und mit dem Ausbruch schwerer Unruhen im Innern. Die Truppe sei den Aufgaben nicht gewachsen, das Chaos sicher. Im Falle der bedingungslosen Unterzeichnung würden insbesondere die höheren Offiziere aus dem Dienst scheiden, was den Verfall der Truppe zur Folge haben würde. Das Reich sei dann nicht länger in Ordnung zu halten. Auch seien militärische Staatsstreichversuche nicht auszuschließen[471].

Weitere Meinungsäußerungen aus der Generalität[472] bestärkten Noske in seiner Überzeugung, daß auch bei Annahme des Friedens dem Reich „Chaos und Zerreißung" bevorstünden. Er glaubte, den Einmarsch der feindlichen Heere einem solchen Ende vorziehen zu sollen, „weil die kommende Wiederbelebung des nationalen Gefühls für eine fernere Zukunft die Auferstehung Deutschlands wahrscheinlich machte"[473]. Als die SPD-Fraktion sich entgegen seinem Votum für die Unterzeichnung aussprach, erklärte er seinen Rücktritt als Reichswehrminister: Das Instrument, das er sich zur Aufrechterhaltung der Ordnung geschaffen habe, sei „kaputt", seine Mission damit zu Ende. Diese Einsicht ging Noske sehr nahe. Mit „tränenerstickter Stimme" brach dieser robuste Politiker seine Rede vor der Fraktion ab und verließ den Sitzungsraum. Doch die SPD-Abgeordneten hielten Noske in Anbetracht der Möglichkeit spartakistischer Unruhen für unentbehrlich und beschlossen, ihn um die Weiterführung seines Amtes zu bitten[474].

In die Sitzung der Zentrumsfraktion „platzte" General Maercker. Er gab vor, für das Offizierkorps der Reichswehr zu sprechen. Dieses werde im Fall der Unterzeichnung nicht länger hinter der Regierung stehen und könne sich daher nicht mehr für die Aufrechterhaltung der Ordnung im Innern verbürgen. Erzberger hat die unerbetene Einmischung vielleicht etwas überzogen, aber nicht zu Unrecht als die „erste Militärrevolte der Offiziere in der neuen Republik" bezeichnet, denn Maercker war sich seines Eingriffs in die Politik durchaus bewußt[475]. Auf Einladung Erzbergers legte Noske auch vor der Zen-

---

[470] Maercker, S. 288. [471] Luckau, Unconditional Acceptance, S. 218.

[472] General d. Inf. Frhr. v. Lüttwitz, der wichtige Oberbefehlshaber des Reichswehrgruppenkdo. 1 (Berlin), teilte Noske am 23. 6. 1919, ca. um 10.00 Uhr, telephonisch mit, daß er und seine Offiziere sich nocht nicht schlüssig seien, ob sie im Falle der Annahme des Friedens um Entlassung nachsuchen würden. „Es sei aber mit Sicherheit zu erwarten, daß die Masse der guten Truppen [. . .] Stellung gegen die Regierung nehmen würde." BA-MA N 247/67 (NL v. Seeckt), Bl. 9–12 (10), Vortrag des Ersten Generalquartiermeisters, gehalten am 23. 6. 1919, 18.30 Uhr, abgedruckt in: Kabinett Bauer, DokNr. 3 (hier: S. 7). Auszugsweise auch abgedruckt bei Groener, S. 506f. (507). Vgl. David, S. 255. Siehe auch: Lüttwitz, Walther Frhr. von, Im Kampf gegen die November-Revolution, Berlin 1934, S. 72f.; Maercker, S. 289.

[473] Noske, Von Kiel bis Kapp, S. 153.

[474] Protokoll der Sitzung der SPD-Fraktion der Nationalversammlung am 23. 6. 1919, 10.15 Uhr, zit. nach: Kabinett Bauer, DokNr. 3, Anm. 17. Siehe auch Miller, Bürde der Macht, S. 296.

[475] Erzberger, Erlebnisse, S. 380; Maercker, S. 289f. Beide Quellen unterscheiden sich hinsichtlich des Grades der ausgesprochenen Drohung. Maercker wird bestätigt durch Berliner Tageblatt Nr. 280 vom 23. 6. 1919.

trumsfraktion die Gründe dar, die ihn, bislang konsequenter Befürworter der Unterzeichnung, zu seinem Sinneswandel bewogen hatten. Unter dem Eindruck der Ausweglosigkeit – „so schien die Todesstunde für Deutschland gekommen zu sein: Anarchie bei Unterzeichnung, Anarchie bei Ablehnung" – entschied sich das Zentrum mit allen (68?) gegen 14 Stimmen, die bedingungslose Unterzeichnung abzulehnen[476]. Die vier Zentrumsminister, unter ihnen Erzberger, gingen mit der Mehrheit[477].

In der Stunde höchster Gefahr für das Reich wurde das Staatsoberhaupt selbst initiativ. Ebert beauftragte den Leiter der Deutschen Friedensdelegation in Versailles, unter der Hand mit den Siegern Fühlung aufzunehmen und zu erkunden, ob sie angesichts der auftretenden innenpolitischen Schwierigkeiten bereit seien, in der Auslieferungsfrage entgegenzukommen[478]. Weiter bat Ebert den Alt-Reichskanzler Bethmann Hollweg um Rat[479]. Schließlich wandte er sich noch einmal an die Oberste Heeresleitung[480] und ersuchte General Groener um Auskunft, über die voraussichtliche Haltung der Truppen zur bedingungslosen Unterzeichnung. Groener antwortete:

> „Nicht in meiner Eigenschaft als 1. Quartiermeister, sondern als guter Deutscher, der es mit seinem Vaterland ernst meint, gebe ich Ihnen folgenden Rat:
>
> 1. Trotz vorübergehender Erfolge im Osten ist ein Kampf im Endergebnis aussichtslos.

---

[476] Erzberger, Erlebnisse, S. 380f. (381).

[477] Luckau, Unconditional Acceptance, S. 218. Vgl. Morsey, S. 189f.

[478] BA R 43 I/5, Bl. 172, unsignierte Aufzeichnung über ein Telefongespräch Eberts am 23. 6. 1919, 10.00 Uhr, mit dem Gesandten v. Haniel, auszugsweise abgedruckt in: Kabinett Bauer, DokNr. 3, Anm. 16. Haniel machte Oberst Henri, dem (frz.) Verbindungsoffizier bei der dt. Delegation, entsprechende Mitteilung. Dieser beteuerte, als Offizier die dt. Haltung zu verstehen, und sagte zu, Clemenceau zu unterrichten. Über eine Antwort ist nichts bekannt. – Haniel hielt ein offizielles Herantreten an die Siegermächte für angezeigt. In Ergänzung zu den in der Note vom 22. 6. 1919 angegebenen Erklärungen sollte auf die innenpolitischen Gründe, die die Übernahme der Verpflichtung zur Auslieferung unmöglich machen würden, hingewiesen werden. Zugleich sollte zugesichert werden, daß die der Kriegsrechtsverletzungen Beschuldigten vor Gericht gezogen und im Schuldfall unnachsichtlich bestraft würden. Die seitens v. Haniel vorgeschlagene Note erhielt nicht die Billigung der Reichsregierung. PA/AA Dt. Friedensdeleg. Paris/Versailles, Pol. 13, Bd 1, Telegramme Dt. Friedensdeleg. Fr. K. A. Vers. 87 vom 23. 6. 1919 an Pax Berlin und AA in Weimar (u. a. Entwurf einer Note).

[479] BA R 43 I/5, Bl. 173, unsignierte Aufzeichnung über ein Telefongespräch Eberts am 23. 6. 1919, 10.15 Uhr, mit Bethmann. Dieser antwortete: „1. Die alleinige Schuld Deutschlands am Kriege kann ich nicht anerkennen, das wäre eine Lüge. 2. Über die Auslieferung des Kaisers hat völkerrechtlich Holland zu entscheiden. 3. Ich habe vor 5 Tagen Scheidemann erklärt, daß ich selbstverständlich zu meiner Erklärung vom 20. Mai stehe. Ich bin auch heute bereit, für alle politischen Handlungen des Reichs und des Kaisers während meiner Kanzlerschaft die Ehre des deutschen Volkes mit meiner Person zu dekken." Auch abgedruckt in: Kabinett Bauer, DokNr. 3, Anm. 16.

[480] Am 23. 6. 1919, 01.00 Uhr, war die O. H. L. über die Ablehnung der dt. Vorbehalte informiert und um Stellungnahme zur Lage gebeten worden. Hindenburg antwortete um 02.15 Uhr mit einem an den Reichspräsidenten gerichteten Fernschreiben, in dem er seine Stellungnahme vom 17. 6. 1919 (siehe oben, S. 216) wiederholte und darauf hinwies, daß in der Kommandeurbesprechung am 19. 6. 1919 (sog. „Kriegsrat", siehe oben, S. 217–219) zum Ausdruck gekommen sei, „daß eine große Anzahl von Offiz[ieren] und freiwilligen Truppen einer Regierung die Dienste aufsagen würde, die die Schmachparagraphen annimmt". An der Stellungnahme der O. H. L. habe sich seitdem nichts geändert. Fernschreiben in: BA R 43 I/702, Bl. 33f. (Original), auch zit. im Vortrag Groeners vom 23. 6. 1919, siehe Anm. 472. Die O. H. L. übergab am 25. 6. 1919 W. T. B. eine Erklärung über ihre Stellung zur Friedensfrage, in der das Telegramm Hindenburgs enthalten ist. Berliner Tageblatt Nr. 285 vom 26. 6. 1919, auch abgedruckt in: Schulthess 1919 I, S. 263–265.

2. Wenn die Annahme erfolgt, muß sich Noske an die Spitze der Truppe stellen und die Verantwortung für die Ausführung des Friedens übernehmen.
3. Noske muß einen öffentlichen Aufruf an die Offiziere und Soldaten richten, worin er sie ermahnt, ihre verfluchte Pflicht und Schuldigkeit weiter zu tun, das Vaterland in der Gefahr nicht im Stich zu lassen. Dann wird die Truppe voraussichtlich bleiben und ein aussichtsloser Kampf und ein Chaos wahrscheinlich vermieden werden[481]."

Im „Kriegsrat" vom 19. Juni 1919 hatte Groener die Unterzeichnung des Friedensvertrags befürwortet, zugleich aber auf Ablehnung der „Schmachparagraphen" bestanden. Doch schon damals hatte er geäußert, daß er es für unsittlich halte, die Interessen eines Standes über die des Volkes zu stellen[482]. Mit dem Ebert gegebenen Rat war er seinen Worten treu geblieben. Darüber hinaus bewies er persönlichen Mut, denn er wußte, daß ihm seine Stellungnahme zur Friedensfrage wieder viel Gegnerschaft im Offizierkorps eintragen würde[483]. Hindenburg brachte diesen Mut nicht auf. Bei Eintreffen von Eberts Anruf befand er sich gerade bei Groener. Er verließ dessen Zimmer, als er von dem Anliegen des Reichspräsidenten erfuhr. Nach geraumer Zeit kehrte er zurück, und Groener berichtete ihm von dem Vorgefallenen. Hindenburg sagte daraufhin zu seinem Gehilfen, er sei mit dessen Erklärung „materiell" einverstanden, und fügte hinzu, „er [Groener] müsse eben wieder das bête noire spielen"[484]. Trotz verstandesmäßig gleicher Auffassung war der Heros des deutschen Volkes nicht bereit, seinen Namen für einen unpopulären Schritt, das endgültige Eingeständnis der Niederlage, herzugeben.

Groeners Stellungnahme zeigte, daß die Erklärungen der Generale Maercker und Lüttwitz die Ansichten des Offizierkorps nicht voll zutreffend wiedergaben. Es bestand Aussicht, daß ein Appell zum Dienst am Vaterland nicht ungehört verhallen würde. Die Zuversicht, daß die zur Sicherstellung der Ordnung im Innern benötigten Truppen erhalten bleiben würden, brachte die Wende: Noske gab seine Rücktrittsabsicht auf; die Zentrumsführer erklärten ihre Bereitschaft zur Revision ihres gerade (in der Kabinettssitzung um 12.00 Uhr) bekanntgegebenen Beschlusses, aus der Regierung auszuscheiden[485].

Die Gefahr, die dem Fortbestand der Reichsregierung drohte, war damit noch nicht endgültig gebannt. Da sie sich trotz des Wortlauts des Parlamentsbeschlusses vom 22. Juni 1919 – „die Nationalversammlung ist mit der Unterzeichnung des Friedensvorschlags einverstanden" – nicht für bevollmächtigt hielt, auch bedingungslos zu unterzeichnen, mußte sie um das Plazet der Volksvertretung erneut nachsuchen. Das Resultat einer entsprechenden Abstimmung in der Nationalversammlung war höchst unsicher. Es war zu

---

481 BA R 43 I/5, Bl. 171, unsignierte Aufzeichnung über ein Telefongespräch Eberts am 23. 6. 1919, 11.15 Uhr, mit Gen.Lt. Groener, auszugsweise abgedruckt in: Kabinett Bauer, DokNr. 3, Anm. 16 u. 19. Groener wiederholte seine Stellungnahme durch Fernschreiben. Dessen Wortlaut weicht von der Aufzeichnung des Telefongesprächs nicht unwesentlich ab, insbes. heißt es bei Punkt 2: „Minister Noske muß die Führung des Volkes und die Verantwortung für den Friedensschluß übernehmen." (!) Fernschreiben wiedergegeben im Vortrag Groeners vom 23. 6. 1919, wie Anm. 472. Auch abgedruckt bei: Groener, S. 508. Vgl. die Erklärung der O. H. L. vom 25. 6. 1919 über ihre Stellungnahme zur Friedensfrage, siehe Anm. 480.

482 Protokoll der Generalsbesprechung am 19. 6. 1919, abgedruckt bei: Ernst, hier: S. 76. Vgl. Tagebuchaufzeichnung von Oberstlt. van den Bergh, ebd., S. 72, Anm. 23.

483 Anfeindungen blieben tatsächlich nicht aus. Siehe Rakenius, S. 228.

484 Vortrag Groeners vom 12. 7. 1919, wie Anm. 417 lit. e, hier: Bl. 144f. (145); Groener, S. 507.

485 David, S. 256f. Vgl. Erzberger, Erlebnisse, S. 381f.

befürchten, daß eine Zufallsmehrheit über das künftige Schicksal Deutschlands entschied[486].

Besprechungen Eberts mit den Führern der bürgerlichen Opposition ergaben, daß diese nicht bereit waren, unverzüglich eine Regierung zu bilden, die die Konsequenzen der Nichtannahme des Ultimatums zu tragen gehabt hätte[487]. Es enthüllte sich, wie sehr die Unterzeichnung eine kalkulierte Voraussetzung ihrer Negationspolitik war. Die Führer der bürgerlichen Parteien empfanden nun ein Gefühl der Verantwortung und suchten nach einem Modus, der die Unterzeichnung ermöglichte, ohne daß ihnen ein Gesichtsverlust drohte. Der Fraktionsvorsitzende der DVP, Rudolf Heinze, schlug vor, alle Parteien sollten bekunden, daß der Parlamentsbeschluß vom Vortage die Regierung zweifellos zur vorbehaltlosen Unterzeichnung ermächtige. Die Zentrumsführer Bell und Mayer (-Kaufbeuren) nutzten die Situation und ließen wissen, daß sie der bedingungslosen Unterzeichnung nur zustimmen würden, wenn die bürgerliche Opposition eine Erklärung abgebe, in der sie die vaterländischen Beweggründe der Unterzeichnungswilligen anerkenne. Die Rechtsparteien müßten öffentlich versprechen, daß sie das „Opfer" des Zentrums nicht als Mittel zu Angriffen mißbrauchen würden. Schiffer (DDP) und Heinze gaben eine entsprechende Zusicherung. Der Vertreter der DNVP, Schultz(-Bromberg), hielt eine diesbezügliche Erklärung für überflüssig, da keiner seiner Parteigenossen die patriotischen Motive der Unterzeichnungswilligen bezweifeln würde[488].

Kabinett und Koalitionsfraktionen trafen sich vor der Sitzung der Nationalversammlung zur abschließenden Festlegung ihrer Haltung. Im Kabinett stimmte Reichswehrminister Noske – wohl aus taktischen Gründen – für die Ablehnung[489]. Reichsministerpräsident Bauer empfahl der kurz vor 15.00 Uhr zusammengetretenen Nationalversammlung, nachdem der Versuch, wenigstens die Ehre zu wahren, an dem „sträflichen Übermut der Entente gescheitert" sei, ihn zur bedingungslosen Unterzeichnung des Friedensvertrags zu autorisieren. Schiffer und Heinze erklärten für ihre Parteien, daß sie die vaterländische Gesinnung der Befürworter der Unterzeichnung anerkennen würden, während Schultz (-Bromberg) sich diesem Diktum schäbig versagte. Durch einfache Abstimmung gab die „große Mehrheit" der Abgeordneten ihre Zustimmung zu der „Auffassung der Regierung, daß sie nach wie vor ermächtigt bleibt, den Friedensvertrag zu unterzeichnen"[490].

---

[486] Erzberger, Erlebnisse, S. 381; Payer, Friedrich, Von Bethmann Hollweg bis Ebert. Erinnerungen und Bilder, Frankfurt a. M. 1923, S. 300f. Siehe auch Albertin, S. 342, Anm. 137.

[487] Luckau, Unconditional Acceptance, S. 218; Erzberger, Erlebnisse, S. 381 f.; Payer, S. 301.

[488] Luckau, Unconditional Acceptance, S. 219; Payer, S. 302–304. Vgl. Albertin, S. 342 f.

[489] Fernschreiben des Verbindungsoffiziers der O. H. L. bei der Reichsregierung, Maj. v. Feldmann, vom 23. 6. 1919, 14.30 Uhr, an O. H. L., wiedergegeben im Vortrag Groeners vom 23. 6. 1919, siehe Anm. 472. Auch abgedruckt bei: Groener, S. 508. Telegramm des persönlichen Adjutanten des Reichswehrministers, Maj. v. Gilsa, vom 23. 6. 1919, an Reichswehrgruppenkdo. 1, abgedruckt bei: Noske, Von Kiel bis Kapp, S. 155. Auf dieser Meldung beruht offensichtlich das Fernschreiben des Chefs der Admiralität vom 23. 6. 1919 an M. St. O., M. St. N. u. a., BA-MA RM 6/7, Bl. 12 (Abschrift), abgedruckt bei: Trotha, S. 166 f. Aufruf des Reichswehrministers vom 23. 6. 1919 an die Reichswehr, abgedruckt in: Schulthess 1919 I, S. 262 f.; Ursachen und Folgen III, DokNr. 772; Noske, Von Kiel bis Kapp, S. 154 f.

[490] Nationalversammlung, Bd 327, S. 1139–1141. – Über die Abstimmung berichtete der Korrespondent des „Berliner Tageblatts" (Nr. 281 vom 24. 6. 1919): „Bis auf einen Teil der Deutschnationalen, der Demokraten und des Zentrums erhoben sich etwa Vierfünftel [der anwesenden Abgeordneten] zugunsten der gestern bereits vom schwarz-roten Block beschlossenen Blankovollmacht." Der Bericht wird von dem Zentrums-Abg. Andre weitgehend bestätigt. Nach seinen Beobachtungen setzte sich die

Der Gesandte v. Haniel wurde umgehend informiert. Um 16.40 Uhr, zwei Stunden und zwanzig Minuten vor Ablauf des Ultimatums, übergab er folgende, im Ton durchaus würdige Note:

> „Die Regierung der Deutschen Republik hat aus der letzten Mitteilung der alliierten und assoziierten Regierungen mit Erschütterung ersehen, daß sie entschlossen sind, von Deutschland auch die Annahme derjenigen Friedensbedingungen mit äußerster Gewalt zu erzwingen, die, ohne eine materielle Bedeutung zu besitzen, den Zweck verfolgen, dem deutschen Volke seine Ehre zu nehmen. Durch einen Gewaltakt wird die Ehre des deutschen Volkes nicht berührt. Sie nach außen hin zu verteidigen, fehlt dem deutschen Volke nach den entsetzlichen Leiden der letzten Jahre jedes Mittel. Der übermächtigen Gewalt weichend, und ohne damit ihre Auffassung über die unerhörte Ungerechtigkeit der Friedensbedingungen aufzugeben, erklärt deshalb die Regierung der Deutschen Republik, daß sie bereit ist, die von den alliierten und assoziierten Regierungen auferlegten Friedensbedingungen anzunehmen und zu unterzeichnen[491]."

Die Zeremonie der Unterzeichnung des Friedensvertrags fand am 28. Juni 1919, am fünften Jahrestag der Schüsse von Sarajewo, im Spiegelsaal des Schlosses von Versailles statt. In demselben Saal war knapp fünfzig Jahre zuvor Wilhelm I. als Deutscher Kaiser proklamiert worden. An der Stätte einstigen deutschen Triumphes setzten nun zwei Repräsentanten des republikanischen Deutschlands, die Reichsminister Hermann Müller und Johannes Bell, ihre Unterschriften unter einen Vertrag, den sie selbst als demütigend empfanden. Sie erblickten in ihrer Signatur ein persönliches Opfer, das sie ihrem Volk und Vaterland darbrachten[492].

Der 28. Juni 1919 war für die Alliierten und Assoziierten ein Tag des Jubels und des Triumphes. Der mächtigste der Gegner hatte sich ihrem Friedensdiktat gebeugt, der Krieg war siegreich beendet. Die für den Frieden Verantwortlichen sahen sich indessen schon in der Schlußphase der Konferenz der Kritik ausgesetzt. Entsprach die Friedensregelung dem von den Vierzehn Punkten umrissenen Rechtsfrieden? Würde sie Europa eine dauerhafte Ordnung geben? Präsident Wilson war davon überzeugt, daß von der Konferenz das Bestmögliche geleistet worden sei. Er war ebenso davon überzeugt, daß Deutschland einen Frieden des Rechts erhalten habe. Wenn dieser hart erscheine, so müsse man bedenken, daß Deutschland den Folgen seiner Untaten nicht habe entgehen dürfen[493]. Wilson war sich demnach bewußt, daß der Friede Elemente der Strafe enthielt. Ein „Straffriede"

Mehrheit zusammen aus: 1. USPD, 2. MSPD („wohl bis auf wenige Ausnahmen"), 3. „dem größeren Teil" der DDP, 4. „dem größeren Teil" der DVP, 5. „der Minderheit oder vielleicht der Hälfte des Zentrums", 6. einem geringen Teil der DNVP. Andre, S. 14f. Ähnlich Frankfurter Zeitung Nr. 458 vom 24. 6. 1919, zit. bei Arns, Kap. 4.2., Anm. 97. Unzutreffend Huber V, S. 1172.

[491] Note vom 23. 6. 1919 an den Präsidenten der Friedenskonferenz, abgedruckt in: Kraus/Rödiger I, DokNr. 78; Ursachen und Folgen III, DokNr. 731.

[492] Aufzeichnung Bells vom 6. 7. 1919 über die Gründe, die zu seiner Ernennung als Bevollmächtigter für die Unterzeichnung des Friedensvertrags geführt haben. Das Original gilt als verloren, eine engl. Übers. veröffentlichte: Luckau, Unconditional Acceptance, S. 220. Müller, Hermann, Unterzeichnung im Spiegelsaal. 28. Juni 1919, in: Schiff, Victor, So war es in Versailles, Berlin 1929, S. 135–143 (135f.). Erklärung der Reichsregierung vom 26. 6. 1919, abgedruckt in: Schulthess 1919 I, S. 269f. Vgl. Kabinett Bauer, DokNr. 4 (P. 1).

[493] Schwabe, Deutsche Revolution und Wilson-Frieden, S. 650.

bedeutete allerdings einen Bruch mit einer jahrhundertealten diplomatischen und völkerrechtlichen Tradition. Seine Tragfähigkeit mußte er erst noch unter Beweis stellen.

Zu den Kritikern des Versailler Vertrages aus den Reihen derer, die an seiner Gestaltung mitgewirkt hatten, gehörte auch General Smuts, Delegierter der Südafrikanischen Union. In einer großes Aufsehen erregenden Erklärung, die er nach der Unterzeichnungszeremonie der Presse übergab, bewertete er den Vertrag als nicht zufriedenstellend. Er habe ihn nur unterzeichnet, weil mit ihm der Krieg und der für Deutschland nicht weniger ruinöse Waffenstillstand beendet werde. Der Friedensvertrag enthalte nur zwei weitreichende Errungenschaften: die Zerstörung des preußischen Militarismus und die Gründung des Bundes der Völker. Im übrigen sei er nicht mehr als die Liquidation des Krieges. Der wahre Friede, der der Völker, müsse noch folgen und den Frieden der Staatsmänner verbessern und vervollständigen. Vonnöten sei ein neuer Geist, der Sieger und Besiegte beseelen müsse: Großmut und Humanität, Reue, Gnade und Vergessen könnten allein die Wunden, die der Krieg geschlagen habe, heilen. In diesem Geist müsse die Lösung der Probleme, denen die Staatsmänner auf der Konferenz nicht gerecht wurden, erfolgen. Überprüfungen und Anpassungen seien notwendig hinsichtlich der Territorialregelungen, der Sicherheitsleistungen (Besetzung des Rheinlandes usw.), der Strafbestimmungen, der Reparationen und zahlreicher „Nadelstiche", d. h. Einzelbestimmungen, die keinem größeren Zweck dienen würden. Mithin ein volles Revisionsprogramm! Voraussetzung für seine Durchführung, so meinte Smuts, sei allerdings, daß Deutschland seine Verpflichtungen ernst nehme und zu erfüllen versuche sowie daß die siegreichen Völker den Idealen treu blieben, für die sie gekämpft hätten. In diesem Sinne richtete sich seine Bemerkung zu den Strafbestimmungen an beide Seiten: „There are punishments foreshadowed, over most of which a calmer mood may yet prefer to pass the sponge of oblivion[494]."

---

[494] Smuts' „Statement" vom 28. 6. 1919, abgedruckt in: Selections from the Smuts Papers IV, DokNr. 1043; Ursachen und Folgen III, DokNr. 735 a. Vgl. Smuts' „Statement" vom 18. 7. 1919, abgedruckt in: Selections from the Smuts Papers IV, DokNr. 1057. Siehe Hancock I, S. 545–547.

IV. Die Konfrontation zwischen Deutschland und den Siegermächten über die Auslieferung der der Verletzung der Kriegsgesetze und -gebräuche Beschuldigten

1. Die Reaktion der Reichswehr auf die bedingungslose Unterzeichnung des Friedensvertrags

Der Beschluß der Nationalversammlung vom 23. Juni 1919, der die Ermächtigung der Regierung zur bedingungslosen Unterzeichnung des Friedensvertrags ausdrücklich bestätigte, festigte die Stellung des Kabinetts Bauer. Einer Regierungsumbildung, wie sie Groener noch einmal in seinem dem Reichspräsidenten gegebenen Rat befürwortet hatte – „Noske muß die Führung des Volkes und die Verantwortung für den Friedensschluß übernehmen[1]" – war damit der Boden entzogen. Die militärische Führung hätte eine auf die Reichswehr gestützte, mit diktatorischen Vollmachten ausgestattete Regierung Noske zweifellos begrüßt. Sie hätte in ihr Voraussetzung und Anfang zu einem nationalen Wiederaufstieg erblickt. Nachdem die politischen Vorstellungen der militärischen Führer nicht zum Zuge gekommen waren, mußte die bevorstehende Erfüllung der Friedensbedingungen das Verhältnis zwischen Reichsregierung und Reichswehr auf das äußerste belasten. Zwei Bedingungen kam besondere Bedeutung zu, da sie die Reichswehr direkt betrafen: die Truppenverminderung und die Auslieferung der der Kriegsrechtsverletzungen Beschuldigten.

Angesichts der Bedrohungen, denen das Reich im Innern und von außen ausgesetzt war, hing das Überleben der verfassungsmäßigen Regierung, zumindest ihre Möglichkeit zu konstruktiver Politik, von der Haltung des Offizierkorps zur bedingungslosen Unterzeichnung des Friedensvertrags ab. Nationalversammlung sowie Reichspräsident und Reichsregierung bekundeten in ihren Aufrufen Verständnis für die tiefe Erbitterung der Truppe über die ehrverletzenden Bestimmungen des Friedensvertrags. Sie forderten die Soldaten auf, „ein Beispiel der Selbstverleugnung und der Aufopferung [zu] geben" und zusammen mit den anderen Volksgenossen „ihre vaterländische Pflicht [zu] erfüllen"[2].

Der Reichswehrminister erließ direkt nach dem Beschluß der Nationalversammlung vom 23. Juni einen Aufruf an die Reichswehr, in dem er darlegte, daß er ebenso wie der preußische Kriegsminister im Kabinett gegen die Unterzeichnung des „Gewaltfriedens" gestimmt habe. Sein Rücktrittsangebot habe der Reichspräsident abgelehnt. Die Not des Volkes verbiete ihm, „fahnenfluchtartig" seinen Posten zu verlassen. Die Unterwerfung unter das Gebot der Feinde habe nur einen Sinn, wenn im Innern der Zusammenbruch und

---

[1] Fernschreiben Groeners vom 23. 6. 1919, abgedruckt bei: Groener, S. 508. Vgl. Kapitel III, Anm. 481.

[2] Aufruf der Nationalversammlung an die deutsche Wehrmacht, verabschiedet in der Sitzung am 23.6. 1919, Nationalversammlung, Bd 327, S. 1141 f.; Ursachen und Folgen III, DokNr. 771. Aufruf des Reichspräsidenten der Reichsregierung vom 24.6. 1919 an das deutsche Volk, u. a. erschienen in: Berliner Tageblatt Nr. 283 vom 25.6. 1919, abgedruckt in: Schulthess 1919 I, S. 265; Ebert, Friedrich, Schriften, Aufzeichnungen, Reden, hrsg. von Friedrich Ebert jun., 2 Bde, Dresden 1926, hier: Bd 2, S. 170f. Siehe auch Ansprache des Reichspräsidenten am 24.6. 1919 an Teile des „Freiwilligen Landesjägerkorps", ebd., S. 168 f.; mit Auslassungen wiedergegeben bei Maercker, S. 292 f.

das Chaos vermieden würden. Er forderte Offizier und Mann auf, ihm bei der Lösung dieser Aufgabe weiterhin zur Seite zu stehen[3].
Trotz der beschwörenden Appelle, mit denen sich die Reichsregierung an die bewaffnete Macht wandte, blieb der Mehrzahl der Soldaten und ihrer Führer verschlossen, daß die Politiker sich nur äußerem Druck beugten und daß ihr Handeln aus politischer Einsicht keine Anerkennung der Friedensbedingungen als rechtmäßig und sittlich gerechtfertigt bedeutete[4]. Da sie der Republik und der demokratisch legitimierten Regierung reserviert oder ablehnend gegenüberstanden, fehlte es an ihrer Bereitschaft, die Motive, die die politisch Verantwortlichen bei ihrer Entscheidung geleitet hatten, auch nur zu respektieren. Der gegen die Regierung erhobene Vorwurf, es nicht einmal vermocht zu haben, die Ehre der Nation und der Streitkräfte zu wahren, verschärfte die Situation.
Die Folgen, die die Annahme des Friedensvertrags für das Verhältnis zwischen Reichswehr und Regierung hatten, offenbarten sich Noske schon in der Unterredung, die er am Vormittag des 24. Juni mit dem Oberbefehlshaber des Reichswehrgruppenkommandos 1, General der Infanterie v. Lüttwitz, dem die Truppen in und um Berlin unterstanden, führte. Der General zeigte für die Zwangslage, in der sich der Minister tags zuvor befunden hatte, kein Verständnis. Er erklärte Noske, als „Repräsentant der Armee" hätte er aus dem Kabinett austreten müssen, „denn es hätte sich in Widerspruch zur Armee gesetzt. Das Offizierkorps habe das Vertrauen zur Regierung verloren[5]." Dieses könne seine Dienste nur weiter zur Verfügung stellen, wenn in Zukunft härter regiert werde. Man bedürfe einer diktatorischen Regierung, eines Kabinetts tatkräftiger Männer, gleichgültig welcher Parteizugehörigkeit, um die innere Lage zu konsolidieren und den Staat zu retten. Noske wies eine Einmischung der Reichswehrführung in die Politik zurück. Er betonte, daß seine Partei eine diktatorische Regierung nicht tolerieren werde und es daher für eine solche keine Basis gebe. Er warnte vor einer Politik der Gewalt, da sie zur Zerstörung des Reiches führen müsse[6].
In einer Besprechung Noskes mit den Kommandeuren der in und um Berlin liegenden Truppen erwies sich, daß diese Lüttwitz' Ansichten und Überlegungen teilten. Korvettenkapitän Ehrhardt, Kommandeur der 2. Marinebrigade, führte unter dem Beifall seiner Kameraden aus, Offiziere und Truppen hätten sich unter der Voraussetzung der Regierung zur Verfügung gestellt, daß sie in Ehren dienen könnten:

> „Jetzt habe man einen Frieden geschlossen unter Bedingungen, die das deutsche Volk vor aller Welt ehrlos machten und als verbrecherisch brandmarkten. Die Geschichte

[3] Aufruf des Reichswehrministers vom 23. 6. 1919, abgedruckt in: Schulthess 1919 I, S. 262f.; Ursachen und Folgen III, DokNr. 772; Noske, Von Kiel bis Kapp, S. 154f.

[4] Wohlfeil, Rainer, Heer und Republik, in: Handbuch zur deutschen Militärgeschichte 1648–1939, hrsg. vom Militärgeschichtlichen Forschungsamt, Bd 3, Abschnitt VI: Wohlfeil, Rainer/Edgar Graf von Matuschka, Reichswehr und Republik 1918–1933, Frankfurt a. M. [1970], S. 91.

[5] Lüttwitz, S. 74.

[6] Volkmann, E[rich] O[tto], Revolution über Deutschland, Oldenburg 1930, S. 315f. Das Werk enthält keine Belege. Da der Verfasser Archivrat im Reichsarchiv war, darf gleichwohl davon ausgegangen werden, daß es hinsichtlich der mitgeteilten Fakten Quellenwert besitzt. Vgl. Oertzen, F[riedrich] W[ilhelm] v., Die deutschen Freikorps 1918–1923, München 1936, S. 357f. Nach Berliner Tageblatt Nr. 282 vom 24. 6. 1919 (Abendausg.) führte die Unterredung zwischen Noske und Lüttwitz „zu einem befriedigenden Ergebnis". L. habe sich bereit erklärt, auf seinem Posten zu verbleiben. Um 18 Uhr werde eine Konferenz des Reichswehrministers mit sämtlichen Kommandeuren der Truppen in und um Berlin stattfinden, um die Lage zu besprechen; aber man dürfe schon jetzt sagen, daß Offiziere und Mannschaften im Interesse des Vaterlandes den Dienst fortführen würden.

werde die Tatsache verzeichnen, daß das Offizierkorps diese Ungeheuerlichkeit hingenommen habe, ohne sich ernstlich dem Verlauf der Dinge zu widersetzen. Einen solchen moralischen Zusammenbruch des Volkes und der Armee würden viele Offiziere innerlich nie verwinden."

Der in den letzten Tagen an die verantwortlichen Männer ergangene Ruf, die nationale Führung zu übernehmen, sei nicht verstanden worden. Darin liege ein „Versagen in historischer Stunde"[7].

Doch nicht alle Offiziere blickten wie Ehrhardt zurück, betonten die Kluft zwischen ihnen und der militärischen Führung. Hauptmann Waldemar Pabst, der einflußreiche Erste Generalstabsoffizier des Garde-Kavallerie-Schützen-Korps, wies auf die Notwendigkeit hin, alle Kräfte in den Dienst der Gestaltung der Zukunft zu stellen. „In dem Abschluß der Revolution und in der Wiederaufrichtung des Staates liege jetzt die Aufgabe des Offizierkorps, und in der Erfüllung dieser Aufgabe werde es sich auch seine Ehre wieder holen[8]."
Das Offizierkorps habe aufgrund seines Einsatzes für die Republik ein Anrecht, an dem Wiederaufbau des Staates mitzuwirken. Es werde sich zur Verfügung stellen, „wenn in Zukunft die Gedankengänge der Offiziere auch in der Politik der Regierung ihren Ausdruck fänden"[9].

Daraufhin wurden Noske folgende politische Forderungen vorgelegt: Nichtauslieferung des Kaisers und der „sogenannten Kriegsverbrecher"; Aufhören der Schmähungen der Truppe und Schutz gegen die zahllosen Presseverunglimpfungen; Rücktritt besonders mißliebiger Regierungsmitglieder, vor allem Erzbergers; Beseitigung des „politischen Kuhhandels" und scharfes Durchgreifen bei inneren Unruhen[10].

Noske hielt mannhaft stand, soweit überliefert nur von Kriegsminister Reinhardt unterstützt, der zum Disziplinhalten ermahnte. Er lehnte es ab, von den Offizieren Vorschriften entgegenzunehmen, „weil die Herren nur die Wahl haben konnten, aus dem Dienst zu scheiden oder weiter als Soldat ihre Pflicht zu tun"[11]. Zugleich wiederholte Noske seinen Appell, trotz persönlicher Bedenken das Vaterland in der Stunde der Not nicht im Stich zu lassen. Die Presse meldete über die Besprechung und deren Ergebnis:

> „In der Aussprache [...] kam der tiefe Schmerz über die entehrenden Bestimmungen des Friedensvertrages, insbesondere über die schmachvollen Auslieferungsparagraphen, wiederholt zum Ausdruck. Die Generale stimmten gleichwohl mit dem Reichswehrminister darin überein, daß es jetzt die Pflicht und Schuldigkeit jedes guten Deutschen sei, dem Vaterlande seine Dienste nicht zu versagen und für Ordnung und Ruhe Sorge zu tragen[12]."

---

[7] Volkmann, S. 317. [8] Ebd. Vgl. Oertzen, S. 358f. [9] Oertzen, S. 359.

[10] Schüddekopf, Otto-Ernst, Das Heer und die Republik. Quellen zur Politik der Reichswehrführung 1918 bis 1933, Hannover-Frankfurt a. M. 1955, S. 95 (nach einer Veröffentlichung von W. Pabst), nachgedruckt in: Ursachen und Folgen III, DokNr. 773. Davon im einzelnen abweichend: Aufzeichnung von Lüttwitz vom Sommer 1920, abgedruckt in: Erger, Johannes, Der Kapp-Lüttwitz-Putsch. Ein Beitrag zur deutschen Innenpolitik 1919/20, Düsseldorf 1967 (= Beiträge zur Geschichte des Parlamentarismus und der politischen Parteien, Bd 35), S. 304 (DokNr. 2); Lüttwitz, S. 75.

[11] Noske, Von Kiel bis Kapp, S. 155. Vgl. aber Meldung des bayerischen Verbindungsoffiziers beim Reichswehrgruppenkdo. 1, Maj. Adam, vom 25. 6. 1919, abgedruckt in: Zwischen Revolution und Kapp-Putsch, DokNr. 52.

[12] Berliner Tageblatt Nr. 283 vom 25. 6. 1919. Die Zeitungsmeldung enthält über die Besprechung, über die kein Protokoll o. ä. vorliegt, noch folgende Einzelheiten: Außer den im Text Genannten nahmen die Generale v. Lettow-Vorbeck, v. Heuduck u. v. Oven sowie Oberst Reinhard teil; die Besprechung dau-

Der 24. Juni 1919 markiert den Tag, an dem sich die Mehrzahl der führenden Offiziere von Noske abwandte[13]. Sie erkannten, daß der Reichswehrminister, der in dem zurückliegenden halben Jahr ihre Achtung und ihr Vertrauen gewonnen hatte, nicht gewillt war, sich noch weiter von seiner Partei zu entfernen, als er es schon getan hatte. Selbst Groener war sich nicht mehr sicher, ob Noske der richtige Mann sei, die innere Politik mit diktatorischen Vollmachten zu leiten, was der „Kern" seines Ebert gegebenen Rates gewesen sei. Auch Noske sei Parteimann. Aber mit einer Parteienregierung, so fürchtete der General, sei nichts zu gewinnen:

> „Wir brauchen eine Regierung, die über den Parteien steht und den Rechten wie den Linken die Köpfe blutig schlägt. Dazu ein festes starkes Heer. [. . .] das Instrument [. . .], ohne das nicht regiert werden kann[14]."

Die Kluft, die sich zwischen den Führern der bewaffneten Macht und der Reichsregierung aufgetan hatte, wurde dadurch verdeckt, daß die Zahl der freiwillig aus dem Dienst scheidenden Offiziere den Bestand der Reichswehr und damit die Aufrechterhaltung der Ordnung im Innern nicht gefährdete. Die Offiziere verblieben bei den Fahnen aufgrund ihrer Überzeugung, daß das Wohl des Vaterlandes dies von ihnen verlange. Ausschlaggebend für ihr Verhalten war die Beurteilung der politischen Lage. Die Notwendigkeit der Bekämpfung von links ausgehender Unruhen im Innern und des Schutzes der Ostgrenzen gegen polnische und bolschewistische Bedrohungen – Aufgaben, denen sich die Streitkräfte bisher gewidmet hatten – bestand auch nach Unterzeichnung des Friedensvertrags fort. Insoweit herrschte Einvernehmen mit der Reichsregierung. In dem Augenblick, in dem die Politik der Regierung der Beurteilung der Lage durch das militärische Führerkorps widersprach, erwuchs die Gefahr, daß dieses versuchen könnte zu intervenieren. Sein Mangel an Loyalität gegenüber der demokratischen Regierung rückte Militärputsche in den Bereich des Möglichen.

In der Reichswehr war die Enttäuschung und Erregung über das Mißlingen des Versuchs, die „Schmachartikel" zu inhibieren, und über das „Versagen" der Regierung sehr groß. Wie eine von Generalmajor v. Hülsen, Führer der Reichswehrbrigade 3, angefertigte „Denkschrift" vom 24. Juni 1919[15] zeigt, wurde erwogen, unter Einsatz der Streitkräfte die *vorbehaltlose* Unterzeichnung des Friedensvertrags zu verhindern. Seine Überlegungen führten den General zu dem Ergebnis, daß diese zu schwach seien, um die voraussichtlichen Konsequenzen der Ersetzung der bestehenden Regierung durch eine andere, nämlich Bürgerkrieg und Einmarsch der Entente, durchzustehen. Aussicht auf Erfolg sei nur gegeben, wenn starke Teile der SPD mitmachten oder wenigstens neutral blieben. Da-

---

erte fast zwei Stunden. Über sie berichtet auch: Reinhard [Wilhelm], 1918–19. Die Wehen der Republik, Berlin 1933, S. 109f. R. datiert die Besprechung fälschlich auf den 20. 6. 1919, was freilich nicht alle Unstimmigkeiten zu erklären vermag. Vgl. die Darstellungen von: Carsten, S. 52; Erger, S. 30f.; Gordon, Harold J. jr., The Reichswehr and the German Republic, 1919–1926, Princeton, N. J., 1957, S. 96f.; Koch, Hannsjoachim W., Der deutsche Bürgerkrieg. Eine Geschichte der deutschen und österreichischen Freikorps 1918–1923, Berlin-Frankfurt a. M.-Wien 1978, S. 181f.

[13] Ebenso: Volkmann, S. 315; Erger, S. 30; Koch, S. 181.

[14] BA-MA N 42/12 (NL v. Schleicher), Bl. 127–147, Vortrag von Gen.Lt. Groener am 12. 7. 1919 vor den Verbindungsoffizieren der O. H. L. bei AOK Nord, AOK Süd sowie verschiedenen Generalkommandos, hier: Bl. 145.

[15] BA-MA RH 37/5058, Bl. 72f., „Denkschrift über die politische Lage vom Standpunkt der Reichswehr" (hs. Original, kein Hinweis auf Adressaten), abgedruckt in: Zwischen Revolution und Kapp-Putsch, DokNr. 51.

mit sei nicht zu rechnen. Der Entente könne zudem nichts Besseres passieren, als in den Bürgerkrieg hineinzustoßen. Da Hülsen keine Möglichkeit sah, die vorbehaltlose Unterzeichnung des Friedensvertrags zu verhindern, befürwortete er, wenigstens die Schmach der Auslieferung mit allen Mitteln abzuwenden. Die Forderung nach Auslieferung solle die Regierung mit passiver Resistenz beantworten, die sich versteckt haltenden „Proskribierten" nur scheinbar suchen und die Entente vertrösten. Je größer der Zeitgewinn, um so weniger sei damit zu rechnen, daß die Gegner den Krieg erneuerten. Zugleich solle die Zeit genutzt werden, eine Militärdiktatur unter Noske zu installieren, um mit scharfer Hand in Deutschland Ordnung zu schaffen[16].

Wirkliche Gefahr einer militärischen Erhebung in Reaktion auf die Absicht der Reichsregierung, den Friedensvertrag zu unterzeichnen, bestand in den preußischen Ostprovinzen. Die im Grenzschutz eingesetzten Truppen waren von der Führung auf die Wiederaufnahme des Krieges vorbereitet worden. Sie brannten förmlich darauf, „es den Polen zu zeigen"[17]. Es war weder auszuschließen, daß die Truppe losschlagen und die Führung mitreißen würde, noch auszuschließen, daß ein Führer der Versuchung nachgeben würde, eine Yorck-Rolle zu spielen. Die Gefahren, die aus einer Erhebung im Osten für das Reich resultieren konnten, waren nicht zu unterschätzen. Der Wiedereintritt des Kriegszustandes zwischen dem Deutschen Reich und den alliierten und assoziierten Mächten lag im Bereich des Möglichen. Der preußische Ministerpräsident und der Reichswehrminister wandten sich an die Bevölkerung der Ostprovinzen bzw. an die dort stehenden Truppen, um die Gefahren zu bannen. „Ersterer erklärte, jede auf Gründung einer selbständigen Ostrepublik gerichteten Bestrebungen seien als Hochverrat aufs schärfste zu bekämpfen. Letzterer sagte, es sei unwahr, daß er seine Zustimmung gegeben und lehnt derartige Bestrebungen schroff ab[18]."

Im Stab des XVII. Armeekorps in Danzig hatte man, obwohl bei den Besprechungen in Weimar am 19. Juni 1919 klar geworden war, daß Reichs- und preußische Regierung sowie die Oberste Heeresleitung jedem selbständigen Vorgehen im Osten ihre Unterstützung versagten[19], an dem Oststaat-Projekt festgehalten. Die Truppe wartete auf den Befehl zum Losschlagen. General der Infanterie Otto v. Below wandte sich in einem Brief, der am 22. Juni 1919 in Kolberg eintraf, an Hindenburg. Er fragte den Generalfeldmarschall, ob er bereit sei, sich an die Spitze der Erhebung zu stellen, andernfalls wolle er es selbst tun[20]. Dem Versuch, Hindenburg für den Plan zu gewinnen, unterlag die Idee, „dem Kampfe den nötigen nationalen Schwung zu geben"[21]. Doch der Retter Ostpreu-

---

[16] Die „Denkschrift" schließt mit einer Aufzählung über „vorbereitende Maßnahmen", u. a. „Gesetz zum Arbeitszwange, besondere Strafen für Hetzer bis Todesstrafe" und „Verstärkung [des Selbstschutzes] unter Ausruf von selbständigen Diktaturen auf den Kriegsschauplätzen"!

[17] Siehe dazu u. a. den Bericht eines der Brigade „Ehrhardt" angehörenden jungen Marineoffiziers vom Juli 1919, der nicht nur ein anschauliches Bild von der Kampfbereitschaft der Truppe, sondern auch von ihrer politischen Verhetzung zeichnet, in: Freksa, Friedrich (Hrsg.), Kapitän Ehrhardt. Abenteuer und Schicksale, Berlin 1924, S. (138) 139–146.

[18] So Wiedergabe des Inhalts der Telegramme bei: Thaer, S. 316 (Tagebuchaufzeichnung vom 23. 6. 1919).

[19] Siehe oben, S. 217–219.

[20] BA-MA N 46/25 (NL Groener), Bd 2, Bl. 86, Tagebucheintragung Groeners vom 22. 6. 1919. Vgl. Groener, S. 510.

[21] BA-MA N 46/162 (NL Groener), Bl. 36, Privatdienstschreiben Chef des Stabes des AOK Grenzschutz Nord, Oberst Heye, an den Ersten Generalquartiermeister (Datierung nicht erhalten, von Groener am 15. 6. 1919 abgezeichnet).

ßens im Jahre 1914 lehnte ab. Er forderte Gehorsam und ließ den ihm persönlich verbundenen Below wissen, auch von ihm eigenmächtige Handlungen nicht dulden zu können[22]. Der General verstand diese Sprache und gehorchte. Er teilte den an der Vorbereitung der Erhebung führend Beteiligten mit, daß nach dem Bescheid Hindenburgs den Anweisungen der Reichsregierung Folge geleistet werden müsse. Versuche, entgegen seinen Befehlen zu handeln, werde er schärfstens unterdrücken. Auch die zivilen Befürworter des Oststaat-Plans fügten sich[23]. Die Oberpräsidenten der Provinzen Ost- und Westpreußen sowie Posen appellierten an die Deutschen der Ostmark, mit Rücksicht auf die Volksgenossen im Reich dem Kampf zu entsagen und sich der getroffenen Entscheidung zu beugen[24]. Der „Below-Putsch" fand nicht statt, da der General von der Übernahme der Yorck-Rolle abließ. Die obere und mittlere militärische Führung hatte nun viel Mühe, die Truppe vor eigenmächtigen Schritten zurückzuhalten. Das militärische Prinzip von Befehl und Gehorsam bestand diese Belastungsprobe[25].

Die im Grenzschutz tätigen Offiziere hatten nicht mit einer bedingungslosen Unterwerfung unter den Friedensvertrag gerechnet. Um so größer war ihre Enttäuschung und Entrüstung über den diesbezüglichen Beschluß der Regierung und der Nationalversammlung. Wie es in einer an die Reichsregierung gerichteten Erklärung des Generals der Infanterie von dem Borne, Oberbefehlshaber des AOK Süd, zum Ausdruck kam, empfand das Offizierkorps „besonders das Eingehen auf die Schmachparagraphen als bitterste Ehrenkränkung". Nur die offensichtliche Not des Vaterlandes halte es davon ab, aus dem Dienst zu scheiden. Denn:

> „Dem Vaterlande bewahren die Offiziere die Treue, sie schützen es vor dem inneren Zusammenbruch. Das Vertrauen zu einer Regierung, die der Armee und dem Volke eine derartige Schmach angetan hat, hat das Offizierkorps aber verloren[26]."

Als deutlich wurde, daß die Erhebung im Osten ausbleiben werde, bot sich Generallandschaftsdirektor Dr. Wolfgang Kapp an, die zusammengebrochene Bewegung zu erneuern. Zunächst war Kapp im Rahmen der Vorbereitungen für den Oststaat-Plan nicht hervorgetreten. Er wurde erst Mitte Juni 1919 initiativ[27]. Am 29. Juni 1919 wandte er sich an Oberst Wilhelm Heye, den Chef des Generalstabes des AOK Nord, den er fälschlich noch für einen Anhänger des Projekts hielt, und betonte die Notwendigkeit, im Osten loszuschlagen. Von einer Rückeroberung Posens versprach sich Kapp einen Aufschwung der nationalen Stimmung im Reich, der zu einer Umbildung der Reichsregierung führen und die Ratifizierung des Versailler Vertrages verhindern sollte. Heyes Antwort, in der er die Gründe darlegte, die gegen eine Erhebung sprachen, erwiderte Kapp mit einem Schreiben, in dem er nochmals zur Aktion aufrief. Aus seinen politischen Ambitionen machte er

---

[22] Wie Anm. 20.

[23] Schulze, Freikorps und Republik, S. 120f.; ders., Oststaat-Plan, S. 157. Vgl. Volkmann, S. 304f.

[24] Aufruf vom 24. 6. 1919, abgedruckt in: Ursachen und Folgen III, DokNr. 703.

[25] Siehe: Befehl des AOK Nord vom 28. 6. 1919 an die Offiziere des Grenzschutzes, abgedruckt in: Zwischen Revolution und Kapp-Putsch, DokNr. 54; Weisung des Chefs des Generalstabes des AOK Nord, Oberst Heye, an die unterstellten Generalstabsoffiziere, auszugsweise zit. bei Schulze, Oststaat-Plan, S. 158; Thaer, S. 317–319 (Tagebucheintragungen vom 25. u. 28. 6. 1919).

[26] Erklärung des Generals d. Inf. von dem Borne vom 25. 6. 1919, abgedruckt in: Zwischen Revolution und Kapp-Putsch, DokNr. 55; auszugsweise auch bei: Volkmann, S. 305 (dort Datierung). Siehe auch die ähnliche Erklärung des Offizierkorps der „Blücher-Husaren" [Husaren-Regt. Nr. 5], abgedruckt in: Militär-Wochenblatt Nr. 2 vom 3. 7. 1919, Sp. 30.

[27] Erger, S. 38f.

jetzt keinen Hehl mehr. Er unterstellte der Reichsregierung, daß sie die Ratifikation des Friedensvertrags eilig betreibe, da dieser ihr die Möglichkeit zur Verringerung der Streitkräfte gebe. Die Regierung habe erkannt, daß sie mit der Ausschaltung des militärischen Machtfaktors auch die Gefahr einer „Gegenrevolution von rechts" beseitige. Aus gleichen Motiven, nämlich um führende innenpolitische Gegner loszuwerden, fördere die Regierung sogar heimlich die Auslieferung[28].

In dem Schreiben Kapps wird deutlich, daß die natürliche und begreifliche Auflehnung des Offizierkorps gegen die Auslieferung für die eigenen politischen Ziele genutzt werden sollte. In der Kalkulation der „Kappisten", deren Überlegungen und Vorbereitungen Anfang Juli 1919 einsetzten, war die Auslieferungsfrage ein Mittel, um Unterstützung für die Beseitigung der Regierung, die die Schmach hingenommen hatte, zu gewinnen. Man rechnete damit, daß die Regierung bei Erhalt der Auslieferungsforderungen der Siegermächte außerstande sein würde, die nationale Ehre zu wahren. Dann würde die Reichswehr zu einem Staatsstreich bereit sein.

Diese Kalkulation des Kreises um Kapp war durchaus realistisch. Die Unruhe in der Armee war im Sommer 1919 sehr groß, aber noch fehlte es an einem Grund, der Truppe und Führung in der Überzeugung einte, daß ein Eingreifen in die Politik unbedingt erforderlich sei. Zudem mußte ein solcher Schritt, wenn er Erfolg haben sollte, auch im Volk auf Verständnis und Unterstützung stoßen[29]. Eine von General v. Lüttwitz angesetzte Besprechung mit Kommandeuren und Generalstabsoffizieren der ihm unterstellten Einheiten ergab, daß diese einer Intervention der Reichswehr in die innere Politik reservierter gegenüberstanden als ihr Oberbefehlshaber. Man einigte sich auf folgende programmartige Forderungen, die bei der Regierung durchgesetzt werden sollten: Keine Auslieferung der „angeblichen Kriegsverbrecher"; keine Verminderung der Reichswehr, solange eine bolschewistische Gefahr bestehe; keine Beteiligung der USPD an der Regierung; Verbesserung der Fürsorge für die Truppe und Wahrung der Reichseinheit. Doch waren die an der Besprechung Beteiligten verschiedener Meinung darüber, in welcher Form die Forderungen durchgesetzt werden sollten. Etwa die Hälfte der Anwesenden plädierte dafür, diese gegenüber der Regierung mit „Demonstrationen" und „Zwangsmaßnahmen" zu vertreten. Die anderen wollten „dagegen höchstens einen Druck auf die Regierung ausgeübt wissen" und hielten es für angezeigt, ein Einvernehmen mit Ebert und Noske anzustreben. Denn sie sahen keine Erfolgsaussichten für Aktionen, die auf den Widerstand dieser beiden Persönlichkeiten stoßen würden[30].

Nicht alle militärischen Führer reagierten auf die Unterzeichnung des Friedensvertrags mit einer so starken Abwendung von der Reichsregierung und insonderheit von Reichswehrminister Noske, wie es bei General v. Lüttwitz und einem Teil seiner aus der Freikorpsbewegung hervorgegangenen Kommandeure der Fall war. Aber auch Offiziere, die den seit der Revolution vollzogenen staatlichen Neuaufbau akzeptierten und gewaltsame

---

[28] Ebd., S. 39f. Auszugsweiser Abdruck des Schreibens von Kapp vom 5. 7. 1919 an Oberst Heye ebd., S. 306f. (DokNr. 7).

[29] Lüttwitz, S. 85. – Die Generale v. Lüttwitz und Maercker unterbanden am 21.7.1919 eine Erhebung des Garde-Kavallerie-Schützen-Korps, die einen Sturz der Regierung zum Ziel hatte, weil es an Vorbereitungen dafür und „vor allen Dingen an einem Recht dazu vor dem Volk" mangelte. Ebd., S. 83–85 (85); Volkmann, S. 325; Erger, S. 36f.; Wohlfeil, S. 243f.

[30] Die Besprechung fand am 26.7. 1919 statt. Lüttwitz, S. 85–87 (86); Volkmann, S. 326–328. Vgl. Erger, S. 42f.; Wohlfeil, S. 244.

Veränderungen ablehnten, distanzierten sich in bemerkenswerter Weise von der Regierung. So ersuchte schon am 21. Juni 1919 Oberst Reinhardt den Reichspräsidenten um Entlassung aus dem Kabinett, in dem er bekanntlich Sitz, aber nicht Stimme hatte. Zugleich bekundete er seine Bereitschaft, solange er noch das Amt des preußischen Kriegsministers zu verwalten habe, an den Sitzungen des Kabinetts in beratender Funktion teilzunehmen[31]. Reinhardt vollzog diesen eigenartigen Schritt, der in sachlicher Hinsicht keine Auswirkungen hatte, um dem Offizierkorps zu demonstrieren, daß er die Politik der Regierung, konkret die Unterzeichnung des Friedensvertrags, nicht gutheiße. Sein Vorgehen war eine Konzession an die Stimmung in der Truppe[32].
Ebert zeigte Verständnis für das Anliegen Reinhardts. Gleichzeitig begrüßte er dessen Bereitwilligkeit, die gemeinsame Arbeit fortzuführen. Der Reichspräsident sprach die Zuversicht aus, daß das Beispiel des Kriegsministers in der Armee eine allgemeine Nachfolge finden werde[33]. Reinhardt blieb dann auch nach der Entscheidung über die bedingungslose Annahme des Friedensvertrags im Amt. In seinem Aufruf an die Armee erklärte er, daß die Soldaten die für das deutsche Heer besonders schmachvollen Friedensbedingungen mit ihrer Ehre nicht in Einklang bringen könnten und dieses niemals vergessen dürften. Sie müßten aber persönliche Bedenken zurückstellen, weil die „dringlichste Pflicht gegen das Vaterland die Aufrechterhaltung der Ordnung und Ruhe und die Weiterführung des laufenden Dienstes“ erfordere[34].
Die Distanzierung des Chefs der Admiralität von der Reichsregierung war weitgehender. Als Admiral v. Trotha am 23. Juni 1919 erfuhr, daß die deutschen Vorbehalte zum Friedensvertrag von den Siegern abgelehnt worden waren, ließ er der Regierung erklären, ihm „sei es unmöglich, sich auf den Boden der Schmachparagraphen zu stellen“. Er wolle sich in der Stunde der Not „dem Vaterlande weiter als militärische Spitze der Marine zur Verfügung stellen“, aber die Politik einer Regierung, die solche Paragraphen unterschreibe, könne er nicht „mitmachen“. Davon müsse das Offizierkorps unterrichtet werden[35].
Der Chef der Admiralität informierte die Marine über seine Haltung, wobei er – nicht ganz den Tatsachen entsprechend – darlegte, daß diese von der Reichsregierung gebilligt worden sei[36]. Zugleich forderte er die Marine auf, sich geschlossen hinter ihn zu stellen

[31] Schreiben des preuß. Kriegsministers vom 21. 6. 1919 (abends, also nach der Entscheidung der Reichsregierung, den Friedensvertrag unter Vorbehalt zu unterzeichnen) an den Reichspräsidenten, abgedruckt in: Militär-Wochenblatt Nr. 151 vom 26. 6. 1919, Sp. 2813 f. Der nur unwesentlich abweichende Entwurf zu o. a. Schreiben ist abgedruckt bei: Ernst, S. 82 f.

[32] Vgl. Tagebucheintragung von Oberstlt. van den Bergh vom 21. 6. 1919, abends, abgedruckt bei: Ernst, S. 83, Anm. 27.

[33] Schreiben des Reichspräsidenten vom 22.6.1919 an den preuß. Kriegsminister, abgedruckt in: Militär-Wochenblatt Nr. 151 vom 26. 6. 1919, Sp. 2814 f.; Ernst, S. 83. Vgl. Schulthess 1919 I, S. 259.

[34] Erlaß des preuß. Kriegsministers vom 24. 6. 1919 „Die Armee und die Friedensbedingungen“, abgedruckt in: AVBl. 1919, S. 571 (zuvor veröffentlicht in der Tagespresse, u. a. in: Berliner Tageblatt Nr. 283 vom 25. 6. 1919). Vgl. Ernst, S. 81.

[35] BA-MA RM 6/7, Bl. 18 f., hs. Aufzeichnung von Kapt. z. S. v. Gohren über „Besprechungen in Weimar“ am 22. u. 23. 6. 1919.

[36] Ebd. Erst mit Schreiben des Präsidenten des Reichsministeriums vom 24. 6. 1919 gab die Regierung die von K.Adm. v. Trotha erwünschte Erklärung ab: „Dem Gewicht der sachlichen Gründe, die Sie für die Unmöglichkeit haben, die Politik der Regierung mitzumachen, falls sie den Friedensvertrag vorbehaltlos, also einschließlich der Artikel 228–231, unterschreiben sollte, kann die Regierung sich nicht verschließen. Die Regierung würde Ihnen aber dankbar sein, wenn Sie sich dem Vaterlande weiter als militärische Spitze der Marine zur Verfügung stellen wollten. [gez.] Bauer.“ Original ebd., Bl. 21.

und ihm vertrauensvoll zu folgen[37]. Er selbst äußerte sich über die Motive seines Handelns:

> „Meine Grundgedanken waren, daß ich der Front gegenüber von der politischen Bindung frei sein und als militärische Spitze die Führung in der Hand behalten müsse, um die Marine einheitlich erhalten zu können[38]."

In einer Unterredung mit Noske betonte Trotha, er habe sich gegenüber der Truppe verbürgt, daß die Marine die „Schmachparagraphen" nicht „mitmachen" werde. Diese werde eine „Durchführung der Paragraphen", also eine Auslieferung der wegen Verletzung der Kriegsgesetze und -gebräuche Beschuldigten nicht nur verweigern, sondern ihr auch Widerstand entgegensetzen. Der Reaktion Noskes durchaus unsicher, rechtfertigte Trotha sein Verhalten damit, daß es ihm so gelungen sei, die drohende Auflösung der Marine zu verhindern[39].

Der Reichswehrminister nahm den Vortrag entgegen, ohne Einwände zu erheben. Er verkannte die Gefahren, die sich aus einer Distanzierung der Marineführung von der politischen Leitung und ihrer Verselbständigung unter ausschließlicher Führung des Chefs der Admiralität ergeben mußten. Die Auswirkungen waren katastrophal: Als infolge des Kapp-Lüttwitz-Putsches die Autorität der Reichsregierung ins Wanken geriet, orientierte sich das Offizierkorps der Marine nicht an dem Eid, mit dem es der Verfassung Treue geschworen und dem Reichspräsidenten Gehorsam gelobt hatte[40], sondern folgte unbedenklich seinem Führer, der sich der „neuen Regierung zur Verfügung stellte"[41]. Wie schon im November 1918 geriet die Marine in eine tiefe Krise[42].

Daß die Reichsregierung die Distanzierung der ihr für die Leitung von Heer und Marine in erster Linie verantwortlichen Offiziere widerspruchslos hinnahm, findet seine Erklärung und Entschuldigung in ihrer politisch schwachen Stellung. Sie war dankbar, daß die meisten Offiziere im Dienst verblieben und sich für die Aufrechterhaltung von Ruhe und Ordnung im Innern Deutschlands einsetzten und seine Grenzen schützten. Zudem hatten der Reichspräsident und die Regierungsmitglieder – wie sie in ihrem Aufruf an das deutsche Volk bekundeten[43] – Verständnis für die Erbitterung der Truppen über die den Ehrvorstellungen zuwiderlaufenden Friedensbedingungen. Doch muß die fehlende Klarstel-

[37] Ebd., Bl. 11 u. 12, zwei Fernschreiben des Chefs der Admiralität vom 23. 6. 1919 an M. St. O., M. St. N. u. a., beide abgedruckt in: Trotha, S. 169 (irrtümlich auf 24. 6. 1919 datiert) u. S. 166f. Auch BA-MA RM 20/409, Bl. 97, Bekanntmachung M 3874 vom 24. 6. 1919 (beide Fernschreiben enthaltend). Ein weiterer „Erlaß" des Chefs der Admiralität an die Marine war „hauptsächlich für die Berliner Presse bestimmt, da diese von der Marine noch nichts brachte". In diesem „Erlaß", der dienstlich nicht verbreitet wurde, kam die Distanzierung Trothas von der Politik der Reichsregierung nicht zum Ausdruck. Entwurf des „Erlasses" vom 25. 6. und entsprechender hs. Vermerk von F.Kapt. Raeder vom 26. 6. 1919 in: BA-MA RM 6/7, Bl. 22. „Erlaß" u. a. veröffentlicht in: Berliner Tageblatt Nr. 285 vom 26. 6. 1919, abgedruckt in: Trotha, S. 169f.

[38] BA-MA RM 6/7, Bl. 16f., hs. Aufzeichnung von K.Adm. v. Trotha über seine Unterredung mit dem Reichswehrminister am 24. 6. 1919, abgedruckt in: Trotha, S. 167–169.

[39] Ebd.

[40] Siehe MVBl. 1919, S. 409.

[41] Fernschreiben des Chefs der Admiralität vom 13. 3. 1920 an M.St.O., M.St.N. u. a., in: BA-MA RM 20/3, Bl. 105–110 (105), Zusammenstellung der wichtigsten Bekanntgaben der Admiralität bezügl. des Umsturzes.

[42] Zur Haltung der Marine im Kapp-Lüttwitz-Putsch und ihren Folgen für den Wehrmachtteil zusammenfassend: Rahn, Werner, Reichsmarine und Landesverteidigung 1919–1928. Konzeption und Führung der Marine in der Weimarer Republik, München 1976, S. 51–83.

[43] Aufruf vom 24. 6. 1919, abgedruckt in: Schulthess 1919 I, S. 265.

lung, daß auch die bewaffnete Macht sich den Bedingungen des Friedensvertrags beugen müsse, als ein schwerwiegendes Versäumnis angesehen werden.

Die Stellungnahme der militärischen Führer zur Auslieferungsfrage, die anders als General v. Lüttwitz und ein Teil seiner Kommandeure einen Bruch mit der Reichsregierung vermeiden wollten, war zunächst von einer gewissen Ratlosigkeit gekennzeichnet. Nach der gerade gemachten Erfahrung, der Zurückweisung der deutschen Vorbehalte zum Friedensvertrag, bestand kein Zweifel, daß die Siegermächte es mit der Auslieferungsforderung ernst meinten. Mit ihrem Nachgeben war kaum zu rechnen. Das preußische Kriegsministerium wies potentiell Betroffene, Offiziere, die im Krieg hohe Kommando- und Stabschefstellungen innegehabt hatten, auf die Möglichkeit hin, daß sie von den Siegermächten angefordert werden könnten. Das Ministerium glaubte nicht, „daß in absehbarer Zeit viel dagegen zu machen" sei[44].

Die Unruhe im Offizierkorps war groß und anhaltend. Immer wieder stellte sich die Ehrenfrage. Konnte man einer Regierung dienen, deren Verhalten auch von den Spitzen der Armee und der Marine als unvereinbar mit der Ehre der bewaffneten Macht und des Vaterlandes erklärt wurde? Hatte nicht auch die „sittliche Dienstpflicht des freien Mannes eine Grenze"[45]? Generalmajor v. Seeckt sah sich genötigt, nachdem er Anfang Juli 1919 an die Spitze des Generalstabs der Armee getreten war, zu diesen Zweifeln Stellung zu nehmen. In einem Aufruf an die Generalstabsoffiziere wies er auf die vor ihnen liegende Pflicht zur Mitarbeit „am Zusammenhalt und Wiederaufbau des Reiches, an der Begründung und Entwicklung des neuen Heeres" hin. Hinter der Notwendigkeit der Pflichterfüllung müßten persönliche Gefühle zurückstehen:

> „Man hört: unsere Ehre sei verletzt. Die Ehre der Armee und ihres Offizierkorps ist felsenfest gegründet in Jahren treuer Friedensarbeit und ruht als Saatkorn künftiger Zeit in den blutgedüngten Schlachtfeldern der Welt. Über die persönliche Ehre ist in letzter Instanz jeder selbst Richter. Kein Feind und kein Friedensvertrag kann sie mir nehmen. Unsere Ehre ist unverletzt, so lange wir unsere Pflicht tun[46]."

Seeckt, dem die Führung des Offizierkorps hinsichtlich seiner Stellung zur Auslieferungsfrage anvertraut war[47], war sich sicher darüber im klaren, daß mit seinen, persönlich geprägten Ausführungen das eigentliche Problem noch nicht gelöst war. Er befürchtete für

---

[44] Thaer, S. 319 (Tagebucheintragung vom 29. 6. 1919).

[45] Lambsdorff, Graf v., Gen. Maj., b. m. F. des Landwehrkorps (38. Rw-Brigade), Schützt unsere Führer! in: Militär-Wochenblatt Nr. 4 vom 8. 7. 1919, Sp. 57–60 (60). L. propagierte den Gedanken, die Offiziere sollten erklären, sie nähmen den Abschied, wenn die Auslieferung zur Ausführung kommen sollte. Der so ausgeübte Druck sollte sich weniger gegen die Reichsregierung als gegen die Siegermächte richten, denen an der Aufrechterhaltung der Ordnung in Deutschland im Interesse ihrer finanziellen Forderungen gelegen sein müßte.

[46] BA-MA N 247/65 (NL v. Seeckt), Bl. 6f., Erlaß vom 7. 7. 1919 an sämtliche Generalstabsoffiziere, abgedruckt in: Offiziere im Bild von Dokumenten aus drei Jahrhunderten, bearbeitet von Ursula von Gersdorff u. Manfred Messerschmidt, hrsg. vom Militärgeschichtlichen Forschungsamt, Stuttgart 1964 (= Beiträge zur Militär- und Kriegsgeschichte, Bd 6), DokNr. 71; auszugsweise abgedruckt bei: Rabenau, S. 193f. (194; Nachdruck in Ursachen und Folgen III, DokNr. 776a). Vgl. Meier-Welcker, S. 234f. Siehe auch Seeckt, [Hans] von, Gedanken eines Soldaten, 2. erw. Aufl., Leipzig 1935, S. 21f. („Friedrichstag. 24. Januar 1928. Von der Ehre des Soldaten").

[47] BA-MA N 42/12 (NL v. Schleicher), Bl. 150f., unsig. Aufzeichnung über die Stellungnahme von Gen.Lt. Groener zur Auslieferungsfrage anläßlich der Besprechung mit den Verbindungsoffizieren der O.H.L. am 12. 7. 1919 in Kolberg.

den Fall der Auslieferung des Kaisers „eine neue Welle der Empörung bei den Offizieren [...], die leicht einen unheilvollen Verlauf nehmen kann". Seeckt sah nur einen Weg, um dieser Gefahr vorzubeugen: Der Kaiser sollte sich Friedrich den Großen zum Vorbild nehmen, der 1757 angeordnet hatte, daß sein Tod oder seine Gefangennahme auf die Fortführung des Krieges keinen Einfluß nehmen, daß wegen seiner Person das Staatswohl nicht aufs Spiel gesetzt werden dürfe. Im Falle seiner Auslieferung sollte Wilhelm II. sich daher „abschiednehmend an seine Offiziere wenden und ihnen untersagen, irgend welche Schritte für ihn zu tun, sondern sie verpflichten, schweigend weiter ihre Pflicht gegen das Vaterland zu erfüllen"[48].

Seeckt hat auch verschiedene Schritte angeregt, um das Äußerste zu verhindern. So machte er den Vorschlag, daß sich alle deutschen Fürsten durch Vermittlung des mit dem englischen Königspaar verwandten Großherzogs von Hessen an Georg V. wenden sollten[49]. Dem Großherzog von Baden empfahl er, bei seinem Schwager, dem König von Schweden, eine Intervention der neutralen Monarchen zu Gunsten Wilhelms II. herbeizuführen[50].

Trotz dieser Aktivitäten hat General v. Seeckt die zahlreichen *öffentlichen* Appelle und Petitionen der Söhne des Kaisers[51], der ehemaligen Bundesfürsten[52] und vieler treuer Anhänger des Kaiserhauses an König Georg, auf die Auslieferung des Ex-Kaisers zu verzichten, nicht gutgeheißen. Von öffentlichen Schritten durfte man schon angesichts der verfassungsrechtlichen Stellung des britischen Monarchen nicht viel erwarten. Nach Seeckts Auffassung würden sie den Siegern nur zeigen, wie tödlich sie Deutschland getroffen hatten[53].

General d. Inf. z. D. Erich v. Falkenhayn, der ehemalige preußische Kriegsminister und Chef des Generalstabes des Feldheeres, sprach sich öffentlich äußerst drastisch gegen Gnadengesuche für den Kaiser aus. Sie entsprächen nicht der Haltung, die auch der im Kampf Unterlegene bewahren müsse. Herausfordernd fragte er, ob „denn die einst führende Schicht im alten Preußen und Deutschland wirklich so tief gesunken [sei], daß sie das erbärmliche nackte Leben als Höchstes der Güter einschätzt". Angesichts des Auftretens der Feinde könne es sich nicht darum handeln, um Gnade zu flehen, sondern nur darum, sich selbst würdig zu verhalten[54].

Wie sich in der Debatte zwischen Juni 1919 und Februar 1920 zeigte, herrschten im Offi-

---

[48] BA-MA N 247/69 (NL v. Seeckt), Bl. 2 f., Schreiben Gen.Maj. v. Seeckt vom 8. 7. 1919 an v. Berg-Markienen, den ehem. Chef des Zivilkabinetts des Kaisers (Abschrift des Entwurfs?). Vgl. Meier-Welcker, S. 235 f. [49] Wie Anm. 48.

[50] BA-MA N 247/179 (NL v. Seeckt), Bl. 25 f., Schreiben des Großherzogs von Baden vom 28. 7. 1919 an Seeckt (hs. Original).

[51] Telegramm des Prinzen Eitel Friedrich von Preußen vom 5. 7. 1919 an König Georg, veröffentlicht u. a. in: Berliner Tageblatt Nr. 304 vom 6. 7. 1919, abgedruckt in: Schulthess 1919 I, S. 284. Telegramm des Prinzen Heinrich von Preußen vom 7. 7. 1919 an König Georg, veröffentlicht u. a. in: Berliner Tageblatt Nr. 309 vom 9. 7. 1919, abgedruckt in: Schulthess 1919 I, S. 284 f. Dem Telegramm folgte am 2. 8. 1919 ein sehr anmaßender „offener Brief", veröffentlicht u. a. in: Berliner Tageblatt Nr. 357 vom 4. 8. 1919, abgedruckt in: Schulthess 1919 I, S. 373 f.

[52] Schreiben des früheren Königs Friedrich August von Sachsen vom 15. 7. 1919 an König Georg, abgedruckt in: Schulthess 1919 I, S. 305. Vgl. Schreiben des Prinzen Friedrich Wilhelm zur Lippe an Deutschlands Fürstenhäuser, ebd., S. 285.

[53] BA-MA N 247/69 (NL v. Seeckt), Bl. 2 f., Schreiben Gen.Maj. v. Seeckt vom 8. 7. 1919 an v. Berg-Markienen.

[54] BA R 43 I/340, Bl. 21, Zeitungsausschnitt: Deutsche Tageszeitung Nr. 348 vom 18. 7. 1919.

zierkorps tiefe Meinungsverschiedenheiten über das angemessene Verhalten in der Auslieferungsfrage. Ein Teil der rangältesten Offiziere vertrat den Standpunkt, daß die der Verletzung der Kriegsgesetze und -gebräuche Beschuldigten sich den feindlichen Gerichten freiwillig stellen sollten. Diese Offiziere glaubten, daß ihre persönliche, aber auch die Standesehre von ihnen verlange, sich den ungeheuren Anschuldigungen der Gegner zu stellen. Sie waren zudem davon überzeugt, daß sich in der Mehrzahl der Fälle deren Unhaltbarkeit erweisen würde. Die meisten Offiziere, insbesondere die politisch aktiveren und die jüngeren, lehnten dagegen die Selbstgestellung strikt ab. Sie sahen in dem Vorhaben der Siegermächte eine politische Aktion mit dem Ziel, den deutschen Namen zu schänden. Sie mißtrauten zutiefst einer Rechtsprechung, bei der Kläger und Richter in einer Person vereint schienen.

Die für die Selbstgestellung eintretenden älteren Offiziere orientierten sich an dem Beispiel, das Bethmann Hollweg und Hindenburg gegeben hatten. Der frühere Reichskanzler hatte mit Schreiben vom 25. Juni 1919 den Präsidenten der Friedenskonferenz ersucht, das gegen den Kaiser beabsichtigte Verfahren gegen ihn zu eröffnen. Er begründete sein Verlangen mit der im deutschen Staatsrecht geregelten alleinigen Verantwortung des Reichskanzlers für die politischen Handlungen des Kaisers. Soweit diese Handlungen in seine Amtszeit fielen, dürften somit die alliierten und assoziierten Regierungen nur von ihm Rechenschaft fordern[55]. Bethmann faßte den Entschluß zur Selbstgestellung weniger aus Vasallentreue gegen Wilhelm II., sondern um seinem Land einen Dienst zu erweisen. Er hoffte, daß sein Schritt dazu beitragen werde, dem moralischen Niedergang in Deutschland entgegenzuwirken und das deutsche Ansehen in der Welt zu heben[56].

Hindenburg richtete am 3. Juli 1919, an dem Tag, an dem er sich nach Niederlegung des Oberbefehls in das Privatleben zurückzog, ein Schreiben an Marschall Foch[57]. In diesem wies er darauf hin, daß es Ehrenpflicht eines Soldaten sei, für seinen Obersten Kriegsherrn, dem er Mannestreue geschworen habe, einzutreten. Diese Auffassung würden, solange soldatische Ehre noch etwas gelte, Freund und Feind achten. Auch habe der vergangene Krieg „trotz der Härte, mit der er geführt werden mußte, auf beiden Seiten Beispiele hohen sittlichen Denkens und Empfindens gezeitigt – Beispiele, die beweisen, daß die allen Kulturvölkern gemeinsamen soldatischen Ehrbegriffe nicht erstorben sind“. Als dienstältester Soldat erachte er es deshalb für seine Pflicht, im Namen der alten deutschen Armee den Oberbefehlshaber der verbündeten Armeen zu bitten, sich dafür einzusetzen, daß von der Forderung nach Auslieferung des Kaisers Abstand genommen werde. Darüber hinaus sei er bereit, „um diese schimpfliche Erniedrigung von unserem Volke und unserer Armee fernzuhalten“, sich mit seiner Person den alliierten und assoziierten Mächten

---

[55] Schreiben Bethmann Hollwegs abgedruckt in: Schulthess 1919 I, S. 268; engl. Übers. in: FRUS, P. P. C. VI, S. 756 f. Der Reichspräsident und der Reichsminister des Auswärtigen waren mit dem Anerbieten Bethmanns einverstanden. Müller nahm das Schreiben mit nach Versailles, wo es wahrscheinlich der alliierten Verbindungsmission bei der deutschen Delegation übergeben wurde. Müller, S. 137.

[56] Jarausch, Konrad H., The Enigmatic Chancellor. Bethmann Hollweg and the Hubris of Imperial Germany, New Haven – London 1973, S. 1 f. (aus einem Brief Bethmanns vom 28. 6. 1919 an StS a. D. v. Jagow zitierend).

[57] Offener handschriftlicher Brief, veröffentlicht u. a. in: Berliner Tageblatt Nr. 305 vom 7. 7. 1919, abgedruckt in: Schulthess 1919 I, S. 281 f. Im Faksimile abgedruckt bei: Fournier-Foch, Henry, Lettre inédite du maréchal Hindenburg au maréchal Foch du 3 juillet 1919, in: Revue historique de l'armée, No. 2/1973, S. 70–75.

zur Verfügung zu stellen. Auch jeder Offizier der alten Armee sei seiner Überzeugung nach bereit, gleiches zu tun.

Gleichzeitig wandte sich der Generalfeldmarschall an den Reichspräsidenten und erklärte, für alle Anordnungen und Handlungen der Obersten Heeresleitung seit dem 29. August 1916 die alleinige Verantwortung zu tragen. Alle mit der Kriegführung zusammenhängenden Entschlüsse und Befehle des Kaisers seien seit diesem Tage auf seinen Rat und unter seiner vollen Verantwortung gefaßt und erlassen worden[58].

Die Anregung zu Hindenburgs Schreiben an Marschall Foch war von Generaloberst v. Plessen, dem letzten Generaladjutanten Wilhelms II., ausgegangen. Er hatte vorgeschlagen, daß die deutschen Armeeführer und ihre Stabschefs diesen bitten sollten, sich für den Kaiser zu verwenden. Groener lehnte diese Idee ab, da sich Foch während der Waffenstillstandsverhandlungen als „kalte, rücksichtslose Natur" erwiesen und niemals ritterlichen Sinn gezeigt habe. Er versprach sich daher weder eine praktische noch eine moralische Wirkung, befürchtete vielmehr, daß die französische Presse das Schreiben mit „äußerstem Zynismus" behandeln werde[59]. Hindenburg setzte sich über diese Bedenken hinweg. Er erklärte Groener, daß dieser Schritt sein Gewissen erleichtere[60].

Weder Bethmann Hollweg noch Hindenburg erhielten auf ihre Schreiben jemals eine offizielle Antwort[61]. Die französische Presse reagierte kühl, zum Teil mit offenem Hohn.

---

[58] Telegramm Hindenburgs vom 3. 7. 1919 an den Reichspräsidenten, veröffentlicht u. a. in: Berliner Tageblatt Nr. 302 vom 5. 7. 1919, abgedruckt in: Schulthess 1919 I, S. 282. General v. Falkenhayn folgte dem Schritt Hindenburgs. Er bekannte sich verantwortlich für die Handlungen der O.H.L. für die Zeit, in der er das Amt des Chefs des Generalstabes des Feldheeres innehatte. PA/AA WK adh. 4 Nr. 1, Brieftelegramm vom 5. 7. 1919 an den Reichspräsidenten. Der Bitte Falkenhayns, die alliierten u. assoziierten Mächte von seiner Erklärung in Kenntnis zu setzen, wurde entsprochen. PA/AA Dt. Friedensdeleg. Paris/Versailles, Pol. 7, Schreiben AA Nr. 20963 vom 31. 7. 1919 an LegRat Frhr. v. Lersner u. Note des Vorsitzenden der Dt. Friedensdelegation vom 5. 8. 1919 an den Präsidenten der Friedenskonferenz (Durchschrift; alle Vorgänge auch in WK adh. 4 Nr. 1). – Im Gegensatz zu Hindenburg lehnte Falkenhayn eine freiwillige Gestellung ab. WK adh. 4 Nr. 1, Zeitungsausschnitt: Frankfurter Zeitung Nr. 593 vom 13. 8. 1919.

[59] BA-MA N 46/25 (NL Groener), Bd 2, Bl. 94, in das Tagebuch eingeklebte ms. Notiz mit Paraphe Groeners vom 30. 6. 1919, u. Bl. 96, Tagebucheintragung vom gleichen Tag.

[60] Ebd., Bl. 103, Tagebucheintragung vom 3. 7. 1919. Dort ist vermerkt, daß er [Groener] und Maj. v. Schleicher aus dem von Oberst v. Haeften gefertigten Entwurf des Schreibens an Foch die „törichsten Phrasen" beseitigt hätten.

[61] Der Oberste Rat befaßte sich auf seiner letzten Zusammenkunft im Beisein Wilsons – direkt nach der Unterzeichnung des Friedensvertrags – mit dem Angebot Bethmann Hollwegs. Wilson u. Lloyd George äußerten ihre Hochachtung vor dem Schritt des früheren Reichskanzlers. Doch sie lehnten dessen Auffassung, in derselben Weise wie ein brit. oder frz. Minister Verantwortung getragen zu haben, ab. Der Kanzler des Dt. Reiches habe der direkten Kontrolle des Kaisers unterstanden, er könne deshalb für diesen nicht eintreten! Der Fünferrat beschloß, das Angebot Bethmann Hollwegs höflich, aber bestimmt zurückzuweisen, mit der Begründung, daß er dessen Interpretation der Reichsverfassung nicht anerkennen könne. Allen Schwierigkeiten aus dem Wege gehend, beschloß der Oberste Rat einen Monat später, das Schreiben Bethmann Hollwegs nicht zu beantworten. Protokoll der Sitzung des Fünferrats am 28. 6. 1919, 17 Uhr, abgedruckt in: FRUS, P. P. C. VI, S. 751–758 (751 f.); Mantoux II, DokNr. 148, hier: S. 562 f.; Notes of a Meeting of the Heads of Delegations of the Five Great Powers (im folgenden zit. Protokoll der Sitzung des Obersten Rates) am 29. 7. 1919, abgedruckt in: DBFP I, DokNr. 22 (P. 8); FRUS, P. P. C. VII, S. 369–401 (378). Siehe auch Jarausch, S. 2 f. – Über die Reaktion Fochs auf Hindenburgs Schreiben ist nichts Sicheres bekannt. In den Nachlässen beider Marschälle fehlt jeglicher Hinweis auf eine Antwort. Fournier-Foch, S. 75; Hubatsch, Walther, Hindenburg und der Staat. Aus den Papieren des Generalfeldmarschalls und Reichspräsidenten von 1878 bis 1934, Göttingen-Berlin-Frankfurt-Zürich 1966, S. 43.

„Echo de Paris" erklärte, daß Hindenburg kein Recht habe, für den Kaiser einzutreten. Dessen Verbrechen seien anderer Art als die des Feldmarschalls. Der „alte Söldner", der es wage, von Ehre zu sprechen, habe selbst eine Reihe von Verbrechen gegen das Kriegsrecht begangen, z. B. bei der Durchführung des Rückzugs seiner Heere im März 1917, die ihm einen Platz auf der Anklagebank sichern würden[62].

Diese Reaktion bestätigte Groeners Befürchtungen. Tatsächlich versprach er sich im Juli 1919 nicht viel von Versuchen, die Siegermächte zu einem Nachgeben in der Auslieferungsfrage zu bewegen. Vor Generalstabsoffizieren erklärte Groener, man müsse zunächst abwarten, welche Forderungen die Entente stellen werde. Wer ein gutes Gewissen habe, könne getrost überall hingehen. Je mehr führende Persönlichkeiten sich den feindlichen Gerichten, die ja öffentlich verhandelten, stellten, um so größer sei die Aussicht, daß in der Welt eine für Deutschland günstigere Überzeugung Platz greife[63].

Aus dem gleichen Grunde bedauerte es General Groener, daß das Gesetz über die Errichtung eines Staatsgerichtshofs noch nicht ergangen war. In einem Schreiben an Ebert[64], in dem er „Richtlinien" für die deutsche Nachkriegspolitik entwarf, äußerte er die Ansicht,

> „daß die Friedensbedingungen nur deshalb in so gehässiger Form und entgegen vertraglichen und moralischen Verpflichtungen aufgestellt und durchgedrückt werden konnten, weil unsere Schuld am und im Kriege von aller Welt als feststehend angesehen wurde. Dieser festgewurzelte Irrglaube muß zerstört werden durch Aufklärung jeder Art, durch Proteste und Kundgebungen bei jeder sich bietenden Gelegenheit und nicht zuletzt durch die Verhandlungen vor dem Staatsgerichtshofe."

Groener sah in den Verhandlungen des Staatsgerichtshofs das wichtigste Mittel, „um einen Stimmungsumschwung in der Welt und damit die Grundlage für eine Revision des Friedensvertrages zu schaffen". Er forderte, möglichst viele der führenden Männer der Vorkriegs- und Kriegszeit vor den Gerichtshof zu laden und beantragte ausdrücklich ein Verfahren gegen sich selbst, um sich für seine dienstliche Tätigkeit verantworten zu können. Der General war der Meinung, daß die Verhandlungen u. a. „eine wesentliche und wirksame Entlastung des Kaisers zeitigen und schlagend beweisen [werden], daß er im Grunde eine durch und durch friedliebende und Frieden wollende Natur war"[65].

Groeners Ziel war die Zerstörung des „Irrglaubens" an die deutsche Schuld am und im Kriege. Es ging ihm mithin nicht – oder doch erst in zweiter Linie – um die Aufklärung und Sühnung tatsächlichen Verschuldens. Bei einer Erörterung der Auslieferungsfrage mit den Verbindungsoffizieren der Obersten Heeresleitung äußerte er: „Wer Dreck am Stekken hat, soll verschwinden[66]."

So überrascht es nicht, daß schon bald nach Annahme des Friedensvertrags Heeres- und Marineoffiziere an den Aufbau einer Organisation gingen, die sich die Aufgabe stellte, den von den Siegermächten voraussichtlich Geforderten beim „Verschwinden" behilflich

---

[62] Berliner Tageblatt Nr. 311 vom 10. 7. 1919.

[63] Wie Anm. 47.

[64] BA-MA N 46/37 (NL Groener), Bl. 1a–5, Schreiben des Ersten Generalquartiermeisters vom 27. 6. 1919 (ms. Abschrift), abgedruckt in: Zwischen Revolution und Kapp-Putsch, DokNr. 53. Auszugsweiser Abdruck in Ursachen und Folgen III, DokNr. 775; ungenauer Abdruck bei Groener-Geyer, S. 385 f. Groener vermerkte in seinem Tagebuch: „Brief an Ebert mit Richtlinien für unsere Politik, geht morgen ab. (Von Schleicher entworfen)." BA-MA N 46/25, Bd 2, Bl. 91, Eintragung vom 27. 6. 1919.

[65] Schreiben Groeners an den Reichspräsidenten, wie Anm. 64.

[66] Wie Anm. 47.

zu sein[67]. Initiator und führender Kopf scheint Korvettenkapitän Albert Scheibe[68] gewesen zu sein. Allerdings hat er sich mit Erfolg bemüht, im Hintergrund zu bleiben[69].
Scheibe, ein ehemaliger enger Mitarbeiter von Tirpitz, gehörte zu den Offizieren, die sich weder mit der Niederlage Deutschlands im Kriege noch mit dessen politischer Umgestaltung im Innern abzufinden vermochten[70]. Im Gegensatz zu vielen anderen resignierte er nicht, sondern nahm noch im November 1918 den von ihm für notwendig erachteten Kampf für „Deutschlands Ehre und Größe" auf. Seine politische Heimat fand er in der Deutschnationalen Volkspartei, zu deren Gründungsmitgliedern er sich zählte[71]. Getreu seinem Credo, daß ein unbeugsamer Wille in der Politik alles vermöge, propagierte er den passiven Widerstand gegen die Erfüllung des Waffenstillstandsabkommens und des Friedensvertrags. Wenn die Sieger gezwungen würden, ihre Forderungen selbst einzutreiben, so meinte Scheibe, würden sie nach einiger Zeit einsehen, daß dies unpraktikabel, weil zu teuer wäre. Sie würden dann nachgeben. Doch wichtiger schien diesem Offizier, daß durch eine so gestaltete Politik die nationale Ehre und damit die Grundlage für einen späteren Wiederaufstieg Deutschlands gewahrt werden würde. Zwar war er realistisch genug zu sehen, daß die Masse des deutschen Volkes seinen politischen Vorstellungen nicht folgen würde, aber er hoffte, in den „nationalen Kreisen" Zustimmung zu finden und diese wenigstens in der Auslieferungsfrage zum Widerstand aufrütteln zu können.
Korvettenkapitän Scheibe hat nach eigener Einschätzung die Stellungnahme des Chefs der Admiralität in der Friedensfrage nicht unmaßgeblich beeinflußt. In Trothas von der Reichsregierung unwidersprochen hingenommenen Erklärungen zu den Schmachparagraphen[72] sah er Grundlage und Rechtfertigung für den von ihm dann vorbereiteten und

---

[67] Der früheste Hinweis auf die Bildung einer geheimen Organisation, „die das ‚Verschwinden' der Angeforderten vermitteln soll", bei Thaer, S. 319 (Tagebucheintragung vom 29. 6. 1919).

[68] Albert Scheibe (1877–1945; Crew 1896), von Ende August 1918 bis zu seiner Verabschiedung als char. F.Kapt. Ende November 1919 Leiter der Presse- und Nachrichtenabteilung des Admiralstabs bzw. der Admiralität, danach u. a. Geschäftsführer des Arbeitsausschusses deutschnationaler Industrieller und Herausgeber des Marine-Jahrbuches „Nauticus".

[69] Der dem völkisch-alldeutschen Flügel der DNVP angehörende Wilhelm Schiele bezeichnet es in seiner Schrift „Kurze Geschichte der Vaterländischen Bewegung in den Jahren 1918 bis 1928" als „das persönliche Verdienst eines Mannes, des Fregattenkapitäns Scheibe, den deutschen Widerstand gegen die Ausführung des Auslieferungsparagraphen wachgerufen und organisiert zu haben" (= Naumburger Briefe, Oktober 1928, S. 8. Die Schrift wurde freundlicherweise von Kapitän z. S. Ludwig R. Scheibe, Bonn, zur Verfügung gestellt). A. Scheibes führende Rolle bei der Organisation des sog. „Tatwiderstands" gegen die Auslieferung wird bestätigt von: Lüttwitz, S. 76; Pölnitz, Götz [Frhr.] von, Emir. Das tapfere Leben des Freiherrn Marschall von Bieberstein, München 1938, S. 88. Dagegen wird in der Darstellung von Reinhard, S. 113–118, der Name Scheibe aus unbekannten Gründen nicht genannt.

[70] Die folgende Darstellung beruht auf einer vermutlich Anfang der dreißiger Jahre von Albert Scheibe verfaßten Ausarbeitung u.d.T. „Aus den Anfängen der nationalen Bewegung in Deutschland nach dem Kriege". Das ms. Manuskript im Umfang von 270 Seiten wurde freundlicherweise von Prof. Dr. Erhard Scheibe, Göttingen, zur Einsichtnahme überlassen. A. Scheibe schildert in seiner Ausarbeitung unter ausführlicher Zitierung von in der zeitgenössischen Presse enthaltenen Materialien sehr eingehend die innen- und außenpolitische Kontroverse um die Auslieferungsforderung der Siegermächte. Dagegen finden die im Geheimen getroffenen Vorbereitungen für einen politischen u. militärischen Widerstand leider nur eine andeutungsweise Erwähnung. Grund, sie zu bezweifeln, besteht freilich nicht, um so weniger als sie durch verschiedene Hinweise in der Literatur (besonders Reinhard, S. 113f.; Pölnitz, S. 88–90), in den Marineakten (BA-MA RM 20/673 u. RM 20/729) und in den Nachlässen der Admirale v. Levetzow, v. Tirpitz u. v. Trotha bestätigt werden.

[71] Manuskript Scheibe, S. 37.

[72] Siehe oben, S. 240f.

organisierten Widerstand gegen die Auslieferung[73]. Scheibe nahm in den der Unterzeichnung des Friedensvertrags folgenden Wochen Kontakte zu verschiedenen Führern von Heer und Marine im Kriege auf, um sie dazu zu bewegen, den Gedanken an eine freiwillige Selbstgestellung aufzugeben und den Plan zu billigen und zu unterstützen, sich mit allen Mitteln einer Auslieferung an die Siegermächte zu widersetzen. Es gelang ihm gegen manche Widerstände, die Zustimmung von Hindenburg, Ludendorff, Falkenhayn, Tirpitz und anderen bekannten Generalen und Admiralen zu gewinnen[74].

In Ludendorff, der seit dem 8. Juli 1919 im Verein mit Kapp auf einen gewaltsamen politischen Umsturz hinarbeitete[75], hatte Scheibe einen einflußreichen Fürsprecher gefunden. Der General machte ihn mit Hauptmann Heinz v. Pflugk-Harttung bekannt, der dem Stabe des Garde-Kavallerie-Schützen-Korps angehörte[76]. Der Hauptmann hatte wohl ähnliche Gedanken wie Scheibe verfolgt. Er wurde nun dessen erster Mitarbeiter bei der Organisation des praktischen Widerstandes, der Vorbereitung der Verstecke und der Verteilung der Gesuchten auf diese. Dabei betreute Pflugk-Harttung die Heeresangehörigen, während Scheibe diese Aufgabe hinsichtlich der Marineangehörigen selbst wahrnahm[77]. Das kleine, im Geheimen arbeitende Organisationskomitee war zunächst im Stabe des Garde-Kavallerie-Schützen-Korps untergekommen. Als das Korps nach seinem gescheiterten Putschversuch aufgelöst wurde[78], fand man Unterschlupf im Stabe der in Ber-

---

[73] Manuskript Scheibe, S. 48 u. 52.

[74] BA-MA RM 20/729, Bl. 3–6, Erklärungen u. Äußerungen zur Auslieferungsfrage von Gen.Feldm. v. Hindenburg u. a. vom Juni/Juli 1919, zusammengestellt von K.Kapt. Scheibe (Umdruck). Vgl. Manuskript Scheibe, S. 85–99.

[75] Erger, S. 40.

[76] Manuskript Scheibe, S. 104 f.; Pölnitz, S. 88–90. Heinz u. sein Bruder Kaptlt. Horst v. Pflugk-Harttung waren der Beihilfe bzw. Mittäterschaft an der Ermordung Karl Liebknechts beschuldigt, aber durch Urteil des Feldkriegsgerichts des Garde-Kavallerie-Schützen-Korps freigesprochen worden. Schulthess 1919 I, S. 206 f.; vgl. auch Kabinett Bauer, DokNr. 73. Hptm. Heinz v. Pflugk-Harttung wurde am 26. 3. 1920 Opfer eines angeblich von linksradikaler Seite verübten Mordanschlags. Manuskript Scheibe, S. 105 f.; Pölnitz' S. 99 f.; vgl. Reinhard, S. 113.

[77] Manuskript Scheibe, S. 111. An der Betreuung der von der Auslieferung bedrohten Marineoffiziere waren weiterhin die Fregattenkapitäne Siegfried Westerkamp und Walter Mönch (beide Crew 1894 u. Anfang 1920 zum Kapitän z. S. befördert) maßgeblich beteiligt. Die Beteiligung von W., der übrigens von Januar (?) bis Mitte September 1919 Vorsitzender der Selbsthilfeorganisation „Marine-Offizier-Hilfe" war, ist im Manuskript Scheibe nicht erwähnt, wird jedoch bezeugt durch: Hs. Aufzeichnung über eine Besprechung des Chefs der Admiralität mit den Stationschefs, K.Adm. Meurer u. Kapt. z. S. Michelsen, am 15. 7. 1919, in: Nieders. Staatsarchiv Bückeburg, Dep. 18 (NL v. Trotha), H Nr. 19; deutlicher durch Reinhard (S. 114), der allerdings insgesamt wenig zuverlässig ist. M. war Vertreter der Widerstandsorganisation in Kiel. Ihm oblag insbesondere die Beratung u. finanzielle Unterstützung der gesuchten U-Bootkommandanten. Manuskript Scheibe, S. 182 f.; verschiedene Hinweise in BA-MA RM 20/673. – Westerkamp, im Kriege letzter Chef des Stabes des Befehlshabers der U-Boote, 1919–1920 bei der Admiralität tätig, war selbst von der Auslieferung bedroht, denn er war Kommandant des Kleinen Kreuzers SMS „Bremse" bei der Vernichtung des Skandinavien-Konvois am 17. 10. 1917 (brit. Liste Nr. 40, wo fälschlich Kapt. z. S. Otto v. Bülow als Kommandant angegeben ist). Wie die meisten anderen am „Tatwiderstand" gegen die Auslieferung Beteiligten waren beide Offiziere in den Kapp-Putsch verstrickt, der ihnen auf unterschiedliche Weise zum Schicksal wurde: Mönch kam bei den bewaffneten Auseinandersetzungen um das Marinearsenal in Kiel, dessen Leiter er seit Herbst 1919 war, ums Leben. Westerkamps Haltung zum Putsch führte zu seiner Verabschiedung im September 1920.

[78] Siehe Anm. 29. Vgl. auch: Die Wirren in der Reichshauptstadt und im nördlichen Deutschland 1918–1920, bearbeitet u. hrsg. von der Kriegsgeschichtlichen Forschungsanstalt des Heeres, Berlin 1940 (= Darstellungen aus den Nachkriegskämpfen deutscher Truppen und Freikorps, Bd 6), S. 123.

lin verbleibenden Reichswehrbrigade 15[79]. Ihr Führer, Oberst Wilhelm Reinhard, übernahm auf Ludendorffs Bitte die Leitung der Organisation und ihre Abschirmung gegenüber der Regierung[80].

Der Organisationsstab traf im Laufe des Sommers und Herbstes 1919 intensive Vorbereitungen für das „Untertauchen" der von der Auslieferung Bedrohten im In- und Ausland. Allein in Deutschland wurden mit Hilfe der Offizierverbände (Deutscher Offizierbund, Nationalverband Deutscher Offiziere und Marine-Offizier-Hilfe) 6000–8000 Verstecke gefunden. Im ganzen Reich standen bewaffnete Stoßtrupps, vorwiegend aus ehemaligen Offizieren und Studenten gebildet, bereit, um die Gesuchten, für die man den Tarnnamen „Ferienkinder" gewählt hatte, vor eventuellen Verhaftungen zu schützen und in die sichere Obhut der Freikorps zu überführen oder ins neutrale Ausland zu bringen[81].

Scheibe war unermüdlich tätig. Insbesondere widmete er sich der Public Relations-Arbeit. Er hielt Vorträge und schrieb Artikel, in denen er die Politik der Nichtgestellung verfocht[82]. Zugleich war er darauf bedacht, möglichst breite Kreise des Volkes anzusprechen, um den Widerstand gegen die Auslieferung zu einer nationalen Sache zu machen. Der Kapitän knüpfte deshalb Verbindungen nach vielen Seiten, vorwiegend aber zu den Rechtsparteien und den „vaterländischen" Verbänden. Er stand auch in engem Kontakt mit dem inzwischen – nicht ganz freiwillig – aus dem aktiven Dienst geschiedenen Hauptmann Pabst, der als Hauptgeschäftsführer der „Nationalen Vereinigung" im Auftrage Kapps und Ludendorffs den Sturz der Regierung generalstabsmäßig plante. Scheibe war bereit, mit diesen Kräften gemeinsame Sache zu machen, sollte die Reichsregierung versuchen, die Auslieferung der Geforderten mit ihren Machtmitteln zu betreiben[83].

---

[79] Reinhard, S. 113. Dagegen behauptet Scheibe, daß das Quartier der Widerstandsorganisation dauernd gewechselt werden mußte, „da wir sowohl von revolutionärer Seite wie von der Entente verfolgt wurden". Manuskript, S. 106.

[80] Reinhard, S. 113. Vgl. Manuskript Scheibe, S. 157f. Siehe zur Person Reinhards neben seinem hier wiederholt herangezogenen autobiographischen Bericht „1918–19. Die Wehen der Republik" auch seine Charakterisierung mittels eines Interviews durch Erich Dombrowski, in: Fischart, Johannes (= E. D.), Das alte und das neue System. Neue Folge: Die Männer der Übergangszeit, Berlin 1920, S. 230–236, auszugsweise abgedruckt bei Schüddekopf, S. 50–53. Oberst Reinhard wurde – nachdem ihm das Kabinett im September noch einmal goldene Brücken gebaut hatte – am 11. 12. 1919 vom Reichspräsidenten zur Disposition gestellt, weil er zum Empfang Hindenburgs in Berlin Mitte November anstatt der befohlenen Ehrenposten eine Ehrenkompanie hatte aufziehen lassen. Auch wurde ihm vorgeworfen, für die Erschießung von 29 Angehörigen der Volksmarinedivision am 11. 3. 1919 mitverantwortlich gewesen zu sein (Prozeß gegen Oblt. Marloh). Protokolle der Kabinettssitzungen am 16. u. 18. 9. 1919, abgedruckt in: Kabinett Bauer, DokNr. 63 (P. 4) u. 64 (P. 3); verschiedene Zeitungsausschnitte in: BA R 43 I/682; Schulthess 1919 I, S. 500; Scheidemann, Memoiren II, S. 384–387; Reinhard, S. 111 u. 117–126; Lüttwitz, S. 108f.; Noske, Von Kiel bis Kapp, S. 70. Siehe auch: Waite, Robert G. L., Vanguard of Nazism. The Free Corps Movement in Postwar Germany 1918–1923, Cambridge, Mass., 1952 (= Harvard Historical Studies, Bd 60), S. 293.

[81] Manuskript Scheibe, S. 100–104, 106–112 u. 191. Vgl.: Reinhard, S. 114; Pölnitz, S. 88–90.

[82] BA-MA RM 9/v. Fasz. 5906 Az. F VII g1, Bd 1, „Vortrag gehalten am 5. Dezember 1919" (Drucksache); „Zur Auslieferungsfrage", in: Militär-Wochenblatt Nr. 79 vom 7. 1. 1920; „Erinnerung an den 27. Januar", ebd., Nr. 85 vom 28. 1. 1920. Scheibe war auch Autor der Schrift „Zur Auslieferungsfrage", die die Hauptvermittlungsstelle Vaterländischer Verbände im Dezember 1919 als Umdruck an amtliche Stellen u. angeschlossene Verbände versandte und ab Mitte Januar 1920 als gedruckte Broschüre verteilte. Manuskript Scheibe, S. 70 u. 186; Exemplare des Umdrucks in: PA/ AA Hauptstelle, Bd 7; BA-MA RM 20/729, Bl. 8–16.

[83] Manuskript Scheibe, S. 106, 211f. u. 247f. Zu den Planungen u. Vorbereitungen der „Nationalen Vereinigung" siehe Erger, S. 85–97.

Natürlich benötigte die Organisation „Landbund" bzw. „Ferienkinder" erhebliche finanzielle Mittel, um ihre weitgehenden Vorbereitungen durchführen und die von der Auslieferung bedrohten Personen unterstützen zu können. Die Beschaffung dieser Mittel in in- und ausländischer Währung scheint keine besonderen Schwierigkeiten gemacht zu haben. Nach Angaben Scheibes stellte Admiral v. Trotha das „Startkapital" zur Verfügung, das aus einem unkontrollierten Fonds der Marine stammte, der im Kriege der Finanzierung der geheimen Nachrichtenbeschaffung gedient hatte. Weitere Mittel in größerem Umfang soll Ministerialdirektor a. D. Simons, damals geschäftsführendes Präsidialmitglied des Reichsverbands der Deutschen Industrie, beschafft haben[84].

2. Die Bemühungen der Reichsregierung um eine Lösung der Auslieferungsfrage

Aufgrund des Verhaltens der Reichswehrführung und der Proteste aus der Truppe war sich die Reichsregierung von Anfang an bewußt, daß die Annahme der „Schmachparagraphen" sie innenpolitisch in eine schwierige Lage gebracht hatte. Schon in der Kabinettssitzung am 28. Juni 1919, also am Tage der Unterzeichnung des Friedensvertrags, regte Eduard David, der bei der Regierungsumbildung das Innenministerium übernommen hatte, an, mit den Siegermächten Verhandlungen zur Vermeidung der Auslieferung Deutscher anzubahnen. Persönlichkeiten mit internationalen Beziehungen wie Prinz Max von Baden und Eduard Bernstein sollten gebeten werden, in diesem Sinne tätig zu werden. David meinte, den Siegermächten müsse „durch alle Kanäle klar gemacht werden, daß die Durchführung der Auslieferung die ernste Gefahr einer militärischen Reaktion in Deutschland herbeiführe"[85].

Die Regierung kam aus der Erkenntnis, daß sie ihr Verhältnis zur bewaffneten Macht nicht weiter belasten durfte, den Leitern der militärischen Ressorts bei der Beschlußfassung über die Verteilung der sich aus der Durchführung des Friedensvertrags ergebenden Aufgaben weit entgegen. Sämtliche Aufgaben, die geeignet waren, mit den in Armee und Marine gehegten Ehrvorstellungen zu kollidieren, wurden zivilen Behörden übertragen, obwohl sie sachlich in den Bereich der Militärbehörden fielen. Mit der Bearbeitung aller

---

[84] Manuskript Scheibe, S. 108. – Auch wenn die Marineakten keinen unmittelbaren Beleg dafür enthalten, daß Trotha das „Startkapital" für die Organisation Scheibe bereitstellte, erlauben die vorhandenen Indizien dennoch diesen Schluß. Denn erstens wußte er von der Organisation, und zweitens förderte die Admiralität deren Ziele mit erheblichen Mitteln. Sie stellte Gelder in Höhe von 396 000 M, 10 000 holl. Gulden, 20 000 schweiz. Franken u. 10 000 dän. Kronen zur Verfügung. Weitere 300 000 M steuerte die von der Admiralität mitverwaltete U-Boot-Spende des dt. Volkes bei. Davon wurden – im wesentlichen für die Unterstützung der von der Auslieferung bedrohten Offiziere – bis zum 1. 3. 1920 ausgegeben: 484 000 M, 6400 hfl., 100 sfr. u. 1800 dkr. Unterlagen in: BA-MA RM 20/673, Bl. 39–42. Eine derartig weitgehende finanzielle Unterstützung der Organisation „Ferienkinder" bzw. der von der Auslieferung bedrohten Marineoffiziere war wohl ohne Wissen Trothas nicht möglich. Das bedeutet allerdings nicht unbedingt, daß dieser auch die extremen politischen Ziele Scheibes billigte. Bemerkenswerterweise hat es Trotha in der Besprechung mit den Stationschefs am 15. 7. 1919 abgelehnt, persönlich einen Widerstand gegen die Auslieferung zu organisieren, da er keine Militärrevolte verursachen wollte. Andererseits bekräftigte er damals, daß er eventuelle Anweisungen der Regierung zur Durchführung der „Schmachparagraphen" nicht befolgen werde. Hs. Aufzeichnung über o. a. Besprechung wie Anm. 77.

[85] Protokoll abgedruckt in: Kabinett Bauer, DokNr. 7 (P. 13). Die beiden genannten Politiker wurden tatsächlich um ihre Mithilfe ersucht. BA R 43 I/340, Bl. 7, hs. Vermerk von Geh.RegRat Brecht vom 16. 7. 1919; PA/AA Hauptstelle, Bd 4, undat. hs. Vermerk von Außenminister Müller auf Schreiben UStS Reichskanzlei Rk 6758 vom 29. 6. 1919.

mit den Strafbestimmungen zusammenhängenden Fragen wurde das Auswärtige Amt, das für die Durchführung des Friedensvertrags federführende Ressort, beauftragt. Die Auslieferung von Kriegsmaterial und Kriegstrophäen, in der Heer und Marine ebenso wie in der Auslieferung deutscher Staatsangehöriger etwas Ehrenrühriges sahen, wurde in die Zuständigkeit des Reichsschatzministeriums verwiesen[86]. Trotz der besonderen Schwierigkeiten, die die Überführung der von den Siegern geforderten Kriegsschiffe in feindliche Häfen machte, bestand die Admiralität darauf, daß sie Marinepersonal nicht zugemutet werden dürfe[87].

Angesichts der Zusage der alliierten und assoziierten Mächte, bei Hinterlegung der deutschen Ratifikationsurkunde zum Friedensvertrag die Blockade aufzuheben[88], entschloß sich die Reichsregierung, die Ratifikation beschleunigt zu betreiben[89]. Dazu bedurfte sie der Ermächtigung in Gesetzesform[90]. Die Nationalversammlung mußte also noch einmal zum Friedensvertrag Stellung nehmen. Die zwischen den Fraktionen getroffene Vereinbarung, dieser Pflicht mit Würde nachzukommen, wurde durch das Verhalten der Deutschnationalen gebrochen. Diese beantragten zu Beginn der Sitzung am 9. Juli 1919 überraschend, dem Friedensvertrag nur unter den Vorbehalten zuzustimmen, daß vor Inkrafttreten der Artikel 227–230 von namhaften Völkerrechtslehrern ein Gutachten eingeholt werde, ob diese „nach den anerkannten Grundsätzen des Völkerrechts zulässig oder üblich und gerechtfertigt" seien, und daß ein neutraler Gerichtshof zur Untersuchung der Kriegsschuldfrage eingesetzt werde[91].

Der Versuch der DNVP, die Regierung zur Anmeldung von Vorbehalten bei der Ratifi-

---

86 BA R 43 I/1350, Bl. 89–97, Protokoll der Kabinettssitzung am 8. 7. 1919 einschließlich Anlage: „Verteilung der sich aus der Durchführung des Friedensvertrags ergebenden Aufgaben". Protokoll in Kabinett Bauer nur auszugsweise abgedruckt (DokNr. 20, P. 1). Vgl. Protokolle der Kabinettssitzungen am 25. u. 28. 6. 1919, ebd., DokNr. 4 (P. 2 u. 5) u. 7 (P. 10).

87 In der Marine nahm im Laufe des Jahres 1919, insbesondere nach der gefeierten Selbstversenkung der Hochseeflotte in Scapa Flow, der Widerstand gegen die Auslieferung weiterer Kriegsschiffe zu. Unter Aufbietung seiner ganzen Autorität befahl der Chef der Admiralität, Sabotageakte zu unterlassen. Zugleich versicherte Trotha, daß eine Überführung von Schiffen durch Marinepersonal nicht in Frage komme. BA-MA RM 6/7, Bl. 23, Telegramm Chef der Admiralität vom 25. 6. 1919 an M. St. O. u. M. St. N.; ebd., Bl. 30f., Schreiben Chef der Admiralität vom 13. 11. 1919 an Chefs M. St. O. u. M. St. N. (Abschrift), abgedruckt in: Trotha, S. 171–173.
Zur Jahreswende 1919/1920 berief sich Trotha auf eine Zusage des Reichswehrministers, daß Marinepersonal zur Überführung von Kriegsschiffen in die von den Siegermächten bezeichneten Häfen nicht eingesetzt werden würde. Er erklärte sich außerstande, die ablehnende Haltung der Offiziere und Mannschaften beeinflussen zu können. Ein entsprechender Befehl werde nicht ausgeführt werden und würde folglich nur seine Autorität untergraben. Die Marine könne nicht weiter gehen, als die auszuliefernden Schiffe schleppfähig zu machen. Die Überführung müsse dann von zivilen Schlepperreedereien in Verantwortung des Reichsschatzministeriums vorgenommen werden. BA-MA RM 6/7, Bl. 39f., hs. Aufzeichnung von V.Adm. v. Trotha vom 1. 1. 1920 über seinen Vortrag vor dem Reichskanzler am 31. 12. 1919, abgedruckt ebd., S. 179–181; BA-MA RM 21/1, Bl. 275, Schreiben Reichswehrministerium Chef der Admiralität vom 2. 1. 1920 an den Reichsschatzminister, abgedruckt in: Zwischen Revolution und Kapp-Putsch, DokNr. 145. Vgl. Protokoll der Kabinettssitzung am 16. 1. 1920, abgedruckt in: Kabinett Bauer, DokNr. 148 (P. 6).

88 Note des Präsidenten der Friedenskonferenz vom 27. 6. 1919, abgedruckt in: Kraus/Rödiger I, DokNr. 95.

89 Protokoll der Kabinettssitzung am 1. 7. 1919, abgedruckt in: Kabinett Bauer, DokNr. 10 (P. 1).

90 § 6 Abs. 2 des Gesetzes über die vorläufige Reichsgewalt vom 10. 2. 1919, abgedruckt in: RGBl. 1919, S. 169–171.

91 Nationalversammlung, Bd 327, S. 1407–1423 (Antrag der DNVP, S. 1407 u. 1415).

kation eines bilateralen Vertrages zu verpflichten, widersprach nicht nur den politischen, sondern auch den staats- und völkerrechtlichen Gegebenheiten. Zudem lehnte die Partei es kurioserweise ab, die Konsequenzen aus ihrem eigenen Antrag zu ziehen, nämlich dem Friedensvertrag unter der genannten Bedingung zuzustimmen. Die Deutschnationalen zeigten damit, daß sie nicht davor zurückschreckten, Fragen der nationalen Ehre zu parteipolitischen Zwecken zu mißbrauchen, erweckten sie doch vor der Öffentlichkeit den Eindruck, daß nur sie diese vertreten würden. Die übrigen Parteien reagierten daher zu Recht erbost.

Dieses Verhalten der Deutschnationalen mußte für die Regierung eine weitere Warnung sein, aus der sie nur den Schluß ziehen konnte, in der Auslieferungsfrage mit Behutsamkeit vorzugehen. Es gelang ihr dann auch, das vielleicht größte Hindernis, das der Auslieferung der der Kriegsrechtsverletzungen Beschuldigten entgegenstand, in fast eleganter Weise aus dem Wege zu räumen. Der Verfassungsausschuß der Nationalversammlung hatte sich nämlich Ende Mai 1919 trotz Bedenken wegen der Artikel 227–230 des Friedensvertragsentwurfs dafür ausgesprochen, den Satz, „kein Deutscher darf einer ausländischen Regierung zur Verfolgung oder Bestrafung überliefert werden", in die zukünftige Reichsverfassung aufzunehmen[92]. Dem § 9 RStGB sollte also Verfassungsrang eingeräumt werden[93]. Die vorauszusehende Folge war, daß eine eventuelle Anordnung der Reichsregierung, die Beschuldigten zu verhaften und auszuliefern, die Verfassung verletzt hätte. Beamte und Soldaten, durch ihren Eid zur Verfassungstreue verpflichtet, hätten in einem solchen Fall guten Grund gehabt, ihre Mitwirkung zu versagen. Die sich abzeichnende Problematik gab Veranlassung, die Frage des Verhältnisses zwischen dem Friedensvertrag und der zukünftigen Reichsverfassung generell und vorausschauend zu klären. Noch während der Beratung der Verfassung wurde in diese die Vorschrift aufgenommen, daß der Friedensvertrag von ihr „unberührt" bleiben solle[94]. Daß heißt, bei einer Kollision zwischen beiden ging der Friedensvertrag vor, die betreffende Verfassungsbestimmung war in ihrer Gültigkeit gehemmt[95]. Diese in Artikel 178 Abs. 2 Satz 2 der Reichsverfassung getroffene Regelung dokumentiert augenfällig, wie tief der Versailler Vertrag in die Souveränität des Deutschen Reiches eingriff[96].

Nicht nur die dargelegte Vorsichtsmaßnahme auf staatsrechtlichem Gebiet zeigt, daß die Reichsregierung im Juli 1919 glaubte, sich der Auslieferung der gemäß Artikel 228 gefor-

---

[92] Protokoll der Sitzung des 8. Ausschusses der Nationalversammlung am 28. 5. 1919, abgedruckt in: Nationalversammlung, Bd 336, hier: S. 374f. (Drucksache Nr. 391).

[93] Art. 111 Abs. 3 des Entwurfs der RV vom 18. 6. 1919. Er trat als Art. 112 Abs. 3 RV in Kraft.

[94] Protokolle der Kabinettssitzungen am 3. u. 5. 7. 1919, abgedruckt in: Kabinett Bauer, DokNr. 12 (P. 2) u. 14 (P. 13). Abänderungsantrag zur 2. Beratung des Verfassungsentwurfs vom 10. 7. 1919, abgedruckt in: Nationalversammlung, Bd 337, S. 330 (Drucksache Nr. 546). Sitzung der Nationalversammlung am 22. 7. 1919, Nationalversammlung, Bd 328, hier: S. 1830 (Annahme ohne Diskussion).

[95] Vgl. Anschütz, Gerhard, Die Verfassung des Deutschen Reichs vom 11. August 1919 [Kommentar], 14. Auflage, Berlin 1933 (Ndr. Bad Homburg v. d. H. 1960), S. 763.

[96] Darüber hinaus mußte das Deutsche Reich auf Druck der alliierten u. assoziierten Mächte in einem am 22. 9. 1919 in Versailles unterzeichneten Protokoll anerkennen, daß alle Bestimmungen der RV ungültig seien, die mit dem Friedensvertrag in Widerspruch standen. Protokoll u. zugehöriger Notenwechsel abgedruckt in: Nationalversammlung, Bd 340, Drucksache Nr. 1793; Kraus/Rödiger II, DokNr. 116–120. Obwohl das Protokoll die von den Siegermächten geforderte Zustimmung von Reichsrat u. Nationalversammlung erhielt – und zwar in der für Reichsgesetze vorgesehenen Form (siehe Nationalversammlung, Bd 331, S. 4152f.) – wurde es nicht im RGBl. verkündet. Es erlangte somit keine Gesetzeskraft u. bewirkte keine Änderung der innerstaatlichen Rechtslage. So Anschütz, S. 340f.

derten Personen schwerlich entziehen zu können. Diese Ansicht kommt auch in dem Schreiben des Reichswehrministers vom 23. Juli 1919 an den Präsidenten des Reichsministeriums[97] und der daraufhin gefällten Entscheidung des Kabinetts zum Ausdruck. Noske legte dar, daß es Pflicht der Regierung sei, den Schutz dieser Personen zu übernehmen; denn sie müßten „als Opfer eines höheren Staatsinteresses angesehen werden, durch deren Auslieferung das deutsche Volk sich den Frieden erkauft hat". Das Kabinett stimmte dem Antrag zu, die Kosten, die den Betroffenen bei ihrer Verteidigung vor den ausländischen Militärgerichten entstehen würden, zu übernehmen. Es erklärte sich weiterhin bereit, den Beschuldigten und ihren Familien Unterstützungen zu zahlen, „auch wenn diese einen erheblichen Umfang annehmen würden"[98].

Im Sinne von Noskes Antrag war auch das Auswärtige Amt, in dessen Zuständigkeit die Bearbeitung der Artikel 228–230 fiel, tätig geworden. Es war schon am 12. Juli 1919 mit der Bitte an den Finanzminister herangetreten, Mittel für eine „Hauptstelle zur Verteidigung Deutscher vor feindlichen Gerichten" zur Verfügung zu stellen. Das Auswärtige Amt bezeichnete es als Aufgabe der einzurichtenden „Hauptstelle", dafür Sorge zu tragen, daß den Verfolgten jeder mögliche Beistand geleistet werde. Sie solle insbesondere die für die Verteidigung vor den ausländischen Militärgerichten notwendigen Unterlagen von den Reichs-, Staats- und Militärbehörden beschaffen, Verteidiger aus dem In- und Ausland verpflichten und diese „rechtzeitig und vollständig über die Gesichtspunkte des internationalen Rechts und der Politik [...] informieren, die für eine einheitliche und planmäßige Verteidigung in Betracht kommen"[99].

Bei seinem Antrag ging das Auswärtige Amt davon aus, daß es nicht tunlich sei, die Verteidigung der der Verletzung des Kriegsrechts angeklagten Deutschen im eigenen Haus zu organisieren. Es befürchtete einerseits Pflichten- und Interessenkollisionen, andererseits auch, daß die Beschuldigten kein Vertrauen zu einer amtlichen Verteidigung haben würden. Reichsfinanzminister Erzberger zeigte sich aber selbst nach ausführlicher Darlegung der Gründe, die das Auswärtige Amt zur Einrichtung der „Hauptstelle" veranlaßten, von deren Notwendigkeit nicht überzeugt. Doch im Interesse der Sache – aber wohl auch, um einen Konflikt mit seinem Ministerkollegen zu vermeiden – stellte er zunächst 100000 Mark für den beantragten Zweck zur Verfügung[100].

Tatsächlich nahm die „Haupstelle zur Verteidigung Deutscher vor feindlichen Gerichten" schon vor der Zuweisung von Haushaltsmitteln, etwa Mitte Juli 1919, ihre Arbeit auf. Mit ihrer Leitung wurde der Geheime Legationsrat z. D. Bruno Wedding, ein gerade aus

[97] BA R 43 I/340, Bl. 23.

[98] Protokoll der Kabinettssitzung am 29.7. 1919, 10 Uhr, abgedruckt in: Kabinett Bauer, DokNr. 33 (P. 3). Noske hatte beantragt, das Reich möge alle Vermögensnachteile tragen, „sofern nicht ein deutsches Gericht, dem jeder Fall zur Nachprüfung zu übergeben ist, auf Verlust der bürgerlichen Ehrenrechte erkennt". – Der Reichswehrminister gab am 30.8. 1919 den Umfang der Hilfe der Reichsregierung für „diejenigen, die von der Entente vor Gericht gezogen werden", bekannt: „Tragung aller Kosten, die durch die Verteidigung erwachsen" und „Erstattung der Vermögensnachteile, die Unschuldigen [!] oder ihren Familien entstehen". BA-MA RM 20/664, Bl. 23, Schreiben Reichswehrminister an Gen.Maj. v. Seeckt u. a. (Umdruck; für den Minister von Oberst Reinhardt unterzeichnet).

[99] PA/AA Rep. IV, Geschäftsgang Nr. 11 adh. 26, Schreiben Reichsminister des Auswärtigen vom 12.7. 1919 an Reichsfinanzminister, dazu Anlage: „Richtlinien für die Hauptstelle zur Verteidigung Deutscher vor feindlichen Gerichten (Artikel 227–230 des Friedensvertrags)".

[100] Ebd., Schreiben Reichsminister der Finanzen vom 23.7. 1919 an Reichsminister des Auswärtigen, dessen Antwortschreiben vom 31.7. 1919 und Antwortschreiben des Reichsministers der Finanzen vom 9.8. 1919.

dem aktiven Dienst geschiedener, langjähriger Beamter in der Rechtsabteilung des Auswärtigen Amtes, beauftragt[101]. Während der Friedensverhandlungen hatte er sich mit den in sein Referat fallenden Strafbestimmungen zu beschäftigen gehabt. Am 17. Juni 1919 bat er um seine Verabschiedung für den Fall, daß die „schmählichen Strafbestimmungen“ Bestandteil des Friedensvertrags werden würden[102]. Welche Gründe die Leitung des Auswärtigen Amtes bewogen, Wedding dennoch die „Hauptstelle“ anzuvertrauen, geht aus den Akten nicht hervor. Zweifellos werden Sachkenntnis und Erfahrung für den „preußischen Beamten in der vierten Generation“ gesprochen haben, der nach eigener Aussage einer Familie entstammte, „die auch militärisch nie gezögert hat, für des Vaterlandes Ehre einzutreten“[103]. Auf Grund dieser Voraussetzungen und seiner die Auslieferung betont ablehnenden Haltung wird man erwartet haben, daß Wedding besonders tatkräftig nach Mitteln und Wegen suchen würde, um den Bedrohten zu helfen.

Etwa Mitte August 1919 war die „Hauptstelle“ personell so ausgestattet, daß sie die ihr obliegenden Aufgaben zügig in Angriff nehmen konnte[104]. Sie entwickelte einen Arbeitsplan für die Vorbereitung der Verteidigung der Personen, die sich unter der Anklage, die Kriegsgesetze und -gebräuche verletzt zu haben, Militärgerichten der Sieger stellen sollten. Der Plan sah vor, in- und ausländische Rechtsanwälte zu gewinnen, die sich sogleich mit den voraussichtlichen Anklagen und mit den einschlägigen Rechtsmaterien (Kriegsvölkerrecht, Militärstrafgesetze sowie -gerichtsordnungen der Siegerstaaten) beschäftigen sollten. Das Kriegsministerium, der Generalstab und die Admiralität wurden um die vorsorgliche Zusammenstellung von Materialien zu den voraussichtlichen Anklagen ersucht[105].

Neben diesen zunächst planerisch-organisatorischen Aufgaben bemühte sich Wedding um Einflußnahme auf die deutsche Presse. Er wandte sich gegen die fortwährende Veröffentlichung von Appellen an die Gnade und die Großherzigkeit der Niederlande, da solche „Sentimentalitäten“ die Haltung der holländischen Regierung, die Auslieferung des Kaisers aus Rechtsgründen abzulehnen, nur erschweren würden. Ebenso sollte die öffentliche Erörterung der Auslieferung deutscher Staatsmänner und Offiziere unterbleiben, um den Siegermächten eine Vorbereitung „auf die von deutscher Seite etwa zu erhebenden Einwände tatsächlichen oder rechtlichen Charakters“ zu verwehren. Das Auswärtige Amt teilte Weddings Überlegungen und instruierte die Presse entsprechend[106].

---

[101] Bruno Wedding (1869–1931), am 10. 7. 1919 in den einstweiligen Ruhestand versetzt, danach Leiter der „Hauptstelle“ bis zu ihrer Auflösung. 1920–1923 kommissarisch in der Rechtsabteilung des AA tätig, ab Juni 1923 Leiter der diplomatischen Vertretung in Reval, Ende 1924 wieder in den einstweiligen Ruhestand versetzt. Freundliche Auskunft von Frau Dr. M. Keipert, PA/AA.

[102] PA/AA Hauptstelle, Bd 1, Schreiben Geh.LegRat Wedding vom 17. 6. 1919 an Reichsminister des Auswärtigen (hs. Abschrift?). [103] Ebd.

[104] Auf Anforderung entsandten zur „Hauptstelle“: Preuß. Kriegsministerium (Personalamt): Maj. Hoffmann; Admiralität: K.Kapt. Bartenbach (im Kriege zuletzt Führer der U-Boote Flandern; Anfang Feb. 1920 ersetzt durch Rechtsanwalt Dr. Scheurer, im Kriege Dezernent für Seekriegsrecht im Admiralstab); Reichskolonialministerium: Gouverneur Haber (ab Sept. 1919; später ersetzt durch Gouverneur Dr. Schultz-Ewerth). Darüber hinaus gelang es Wedding, den Schriftsteller Hptm. a. D. Wilhelm v. Massow für die Pressearbeit und den Staatsanwalt Dr. Wolfgang Mettgenberg als juristischen Sachbearbeiter zu gewinnen. Mettgenberg, während des Krieges Feldkriegsgerichtsrat, war mit Arbeiten über das Auslieferungsrecht hervorgetreten und wurde vom preuß. Justizministerium abgeordnet.

[105] BA-MA RM 20/547, Bl. 53–55, Schreiben Hauptstelle vom 16. 8. 1919 an Chef der Admiralität.

[106] PA/AA Hauptstelle, Bd 6, Schreiben (urschriftlich unter Rückerbittung) Hauptstelle vom 21. 7. 1919 an AA (Nachrichtenabtlg.).

Mitte August 1919 stellte der Leiter der „Hauptstelle" seine Organisation und deren Aufgaben den geladenen Vertretern der großen deutschen Zeitungen vor. Er legte dar, daß nach der bedingungslosen Unterzeichnung des Friedensvertrags gegen die Auslieferung „nichts mehr zu machen sei". Daher empfehle es sich, möglichst wenig über die Angelegenheit zu schreiben, um den Gegnern kein Material für weitere Anklagen und keinen Hinweis auf die Organisation der Verteidigung zu geben[107]. Insbesondere solle eine Erörterung der politischen Gesichtspunkte vermieden werden, um die Auslieferung nicht zu einer Prestigefrage für die Sieger zu machen. Erst bei Vorliegen der amtlichen Auslieferungsliste dürften diese Rücksichten fallen[108]. Die Vertreter der Presse erklärten sich mit den Anschauungen der „Hauptstelle" einverstanden und übernahmen freiwillig die Verpflichtung, sich in der Auslieferungsfrage äußerster Zurückhaltung zu befleißigen[109]. Sie haben, von wenigen Ausnahmen abgesehen, ihr Wort gehalten[110].

Wie dargestellt, hatten die militärischen Stellen zunächst darauf gedrängt, daß die federführende Bearbeitung der Auslieferungsfrage keinesfalls bei ihnen, sondern möglichst beim Auswärtigen Amt liegen sollte. Doch schon Mitte Juli 1919 machte das preußische Kriegsministerium seinen Anspruch auf Mitsprache mit der Begründung geltend, daß der größte Teil der auszuliefernden Soldaten zu seinem Befehls- und Fürsorgebereich gehöre. Es forderte das Auswärtige Amt auf, „noch in letzter Stunde" zu versuchen, von den Siegermächten bestimmte Zusagen für eine angemessene Behandlung der Auszuliefernden und für eine faire Durchführung der Untersuchungen zu erlangen. Diesen Versuch zu unternehmen, sei eine unabweisliche Pflicht, nicht nur gegenüber den Betroffenen, die in den weitaus meisten Fällen unschuldig und nur als „beklagenswerte Opfer der grausamen politischen Konjunktur" zu betrachten seien, sondern auch gegenüber dem deutschen Volk[111]. Das Auswärtige Amt versprach sich von sofortigen diplomatischen Schritten in dieser Sache zu Recht sehr wenig. Es entschied sich, die weitere Entwicklung abzuwarten und entsprechende Maßnahmen nicht vor Inkrafttreten des Friedensvertrags und Namhaftmachung der Auszuliefernden einzuleiten[112].

Den Offizieren der Zentralstelle für Völkerrechtsverletzungen im preußischen Kriegsministerium gelang es, die Unterstützung des Reichswehrministers zu gewinnen. Noske wandte sich an das Kabinett mit der Mahnung, daß alles zum Schutze der von der Auslieferung Betroffenen geschehen müsse. Wiederum argumentierte er, daß durch das Zugeständnis der Auslieferung die Regierung und das deutsche Volk sich den Frieden

[107] PA/AA Hauptstelle, Bd 5, Aufzeichnung über eine Pressekonferenz der „Hauptstelle" am 15. 8. 1919.

[108] Ebd., Aufzeichnung über eine Pressekonferenz der „Hauptstelle" am 16. 9. 1919 (H.St.Nr. 431).

[109] Wie Anm. 107 u. 108. – Mit Schreiben Hauptstelle Nr. 263 vom 30. 8. 1919 an AA meldete Wedding sogar, daß zwischen der „Hauptstelle" und der „rechts- und linksstehenden Presse" Einvernehmen erzielt worden sei, daß Veröffentlichungen über die Auslieferungsfrage „nicht ohne Genehmigung der Hauptstelle erfolgen würden". PA/AA Friedensabtlg., Akten betr. Strafbestimmungen, Bd 1. (Mit „linksstehender Presse" war die sozialdemokratische gemeint; Redakteure der linksextremen Zeitungen „Die Freiheit" [USPD] und „Die Rote Fahne" [KPD] wurden zu den Pressekonferenzen nicht geladen).

[110] Schreiben Hauptstelle Nr. 263 vom 30. 8. 1919 an AA, wie Anm. 109. Für die Reichsregierung war von besonderem Wert, daß auch und gerade die rechtsstehende Presse dem Wunsch nach Zurückhaltung Folge leistete. Vgl. Schreiben Hauptstelle Nr. 430 vom 20. 9. 1919 an Ministerialdirektor v. Simson, Leiter der Abteilung für die Ausführung des Friedensvertrags im AA („Friedensabtlg."), ebd.

[111] PA/AA Hauptstelle, Bd 7, Schreiben Kriegsministerium Nr. 244.7.19.Z.V. vom 13. 7. 1919 an AA (Abschrift).

[112] Ebd., Schreiben AA Nr. III a 11 823 vom 24. 7. 1919 an preuß. Kriegsministerium (Abschrift).

„erkauft" hätten. Die Taktik des Auswärtigen Amtes, mit Verhandlungen über die Ausführung der Strafbestimmungen bis zum Inkrafttreten des Friedensvertrags und Überreichung der Auslieferungsliste zu warten, sei verfehlt. Durch sie würde kostbare Zeit verlorengehen. Denn wenn es erst so weit sei, müsse mit einem Ultimatum und anschließenden Zwangsmaßnahmen gerechnet werden. Daher solle schon jetzt versucht werden, von den Siegermächten Zusagen zu erhalten, die eine angemessene Behandlung der auszuliefernden Personen, eine objektive Durchführung der Gerichtsverfahren und eine freie Verteidigung garantierten. Auch wenn der Erfolg eines solchen Schrittes zweifelhaft erscheine, so müsse er doch unternommen werden, um die Aufmerksamkeit der Neutralen auf diese Fragen zu lenken. Darüber hinaus müsse besonders die amerikanische Regierung „auf die Schimpflichkeit dieser Bedingungen und die Unmöglichkeit einer objektiven Urteilsfällung durch die feindlichen Gerichte" hingewiesen werden. Vielleicht sei diese dazu zu bewegen, die Strafbestimmungen in den Kreis ihrer Revisionsanträge einzubeziehen oder wenigstens auf eine Milderung hinzuwirken[113].

Der Reichswehrminister hielt auch die vom Auswärtigen Amt schon getroffenen bzw. noch beabsichtigten Maßnahmen für die Verteidigung der Beschuldigten vor den gegnerischen Militärgerichten für völlig unzureichend. Die intensiven Vorbereitungen der Sieger ließen befürchten, daß diese die Prozesse „zu einer umfassenden Propaganda für die Notwendigkeit und Gerechtigkeit des Deutschland auferlegten Straffriedens ausnutzen" würden. Daraus werde eine Aufhetzung der Weltmeinung gegen Deutschland resultieren, die „jeder Deutsche an seinem eigenen Leib spüren" werde. Man müsse sich darüber im klaren sein, daß an den Tagen, an denen die Gerichtsverhandlungen stattfänden, ganz Deutschland vor Gericht stehe. Deshalb dürfe man sich nicht mit einem kleinen halbamtlichen Gegenunternehmen begnügen, sondern müsse eine amtliche Stelle „zum Schutz der Auszuliefernden und des ganzen deutschen Volkes" einrichten. Ihr sollten in großzügiger Weise besonders qualifizierte Offiziere und Juristen sowie gute Journalisten für eine wirkungsvolle Gegenpropaganda zur Verfügung gestellt werden[114].

Reichswehrminister Noske drang im Kabinett weder mit seiner Kritik an der Taktik des Auswärtigen Amts in der Auslieferungsfrage noch mit seinem Wunsch nach Errichtung einer Zentralstelle für die Bearbeitung aller mit den Strafbestimmungen zusammenhängenden Fragen durch[115]. Die Minister hatten insbesondere Bedenken gegen den amtlichen Charakter einer solchen Stelle[116]. Die Entscheidung, den Kurs des Auswärtigen Amtes zumindest vorläufig beizubehalten, stieß im preußischen Kriegsministerium bzw. in der Heeresleitung des Reichswehrministeriums[117] auf Widerstand. Man machte geltend, daß

---

[113] BA R 43 I/340, Bl. 32–34, Schreiben Reichswehrminister vom 4. 8. 1919 an Präsident des Reichsministeriums (auch in: PA/AA Friedensabtlg., Akten betr. Strafbestimmungen, Bd 1; BA-MA RM 9/v. Fasz. 5906 Az. F VII g1, Bd 1). Vgl. Kabinett Bauer, DokNr. 41, Anm. 3.

[114] Schreiben Reichswehrminister wie Anm. 113. Es enthielt einen Vorschlag für die Einrichtung einer amtlichen „Hauptstelle zum Schutze Deutscher vor feindlichen Gerichten". Diese sollte um ein Vielfaches größer sein als die von Wedding geleitete „Hauptstelle".

[115] Protokoll der Kabinettssitzung am 9. 8. 1919, abgedruckt in: Kabinett Bauer, DokNr. 41 (P. 2).

[116] BA-MA RM 9/v. Fasz. 5906 Az. F VII g1, Bd 1, Schreiben Admiralität Marine-Friedenskommission vom 18. 8. 1919 an Admiralität (Admiralstab. Abwicklung) [Entwurfsvfg.]. Die Information stammte von Kapt.z. S. v. Gohren, einem Teilnehmer an der Kabinettssitzung vom 9. 8. 1919.

[117] Mit Verordnung des Reichspräsidenten vom 20. 8. 1919 (abgedruckt in: RGBl. 1919, S. 1475 f.; HVBl. 1919, S. 1 f.) wurde der Oberbefehl über die Wehrmacht dem Reichswehrminister übertragen, soweit der Präsident nicht selbst unmittelbare Befehle erteilte. Zugleich wurden die einzelstaatlichen Kriegs-

die Siegermächte die ihnen aus den Strafbestimmungen zustehenden Rechte schon vor Inkrafttreten des Friedensvertrags in Anspruch nehmen würden. So hätten die Franzosen und Belgier Kriegsgefangene und in den besetzten Gebieten Festgenommene unter entwürdigenden Bedingungen eingekerkert und zum Teil sogar abgeurteilt. Zum Schutze der sich bereits in feindlicher Gewalt befindenden und der noch auszuliefernden Deutschen müßten daher sofort diplomatische Schritte unternommen werden mit dem Ziel, von den Siegermächten Garantien für eine angemessene Behandlung der Beschuldigten und eine objektive Durchführung der Gerichtsverfahren zu erlangen. Weiteres Zuwarten bedeute nicht nur Zeitverschwendung, sondern lasse bei den gegnerischen Regierungen den Eindruck entstehen, Deutschland habe sich mit der schonungslosen Durchführung der Strafbestimmungen abgefunden[118].

Wie aus der Verzögerung der Antwort ersichtlich ist, kam dem Auswärtigen Amt das Drängen des Kriegsministeriums ungelegen. Es erwiderte schließlich, daß der Schutz der bereits im feindlichen Machtbereich befindlichen Beschuldigten zu den Aufgaben der Waffenstillstandskommission gehöre und von dieser wahrgenommen werde. Diplomatische Schritte hinsichtlich der Durchführung der Strafbestimmungen zu unternehmen, sei „mißlich", da nur unzuverlässige Nachrichten über die von den Siegermächten geforderten Personen und die Art der ihnen zur Last gelegten Verfehlungen vorliegen würden. Zudem seien sie geeignet, den Anschein zu erwecken, daß sich Deutschland mit der Auslieferung abgefunden habe. Das Auswärtige Amt glaubte daher, an seinem bisherigen, vom Kabinett am 9. August gebilligten Standpunkt festhalten und das Inkrafttreten des Friedensvertrags abwarten zu sollen[119].

Das Reichswehrministerium vermochte der Haltung des Auswärtigen Amts nicht beizupflichten. Es war überzeugt, daß die Abstandnahme von dem Versuch, Garantien für die angemessene Behandlung der Auszuliefernden und für ordnungsgemäße Gerichtsverfahren zu erlangen, „verhängnisvolle Folgen zeitigen" werde. Es war der Ansicht, daß die Siegermächte der Reichsregierung bei der Übergabe der Auslieferungsliste eine Frist für die Auslieferung der Beschuldigten setzen würden. Der Versuch, dann über Garantien zu verhandeln, werde sehr wahrscheinlich mit einem Ultimatum beantwortet werden, das die Erneuerung der Blockade und die Zurückhaltung einer großen Anzahl von deutschen Kriegsgefangenen für jeden Fall der Nichtauslieferung androhen würde. Ein solches Ultimatum sei

> „geeignet, ja vielleicht dazu bestimmt, Zwietracht in das deutsche Volk zu tragen: Den Massen würde suggeriert werden, daß die neu geschaffenen Leiden des Volkes nur durch das üble Verhalten weniger Personen hervorgerufen werden, die sich der Gestellungspflicht zu entziehen suchen, während ein großer Teil des Volkes sich auf

---

ministerien in „Reichswehr-Befehlsstellen" umgewandelt, die mit Ablauf des 30. 9. 1919 aufgelöst wurden. Am 1. 10. 1919 trat das Reichswehrministerium in Funktion, zu dessen Chef der Heeresleitung Oberst Walther Reinhardt, der letzte preuß. Kriegsminister, berufen wurde.

[118] PA/AA Friedensabtlg., Akten betr. Strafbestimmungen, Bd 1, Schreiben Kriegsministerium Nr. 587. 8. 19. Z. V. vom 18. 8. 1919 an AA. Trotz des Kabinettsbeschlusses vom 9. 8. 1919 wollte das preuß. Kriegsministerium einen Teil der der „Hauptstelle" zugewiesenen Aufgaben behalten und in der „Militär-Untersuchungsstelle für Verletzungen des Kriegsrechts" bearbeiten lassen. Geh.LegRat Wedding beschwerte sich über die Behinderung der Arbeit der „Hauptstelle". Ebd., Bd 2, Schreiben Hauptstelle Nr. 238 vom 28. 8. 1919 an AA, z. Hd. MinDir. v. Simson.

[119] Ebd., Bd 1, Schreiben AA Friedensabtlg. F. R. 1096/89107 vom 30. 9. 1919 an Reichswehrbefehlsstelle Preußen (Unterkunftsdepartement).

die Seite derjenigen Auszuliefernden schlagen werde, die sich wegen Mangels jeder Garantie zur Verhütung grausamer Behandlung der Gestellungspflicht zu entziehen trachten werden. Die Regierung gerät dann zwischen zwei Feuer, indem die einen ihr vorwerfen werden, daß sie die wenigen auf Kosten der Allgemeinheit begünstige, wenn sie nicht mit den schärfsten Mitteln zu ihrer Ergreifung vorgeht und indem die andern den Vorwurf erheben werden, daß sie es pflichtwidrig unterlassen habe, die Auszuliefernden vor der ärgsten Unbill zu schützen[120]."

Diese voraussehbare Polarisation könne – so das Reichswehrministerium – durch einen rechtzeitigen Versuch, Garantien für die Auszuliefernden zu erlangen, verhindert werden. Sollte diesem kein Erfolg beschieden sein, so würde der Unmut des deutschen Volkes sich nicht gegen die Reichsregierung, sondern nur gegen die Anmaßung der Sieger richten. Obwohl der richtige Zeitpunkt wahrscheinlich verpaßt sei, empfehle es sich auch jetzt noch, mit den Siegermächten in einen diesbezüglichen Kontakt zu treten[121].

Im Auswärtigen Amt rief das Schreiben des Reichswehrministeriums – eventuell mitbedingt durch seine lange Laufzeit – Erstaunen hervor[122]. Denn Anfang der zweiten Oktoberhälfte war das Kabinett zu einer gänzlich anderen Lagebeurteilung gekommen, als jenem zugrunde lag. Es war nun der Auffassung, daß die Auslieferung der der Kriegsrechtsverletzungen Beschuldigten wegen der in ihr liegenden Gefahren für die staatliche Ordnung unmöglich sei. Die Regierung rechnete damit, daß die Beamtenschaft sich weigern werde, an der Auslieferung mitzuwirken[123], obwohl inzwischen klargestellt worden war, daß die Auslieferung Deutscher in Vollzug des Friedensvertrags nicht gegen die Verfassung verstoßen würde[124]. Sie befürchtete, daß die Offiziere sich ebenso wie die Beamten verhalten oder sogar versuchen könnten, die Macht an sich zu reißen. Um den sich abzeichnenden Gefahren vorzubeugen, sah die Regierung nur die Möglichkeit, die Siegermächte zu einem Verzicht auf die Auslieferungsforderung zu bewegen[125].

Die im Auswärtigen Amt angestellten Überlegungen waren in dieser Richtung vorangegangen. Vor der Frage stehend, wie die Durchführung der Strafbestimmungen so modifiziert werden könnte, daß sie für Deutschland tragbar sei, war man zu der Erkenntnis ge-

---

[120] Ebd., Bd 2, Schreiben Reichswehrministerium Nr. 76. 10. 19. Z. V. (Abw.) vom 13. 10. 1919 an AA (für den Minister unterzeichnet vom Chef der Heeresleitung).

[121] Ebd.

[122] Ebd. Das Schreiben ging erst am 24. 10. im AA ein! MinDir. v. Simson vermerkte auf diesem am 28. 10. 1919: „Die Frage ist doch längst u. auch neulich wieder – mit Zustimmung von Noske und Reinhard[t] – anders entschieden worden. – Das Schreiben ist also ganz unverständlich."

[123] Die Vertrauensmänner der Beamten von Berliner Behörden protestierten in einer Versammlung am 11. 7. 1919 gegen die Forderung der Sieger nach Auslieferung des Kaisers, seiner Berater und Heerführer. Sie erklärten in einer Entschließung, daß ihre Mitwirkung an der Auslieferung die sittliche Grundlage, auf der der Staat und ihr Beruf beruhe, nämlich das Recht, verletzen würde. Sie sprachen die Erwartung aus, daß die Beamtenschaft sich daher „jeder mittelbaren und unmittelbaren Beteiligung" enthalte. DAZ Nr. 339 vom 11. 7. 1919 (Zeitungsausschnitt: Kriegsarchiv VR, Nr. XII E 5b). Vgl. Berliner Tageblatt Nr. 325 vom 17. 7. 1919. BA NL Koch(-Weser), Nr. 20, S. 3f., hs. Aufzeichnung vom 14. 10. 1919: „Unsere Beamten scheinen sich weigern zu wollen, wenigstens läßt Simson vom Auswärtigen Amt das durch Lewald [UStS im Reichsinnenministerium] sagen, und dieser schließt sich an."

[124] Siehe oben, S. 252.

[125] Protokoll der Kabinettssitzung am 18. 10. 1919, abgedruckt in: Kabinett Bauer, DokNr. 83 (P. 1). BA NL Koch (-Weser), Nr. 20, S. 5–7, hs. Aufzeichnung vom 16. 10. 1919 (Datierung wahrscheinlich fehlerhaft, da die Kabinettsprotokolle vom 16. 10. die Auslieferungsfrage als Beratungsgegenstand nicht verzeichnen u. Kochs Aufzeichnung inhaltlich die Beratung am 18. 10. 1919 wiedergibt. So auch Kabinett Bauer, DokNr. 83, Anm. 2).

langt, daß Proteste gegen deren Berechtigung und Rechtmäßigkeit wenig Erfolg versprachen. Zwar hatten sich im Ausland auch in diesem Sinne Stimmen erhoben – von besonderer Bedeutung waren die öffentlichen Stellungnahmen des Vatikans[126] –, aber Auswirkungen auf die Haltung der französischen, britischen und belgischen Regierung waren nicht zu erkennen. Diese Diskussion fortzusetzen, schien müßig. Man erachtete es für erfolgversprechender, den Siegermächten die Folgen darzulegen, die ihr Bestehen auf Auslieferung der Beschuldigten voraussichtlich haben würde. Dabei ging das Auswärtige Amt von der Überlegung aus, daß die alliierten und assoziierten Mächte ein Interesse an der in Deutschland seit der Revolution geschaffenen Ordnung haben mußten, wenn sie in den Genuß der Früchte ihres Sieges, wie sie im Friedensvertrag kodifiziert waren, kommen wollten. Durch einen Umsturz der deutschen staatlichen Ordnung würde dieser zweifellos in Frage gestellt werden.

Zunächst wurden die noch spärlichen diplomatischen Kontakte zu den Siegermächten benutzt, um im Sinne dieser Überlegung über die labile innenpolitische Lage in Deutschland zu informieren: Ruhe und Ordnung würden von der bewaffneten Macht garantiert. Diese Stütze werde mit Sicherheit erschüttert werden, wenn die Sieger die Reichsregierung zur Auslieferung der Beschuldigten zwingen sollten. Die dann entstehende Unruhe werde denjenigen Kräften gelegen kommen, die an einem Umsturz der gegenwärtigen Ordnung interessiert seien, nämlich den Anhängern des alten Regimes und der extremen Linken[127].

Sehr deutlich kam der Gedanke, die gegnerischen Regierungen über die inneren Verhältnisse in Deutschland aufzuklären, um sie zu einer Milderung der Härten des Friedensvertrags, insbesondere zu einem Nachgeben in der Auslieferungsfrage zu bewegen, in einer Information zum Ausdruck, die der ehemalige Staatssekretär Solf in Absprache mit dem Auswärtigen Amt einem Beamten des französischen Generalkonsulats in Zürich zugehen ließ[128]. Solf versicherte, es sei der Wunsch der Regierung und jedes „verständigen Deutschen", alle Kräfte zur Ausführung des Friedensvertrags anzuspannen. Man hoffe in Berlin, sobald dies auch für das Ausland ersichtlich sei, in den Fällen, in denen sich die Unausführbarkeit der Friedensbedingungen erweise, bei den Siegermächten auf Verständnis und Mäßigung zu stoßen. Doch sei Voraussetzung für die Erfüllung des Vertrages die Aufrechterhaltung der Ordnung in Deutschland. Gerade diese sei allerdings gefährdet durch die schlechte Verfassung, in der sich die Reichswehr befinde, und durch den wegen der zwangsweisen Abgaben an die Entente entstandenen Kohlenmangel, der das deutsche Wirtschaftsleben außerordentlich lähme. Es liege in der Hand der Siegermächte, hier Abhilfe zu schaffen. Mangelndes Entgegenkommen könnte dem Bolschewismus den Weg zum Sieg ebnen.

Solf schilderte auf fünf von zehn Seiten seines Schreibens den besorgniserregenden Zustand der Reichswehr: Freiwilligenformationen, Freikorps und die Reste der noch vor-

---

126 Siehe unten, S. 284.

127 PA/AA Friedensabtlg., Akten betr. Strafbestimmungen, Bd 1, Aufzeichnung von Generalkonsul Thiel vom 5. 8. über eine Unterredung mit dem japanischen Diplomaten Dr. Togo am 4. 8. 1919. Togo lud Thiel zu dem Gespräch ein; er war wahrscheinlich zur Berichterstattung aufgefordert, s. unten, S. 262.

128 PA/AA WK 31 geh., Bd 2 (4121/D 934 517–526), Schreiben StS a. D. Solf vom 30. 8. 1919 an Lucien Martin per Adresse Wild-Végeas, Zürich (Abschrift). Solf hatte dem AA mit Schreiben vom 13. 8. 1919 an Geh.LegRat Göppert über die Kontaktanbahnung berichtet, ebd. (D 934 496 f.). Im AA wurde daraufhin ein Entwurf für das Schreiben an Martin gefertigt, den Solf mit geringfügigen Änderungen übernahm. Entwürfe vom 24./25. 8. 1919, ebd. (D 934 500–509 u. D 934 527–536).

handenen Truppen des alten Heeres seien noch nicht zu einer neuen Armee zusammengewachsen. Die Disziplin sei ungenügend, sie werde durch den Zwang zur Verkleinerung der Streitkräfte täglich neuen Belastungen ausgesetzt. Die schlimmsten Auswirkungen hätte jedoch die Annahme der Auslieferungsparagraphen des Friedensvertrags gehabt. Seitdem sei das Vertrauensverhältnis zwischen der Truppe und dem Reichswehrminister erschüttert und das Offizierkorps in zwei Lager gespalten. Ein Teil der Offiziere finde sich mit den neuen Verhältnissen ab, aber der andere Teil hänge weiter am alten Regime und sei voll Mißtrauen gegen Regierung und Republik. Sollte die Auslieferung von Offizieren wirklich gefordert werden, so seien die Folgen nicht abzusehen:

> „Die Schmach dieser Bedingung [...] wird, wenn sie praktisch ausgeführt werden soll, zu den allerbedenklichsten Erschütterungen führen. Es besteht wohl kein Zweifel, daß die fähigsten und gerade die wenigen noch vorhandenen *populären* Generale wie Lüttwitz, Maercker, Lettow und Führer wie Dohna, Eulenburg, Faupel, deren Korps bisher eigentlich die einzig zuverlässigen sind, sich weigern werden, unter einer Regierung weiter zu dienen, die sich den Auslieferungsbegehren fügt. Die Truppenteile würden, der beliebten Führer beraubt, sehr bald zerfallen.
> [...] Möglicherweise werden sich unter den Auszuliefernden geachtete und bei der Truppe beliebte Persönlichkeiten, vielleicht auch solche befinden, die noch jetzt als Führer bei der Reichswehr tätig sind. Was geschieht, wenn sie sich weigern, zum Feinde zu gehen, und wenn die Truppe für sie Partei nimmt? Es muß dann mit anderen Truppen – falls sie sich dazu bereitfinden – gegen die ‚Meuterer' vorgegangen werden, und wir haben den Krieg innerhalb der Reichswehr. Die Früchte erntet der Bolschewismus[129]."

Das Fazit, das der Adressat des Schreibens ziehen sollte, lag auf der Hand: Der die Produktion und damit auch die Ernährung des deutschen Volkes gefährdende Kohlenmangel mache Aufstände der Kommunisten im kommenden Winter sehr wahrscheinlich. Ein Bestehen auf der Auslieferung könne dazu führen, daß die Reichswehr zu ihrer Niederschlagung weder gewillt noch fähig sei. Dann aber sei es um das Schicksal der für die Erfüllung des Friedensvertrags eintretenden Regierung geschehen. Mit anderen Worten: ohne Konzessionen in der Kohlen- und besonders in der Auslieferungsfrage würden die Siegermächte Gefahr laufen, den Ast, auf dem sie sitzen, abzusägen!

Das Auswärtige Amt scheint ständig nach Wegen gesucht zu haben, die Sieger in informeller Weise auf die in der Auslieferungsfrage liegenden Gefahren für die deutsche Innenpolitik aufmerksam zu machen, um sie zu einem Nachgeben zu bewegen. Auf Veranlassung des Außenministers schnitt z. B. der Volkswirtschaftler Julius Wolf dieses Thema in Besprechungen an, die er mit der tschechoslowakischen Regierung führte. Er legte Präsident Masaryk dar, daß bei Bestehen der Siegermächte auf Auslieferung das Gefüge des deutschen Staates „zweifellos gelockert und erschüttert" werde. Masaryk zeigte sich überzeugt und erklärte sich bereit, in der Angelegenheit mit französischen Stellen in Verbindung zu treten, allerdings unter der Einschränkung, daß es sich nicht darum handeln könne, alle in Frage kommenden Offiziere frei zu bekommen[130].

Im Gegensatz zum Auswärtigen Amt versuchte Erzberger schon Ende Juli 1919, direkten

---

[129] Schreiben Solfs vom 30. 8. 1919, ebd.

[130] PA/AA WK adh. 4 Nr. 1, Schreiben Prof. Julius Wolf vom 11. 9. 1919 an den Reichsminister des Auswärtigen (hs. Original).

Kontakt zu den Siegermächten aufzunehmen. In seinem Auftrag übermittelte Ministerialrat v. Stockhammern, der stellvertretende Leiter der Waffenstillstandskommission, dem Chef der Französischen Militärmission in Berlin, General Dupont, eine Information zur Auslieferungsfrage[131]. Diese enthielt unter Bezugnahme auf die hitzigen Debatten der Nationalversammlung Ende Juli 1919 über die Regierungspolitik und insbesondere über die die Öffentlichkeit bewegenden Fragen der Schuld am Kriege und der Schuld am Zusammenbruch die Mitteilung, daß die Reichsregierung sowohl von rechts als auch von links sehr heftig angegriffen werde. Sie könne sich nur halten, indem sie sich auf die bewaffnete Macht und das alte Offizierkorps stütze. Sollten die Siegermächte die Auslieferung einer größeren Anzahl von Generalen und Offizieren fordern, so würden sie damit praktisch die Regierung stürzen und Deutschland dem Kommunismus preisgeben. „Um diese für die Entente und Deutschland gleichermaßen ernste Gefahr zu bannen", wurde darum gebeten, die Ausführung der Auslieferungsbestimmungen aufzuschieben[132].

Dem Anknüpfungsversuch des betriebsamen Zentrumsführers war kein direkter Erfolg beschieden. Erzberger ging lediglich die interessante Mitteilung zu, daß Marschall Foch bei einem Entgegenkommen im Fall Manheim[133] „mit seiner ganzen Autorität für die Anregung Euer Exzellenz hinsichtlich der Nichtauslieferung der Offiziere sich einsetzen werde"[134]. Der wohl wiederum eigenmächtige Vorstoß des Zentrumspolitikers – über eine Absprache mit dem Auswärtigen Amt ist nichts bekannt – erwies sich dennoch von Nut-

---

[131] Dupont leitete die Information auf dem Dienstweg weiter; abgedruckt als Telegramm General Nudant vom 1. 8. 1919 an Marschall Foch, in: DBFP I, S. 284; engl. Übers. FRUS, P. P. C. VII, S. 462.

[132] „[...] nous vous demandons d'ajourner l'exécution de la clause de livraison". DBFP I, S. 284.

[133] Der Sergeant P. Manheim war bei einem Zusammenstoß zwischen Straßenpublikum und frz. Soldaten am 12. 7. 1919 in Berlin getötet worden. Marschall Foch legte daraufhin der Stadt Berlin eine Buße von 1 Mill. Francs auf. Die Reichsregierung lehnte die Sühneforderung zunächst als völkerrechtlich unbegründet ab. Materialien in: PA/AA WK 31 Nr. 4 adh., Bd 1. Vgl. Schulthess 1919 I, S. 297.

[134] BA NL Erzberger, Nr. 53, Schreiben Erzbergers vom 8. 8.1919 an Reichsminister d. Ausw. Müller (ms. Durchschrift), dazu Anlage: Bericht MinRat v. Stockhammern vom 8. 8. über seine Unterredung mit General Dupont am 7. 8. 1919 (Zitat). – Dupont trug vor, daß nach ihm zugegangenen Nachrichten Marschall Foch befürchte, wegen seiner Reaktion im Fall Manheim Schwierigkeiten zu bekommen und an Prestige zu verlieren. Foch sei daher geneigt, eine Einflußnahme Erzbergers zugunsten der Zahlung der Berlin auferlegten Buße mit einer entgegenkommenden Haltung in der Auslieferungsfrage zu honorieren. Der Marschall empfinde die Auslieferungsforderung „an sich schon [als] odios und als in Widerspruch mit den militärischen Ehrbegriffen" stehend. Frankreich lege, so führte Dupont aus, keinen Wert auf die „mise en pratique" dieser Vertragsbestimmung, auf der lediglich die Engländer bestanden hätten. Erzberger empfahl Müller „in dieser Angelegenheit ein gewisses Entgegenkommen" und erbot sich, den Betrag von 1 Mill. Francs zur Verfügung zu stellen.

Die Beilegung des Falles Manheim erfolgte tatsächlich auf dem von Erzberger angeregten Weg. Sie wurde zudem durch die Mitteilung der frz. Regierung erleichtert, daß sie die geforderte Summe dem Roten Kreuz überweisen wolle. Die dt. Seite versuchte, weitere Zugeständnisse zu erlangen, u. a. eine Beschleunigung der Entlassung der dt. Kriegsgefangenen und den Verzicht auf die Auslieferung Deutscher gemäß Art. 228. Zwischen Graf Podewils von der Dt. Waffenstillstandskommission u. General Dupont kam mündlich die Vereinbarung zustande, daß die frz. Regierung den Zusammentritt der in Art. 215 VV vorgesehenen alliierten Kommission zur Regelung der Heimbeförderung der dt. Kriegsgefangenen durch umgehende Ernennung ihres Delegierten betreiben werde. In der Auslieferungsfrage gab der General seine Sympathie für den dt. Wunsch zu erkennen, vermied jedoch, Abreden einzugehen. Daraufhin ließ die dt. Regierung – nachdem sie in einem Aide-mémoire vom 26. 8. 1919 ihren Rechtsstandpunkt aufrechterhalten hatte – Dupont am 1. 9. 1919 einen Scheck über 1 Mill. Francs übergeben. Gleichzeitig unterrichtete sie die Öffentlichkeit dahingehend, daß sie den geforderten, ihr von privater(!) Seite zur Verfügung gestellten Betrag unter Wahrung ihres Rechtsstandpunkts der frz. Regierung überwiesen habe. Eine Beilegung des Streitfalles sei im Interesse der zahlreichen schweben-

zen: Der Oberste Rat der alliierten und assoziierten Mächte wurde auf die besondere Problematik der Auslieferungsfrage aufmerksam. Die in ihm vertretenen Großmächte wiesen ihre „Horchposten“ in Berlin an, Erzbergers Lagebeurteilung zu überprüfen[135].
Die Reichsregierung war sich monatelang unschlüssig, welchen Kurs sie in der Auslieferungsfrage angesichts der wahrscheinlichen innen- und der möglichen außenpolitischen Gefahren einschlagen sollte. Die ergriffenen Maßnahmen – Einrichtung der „Hauptstelle zur Verteidigung Deutscher vor feindlichen Gerichten“, Ausstrecken diplomatischer Fühler u. ä. – waren halbherzig. Einige Hoffnungen verband man noch mit dem Gesetzentwurf über die Einsetzung eines Staatsgerichtshofs, der die Bereitschaft zur Untersuchung der Schuldfragen demonstrieren und ein Nachgeben der Sieger in der Auslieferungsfrage ermöglichen sollte. Aber der Gesetzentwurf scheiterte in der Nationalversammlung[136]. So schob die Regierung die Auslieferungsfrage vor sich her, hatte man doch bis zum Inkrafttreten des Friedensvertrags eine Galgenfrist. Als Anfang Oktober 1919 deren Ablaufen zu befürchten war, wurde das Problem akut. Zudem drängten die wieder in die Regierung eingetretenen Demokraten auf eine Klärung.
Der Rückkehr der DDP in die Regierung lag die Absicht zugrunde, innerhalb derselben „nationale Politik“ zu betreiben, war doch die Rolle der „nationalen Opposition“ durch die beiden Rechtsparteien besetzt. Zudem schien die Vertretung der politischen und wirtschaftlichen Interessen ihrer Wählerschaft erfolgversprechender im Kabinett möglich zu sein. Die parteipolitische Profilierung gebot daher ein Zusammengehen mit den Parteien, mit denen man sich durch Treue zur geschaffenen Verfassung ohnehin verbunden fühlte[137]. Die großen innen- und außenpolitischen Schwierigkeiten und die desolate wirtschaftliche Lage, die täglich zu einer Katastrophe führen konnten, hielten die DDP nicht davon ab, sich an der Verantwortung zu beteiligen. Eugen Schiffer, der das Justizressort übernahm, urteilte:

> „gerade die Möglichkeit einer Katastrophe ist ein Lichtpunkt in dieser düsteren Atmosphäre. Sie besteht in der Auslieferungsfrage, in der sich im Volk eine bisher schon seit langem nicht mehr beobachtete Einmütigkeit zeigt; eine Einmütigkeit, die um so bedeutsamer und erfreulicher ist als sie auf durchaus idealem Grunde der Empfindung für nationale Ehre beruht. Mit ihr muß man rechnen, und sie muß man ausspielen[138].“

---

den Verhandlungen mit Frankreich angezeigt gewesen, um so mehr als das Geld humanitären Zwecken zugeführt werde. Materialien in: PA/AA WK 31 Nr. 4 adh., Bd 2. Vgl. Schulthess 1919 I, S. 297f. Die Akten lassen freilich vermuten, daß das Geld dem Reichshaushalt entnommen wurde. Eine parlamentarische Anfrage des DNVP-Abg. v. Graefe, die Aufklärung über den Geldgeber verlangte, beantwortete Außenminister Müller mündlich in der Sitzung des auswärtigen Ausschusses der Nationalversammlung am 7. 10. 1919. Eine öffentliche Beantwortung lehnte er als „zur Zeit aus Gründen der äußeren Politik unerwünscht“ ab. Nationalversammlung, Bd 339, S. 1060 u. 1204 (Drucksachen Nr. 1051 u. 1148); Schulthess 1919 I, S. 298.

135 Protokoll der Sitzung des Obersten Rates am 1. 8. 1919, abgedruckt in: DBFP I, DokNr. 25 (P. 1); FRUS, P.P.C. VII, S. 449–479 (449–451). Protokoll der Sitzung des Obersten Rates am 6. 8. 1919, abgedruckt in: DBFP I, DokNr. 29 (P. 1); FRUS, P.P.C VII, S. 547–602 (547f.). Vgl. Telegramm des brit. Außenministers vom 3. 8. 1919 an Gen.Maj. Malcolm, Leiter der Brit. Militärmission in Berlin, abgedruckt in: DBFP VI, DokNr. 82.

136 Näheres siehe unten, S. 274f.

137 Zu den Gründen des Wiedereintritts der DDP in die Regierung: BA NL Koch(-Weser), Nr. 16, S. 289–291, Tagebucheintragung vom 20. 9. 1919, auszugsweise abgedruckt in: Kabinett Bauer, DokNr. 69, Anm. 2. Siehe auch Albertin, S. 355–360.

138 BA NL Schiffer, Nr. 4, Bl. 169–172 (170), Aufzeichnung vom 22. 10. 1919.

Tatsächlich sah die DDP in der Auslieferungsfrage eine Chance, ihr Eintreten für eine „nationale Politik“ sichtbar zu machen. Die Voraussetzungen hierfür schienen ihr durch ihre vorangegangene konsequente Ablehnung des Friedensvertrags, nicht zuletzt wegen der „Ehrenpunkte“, besonders günstig zu sein. Ohne in Widerspruch zu ihrer Haltung in der jüngsten Vergangenheit zu geraten, glaubte die DDP sowohl weitgehende Vertragserfüllung vertreten als auch – anders als ihre Koalitionspartner – der Opposition des Volkes gegen „unmoralische“ Ansprüche der Sieger beipflichten zu können. Fester Widerstand gegen letztere, zu denen zweifellos die Forderung nach Auslieferung Deutscher zählte, war beschlossene Sache[139].

Am 18. Oktober 1919 beriet das Kabinett erstmals nach Wiedereintritt der Demokraten über die Auslieferungsfrage. Die Teilnehmer standen unter dem Eindruck, daß es angesichts der Haltung von Truppe und Beamtenschaft unmöglich sei, den Anspruch der Sieger auf Auslieferung deutscher Staatsangehöriger zu erfüllen. Es stellte sich die Frage, wie diese zu einem Verzicht bewegt werden könnten. Außenminister Müller sprach sich dafür aus, schon jetzt mit dem Rücktritt der Reichsregierung und der dann folgenden Anarchie zu drohen, falls die Auslieferung verlangt werde. Der Vorschlag fand nur die Zustimmung von Erich Koch (DDP), dem neuen Innenminister. Gegen ihn wurde eingewandt, daß die Regierung kein Recht zu dieser Drohung habe, wenn es sich um die Erfüllung des während ihrer Amtsführung unterzeichneten und ratifizierten Friedensvertrags handele. Daher rieten der Reichskanzler sowie die Minister David und Erzberger zum Nachgeben. Bauer und Erzberger propagierten die Idee, bei Erhalt der Auslieferungsliste Bereitwilligkeit zu heucheln, so zu tun, als ob man die Angeforderten suche, und schließlich ihre Unauffindbarkeit zu erklären. Das Kabinett entschied sich, gegen den Widerspruch Kochs, in der Auslieferungsfrage keine offiziellen Schritte zu unternehmen, da es sich von solchen keinen Erfolg versprach. Es blieb bei der Anweisung an den Außenminister, unter der Hand auf einen Verzicht der Siegermächte hinzuwirken[140].

Als informierter politischer Beobachter bemerkte Conrad Haußmann sofort, daß sich im Kabinett derselbe Riß zeigte wie in den Auseinandersetzungen um die Unterzeichnung des Friedensvertrags: einige Minister waren bereit, der Forderung der Siegermächte – wenn auch nur formal – nachzugeben, andere dagegen gewillt, eher zurückzutreten und die Folgen eines solchen Schrittes in Kauf zu nehmen[141]. Die Ereignisse vom Juni 1919 standen den Handelnden wie ein Trauma vor Augen. Sie befürchteten immer wieder, daß die nationale Geschlossenheit im Hinblick auf die Ablehnung der Auslieferung bei einer sich zuspitzenden Konfrontation mit den Siegern zerbrechen könne. Vor allem die Belastbarkeit der Sozialdemokratie wurde allgemein gering eingeschätzt.

In der vorletzten Oktoberwoche 1919 formierte sich der Widerstand gegen das Aufschie-

---

[139] Ebd. Zu den Überlegungen Schiffers gehörte auch das Eingehen einer Verbindung Deutschlands mit Rußland sowie die Erweiterung der Regierung durch die Hereinnahme eines Mitglieds der DVP, um eine evtl. Opposition der Rechten zu erschweren. Dem Gedanken, den russischen Faktor auszuspielen, kam keine reale Bedeutung zu. Er belegt wohl mehr Verzweiflung und Trotz als den Willen zum Widerstand.

[140] Protokoll der Kabinettssitzung am 18.10. 1919 u. hs. Aufzeichnung von Koch, wie Anm. 125. Vgl. Haußmann, Conrad, Schlaglichter. Reichstagsbriefe und Aufzeichnungen, hrsg. von Ulrich Zeller, Frankfurt a.M. 1924, S. 294 (Brief vom 20.10. 1919. In einem Brief vom Vortag berichtete er, daß er mit Ebert über auswärtige Politik gesprochen und einen „festeren Willenskern als bei dem fatalistisch aufgeweichten Ministerium“ vorgefunden habe. Der Präsident habe gesagt, „wir können nicht ausliefern“, S. 293).

[141] Haußmann, S. 294.

ben von Entscheidungen und weiteres passives Abwarten. Die DDP-Minister Koch und Schiffer gelangten zu der Auffassung, daß die Regierung bei Eintreffen der Auslieferungsliste keinesfalls zurücktreten, sondern auch bei Drohungen der Entente „patriotisch" im Amt ausharren solle. Sie solle der Realität entsprechend erklären, daß ihr die Macht zu Zwangsmaßnahmen fehle. Für dieses Vorgehen wollten beide Politiker zunächst die Zentrumsminister – Erzberger ausgenommen – gewinnen[142]. In Gesprächen mit britischen Besuchern betonten sie schon jetzt die Unmöglichkeit, einem Auslieferungsverlangen nachzukommen[143].

Wichtige Entscheidungen sowohl über die grundsätzliche Haltung wie über die nächsten Schritte in der Auslieferungsfrage fielen vermutlich in Zusammenkünften führender Persönlichkeiten, die von einzelnen Beteiligten als eine „Art Verschwörung" empfunden wurden[144]. Über ihren Verlauf ist sehr wenig bekannt. Nur über „eine streng vertrauliche Besprechung prominenter deutscher Persönlichkeiten", unter ihnen die inaktiven Generale Ludendorff, v. Stein und v. Falkenhayn sowie der Chef der Heeresleitung, Oberst Reinhardt, liegt das Resümee eines allerdings Unbeteiligten vor: Bei der Besprechung sei festgestellt worden, daß mit Ausnahme der Unabhängigen und der Kommunisten alle Parteien die Auslieferung ablehnen würden. Sollte die Regierung dennoch versuchen, diese durchzuführen, so müsse sie scheitern, „da die Reichswehr in dieser Frage geschlossen gewillt ist, den Gehorsam zu verweigern und zurückzutreten". Dann würden die Unabhängigen und Spartakisten Anstrengungen unternehmen, um die Führung in die Hand zu bekommen und die Auslieferung zu erzwingen. Die Forcierung der Auslieferungsfrage durch die Sieger bedeute demnach „rettungslos den Bürgerkrieg"[145].

In seiner Sitzung am 28. Oktober 1919 stimmte das Kabinett dem Vorschlag des Außenministers zu, eine „zuverlässige Persönlichkeit" nach Paris zu entsenden, um dem Generalsekretär der Friedenskonferenz die in der Auslieferungsfrage auftretenden Schwierigkeiten darzulegen und privatim Vorschläge zu deren Beilegung zu unterbreiten. Das direkte Herantreten an die Siegermächte mit dem Ziel, sie zum Verzicht auf ihre Rechte nach Artikel 228 des Friedensvertrags zu bewegen, bedeutete eine Abkehr von der bislang eingeschlagenen Taktik. Doch sollte auch bei dieser Kontaktaufnahme der informelle Charakter gewahrt werden, um eine brüske Abweisung zu vermeiden. Zurückhaltung schien auch sonst geboten zu sein. Deshalb wurde Minister Schiffer aus einem Interview, das er dem Kabinett zur Genehmigung vorlegte, die Aussage gestrichen, daß er nicht daran denke, jemals den Strafverfolgungsbehörden Anweisung zu geben, die Angeforderten zu verhaften. Man beschränkte sich auf den Hinweis, daß die Auslieferung unmöglich sein

---

142 BA NL Koch(-Weser), Nr. 16, S. 320f. u. 321–323 (322f.), Tagebucheintragungen vom 20. u. 22. 10. 1919.

143 Ebd., Nr. 77, S. 47f., Besprechung mit Sir Thomas Barclay, vermerkt am 24. 10. 1919. BA NL Schiffer, Nr. 5, Bl. 106–108, Interview durch den engl. Journalisten Claude G. Hay.

144 BA NL Koch(-Weser), Nr. 16, S. 320f. (321), Tagebucheintragung vom 20. 10. 1919. Koch vermerkte, daß er durch seinen UStS Lewald für den 22. 10. 1919 zu einer Besprechung der Auslieferungsfrage in den Automobilklub eingeladen sei, an der auch Noske und Simson teilnehmen würden.

145 PA/AA Dt. Friedensdeleg. Paris/Versailles, Pol. 7a, Bd 1, Schreiben Maj. Draudt vom 27. 10. 1919 an Frhr. v. Lersner. – Maj. Draudt war der Delegation als Vorsitzender des „Hauptausschusses für Kriegsgefangene" zugeteilt. Er war auf Anordnung Reinhardts über die Besprechung, die am 25. 10. 1919 in Berlin stattfand, informiert worden. Ob diese Besprechung mit der (ersten) sog. „Feldherrenkonferenz" vom gleichen Tag (siehe unten, S. 286, insbes. Anm. 230) identisch ist, konnte nicht ermittelt werden.

werde, weil die zuständigen Organe einer entsprechenden Anordnung nicht nachkommen würden[146].

Es war nicht damit zu rechnen, daß sich die Siegermächte einen vollständigen und bedingungslosen Verzicht auf die Durchführung der Strafbestimmungen abhandeln lassen würden. Erfolg oder Mißerfolg der vorgesehenen Fühlungnahme mußten davon abhängen, ob aufzuzeigende Alternativen für eine Untersuchung der Vorwürfe gegen die deutsche Kriegführung als befriedigend empfunden würden. Das Kabinett einigte sich, den Siegern vorzuschlagen, daß ihre Beschuldigungen zum Gegenstand von Verfahren vor deutschen Gerichten gemacht werden sollten. Bei diesen Verfahren sollte der jeweils betroffenen Macht das Recht zustehen, ihre Vorwürfe durch einen „Mitankläger" vertreten zu lassen. Das Kabinett diskutierte auch die Gedanken, gegen die Urteilssprüche deutscher Gerichte eine Berufung an ein internationales Gericht zuzulassen oder aber die Verfahren vor „gemischten Gerichten" stattfinden zu lassen. Bei diesen Alternativen wäre den Siegermächten eine größere Teilhabe an der Rechtsfindung zugestanden worden. Das Kabinett wünschte jedoch, daß diese in den zu führenden Gesprächen keine Erwähnung finden sollten[147].

Der Vorschlag der Reichsregierung, die gemäß Artikel 228 vorgesehenen Verfahren gegen deutsche Staatsangehörige vor deutschen Gerichten stattfinden zu lassen, sagt wenig über ihre innere Bereitschaft aus, für die Sühnung der Verstöße gegen die Kriegsgesetze und -gebräuche und die Bestrafung der Schuldigen auch wirklich Sorge zu tragen. Den Rechtsliberalen Koch und Schiffer war der Gedanke, Soldaten und Offiziere wegen ihrer Kriegstaten aufgrund von Anschuldigungen der ehemaligen Gegner zu verfolgen, ausgesprochen unsympathisch. Sie wären aus sich heraus allenfalls bereit gewesen, die zur Rechenschaft zu ziehen, die „gemeiner Verbrechen" bezichtigt wurden[148]. Der der Forderung der Siegermächte nach Aburteilung der Verantwortlichen für Kriegsrechtsverletzungen Genüge tuende Vorschlag der Reichsregierung erfolgte nicht aus eigenem Antrieb, sondern zur Abwendung schwerer innen- und außenpolitischer Gefahren.

Die „zuverlässige Persönlichkeit", die der Außenminister nach Paris entsandte, war Ministerialdirektor Ernst v. Simson, Leiter der Friedensabteilung im Auswärtigen Amt. Am 4. November 1919 sprach Simson, begleitet von Kurt Frhr. v. Lersner, dem Vorsitzenden der Deutschen Friedensdelegation, bei dem französischen Beamten Paul Dutasta, dem Generalsekretär der Friedenskonferenz, vor. An den beiden folgenden Tagen suchte er die Vertreter Großbritanniens, Italiens, Japans und der Vereinigten Staaten im Obersten Rat auf. Im Mittelpunkt der Gespräche stand die Auslieferungsfrage. Simson trug vor, die Reichsregierung wisse, daß sie kein Recht habe, gegen die Durchführung der Artikel 228–230 zu protestieren. Ihre Note vom 22. Juni, mit der – dem Empfinden für deutsche Ehre und Würde Rechnung tragend – versucht worden sei, Vorbehalte geltend zu machen, sei zurückgewiesen worden. Doch die juristische Lage ändere nichts an der Tatsache, daß das deutsche Volk ohne Unterschied des Standes und der politischen Überzeugung die Auslieferung von Mitbürgern zur Aburteilung durch ausländische Gerichte ab-

---

146 Protokoll der Kabinettssitzung am 28. 10. 1919, abgedruckt in: Kabinett Bauer, DokNr. 88 (P. 1 u. P. 2). BA NL Koch(-Weser), Nr. 20, S. 17–19, hs. Aufzeichnung vom 28. 10. 1919.

147 BA NL Koch(-Weser), Nr. 20, S. 17–19, hs. Aufzeichnung vom 28. 10. 1919. Beachte Kabinett Bauer, DokNr. 88, Anm. 1 (Abänderung des Protokolls auf Antrag des Außenministers).

148 BA NL Koch(-Weser), Nr. 20, S. 5–7, hs. Aufzeichnung Kochs, vermutlich vom 18. 10. 1919 (siehe Anm. 125). BA NL Schiffer, Nr. 4, Bl. 169–172 (171), Aufzeichnung vom 22. 10. 1919.

lehne. Daher werde die Reichsregierung bei einem Versuch, die Auslieferung durchzusetzen, zweifellos auf härtesten Widerstand stoßen: Das für die Verhaftung und Auslieferung der Geforderten notwendige Gesetz würde in der Nationalversammlung keine Mehrheit finden. Denn jede Partei, die einem solchen zustimme, kompromittiere sich hoffnungslos. Aber selbst wenn ein solches Gesetz zustandekomme, würden die Beamten doch dessen Ausführung verweigern. Gegenmaßnahmen der Regierung würden einen ungeheuren Sturm der Entrüstung im Land auslösen. Die Folgen eines Gegensatzes zwischen der Regierung einerseits und der Bevölkerung, dem Parlament und der bewaffneten Macht andererseits, bedürften wohl kaum der Darlegung[149].
Die deutsche Regierung verstehe, so führte Simson aus, daß angesichts der öffentlichen Meinung in ihren Ländern den alliierten und assoziierten Regierungen ein vollständiger Verzicht auf ihre Rechte gemäß Artikel 228–230 schwerlich möglich sei. Sie stelle daher keine Forderungen, sondern wünsche nur, daß die Angelegenheit einer erneuten gründlichen Prüfung unterzogen werde. Sie bitte, dabei zu berücksichtigen, daß sie bereit sei, die der Verletzung der Kriegsgesetze und -gebräuche Beschuldigten der deutschen Strafgerichtsbarkeit zu überantworten. Die Interessen der Siegermächte könnten gewahrt werden, indem Bevollmächtigten des geschädigten Staates das Recht eingeräumt werde, an der Vertretung der Anklage mitzuwirken[150].
Die Gespräche zwischen Simson und den Vertretern der alliierten und assoziierten Hauptmächte in Paris verliefen in einer höflich korrekten, teils sogar freundlichen Atmosphäre. Am kooperativsten zeigte sich der Bevollmächtigte der Vereinigten Staaten beim Obersten Rat, Frank L. Polk, der die Zusicherung gab, daß sein Land kein Ersuchen auf Auslieferung stellen werde. Er empfahl, Deutschland möge mit Rücksicht auf die Stimmung in England und Frankreich dem Verlangen der Sieger nach Bestrafung der Schuldigen möglichst weit entgegenkommen. Insbesondere bedürfe es einer Garantie, die ungerechtfertigte Freisprechungen ausschließe[151].
Obwohl das Verhältnis zu den Siegermächten weiterhin gespannt war und durch ihre Forderung auf Erfüllung noch ausstehender Leistungen aus dem Waffenstillstandsvertrag und auf Ersatz für die Selbstversenkung der deutschen Hochseeflotte in Scapa Flow sich neuerdings verschärft hatte[152], sah das Reichskabinett nach Simsons Bericht über seine

---

[149] Auf Bitten Dutastas fertigte Simson eine Aufzeichnung offiziöser Art über sein Vorbringen an, die er am 5. 11. 1919 dem Generalsekretär der Friedenskonferenz und am folgenden Tag den Vertretern der alliierten u. assoziierten Hauptmächte übersenden ließ. Exemplare in: BA R 43 I/340, Bl. 102–106, u. PA/AA Friedensabtlg., Akten betr. Strafbestimmungen, Bd 2; abgedruckt in: Nationalversammlung, Bd 341, Drucksache Nr. 2161, S. 2385–2392, hier: Anlage 1 zur Note des Vorsitzenden der Dt. Friedensdelegation vom 25. 1. 1920 an den Präsidenten der Friedenskonferenz, S. 2387–2389; Kraus/Rödiger II, DokNr. 143a. Auch abgedruckt in: DBFP VI, DokNr. 256; nicht authentisch der auszugsweise Abdruck in: Ursachen und Folgen, Bd 4: Die Weimarer Republik. Vertragserfüllung und innere Bedrohung, Berlin o. J. [1960], DokNr. 806. Siehe auch: Lersner, [Kurt] Frhr. von, Die Auslieferung der deutschen „Kriegsverbrecher", in: Zehn Jahre Versailles, hrsg. von Heinrich Schnee u. Hans Draeger, Bd 1, Berlin 1929, S. 15–27 (22f.).

[150] Ebd.

[151] PA/AA Handakten StS v. Simson, Akten betr. Auslieferung, Bd 1, Aufzeichnung vom [5.] 11. 1919. Vgl. Telegramm des brit. Bevollmächtigten beim Obersten Rat, Sir E. Crowe, vom 7. 11. 1919 an den brit. Außenminister, Earl Curzon, abgedruckt in: DBFP VI, DokNr. 266.

[152] PA/AA Dt. Friedensdeleg. Paris/Versailles, Pol. 13a, Bd 1, Note Präsident der Friedenskonferenz vom 1. 11. 1919 an den Vorsitzenden der Dt. Friedensdelegation (Original), ohne Anschreiben abgedruckt in: Nationalversammlung, Bd 341, Drucksache Nr. 2326, hier: S. 2522–2526; Kraus/Rödi-

Sondierungen in der Auslieferungsfrage einen Silberstreif am Horizont. Es entschied, daß die Verhandlungen gemäß der eingenommenen Haltung fortgeführt werden sollten. Vorbehaltlich seiner Genehmigung sollten gegebenenfalls weitere Zugeständnisse gemacht werden. Gedacht war an die Schaffung einer zweiten Instanz in Form eines Appellationsgerichts oder an eine Änderung in der Zusammensetzung der deutschen Gerichte[153].

Am 20. November 1919 sprachen Simson und Lersner wieder im französischen Außenministerium vor. Die Auslieferungsfrage war nur ein Problem unter anderen, aber vielleicht das wichtigste. Von ihren Gesprächspartnern, Dutasta und Berthelot, erfuhren die deutschen Diplomaten, daß der Oberste Rat über ihr Vorbringen vom Anfang des Monats lange beraten habe[154], aber „mit Bedauern" zu der Ansicht gelangt sei, daß es beim Friedensvertrag bleiben müsse. Angesichts der Volksstimmung in England und Frankreich sei dessen Änderung in dem gewünschten Punkte unmöglich. Simson hielt dem entgegen, daß eine Vertragsänderung nicht unbedingt notwendig sei. Es genüge ein Notenwechsel, in dem die Siegermächte ihren Verzicht auf die Auslieferung zu erkennen geben und die Reichsregierung zusichert, aufgrund der gegnerischen Vorwürfe Gerichtsverfahren einzuleiten. Der Abrede könne eine Form gegeben werden, daß sie nach außen hin nicht als ein Verzicht, sondern als eine von Deutschland neu übernommene Verpflichtung erscheine[155].

Weder in der Auslieferungsfrage noch in den übrigen Punkten war ein Entgegenkommen der Siegermächte zu erkennen. Diese beharrten vielmehr auf der baldigen bedingungslosen Unterzeichnung des mit der Note vom 1. November 1919 übersandten „Schlußprotokolls". Den deutschen Unterhändlern schien diese Forderung, die ein Inkrafttreten des Friedensvertrags zum 1. Dezember 1919 zum Ziel hatte, unannehmbar zu sein. Zudem fühlten sie erstmals seit längerer Zeit Spielraum für die deutsche Diplomatie. Simson und Lersner waren überzeugt, daß Deutschland an einem frühen Inkrafttreten des Friedensvertrags nicht interessiert sein könne, wenn als dessen unmittelbare Folge die Auslieferung mit ihren innenpolitischen Gefahren eintreten würde. Beide wollten nicht nur Zeit gewin-

---

ger II, DokNr. 135b; DBFP II, S. 143–146; FRUS, P.P.C. VIII, S. 863–865; Schulthess 1919 II, S. 598–602. – Die Note forderte die Unterzeichnung eines beigefügten Protokolls als Voraussetzung für das Inkrafttreten des Friedensvertrags. In dem sog. „Schlußprotokoll" sollte sich Deutschland zur vollständigen Erfüllung des Waffenstillstandsabkommens und zur Auslieferung von 400000 tons Schiffbau- und Hafenmaterial (Schwimmdocks u. -kräne, Bagger u. Schlepper) als Ersatz für die Hochseeflotte verpflichten. Zugleich sollte es anerkennen, daß den alliierten u. assoziierten Mächten bei Nichteinhaltung der Verpflichtungen das Recht zustehe, „alle militärischen und andere Zwangsmaßnahmen zu ergreifen, die sie für angezeigt erachten". Vgl. Protokolle der Kabinettssitzungen am 7. u. 11. 11. 1919, abgedruckt in: Kabinett Bauer, DokNr. 97 (P. 1) u. 100 (P. 1).

153 Protokoll der Kabinettssitzung am 11. 11. 1919, abgedruckt in: Kabinett Bauer, DokNr. 100 (P. 1). BA NL Koch(-Weser), Nr. 20, S. 49, hs. Aufzeichnung vom 11. 11. 1919.

154 Für diese Aussage findet sich kein Beleg in den Protokollen der Sitzungen des Obersten Rates, die in den Editionen DBFP und FRUS, P.P.C., vollständig veröffentlicht worden sind.

155 PA/AA Dt. Friedensdeleg. Paris/Versailles, Pol. 13a, Bd 1, Aufzeichnung über die Besprechung, die Simson u. Lersner mit Dutasta u. Berthelot am 20. 11. 1919 führten (ms. Durchschrift) sowie Telegramme Dt. Friedensdelegation P. Nr. 450 u. P. Nr. 451 vom 21. 11. 1919 an AA (Entwurfsvfg.). Die Überlegung, die Simson in seiner Entgegnung äußerte, schon in seinem Telegramm AA No. 510 vom 11. 11. 1919 an Dt. Friedensdelegation, in: PA/AA Dt. Friedensdeleg. Paris/Versailles, Pol. 7a, Bd 1. Vgl. den Bericht, den Berthelot dem Obersten Rat über o. a. Unterredung erstattete. Protokoll von dessen Sitzung am 21. 11. 1919, abgedruckt in: DBFP II, DokNr. 28 (P. 3); FRUS, P.P.C. IX, S. 284–302 (287–290).

nen, sondern auch von der Veränderung im Lager der Sieger, dem Ausscheiden der Amerikaner aus der Phalanx der Vertragsgegner, profitieren.

Der Senat der Vereinigten Staaten hatte am 19. November 1919 seine Zustimmung zur Ratifikation des Friedensvertrags verweigert[156]. Das bedeutete, daß die Amerikaner an der praktischen Ausführung des Vertrages nicht beteiligt, in den vielen zu bildenden Kommissionen nicht vertreten sein würden. Die deutsche Diplomatie sah hierin eine gravierende Veränderung zuungunsten Deutschlands, die nicht passiv hingenommen werden dürfe. Sie sollte vielmehr genutzt werden, um wenigstens in Einzelpunkten Konzessionen in der Ausführung des Vertrages zu erreichen. Simson und Lersner telegraphierten nach Berlin:

> „unter dem Eindruck der aus Amerika eintreffenden Nachrichten [legen Gegner] großen Wert darauf, den Friedensvertrag schleunigst, womöglich am 1. Dezember, in Kraft zu setzen. Da hierzu eine Vereinbarung mit Deutschland unentbehrlich ist, halten wir unsere Position trotz ablehnender Haltung der Gegner nicht für aussichtslos, wenn mit Ruhe und Zähigkeit an unseren Forderungen festgehalten wird[157]."

Eine weitere Verschärfung der gespannten Atmosphäre bewirkte die Antwort der französischen Regierung auf den deutschen Appell, doch auch den in französischem Gewahrsam befindlichen Kriegsgefangenen ihre Freiheit zu geben und damit den in dieser Hinsicht gemachten Zusagen nachzukommen[158]. Clemenceau leugnete, daß seine Regierung diesbezügliche Zusicherungen gegeben habe. Die Kriegsgefangenen hätten gerade erst damit begonnen, durch ihre Arbeit die planmäßigen (!) Verwüstungen in Nordfrankreich wiedergutzumachen. Ihnen jetzt die Vergünstigung der vorzeitigen Entlassung zu gewähren, würde von der französischen Öffentlichkeit nicht verstanden werden. Um so weniger als die Reichsregierung, die sich friedensvertraglich zur Herausgabe der Deutschen verpflichtet habe, die in ihrer Amtstätigkeit diese Greuel verursacht hätten, sich schon jetzt, bevor die Frage überhaupt akut sei, außerstande erkläre, ihr Wort zu halten. Die französische Regierung schulde der deutschen, die bei der Ausführung aller übernommenen Verpflichtungen eine streng juristische Haltung einnehme, vielen sogar nicht nachkomme, nicht mehr als die genaue Einhaltung des Vertrages, den Deutschland am Ende eines erbarmungslosen, den zivilisierten Völkern aufgezwungenen Krieges angenommen habe[159]. Die deutsche Delegation erblickte in der französischen Note, aus der Haß und Unver-

---

156 Siehe Schulthess 1919 II, S. 421–424 (424).

157 PA/AA Dt. Friedensdeleg. Paris/Versailles, Pol. 13a, Bd 1, Telegramm Dt. Friedensdelegation P. Nr. 451 vom 21. 11. 1919 an AA (Entwurfsvfg.).

158 PA/AA Dt. Friedensdeleg. Paris/Versailles, Pol. 9, Bd 2, Note Vorsitzender der Dt. Friedensdelegation No. 47 vom 7. 11. 1919 an den Präsidenten der Friedenskonferenz (Durchschrift), veröffentlicht in: DAZ Nr. 553 vom 10. 11. 1919. Vgl. Schulthess 1919 II, S. 602. Am 29. 8. 1919 war durch die frz. Nachrichtenagentur Agence Havas der Beschluß der alliierten u. assoziierten Regierungen verbreitet worden, den Zeitpunkt des Inkrafttretens des Friedensvertrags, soweit er die Entlassung der dt. Kriegsgefangenen betreffe, vorzudatieren. Während daraufhin alle Mächte mit der Heimbeförderung der Gefangenen begannen, glaubte die frz. Regierung auf die in ihrem Gewahrsam befindlichen Gefangenen weder als Arbeitskräfte noch als politisches Druckmittel verzichten zu können. Siehe: Protokolle der Sitzungen des Obersten Rates am 23., 27. u. 28. 8. 1919, abgedruckt in: DBFP I, DokNr. 41 (P. 3), 44 (P. 6) u. 45 (P. 2); FRUS, P.P.C. VII, S. 811–834 (813–815), 941–955 (945–948) u. 956–963 (957). Vgl. Schulthess 1919 II, S. 585 f.

159 PA/AA Dt. Friedensdeleg. Paris/Versailles, Pol. 9, Bd 2, Note: Le Président du Conseil – Ministre de la Guerre / Conférence de la Paix – Le Président vom 15. 11. 1919 an Vorsitzenden der Dt. Friedensdelegation, veröffentlicht in: DAZ Nr. 580 vom 25. 11. 1919. Die Note gelangte erst am Abend des 21. 11. zur Kenntnis der dt. Delegation.

söhnlichkeit sprachen, einen Affront. Eines ihrer Mitglieder urteilte, diese stelle „nach Inhalt und Form eine der schamlosesten Beleidigungen Deutschlands dar, die sich die Entente-Diplomatie bisher gestattet hat“[160]. Die Note bestärkte Ministerialdirektor v. Simson in seinem Vorhaben, durch Abreisen ein Zeichen zu setzen.

Vor dem Kabinett rechtfertigte Simson sein Verhalten damit, daß nach seiner Auffassung der Zeitpunkt zum Widerstand gekommen sei. Solange Frankreich seinen intransigenten Standpunkt in der Auslieferungsfrage, die es nun auch an die Öffentlichkeit gebracht habe, um diese scharf zu machen, beibehalte, dürften die Verhandlungen nicht fortgesetzt werden. Reichskanzler Bauer rügte den Beamten. Er habe den Richtlinien des Kabinetts zuwidergehandelt, das „doch immer erst einmal den Frieden gewollt“ habe. Neben anderen Kabinettsmitgliedern bekundete Außenminister Müller Verständnis für die Haltung Simsons: Es dürfe nicht immer nachgegeben werden; für den Rückzug Amerikas könne Deutschland sehr wohl Kompensationen verlangen. Allerdings sei die Entscheidung schwierig, ob ein Junktim zwischen der Ratifikation und einem Entgegenkommen in der Auslieferungsfrage hergestellt werden solle. Das Kabinett beschloß, dem Inkrafttreten des Friedensvertrags Priorität einzuräumen. In den offenen Fragen sollte unter möglichst weitgehender Wahrung des deutschen Standpunkts nach einem Ausgleich gesucht werden. Dabei sollte die Auslieferungsfrage zwar im Auge behalten werden, aber zunächst hinter das allgemeine Interesse zurücktreten[161].

Die folgenden schriftlichen und mündlichen Verhandlungen zwischen der deutschen Friedensdelegation und dem Präsidenten bzw. dem Generalsekretär der Friedenskonferenz als Vertreter der Siegermächte wurden von beiden Seiten mit äußerster Zähigkeit und Härte geführt. Sie waren zeitweise einem Eklat nahe[162]. Die deutsche Seite betonte ihr grundsätzliches Interesse an dem baldigen Inkrafttreten des Friedensvertrags, hielt aber daran fest, daß die Forderungen nach Ersatzleistung für die in der Bucht von Scapa Flow versenkten Kriegsschiffe und nach Anerkennung der Zulässigkeit von Zwangsmaßnahmen im „Schlußprotokoll“ nicht akzeptiert werden könnten. In der Auslieferungsfrage

---

[160] Aufzeichnung des Geh.RegRats Loehrs vom 24. 11. 1919 über die Verhandlungen in Paris, abgedruckt in: Kabinett Bauer, DokNr. 109. – Die deutsche Diplomatie war darüber besonders entrüstet, daß in der frz. Note abgeleugnet wurde, Zusagen auf Entlassung der Kriegsgefangenen vor Inkrafttreten des Friedensvertrags gegeben zu haben. In einer halbamtlichen Gegenerklärung in der DAZ Nr. 580 vom 25. 11. 1919 und in der Antwortnote vom 27. 11. 1919 (PA/AA Dt. Friedensdeleg. Paris/Versailles, Pol. 9, Bd 3, veröffentlicht in: DAZ Nr. 583 vom 27. 11. 1919, in engl. Übers. abgedruckt in: DBFP II, S. 458–461; FRUS, P.P.C. IX, S. 418–422) nannte sie die Gelegenheiten, bei denen autorisierte frz. Unterhändler entsprechende Zusicherungen gemacht hätten: bei den Verhandlungen über die vorzeitige Aufnahme dt. Kohlenlieferungen in Erfüllung des Friedensvertrags (siehe Kabinett Bauer, DokNr. 98, Anm. 5) und bei den Verhandlungen über die Beilegung des Falls Manheim. Es scheint jedoch, daß die dt. Diplomatie die französischerseits gemachten Zusagen überbewertet hat. (Siehe Anm. 134. Die Note war übrigens im AA ausgearbeitet worden. PA/AA Dt. Friedensdeleg. Paris/Versailles, Pol. 9, Bd 3, Telegramm AA Nr. 584 vom 26. 11. 1919 an Frhr. v. Lersner.)

[161] Protokoll der Kabinettssitzung am 24. 11. 1919, 16 Uhr, abgedruckt in: Kabinett Bauer, DokNr. 107a (P. 2). BA NL Koch(-Weser), Nr. 20, S. 81–86, hs. Aufzeichnung vom 24. 11. 1919, abgedruckt in: Kabinett Bauer, DokNr. 107b.

[162] Der Vorsitzende der Dt. Friedensdelegation, Frhr. v. Lersner, plädierte entsprechend seiner Überzeugung, „daß wir alle unsere jetzigen Wünsche durchsetzen werden, wenn wir uns Zeit lassen und fest bleiben“, besonders in der Gefangenenfrage für eine „starke Sprache“. Er sei „guter Sache zuliebe mit Freude bereit“, sich desavouieren oder ablösen zu lassen. PA/AA Dt. Friedensdeleg. Paris/Versailles, Pol. 13a, Bd 1, Telegramm Dt. Friedensdelegation P. Nr. 481 vom 27. 11. 1919 an AA (hs. Entwurfsvfg.).

wurde wiederum darauf hingewiesen, daß mit dem deutschen Vorbringen nicht die Durchführung des Friedensvertrags abgelehnt, sondern nur auf die entstehenden Schwierigkeiten und drohenden Gefahren aufmerksam gemacht worden sei. Mit der Erklärung, daß das Fehlen der Vereinigten Staaten bei der Durchführung der Friedensregelung für Deutschland ein Opfer bedeute, für das man Kompensationen erwarte, vorrangig in der Auslieferungsfrage, wurden eigene Ansprüche angemeldet[163].

Durch ihre harte, aber nicht in der Obstruktion verharrende Verhandlungsführung gelang es der deutschen Diplomatie, in zwei Punkten Milderungen durchzusetzen: Die Siegermächte versprachen, bei der Festsetzung des als Ersatz für die in Scapa Flow versenkten Kriegsschiffe auszuliefernden Schiffbau- und Hafenmaterials die Auswirkungen auf das deutsche Wirtschaftsleben zu berücksichtigen. Sie sagten außerdem zu, daß nach Eintreten des Friedenszustands etwaige Zwangsmaßnahmen gegen das Reich – auch soweit sie die Nichterfüllung von Leistungen aus dem Waffenstillstandsabkommen betrafen – nur gemäß den im Friedensvertrag vorgesehenen Regelungen zulässig seien. Die alliierten Mächte lehnten allerdings kategorisch ab, aufgrund des sich abzeichnenden Rückzugs der Vereinigten Staaten aus der europäischen Politik Zugeständnisse zu machen[164].

---

[163] Note Vorsitzender der Dt. Friedensdelegation Nr. 53 vom 27. 11. 1919 an Präsident der Friedenskonferenz, abgedruckt in: Nationalversammlung, Bd 341, Drucksache Nr. 2326, hier: S. 2529–2531; Kraus/Rödiger II, DokNr. 135 d. Note Vorsitzender der Dt. Friedensdelegation Nr. 54 vom 27. 11. 1919 an Präsident der Friedenskonferenz, wie Anm. 160. – Aufzeichnung über die Unterredung zwischen Frhr. v. Lersner u. Dutasta am 1. 12. 1919, abgedruckt in: DBFP II, S. 473 f.; FRUS, P.P.C. IX, S. 437 f. Dazu Instruktion Müllers in Telegramm AA Nr. 598 vom 28. 11. 1919, in: PA/AA Dt. Friedensdeleg. Paris/Versailles, Pol. 13 a, Bd 1, veröffentlicht in: DAZ Nr. 607 vom 10. 12. 1919, abgedruckt in: Nationalversammlung, Bd 341, Drucksache Nr. 2326, hier: S. 2531; Kraus/Rödiger II, DokNr. 135 e (Verlangen nach Entgegenkommen in der Auslieferungsfrage, da Fernbleiben der USA ein Opfer bedeute). Vgl. Protokoll der Kabinettssitzung am 27. 11. 1919, abgedruckt in: Kabinett Bauer, DokNr. 113. – PA/AA Dt. Friedensdeleg. Paris/Versailles, Pol. 13 a, Bd 1, Note Vorsitzender der Dt. Friedensdelegation No. 58 vom 14. 12. 1919 an Präsident der Friedenskonferenz, abgedruckt in: Nationalversammlung, Bd 341, Drucksache Nr. 2326, hier: S. 2535 f.; Kraus/Rödiger II, DokNr. 135 g (Eingeständnis, daß für das Verlangen nach Entgegenkommen in der Auslieferungsfrage eine Rechtsgrundlage fehle).

[164] PA/AA Dt. Friedensdeleg. Paris/Versailles, Pol. 9, Bd 3, Note Präsident der Friedenskonferenz vom 1. 12. 1919 an Vorsitzenden der Dt. Friedensdelegation (Original), in engl. Übers. abgedruckt in: DBFP II, S. 461–463; FRUS, P.P.C. IX, S. 422–425; Schulthess 1919 II, S. 607–609. – PA/AA Dt. Friedensdeleg. Paris/Versailles, Pol. 13 a, Bd 1, Note Präsident der Friedenskonferenz vom 8. 12. 1919 an Vorsitzenden der Dt. Friedensdelegation (Original), abgedruckt in: Nationalversammlung, Bd 341, Drucksache Nr. 2326, hier: S. 2532 f; Kraus/Rödiger II, DokNr. 135 f. (Ablehnung eines angeblichen Rechtes auf Kompensation wegen Fernbleibens der USA bei der Ausführung des Friedensvertrags.) Vgl. DBFP II, S. 474 f., S. 483 (Anm. 1) u. S. 496 (Anm. 4); FRUS, P.P.C. IX, S. 439 f. Frhr. v. Lersner sah in der Note vom 8. 12. einen „großen Erfolg“, der „hauptsächlich der festen Haltung von Regierung und Presse sowie der Abreise des Ministerialdirektors von Simson zuzuschreiben“ sei. Zwar werde man das Inkrafttreten des Friedensvertrags ohne die USA hinnehmen müssen, später könne man aber gegen Beschlüsse von Kommissionen, in denen Amerika fehle, Einspruch erheben und ihre Ausführung verweigern. „Dann wird man uns als Kompensation in Auslieferungsfrage und wahrscheinlich in mancher anderen Frage noch weit entgegenkommen müssen, um uns bei gutem Willen zu erhalten.“ Telegramm Dt. Friedensdelegation P. Nr. 527 vom 9. 12. 1919 an AA, in: PA/AA Dt. Friedensdeleg. Paris/Versailles, Pol. 13 a, Bd 1. – Ebd., Note Präsident der Friedenskonferenz vom 22. 12. 1919 an Vorsitzenden der Dt. Friedensdelegation (Original) und Aufzeichnung über mündliche Erklärungen Dutastas am 23. 12. 1919. Note und Instruktion für Dutasta in engl. Übers. abgedruckt in: DBFP II, S. 586, Anm. 3; dt. Text der Note in: Schulthess 1919 II, S. 614 f.

In ihrer Note vom 1. Dezember 1919 wiesen die Sieger das deutsche Begehren um Entgegenkommen in der Auslieferungsfrage mit größter Entrüstung zurück. Sie erklärten ihr äußerstes Befremden über das fehlende Verantwortungsbewußtsein der deutschen Öffentlichkeit, die auch jetzt noch nicht die Bestrafung der Verantwortlichen für die Kriegsverbrechen fordere. Ebenso befremdlich sei, daß diese „Verbrecher“ weder genug Mut noch genug Vaterlandsliebe besitzen würden, um sich zwecks Rechtfertigung ihrer Handlungen den Gerichten zu stellen und damit ihrem Land das Erfüllen seiner Verpflichtungen zu erleichtern. Solange die deutsche Öffentlichkeit nicht wie die übrige Welt verstehe, daß Unrecht wiedergutgemacht und Verbrecher bestraft werden müssen, dürfe Deutschland weder erwarten, in die Gemeinschaft der Völker aufgenommen zu werden, noch bei den Alliierten Verzeihung seiner Verfehlungen oder Milderung der gerechten Friedensbedingungen zu erlangen[165].

Die deutschen Hoffnungen auf ein Nachgeben der Siegermächte in der Auslieferungsfrage hatten somit getrogen. Anfang Dezember 1919 ergab sich folgendes Bild: Großbritannien und Frankreich schienen hart zu bleiben. Dagegen lag eine vertrauliche Nachricht vor, daß Italien keine Forderungen stellen werde[166]. Mit Polen war in einem bilateralen Vertrag eine Amnestie für alle „strafbaren Handlungen, die auf eine militärische, politische oder nationale Betätigung zugunsten des anderen Teiles zurückzuführen sind“, vereinbart worden[167]. Höhere Erwartungen wurden an eine Absprache mit Belgien geknüpft, die dessen Verzicht auf Auslieferung der der Verletzung des Kriegsrechts Beschuldigten zu sichern schien.

Im November 1919 war es auf Initiative Brüssels zu deutsch-belgischen Geheimverhandlungen gekommen. Ihr eigentlicher Gegenstand war ein aus der Kriegszeit stammendes finanzielles Problem, das zunächst einer kurzen Darlegung bedarf.

Anfang Oktober 1914 hatte die deutsche Verwaltung im besetzten Belgien die Mark als gesetzliches Zahlungsmittel eingeführt. Der Wechselkurs war, dem tatsächlichen Wertverhältnis etwa entsprechend, auf 1 Mark gleich 1,25 belgische Francs festgesetzt worden. Nach Abschluß des Waffenstillstands löste die Brüsseler Nationalbank das deutsche Geld trotz des inzwischen eingetretenen Valutaverfalls zu diesem Kurs ein. Die Bank nahm insgesamt 6,1 Mrd. Papiermark auf, wovon ein erheblicher Teil aus der internationalen Spekulation stammte. Auf der Friedenskonferenz konnte Belgien die Valorisierung seiner Markbestände nicht durchsetzen und mußte sich mit einer Regelung im Rahmen der von Deutschland zu leistenden Reparationen zufrieden geben. Obwohl die getroffene Regelung Belgien gegenüber anderen Reparationsgläubigern bevorzugte, versuchte es, in direkten Verhandlungen mit der Reichsregierung zu seinem Geld zu kommen. Diese war an dem Schicksal der Marknoten nicht uninteressiert, da ihr unkontrolliertes Erscheinen auf dem Devisenmarkt ein außerordentliches Sinken der deutschen Valuta ausgelöst hätte[168].

---

[165] Note Präsident der Friedenskonferenz vom 1. 12. 1919, wie Anm. 164.

[166] PA/AA Dt. Friedensdeleg. Paris/Versailles, Pol. 7a, Bd 1, Telegramm Dt. Friedensdelegation P. Vers. 274 vom 26. 9. 1919 an AA.

[167] Deutsch-polnischer Vertrag über die Entlassung festgehaltener Personen und die Gewährung von Straffreiheit vom 1. 10. 1919, verkündet als Reichsgesetz vom 23. 10. 1919 in: RGBl. 1919, S. 1803–1809; abgedruckt in: Kraus/Rödiger II, DokNr. 125.

[168] BA R 43 I/53, Bl. 129–174, geheime Denkschrift u. d. T. „Die belgischen Markbestände“ vom 29. 7. 1926, verfaßt von Reichsbank-Vizepräsident a. D. v. Glasenapp unter Benutzung der einschlägigen Akten der Reichskanzlei, des Reichsfinanzministeriums u. der Reichsbank. Siehe hierzu und zum

Anfang November 1919 erschien der belgische Minister ohne Portefeuille Emile Francqui im Reichsfinanzministerium und forderte die Valorisierung der Brüsseler Markbestände. Erzberger lehnte zwar die aufs Ganze gehende Forderung ab, gab aber zu verstehen, daß man über sie verhandeln könne, wenn Belgien zu Konzessionen auf politischem und wirtschaftlichem Gebiet bereit sei. Aufgrund entgegenkommender Erklärungen Francquis empfahl Erzberger dem Kabinett den Abschluß eines Abkommens, in dem Deutschland seine Verpflichtung zur Einlösung der Markbestände zum Kurs vom Oktober 1914 anerkennen und Belgien seinen Verzicht auf die Auslieferung Deutscher gemäß Artikel 228 sowie auf die Liquidierung deutschen Privateigentums aussprechen würde. Gegen das Votum der Vertreter der Reichsbank, die wegen des nicht zu übersehenden Kursrisikos heftig opponierten, stimmte das Kabinett einer Fortführung der Verhandlungen auf dieser Basis zu. Für seinen Entschluß war die Aussicht maßgebend, Belgien in der Auslieferungsfrage aus der Front der Gegner herauszubrechen[169].

In den weiteren Unterredungen mit Francqui stellte sich jedoch heraus, daß er nicht bereit war, die deutscherseits geforderten Zugeständnisse zum Vertragsinhalt werden zu lassen, ja nicht einmal willens war, ein diese fixierendes Dokument zu unterzeichnen. Er wandte sich zudem gegen ein Junktim zwischen den finanziellen und den politischen Fragen. Doch versicherte Francqui ausdrücklich, freilich nur mündlich, daß Belgien die gewünschten Konzessionen erfüllen bzw. sich für ihre Erfüllung einsetzen werde[170].

Das Kabinett sah sich am 24. November 1919 – nach der Rückkehr Simsons von seiner erfolglosen Reise nach Paris – vor die Frage gestellt, ob es dem Abschluß eines Abkommens zustimmen solle, bei dem die Gegenleistungen in „unsicheren und zweideutigen Versprechungen" bestanden. Die Mehrheit der Minister befürwortete die Unterzeichnung aufgrund der Erwägung, daß die Verpflichtung Deutschlands über die im Friedensvertrag festgelegte „nicht wesentlich hinausgehe" und „daß andererseits doch immerhin damit zu rechnen sei, daß Belgien ehrlich die mündlich gegebenen Versprechungen einhalten werde"[171].

Folgenden jetzt auch: Enssle, Manfred J., Stresemann's Territorial Revisionism. Germany, Belgium, and the Eupen-Malmédy Question 1919–1929, Wiesbaden 1980 (= Veröffentlichungen des Instituts für Europäische Geschichte Mainz, Bd 94), S. 33–50 (34–38).

[169] Protokoll der Kabinettssitzung am 3. 11. 1919, abgedruckt in: Kabinett Bauer, DokNr. 94. BA NL Koch(-Weser), Nr. 20, S. 27–29, hs. Aufzeichnung vom 3. 11. 1919, auszugsweise abgedruckt ebd., Anm. 4. BA R 43 I/53, Bl. 129–174, Denkschrift „Die belgischen Markbestände" vom 29. 7. 1926, hier: Bl. 137, auszugsweise abgedruckt ebd.

[170] a. Zu den Verhandlungen, die vom 22.–24. 11. 1919 in Berlin stattfanden: BA R 43 I/53, Bl. 129–174, Denkschrift „Die belgischen Markbestände" vom 29. 7. 1926, hier: Bl. 138f. Ergänzend: BA NL Schiffer, Nr. 4, Bl. 161, Aufzeichnung vom 23. 11. 1919.

b. Zum Stand der Verhandlungen am 24. 11. 1919, mittags: Protokoll der Kabinettssitzung am 24. 11. 1919, 11 Uhr, abgedruckt in: Kabinett Bauer, DokNr. 106 (P. 2). BA NL Koch(-Weser), Nr. 20, S. 73 (76)–80, hs. Aufzeichnung vom 24. 11. 1919, ms. Übertragung abgedruckt ebd., Anm. 9.

c. BA R 43 I/1352, Bl. 251–253, von Erzberger u. Müller unterzeichneter Bericht über ihre Unterredung mit Francqui am 24.11. 1919, 18.00–19.30 Uhr (Abschrift), abgedruckt in: Kabinett Bauer, DokNr. 108.

[171] Protokoll der Kabinettssitzung am 24. 11. 1919, 16 Uhr, abgedruckt in: Kabinett Bauer, DokNr. 107a (P. 4). Vgl. BA NL Koch(-Weser), Nr. 20, S. 81–86 (84), hs. Aufzeichnung vom 24. 11. 1919, ebd., DokNr. 107b. Es ist nicht auszuschließen, daß ein Teil der Befürworter in dem Vertragsabschluß kein Risiko sah. Sollte Belgien die gegebenen Zusagen nicht halten, würde Deutschland, am längeren Hebel sitzend, einfach nicht zahlen. So Erzberger in der Kabinettssitzung am 24. 11. 1919, 11 Uhr, hs. Aufzeichnung von Koch(-Weser) wie Anm. 170 lit. b.

Die – freilich von deutscher Hand – gefertigte Niederschrift über die abschließende Unterredung zwischen Erzberger und Francqui im Beisein von Außenminister Müller vermerkte über die erzielte Verständigung:

> „Erzberger teilte mit, [...] die deutsche Regierung [gehe bei der Unterzeichnung des Mark-Abkommens] von der Voraussetzung aus, daß die belgische Regierung, wie von Herrn Minister Francqui wiederholt zugesagt, es der deutschen Regierung ermöglichen werde, die Ein- und Ausfuhrverbote in dem von belgischen Truppen besetzten Gebiet in Kraft zu setzen, [...] daß die belgische Regierung ferner die über deutsche Vermögen in Belgien verhängten Zwangsverwaltungen aufheben werde [...], daß die belgische Regierung ferner die Auslieferung keines Deutschen verlangen würde und auch durch Beeinflussung ihrer Verbündeten ihr möglichstes tun werde, damit kein Deutscher vor ein fremdes Gericht gestellt werde. Minister Francqui ist hiermit mit einer einzigen Änderung, betreffend die Auslieferungsfrage, einverstanden, indem er betont, daß man sagen müsse, die belgische Regierung werde fortfahren, ihr möglichstes zu tun, da sie bisher schon in diesem Sinne gewirkt habe. Damit ist volles Einverständnis erzielt[172]."

Die Reichsregierung bemerkte bald, daß die belgische Regierung den von Francqui gegebenen Versprechungen nicht nachkam[173]. Am 3. Februar 1920 erklärte der belgische Geschäftsträger in Berlin, daß seiner Regierung von einer Zusicherung in der Auslieferungsfrage im Zusammenhang mit dem Abschluß des Mark-Abkommens nichts bekannt sei[174]. Als sich kurz darauf herausstellte, daß Belgien die Auslieferung von über 300 Deutschen forderte, sah das Reichskabinett keine Veranlassung, das Abkommen den gesetzgebenden Körperschaften zur Genehmigung zuzuleiten[175].

Die deutsch-belgischen Verhandlungen im November 1919 belegen nicht nur das Bemühen der Reichsregierung, die Forderung nach Auslieferung deutscher Staatsbürger gemäß Artikel 228 abzuwenden, sondern zeigen auch ihre Bereitschaft, größte Opfer dafür zu bringen. Wie die dem Vertrag nach wie vor ablehnend gegenüberstehende Reichsbank dem Kabinett vorrechnete, wären für den Rückkauf der belgischen Markbestände nach dem Devisenkurs von Mitte Dezember 1919 über 58 Mrd. Mark aufzuwenden gewesen, eine Summe, die den vermutlichen Ertrag des Reichsnotopfers weit überstiegen hätte[176].

---

172 Wie Anm. 170 lit. c. – Das „Markabkommen" wurde am 25. 11. 1919 in Berlin unterzeichnet. Es ist abgedruckt als Anlage 3 zur Denkschrift „Die belgischen Markbestände" vom 29. 7. 1926, in: BA R 43 I/53, hier: Bl. 167f.

173 Siehe Kabinett Bauer, DokNr. 108, Anm. 4, u. DokNr. 159, Anm. 2.

174 BA R 43 I/52, Bl. 72, Schreiben UStS in der Reichskanzlei vom 3. 2. 1920 an die Reichsminister der Finanzen u. des Auswärtigen (Durchschrift), ebd., DokNr. 159.

175 Nach Überreichung der Auslieferungsliste spielte Erzberger in einem Interview auf das Mark-Abkommen an, um seine Bemühungen um die Abwendung der Auslieferungsforderung zu belegen: „Ich bin so weit gegangen, daß mir der Verzicht der Alliierten auf die Auslieferung auch mit Opfern auf anderem Gebiet nicht zu teuer erkauft schien." Die belg. Regierung ließ – wahrscheinlich als sie davon ausgehen mußte, daß Deutschland das Mark-Abkommen als hinfällig betrachten würde – den bis dahin geheim gehaltenen Vertragstext veröffentlichen. Da dieser über belg. Zusicherungen in der Auslieferungsfrage nichts enthielt, war es leicht, Erzberger der Lüge zu bezichtigen. Interview Erzbergers mit einem „Daily Mail"-Korrespondenten am 7.[?] 2. 1920, veröffentlicht in: DAZ Nr. 72 vom 9. 2. 1920; Telegramme des brit. Geschäftsträgers in Berlin vom 8. u. 9. 2. 1920 sowie Bericht des brit. Gesandten in Brüssel vom 25. 2. 1920 an den brit. Außenminister, abgedruckt in: DBFP IX, DokNr. 611, 616, 617 u. 629.

176 BA R 43 I/52, Bl. 29–36, Schreiben Reichsbankdirektorium vom 18. 12. 1919 an Reichskanzler, Reichskabinett u. a. Siehe Kabinett Bauer, DokNr. 108, Anm. 6. – Das Reichsnotopfer, die geplante und durch Gesetz vom 31. 12. 1919 eingeführte Sondersteuer zur Stabilisierung des Reichshaushalts,

In ihrer Note vom 1. Dezember 1919 warfen die Siegermächte dem deutschen Volk vor, es sei sich seiner Verantwortlichkeit für die Verletzungen des Kriegsvölkerrechts kaum bewußt und habe noch nicht eingesehen, daß das begangene Unrecht sowohl wiedergutgemacht als auch gesühnt werden müsse. Der Vorwurf war – wenigstens aus ihrer Sicht – nicht unbegründet, traf aber in seiner pauschalen Art nicht zu. Denn die deutschen Bemühungen zur Aufklärung von Schuldfragen des Weltkriegs – „Kommission Schücking"[177], Einsetzung eines Staatsgerichtshofs, Veröffentlichung von Dokumenten zum Kriegsausbruch[178] – waren fortgesetzt worden.

Die Reichsregierung hatte sich am meisten von dem Wirken des geplanten Staatsgerichtshofs versprochen. Trotz des Widerstandes der Parteien hatte sie aus innen- und außenpolitischen Gründen an ihrem am 6. Juni 1919 in die Nationalversammlung eingebrachten

---

belegte alle privaten Vermögen über 5000 M mit einer einmaligen Abgabe, deren Höhe progressiv von 10% auf 65% anstieg. Das Gesamtaufkommen des Reichsnotopfers wurde im April 1920 auf ca. 45 Mrd. M geschätzt. Siehe Kabinett Bauer, DokNr. 22, Anm. 3. – In den zwanziger Jahren wurde mehrmals zwischen der deutschen und der belgischen Regierung über das Markproblem verhandelt. Erst 1929 kam erneut ein Abkommen zustande, in dem Deutschland sich verpflichtete, zwischen 1929 und 1966 Zahlungen in einer Gesamthöhe von 607,6 Mill. RM zu leisten, was einem Gegenwartswert für 1929 von nur 320 Mill. RM entsprach. Materialien in: BA R 43 I/52–54.

177 Die „Kommission zur Untersuchung der Anklagen wegen völkerrechtswidriger Behandlung der Kriegsgefangenen in Deutschland" wandte sich nach der Unterzeichnung des Friedensvertrags der Aufklärung der Fälle zu, von denen angenommen wurde, daß sie zu Auslieferungsforderungen Veranlassung geben würden. Die Kommission hielt Veröffentlichungen über die von ihr getroffenen Maßnahmen für nicht angebracht. Bericht Kommission Schücking, S. 4f. u. S. 28–31; BA R 43 I/10, Bl. 98–102, Schreiben Kommission ... vom 25.5. 1920 an die Reichskanzlei. – Die „Kommission Schücking" wurde durch Kabinettsbeschluß vom 15.9. 1920 aufgelöst. Siehe Akten der Reichskanzlei. Das Kabinett Fehrenbach. 25. Juni 1920 bis 4. Mai 1921, bearbeitet von Peter Wulf, Boppard a. Rh. 1972, DokNr. 69 (P. 3).

178 Gemäß Kabinettsbeschluß vom 6. 6. 1919 sollten die von Karl Kautsky zusammengestellten Dokumente zur Vorgeschichte des Krieges druckfertig gemacht werden, um „sofort nach Fortfall der außenpolitischen Hinderungsgründe" erscheinen zu können (Kabinett Scheidemann, DokNr. 102, P. 8; siehe oben, S. 211). Das Kabinett Bauer hielt an dem Beschluß fest. Wegen Zweifeln an der editorischen Leistung Kautskys wurden jedoch Prof. Schücking u. Graf Montgelas mit der Herausgabe beauftragt, die ihre Arbeit erst Anfang September 1919 aufnahmen. Protokoll der Kabinettssitzung am 21. 7. 1919, abgedruckt in: Kabinett Bauer, DokNr. 30 (P. 10); BA R 43 I/805, Bl. 36, Schreiben AA vom 14. 8. 1919 an UStS in der Reichskanzlei. Vgl. Kautsky, S. 9f. Das Kabinett sah sich sodann vor die Frage gestellt, die Veröffentlichung der Dokumentensammlung bis zur Überreichung der Auslieferungsliste zu verschieben, um die Gefährdung weiterer Personen auszuschließen. Angesichts anderer Publikationen über die Schuld am Kriege, insbesondere der von Kautsky angekündigten, entschied es sich – vorbehaltlich der Zustimmung des parlamentarischen Untersuchungsausschusses – für die sofortige Herausgabe. Protokoll der Kabinettssitzung am 28. 10. 1919, abgedruckt in: Kabinett Bauer, DokNr. 88 (P. 3); BA NL Koch(-Weser), Nr. 20, S. 17–19 (17f.), hs. Aufzeichnung vom 28. 10. 1919. – Nicht alle Kabinettsmitglieder unterwarfen sich dem Beschluß. Noch Mitte November 1919 versuchte Koch zusammen mit dem UStS in der Reichskanzlei, Heinrich Albert, die Aktenveröffentlichung und die „Ausdehnung der unheilvollen Tätigkeit des [parlamentarischen] Untersuchungsausschusses auf Kriegsschuld und Verfehlungen in Belgien" mit Rücksicht auf die Auslieferungsfrage zu verhindern. BA NL Koch(-Weser), Nr. 16, S. 346f., Aufzeichnung vom 15. 11. 1919. Auch Geh.LegRat Wedding bat um eine Verschiebung der Publikation, um ungünstige Auswirkungen auf die Auslieferungsfrage zu vermeiden. Seine Bitte wurde abgelehnt. BA R 43 I/340, Bl. 112f., Schreiben Hauptstelle vom 8. 12. 1919 an Reichskanzler; ebd., Bl. 114, Antwortschreiben vom 12. 12. 1919. – Die Deutschen Dokumente zum Kriegsausbruch 1914, zusammengestellt von Karl Kautsky, hrsg. von Graf Max Montgelas u. Walter Schücking, 4 Bde, Charlottenburg 1919, wurden am 9. 12. 1919 der Öffentlichkeit übergeben.

Gesetzentwurf festgehalten[179]. Als er dort endlich zur Beratung gelangte, entsprachen die in ihm vorgesehenen außerordentlichen Maßnahmen freilich nicht mehr der staatsrechtlichen Lage. Der Fraktionsvorsitzende der DDP, Senator Petersen, erklärte am 16. August 1919 im Verfassungsausschuß der Nationalversammlung:

> „Der Verfolgung der Sache [Klärung der Kriegsschuldfragen] muß jede Ausnahmeform genommen werden, und da wir jetzt das Glück haben, eine Verfassung zu besitzen, zwingt sich der Gedanke geradezu auf, diese in Anwendung zu bringen und hier zu erproben. Es würde direkt eine gewisse Blamage sein, wenn wir in der neuen Verfassung nicht die Mittel hätten, die zur restlosen Aufklärung führen. Ein parlamentarischer Ausschuß nach Artikel 34 ist *der* Ausschuß, der die Sache zu machen hat. Was der Antrag Heinze und der Mitberichterstatter wollen, richtet sich gegen den Geist der Verfassung, auf der wir stehen [. . .][180]."

Der Gedanke, sich in den Bahnen der gerade in Kraft getretenen Verfassung zu bewegen und diese mit politischem Leben zu erfüllen, drang durch. Der Verfassungsausschuß entschied sich, die Regierungsvorlage zu verwerfen und die beiden Komponenten des Gesetzentwurfs, Untersuchungsausschuß und Staatsgerichtshof, getrennt zu verfolgen. Für den der Nationalversammlung am 20. August 1919 vorgelegten Vorschlag, gemäß Artikel 34 RV einen parlamentarischen Untersuchungsausschuß zur Aufklärung von vier die deutsche Politik während des Krieges betreffenden Fragenkomplexen einzusetzen, sprach zudem, daß er sofort ausgeführt und der manchmal recht dornenreiche Weg der Gesetzgebung vermieden werden konnte. Denn die Parteien der Mitte legten Wert darauf, noch vor Beginn der Parlamentsferien zu demonstrieren, daß die Forderung der Öffentlichkeit nach Aufklärung der Schuldfragen nicht in Vergessenheit geraten war. Zugleich hielt der Verfassungsausschuß an dem Gedanken fest, die „Kriegsschuldigen" auch gerichtlich zur Verantwortung zu ziehen. Aber es sollte kein Sondergerichtshof geschaffen, sondern der in Artikel 108 RV vorgesehene Staatsgerichtshof tätig werden[181]. Zu dessen verfassungsmäßigen Aufgaben gehörte u. a. die Entscheidung über Anklagen des Reichstags gegen Reichspräsident, Reichskanzler oder Reichsminister, die Verfassung oder ein Gesetz verletzt zu haben (Art. 59 RV). Es schien daher nahe zu liegen, den ordentlichen Staatsgerichtshof auch mit den Verfahren gegen die Personen zu betrauen, bei denen der Untersuchungsausschuß zu dem Verdacht gelangte, daß sie in Verletzung ihrer

---

[179] Protokolle der Kabinettssitzungen am 18. 7. u. 16. 8. 1919, abgedruckt in: Kabinett Bauer, DokNr. 28 (P. 2) u. 49 (P. 7). Vgl. Rede des Reichsministers des Innern, David, am 28. 7. 1919 anläßlich der Einbringung des Gesetzentwurfs in die Nationalversammlung, Nationalversammlung, Bd 328, S. 1997f.

[180] HStA Stuttgart Q 1/2 (NL Conrad Haußmann), Büschel 42, Bericht des Stenographen Grünwald, Redakteur von „Oldenbergs Parlaments-Korrespondenz" über die Sitzung des 8. (Verfassungs-)Ausschusses. – Die Fraktion der DVP (Vorsitzender Dr. Heinze) hatte am 23. 7. 1919 den Antrag gestellt, einen „aus einigen, keinem Parlament angehörigen, namhaften Historikern und publizistisch geschulten Juristen zusammengesetzten Ausschuß zur Aufklärung der die Entstehung, Führung und Beendigung des Krieges betreffenden Vorgänge" einzusetzen. Nationalversammlung, Bd 337, S. 452 (Drucksache Nr. 671). Die DVP hatte damit dem weitverbreiteten Gedanken entsprochen, die Klärung der Schuldfragen unabhängigen Experten anzuvertrauen. Siehe u. a.: Haeften (Oberst) v., Der Staatsgerichtshof, in: Preußische Jahrbücher 177 (1919), S. 282f.; Delbrück [Hans], Der parlamentarische Untersuchungsausschuß, ebd., Bd 178 (1919), S. 542–550 (542–546).

[181] Abg. Sinzheimer als Berichterstatter des 8. Ausschusses in der Sitzung der Nationalversammlung am 20. 8. 1919, Nationalversammlung, Bd 329, S. 2698–2700. Siehe auch Quidde, L[udwig], Klärung der Schuldfragen. Untersuchungsausschuß und Staatsgerichtshof, in: Berliner Tageblatt Nr. 402 vom 28. 8. 1919.

Amtspflichten zur Entstehung, zur Verlängerung oder zum Verlust des Krieges beigetragen hatten[182].

Das Plenum der Nationalversammlung folgte der Empfehlung des Verfassungsausschusses und beauftragte einen parlamentarischen Untersuchungsausschuß mit der Aufgabe, durch Erhebung aller Beweise u. a. festzustellen,

> „welche Vorgänge zum Ausbruch des Krieges geführt, seine Verlängerung veranlaßt und seinen Verlust herbeigeführt haben",

und

> „ob in der militärischen und wirtschaftlichen Kriegführung Maßnahmen angeordnet oder geduldet worden sind, die Vorschriften des Völkerrechts verletzt haben oder über die militärische und wirtschaftliche Notwendigkeit hinaus grausam und hart waren"[183].

Die Zweckmäßigkeit einer Untersuchung, ob Maßnahmen der deutschen Kriegführung gegen das Völkerrecht verstoßen hatten, war bei den Parteien umstritten. DVP und DNVP befürchteten, daß einzelne Fälle, in denen Verfehlungen festgestellt würden, im Ausland nur als eine Bestätigung der Vorwürfe bewertet und sich daher zum Nachteil Deutschlands auswirken würden. Doch die Mehrheit der Nationalversammlung glaubte angesichts der festen Haltung der ausländischen öffentlichen Meinung an keine Verschlechterung der deutschen Position. Ihre Hoffnung richtete sich auf die reinigende Kraft der Wahrheit[184].

Der parlamentarische Untersuchungsausschuß trat am 21. August 1919 zu seiner konstituierenden Sitzung zusammen und entwickelte in den folgenden Wochen seinen Arbeitsplan. Es wurden vier Unterausschüsse gebildet, die sich mit folgenden Fragenkomplexen befassen sollten: der erste Unterausschuß mit der Aufklärung der Vorgänge, die zum Ausbruch des Krieges führten; der zweite mit der Aufklärung der Friedensinitiativen und ihrem Scheitern; der dritte mit der

---

182 Wie Anm. 181. – Der 8. Ausschuß der Nationalversammlung nahm Anfang Oktober 1919 die Beratungen über die Errichtung des Staatsgerichtshofs auf. Die Arbeitsmaterialien (Drucksachen des 8. Ausschusses Nr. 382–385) sahen vor, dem Staatsgerichtshof neben den von der Verfassung zugewiesenen Obliegenheiten auch die Aufgabe zu übertragen, über die Kriegsschuldfragen zu urteilen. Die Beratungen führten zu keinem Ergebnis. Materialien im NL Conrad Haußmann, HStA Stuttgart Q 1/2, Büschel 42. Siehe Rede des Abg. Kahl (DVP) in der Sitzung des Reichstags am 19. 11. 1920, RT, Bd 345, S. 1121–1124 (1121 f.). – Innerhalb und außerhalb des Parlaments wurden schwerwiegende Rechtsbedenken gegen eine Jurisdiktion des Staatsgerichtshofs auf dem Gebiet der Kriegsschuldfragen laut. Zumindest hätte die Betrauung des ordentlichen Staatsgerichtshofs mit der Aburteilung von „Kriegsschuldigen" eines verfassungsändernden Gesetzes bedurft. Ausführlich zu den zahlreichen Rechtsfragen: Kaufmann, Erich, Untersuchungsausschuß und Staatsgerichtshof, Berlin 1920. Als Resümee ist festzuhalten, daß die Nationalversammlung die Zeit, in der sie (fast) uneingeschränkte Souveränität besaß (von ihrem Zusammentritt bis zum Inkrafttreten der RV) ungenutzt verstreichen ließ, um die Voraussetzungen für eine politische Justiz mit dem Ziel zu schaffen, die während des Krieges politisch und militärisch Verantwortlichen zur Rechenschaft zu ziehen.

183 Nationalversammlung, Bd 329, S. 2708 (A).

184 Debatte der Nationalversammlung am 20. 8. 1919, ebd., S. 2700–2707. – Nach Quidde, Klärung der Schuldfragen (wie Anm. 181), hat eine Eingabe der Deutschen Friedensgesellschaft den Anstoß zur Ausdehnung der Untersuchung auf Maßnahmen der deutschen Kriegführung gegeben. Die Idee ist dann von dem Abg. Sinzheimer im Verfassungsausschuß vertreten und gefördert worden. Bericht über die Sitzung des 8. Ausschusses am 16. 8. 1920, wie Anm. 180. Schreiben der Dt. Friedensgesellschaft vom 19. 7. 1919 an die Nationalversammlung (Drucksache) ebenfalls im NL Conrad Haußmann, HStA Stuttgart Q 1/2, Büschel 42.

„Aufklärung über kriegerische Maßnahmen, die völkerrechtlich verboten waren oder, ohne daß sie völkerrechtlich verboten waren, doch unverhältnismäßig grausam oder hart waren";

der vierte Unterausschuß mit der

„Aufklärung über die wirtschaftlichen Kriegsmaßnahmen an der Front [und] im besetzten Gebiete, die völkerrechtswidrig waren oder deren Durchführung, ohne einen besonderen militärischen oder wirtschaftlichen Vorteil zu versprechen, eine für die betreffende Bevölkerung und deren Land nicht zu rechtfertigende Härte mit sich bringen mußte"[185].

Alle vier Unterausschüsse nahmen im Herbst 1919 die praktische Arbeit auf[186]. Sofortige Ergebnisse, die die Verantwortlichen beim Namen genannt und ihr schuldhaftes Verhalten offenbart hätten, waren bei der Kompliziertheit der Untersuchungsgegenstände nicht zu erwarten. Freilich hielten sich gerade die beiden Unterausschüsse, die Maßnahmen der deutschen Kriegführung auf ihre Vereinbarkeit mit dem Völkerrecht überprüfen sollten, absichtlich zurück und vermieden jedes Aufsehen, um durch ihre Tätigkeit den Siegermächten kein für ihre Auslieferungsforderung verwertbares Material in die Hände zu spielen[187]. So rückte die Tätigkeit des 2. Unterausschusses in den Mittelpunkt des in- und ausländischen Interesses, als er mit der öffentlichen Anhörung von „Auskunftspersonen" zur Wilsonschen Friedensaktion im Dezember 1916 und zur Beschlußfassung über die Erklärung des uneingeschränkten U-Bootkriegs im Januar 1917 begann. Dabei kam es zu dramatischen Zusammenstößen zwischen den Repräsentanten des alten und des neuen Systems. Mangel an parlamentarischer Routine und unangebrachte Ehrerbietung gegenüber der Persönlichkeit der Zeugen – als Hindenburg am 18. November 1919 den Sitzungssaal betrat, erhoben sich die Ausschußmitglieder von ihren Plätzen – ermöglichten es Helfferich, Hindenburg und Ludendorff, ihre Mißachtung gegenüber dem die Volkssouveränität repräsentierenden Untersuchungsausschuß auszudrücken, ohne demonstrativ zur Rechenschaft gezogen zu werden. Besonders fatal war, daß es ihnen mit der Publikmachung der Dolchstoßlegende gelang, die Rolle des Anklägers zu usurpieren und die Regierungsparteien mit der Schuld am deutschen Zusammenbruch zu belasten[188]. Der parlamentarische Untersuchungsausschuß zeigte sich der Situation nicht gewachsen, sein ohnehin geringes Ansehen erlitt eine beträchtliche Einbuße.

Die Nationalversammlung bekundete durch ihren Entschluß über die Einsetzung eines Untersuchungsausschusses und durch die Aufnahme der diesbezüglichen Arbeiten ihren Willen, die Schuldfragen des Weltkrieges nicht auf sich beruhen zu lassen. Seiner Natur nach war der parlamentarische Untersuchungsausschuß geeignet zur Ermittlung und Beurteilung von Sachverhalten. Zugleich war er darauf beschränkt. Zwar konnte die Beurteilung einen Schuldvorwurf enthalten, ihr kam aber nicht der Charakter eines Urteils im „staatsrechtlich-prozessualen Sinne", d. h. einer rechtskräftigen und vollstreckba-

---

185 Mündlicher Bericht des 15. Ausschusses der Nationalversammlung vom 14. 10. 1919, abgedruckt in: Nationalversammlung, Bd 339, S. 1218–1220 (Drucksache Nr. 1187), genehmigt durch das Plenum am 16. 10. 1919, ebd., Bd 330, S. 3161–3163 (3163).

186 Siehe Drucksachen der Unterausschüsse in: BA R 43 I/805.

187 PA/AA Hauptstelle, Bd 10, Schreiben des Sekretärs des 4. Unterausschusses, Widmann, vom 26. 1. 1920 an Geh.LegRat Wedding.

188 Erklärung von Gen.Feldm. v. Hindenburg am 18. 11. 1919, abgedruckt bei Ludendorff, S. 76–79 (L. nimmt die Autorschaft der Erklärung für sich in Anspruch! Ebd., S. 76); auszugsweise in: Ursachen und Folgen IV, DokNr. 804a. Zur Dolchstoßlegende siehe u. a. Kaehler, S. 314–324.

ren Streitentscheidung zu[189]. Dagegen hätte es in der Kompetenz eines entsprechend der Regierungsvorlage gebildeten Staatsgerichtshofs gelegen, ja es wäre seine eigentliche Aufgabe gewesen, Schuld oder Unschuld der vor seine Schranken gezogenen Personen festzustellen. Insofern war der parlamentarische Untersuchungsausschuß kein vollwertiger Ersatz für den geplanten Staatsgerichtshof.

Nach Ablehnung ihres Gesetzentwurfs über die Errichtung eines außerordentlichen Staatsgerichtshofs konnte die Reichsregierung dem Vorhalt der Siegermächte, das deutsche Volk habe bisher keine Bereitschaft zur Sühnung der vorgefallenen Verletzungen der Kriegsgesetze und -gebräuche erkennen lassen, nichts Sichtbares entgegensetzen[190]. Insbesondere mangelte es an einem Schritt, der die Ernsthaftigkeit der zur Abwendung der Auslieferungsforderung abgegebenen Erklärungen demonstrierte. Aufgrund dieser Einsicht beschloß das Kabinett auf Anregung des Reichsministers der Justiz, Schiffer, „um den ernsten Willen der deutschen Regierung zur Aburteilung der während des Krieges von deutschen Heeresangehörigen usw. begangenen völkerrechtswidrigen Straftaten zu zeigen", einen Gesetzentwurf vorzulegen, der die Zuständigkeit des Reichsgerichts zur Verfolgung dieser Taten begründen sollte[191]. In der vorangegangenen Aussprache waren manche Vorbehalte und Bedenken zum Ausdruck gekommen: Die Vorstellungen der Sieger über Kriegsverbrechen und -vergehen sollten nicht ohne weiteres übernommen werden. Vielmehr sollten nur die Personen zur Aburteilung gelangen, die sich „gemeiner Verbrechen"[192] schuldig gemacht hatten, was von der Mehrzahl der von der Auslieferung Bedrohten, z. B. von den U-Bootkommandanten, nicht angenommen wurde. Reichspräsident Ebert, der an der Kabinettssitzung teilnahm, befürwortete eine gerichtliche Klärung. Die möglichen politischen Folgen bedenkend, warnte er jedoch: „so töricht wie beim Untersuchungsausschuß darf es nicht gemacht werden[193]."

Offensichtlich war der „Entwurf eines Gesetzes zur Verfolgung von Kriegsverbrechen und Kriegsvergehen" im Reichsjustizministerium vorbereitet worden, denn er wurde schon einen Tag nach dem Grundsatzbeschluß des Kabinetts – ohne diesem zur Genehmigung vorgelegen zu haben[194] – dem Reichsrat zugeleitet. Schiffer bat, die Vorlage „wegen der außerordentlichen Dringlichkeit" abweichend von der Geschäftsordnung bereits auf die Tagesordnung der Reichsratssitzung vom 11. Dezember 1919 zu setzen[195].

Es fällt auf, daß in dem Entwurf, der fast unverändert Gesetzeskraft erlangte, jeder Bezug auf Artikel 228 des Friedensvertrags vermieden und auch der Terminus „Kriegsgesetze und -gebräuche" nicht benutzt wurde. Der Gesetzestext erweckt den Eindruck, als hande-

---

189 Anschütz, S. 220f. Anderer Meinung, jedoch unzutreffend, Kaufmann, S. 19.

190 Zwar hatte die Regierungsvorlage eine Kompetenz des Staatsgerichtshofs zur Verfolgung von Kriegsrechtsverletzungen nicht vorgesehen, aber dieser Mangel war erkannt und wäre wohl im Laufe des Gesetzgebungsverfahrens abgestellt worden.

191 Protokoll der Kabinettssitzung am 8. 12. 1919, abgedruckt in: Kabinett Bauer, DokNr. 123 (P. 3).

192 So Müller in der Sitzung des Reichsratsausschusses für auswärtige Angelegenheiten am 15. 12. 1919, Niederschrift in: PA/AA WK 31 geh., Bd 2 (4121/D934574–580), abgedruckt in: Kabinett Bauer, DokNr. 132.

193 BA NL Koch(-Weser), Nr. 20, S. 109–112, hs. Aufzeichnung über die Kabinettssitzung am 8. 12. 1919.

194 Das Reichskabinett erteilte seine Zustimmung zum Gesetzentwurf nachträglich am 10. 12. 1919. Protokoll der Sitzung abgedruckt in: Kabinett Bauer, DokNr. 125 (P. 6).

195 HStA Stuttgart E 130 IV, Büschel 1159, Qu. 3, Reichsrats-Drucksache Nr. 270 vom 9. 12. 1919. Die Regierungen der Länder wurden über die Gesetzesvorlage telegraphisch unterrichtet und gebeten, ihre Vertreter im Reichsrat sofort mit Instruktionen zu versehen. Ebd., Telegramm Reichsminister der Justiz 8.47 S vom 9. 12. 1919 an Württembergisches Ministerium der auswärtigen Angelegenheiten.

le es sich nur um eine geringfügige Ausdehnung des Geltungs- und Anwendungsbereichs des *deutschen* Strafrechts mit einer abweichenden Regelung in prozessualer Hinsicht. Bei Verbrechen und Vergehen im Kriege gegen feindliche Personen oder feindliches Vermögen sollte ausschließlich das Reichsgericht zur Untersuchung und Entscheidung zuständig sein.

Die Begründung der Gesetzesvorlage soll wegen des Aufschlusses, den sie gibt, hier auszugsweise folgen. Sie lautete:

> „Die zur Kenntnis der deutschen Behörden gelangten Verbrechen und Vergehen, die Deutsche im Zusammenhange mit dem Kriege im In- oder Ausland begangen haben, sind nach Maßgabe der inländischen Gesetzgebung bereits seither pflichtgemäß verfolgt und zur Aburteilung gebracht worden. Die gleichwohl von unseren Feinden aufgestellte Behauptung, die öffentliche Meinung in Deutschland sei sich noch jetzt der Verantwortlichkeit so wenig bewußt, daß sie nicht selbst die gerechte Bestrafung der begangenen Verbrechen fordere und die Verbrecher ihre Strafe finden lasse, geht hiernach fehl. Durch den vorliegenden Gesetzentwurf soll jedoch vor der breitesten Öffentlichkeit unzweideutig zum Ausdruck gebracht werden, daß unter allen Umständen für die Strafverfolgungsbehörden die Verpflichtung besteht, Deutschen zur Last gelegte Verbrechen oder Vergehen, die während des Krieges im In- und Ausland gegen feindliche Staatsangehörige oder feindliches Eigentum begangen sind, ausnahmslos zu verfolgen. Damit wird insoweit mit dem in § 4 des Strafgesetzbuchs aufgestellten Grundsatz gebrochen, daß die Strafverfolgung im Ausland begangener Straftaten Deutscher dem Ermessen der Staatsanwaltschaft überlassen bleibt. Das unter den Voraussetzungen des § 4 des Strafgesetzbuchs bereits bestehende Recht zur Strafverfolgung, von dem, wie oben bemerkt, schon bisher mit Bezug auf Kriegsverfehlungen ausnahmslos Gebrauch gemacht worden ist, wird also in einen Verfolgungszwang umgekehrt. Bei der schwerwiegenden Bedeutung, welche diesen Untersuchungen insbesondere auch mit Rücksicht auf die Beziehungen zum Ausland zukommt, erschien es zweckentsprechend, die Untersuchung und Aburteilung der Straftaten dem Oberreichsanwalt und dem Reichsgericht anzuvertrauen. Das hohe Ansehen, welches das höchste deutsche Gericht in allen Kulturstaaten genießt, bietet volle Gewähr dafür, daß ohne Rücksicht auf die Person nur der Gerechtigkeit Geltung werden soll[196]."

Die Begründung, die der Reichsminister der Justiz dem Gesetzentwurf beifügte, rechtfertigte mithin die bisherige Praxis bezüglich der Verfolgung von im Kriege begangenen Verbrechen und machte keinen Hehl aus dem außenpolitischen Zwang, der zu ihrer Änderung Veranlassung gab. Ihr mangelte es an jeglicher Bekundung innerer Bereitschaft zur Untersuchung der vorgefallenen Verletzungen des Kriegsvölkerrechts und zur Bestrafung der Verantwortlichen. Es ist daher wohl kein Zufall, daß entgegen dem Brauch die Begründung der Gesetzesvorlage in den Drucksachen der Nationalversammlung nicht veröffentlicht wurde[197].

Nachdem der Reichsrat am 11. Dezember 1919 dem Gesetzentwurf seine Zustimmung

---

[196] Reichsrats-Drucksache Nr. 270, wie Anm. 195 (auch in GStA Berlin-Dahlem Rep. 84a/7861, Bl. 17f.).

[197] Siehe Nationalversammlung, Bd 340, S. 1744f. (Drucksache Nr. 1741).

gegeben hatte[198], wurde er noch am gleichen Tag in die Nationalversammlung eingebracht. Im Verfassungsausschuß, wo die eigentliche Aussprache stattfand[199], wurden schwere Bedenken gegen die Regierungsvorlage laut, jedoch aus „vaterländischen Gründen" zurückgestellt[200]. Nur die Fraktion der USPD hielt es für angezeigt, sich nicht an der nationalen Front zu beteiligen und ihren Standpunkt im Plenum darzulegen. Für sie führte Oskar Cohn aus, das Gesetz sei „im günstigsten Fall", nämlich wenn es ehrlich gemeint sei, ein sehr später Versuch, das Recht wieder walten zu lassen gegenüber zahlreichen im Kriege begangenen Verletzungen des Straf- und Völkerrechts, ein Versuch, „den Arm der Strafjustiz endlich auch gegen die bisher durch ihre soziale Stellung oder durch ihre Zugehörigkeit zum Heere geschützten Verbrecher in Bewegung zu setzen"[201]. Der Justizminister wies Zweifel an der Bereitschaft der Regierung zur Verfolgung von vorgefallenen Rechtsverstößen nachdrücklich zurück und behauptete, schon bisher sei bei der Verfolgung bekannt gewordener Vergehen und Verbrechen alles geschehen[202]. Cohn hielt Schiffers Replik für ebenso unangemessen wie unaufrichtig. Er wies darauf hin, daß in keinem der durch die Tätigkeit der „Kommission Schücking" oder durch Mitteilungen des Auslands bekannt gewordenen Fälle von Völkerrechtsverletzungen ein Ermittlungs- oder Strafverfahren eingeleitet worden sei. Doch Cohn begnügte sich nicht mit kritischen Äußerungen zur Rechtspflege, sondern machte auch auf den Zusammenhang zwischen der Vorlage und der außenpolitischen Situation aufmerksam. Er erinnerte daran, daß die Unterzeichnung des Friedensvertrags beinahe an den „Ehrenpunkten" gescheitert wäre. Dessen Inkrafttreten dürfe jetzt nicht gefährdet werden, indem man die Auslieferung des Kaisers und anderer Personen in Frage stelle. Dies wäre eine „Katastrophenpolitik", die sich die Völker weder diesseits noch jenseits des Rheins gefallen lassen würden[203].
Außenminister Müller entgegnete, daß es der Regierung fernliege, eine Katastrophenpolitik zu betreiben. Die Regelung der Auslieferungsfrage sei bei den in Paris geführten Verhandlungen niemals eine conditio sine qua non gewesen. Die Frage sei offiziell zur Sprache gebracht worden, weil sich die Reichsregierung ihrer Bedeutung für das Staatsleben Deutschlands, sobald es zu ihrer „Effektuierung" komme, voll bewußt sei[204]. Ihre Kritik an der Rechts- und Außenpolitik der Regierung hinderte die USPD nicht, für den Gesetzentwurf zu votieren, so daß Präsident Fehrenbach die *einstimmige* Annahme des Gesetzes zur Verfolgung von Kriegsverbrechen und -vergehen durch die Nationalversammlung feststellen konnte[205]. Es trat am Tage seiner Verkündung, am 23. Dezember 1919, in Kraft[206].

---

198 Niederschrift über die 85. Sitzung des Reichsrats am 11. 12. 1919, abgedruckt in: Niederschriften über die Verhandlungen des Staatenausschusses bzw. Reichsrats des Deutschen Reichs, Jahrgang 1919, Berlin o. J., S. 908–916 (914). HStA Stuttgart E 130 IV, Büschel 1159, Qu. 4, Bericht des württembergischen Bevollmächtigten zum Reichsrat vom 11. 12. 1919 an das Staatsministerium über die Sitzung des Reichsratsausschusses für Rechtspflege vom gleichen Tag.

199 Kahl, Wilhelm, Untersuchungsausschuß und Staatsgerichtshof, in: DJZ 25 (1920), Sp. 1–7 (6 f.).

200 So der Berichterstatter, Abg. Graf zu Dohna (DVP), in der Sitzung der Nationalversammlung am 13. 12. 1919, Nationalversammlung, Bd 331, S. 4041(D).

201 Ebd., S. 4042–4044. 202 Ebd., S. 4044 f. 203 Ebd., S. 4042–4044 u. 4046 f.

204 Ebd., S. 4046. Siehe auch Müllers Äußerungen im Reichsratsausschuß für auswärtige Angelegenheiten am 15. 12. 1919, Niederschrift in: PA/AA WK 31 geh., Bd 2 (4121/D 934 574–580), abgedruckt in: Kabinett Bauer, DokNr. 132.

205 Nationalversammlung, Bd 331, S. 4048(D).

206 „Gesetz zur Verfolgung von Kriegsverbrechen und Kriegsvergehen. Vom 18. Dezember 1919", RGBl. 1919, S. 2125 f., abgedruckt in: Kraus/Rödiger II, DokNr. 132; Ursachen und Folgen IV,

Das Auswärtige Amt zögerte nicht, den Siegermächten die Verabschiedung des Gesetzes alsbald mitzuteilen, um „etwaige weitere Verhandlungen [... in der] Auslieferungsfrage zu erleichtern“[207]. Dabei wurde auf die für die Verfolgung von Kriegsverbrechen und -vergehen speziell getroffenen Regelungen ausdrücklich hingewiesen: ausschließliche Zuständigkeit des Reichsgerichts, Pflicht der Reichsanwaltschaft, in allen ihr zur Kenntnis gelangenden Fällen die Ermittlungen aufzunehmen, und Ermächtigung des Reichsministers der Justiz, Nebenkläger zu den Verfahren zuzulassen[208]. Doch entgegen der Hoffnung der Reichsregierung reagierten die Siegermächte auf diesen Schritt zunächst nicht, der ihren ernsten Willen beweisen sollte, die eines Kriegsverbrechens oder -vergehens schuldigen Deutschen der gerechten Bestrafung zuzuführen. Die Folge war eine Zuspitzung der inneren und äußeren Lage Deutschlands im Januar/Februar 1920.

3. In Erwartung des Konflikts. Die Haltung der deutschen Öffentlichkeit, der Reichswehr und der Beamtenschaft zum Auslieferungsbegehren

Sowohl die Tatsache, daß der Zeitpunkt, an dem der Friedensvertrag in Kraft treten sollte, immer näher rückte, als auch die Meldungen aus Paris über die Aufstellung der Liste der nach Artikel 228 auszuliefernden Deutschen bewirkten, daß sich die deutsche Öffentlichkeit mit der Auslieferungsfrage wieder vermehrt befaßte. Ab Anfang Dezember 1919 wurde die Frage zuerst vereinzelt, später häufiger in verschiedenen großen Tageszeitungen erörtert. Die „Hauptstelle zur Verteidigung Deutscher vor feindlichen Gerichten“ bedauerte, daß die ihrer Ansicht nach notwendige Zurückhaltung aufgegeben und eine politische Debatte entfesselt worden sei, aus der allein die Siegermächte Nutzen ziehen würden. Mit Unterstützung des Auswärtigen Amtes bat sie die Presse, die Debatte „langsam verebben zu lassen“ und sich bis zur Überreichung der Auslieferungsliste reserviert zu verhalten[209]. Im großen und ganzen kamen die Berliner und überregionalen Zeitungen dem Wunsch nach; vor allem wurde eine parteipolitische Ausschlachtung des Themas vermieden.

In der öffentlichen Diskussion spielten die durch die Strafbestimmungen aufgeworfenen Rechtsfragen eine große Rolle und wurden mit mehr oder weniger Sachverstand behandelt. Wie aufgezeigt wurde, war in Deutschland die wissenschaftliche Erörterung der grundsätzlichen Frage, ob feindliche Ausländer wegen Verletzung der Kriegsgesetze und -gebräuche bestraft werden können, bei Kriegsende noch im Gange. Doch hatte sich als

---

DokNr. 807. Bei der Bezeichnung des Gesetzes wurde erstmalig in der deutschen Gesetzessprache der Ausdruck „Kriegsverbrechen“ verwandt!

[207] PA/AA Dt. Friedensdeleg. Paris/Versailles, Pol. 7a, Bd 1, Telegramm AA Nr. 654 vom 15. 12. 1919 an Dt. Friedensdelegation.

[208] Ebd., Note Vorsitzender der Dt. Friedensdelegation vom 17. 12. 1919 an Generalsekretär der Friedenskonferenz (Durchschrift). Die Notwendigkeit einer Verständigung über die Durchführung der Artikel 228–230 wurde noch durch den Aufsatz: „Die deutsche Politik. Von einem Diplomaten“, erschienen in der offiziösen DAZ (Nr. 629 vom 22. 12. 1919, Zeitungsausschnitt: Kriegsarchiv VR, Nr. XII E5 b), unterstrichen.

[209] PA/AA Hauptstelle, Bd 5, Aufzeichnung über eine Pressekonferenz der „Hauptstelle“ am 6. 1. 1920. Ebd., Schreiben Hauptstelle Nr. 31 vom 2. 1. 1920 an Hauptschriftleiter der DAZ u. Schreiben Hauptstelle Nr. 21 vom 3. 1. 1920 an Redaktion des „Berliner Tageblatts“ (Entwurfsvfg.).

herrschende Meinung herauskristallisiert, daß eine gerichtliche Bestrafung wegen einer völkerrechtswidrigen Kriegshandlung unzulässig sei, solange sie nicht im privaten Interesse des Täters, sondern im Interesse der Kriegführung vorgenommen worden war[210]. Daher ist es verständlich, daß die Rechtsbefugnis der Siegermächte, deutsche Beamte und Soldaten wegen Verletzung der Kriegsgesetze und -gebräuche zur Verantwortung zu ziehen, auch weiterhin vielfach bestritten wurde[211].

Eine genauere Betrachtung der Äußerungen deutscher Juristen ergibt aber, daß sie ihren Widerstand gegen die Strafbestimmungen nicht in erster Linie auf die Ablehnung der gegnerischen Strafkompetenz gründeten, sondern auf ihre Überzeugung, daß diese eine Reihe der erhabensten Grundsätze des Rechts verleugneten, „daß mit dem geheiligten Gewande des Rechts eine Handlung des politischen Zwecks, der Erbitterung und der Rache umkleidet wird"[212]. Besonders nachdrücklich wandte sich der bekannte Strafrechtler Karl Binding, 78jähriger, unermüdlich tätiger Emeritus[213], gegen die „rechtliche Ungeheuerlichkeit der sog. Strafbestimmungen". Deren Einzigartigkeit in der Geschichte des Rechts und der Friedensschlüsse betonend, sah er in der Auslieferungsforderung ein Verlangen, das „noch nie ein Staat einem Mitstaate gegenüber sich für erlaubt gehalten hat – den unmittelbaren gewaltsam ändernden Eingriff in dessen Landesrecht"[214]. Er teilte mit der überwiegenden Zahl der deutschen Juristen die Ansicht, daß die feindlichen Gerichte trotz ehrlichen Bemühens nicht in der Lage seien, unparteiisch Recht zu sprechen. Da die Richter unter dem Eindruck der Kriegspropaganda gegen alles Deutsche voreingenommen seien, seien sie außerstande, deutsches Verhalten im Kriege objektiv zu beurteilen. Es liege auf der Hand, daß ein von Feinden gegen Feinde eingesetztes Gericht geradezu die

---

210 Siehe oben, S. 63.

211 U. a. von: R. Frank, Professor der Rechte in München, in: Frank, Reinhard/F[elix] Rachfahl, Kann Kaiser Wilhelm II. ausgeliefert werden? Zwei Gutachten [erstattet] auf Veranlassung der Deutschen Burschenschaft und der Vereinigung Alter Burschenschafter des Deutschen Reiches, Berlin 1919, S. 20–24. Binding, Karl, Die rechtliche Ungeheuerlichkeit der sogen. Strafbestimmungen des Versailler Friedensvertrags gegen auszuliefernde Deutsche (Art. 227 u. 228), in: Der Tag, Ausg. B, Nr. 270 vom 5. 12. 1919 (Forts. in Nr. 271 vom 6. 12. 1919). Wittmaack, H., Über die Verantwortlichkeit von Angehörigen einer Armee im Feindesland (Artikel 228 des Friedensvertrages), Stuttgart 1920, S. 34 (bezüglich Ausnahmen nach Kriegsgebrauch, S. 36–40). Die Studie des Reichsgerichtsrats a. D. übt vom juristischen Standpunkt erhebliche Kritik an der Behandlung der Strafbestimmungen durch die Reichsregierung. Obwohl nicht in allen Punkten treffend, verdient sie doch Beachtung. Geuting, Wilhelm, Die Frage der Verantwortung Wilhelms II., Rechts- und Staatswiss. Diss. Greifswald 1919, S. 42–45 (44). Auer, Theodor, Artikel 227 des Friedensvertrages von Versailles vom 28. Juni 1919, Rechts- und Staatswiss. Diss. Freiburg i. Br. 1922, Ms., S. 130f. Brinkmann, Hermann, Der Grundsatz der Nichtauslieferung deutscher Untertanen und seine Durchbrechung im Versailler Friedensvertrage, Rechts- und Staatswiss. Diss. Greifswald 1922, Ms., hier: gedruckter Auszug, Anklam 1922, S. 17f. Wegner, Arthur, Kriminelles Unrecht, Staatsunrecht und Völkerrecht, Hamburg 1925 (= Hamburgische Schriften zur gesamten Strafrechtswissenschaft, Heft 7), S. 28–30. Oetker [Friedrich], Über Kriegsverbrechen, in: Der Gerichtssaal 91 (1925), S. 400–427 (401 f.). Wegner und Oetker billigen kriegführenden Staaten die Kompetenz zu, in ihre Gewalt gefallene feindliche Soldaten wegen Verletzung des Kriegsrechts zu bestrafen. Da sie die Berechtigung für ein solches Vorgehen im Kriegsgebrauch (Repressalienrecht) sehen, endet diese zwangsläufig mit Eintritt des Friedenszustands.

212 PA/AA Friedensabtlg., Akten betr. Strafbestimmungen, Bd 2, Schreiben Vorstand des deutschen Anwaltvereins zu Leipzig vom 23. 11. 1919 an Reichsminister des Ausw., Anlage: Aufruf an die Juristen in aller Welt vom 15. 11. 1919; Aufruf auch abgedruckt in: DJZ 25 (1920), Sp. 112f.

213 Siehe NDB II, S. 244f. (Heinrich Triepel).

214 Binding, Die rechtliche Ungeheuerlichkeit der sogen. Strafbestimmungen, wie Anm. 211, hier: Nr. 270.

Aufgabe habe, parteiisches Gericht, das Gegenteil eines echten Gerichtes zu sein, da es sich Freisprüche nicht leisten könne, wenn es sich nicht grenzenlos blamieren wolle[215].
Sein patriotischer Eifer riß Binding noch ein Stück weiter. Entgegen der herrschenden Rechtsauffassung, für die die völkerrechtliche Verpflichtung der Reichsregierung zur Auslieferung der gemäß Artikel 228 Geforderten unzweifelhaft war, behauptete er die rechtliche Nichtigkeit der Strafbestimmungen und – zumindest – die Anfechtbarkeit des Friedensvertrags. Dieser sei unter rechtswidriger Drohung Deutschland abgepreßt worden, nämlich durch Drohung mit der Fortsetzung des Krieges gegen ein Volk, das sich im Vertrauen auf die Zusagen Wilsons selbst wehrlos gemacht habe. Da kein Widerstand geleistet, den absehbaren maßlosen Verwüstungen kein Einhalt geboten werden konnte, sei der bewirkte Friede erpreßt und daher anfechtbar. Diese Anfechtbarkeit steigere sich hinsichtlich der Artikel 227 und 228 zur „absoluten Nichtigkeit". Denn der Friedensvertrag wolle die Reichsregierung zu einem Bruch ihres gesetzlich und verfassungsmäßig gegebenen Versprechens zwingen, keine eigenen Staatsangehörigen auszuliefern, und dies darüber hinaus gegenüber Staatsangehörigen, die sich in besonderer Weise um den Staat verdient gemacht hätten. Die Ausführung des Verlangten wäre eine ehrlose Gemeinheit, liefe wider alles Recht und alle Sittlichkeit. Ein Vertrag, der eine durch und durch unsittliche Handlung auszulösen bestimmt sei, verfalle unheilbarer Nichtigkeit[216].
Seine Rechtsauffassung veranlaßte Binding zu folgenden Forderungen: Keine deutsche Regierung dürfe zur Verwirklichung der Strafbestimmungen die Hand reichen. Kein Beamter und kein Soldat dürfe bei der Auslieferung der Geforderten mithelfen. Kein Beschuldigter dürfe sich freiwillig den ausländischen Gerichten stellen, denn das hieße, die Gültigkeit der Artikel 227 und 228 anerkennen. Ein den Forderungen entsprechendes Verhalten sei gegen den Vorwurf der Vertragsverletzung gefeit, denn nichtige Bestimmungen könnten nicht gebrochen werden. Die möglichen politischen Folgen müßten getragen werden[217].
Bindings Äußerungen dürfen wohl als charakteristisch für die ehrliche Empörung des Bildungsbürgertums über den Versailler Vertrag und insbesondere die Auslieferungsforderung angesehen werden[218]. Rein juristisch war seine viel zu theoretische Argumentation leicht widerlegbar, doch – soweit zu sehen – wagte niemand, öffentlich zu widersprechen. Vielleicht war der Artikel „Die Bestrafung der Kriegsverbrechen", den der junge Völkerrechtler Alfred Verdroß im „Berliner Tageblatt" veröffentlichte[219], als eine Replik gedacht. Verdroß, damals Legationssekretär an der Österreichischen Gesandtschaft in Berlin, rechtfertigte die Ahndung von Verstößen gegen die Kriegsgesetze und -gebräuche aus straf- und völkerrechtlicher Sicht. Er glaubte allerdings, aus Artikel 228 Abs. 1 herauslesen zu können, daß die Gerichte der Siegermächte nur die Personen bestrafen könnten, die durch ihre Handlungen in Verletzung des Kriegsvölkerrechts gleichzeitig auch einen strafgesetzlich normierten Tatbestand erfüllt hätten. Verdroß meinte, daß durch diese Einschränkung die Zahl der zu erwartenden Verurteilungen sich auf jene Fälle von „ge-

---

215 Ebd.

216 Binding, Karl, Die absolute rechtliche Nichtigkeit der Artikel 227/228 des Versailler Friedensvertrages, in: Der Tag, Ausg. B, Nr. 38 vom 14. 2. 1920.

217 Ebd.

218 Vgl. Für Ehre, Wahrheit und Recht. Erklärung deutscher Hochschullehrer zur Auslieferungsfrage, hrsg. von Eduard Meyer, Berlin 1919.

219 Nr. 614 vom 23. 12. 1919.

meinen Verbrechen" verringere, die „auf eigene Faust im Bewußtsein der Rechtswidrigkeit" begangen worden seien[220].

Verständlicherweise wurden in Deutschland die ausländischen Stimmen, die sich kritisch mit den Strafbestimmungen auseinandersetzten, aufmerksam registriert. Besondere Beachtung fanden zwei Presseartikel, die im „Osservatore Romano" und in der Florentiner „Unità Cattolica" erschienen[221]. Man glaubte, annehmen zu dürfen, daß sie aus der Feder des päpstlichen Kardinalstaatssekretärs Gasparri stammten, der als hervorragender Jurist galt[222]. Der erste Artikel nahm gegen die Verfolgung Wilhelms II. Stellung, da das geplante Gerichtsverfahren nur die Wirkung habe, ein weiteres unüberwindbares Hindernis für die internationale Versöhnung zu schaffen[223]. Der zweite behandelte das vorgesehene Verfahren gegen die der Verletzung des Kriegsrechts Beschuldigten. Die Forderung nach ihrer Auslieferung an die feindliche Gerichtsbarkeit sei ein „gehässiges, unmenschliches Ansinnen, das im Herzen des deutschen Volkes eine Saat von Haß aufsprossen lassen wird". Nur ein gefühlloser Mensch könne es Deutschland als Schuld anrechnen, wenn es sich weigern sollte, der Auslieferungsforderung nachzukommen. Darüber hinaus sei der im Kriminalrecht unerhörte Fall zu konstatieren, daß der Ankläger sich zum Richter aufwerfe. Der zu vernehmende Einwand, im Kriege richte doch der Feind über den Feind, greife nicht, denn inzwischen sei der Friede unterzeichnet. Zudem fehle einer Anklage wegen Verletzung der Kriegsgesetze und -gebräuche jede Berechtigung, so lange nicht die Kriegsrechtsverstöße aller Kriegführenden gerichtlich untersucht und verfolgt würden. Sei dies nicht gewährleistet, so handele es sich nicht um die Sühnung verletzten Rechts, sondern um eine „willkürliche Maßregelung eines wehrlos Besiegten". Die „Deutsche Allgemeine Zeitung", Sprachrohr des Auswärtigen Amts, bedankte sich artig für das mutige Eintreten des Vatikans zugunsten des vergewaltigten Deutschlands[224].

---

220 Verdroß' grundlegende Monographie „Die völkerrechtswidrige Kriegshandlung und der Strafanspruch der Staaten", in der erstmalig im deutschen juristischen Schrifttum die Strafkompetenz des kriegführenden Staates über feindliche Staatsangehörige wegen Verletzung der Kriegsgesetze und -gebräuche als völkergewohnheitsrechtlich begründet anerkannt wurde, erschien erst im Sommer 1920. Sie hat daher in der Auseinandersetzung um die Auslieferungsfrage keine Rolle gespielt.

221 Vom 25. 6. bzw. 16./17. 8. 1919, im folgenden zit. nach DAZ Nr. 424 vom 2. 9. 1919 (Zeitungsausschnitt in: PA/AA WK adh. 4 Nr. 1).

222 Kardinal Pietro Gasparri (1852–1934), Staatssekretär der Kurie 1914–1930, leitender Herausgeber des Codex iuris canonici.

223 Schon im Frühjahr 1919 hatten die der Fuldaer Bischofskonferenz angehörenden dt. Bischöfe an den Papst appelliert, er möge seinen ganzen Einfluß bei den Siegermächten geltend machen, damit von der Forderung nach Auslieferung des Kaisers Abstand genommen werde (Berliner Tageblatt Nr. 400 vom 27. 8. 1919). Der Vatikan wurde in der Auslieferungsfrage verschiedentlich tätig: U. a. verwandte sich StS Gasparri am 22. 6. 1919, als das dt. Angebot zur Unterzeichnung des Friedensvertrags unter den bekannten Vorbehalten in Paris vorlag, bei der brit. Delegation für dessen Annahme (Willis, S. 211). Wenig später unterbreitete der Kardinal der brit. Regierung die dringende Bitte des Papstes, auf die Verfolgung des Kaisers und des dt. militärischen Führerkorps zu verzichten. Die Note vom 4. 7. 1919, der eine frz. Übers. des am 25. 6. 1919 im „Osservatore Romano" erschienen Artikels beigefügt war, ist abgedruckt in: DBFP V, DokNr. 10. Siehe auch Aufzeichnung des Erzbischofs von München, v. Faulhaber, über eine Audienz bei StS Gasparri am 30. 12. 1919, abgedruckt in: Akten Kardinal Michael von Faulhabers 1917–1945, bearbeitet von Ludwig Volk, Bd 1: 1917–1934, Mainz 1975 (= Veröffentlichungen der Kommission für Zeitgeschichte, Reihe A: Quellen, Bd 17), DokNr. 60.

224 Im Januar 1920 wurde der Vatikan erneut diplomatisch aktiv, um die Siegermächte zu einem Verzicht auf die Auslieferung des Kaisers und dt. Staatsbürger zu bewegen. StS Gasparri wies wiederholt auf die beiden Presseartikel hin, die die Auffassung des Vatikans wiedergeben würden. Schreiben des brit. Son-

Ähnliche Stimmen waren aus Schweden zu vernehmen. Parallelen zu den Artikeln 228–230 des Versailler Vertrages, so schrieb der Jurist Frhr. Staël v. Holstein, gebe es in der Geschichte des europäischen Völkerrechts nicht. Man fühle sich an die Cäsaren erinnert, die bei ihrer Fahrt durch den Triumphbogen auf die Häupter des geschlagenen Feindes niederblicken wollten. Obwohl Staël v. Holstein die Strafkompetenz des kriegführenden Staates über feindliche Staatsangehörige, die gegen die Kriegsgesetze und -gebräuche verstoßen hatten, anerkannte, hielt er das Auslieferungsbegehren der Siegermächte für unbegründet, da ihre Strafgewalt völkerrechtlich gesehen mit Inkrafttreten des Friedensvertrags erloschen sei, jedenfalls wenn man diesem Vorgang die übliche normierende Wirkung beimesse. Der Besiegte sei zur Einwilligung in die Auslieferung gezwungen worden, weil es den Fürsprechern des Gewaltfriedens darauf angekommen sei, „die Fiktion von Deutschland als dem allein Schuldigen, dem einzigen Feinde der Zivilisation, dem Barbaren, aufrechtzuerhalten". Die Neutralen hofften, daß auch in den Kreisen, die von Haß und Rache verblendet waren, das Gerechtigkeitsgefühl wieder erwache. Sollte die Aktion auf die Spitze getrieben werden, so sei es ihre Pflicht, durch freundschaftliche Mahnungen für die Achtung des Völkerrechts einzutreten[225].

Vilhelm Lundstedt, Professor der Rechte an der Universität Uppsala, äußerte sich zu Artikel 228 des Friedensvertrags aus der Sicht der Strafrechtstheorie. Zwar hätten die Sieger gute Gründe, ihre Forderung nach Auslieferung der Verantwortlichen für Kriegsrechtsverletzungen für gerechtfertigt zu halten, aber objektiv sei sie ungerechtfertigt. Die Forderung stehe in strafrechtlicher Hinsicht nicht mit den Grundsätzen in Einklang, die für die modernen Kulturstaaten von durchgreifender Bedeutung sind: Die (in einem der vorgesehenen Verfahren zu erwartende) Strafe erscheine nicht als Resultat einer über den Nationen stehenden Norm, da weder Straftatbestand noch Straffolge vorher bestimmt und bekannt gewesen seien. Da die Strafe von Richtern in eigener Sache verhängt werde, sei sie auch keineswegs geeignet, Handlungen festzulegen, die zukünftig als unzulässig anzusehen sein würden. Sie sei daher nur vom Vergeltungsprinzip aus zu rechtfertigen, das im modernen Kulturstaat keine Gültigkeit beanspruchen könne[226].

Die rechtstheoretischen Ausführungen Lundstedts lagen auf der Argumentationslinie der Mehrzahl der deutschen Juristen und fanden daher ihren Beifall. Die „Deutsche Juristen-Zeitung" druckte entgegen ihrer Gewohnheit den Aufsatz nach, weil der Verfasser als

---

dergesandten beim Hlg. Stuhl, Count de Salis, vom 26. 1. 1920 an Earl Curzon, abgedruckt in: DBFP IX, DokNr. 568. PA/AA WK adh. 4 Nr. 1, Telegramm Nr. 17 des preuß. Gesandten beim Hlg. Stuhl, v. Bergen, vom 19. 1. 1920 an AA. Siehe auch: Lulvès, J[ean], Papst Benedikts XV. Verhalten gegenüber Deutschland seit dem Erlöschen des Weltkrieges, in: Deutsche Revue 45 II (April–Juni 1920), S. 97–108.

225 Staël von Holstein, Frhr. L[age], Krigsgärningars bestraffning enligt Versaillesfreden, in: Det Nye Nord 1 (1919), S. 926–928; dt. Übers. in: PA/AA Friedensabtlg., Akten betr. Strafbestimmungen, Bd 3.

226 Lundstedt, Vilhelm, Die Auslieferungsforderung der Entente nach strafrechtlichen Gesichtspunkten, in: DJZ 25 (1920), Sp. 241–245 (zuerst veröffentlicht in der Stockholmer Zeitung „Socialdemokraten" vom 13. 1. 1920, dt. Übers., in: PA/AA Hauptstelle, Bd 8. Auch in verschiedenen dt. Tageszeitungen abgedruckt). – Die Stockholmer Zeitung „Aftonbladet" veranstaltete im Januar 1920 bei Politikern, Juristen und Offizieren eine Umfrage zur Auslieferungsforderung der alliierten und assoziierten Mächte. Die Befragten verneinten die Rechtmäßigkeit der Forderung, zumeist darauf hinweisend, daß diese mit dem überkommenen Völkerrecht nicht im Einklang stehe und daß das vorgesehene Verfahren elementare Rechtsgrundsätze verletze. PA/AA WK adh. 4 Nr. 1, Berichte Gesandtschaft Stockholm A. J. Nr. 117 vom 22. 1. 1920 u. A. J. Nr. 183 vom 4. 2. 1920 an AA.

„ausgeprägter Ententefreund bekannt" sei und doch „in klaren Rechtsgrundsätzen kulturfeindliche Handlungen der Entente nachweist"[227].

Die Juristen im Auswärtigen Amt, im Reichswehrministerium und bei der „Hauptstelle zur Verteidigung Deutscher vor feindlichen Gerichten" begrüßten Veröffentlichungen, die die sittlichen und rechtlichen Grundlagen der Artikel 228–230 in Zweifel zogen. Aber diese waren für ihre praktische Arbeit wenig hilfreich; denn sie konnten nicht daran vorbeigehen, daß Deutschland friedensvertraglich zur Auslieferung der Personen verpflichtet war, die von den Siegermächten unter der Anklage, sich gegen die Gesetze und Gebräuche des Krieges vergangen zu haben, namhaft gemacht werden würden. Ebensowenig konnten sie außer acht lassen, daß Artikel 178 Abs. 2 RV dem Versailler Vertrag Vorrang vor der Verfassung einräumte und daher für die Beschuldigten der sonst übliche Schutz der deutschen Staatsbürger vor Auslieferung an eine fremde Gerichtsbarkeit (Art. 112 Abs. 3 RV u. § 9 RStGB) aufgehoben worden war. Die Rechtslage war insoweit klar; abweichenden Meinungen kam keine Bedeutung zu. Offen war hingegen die Frage, ob die innerstaatliche Rechtsordnung der Reichsregierung die Möglichkeit einräumte, die Beschuldigten verhaften und ausliefern zu lassen. Denn gemäß Artikel 114 RV war die Freiheit der Person unverletzlich und ihre Entziehung durch die öffentliche Gewalt nur aufgrund eines Gesetzes zulässig[228].

Geheimrat Wedding sah durchaus die praktischen, politischen und rechtlichen Schwierigkeiten der Auslieferungsfrage. Es schien ihm notwendig zu sein, seine Vorbereitungen nicht nur vom grünen Tisch aus in Angriff zu nehmen. Deshalb regte er eine Zusammenkunft der im Weltkrieg ranghöchsten Generale und Admirale an, um diesen Gelegenheit zu einer Aussprache über die Haltung gegenüber einer etwaigen Anforderung durch die Siegermächte zu geben[229] und sodann seine eigenen Planungen mit dem Ergebnis abzustimmen.

Die (erste) sogenannte „Feldherrenkonferenz" fand am 25. Oktober 1919 in Berlin statt. Sie zeigte, daß mit einer Selbstgestellung der Beschuldigten bei den feindlichen Gerichten nicht zu rechnen war[230]. Wedding begann daraufhin, nach Wegen zu suchen, die es der

---

[227] DJZ 25 (1920), Sp. 241, Anm. 1.

[228] Der Gedanke, daß durch Art. 178 Abs. 2 auch die Geltung von Art. 114 RV gehemmt sei, lag natürlich nahe. Ihm scheint zeitweilig auch Wedding angehangen zu haben. Insbesondere der juristische Sachbearbeiter der Admiralität (S-Gruppe), Assessor Dr. Walter Grau, wies immer wieder darauf hin, daß die persönlichen Freiheitsrechte der Deutschen seit Erlaß der Verfassungen im 19. Jahrhundert garantiert seien und es zu weit gehen würde, diese hinsichtlich Art. 228 als suspendiert anzusehen. Diese Rechtsansicht setzte sich schließlich durch. Materialien zu allen Rechtsfragen in den Akten der „Hauptstelle" u. in BA-MA RM 20/767. Siehe auch GStA Berlin-Dahlem Rep. 84a/11763, Bl. 1–21, Aufzeichnung über eine vertrauliche Besprechung zwischen dem Leiter/den Mitarbeitern der „Hauptstelle" und dt. Rechtsanwälten, die sich zur Verteidigung der auszuliefernden dt. Staatsangehörigen bereit erklärt hatten, am 4. 10. 1919.

[229] PA/AA Hauptstelle, Bd 5, undatierte „Aufzeichnung zur Vorbereitung einer Generalskonferenz" (HSt. Nr. 458). Die Aufzeichnung erwähnt auch eine „Besprechung der Staatsmänner, die vor einigen Wochen stattgefunden [und] zu einem zwar nicht abschließenden, wohl aber klärenden und beruhigenden Ergebnis geführt hat". Näheres konnte nicht ermittelt werden.

[230] Über den Verlauf der „Feldherrenkonferenz" liegen folgende Quellen vor: BA-MA N 253/171 (NL v. Tirpitz), Bl. 50f., Schreiben K.Kapt. Scheibe vom 31. 10. 1919 an Großadmiral v. Tirpitz, u. Reinhard, S. 114–116. Die Darstellung von Obkircher, Walther (Hrsg.), General Erich von Gündell. Aus seinen Tagebüchern, Hamburg 1939, S. 333f., beruht ganz offensichtlich auf Reinhard (ein Quellenverweis im Text fehlt, jedoch ist Reinhards Buch im Literaturverzeichnis aufgeführt). Nach Scheibes Bericht lehnten die versammelten Generale und Admirale die Selbstgestellung „einstimmig" ab. Es gab

Reichsregierung ermöglichen würden, der friedensvertraglichen Verpflichtung zu ihrer Auslieferung nachzukommen. Durch eine Verhaftung der Beschuldigten – vorausgesetzt, daß die Polizeiorgane einer entsprechenden Anweisung der Regierung Folge leisten würden – schien das Problem nicht lösbar zu sein. Das Deutsche Reich war ein Rechtsstaat. Jedem Verhafteten stand frei, die Entscheidung des Richters über die Rechtmäßigkeit seiner Freiheitsentziehung anzurufen (§ 128 StPO, vgl. Art. 114 Abs. 2 RV)[231]. Es war aber sehr zweifelhaft, ob ein deutsches Gericht Artikel 228 des als Reichsgesetz geltenden Friedensvertrags als ausreichende Rechtsgrundlage ansehen würde, um einen Haftbefehl gegen einen Deutschen zum Zweck seiner Auslieferung zu erlassen[232]. Daher schien die Verabschiedung eines Gesetzes unerläßlich zu sein, das für diesen Fall die Freiheitsentziehung als zulässig erklärte. Nach Überzeugung der „Hauptstelle“, zu der diese nach vermutlich längerer, kontroverser Erörterung gelangte, sollten in das Gesetz Bestimmungen aufgenommen werden, die unter Berücksichtigung der Interessen der Betroffenen die Auslieferung regelten. Denn wenn der Staat schon in verfassungsmäßig garantierte Freiheitsrechte eingriff, dann sollte der Staatsbürger dem Eingriff nicht schutzlos ausgesetzt sein. Zwar lag die Entscheidung über Auslieferung oder Nichtauslieferung von Ausländern allein im Ermessen von Verwaltungsbehörden[233], eine Analogie verbot sich jedoch von selbst, da die deutsche Rechtswissenschaft diese Praxis überwiegend als vorkonstitutionelles Überbleibsel des Polizeistaates ansah.

Geheimrat Wedding legte dem Auswärtigen Amt am 9. Januar 1920 den Entwurf eines Gesetzes zur Ausführung der Artikel 228–230 des Friedensvertrags vor[234]. Sein Inhalt war kurz skizziert folgender: Bei der Reichsregierung eingehende Auslieferungsverlangen sollten vom Auswärtigen Amt im Einvernehmen mit dem Reichsjustiz- und dem Reichsinnenministerium erledigt werden. Doch sollte nach dem Vorbild anderer Staaten, z. B. Belgiens und Großbritanniens, in jedem Fall ein gerichtliches Gutachten herbeigeführt werden, ob die angeforderte Person nach den Bestimmungen des Friedensvertrags auszulie-

---

allerdings Meinungsverschiedenheiten über das weitere Verhalten. Generaloberst z. D. v. Heeringen und General d. Inf. a. D. v. Gündell traten dafür ein, am Wohnort zu bleiben, einem evtl. Gestellungsbefehl aber nicht Folge zu leisten, sondern sich nur der Gewalt zu beugen. Dagegen befürworteten Ludendorff sowie die Admirale v. Schroeder und v. Trotha (der Chef der Admiralität!) „die stärkere Form des Widerstands durch Verbergen“. Erstere sahen dies als wenig aussichtsreich an, da ein dauerndes Verbergen kaum gelingen würde. Nach Reinhards Bericht sollen sich Heeringen und Gündell für die freiwillige Gestellung ausgesprochen haben, worauf Wedding die Anwesenden ermahnt habe, ihrem Beispiel zu folgen. Dies ist zumindest unwahrscheinlich, da die „Hauptstelle“ nach Ausweis ihrer Akten nie Ratschläge für ein bestimmtes Verhalten gegeben hat und die Selbstgestellung der Beschuldigten aus juristischen Gründen für nicht empfehlenswert hielt. Gegen Reinhards Darstellung spricht auch, daß Wedding ihn als „Schirmherrn“ der Organisation „Landbund“ bzw. „Ferienkinder“ eingeladen hatte, obwohl er wußte, daß die Widerstandsorganisation das Erscheinen der Beschuldigten vor feindlichen Gerichten grundsätzlich ablehnte und deshalb in Gegnerschaft zu den Bemühungen der „Hauptstelle“ stand.

231 Im Militär-Wochenblatt war vorsorglich auf das Rechtsmittel der Beschwerde im Falle einer Verhaftung aufmerksam gemacht worden. Nr. 21 vom 16. 8. 1919, Sp. 402.

232 PA/AA Friedensabtlg., Akten betr. Strafbestimmungen, Bd 3, Schreiben Hauptstelle Nr. 906 vom 31. 12. 1919 an AA (auch in: PA/AA Hauptstelle, Bd 9, u. BA-MA RM 20/568, Bl. 199–203). Erkundigungen bei einzelnen, Haftsachen bearbeitenden Richtern erhärteten diese Zweifel. PA/AA Hauptstelle, Bd 20, Schreiben Rechtsanwalt Dr. Hirsch vom 23. 1. 1920 an Hauptstelle.

233 Siehe u. a. Mettgenberg [Wolfgang], Auslieferung, in: Strupp WVR I, S. 81–88 (86).

234 PA/AA Friedensabtlg., Akten betr. Strafbestimmungen, Bd 3, Schreiben Hauptstelle Nr. 114 vom 9. 1. 1920 an AA (auch in: PA/AA Hauptstelle, Bd 9, u. BA-MA RM 20/568, Bl. 204–209).

fern sei. Das mit der Erstattung des jeweiligen Gutachtens betraute Gericht (vorgesehen war das Oberlandesgericht, in dessen Amtsbezirk der Beschuldigte seinen Wohnsitz hatte) sollte die „Hauptstelle zur Verteidigung Deutscher vor feindlichen Gerichten" anhören müssen. Das Reichsjustizministerium sollte aufgrund des richterlichen Gutachtens über die Gewährung oder Ablehnung der Auslieferung entscheiden. In Zweifelsfällen hätte es ein Obergutachten des 1. Strafsenats des Reichsgerichts einholen können. In dem Fall, daß die Reichsregierung, gestützt auf ein Obergutachten, die Auslieferung ablehnte, die Siegermächte dagegen aber Einwände erhoben, sollte die Sache den vereinigten Strafsenaten des Reichsgerichts vorgelegt werden. Der Spruch dieses höchsten Gremiums sollte auch die Reichsregierung binden.

Der Gesetzentwurf der „Hauptstelle" ging ferner von der Ansicht aus, daß die allgemeinen Grundsätze des internationalen Auslieferungsrechts, soweit die Artikel 228–230 nichts Gegenteiliges bestimmten, auf das Auslieferungsverfahren Anwendung finden müßten. Die „Hauptstelle" beabsichtigte, diese Grundsätze, die sich in erster Linie zugunsten der Beschuldigten auswirken würden, bei ihrer Anhörung vor Gericht geltend zu machen[235].

Um eine für zulässig erachtete Auslieferung auch sicherzustellen, sollte das Oberlandesgericht einen Haftbefehl erlassen können. Der Betroffene sollte das Recht haben, beim Reichsgericht Beschwerde gegen den Freiheitsentzug zu erheben.

Die „Hauptstelle" glaubte, mit ihrem Gesetzentwurf eine Lösung gefunden zu haben, die die loyale Ausführung der Artikel 228–230 ermöglichen und den von der Auslieferung bedrohten Staatsbürgern weitgehenden Schutz auf gesetzlicher Grundlage gewähren würde. Obwohl die Entscheidung über Auslieferung oder Nichtauslieferung (im Normalfall) bei der Reichsregierung liegen sollte, war doch anzunehmen, daß kein Beamter oder Minister entgegen dem Votum eines richterlichen Gutachtens verfahren würde.

Der Gesetzentwurf wurde in einer Besprechung über die Auslieferungsfrage, die am 19. Januar 1920 im Auswärtigen Amt unter Vorsitz von Ministerialdirektor v. Simson und unter Teilnahme von Vertretern des Reichs- und preußischen Justizministeriums, der Heeresleitung, der Admiralität sowie der „Hauptstelle" stattfand, nicht gerade begrüßt. Obwohl eine Entschließung der Reichsregierung über ihre Haltung nicht bekannt war, war die Bereitschaft, Wege zur Ausführung der Strafbestimmungen zu suchen, sehr gering. Der Vertreter des Reichsjustizministeriums wandte gegen den Gesetzentwurf ein, daß der Friedensvertrag eine hinreichende gesetzliche Grundlage für die Auslieferung biete. Eines Gesetzes zum Schutze der persönlichen Freiheit bedürfe es nicht; auch richterliche Gutachten seien nicht erforderlich. Sie würden zudem der Angelegenheit nur den Stempel der Rechtmäßigkeit aufdrücken, was unerwünscht sei. Die Auslieferung sei eine

---

[235] Siehe PA/AA Friedensabtlg., Akten betr. Strafbestimmungen, Bd 3, Schreiben Hauptstelle Nr. 906 vom 31. 12. 1919 an AA (vgl. Anm. 232). Die Hauptstelle wurde in ihrer Ansicht durch ein von dem Züricher Strafrechtsprofessor Ernst Hafter erstattetes Gutachten bestätigt. Gutachten in: PA/AA Hauptstelle, Bd 7, Anl. zu Schreiben Anwaltsbüro A. v. Simson u. a. vom 22. 12. 1919 an Hauptstelle. Es ist wahrscheinlich, daß das Gutachten von deutscher Seite bestellt war, denn Wedding hat sich um die Veröffentlichung von Arbeiten in der neutralen Presse bemüht, die das Verhältnis zwischen den Artikeln 228–230 und dem allgemein anerkannten Auslieferungsrecht erörtern sollten. PA/AA Hauptstelle, Bd 7, Schreiben Hauptstelle Nr. 140 an Dt. Gesandtschaft im Haag (ähnlich an Kristiania, Stockholm, Kopenhagen u. Bern). Das Gutachten wurde unter dem Titel „Strafrecht und Gerichtsbarkeit der Entente über deutsche Staatsangehörige. Juristische Glossen zum Versailler Friedensvertrag" in leicht abgewandelter Form publiziert in: Schweizerische Zeitschrift für Strafrecht 32 (1919), S. 313–339.

ausschließlich politische Handlung, die Politik müsse für den Schutz der betroffenen Deutschen sorgen. Die Absicht, die das Reichsjustizministerium verfolgte, liegt auf der Hand: Ungeachtet von Rechtsbedenken sollte das Odium der Auslieferung auf die politische Leitung, auf die Regierung, die den „Schmachvertrag" unterzeichnet hatte, fallen. Die Justiz sollte davon frei bleiben[236].

Die Besprechung führte zu dem Ergebnis, den Gesetzentwurf zurückzustellen. Aus seiner Einbringung in die Nationalversammlung – die Zustimmung von Kabinett und Reichsrat vorausgesetzt – hätte die Gegenseite sicherlich auf eine im Grundsatz bestehende Bereitschaft, ihrer Forderung nachzukommen, geschlossen. Damit wäre der durch den Erlaß des Gesetzes zur Verfolgung von Kriegsverbrechen und -vergehen unternommene Versuch beeinträchtigt worden, die Auslieferung der Beschuldigten durch Übernahme der Verpflichtung, sie vor dem Reichsgericht zur Verantwortung zu ziehen, zu vermeiden.

Die juristische Betrachtung der Auslieferungsfrage warf einige Probleme auf, über die man durchaus verschiedener Meinung sein konnte. Es ist nicht verwunderlich, daß fast alle, die sich an der politischen Diskussion beteiligten, diese auch mit juristischen Argumenten bestritten, stand doch eine reiche Auswahl zur Verfügung. Überzeugend begründete Theodor Wolff im „Berliner Tageblatt" seine Ablehnung der Auslieferung mit rechtlich-moralischen Bedenken: Da die Reichsregierung dem Friedensvertrag ihre Zustimmung gegeben habe, könne man nun nur versuchen, die „gesitteten, gebildeten und einsichtigen Menschen" in aller Welt davon zu überzeugen, daß das Verlangen „zugleich ein brutaler Verstoß gegen alle Rechtsbegriffe und eine grenzenlose Dummheit" sei. Ein Verstoß gegen den Rechtsgedanken, weil „Rächer nicht Richter und Richter nicht Rächer" sein dürften und weil eine Verfolgung der von den Gegnern begangenen Völkerrechtsverletzungen nicht stattfinde. Eine Dummheit, „weil solche Urteilssprüche nie eine moralische Autorität haben, nie den Eindruck der Wahrhaftigkeit machen können, und weil durch sie nicht Belehrung und Läuterung, sondern nur neue Verfinsterung der Geister erreicht werden kann". Wolff unterstützte das Angebot der Reichsregierung, die Beschuldigten vor deutschen Gerichten zur Verantwortung zu ziehen. Denn er war davon überzeugt, daß bei Prozessen vor ausländischen Gerichten die Angeklagten in den Augen der meisten Deutschen nur Opfer fremder Willkür sein würden, daß hingegen Prozesse vor inländischen Gerichten der deutschen Öffentlichkeit die „seelischen und geistigen Verzerrungen", die der Militarismus bewirkt habe, ins Bewußtsein rufen würden[237].

Otto Landsberg, Reichsjustizminister im Kabinett Scheidemann, wandte sich aus innenpolitischen Gründen gegen die Absicht der Siegermächte, Kaiser Wilhelm II. und die der Verletzung der Kriegsgesetze und -gebräuche Beschuldigten vor die Schranken ihrer Gerichte zu ziehen. Er befürchtete, daß ein Gerichtsverfahren Wilhelm II. zu einem Märtyrer machen könne, auch bei denen, denen der Kaiser jetzt gleichgültig sei. Er fürchtete den Widerhall der Schüsse, durch die sich diejenigen der auf der Auslieferungsliste stehenden

---

[236] BA-MA RM 20/568, Bl. 210–213, von F.Kapt. Gartzke am 20. 1. 1920 gefertigtes, zur Vorlage beim Chef der Admiralität bestimmtes Protokoll über die Besprechung im AA am 19. 1. 1920 (hs. Original). PA/AA Hauptstelle, Bd 10, Protokoll (Hauptstelle Nr. 269) vom 19. 1. 1920 über o. a. Besprechung (hs. Original).

[237] Leitartikel in Berliner Tageblatt Nr. 20 vom 12. 1. 1920. Wolff lehnte auch das Vorhaben der Sieger, Kaiser Wilhelm II. vor Gericht zu stellen, als „ein wahnwitzig sinnloses und rechtswidriges Beginnen" ab. Nur das deutsche Volk hätte Ursache zu richten, und diesem genüge der schon vollzogene Spruch. Ebd. Ähnlich: Mauthner, Fritz, Die Auslieferung des Kaisers, ebd., Nr. 55 vom 6. 2. 1920.

Deutschen den Tod geben würden, die jenseits der Grenzen kein anderes Schicksal zu erwarten hätten. Landsberg war überzeugt, daß aus beiden Aktionen nur die reaktionären Elemente Nutzen ziehen würden. Er appellierte daher an die Siegermächte, auf die Erfüllung von Bedingungen des Friedensvertrags zu verzichten, die die Heilung der Wunden Deutschlands verhindern und es der SPD erschweren würden, Deutschland zum Pfeiler der Demokratie und der Völkerversöhnung zu machen[238]. In diesem Zusammenhang berief sich der „Vorwärts" auf ein Wort Churchills. Dieser hatte gesagt, daß es darauf ankomme, die junge deutsche Republik zu unterstützen, wenn man die Früchte des Sieges ernten wolle. Bisher, so klagte der „Vorwärts", seien dies nur Worte. Die Taten der französischen und britischen Politiker seien darauf berechnet, der deutschen Demokratie die größten Gefahren zu bereiten und sie von einer Krisis in die andere zu stürzen[239].

Während die gemäßigten Parteien an die Einsicht der Sieger appellierten, klangen schrillere Töne aus dem nationalen Lager. Hier war weiter viel von „verletzter Ehre" und „unsagbarer Schmach" die Rede, wurde weiter emotional agitiert: „Das deutsche Volk steht vor dem furchtbarsten und schmählichsten Erlebnis, das jemals ein Volk gehabt hat, es soll den Friedensvertrag zum zweiten Mal unterschreiben, und zwar dieses Mal mit seinem eigenen Blut", so lautete der Anfang einer Direktive der Hauptvermittlungsstelle Vaterländischer Verbände[240], die den Kundgebungen der DNVP und vieler „vaterländischer" Vereine zugrunde lag. Die „Vaterländischen" hielten den Anspruch der Sieger auf Auslieferung der Beschuldigten für rechtlich unbegründet. Sie verneinten, daß es den Siegern überhaupt um die Idee des Rechts gehe. Vielmehr komme es ihnen darauf an, den Diktatfrieden durch Massenverurteilung Deutscher als einen Straffrieden gegen ein verbrecherisches Volk zu rechtfertigen. Zugleich werde mit dieser tiefsten Erniedrigung und Schmähung des deutschen Volkes beabsichtigt, dessen Nationalgefühl und Staatsbewußtsein zu treffen und abzutöten. Angesichts dieser – an die Wand gemalten – Gefahren wollten die „Vaterländischen" die Auslieferung nicht widerstandslos hinnehmen, denn:

> „Es hieße das Dasein unseres Volkes und Staates um ein Linsengericht [zu] verkaufen, wenn wir, um materielle Schädigungen Deutschlands zu vermeiden und augenblickliche leibliche Vorteile herauszuschlagen, unsere nationale Ehre offen preisgeben und damit die Fundamente unserer zukünftigen völkischen und staatlichen Entwicklung sprengen wollten[241]."

---

[238] Landsberg, Otto, Die Auslieferungsfrage, in: Vorwärts Nr. 16 vom 9. 1. 1920 (Zeitungsausschnitt: Kriegsarchiv VR, Nr. XII E5 b).

[239] Leitartikel „Wilhelms Auslieferung. Clemenceaus letztes Wort", in: Vorwärts Nr. 35 vom 20. 1. 1920 (Zeitungsausschnitt: Kriegsarchiv VR, Nr. XII G1 b).

[240] PA/AA Hauptstelle, Bd 7, vervielfältigter Umdruck u. d. T. Zur Auslieferungsfrage (siehe auch Anm. 82), im Januar 1920 auch im Druck erschienen. Der Hauptvermittlungsstelle Vaterländischer Verbände waren u. a. angeschlossen: Alldeutscher Verband, Bund der Landwirte, Deutscher Ostmarken-Verein, Deutscher Wehrverein, Deutscher Volksbund, Fichte Gesellschaft, Deutscher Schutz- u. Trutzbund, Deutschnationaler Jugendbund, Flottenbund deutscher Frauen, Deutscher Frauenbund, Nationalverband Deutscher Offiziere, Deutscher Offiziersbund, Reichswirtschaftsverband deutscher Berufssoldaten. Manuskript Scheibe, S. 199. – Die DNVP veranstaltete am 25. 1. 1920 in allen Teilen des Reiches Kundgebungen gegen die Auslieferung. Die von ca. 5000 Personen besuchte Kundgebung in Berlin wurde von dem Geschäftsführer der Hauptvermittlungsstelle geleitet. Auf ihr sprach auch der DVP-Abg. Prof. Dr. Kahl. Nach Schluß der Kundgebung kam es zu tätlichen Auseinandersetzungen zwischen Teilnehmern u. Anhängern der USPD. DAZ Nr. 46 vom 26. 1. 1920 (Zeitungsausschnitt: Kriegsarchiv VR, Nr. XII G1 b); Manuskript Scheibe, S. 199–202.

[241] Zur Auslieferungsfrage (Druckschrift), S. 10.

Die „Vaterländischen" sahen die friedensvertragliche Zusage der Reichsregierung zur Auslieferung der Beschuldigten „als ihrem Inhalt und Wesen nach unsittlich" an, die daher weder den Staat noch seine Angehörigen verpflichte. Sollte die Regierung trotzdem die Erfüllung ihrer Zusage beabsichtigen, so sei „die Wahrung der nationalen Ehre als Bedingung für das Fortleben des nationalen Gedankens im deutschen Volke und damit für das Weiterbestehen der deutschvölkischen Einheit und des Reiches höchste sittliche Pflicht und damit Gewissenspflicht jedes Deutschen". Da nach christlicher und deutscher Rechtsauffassung die Gewissenspflicht der Gehorsamspflicht vorgehe, müßten sich die mit der Durchführung der Auslieferung beauftragten Regierungsorgane verweigern. Die Gewissenspflicht verbiete den Beschuldigten, sich freiwillig den feindlichen Gerichten zu stellen. Dagegen werde jeder Beschuldigte bedenkenlos vor den Schranken eines ordentlichen Gerichts – also auch des Reichsgerichts – erscheinen[242].

Von dieser Meinung abweichend, betonte die konservativ-reaktionäre „Kreuz-Zeitung", daß der von der Regierung angesteuerte Kompromiß, anstatt die Beschuldigten auszuliefern, sie durch den höchsten deutschen Gerichtshof zur Verantwortung ziehen zu lassen, an der tiefen Demütigung und Erniedrigung Deutschlands nichts ändere. Sie forderte die Regierung auf, ein einziges Mal Widerstand zu leisten. Denn Deutschland dürfe nicht freiwillig die dokumentarischen Unterlagen erbringen, die die Entente brauche, „um diesen Gewalt- und Straffrieden vor [der] Welt und [der] Geschichte zu legalisieren". Aus diesem Grund sei auch die Selbstgestellung der Beschuldigten abzulehnen; niemand dürfe mittelbar oder unmittelbar den Siegern Handlangerdienste leisten[243].

Von den Parteien, den Verbänden und der Presse der Rechten wurde noch eine weitere Forderung erhoben, die jahrelang aufrechterhalten und wiederholt werden sollte: Die Reichsregierung solle die Auslieferungsliste mit einer „Gegenliste" beantworten, d. h. das in ihrer Hand befindliche Material veröffentlichen, aus dem hervorgehe, in welchem Umfang und in welcher Weise die Siegermächte im Weltkrieg gegen das Völkerrecht verstoßen hätten[244]. Die einseitige Diffamierung Deutschlands und der deutschen Kriegführung sollte mit der „Gegenliste" pariert, den Siegern ob ihrer Selbstgerechtigkeit ein Spiegel vorgehalten werden.

Es bleibt festzustellen, daß die überwiegende Mehrheit der Deutschen die Forderung der Siegermächte nach Auslieferung des Kaisers und der der Verletzung der Kriegsgesetze und -gebräuche Beschuldigten als ungerechtfertigt ansah. Die Begründungen differierten; moralische und juristische, politisch pragmatische und emotionale Argumente wurden vorgebracht. Nur USPD und KPD erkannten die Auslieferungsforderung der Sieger als berechtigt an, da die Reichsregierung – bedingt durch ihre Abhängigkeit vom Militär – sich als unfähig erwiesen habe, die Kriegsverbrecher zur Rechenschaft zu ziehen. Die abweichende Haltung der beiden linksextremen Parteien beschwor die Gefahr herauf, daß ähnlich wie im Juni 1919 die Stimmung zu ihren Gunsten umschlug, falls die alliierten und assoziierten Mächte die Verweigerung der Auslieferung mit Repressalien – etwa Einstel-

---

242 Ebd., S. 10 u. S. 15.

243 Vietinghoff-Scheel, Baron v., Die Auslieferungsfrage, in: Neue Preußische Zeitung (Kreuz-Zeitung) Nr. 28 vom 16. 1. 1920 (Zeitungsausschnitt: GStA Berlin-Dahlem Rep. 84a/7862).

244 BA-MA RM 20/547, Bl. 171–173, Eingabe des Nationalverbandes Deutscher Offiziere vom 23. 1. 1920 an den Reichspräsidenten (hier: Abschrift für den Chef der Admiralität). Kundgebung der DNVP am 25. 1. 1920 in Berlin (wie Anm. 240). Raschdau, L., Der Zweck der Auslieferungen, in: Der Tag, Ausg. B, Nr. 23 vom 28. 1. 1920.

lung der Rückführung deutscher Kriegsgefangener aus Frankreich oder gar Wiedererrichtung der Blockade – beantworten sollten. Dann lagen auch offene Auseinandersetzungen im Bereich des Möglichen. Die unzufriedene Linke stand ebenso Gewehr bei Fuß wie die unzufriedene Rechte.

Der ehemalige Kronprinz Rupprecht von Bayern hatte sich im Anschluß an die alliierte Note vom 1. Dezember 1919[245] öffentlich bereit erklärt, einer Auslieferungsforderung freiwillig nachzukommen, damit den Siegermächten kein neuer Vorwand zur Zurückbehaltung der Kriegsgefangenen gegeben werde[246]. Die Stellungnahme, der mit hoher Wahrscheinlichkeit lautere Motive zugrunde lagen[247], war politisch außerordentlich unklug, bemühte sich doch zur gleichen Zeit die deutsche Diplomatie, neue Junktims beim Inkrafttreten und bei der Ausführung des Friedensvertrags zu vermeiden. Die Erklärung des bayerischen Kronprinzen warf nun auch öffentlich die Frage auf, ob sich die auf der Auslieferungsliste Stehenden nicht freiwillig stellen sollten, um Schaden von ihrem Volk und Vaterland abzuwenden. Obwohl Max Graf Montgelas ebenso wie Prinz Rupprecht die Legitimität der gegnerischen Gerichtsbarkeit entschieden verneinte, rief er zur Selbstgestellung auf:

> „Kindisch und feige wäre es, zu fliehen oder sich zu verbergen. Gewaltsamer Widerstand aber bedroht das Vaterland mit neuen, schweren Gefahren und trägt Zwiespalt in die Reihen unseres Volkes.
>
> Wer, in Kriegspsychose befangen, wirklich gefehlt hat, der sei Mannes genug, dafür zu sühnen. Wer schuldlos ein Opfer wird der erbärmlichsten Gefühle, die noch je ein Gegner gegen den Gegner empfand, der rechne es sich zur *Ehre* an, für sein Volk ungerecht zu leiden[248]."

Die öffentlichen Appelle zur freiwilligen Gestellung veranlaßten die ranghöchsten Offiziere des Weltkriegs, sich erneut zu treffen und über ihre Haltung zu beraten. Sie gelangten zu der Überzeugung, daß es nicht gegen die Ehre eines Offiziers gehe, sich dem Zu-

---

245 Siehe oben, S. 271.

246 Schreiben Kronprinz Rupprecht von Bayern vom 9. 12. 1919 an den Präsidenten des bayer. Landeshilfsvereins vom Roten Kreuz, verbreitet durch W. T. B., abgedruckt in: Schulthess 1919 I, S. 501.

247 So Graf v. Zech in Schreiben Preuß. Gesandtschaft München A. 196 vom 9. 12. 1919 an AA, in: PA/AA Friedensabtlg., Akten betr. Strafbestimmungen, Bd 3. Vgl. Schreiben Kronprinz Rupprecht von Bayern vom 25. 2. 1920 an die „Feldherrenkonferenz" (siehe unten, Anm. 363), veröffentlicht in: DAZ Nr. 115 vom 3. 3. 1920 (Zeitungsausschnitt: PA/AA Bayern Nr. 56 Nr. 1, Bd 23), abgedruckt in: Schulthess 1920 I, S. 26 f.

248 Montgelas, Max Graf, Zur Frage der Auslieferung, in: Berliner Tageblatt Nr. 2 vom 2. 1. 1920. – Das AA hatte von dem beabsichtigten Aufruf Kenntnis bekommen. Da es ihn als „unerwünscht" ansah, bat es Graf Montgelas, dessen Verbreitung zu unterlassen, kam aber mit seinem Anliegen zu spät. M. wandte sich in seiner Antwort – „nach allen den schlimmen Erfahrungen, die wir mit solchen Versprechungen erlebt haben" – gegen den Optimismus, daß die Sieger auf die Auslieferung verzichten würden. PA/AA WK adh. 4 Nr. 1, Telegramm AA No. 54 vom 2. 1. 1920 an Graf Montgelas u. dessen Antwortschreiben vom 3. 1. 1920. Auf eine Darlegung der „Hauptstelle" über die möglichen Rechtsfolgen einer Selbstgestellung (BA-MA RM 20/547, Bl. 263–266, Schreiben Hauptstelle Nr. 375 vom 27. 1. 1920) erwiderte Graf Montgelas, er sei bei seinem Appell von moralischen, nicht von juristischen Erwägungen ausgegangen. Letztere seien gegenüber Gegnern, die kein Recht anerkennten, völlig gleichgültig. Trotzdem wolle er sich nur unter „schärfstem Protest" stellen, im übrigen seinen Aufruf nur wiederholen, falls er selbst zu den Geforderten gehöre. PA/AA Hauptstelle, Bd 8, Schreiben Graf Montgelas vom 29. 1. 1920 an Geheimrat Wedding. – General d.Inf. z. D. Graf Montgelas stand unter der Beschuldigung, für Plünderungen bayer. Truppen in Nomény die Verantwortung zu tragen, tatsächlich auf der frz. Liste (Nr. 62). Über seine Reaktion wurde nichts ermittelt.

griff der deutschen Regierung oder der Entente zu entziehen. Niemand dürfe sich freiwillig stellen, nicht nur, weil dies eine Anerkennung der gegnerischen Gerichtsbarkeit bedeuten würde, sondern weil der Reichsregierung – sollte sie sich zur Auslieferung verstehen – das Odium nicht erspart werden dürfe, um das Vaterland verdiente Männer fremder Gewalt preiszugeben. Nur so könne die ganze Größe der Schande dem deutschen Volk bewußt gemacht werden. Die Generale und Admirale widersprachen dem in öffentlichen Kundgebungen zum Ausdruck gebrachten Zusammenhang zwischen der Auslieferung der Beschuldigten und der Entlassung der deutschen Kriegsgefangenen. Der Friedensvertrag gebe den Siegern keine entsprechende Handhabe. Letztlich biete aber eine freiwillige Gestellung der Beschuldigten auch keine Garantie für die Rückgabe der Kriegsgefangenen[249].

Es ist auch heute nicht leicht, eine Festlegung zu treffen, was die Pflicht gegenüber Ehre, Volk und Vaterland den beschuldigten Offizieren in der gegebenen Situation abverlangte. Prinz Max von Baden beantwortete die ihm von einem amerikanischen Journalisten vorgelegte Frage, ob er es für vaterländische Pflicht halte, daß sich die Beschuldigten dem Auslieferungsverlangen freiwillig fügten:

> „Das ist Gewissenssache! Entgegengesetzte Entscheidungen lassen sich hier moralisch rechtfertigen. Man kann denen die höchste Bewunderung nicht versagen, die sich ohne falsche Hoffnungen auf die Gerechtigkeit einem grausamen und rachsüchtigen Feind preisgeben, um ihrem Lande Schwierigkeiten zu ersparen. Aber es ist sinnlos, Steine auf die Männer zu werfen, die es ablehnen, sich zu stellen. Sie können sehr wohl mit Theodor Barth der Meinung sein, daß in der Politik Unrechtdulden auch eine Sünde ist, und es daher für ihre Pflicht halten, nichts zu tun, um den Siegeszug des Unrechts und der Vergewaltigung zu erleichtern, den die alliierten und assoziierten Regierungen ins Werk gesetzt haben[250]."

Die Stellungnahmen der aktiven und inaktiven Offiziere zur Auslieferungsfrage beruhten weniger auf moralischen Erwägungen als auf traditionellen Vorstellungen von der eigenen und der nationalen Ehre sowie auf politisch-pragmatischen Überlegungen. Die Reichswehr fügte sich nur widerwillig in den „Schmachfrieden"; der Groll gegen die Unterzeichner, insbesondere gegen Erzberger wirkte nach[251]. Sie hatte von Anfang an in den Strafbestimmungen einen Anschlag auf die Ehre der Armee und der Nation gesehen. An

---

[249] Von den Generalobersten z. D. v. Boehn, v. Heeringen, v. Kluck und den Generalen d. Inf. z. D. v. Eberhardt u. v. Falkenhayn unterzeichneter Beschluß einer Konferenz, die am 7. 1. 1920 in Berlin stattfand, veröffentlicht in: DAZ Nr. 73 vom 9. 2. 1920. Vgl. Manuskript Scheibe, S. 183–186; Schulthess 1920 I, S. 1.

[250] Erklärung vom 28. 1. 1920, u. a. veröffentlicht in: Frankfurter Zeitung Nr. 82 vom 31. 1. 1920 (Zeitungsausschnitt: PA/AA Deutschland Nr. 122 Nr. 25, Bd 1).

[251] Ein eklatantes Beispiel war der Tagesbefehl des Chefs der Marinestation der Ostsee zum Jahreswechsel 1919/1920. In diesem verhöhnte K.Adm. Meurer die Arbeit der Reichsregierung im Jahre 1919 – „reich an Worten und leeren Verheißungen, überreich an Unheil, arm und erbärmlich an Taten" – und glorifizierte die Selbstversenkung der Hochseeflotte in Scapa Flow als eine Tat, die für die Marine „aus dem Dunkel der Schande unseres Volkes" hell hervorleuchte. BA R 43 I/682, Bl. 196, Ostseestationstagesbefehl Nr. 215 vom 31. 12. 1919, abgedruckt in: Ursachen und Folgen, Bd 7: Die Weimarer Republik. Vom Kellogg-Pakt zur Weltwirtschaftskrise 1928–30. Die innerpolitische Entwicklung, Berlin o. J. [1962], DokNr. 1596. K.Adm. Meurer wurde am 8. 1. 1920 verabschiedet, nachdem der „Vorwärts" (Nr. 8 vom 5. 1. 1920) dies gefordert hatte. Sein Nachfolger wurde der nicht weniger reaktionär gesinnte K.Adm. Magnus v. Levetzow. Siehe zu Levetzow: Dülffer, Jost, Weimar, Hitler und die Marine. Reichspolitik und Flottenbau 1920–1939, Düsseldorf 1973, S. 47–52.

dieser Sicht hielt die Reichswehr fest, indem sie es ablehnte, zur Erfüllung der schmachvollsten Bedingung die Hand zu reichen. Dabei waren sich Führung und Truppe bewußt, daß die Regierung nicht gegen ihren Willen würde handeln können.

In der Korrespondenz des Wehrkreis-Kommandos VI meldete sich ein „Unteroffizier der Reichswehr" zu Wort, um die Regierung über den Standpunkt der Streitkräfte nicht im unklaren zu lassen. Ihr Ehrgefühl verbiete es, Hindenburg oder Ludendorff oder einen der anderen Helden des Weltkriegs auszuliefern. Die Reichswehr könne nicht dulden, daß leuchtenden soldatischen Vorbildern Schimpf und Schande angetan werde, um so weniger, als es gelte, „das durch die Wirren der Zeit über den Haufen gestoßene Führerideal wieder hoch aufzurichten". Die Reichswehr sei unpolitisch und wolle es sein. Doch sei es vaterländische Pflicht, die Ausführung des Schmachparagraphen zu verhindern. Der „Unteroffizier" scheute sich nicht, die Regierung zu warnen, diesen von der Reichswehr und der Mehrheit des deutschen Volkes vertretenen Standpunkt außer acht zu lassen[252].

Diese Äußerung ging Außenminister Müller zu weit, obwohl die deutsche Diplomatie die Notwendigkeit der Revision der Strafbestimmungen mit der praktischen Unausführbarkeit der Auslieferung begründete. Müller protestierte beim Reichswehrministerium gegen die Veröffentlichung des Artikels, da dieser „in eklatanter Weise geeignet sei, die Arbeit der Reichsregierung aufs schwerste zu schädigen und im Ausland die Legende von der Fortdauer des Militarismus in Deutschland zu stärken". Die Ausführungen des „Unteroffiziers der Reichswehr" würden der deutschen Außenpolitik in einem entscheidenden Moment in den Rücken fallen[253]. Es ist bezeichnend, daß der Chef der Heeresleitung, Generalmajor Reinhardt, den Protest nicht verstand: Stimmungen und Meinungen, wie sie der Artikel widerspiegele, seien, mitbedingt durch die „französischen Quälereien", weit verbreitet. Er halte es daher für ziemlich aussichtslos, sie durch Gewaltmaßnahmen zu verbergen[254].

In ihren dienstlichen Berichten und Meldungen wiesen die Befehlshaber und Kommandeure der Reichswehr sehr deutlich auf die Unruhe in der Truppe hin, die durch die erwartete Forderung der Siegermächte nach Auslieferung der Beschuldigten ausgelöst worden war. Die prekären Auswirkungen und möglichen Gefahren für das Reich wurden durchaus erkannt und eine neue Erschütterung des Staatswesens befürchtet. Dessenungeachtet richtete die Truppe ihr Verhalten an den traditionellen soldatischen Werten Nation, Ehre und Kameradschaft aus. Sie ließ keinen Zweifel daran, daß sich bis zum jüngsten Soldaten niemand finden werde, der einem Befehl, die im Kriege verdienten Führer zu verhaften, nachkommen würde[255]. „Niemand gibt sich im Bataillon als Scherge hin", meldete ein

---

[252] Nach: Deutsche Tageszeitung Nr. 648 vom 29. 12. 1919 (Zeitungsausschnitt: PA/AA WK adh. 4 Nr. 1). Die konservativ-reaktionäre Presse unterstützte z. T. die Haltung der Reichswehr. Die „Deutsche Zeitung" forderte die Regierung auf, sich zu erklären, damit der Soldat einem Gewissenskonflikt zwischen Gehorsamspflicht und Ehre durch Lösung seiner Verpflichtung zuvorkommen könne (Nr. 6 vom 4. 1. 1920, Zeitungsausschnitt: Kriegsarchiv VR, Nr. XII E5 b).

[253] PA/AA Wk adh. 4 Nr. 1, Schreiben AA Nr. A 32932 vom 31. 12. 1919 an Reichswehrministerium (hs. Entw.-Vfg.). Siehe auch Schreiben AA Nr. A 2122 vom 18. 1. 1920 an Reichswehrministerium (ms. Entw.-Vfg.), ebd.

[254] Ebd., Schreiben Reichswehrministerium F. A. Nr. 66/20 F. A. 2 vom 7. 1. 1920 an AA. Siehe auch Schreiben Reichswehrministerium Nr. FA 290 F. A. 2 vom 4. 2. 1920 an AA, ebd.

[255] Meldung des Oberbefehlshabers des Reichswehrgruppenkommandos 2, Gen. Lt. v. Schoeler, vom 15. 11. 1919 an das Reichswehrministerium, abgedruckt in: Zwischen Revolution und Kapp-Putsch, DokNr. 129. Zugleich forderte Schoeler, daß das Reichswehrgruppenkdo. nicht in die Lage kommen

Kommandeur lakonisch[256]. Damit war keinesfalls Neutralität für den Fall zugesichert, daß etwa andere staatliche Vollzugsorgane die Verhaftungen vornehmen sollten. Im Gegenteil, es war damit zu rechnen, daß die Reichswehr dies nicht hinnehmen würde. Die für den Schutz der von der Auslieferung bedrohten Marineoffiziere sorgende Organisation „Ferienkinder" stellte ihre Planungen auf diesen Umstand um. Sie hatte zunächst Einzelverstecke auf dem flachen Land vorbereitet und auch die Flucht verschiedener Offiziere in das Ausland durch Beschaffen von Reisepapieren und Bereitstellen von Devisen ermöglicht[257]. Mitte Dezember 1919 gab sie dem Drängen einer Anzahl Bedrohter nach und organisierte einen Sammelaufenthalt. An die „Ferienkinder" erging folgende Anweisung:

> „Sobald von unseren [englischen] Vettern eine Einladung ergeht, ist dieser auf keinen Fall Folge zu leisten, sondern die Ferienkolonie wird bei Herrn von Loewenfeld in Oberschlesien einen geschlossenen Aufenthalt nehmen, wo für alles vorgesorgt ist. Dort soll das Weitere abgewartet werden. Es wird bestimmt angenommen, daß alle Ferienkinder von dem Angebot Gebrauch machen. Einheitlichkeit ist dringend geboten[258]."

Offensichtlich hatte Korvettenkapitän v. Loewenfeld, Kommandeur der im Winter 1919/1920 in Oberschlesien eingesetzten III. Marinebrigade, den Organisatoren der Aktion „Ferienkinder" zugesagt, die auf der Auslieferungsliste stehenden Marineangehörigen unter seinen Schutz zu nehmen. Ein Zusammenstoß mit der Reichsregierung wurde somit für den Fall, daß diese die Verhaftung der Beschuldigten anordnen sollte, nicht nur nicht gescheut, sondern geradezu heraufbeschworen[259].

---

dürfe, Verhaftungsbefehle an untere Dienststellen weiterzugeben, da sie doch nicht ausgeführt würden. Vgl. auch Meldung vom 7. 1. 1920, ebd., DokNr. 149.

[256] Meldung des Führers I./Rw-Inf.Regt. 19, Maj. Joachim v. Stülpnagel, vom 4. 1. 1920, ebd., DokNr. 146.

[257] Z. B. hatten sich die ehemaligen U-Bootkommandanten K.Kapt. a. D. Frhr. v. Forstner (U 28), K.Kapt. a. D. Gansser (U 33, U 156) u. Kaptlt. Wilhelm Werner (UB 9, U 55) mit Unterstützung der Organisation in die neutralen Niederlande begeben. BA-MA RM 20/547, Bl. 235 f., Schreiben Frhr. v. Forstner vom 30. 1. 1920 (aus Amsterdam) an Chef der Admiralität. Vgl. Manuskript Scheibe, S. 192.

[258] BA-MA N 239/26 (NL v. Levetzow), Bl. 78, undatiertes, vervielfältigtes Schreiben mit der Anweisung „Vertraulich! Verbrennen!", Levetzow mit Anschreiben vom 24. 12. 1919 zugesandt (Bl. 77). Siehe auch ebd., Bl. 89, vervielfältigtes Schreiben vom 11. 1. 1920, unterzeichnet von [F.Kapt.] Mönch, mit weiteren Verhaltensmaßregeln für die „Ferienkinder".

[259] Die Admiralität wußte von den Planungen der Organisation „Ferienkinder" und war mit ihnen mindestens stillschweigend einverstanden. Doch herrschte anscheinend große Unsicherheit über die sich möglicherweise durch die Auslieferungsfrage ergebende innenpolitische Entwicklung. Kapt. z. S. Raeder, Chef der Zentralabtlg. der Admiralität, rechnete mit einer großen, im Ausgang ungewissen Krise und wollte sich der jeweiligen Lage, voraussichtlich Rechtsregierung oder Diktatur, anpassen. BA-MA N 239/26 (NL v. Levetzow), Bl. 79 f., hs. Brief vom 30. 12. 1919 an Kapt. z. S. v. Levetzow. – Kapt. z. S. v. Levetzow, damals ohne Kommando z. Vfg. des Chefs der Admiralität stehend, empfahl Raeder, die Regierung zu unterstützen, die die Auslieferung ablehne, „sei es die jetzige, sei es eine andere, sei es eine Diktatur". Levetzow sah in der Auslieferungsfrage auch einen „Hoffnungsschimmer", nämlich die Möglichkeit, daß sie den Weg frei mache, „der uns wieder emporführt". Hier ergebe sich vielleicht für die Marine eine Chance, viel vom November 1918 wieder wettzumachen. Raeder werde sicherlich schon Überlegungen angestellt haben, so mutmaßte und hoffte Levetzow, was die Marine in engster Fühlungnahme mit der Reichswehr tun werde, wenn es zur „Auflösung" der bestehenden Verhältnisse komme. „Geht man diesen Gedankengängen etwas nach, so steht man sehr bald auf operativem [?] Gebiet und vor der Frage nach dem Aufmarsch unserer Gesinnungsgenossen zum Bürgerkrieg." [!] Ebd., Bl. 83–86, Brief vom 1. 1. 1920 an Kapt. z. S. Raeder (als Abschrift gekennzeichneter hs. Entwurf).

Die Erregung über die Auslieferungsfrage war in der Reichswehr so groß, daß einzelne Befehlshaber um die militärische Disziplin fürchteten. Der Oberbefehlshaber des Reichswehrgruppenkommandos 4, Generalmajor v. Möhl, sah sich genötigt, die ihm unterstellten Kommandeure zu ermahnen, die Führung fest in der Hand zu behalten. Zugleich erinnerte er an den im Laufe des Jahres 1919 postulierten Grundsatz, daß die Reichswehr sich nicht mit Politik befassen solle[260]. Diese sei als Organ des Staates dazu bestimmt, die staatliche Ordnung aufrechtzuerhalten, wenn dies auf andere Weise nicht gelinge. Die Reichswehr bleibe bis zum Eintreten eines solchen Falles im Hintergrund. Ihr stehe es daher nicht zu, zu politischen Tagesfragen Stellung zu nehmen. Der Grundsatz gelte auch für die Auslieferungsfrage, obwohl diese alle Soldaten stark beschäftige und volle Einmütigkeit in ihrer Beurteilung herrsche. Insoweit Verständnis zeigend, erklärte v. Möhl noch beschwichtigend und ganz und gar nicht unpolitisch: „Wir können ruhig abwarten, ob die Entwicklung dieser Angelegenheit unser Eingreifen notwendig macht; das Reden und Protestieren ist nicht unsere Sache[261]."

General v. Lüttwitz legte sich in seinen Lagebeurteilungen keinerlei Zurückhaltung auf. Er hielt es für sein Recht und für seine Pflicht, politische Forderungen zu stellen. In seinem Bericht vom 10. Januar 1920 verlangte er von der Reichsregierung in den „Lebens- und Ehrenfragen der Nation" fest zu bleiben: keine Verminderung der gegen den Bolschewismus geschaffenen Organisationen (Reichswehr, Sicherheitspolizei und Einwohnerwehren), Bekämpfung von Streiks und Ablehnung der Auslieferungsforderung. Dies seien zugleich die Wünsche „des weitaus überwiegenden Teiles der Nation". Würden sie erfüllt werden, so könne die Regierung überzeugt sein, daß „dieser weitaus überwiegende Teil der Nation" und – so muß man wohl ergänzen – auch die Reichswehr hinter ihr stehe. Dann werde es keine gefährliche Reaktion von rechts geben, und etwaige gesetzeswidrige Angriffe der extremen Linken würden mit Sicherheit niedergeschlagen werden[262].

Aus den eingehenden Meldungen und Berichten gelangte das Reichswehrministerium Ende Januar 1920 in seiner Beurteilung der innenpolitischen Lage zu der Auffassung, daß die Auslieferungsforderung die „augenblicklich wichtigste Frage" sei. Die Haltung der Reichsregierung sei noch nicht völlig klar, die zu treffenden Entscheidungen würden jedoch über ihr Schicksal bestimmen. Sollte sie von ihrem bisherigen Entschluß, staatliche Organe nicht mit der Ausführung der Auslieferung zu betrauen, abgehen und der Forderung der Sieger nachgeben, so sei mit schweren innenpolitischen Kämpfen zu rechnen. Die Folge werde eine Spaltung der Reichswehr sein. Die Offiziere, die sich in der Mehrzahl politisch neutral verhalten und der Regierung gedient hätten, um Ruhe und Ordnung in Deutschland aufrechtzuerhalten, stünden dann vor der Entscheidung, ob sie weiterhin Regierung und Verfassung verteidigen oder sich den Leuten anschließen sollten, die die Gelegenheit zur Wiedererrichtung der Monarchie nutzen wollten. Ein Großteil der Offiziere und Truppen werde sich gegen die Regierung wenden. Fasse diese jedoch den Entschluß, die Auslieferung zu verweigern, und halte sie an ihm fest, so werde „sie die Reichs-

[260] Vgl.: Befehl Gen.Maj. v. Möhl vom 9. 5. 1919 an die dem Bayer. Oberkommando unterstehenden Truppen, abgedruckt in: Zwischen Revolution und Kapp-Putsch, DokNr. 30; Erlaß Gen.Maj. v. Seeckt vom 7. 7. 1919 an sämtliche Generalstabsoffiziere, wie Anm. 46.

[261] Befehl des Oberbefehlshabers des Reichswehrgruppenkommandos 4 vom 26. 1. 1920, abgedruckt in: Zwischen Revolution und Kapp-Putsch, DokNr. 162.

[262] Lagebericht des Oberbefehlshabers des Reichswehrgruppenkommandos 1 vom 10. 1. 1920, ebd., DokNr. 152.

wehr geschlossen – und damit die Macht – und große Teile des Volkes hinter sich haben". Mit Repressalien der Entente, z. B. Besetzung eines großen Brückenkopfes um Frankfurt, Besetzung des Ruhrkohlengebiets, Annexion des linken Rheinufers, müsse zwar gerechnet werden, sie seien aber fraglich. Denn Frankreich sei in hohem Maße von der freiwilligen Arbeitsleistung Deutschlands, insbesondere der Kohlenlieferung, abhängig. Die Kohlenförderung könne aber nicht mit Waffengewalt erzwungen werden[263].

Unruhe herrschte allerdings nicht nur in der Reichswehr, sondern auch in der Beamtenschaft. Die Beamten des Innen- und Justizministeriums sowie des Auswärtigen Amts sträubten sich, an der Auslieferung der von den Siegermächten Geforderten irgendwie mitzuwirken[264]. Außenminister Müller hatte für die Haltung seiner Untergebenen Verständnis, da diese „im Grunde selbstverständlich [sei] innerhalb einer ausgesprochen politischen Behörde, deren Beamte bestimmt sind, auch nach der Niederlage Deutschlands ihr Land aufrechten Sinnes im Auslande zu vertreten"[265]. Doch meinte er, daß die Regierung, nachdem sie den Friedensvertrag akzeptiert habe, auch für die Ausführung seiner Bedingungen sorgen müsse. Müller schlug deshalb vor, das Auswärtige Amt von der Bearbeitung der Auslieferungsfrage zu entbinden und sie einer besonderen, dem Kabinett direkt unterstellten Kommission zu übertragen. Der Vorschlag war wenig realistisch, denn wer wäre ohne Not in dieses Gremium eingetreten[266]? Er zeigt aber, wie alle Ministerien bemüht waren, den „Schwarzen Peter" los zu werden.

Die Reichsregierung stand nach Inkrafttreten des Versailler Vertrages einer Situation gegenüber, die sie seit Monaten auf sich zukommen gesehen hatte. Sie war einerseits friedensvertraglich gebunden, die von den Siegermächten Beschuldigten auszuliefern; andererseits sah sie beim besten Willen keine Möglichkeit, die übernommene Verpflichtung zu erfüllen. Jeder Schritt in diese Richtung konnte sie ihren letzten Kredit kosten. Die Anweisung, die Beschuldigten zu verhaften, konnte zu einer Auflehnung der Reichswehr und möglicherweise auch zum Bürgerkrieg führen. Manches war unwägbar, jedoch schien viel auf dem Spiel zu stehen. Auf offiziellen und informellen Wegen machte die Reichsregierung die britische und französische Regierung auf die Gefahren aufmerksam, die ihr Bestehen auf die Auslieferung der Beschuldigten für Deutschland und Europa mit sich bringen konnte. Dabei wurde auf die deutschen Vorschläge vom November 1919 zu einer anderweitigen Regelung der Ausführung der Artikel 228–230 hingewiesen.

Reichskanzler Bauer gab am 12. Januar 1920 einem Korrespondenten des amerikanischen Nachrichtendienstes „United Press" ein Interview[267], in dem er das Bemühen der Regierung betonte, den Friedensvertrag in allen Punkten zu erfüllen. In der Auslieferungsfrage werde sie aber an die Grenzen ihrer Macht stoßen, wenn die Beschuldigten sich nicht, wie von Graf Montgelas vorgeschlagen, freiwillig stellen würden. Eine Ent-

---

263 Anonyme Denkschrift über die politische Lage vom 24. 1. 1920, vermutlich von Hptm. Eugen Hahn, damals im Stabe von Reichswehrminister Noske, verfaßt, ebd., DokNr. 161.

264 PA/AA Hauptstelle, Bd 10, Protokoll über die Sitzung im AA am 19. 1. 1920 (Hauptstelle Nr. 269). Vgl. Manuskript Scheibe, S. 189.

265 BA R 43 I/340, Bl. 138 f., Schreiben Reichsminister des Auswärtigen vom 20. 1. 1920 an Reichskanzler, abgedruckt in: Kabinett Bauer, DokNr. 152.

266 So auch Randbemerkung des Referenten in der Reichskanzlei, Geh.RegRat Brecht, auf dem Schreiben Reichsminister des Auswärtigen vom 20. 1. 1920.

267 PA/AA Hauptstelle, Bd 6, Schreiben AA Nachrichtenabtlg. vom 20. 1. 1920 an Geh.LegRat Wedding, Anlage: Interview of the United Press Correspondent Mr. Groat with the German Chancellor Mr. Bauer on the Extradition Question.

scheidung des Kabinetts, mit staatlichen Zwangsmitteln die Auslieferung durchzusetzen, werde nicht die gewohnte Wirkung haben. Vielmehr laufe es dann Gefahr, durch ein Mißtrauensvotum der Nationalversammlung gestürzt zu werden. Auch werde sich niemand finden, der einen solchen Kabinettsbeschluß ausführe. Sollten sich wider Erwarten doch Polizeikräfte oder militärische Einheiten zur Verfügung stellen, so sei letztlich damit zu rechnen, daß Teile der Bevölkerung die Verhaftungen, insbesondere die von Nationalhelden, verhindern würden. Dann sei der Bürgerkrieg da! Die Folgen für die deutsche Volkswirtschaft würden katastrophal sein und sicher auch die Gläubiger Deutschlands in Mitleidenschaft ziehen. Angesichts dieser Gefahren sollte der Vorschlag, die Beschuldigten durch die deutsche Justiz unter Mitwirkung von Richtern der Feindstaaten zur Verantwortung zu ziehen[268], gebührende Aufmerksamkeit finden. Dieses Angebot entspreche genau den Forderungen, die Österreich-Ungarn anläßlich der Ermordung des Erzherzogs Franz Ferdinand gestellt habe und die damals von der halben Welt als eine unerhörte Demütigung Serbiens verurteilt worden seien. Die Regierung sei zu einem derartigen Arrangement bereit, um ihrem Land den endgültigen Zusammenbruch zu ersparen[269].

Als am 21. Januar 1920 noch immer keine Reaktion auf die wiederholten deutschen Vorschläge erfolgt war, ging Außenminister Müller auf die Anregung des Vorsitzenden der Deutschen Friedensdelegation in Paris ein und autorisierte ihn zu direkten Gesprächen über die Auslieferungsfrage mit dem neuen französischen Ministerpräsidenten Alexandre Millerand sowie den Vertretern der alliierten und assoziierten Hauptmächte bei der Botschafterkonferenz[270]. In den daraufhin geführten Unterredungen erläuterte Freiherr v.

---

[268] Im Original: „We have proposed that the men to be named [...] should be tried before a German tribunal, constituted in part by associate judges of the enemy Powers.“ Ebd. Tatsächlich sahen die deutschen Vorschläge nur eine Beteiligung an der Vertretung der Anklage vor.

[269] Ähnlich schon Frhr. v. Lersner in einem Interview, das er am 10. 1. 1920 der ausländischen Presse gab. PA/AA Dt. Friedensdeleg. Paris/Versailles, Pol. 12, Telegramm Dt. Friedensdelegation P. Nr. 701 vom 10. 1. 1920 an AA (hs. u. ms. Entwurfsvfg.). Vertraulich scheinen die Siegermächte noch eindringlicher auf die Gefahren aufmerksam gemacht worden zu sein, die ihr Bestehen auf Auslieferung der Beschuldigten heraufbeschwören würde. Z. B. wies Außenminister Müller den Botschafter in Wien an, die sich ihm bietende Gelegenheit zur Weiterleitung von Informationen an die dortige französische Mission wahrzunehmen. Diese sei dahingehend zu unterrichten, daß die Reichsregierung, wenn sie den Befehl zur Festnahme und Auslieferung erteilen müsse, den für sie unentbehrlichen Rückhalt der bewaffneten Macht verlieren würde. Die Reichswehr werde sich entweder den Kommunisten und Spartakisten anschließen oder versuchen, die Regierung zu stürzen und eine Militärdiktatur zu errichten. PA/AA WK adh. 4 Nr. 1, Telegramm Dt. Botschaft Wien Nr. 17 vom 16. 1. 1920 an AA u. (Antwort-) Telegramm AA Nr. 119 vom 20. 1. 1920 (ms. Abschriften, auch in: Deutschland Nr. 163 geh., Bd 3). Vgl. Kabinett Bauer, DokNr. 152, Anm. 2.

[270] PA/AA Dt. Friedensdeleg. Paris/Versailles, Pol. 7a, Bd 1, Telegramme Dt. Friedensdelegation P.Nr. 735 u. 736 vom 20. 1. 1920 an AA (hs. Entwurfsvfg.); Telegramm AA Nr. 125 vom 21. 1. 1920 an Frhr. v. Lersner (hs. Original). – Nach Inkrafttreten des Versailler Vertrages trat eine in Paris tagende Botschafterkonferenz der alliierten Hauptmächte (Conférence des Ambassadeurs) die Nachfolge des Obersten Rates der Friedenskonferenz an. Sie war bevollmächtigt, alle aus der Durchführung der Friedensverträge resultierenden Fragen – soweit sie nicht als „grandes questions politiques“ direkter Absprache zwischen den Regierungen vorbehalten waren – zu beraten und zu entscheiden. Die Botschafterkonferenz trat zu ihrer konstituierenden Sitzung am 26. 1. 1920 zusammen. Der amerikanische Botschafter nahm als Beobachter bis Januar 1921 teil, der belgische wurde ab März 1920 zu den Beratungen hinzugezogen, die sein Land betrafen. Conférence de la Paix. Recueil des actes, Partie VIII: Exécution des traités, B: Recueil des résolutions de la Conférence des Ambassadeurs, 1 er fascicule, Paris 1932, S. XXV–XXXI (XXVII f.). Zur Botschafterkonferenz als Institution u. zu ihrer Tätigkeit in den zentralen Bereichen der Grenzziehung in Europa u. der Überwachung der Entwaffnung Deutschlands

Lersner unter Anführung der bekannten Argumente die Gefahren, die bei einem Bestehen auf Auslieferung der Beschuldigten drohten, und die Vorstellungen der deutschen Regierung, wie Abhilfe geschaffen werden könne. Obwohl seine Ausführungen auf Interesse stießen, schätzte Lersner den Erfolg seiner Bemühungen als gering ein[271]. Um nichts unversucht zu lassen, wurde am 25. Januar dem Präsidenten der Friedenskonferenz und den Botschaftern der alliierten und assoziierten Hauptmächte in Paris eine Note übersandt, in der die deutsche Regierung noch einmal auf den Ernst der Lage aufmerksam machte. In Ergänzung der bisher vorgetragenen Argumente wurde nachdrücklich darauf hingewiesen, daß die in Folge des Auslieferungsbegehrens zu erwartenden schweren Erschütterungen auch Auswirkungen auf wirtschaftlichem Gebiet haben müßten und die Lieferung von Reparationsgütern, insbesondere von Kohle, gefährden würden. Unter Bezugnahme auf die Aufzeichnung vom 5. November und das Reichsgesetz vom 18. Dezember 1919 präzisierte die Reichsregierung ihren Vorschlag, wie die Angelegenheit eine praktisch durchführbare und im Interesse aller Beteiligten liegende Erledigung erfahren könne. Sie erklärte sich zu Verhandlungen bereit, um den Umfang einer Beteiligung der alliierten und assoziierten Mächte an den reichsgerichtlichen Verfahren festzulegen und eine zweite Instanz einzusetzen[272].

Doch nur wenige Tage später zeigte sich, daß die Note nicht von allen Siegermächten als das verstanden wurde, was sie wirklich war: ein letzter Appell, doch Vernunft walten zu lassen! Als am 29. Januar 1920 Wilhelm Mayer sein Beglaubigungsschreiben als deutscher Geschäftsträger dem französischen Ministerpräsidenten überreichte, sprach er die Hoffnung aus, daß sich die Beziehungen zwischen beiden Ländern allmählich bessern würden. Millerand antwortete sehr bestimmt, fast brüsk, dies werde von der deutschen Regierung und ihren Handlungen, die am Friedensvertrag gemessen würden, abhängen. Der Versicherung Mayers, „daß die Handlungen [der Reichsregierung] immer der Absicht der Erfüllung des Friedensvertrages entsprechen werden, daß aber über sein Können hinaus schließlich niemand verpflichtet sei", hielt Millerand entgegen, die letzte Note zur Auslieferungsfrage würde im Widerspruch zu dieser Erklärung stehen. Mayer erwiderte beschwichtigend, die deutsche Regierung wolle sich auch in dieser Frage ihren Verpflichtungen nicht entziehen. Sie habe es aber als einen Akt der Loyalität betrachtet, auf die zu erwartenden großen Schwierigkeiten, die auch ihre Existenz bedrohen würden, hinzuweisen. Die französische Regierung könne doch unmöglich wünschen, daß das von der

---

jetzt: Heideking, Jürgen, Areopag der Diplomaten. Die Botschafterkonferenz der alliierten Hauptmächte und die Probleme der europäischen Politik 1920–1931, Husum 1979 (= Historische Studien, H. 436), passim (zur Einsetzung der Botschafterkonferenz, S. 19–32).

[271] PA/AA Dt. Friedensdeleg. Paris/Versailles, Pol. 7a, Bd 1, Telegramme Dt. Friedensdelegation P. Nr. 745–748 u. 752 vom 23. u. 24. 1. 1920 an AA (ms. Entwurfsvfg.). Vgl. Bericht des brit. Botschafters in Paris, Earl of Derby, über seine Unterredung mit Lersner am 24. 1. 1920, abgedruckt in: DBFP IX, DokNr. 564.

[272] PA/AA Dt. Friedensdeleg. Paris/Versailles, Pol. 7a, Bd 1, Note Vorsitzender der Dt. Friedensdelegation No. 88 vom 25. 1. 1920 an den Präsidenten der Friedenskonferenz (abschriftlich an die Botschafter Großbritanniens, der USA, Italiens u. Japans), abgedruckt in: Nationalversammlung, Bd 341, Drucksache Nr. 2161, hier: S. 2386–2389; Kraus/Rödiger II, DokNr. 143a; Ursachen und Folgen IV, DokNr. 809. Die Note war im AA erarbeitet und mit Telegramm Nr. 853 vom 24. 1. 1920 (in o. a. Akte) nach Paris übermittelt worden. Lersner ergänzte sie, vermutlich im Einverständnis mit dem AA (vgl. Telegramm Nr. 125, siehe Anm. 270), durch Hinweis auf die wahrscheinlichen Auswirkungen der Auslieferungsforderung auf die deutsche Volkswirtschaft und durch das über die Zusagen von Anfang November 1919 hinausgehende Angebot, über die Einsetzung einer zweiten Instanz zu verhandeln.

Mehrheit der Nationalversammlung getragene Kabinett durch eine Regierung der äußersten Linken oder Rechten abgelöst werde. Millerand reagierte wenig beeindruckt: die französische Regierung müsse auf der strikten Durchführung der übernommenen Verpflichtungen bestehen[273].

4. Der Konflikt. Die deutsche Reaktion auf die Überreichung der Auslieferungsliste

Nach den abweisenden Erklärungen Millerands gegenüber dem deutschen Geschäftsträger schwand in Berlin jede Hoffnung auf ein Entgegenkommen der Siegermächte in der Auslieferungsfrage. Die Überreichung der Auslieferungsliste schien unmittelbar bevorzustehen. Das Reichskabinett war inzwischen über die Taktik schlüssig geworden, mit der es die drohende Krise zu meistern hoffte. Der öffentlichen Meinung sowie der Haltung von Reichswehr und Beamtenschaft Rechnung tragend, hatte es sich festgelegt, der Forderung der Siegermächte auf Auslieferung der der Verletzung der Kriegsgesetze und -gebräuche beschuldigten deutschen Staatsangehörigen unter keinen Umständen nachzukommen. Ebert, Bauer und Müller versicherten dem württembergischen Gesandten Karl Hildenbrand, daß das Kabinett in der Ablehnung der Auslieferung „einheitlich und geschlossen" sei, „es stehe und falle mit der Entscheidung über diese Frage". Die Genannten gaben ihrer Überzeugung Ausdruck, daß die Macht der Siegermächte nicht mehr ausreiche, die Auslieferung zu erzwingen, wenn Bevölkerung, Parteien und Presse hinter der Regierung stünden. Das kleine Holland habe bei seiner Ablehnung der Auslieferung Wilhelms II. „die Zustimmung der ganzen Welt gefunden; eine andere Haltung der deutschen Regierung müßte die Welt verachten"[274].

---

[273] PA/AA Dt. Friedensdeleg. Paris/Versailles, Pol. 14a, Schreiben Dt. Geschäftsträger J. No. 131 vom 29. 1. 1920 an Reichsminister des Auswärtigen (hier: Durchschrift für Dt. Friedensdelegation). – Trotz der unzugänglichen Haltung Millerands unternahm Lersner weitere Vorstöße in der Auslieferungsfrage. Er gewann den Eindruck, daß sich ein Entgegenkommen der Siegermächte abzeichnete. Ebd., Pol. 7a, Bd 1, Telegramme Dt. Friedensdelegation P. Nr. 767, 768, 771–773 vom 30. u. 31. 1. 1920 an AA (hs. Entwurfsvfg.). Vgl. Lersner, S. 24f.

[274] HStA Stuttgart E 130 IV, Büschel 1159, Qu. 15, Schreiben Württembergische Gesandtschaft vom 29. 1. 1920 an das Staatsministerium. Ein eigentlicher Beschluß ist in den Sitzungsprotokollen des Reichskabinetts nicht überliefert. Dieses besprach die Auslieferungsfrage am 26. 1. 1920 in einer nach dem Mordanschlag auf Erzberger angesetzten Sitzung, über die nur fragmentarische Aufzeichnungen vorliegen. Siehe Kabinett Bauer, DokNr. 155, insbes. Anm. 1 u. 3.
Der Präsident der Friedenskonferenz hatte mit Note vom 15. 1. 1920 die holländische Regierung von Art. 227 des Versailler Vertrages in Kenntnis gesetzt und um die Auslieferung Wilhelms II. ersucht, damit das vorgesehene Gerichtsverfahren durchgeführt werden könne. Die holl. Regierung lehnte jedoch ab, dem Ersuchen nachzukommen. Sie machte geltend, daß sie an den Friedensvertrag mit Deutschland nicht gebunden sei und auch eine anderweitige völkerrechtliche Verpflichtung zur Auslieferung nicht bestehe, da das Völkerrecht eine internationale Gerichtsbarkeit über politische Kriegsakte (noch) nicht kenne. Die nationale Rechtsordnung sowie Tradition und Ehre des Landes würden ihr dagegen gebieten, dem früheren deutschen Kaiser Asyl und Schutz zu gewähren. Note Präsident der Friedenskonferenz vom 15. 1. 1920, abgedruckt in: Conférence de la Paix. Recueil des actes, P. I, 3me fasc., No. 1664; engl. Übers. DBFP II, S. 912f., u. FRUS, P. P. C. IX, S. 88; dt. Übers. Ursachen und Folgen IV, DokNr. 808a. Holl. Antwortnote vom 21. 1. 1920, abgedruckt in: Ursachen und Folgen IV, DokNr. 808b.
Noch auf der Pariser Friedenskonferenz war von StS Lansing ein Entwurf der an die Niederlande zu

Insider hatten freilich Zweifel an der Standfestigkeit der Regierung. Die Demokraten fürchteten, daß die Sozialdemokraten ähnlich wie im Juni 1919 im Verlauf der Krise umfallen könnten. Sie beobachteten mit Besorgnis die Führungsschwäche der sozialdemokratischen Partei in der Auslieferungsfrage[275].

Die Reichsregierung war sich bewußt, daß bei der Ablehnung der Auslieferungsforderung ein behutsames Vorgehen angezeigt war. Sie hatte Verständnis für die Besorgnis der Siegermächte, ihr Nachgeben in einem wichtigen Punkt würde eine solche Bresche in den Friedensvertrag schlagen, daß weitere Konzessionen unumgänglich folgen müßten. Die Regierung blieb deshalb darum bemüht, den Eindruck zu vermeiden, sie weigere sich, eine Vertragsverpflichtung zu erfüllen. Sie betonte in Fortführung ihrer bisherigen Politik, daß sie die Auslieferung aufgrund der tatsächlichen Verhältnisse in Deutschland nicht vornehmen könne. Der damals oft zitierte Rechtssatz „ultra posse nemo tenetur" wurde für das eigene Verhalten in Anspruch genommen[276].

Die Reichsregierung rechnete damit, daß die Siegermächte ihre Obstruktion mit einer neuen Hetze gegen die Unaufrichtigkeit Deutschlands beantworten würden. Sie rechnete auch mit Drohungen, daß z. B. Rohstoffe und Kredite gesperrt oder sogar Kriegsgefangene, besonders Offiziere, zurückbehalten würden. Die Regierung glaubte jedoch, erwarten zu können, daß das deutsche Volk in seiner Gesamtheit sich nicht einschüchtern lassen werde. Um dessen Widerstandskraft zu stärken, beabsichtigte sie, die Auslieferungsliste sofort nach ihrem Eintreffen in Berlin zu veröffentlichen. Weiterhin wollte sie die Liste mit einer „Gegenliste", einer Dokumentation verschiedener von den gegnerischen Regierun-

---

richtenden Note verfaßt und vom Obersten Rat gebilligt worden (Protokoll der Sitzung des Fünferrats am 26. 6. 1919, 11 Uhr, abgedruckt in: FRUS, P. P. C. VI, S. 697–709 [699 u. 704–706]; vgl. Mantoux II, DokNr. 142, hier: S. 524f.). Bemerkenswert ist, daß Clemenceau, Lloyd George u. Nitti an dem Entwurf Lansings nicht festhielten, sondern einem frz. Entwurf den Vorzug gaben. Die Note vom 15. 1. 1920 betonte ebenso wie Lansings Entwurf die politische Natur der Verfolgung Wilhelms II., bezichtigte ihn aber nicht nur der Verantwortlichkeit „for a supreme offence against international morality and the sanctity of treaties", sondern auch der – zumindest moralischen – Verantwortlichkeit für die den dt. Streitkräften vorgeworfenen Verletzungen der Kriegsgesetze und -gebräuche. Daher stellt sich die Frage, ob die europäischen Siegermächte ihre auf der Pariser Konferenz auf amerikanischen Druck hin aufgegebene Absicht, Wilhelm II. als Verantwortlichen für Kriegsrechtsverletzungen zur Rechenschaft zu ziehen, doch noch realisieren wollten. Siehe Protokoll der Konferenz der Regierungchefs Frankreichs, Großbritanniens u. Italiens am 15. 1. 1920, abgedruckt in: DBFP II, DokNr. 73 (P. 1 u. Anlagen 1–3). Zu den weiteren Auseinandersetzungen zwischen den Siegermächten u. den Niederlanden über das Schicksal Wilhelms II. siehe: DBFP VII u. IX sowie die Darstellung von J. W. Brügel. – Wilhelm II. lehnte es aufgrund seines Selbstverständnisses als Monarch ab, sich einem irdischen Gericht zu stellen. Für den Fall, daß die Niederlande ihn ausweisen oder sich gar dem Druck der Entente beugen sollten, plante er, nach Deutschland zurückzukehren. Gen.Lt. Frhr. v. Watter, der Kommandierende General des VII. Armeekorps bzw. Befehlshaber im Wehrkreis VI in Münster, hatte zugesagt, für den Schutz des Kaisers zu sorgen. Ilsemann, Sigurd von, Der Kaiser in Holland. Aufzeichnungen des letzten Flügeladjutanten Kaiser Wilhelms II., hrsg. von Harald von Koenigswald, [Bd 1:] Amerongen und Doorn 1918–1923, München 1967, S. 62–150 (99f., 107 u. 112) u. S. 319 (Abdruck eines Schreibens Wilhelms II. vom 28. 5. 1919 an Kardinal Felix v. Hartmann).

275 HStA Stuttgart Q1/2 (NL C. Haußmann), Büschel 32, Schreiben Reichsminister des Innern vom 2. 2. 1920 an C. Haußmann. BA NL Koch(-Weser), Nr. 21, S. 47–53, Brief Kochs vom 3. 2. 1920 an seine Frau (hs. Original).

276 HStA Stuttgart E 130 II, Büschel 425, Qu. 28, Bericht des württemberg. Gesandten vom 3. 2. 1920 über die Sitzung des Reichsratsausschusses für auswärtige Angelegenheiten am 2. 2. 1920. PA/AA WK adh. 4 Nr. 1, unsignierte Aufzeichnung über dieselbe Sitzung.

gen und ihren Streitkräften begangenen Verletzungen des Kriegsvölkerrechts, beantworten[277].

Das Vorhaben war sehr wahrscheinlich eine Konzession der Regierung an die politische Rechte. Eine entsprechende Zusage gab der Reichskanzler am 28. Januar 1920 in einem Gespräch mit den Vorsitzenden der DVP und DNVP[278]. Erst zwei Tage später begannen im Auswärtigen Amt unter Beteiligung von Vertretern der Heeresleitung bzw. des in Abwicklung befindlichen Kriegsministeriums, der Admiralität, des Reichsministeriums des Innern und des in Abwicklung befindlichen Reichskolonialamts Beratungen über die Erstellung einer „Gegenliste". Bei den genannten Behörden war während des Krieges und auch nach dem Waffenstillstand Material über feindliche Völkerrechtsverletzungen und Greueltaten gesammelt worden[279]. Jetzt sollten die krassesten Fälle, „die dem Rechtsbewußtsein eines jeden Kulturvolkes als schwere Verbrechen ohne weiteres einleuchten"[280], listenförmig zusammengestellt werden. Diese Auflistung sollte geeignet sein, um als amtliches Dokument den die Auslieferung deutscher Staatsbürger fordernden Mächten überreicht werden zu können. Sie sollte zudem als Grundlage für eine starke Propaganda in der deutschen und neutralen Presse gegen die Auslieferung dienen. Während die Vertre-

277 Wie Anm. 276. Auf die Frage des preuß. Vertreters über die möglichen Auswirkungen der Obstruktion auf die besetzten Reichsgebiete führte Außenminister Müller aus, daß dort kaum noch Verschärfungen eintreten könnten. Im übrigen würden Frankreich die dafür erforderlichen mobilen Truppen fehlen, die vorhandenen würden jedenfalls zur Besetzung weiteren Gebiets nicht ausreichen.

278 BA R 43 I/10, Bl. 91, Schreiben Geh.Justizrat Dr. Riesser (DVP, M. d. N.) vom 28. 2. 1920 an Reichskanzler Bauer (ms. Original).

279 Der Gedanke, Urkundenmaterial über feindliche Völkerrechtsverletzungen zu veröffentlichen, ist wiederholt erörtert worden. Das Kabinett entschied, von einer Publikation abzusehen, stimmte aber einer Drucklegung in beschränkter Auflage zu, um einschlägige Unterlagen für alle Fälle bereitzuhalten. Protokolle der Kabinettssitzungen am 29. u. 31. 7. 1919, abgedruckt in: Kabinett Bauer, DokNr. 33 (P. 3b) u. DokNr. 37 (P. 10). Das Reichswehrministerium beantragte die Zustimmung des AA zur Drucklegung von sieben Denkschriften, die Völkerrechtsverletzungen der Siegermächte nachweisen sollten. Diese wurde in sechs Fällen erteilt. Die Druckauflage betrug 500 Exemplare. PA/AA WK 9, Bd 32, Schreiben RWM Unterkunftsdepartement Nr. 775.9.19. Z. V. vom 2. 10. 1919 u. Antwortschreiben AA 26647 vom 24. 10. 1919 (Entwurfsvfg.). Während diese Materialien für den internen Gebrauch gedruckt und für eine evtl. spätere Verwendung, z. B. als Unterlagen für die Verteidigung in den Verfahren vor feindlichen Gerichten, bereitgehalten wurden, machte das Reichswehrministerium verschiedene andere, die dt. Kriegführung im Weltkrieg rechtfertigende Schriften der Öffentlichkeit über den Buchhandel zugänglich, u. a.: Die deutsche Kriegführung und das Völkerrecht. Beiträge zur Schuldfrage, hrsg. im Auftrage des Kriegsministeriums und der Obersten Heeresleitung, Berlin 1919. Scheurer, Adolf, Seekriegsrecht und Seekriegführung im Weltkriege, Berlin 1919; ders., Bewaffnete Handelsschiffe im Weltkriege, Berlin 1919 (= Quellen und Studien zur Geschichte und Dogmatik des Seekriegsrechts, Bd I, H. 3 bzw. H. 4. [Beide Schriften waren im Rahmen der Vorbereitungen für die Friedenskonferenz im Reichsmarineamt dienstlich erarbeitet worden]).

280 BA-MA RM 9/v. Fasz. 5906 Az. F VII g1, Bd 1, Bericht über die Sitzung im AA am 30. 1. 1920 über die Frage der „Gegenliste". Weitere Aufzeichnungen über dieselbe Sitzung: PA/AA Hauptstelle, Bd 5, unsignierte Aufzeichnung; BA-MA RM 5/v. 2634, von Dr. Willms gefertigte Niederschrift vom 30. 1. 1920, dazu Aktenvermerk von F.Kapt. Kahlert vom 31. 1. 1920 (Abschriften auch in RM 9/v. Fasz. 5906 Az. F VII g1, Bd 1). – Auf der Sitzung am 4. 2. 1920 (siehe folgende Anm.) drangen die Vertreter der Admiralität mit ihrer Forderung durch, auch typische Völkerrechtsverletzungen in die Liste aufzunehmen. Zwecks Formulierung des gegen die britische Regierung zu erhebenden Vorwurfs, eine völkerrechtswidrige Blockade über Deutschland verhängt und dadurch den Tod von 760000 Nichtkombattanten verursacht zu haben, wurde ein Redaktionsausschuß, gebildet aus Geh.RegRat Dr. Brecht (Reichskanzlei), LegRat Dr. Martius (AA) u. F.Kapt. Gartzke (Admiralität), eingesetzt. Dessen Arbeitsergebnis in RM 9/v. Fasz. 5906 Az. F VII g 1, Bd 1.

ter der Heeresleitung, Oberst Bauer und Major Otto v. Stülpnagel, „im Interesse der Volksaufklärung“ für eine umgehende Aufnahme der Propagandatätigkeit eintraten, lehnte Ministerialdirektor v. Simson diese Forderung ab. Er vermied jegliche Festlegung bezüglich der Verwendung der „Gegenliste“. Die Entscheidung darüber sollte dem Reichskabinett vorbehalten bleiben[281].

Am Abend des 3. Februar 1920 wurde dem Vorsitzenden der Deutschen Friedensdelegation in Paris, Frhr. v. Lersner, die Auslieferungsliste überbracht. Großbritannien, Frankreich, Italien, Belgien, Polen, Rumänien und der neue Serbisch-kroatisch-slowenische Staat forderten die Auslieferung von fast 900 Deutschen. Die Regierungen der genannten Staaten erklärten in der Begleitnote, sie hätten sich auf die Namhaftmachung der Verantwortlichen für die schwersten Verstöße gegen die Gesetze und Gebräuche des Krieges beschränkt. Die Zahl der tatsächlich begangenen Verbrechen sei erheblich größer. Die Täter, auf deren Auslieferung man verzichte, würden nicht amnestiert; die betroffenen Regierungen wahrten somit ihr Recht, diese in ihrem Hoheitsbereich zu verfolgen. Im übrigen werde der deutschen Delegation in Beantwortung ihrer Note vom 25. Januar eine Nachricht zugehen, in welcher Form die alliierten Mächte die einschlägigen Bestimmungen des Friedensvertrags ausgeführt zu sehen wünschten[282].

Obwohl Lersner die in dieser Formulierung enthaltene Andeutung eines Entgegenkommens der Siegermächte erkannte, fühlte er sich dennoch persönlich und moralisch verpflichtet, mit einem demonstrativen Akt auf den Ernst der Lage aufmerksam zu machen[283]. Er sandte Note und Liste an Millerand zurück. In seinem Begleitschreiben erinnerte er an die von ihm wiederholt abgegebene Erklärung, daß sich kein deutscher Beamter bereit finden werde, an der Auslieferung mitzuwirken. Da die Weiterleitung von Note und Liste eine solche Mitwirkung wäre, müsse er diese zurückreichen[284].

---

281 BA-MA RM 9/v. Fasz. 5906 Az. F VII g1, Bd 1, Niederschrift über die Sitzung im AA am 4. 2. 1920 in Sachen „Gegenliste“; BA-MA RM 5/v. 2634, hs. Aufzeichnung von F.Kapt. Kahlert über dieselbe Sitzung. – In o. a. Sitzung wurden Maßnahmen zur Beschleunigung der Arbeiten an der „Gegenliste“ getroffen, da die Reichskanzlei forderte, dem Kabinett eine Beschlußfassung über ihre Verwendung 48 Stunden nach Eingang der Auslieferungsliste zu ermöglichen. Die Vertreter der Admiralität wandten sich gegen eine offizielle „Gegenliste“ und wünschten statt dessen eine „geschickte Propaganda“, evtl. in Form eines Weißbuches. Die Admiralität lehnte die Übergabe einer amtlichen „Gegenliste“ an die alliierten und assoziierten Mächte ab, da sie selbst den Anschein vermeiden wollte, die Reichsregierung stelle sich auf den gleichen Boden wie die gegnerischen Regierungen u. erkenne damit indirekt die Berechtigung für deren Vorgehen an. Die Heeresleitung wünschte eine offizielle Übergabe der „Gegenliste“, jedoch sollte von einer Forderung nach Bestrafung der durch sie Beschuldigten abgesehen werden. BA-MA RM 20/547, Bl. 243f., von der Admiralität gefertigter Entwurf für ein (nicht abgesandtes) Schreiben des Reichswehrministers an das AA mit hs. Stellungnahme von Gen.Maj. Reinhardt (ms. Original, von V.Adm. v. Trotha am 13. 2. 1920 abgezeichnet). – Das für die „Gegenliste“ gesammelte Material wurde unter dem Titel „Zusammenstellung der an Deutschen während des Krieges begangenen Verbrechen“ in 40 Exemplaren für das Kabinett gedruckt. BA-MA RM 20/547, Bl. 245–247, Protokoll einer Besprechung am 16. 2. 1920 im AA.

282 Note Präsident der Friedenskonferenz vom 3. 2. 1920 an Vorsitzenden der Dt. Friedensdelegation (Anlage 1 zur Note des Präsidenten der Friedenskonferenz vom 7. 2. 1920 an Reichskanzler), abgedruckt in: Nationalversammlung, Bd 341, Drucksache Nr. 2161, hier: S. 2390; Kraus/Rödiger II, DokNr. 143b; Schulthess 1920 I, S. 313f.

283 PA/AA Dt. Friedensdeleg. Paris/Versailles, Pol. 7a, Bd 1, Telegramm Dt. Friedensdelegation P.Nr. 787 vom 4. 2. 1920 an AA (hs. Entwurfsvfg.). Ebd., Handakten StS v. Simson, Akten betr. Auslieferung, Bd 1, Schreiben Frhr. v. Lersner vom 12. 2. 1920 an MinDir. v. Simson (hs. Original).

284 PA/AA Dt. Friedensdeleg. Paris/Versailles, Pol. 7a, Bd 1, Note Vorsitzender der Dt. Friedensdelegation No. 97 vom 3. 2. 1920 an Präsidenten der Friedenskonferenz (Durchschrift), abgedruckt (als An-

Mit dem Aufsehen erregenden Refus handelte Lersner einer ausdrücklichen Anweisung des Außenministers, die Auslieferungsnote „gegebenenfalls ohne Bemerkung entgegenzunehmen und sofort [nach] Berlin zu übermitteln", zuwider[285]. Er zog daher die Konsequenzen und bat um seine sofortige Entlassung aus dem auswärtigen Dienst. Lersner fühlte sich dabei auch etwas als Opfer der deutschen diplomatischen Taktik in der Auslieferungsfrage. Vertraulich ließ er den Unterstaatssekretär im Auswärtigen Amt wissen: „Hätte ich die Note weitergeleitet, so würden die amtlichen Angaben deutscher Vertreter im Auslande nicht mehr ernst genommen[286]." Doch zehn Jahre später nahm er mit Genugtuung für sich in Anspruch, mit der Rücksendung von Liste und Note das Signal zum deutschen Widerstand gegen die Auslieferungsforderung gegeben zu haben[287].

Die Reichsregierung mißbilligte das Verhalten Lersners[288]. Tatsächlich hatte dieser nicht nur einer dienstlichen Anweisung, sondern auch der Maxime zuwider gehandelt, „alles zu vermeiden, was geeignet ist, die Situation zu verschärfen und [...] in irgend einer Weise provokatorisch auf die gegnerischen Kräfte zu wirken"[289]. Reichskanzler Bauer warf dem Diplomaten öffentlich vor, seine Ehrauffassung über die Interessen des gesamten Volkes gestellt zu haben[290]. Trotz dieser Maßregelung sahen viele Deutsche in Lersner einen mutigen Vertreter der nationalen Sache, der den Siegern den Ernst der Lage vor Augen geführt habe[291].

Lersner hatte vor Rückgabe der Liste die Namen der Beschuldigten notieren und nach Berlin telegraphieren lassen[292]. Von den 895 namentlich oder durch Angabe der Dienststellung bezeichneten Personen und Personengruppen, deren Auslieferung gefordert wurde, reklamierten Großbritannien 100[293], Frankreich und Belgien je 334, Polen 53, Ru-

---

lage 2 zur Note des Präsidenten der Friedenskonferenz vom 7. 2. 1920 an Reichskanzler) in: Nationalversammlung, Bd 341, Drucksache Nr. 2161, hier: S. 2391; Kraus/Rödiger II, DokNr. 143b; nicht authentisch der Abdruck in: Schulthess 1920 I, S. 314; Ursachen und Folgen IV, DokNr. 810. Vgl. Lersner, S. 25f.

285 PA/AA Dt. Friedensdeleg. Paris/Versailles, Pol. 7a, Bd 1, Telegramm AA Nr. 155 v. 31. 1. 1920 an Frhr. v. Lersner (gez. Müller, mit Paraphe Lersners!). Vgl. Ausführungen des Reichskanzlers anläßlich eines Presseempfangs in der Reichskanzlei am 5. 2. 1920. Niederschrift in: BA R 43 I/340, Bl. 162–175, abgedruckt in: Kabinett Bauer, DokNr. 161 (hier: S. 579).

286 PA/AA Dt. Friedensdeleg. Paris/Versailles, Pol. 7a, Bd 1, Telegramm Dt. Friedensdelegation. Nr. 786 vom 3. 2. 1920 an AA, z. Hd. UStS v. Haniel (hs. Entwurfsvfg.).

287 Lersner, S. 26.

288 Außenminister Müller informierte noch am Abend des 4. 2. 1920 den brit. u. frz. Geschäftsträger entsprechend. Telegramm Lord Kilmarnock vom 4. 2. 1920 an Earl Curzon, abgedruckt in: DBFP IX, DokNr. 590; Schreiben Lersners vom 12. 2. 1920, wie Anm. 283; DAZ Nr. 72 vom 9. 2. 1920.

289 Reichskanzler Bauer beim Presseempfang am 5. 2. 1920, wie Anm. 285 (Kabinett Bauer, S. 579).

290 Kabinett Bauer, S. 579f.

291 So auch Reichsminister des Innern Koch, BA NL Koch(-Weser), Nr. 21, S. 55–58, Brief Kochs vom 4. 2. 1920 an seine Frau (Original).

292 BA R 43 I/340, Bl. 151–161, Telegramm Dt. Friedensdelegation vom 3. 2. 1920 (Namensliste). Vgl. PA/AA Dt. Friedensdeleg. Paris/Versailles, Pol. 7a, Bd 1, Telegramm Dt. Friedensdelegation P.Nr. 787 vom 4. 2. 1920 an AA (hs. Entwurfsvfg.). Die von Lersner zurückgesandte, gedruckte „Liste des personnes désignées par les puissances alliées pour être livrées par l'allemagne en exécution des articles 228 à 230 du traité de Versailles et du protocole du 28 juin 1919" wurde dem Reichskanzler am 7. 2. 1919 überreicht (siehe unten, S. 307f.). Exemplare in: BA RD 16/134; PA/AA WK adh. 4 Nr. 3, Bd 4; Bibliothek des Instituts für Internationales Recht an der Universität Kiel, Sig. 2143/3.

293 Davon – für den Fall ihres Aufenthalts in Deutschland – 9 türkische Staatsangehörige, die beschuldigt wurden, für die Massaker an der armenischen Bevölkerung verantwortlich gewesen zu sein, u. a. Enver Pascha, Talaat Pascha u. Djemal Pascha.

mänien 41, Italien 29 und der Serbisch-kroatisch-slowenische Staat 4. Unter den namentlich Genannten befanden sich von den im Weltkrieg als Befehlshaber und Truppenkommandeure eingesetzten Angehörigen deutscher Herrscherhäuser Kronprinz Wilhelm und seine Brüder Prinz Eitel Friedrich, Prinz August Wilhelm und Prinz Oskar von Preußen, Kronprinz Rupprecht von Bayern, Großherzog Ernst Ludwig von Hessen, Prinz Friedrich Carl von Hessen, Herzog Adolf Friedrich zu Mecklenburg, Prinz Ernst von Sachsen-Meiningen und Herzog Albrecht von Württemberg. Von den als Heerführer und in anderen leitenden Stellungen verwandten Offizieren wurden angefordert die Feldmarschalle v. Bülow, v. Hindenburg und v. Mackensen, die Generalobersten v. Beseler, v. Boehn, Frhr. v. Falkenhausen, Frhr. v. Hausen, v. Kluck und v. Linsingen[294] sowie die Generale Otto v. Below, v. Deimling, v. Falkenhayn[295], v. François, v. Gallwitz, v. Hutier, Keim, Ludendorff, von der Marwitz, v. Oven, v. Quast und Sixt v. Armin[296]. Auf der britischen Auslieferungsliste befanden sich die Namen von Großadmiral v. Tirpitz, der Admirale Bachmann, Behncke, v. Capelle, v. Hipper, v. Ingenohl, v. Müller, Scheer, v. Schroeder und Tapken sowie von 20 U-Bootkommandanten[297]. Belgien verlangte die Auslieferung des ehemaligen Reichskanzlers v. Bethmann Hollweg.

Als das Kabinett am 4. Februar 1920 über die Lage beriet, erleichterte die als maßlos empfundene, alle Erwartungen und Befürchtungen übertreffende Liste die Stellungnahme. Obwohl nur die Namen, nicht aber die vorgeworfenen Rechtsverletzungen bekannt waren, war jedermann klar, daß eine Auslieferung der Beschuldigten undenkbar war. Ohne jedes Schwanken sollte an dem „unmöglich" festgehalten werden. Die vom Reichskanzler zur Beratung gestellte Erwägung, ob die Regierung zurücktreten solle, falls die Siegermächte auf der Auslieferung bestehen würden, wurde angesichts der innenpolitischen Situation verworfen. Der Gedanke des Rücktritts sollte möglichst aus der Diskussion ferngehalten werden[298]. Zur Beruhigung der Öffentlichkeit wurde ein Pressekommuniqué über die Kabinettssitzung herausgegeben. Dieses betonte, die Beratungen hätten „volle Einmütigkeit" darüber ergeben, daß an dem in der Note vom 25. Januar niedergelegten Standpunkt „unter allen Umständen" festzuhalten sei. Die Reichsregierung teile „mit der übergroßen Mehrheit des deutschen Volkes ohne Unterschied der Partei" die Überzeugung, daß die Durchführung der verlangten Auslieferung „unmöglich" sei und werde sich von dieser Überzeugung bei ihren weiteren Schritten leiten lassen[299].

Das Kabinett beschloß, die aus Paris gedrahtete Liste der Beschuldigten umgehend zur Publikation freizugeben. Es war sich bewußt, daß die nicht authentische, sehr wahrschein-

---

294 Identifikation unsicher, siehe polnische Liste Nr. 29.

295 Gemeint war Gen.Maj. Kuno v. F., Kommandant des Gefangenenlagers Stralkowo (also nicht der ehem. preuß. Kriegsminister u. Chef des Generalstabes des Feldheeres), siehe frz. Liste Nr. 279.

296 Die Aufzählung der angeforderten Generale erhebt keinen Anspruch auf Vollständigkeit. Die in Ursachen und Folgen IV, DokNr. 813, Anm. 3, enthaltene ist offensichtlich der Tagespresse entnommen. Die Aufzählung und die übrigen Angaben treffen nicht in allen Punkten zu.

297 Italien forderte die Auslieferung von 11 U-Bootkommandanten. Kaptlt. (ab Jan. 1920 K.Kapt. a. D.) Max Valentiner, einer der erfolgreichsten dt. U-Bootkommandanten, stand sowohl auf der brit. als auch auf der ital. Liste (Nr. 10 bzw. 8).

298 Protokoll der Kabinettssitzung am 4. 2. 1920, abgedruckt in: Kabinett Bauer, DokNr. 160 (P. 2). BA NL Koch(-Weser), Nr. 21, S. 55–58, Brief Kochs vom 4. 2. 1920 an seine Frau, auszugsweise abgedruckt ebd., Anm. 3 u. 5.

299 Pressekommuniqué über W. T. B. verbreitet, u. a. erschienen in: DAZ Nr. 65 vom 5. 2. 1920, Berliner Tageblatt Nr. 65 v. 5. 2. 1920.

lich fehlerhafte Liste zu Irrtümern Anlaß geben konnte, die unnötige Bestürztheit bei den namhaft Gemachten und ihren Angehörigen sowie öffentliche Erregung hervorrufen konnte. Obwohl letztere dem gewünschten Widerstand zugute kommen konnte, wollte das Kabinett mit der Veröffentlichung nur dem so oft erfahrenen Vorwurf entgehen, es halte „furchtsam hinter dem Berge" zurück[300].

Die Regierung demonstrierte an den folgenden Tagen ihre Geschlossenheit und Festigkeit in der Ablehnung der Auslieferungsforderung. Reichskanzler Bauer erläuterte auf einer für den Vormittag des 5. Februar 1920 einberufenen Pressekonferenz die Entwicklung der Auslieferungsfrage seit der Unterzeichnung des Friedensvertrags. Die vielfältigen Bemühungen der Reichsregierung, zu einer für alle Beteiligten akzeptablen Vereinbarung über die Durchführung der Strafbestimmungen zu gelangen, seien leider erfolglos geblieben. Nun scheine die Lage der vom Juni 1919 zu ähneln. Tatsächlich sei sie günstiger, da die Gegenseite weniger Einigkeit zeige. Trotzdem müsse mit Zwangsmaßnahmen gerechnet werden. Deutschland habe keine Macht zu ihrer Abwehr; doch sei die Regierung „einmütig entschlossen, [...] passiven Widerstand zu leisten". Sie wolle an ihrer Auffassung festhalten, daß die Auslieferung nicht nur für die amtierende, sondern auch für jede andere Regierung undurchführbar sei. Sie wolle auch an der Taktik festhalten, alles zu vermeiden, was geeignet sei, auf die Siegermächte provozierend zu wirken. Die Regierung wünsche sich eine Unterstützung durch die Öffentlichkeit, bei der Nachdruck auf die Undurchführbarkeit im Sinne des Nichtkönnens gelegt werde[301].

In Interviews, die verschiedene Kabinettsmitglieder ausländischen Pressekorrespondenten gaben, wurde das „non possumus" unterstrichen[302]. Schiffer wies auf die Bereitschaft der deutschen Regierung hin, alle der Verletzung der Kriegsgesetze und -gebräuche Beschuldigten durch das Reichsgericht zur Verantwortung ziehen zu lassen[303]. Auffallenderweise hielt sich der Reichswehrminister nicht an die Kabinettslinie. Er gab offensichtlich der Stimmung in militärischen Kreisen nach. In einem dem Korrespondenten der „Daily Mail" gewährten Interview machte Noske keinen Hehl daraus, daß auch aus Gründen der nationalen Ehre eine Auslieferung der Beschuldigten nicht in Frage komme. Jedenfalls habe er nicht die Absicht, seinen Namen mit Schande zu bedecken. Zudem würde jeder Politiker, der in dieser Angelegenheit die Geschäfte der Entente besorge, so gröblich gegen die nationale Ehre verstoßen, daß er für alle Zeiten unmöglich sei. Noske ließ weiterhin keinen Zweifel daran, daß seine Stellungnahme – und auch die Politik der Regierung – von der Haltung der Reichswehr diktiert waren:

„Die Truppe würde einem Befehl, bei der Auslieferung mitzuhelfen, niemals Folge

300 Brief Kochs vom 4. 2. 1920, wie Anm. 298. – Die Liste der auszuliefernden Personen erschien in der Tagespresse vom 5. 2. 1920, u. a. in: DAZ Nr. 65, Berliner Tageblatt Nr. 65.

301 Presseempfang in der Reichskanzlei am 5. 2. 1920, wie Anm. 285.

302 Interview Müllers mit dem Korrespondenten des „Morgenbladet" (Kristiania), erschienen in Nr. 69 vom 7. 2. 1920, dt. Übers.: PA/AA Hauptstelle, Bd 8, Schreiben Dt. Gesandtschaft Kristiania A. Nr. 76 vom 10. 2. 1920 an AA. Interview Erzbergers am 7. [?]2. 1920 mit einem „Daily Mail"-Korrespondenten [Ward Price?] veröffentlicht in: DAZ Nr. 72 vom 9. 2. 1920; vgl. oben, Anm. 175. Weiteres Interview Erzbergers mit dem amerik. Journalisten K. v. Wiegand, auszugsweise nachgedruckt in: Neue Preußische Zeitung (Kreuz-Zeitung) Nr. 74 vom 10. 2. 1920 (Zeitungsausschnitt: BA-MA RM 20/659, Bl. 7).

303 BA Rep. 92 (NL Schiffer), Nr. 27, Bl. 424 f., Interview Schiffers mit dem Korrespondenten von Internews [International News Service?] Mason (verbesserter Entwurf eines Pressetelegramms vom 5. 2. 1920).

leisten. Ich denke deshalb nicht daran, einen solchen Befehl zu geben, da er jedes Vertrauen zu mir in der Truppe zerschlagen würde. [...] Das Instrument, das jetzt allein die Ruhe [in Deutschland] gewährleistet, würde [andernfalls] wertlos sein[304]."

Die Regierung brauchte nicht lange auf Kritik an ihrer Politik zu warten. Sie kam von allen Seiten, von rechts, von links und aus den eigenen Reihen. Conrad Haußmann meinte, „die Politik der Regierung ist keine Politik, sondern eine einfache Weigerung der Erfüllung eines Vertrages, den das Ministerium Bauer-Müller-Erzberger unterzeichnet hat"[305]. Es müsse deshalb, spätestens aber im Fall eines Ultimatums der Siegermächte, zurücktreten. Ebert solle die Demission annehmen, das Kabinett zugleich aber mit der Weiterführung der Geschäfte beauftragen. Die Tatsache, daß es ihm nicht gelingen werde, eine neue Regierung zu finden, müsse in den konstitutionellen Ländern den Leuten die Augen öffnen[306].

Doch alle Kritik prallte am Kabinett ab; es erstarkte in seinen Anschauungen. Es hatte in der Formel „Unmöglichkeit der Erfüllung der zugesagten Leistung" eine Plattform gefunden, die es nicht ohne Not preisgeben wollte. Das Kabinett war weiterhin der Auffassung, daß ein formeller Rücktritt unter gleichzeitiger Weiteramtierung als geschäftsführendes Ministerium nur eine Schwächung seiner Position bedeuten würde[307]. Aus dem gleichen Grund sah es von einer Einberufung der Nationalversammlung ab. Es befürchtete, daß seine Politik in der Auslieferungsfrage zerredet würde.

Diese Befürchtung wurde bestätigt durch die Besprechungen des Kabinetts mit den Führern der Mehrheitsparteien und den Fraktionsvorsitzenden der Nationalversammlung, die am späten Nachmittag des 7. Februar stattfanden[308]. Die Minister hatten im sogenannten interfraktionellen Ausschuß einige Mühe, ihren Kurs zu verteidigen. Unter den führenden Sozialdemokraten wirkte der Dissens über die Unterzeichnung des Friedensvertrags nach. Scheidemann meinte, er behalte doch recht mit seiner damaligen Ablehnung. Die Regierung könne nun die Erfüllung des Vertrages nicht einfach verweigern, sondern müsse diese wenigstens versuchen. Gothein unterstützte den von seinem Parteigenossen Haußmann propagierten Gedanken der Demission des Kabinetts. Dieses beharrte auf seinem Kurs. Insgesamt, so das Urteil eines Beteiligten, eine wenig förderliche Rederei[309]. Etwas ertragreicher war die Aussprache mit den Fraktionsvorsitzenden. Graf v. Posadowsky-Wehner sicherte zu, daß die DNVP in der Ablehnung der Auslieferung hinter der Regierung stehe. Zwar sei seiner Partei die Formel „wir wollen nicht ausliefern" lieber, doch das „non possumus" genüge ihr auch[310].

Am Abend des 7. Februar 1920 überreichte der französische Geschäftsträger in Berlin Reichskanzler Bauer eine Note des Präsidenten der Friedenskonferenz zur Auslieferung

---

304 BA-MA RM 20/642, Bl. 97–106, Unterredung zwischen dem Reichswehrminister und dem Berichterstatter der „Daily Mail", Ward Price, am 4. 2. 1920 (ms., Abschrift?). Eine gekürzte und entschärfte Version des Interviews wurde in DAZ Nr. 67 vom 6. 2. 1920 veröffentlicht, abgedruckt in: Ursachen und Folgen IV, DokNr. 811 (fälschlich auf 5. 2. datiert).

305 HStA Stuttgart Q 1/2 (NL C. Haußmann), Büschel 32, hs. Aufzeichnung vom 5. 2. 1920 zur Auslieferungsfrage.

306 Haußmann, S. 300 (Brief vom 6. 2. 1920). BA NL Koch(-Weser), Nr. 21, S. 59–63, Brief Kochs vom 6. 2. 1920 an seine Frau (hs. Original).

307 Brief Kochs vom 6. 2. 1920, wie Anm. 306.

308 BA R 43 I/340, Bl. 176–188, diverse Einladungsschreiben.

309 BA NL Koch(-Weser), Nr. 21, S. 67–70, Brief Kochs vom 7. 2. 1920 an seine Frau (hs. Original).

310 Ebd., S. 71–73, Brief Kochs vom 8. 2. 1920 an seine Frau (hs. Original).

rungsfrage. Ihr beigefügt waren die Noten vom 3. Februar und die Auslieferungsliste[311]. Die neue Note vermied zur Erleichterung der Reichsregierung jede Schärfe. Die Siegermächte erklärten, sie hätten keinen Zweifel daran, daß Lersners Refus eine persönliche Kundgebung gewesen sei, für die die deutsche Regierung keine Verantwortung trage. Somit liege kein Grund zu der Annahme vor, sie habe sich vorsätzlich geweigert, eine der wesentlichen Bestimmungen des gerade in Kraft getretenen Friedensvertrags zu erfüllen. Der Reichsregierung werde nach Prüfung ihrer Note vom 25. Januar eine Mitteilung zugehen, in welcher Form die alliierten Mächte die Strafbestimmungen ausgeführt zu sehen wünschten. Letzteres wurde in der Note nachdrücklich hervorgehoben[312].

Das Kabinett sah sich in seiner Haltung bestätigt. Die Ankündigung einer weiteren Note der Siegermächte ließ Raum für die Hoffnung, daß diese Entgegenkommen zeigen würden. Da aber Sicheres noch nicht bekannt war, schien es angezeigt, den alten Kurs weiter zu steuern und an der Formel „Unmöglichkeit der Erfüllung" festzuhalten. Demokraten und Zentrum waren sich darin völlig einig. Sie unterstützten die dem Kabinett angehörenden Sozialdemokraten gegen deren zaghaftere Parteigenossen, die weiterhin voller Sorge über die zukünftige Entwicklung waren. Diese Zaghafteren befürchteten, daß die immer noch gegen Offiziere und Generale eingenommene Bevölkerung die von der Regierung für den äußersten Fall beabsichtigte Politik des passiven Widerstands nicht mitmachen würde[313]. Doch zunächst galt es, die Nerven zu behalten und die angekündigte Note abzuwarten[314].

Um den Siegermächten ein Entgegenkommen zu erleichtern, wurde der deutsche Wille zur Verfolgung der Beschuldigten demonstriert. Reichsjustizminister Schiffer gab bekannt, daß er am 10. Februar 1920 den Oberreichsanwalt in Leipzig angewiesen habe, die Ermittlungen aufgrund der Auslieferungsliste aufzunehmen. Selbst wenn die Siegermächte ihre Auslieferungsforderung zurückziehen sollten, werde gegen jeden Beschuldigten ein Gerichtsverfahren eröffnet, sofern die Beweislage es zulasse[315].

Inzwischen hatte die Politik der Reichsregierung eine beachtliche Unterstützung durch öffentliche Stellungnahmen politischer Gremien und durch Kundgebungen der Bevölkerung erfahren. Der Reichsrat sowie die Regierungen und Volksvertretungen der meisten

---

311 BA R 43 I/340, Bl. 190, Entwurf der Empfangsbestätigung. DAZ Nr. 72 vom 9. 2. 1920.

312 Note Präsident der Friedenskonferenz vom 7. 2. 1920 an Reichskanzler, am 9. 2. 1920 in der dt. Presse veröffentlicht, u. a.: in DAZ Nr. 72 u. Berliner Tageblatt Nr. 72, abgedruckt in: Nationalversammlung, Bd 341, Drucksache Nr. 2161, hier: S. 2389–2391 (2389 f.); Kraus/Rödiger II, DokNr. 143 b; Ursachen und Folgen IV, DokNr. 813.

313 BA NL Koch(-Weser), Nr. 21, S. 71–73, Brief Kochs vom 8. 2. 1920 an seine Frau (hs. Original). Ebd., S. 74–77, Brief Kochs vom 9. 2. 1920 an seine Frau, geschrieben während der Sitzung des Ausschusses der Nationalversammlung für auswärtige Angelegenheiten (hs. Original). HStA Stuttgart Q 1/2 (NL C. Haußmann), Büschel 32, hs. Aufzeichnung über o. a. Sitzung. – Die SPD-Fraktion der Nationalversammlung beriet am 9. 2. 1920 in Anwesenheit des Reichskanzlers u. des Außenministers mehrere Stunden über die Auslieferungsfrage. Als Ergebnis der Beratung verlautbarte, es sei „vollständige Übereinstimmung mit der von der Reichsregierung eingeschlagenen Politik" festgestellt worden. DAZ Nr. 73 u. 74 vom 9. u. 10. 2. 1920.

314 Auf Anweisung seiner Regierung empfahl der brit. Geschäftsträger am 9. 2. 1920 dem AA dringend, bis zum Erhalt der Note Zurückhaltung zu üben. Telegrammwechsel zwischen Earl Curzon u. Lord Kilmarnock am 8./9. 2. 1920, abgedruckt in: DBFP IX, DokNr. 612 u. 614.

315 BA Rep. 92 (NL Schiffer), Nr. 27, Interview Schiffers mit dem „Internews"-Korrespondenten Mason (verbesserter Entwurf eines Pressetelegramms vom 10. 2. 1920). Ebd., Bl. 422 f., Interview Schiffers mit einem für „The Chicago Daily News" u. „New Globe" arbeitenden Korrespondenten (verbesserter Entwurf eines Pressetelegramms vom 12.[?]2. 1920).

Länder verabschiedeten Resolutionen, in denen sie gegen die Zumutung der Siegermächte, Hunderte von deutschen Männern auszuliefern, protestierten. Überwiegend wurde die Reichsregierung aufgefordert, an ihrem Nein festzuhalten. Zugleich wurde betont, daß nicht daran gedacht sei, strafbarer Taten Schuldige der deutschen Gerichtsbarkeit zu entziehen[316].

In wohl Tausenden von Kundgebungen nahm die Bevölkerung gegen die Auslieferung Stellung[317]. DNVP und DVP sahen – trotz der Mahnungen der Regierungsmitglieder an deren Parteiführer, Zurückhaltung zu üben – keinen Anlaß, von nationalen Tönen abzulassen. Zweifellos trug die Veröffentlichung der Namensliste ohne Angabe der Beschuldigungen zu dem Eindruck bei, daß es den Siegermächten nicht um die Wahrung des Rechts, sondern um die Erniedrigung Deutschlands gehe, die nationalen Widerstand zur Pflicht mache[318]. Die Rechtspresse ging auch bald so weit, die Liste als eine „Ehrenliste" zu bezeichnen; denn es sei doch keine Schmach, in einem Atemzuge mit Hindenburg und Ludendorff, mit Mackensen und Tirpitz erwähnt zu werden[319].

Obwohl die Haltung der Koalitionsparteien durchaus auch von nationalen Motiven bestimmt war, sahen sich diese nicht in der Lage, in eine nationalistische Agitation einzustimmen. Sie glaubten, daß eine Lärmpolitik der Straße den nationalen Interessen schade. Sie unterstützten den Regierungskurs durch Betonung der objektiven Unmöglichkeit, die Auslieferung der Beschuldigten vorzunehmen[320]. Der „Vorwärts" wies die nationalistischen Parolen der deutschnationalen Presse zurück, da zu befürchten sei, daß diese den Chauvinismus der Gegenseite nur verstärken würden. Die Deutschnationalen würden sich täuschen, wenn sie glauben sollten,

> „die sozialdemokratische Partei in ihr Schlepptau nehmen und die Massen mit ihren Phrasen trunken machen zu können. Das Empfinden der Massen ist ein ganz anderes als das jener engen Kreise, die diese Angelegenheit doch wiederum nur vom *Interessenten*standpunkt aus betrachten und deren ganze Sorge doch nur darum geht, daß bestimmten Herrschaften nichts passiert[321]."

Die kommunistische Partei warnte die Arbeiterschaft davor, sich für eine Sache zu engagieren, an der nur die „imperialistischen Kreise diesseits und jenseits des Rheins" inter-

---

316 Entschließung des Reichsrats vom 5. 2. 1920, u. a. veröffentlicht in: DAZ Nr. 67 vom 6. 2. 1920, abgedruckt in: Schulthess 1920 I, S. 20. Erklärung der bayerischen Staatsregierung vom 6. 2. 1920, u. a. veröffentlicht in: Vorwärts Nr. 69 vom 7. 2. 1920. BA R 43 I/340, Bl. 193, Telegramm der oldenburgischen Regierung vom 9. 2. 1920 an Reichskanzler.

317 Wie im Mai/Juni 1919 wurden der Reichspräsident und die Reichsregierung mit Eingaben überschüttet. Der Reichspräsident dankte am 10. 2. 1920 für die Zuschriften „aus allen Teilen und Schichten des Volkes", die „von der tiefgehenden Erregung der Bevölkerung über das Auslieferungsverlangen der Gegner und von der Genugtuung über die ruhige standhafte Haltung der Regierung Zeugnis ablegen". Er versicherte, „daß er und die Regierung alles daran zu setzen gewillt sind, um Deutschland diese schwerste aller Forderungen zu ersparen". Erklärung veröffentlicht in: DAZ Nr. 76 vom 11. 2. 1920; abgedruckt in: Schulthess 1920 I, S. 20.

318 So Stresemann in einer am 11. 2. 1920 in Berlin gehaltenen Rede, Weser-Zeitung Nr. 107 vom 12. 2. 1920 (Zeitungsausschnitt: BA-MA RM 20/659, Bl. 4). Vgl. BA NL Koch(-Weser), Nr. 21, S. 78–83, Brief Kochs vom 12. 2. 1920 an seine Frau (hs. Original).

319 Schmidt, Karl Eugen, Schmach- oder Ehrenliste, in: Der Tag, Ausg. B, Nr. 38 vom 14. 2. 1920.

320 BA R 45 III/16, Bl. 9–12, Schreiben der Reichsgeschäftsstelle der DDP vom 4. 2. 1920 an alle Wahlkreisverbände usw.

321 Leitartikel „In Erwartung der Note" in: Vorwärts Nr. 69 vom 7. 2. 1920 (Zeitungsausschnitt: Kriegsarchiv VR, Nr. XII G1 b).

essiert seien. Sie wies auf die Gefahren hin, die sich daraus ergeben müßten, daß die Regierung sich in Abhängigkeit von Ludendorff und Lüttwitz befinde. Schon morgen könne die Stunde kommen, in der die Arbeiter sich entscheiden müßten, ob sie für „Ludendorff und das deutsche Kapital" oder gegen ihn und – so wird man ergänzen dürfen – die z. Zt. von der Regierung in Schutz genommene Reaktion kämpfen wollten[322].

Massenkundgebungen, Parteiversammlungen und Resolutionen politischer Gremien erweckten im In- und Ausland den Eindruck einer geschlossenen Phalanx des deutschen Volkes gegen die Zumutung der Auslieferung[323]. Doch glaubten manche Beobachter der innenpolitischen Szene zu erkennen, daß „unter dem Deckmantel der allgemeinen öffentlichen Politik" das Leben anders aussehe, als man es aus der Presse vernehme. Sie befürchteten daher einen von der Arbeiterschaft und den Kleinbauern ausgehenden allgemeinen Stimmungsumschwung, falls die Siegermächte zu Repressalien greifen, insbesondere Frankreich die Repatriierung der deutschen Kriegsgefangenen einstellen sollte. „Es mag tief traurig sein", schrieb der badische Innenminister Remmele dem Reichskanzler[324], „so wenig nationales Ehrgefühl bei breiten Schichten unseres Volkes vorzufinden", aber mit dieser Tatsache müsse gerechnet werden. Er plädierte deshalb für möglichste Zurückhaltung bei der Abgabe persönlicher Erklärungen gegenüber Freund und Feind. Auf keinen Fall dürfe das seit der Revolution Erreichte durch einen etwaigen Rücktritt der Reichsregierung aufs Spiel gesetzt werden.

Der Reichskanzler antwortete am 11. Februar 1920, er sehe sich täglich mit der Befürchtung konfrontiert, die Regierung könne ähnlich wie im Juni 1919 trotz ihrer Festlegung schwach werden. Doch die Lage sei diesmal anders. Für ihn gebe es keinen Zweifel, daß die Auslieferung der Beschuldigten unabhängig vom Willen des Kabinetts „vollständig unmöglich" sei. Sie werde auch unmöglich bleiben,

> „und zwar nach meiner festen Überzeugung auch dann, wenn Zurückhaltung der Gefangenen oder andere Gewaltmaßnahmen uns angedroht werden. Darin werden Sie recht haben, daß dann in einem Teile des Volkes die Stimmung umschlagen wird, aber in einem anderen, mindestens ebenso großen und mächtigen Teile, namentlich bei der Reichswehr und den Beamten, wird die Weigerung gleich energisch bleiben und die Folgen werden fürchterliche innere Kämpfe sein. Die Regierung ist demgegenüber vollständig machtlos, außer dem einen, daß sie mit allen Kräften versucht, eine Abänderung des Verlangens zu erreichen.
>
> Aus allen diesen Gründen kommt es nach meiner Überzeugung nicht in Betracht,

[322] Flugblatt der Zentrale der KPD (Spartakusbund) von Mitte Februar 1920 „An die Arbeiter der U. S. P. und S. P. D.", abgedruckt in: Dokumente und Materialien zur Geschichte der deutschen Arbeiterbewegung VII/1, DokNr. 95; gekürztes Faksimile in: Könnemann, Erwin/Hans-Joachim Krusch, Aktionseinheit contra Kapp-Putsch. Der Kapp-Putsch im März 1920 und der Kampf der deutschen Arbeiterklasse sowie anderer Werktätiger gegen die Errichtung der Militärdiktatur und für demokratische Verhältnisse, Berlin [Ost] 1972, S. 71.

[323] Vgl. Bericht des brit. Geschäftsträgers in Berlin vom 7. 2. 1920 an Earl Curzon, abgedruckt in: DBFP IX, DokNr. 609. Lord Kilmarnock schloß seine Beurteilung der durch die Auslieferungsforderung entstandenen Lage mit den Worten: „If Germany can be said to possess a soul, that soul has been touched."[!] – Als insbesondere in der Pariser Presse Mutmaßungen über einen „Umfall" Deutschlands laut wurden, trat Müller diesen entschieden entgegen. Interview mit einem „Daily News"-Korrespondenten, veröffentlicht in: DAZ Nr. 76 vom 11. 2. 1920. Entsprechende Anweisung erging auch an den kommiss. Vorsitzenden der Dt. Friedensdelegation, Geh.LegRat Göppert. PA/AA Dt. Friedensdeleg. Paris/Versailles, Pol. 7a, Bd 1, Telegramm Reichsminister des Auswärtigen Nr. 207 vom 14. 2. 1920.

[324] BA R 43 I/340, Bl. 246f., Schreiben vom 7. 2. 1920, abgedruckt in: Kabinett Bauer, DokNr. 163.

daß die Regierung im wesentlichen Kern diesmal ihren Standpunkt wechseln könnte. (Ich persönlich habe die feste Absicht, die Konsequenz aus meiner Haltung zu ziehen)[325]."

Der Reichskanzler hielt mithin den politischen Spielraum des Kabinetts in der Auslieferungsfrage für sehr gering. Er machte keinen Hehl aus seiner Auffassung, daß Beamtenschaft und Reichswehr keine andere Politik als die des Neins zur Auslieferungsforderung zulassen würden. Für seine Lagebeurteilung hatte er gute Gründe.

Die entschlossene Ablehnung der Beamtenschaft, an der Auslieferung der Beschuldigten irgendwie mitzuwirken, hatte schon durch das Verhalten Frhr. v. Lersners eine Bestätigung erfahren. Weitere Beispiele sind bekannt. Der Oberpräsident der Provinz Ostpreußen, der Sozialdemokrat August Winnig, sandte dem preußischen Ministerpräsidenten dahingehende Erklärungen, daß er und die höheren Beamten seiner Behörde von ihren Ämtern zurücktreten und daß die Unterbeamten und Angestellten die Arbeit niederlegen würden, „wenn die Regierung durch Hilfe bei der Auslieferung den letzten Rest deutscher Würde preisgibt"[326]. Um den Kundgebungen Nachdruck zu verleihen, wurden sie der Presse zugeleitet[327]. Der Regierungspräsident in Gumbinnen, Frhr. Magnus v. Braun, drahtete an den Reichspräsidenten, er und seine Mitarbeiter würden der Reichsregierung die „Gefolgschaft aufkündigen [...], wenn sie es wagen sollte, ihre Hand zur Auslieferung zu bieten"[328]. Auch der Regierungspräsident in Schneidemühl ließ wissen, daß sämtliche Beamten und Angestellten ihre Mithilfe bei der Auslieferung versagen würden[329]. Diese Drohungen nicht scheuenden Kundgebungen waren in der Geschichte des preußischen

---

325 BA R 43 I/340, Bl. 248, Schreiben des Reichskanzlers vom 11. 2. 1920 an den badischen Minister des Innern (Entwurfsvfg.), abgedruckt ebd., DokNr. 166. Der in Klammern wiedergegebene Satz wurde auf Betreiben des UStS in der Reichskanzlei im abgesandten Schreiben fortgelassen. Vgl. auch Schreiben des Reichskanzlers vom 11.2. 1920 an Geh.RegRat Seyffaerth in Köln (Entwurfsvfg.), in: BA R 43 I/340, Bl. 242.

326 BA R 43 I/340, Bl. 195, zwei Telegramme vom 6. 2. 1920 (Abschriften). – Winnig, ein aus der Gewerkschaftsbewegung hervorgegangener politischer Beamter, war von November 1918 bis Januar 1919 Generalbevollmächtigter des Reiches für die Baltischen Lande, von Februar bis Ende Juni 1919 Reichskommissar für Ost- u. Westpreußen, dann bis Mitte März 1920 Oberpräsident der Provinz Ostpreußen. In dieser Zeit entfremdete er sich zunehmend der SPD und wandte sich national-konservativen Ideen zu, zunächst dem Konflikt mit seiner Partei ausweichend. Der Bruch trat schließlich ein, als Winnig die Regierung Kapp anerkannte und zusagte, sie bei der Durchführung ihres Regierungsprogramms zu unterstützen. Der innere Zwiespalt, in dem sich Winnig im Winter 1919/1920 befand, kam deutlich in seinem Schreiben vom 12. 2. 1920 zum Ausdruck, in dem er dem Reichspräsidenten seine Auffassung zur Auslieferungsfrage ausführlich darlegte. Er beschwor Ebert, an der Ablehnung der Auslieferung festzuhalten. Der Friedensvertrag fordere so viel Unmögliches, daß der Bruch mit den Siegermächten früher oder später kommen müsse. Nachgeben hieße, „die Sympathien, die in der politisch linksgerichteten Bevölkerung unvermindert bestehen, aufs Schwerste zu erschüttern" und die regierungsfeindlichen Kreise zu unterstützen. Daher wolle er nicht, „daß die erste Volksregierung unseres Landes bei der Wahrung der nationalen Ehre versagt". Ebd., Bl. 257f. (Abschrift für Reichskanzler), abgedruckt in: Kabinett Bauer, DokNr. 168. Vgl.: Winnig, August, 400 Tage Ost-Preußen, Dresden o. J. [1928], S. 60; ders., Heimkehr, Hamburg 1935, S. 245f.; Ribhegge, S. 115–231 (222f.).

327 U.a. veröffentlicht in: Vorwärts Nr. 69 vom 7. 2. 1920 (Zeitungsausschnitt: Kriegsarchiv VR, Nr. XII G1b).

328 BA R 43 I/340, Bl. 207f., Schreiben Büro des Reichspräsidenten vom 9. 2. 1920 an UStS in der Reichskanzlei. Ebert ließ Braun auf sein Telegramm vom 6. 2. am 7. 2. 1920 antworten: „Die Regierung weiß, was sie zu tun hat. Drohungen bedarf es nicht." Ebd.

329 Neue Preußische Zeitung (Kreuz-Zeitung) Nr. 91 vom 19. 2. 1920 (Zeitungsausschnitt: BA-MA N 247/70 [NL v. Seeckt], Bl. 7).

Beamtentums wohl ohne Beispiel. Obwohl sie die Behauptung der Reichsregierung, die Auslieferung sei durch die Obstruktion der Beamtenschaft faktisch unmöglich, vor dem In- und Ausland unter Beweis stellten, reagierte der Kanzler keineswegs erfreut. Sie gingen ihm zu weit, da sie die Autorität der Regierung in Frage stellten[330].

Die Veröffentlichung der Namen der Auszuliefernden vergrößerte verständlicherweise die innerhalb der Reichswehr bestehende Erregung. Trotzdem sind aus dem Bereich des Heeres keine Stellungnahmen bekannt, die den zweifellos vorhanden gewesenen Unmut der Truppe zum Ausdruck bringen[331]. Der Grund ist in der straffen Führung durch die Befehlshaber und Kommandeure zu vermuten. Zudem war Anfang Februar 1920 mindestens einem Teil der Reichswehr die Entschlossenheit der Regierung, die Auslieferung abzulehnen, bekannt. Der Oberbefehlshaber des Reichswehrgruppenkommandos 4, Generalmajor v. Möhl, erließ am 2. Februar 1920 folgenden Befehl: Die Offiziere der unterstellten Einheiten seien vertraulich über den Standpunkt des Reichswehrministers und der „sonstigen maßgebenden Minister des Reichskabinetts" zu unterrichten, daß kein Deutscher in Durchführung des Friedensvertrags ausgeliefert werden dürfe. Die Minister würden eine diesbezügliche Mitwirkung „auf alle Fälle" versagen; sie seien gewillt, auch bei einem etwaigen Druck der Siegermächte oder „linksradikaler Elemente" an ihrer Weigerung festzuhalten und in ihren Stellungen zu verbleiben. Der Truppe sei mitzuteilen, „daß ihre Proteste gegen die Auslieferung den angestrebten Erfolg erreicht haben, daß jedoch ein weiteres Eingehen auf diese Frage gegenwärtig nicht angezeigt wäre"[332].

In der Admiralität scheint über die Haltung der Reichsregierung zur Auslieferungsforderung zunächst nichts Sicheres bekannt gewesen zu sein. Erst am 5. Februar 1920 wurden die Stationskommandos und die Marinebrigaden über die – inzwischen auch durch die Tageszeitungen verbreitete – die Auslieferung ablehnende Stellungnahme des Reichskabinetts informiert. Die Admiralität versicherte, daß somit für die auf der Liste stehenden

---

330 Bauer bat (gegen den Rat von UStS Albert) die preuß. Regierung, Winnig „auf das Unstatthafte seiner Handlungsweise hinzuweisen". Es könne nicht dessen Aufgabe sein, „sich im Sinne einer deutschnationalen Agitation zu betätigen". BA R 43 I/340, Bl. 196, Schreiben vom 18. 2. 1920 (Entwurfsvfg.). Siehe auch Kabinett Bauer, DokNr. 168, Anm. 2. Zur Reaktion des Reichspräsidenten (auf Winnigs Schreiben vom 12. 2.?) u. des preuß. Innenministers siehe Winnig, 400 Tage Ost-Preußen, S. 61, u. Heimkehr, S. 246. – Bauer ersuchte den preuß. Innenminister auch um eine Zurechtweisung von Regierungspräsident v. Braun. Heine kam dem Ersuchen nach Auffassung des Geh.RegRats Brecht nur „ganz ungenügend" nach. Schriftwechsel in: BA R 43 I/340, Bl. 209f., 213 u. 331f.

331 Ein Beleg für die große Erregung und Erbitterung der Reichswehr ist die Verschärfung, die in dem an sich schon äußerst gespannten Verhältnis zu den Offizieren der alliierten Kontrollkommission zur Überwachung der Entwaffnung Deutschlands (siehe Anm. 413) eintrat. Z. B. wies die Marinefriedenskommission nach Überreichung der Auslieferungsliste die Verbindungsoffiziere an, „strengste persönliche Zurückhaltung zu üben", und verbot ihnen, dieselbe Fahrgelegenheit wie die Kontrolloffiziere zu benutzen oder mit diesen zusammen das Essen einzunehmen. Der Grund für dieses Verhalten sei „gegebenenfalls mit unverhüllter Deutlichkeit zum Ausdruck zu bringen". BA-MA RM 20/547, Bl. 213, Fernschreiben MAFRI vom 6. 2. 1920 an Verbindungsoffz. M. St. O., M. St. N. usw. (ms. Abschrift). – Der Befehlshaber im Wehrkreis V, Gen.Lt. v. Bergmann, lehnte es nach Überreichung der Auslieferungsliste ab, Mitglieder der alliierten Überwachungskommission zu empfangen. Er informierte sogar die Truppe über seine Haltung. HStA Stuttgart E 130 IV, Büschel 1159, Qu. 9, Schreiben Wehrkreiskommando V (Stuttgart) vom 7. 2. 1920 (Drucksache, verteilt bis einschl. Regimenter u. selbst. Bataillone). – Zur Haltung der Truppe siehe: Der Generalquartiermeister. Briefe und Tagebuchaufzeichnungen des Generalquartiermeisters des Heeres, General der Artillerie Eduard Wagner, hrsg. von Elisabeth Wagner, München-Wien 1963, S. 43f. (Briefe vom 3., 4. u. 13. 2. 1920).

332 Befehl abgedruckt in: Zwischen Revolution und Kapp-Putsch, DokNr. 168.

Personen zur Zeit kein Grund zur Beunruhigung vorliege[333]. Doch war die Marineführung über die Nachricht, daß auch der Chef der Admiralität auf der Liste stehe, zutiefst beunruhigt (wie sich später herausstellte, war dies eine unzutreffende, auf einer Namensverwechslung beruhende Mitteilung). Kapitän z. S. Raeder sah in diesem Umstand eine Gefahr für die Marine, „weil die Regierung, wenn sie auch nicht umfallen wird (wenigstens zunächst nicht) es doch vielleicht als unbequem empfinden wird, Männer der Liste an der Spitze von Heer u[nd] Marine zu haben". Da seiner Überzeugung nach Bestand oder Nichtbestand der Marine von ihrer Führung durch Vizeadmiral v. Trotha abhing, regte er bei dem ihm gut bekannten Kontreadmiral v. Levetzow Kundgebungen an, „die dem Reichswehrminister und dem [Reichs-]Präsidenten zeigen, daß die Marine ihren Chef in dieser Zeit nicht losläßt, sondern eisern u[nd] geschlossen hinter ihm steht"[334]. Admiral v. Levetzow, seit Mitte Januar 1920 Chef der Marinestation der Ostsee, kam der Anregung Raeders nach. Er telegraphierte am 5. Februar 1920 dem Reichswehrminister, die Nachricht, daß auch die Auslieferung des Chefs der Admiralität gefordert werde, löse in seinem Befehlsbereich nur eine Stimme aus:

> „In unwandelbarer Treue wollen wir Mann für Mann zu Vizeadmiral v. Trotha, unserem Führer, stehen und erwarten, daß er, gestützt auf das unerschütterliche Vertrauen der ganzen Marine, auf seinem Posten verbleibt, komme, was kommen mag[335]."

Der Kundgebung haftete – entgegen dem Wunsch Raeders – zweifellos ein drohender Unterton an, aber Noske nahm an dem Druck, der hier seitens eines Truppenbefehlshabers ausgeübt wurde, keinen Anstoß. Er antwortete umgehend:

> „Der Marine versichere ich, daß weder die Auslieferung des Vizeadmirals von Trotha noch eines anderen Deutschen in Frage kommen darf. Ich denke nicht daran, mich von meinem hochgeschätzten Mitarbeiter, dem Chef der Admiralität, zu trennen, weil sein Name auf der Auslieferungsliste steht[336]."

Noske bekundete einmal mehr seine schon in dem Interview für die „Daily-Mail" zum Ausdruck gekommene Entschlossenheit, der Auslieferungsforderung der Siegermächte unter keinen Umständen zu entsprechen. Er fürchtete eine Auflehnung der Streitkräfte, falls die Reichsregierung Nachgiebigkeit zeigen würde. Dies erklärt seine unbedingte

---

333 BA-MA RM 20/547, Bl. 194, Fernschreiben Admiralität vom 5. 2. 1920 an M. St. O., M. St. N., 2. u. 3. Marinebrigade (hs. Original; auch: Admiralität, Zentralabteilung, Bekanntmachung M I. 751 vom 6. 2. 1920, ebd., Bl. 200).

334 BA-MA N 239/26 (NL v. Levetzow), Bl. 98 f., Brief Kapt. z. S. Raeder vom 5. 2. 1920 an K.Adm. v. Levetzow (hs. Original).

335 BA-MA N 239/27 (NL v. Levetzow), Bl. 7, Verfügung Levetzows vom 5. 2. 1920 (Abschrift): Fernschreiben an Reichswehrminister u. Fernschreiben an Chef der Admiralität (wörtliche Mitteilung des ersteren). BA-MA RM 6/7, Bl. 45, u. RM 20/547, Bl. 202, Abschriften des in Berlin eingegangenen Fernschreibens an Chef der Admiralität. Als Abgangszeit in Kiel ist 16.40 Uhr angegeben. (Der Inhalt der Kundgebung spricht dafür, daß Raeders Brief vom gleichen Tag zum Zeitpunkt der Absendung des Fernschreibens schon in Levetzows Händen war. Es besteht natürlich auch die Möglichkeit einer telefonischen Unterredung zwischen beiden Offizieren.)

336 BA-MA N 239/27 (NL v. Levetzow), Bl. 7, Fernschreiben Reichswehrminister vom 5. 2. 1920 an K.Adm. v. Levetzow (auch RM 6/7, Bl. 46, hs. Abschrift). RM 20/547, Bl. 203, Fernschreiben Chef M. St. O. vom 6. 2. 1920 an Chef der Admiralität (wörtliche Mitteilung von Noskes Antwort).

Festlegung in der Sache und gegenüber der Person Trothas, die ihm keinerlei politische Bewegungsfreiheit ließ[337].

Die Gefahr einer Auflehnung der Reichswehr im Fall eines „Umfallens" der Regierung in der Ablehnung der Auslieferung war zweifellos vorhanden. Eine zur Marinebrigade v. Loewenfeld gehörende Kompanie drohte der Reichsregierung, sie werde sich der Auslieferung ihres Führers, Kapitänleutnant v. Schrader, eines früheren U-Bootkommandanten, „mit allen Mitteln widersetzen"[338]. Diese Kundgebung blieb freilich ein Einzelfall, obwohl man in vielen Einheiten nicht anders gedacht haben wird. Doch die wilde Zeit der Freikorps ging ihrem Ende entgegen, die militärische Disziplin war in der vorläufigen Reichswehr schon weitgehend wiederhergestellt. Der Widerstand gegen eine Regierung, die im Verdacht stand, eventuell doch der Auslieferungsforderung nachzugeben, formierte sich an der Spitze der Reichswehr.

Der Chef der Heeresleitung, Generalmajor Reinhardt, rang sich am 4. Februar 1920 zu einem Erlaß durch, der es der freien Entscheidung jedes auf der Auslieferungsliste stehenden Offiziers überließ, sich freiwillig zu stellen oder Vorkehrungen zu treffen, um sich dem Zugriff der Siegermächte zu entziehen oder im Dienst zu bleiben und alles Weitere abzuwarten. Er stellte für das aktive Offizierkorps verbindlich fest: „Als eine Forderung der Ehre des Offiziers kann die *freiwillige* Gestellung ebensowenig bezeichnet werden, wie der gewaltsame Widerstand oder die Entziehung[339]."

Obgleich Reinhardts Erlaß geeignet war, zur Geschlossenheit des Offizierkorps beizutragen, verzichtete er mit diesem doch auf dessen Führung. Sie wurde von Generalmajor v. Seeckt, seit Oktober 1919 Chef des Truppenamts im Reichswehrministerium, übernommen. Seines Erachtens kam eine freiwillige Gestellung der Angeforderten nicht in Frage. Ohne – wie er glaubte – das Gewicht „gewisser hierfür sprechender Gefühlsgründe" zu verkennen, hielt er es „im allgem[einen] politischem und vaterländischem Interesse" für erforderlich, „daß von keiner Seite ein Schritt getan wird, welcher als Anerkennung unserer Verpflichtung ausgelegt werden könnte"[340]. Seine „ziemlich genaue Kenntnis aller Persönlichkeiten" und die der Unterzeichnung des Friedensvertrags vorausgegangenen Vorgänge ließen es Seeckt als „nicht sicher" erscheinen, daß die Regierung bei der Ablehnung der Auslieferung verblieb. Doch ihre Durchführung, so versicherte er Generalfeldmarschall v. Mackensen, „würde gegebenenfalls durch die Reichswehr mit Gewalt verhindert werden"[341].

Dies waren keine leere Worte! Am 9. Februar 1920 unterrichtete General v. Seeckt die

---

[337] Vgl. Noske, Von Kiel bis Kapp, S. 202. Bezeichnenderweise wurden die zwischen K.Adm. v. Levetzow u. Noske gewechselten Fernschreiben in der Tagespresse veröffentlicht, u. a. in: Vorwärts Nr. 69 vom 7. 2. 1920 (Zeitungsausschnitt: Kriegsarchiv VR, Nr. XII G1 b).

[338] BA-MA RM 20/547, Bl. 215, Telegramm der 2. MG-Komp./Marine-Regt. 5, Marinebrigade v. Loewenfeld vom 6. 2. 1920 an Reichsregierung (Abschrift). Ebd., Bl. 225 f., hs., von 75 Soldaten unterzeichnete Resolution der 2. MG-Komp./Marine-Regt. 5 vom 6. 2. 1920 (unadressiert, Eingangsstempel „Der Reichswehrminister" vom 9. 2. 1920). – Großbritannien forderte die Auslieferung von Kaptlt. v. Schrader „ou autre commandant du sous-marin UC-50 [en mai 1917]" (brit. Liste Nr. 25). Schrader war nicht Kommandant des genannten Bootes gewesen.

[339] BA-MA N 247/70 (NL v. Seeckt), Bl. 4 f., Erlaß RWM Heeresleitung Nr. 51/2.20 I a H-Friko. persönlich vom 4. 2. 1920 an Verteiler im RWM (testierte Abschrift).

[340] Ebd., Bl. 6, Schreiben Gen.Maj. v. Seeckt vom 6. 2. 1920 an Gen.Feldm. v. Mackensen (hs. Entwurfsvfg.), auszugsweiser, der Vorlage nicht genau folgender Abdruck bei Rabenau, S. 215.

[341] Wie Anm. 340.

Departementsdirektoren im Reichswehrministerium und die Offiziere des Truppenamts über seine Absicht, die Auslieferung der Beschuldigten an ausländische – und zwar sowohl an gegnerische als auch an neutrale – Gerichte „mit allen zur Verfügung stehenden Mitteln zu verhindern". Er betonte, daß das Reichswehrgruppenkommando 1 seine Auffassung teile[342]. Dies war insofern von Bedeutung, als der Chef des Truppenamts keine Befehlsbefugnis über militärische Verbände besaß. Die Verbindung mit dem Gruppenkommando 1 ist bemerkenswert, weil Seeckt mit den innen- und militärpolitischen Vorstellungen des Befehlshabers, General der Infanterie v. Lüttwitz, nicht übereinstimmte. Insbesondere lehnte er dessen Intention strikt ab, die Beibehaltung eines 200 000 Mann-Heeres nötigenfalls durch Auflehnung gegen die Regierung zu erzwingen[343]. Doch der Widerstand gegen die Auslieferungsforderung, gegen den Anschlag auf die Ehre der Armee und des Vaterlandes, gebot ein Arrangement auf Zeit.

Obwohl Seeckt nicht daran glaubte, daß die Siegermächte auf die Verweigerung der Auslieferung mit einer militärischen Intervention – sei es mit Besetzung weiteren Gebiets an Rhein und Ruhr oder gar mit Wiederaufnahme des Krieges – reagieren würden[344], sah die Heeresleitung die außenpolitische Lage doch als so ernst an, daß Vorbereitungen für den äußersten Fall getroffen wurden. Ein Kriegsplan wurde ausgearbeitet: Im Westen Deutschlands sollte zunächst hinhaltender Widerstand geleistet werden mit dem Ziel, in der Weser- oder Elbestellung eine Defensive aufzubauen. Im Osten wollte man „offensiv durch Polen hindurch, um Sowjetrußland die Hand zu reichen"[345]. Der Plan entsprach der Auffassung Seeckts, daß Deutschland „nur im festen Anschluß an ein Groß-Rußland [...] die Aussicht auf Wiedergewinnung seiner Weltmachtstellung"[346] habe. Die sich aus einer direkten Berührung mit dem Bolschewismus ergebenden innenpolitischen Gefahren schätzte Seeckt geringer ein als Lüttwitz[347].

---

342 BA Kleine Erwerbungen Nr. 144 (Restnachlaß Grzesinski), ms. Manuskript des Staatsministers Albert Grzesinski: „Im Kampf um die deutsche Republik. Lebensweg eines heute Staatenlosen" (Vorwort vom 31. 12. 1933), Bl. 91 f., auszugsweise abgedruckt in: Kabinett Bauer, DokNr. 166, Anm. 5. Vgl. Grzesinski, Albert C., Inside Germany, New York 1939, S. 83 f. (verkürzte, doch von o. a. Manuskript im wesentlichen nicht abweichende Darstellung).

343 Lüttwitz versicherte sich in einer am 8. 2. 1920 abgehaltenen Besprechung der Unterstützung der ihm unterstellten Kommandeure für die Forderung nach Beibehaltung eines mit schwerer Artillerie ausgerüsteten 200 000 Mann-Heeres und für die Form ihrer Durchsetzung (Freksa, S. 163; Erger, S. 108 f. [hier Datierung]). Vermutlich begab er sich daraufhin zu Noske und trug im Beisein Seeckts seine Forderung vor. Seeckt machte ebenfalls Bedenken gegen die Heeresverminderung geltend. Lüttwitz glaubte, in ihm einen Verbündeten gefunden zu haben. Er mußte aber schon „einige Tage später" (nach dem Verzicht der Siegermächte auf Auslieferung der Beschuldigten?) feststellen, daß Seeckt sich Noskes Ansicht von der Unumgänglichkeit der Reduzierung anschloß. Lüttwitz, S. 111 f. (112). Zu den früheren und späteren Meinungsverschiedenheiten zwischen Seeckt und Lüttwitz siehe Erger, S. 28, 36, 56–59, 111 f., 115, 119–124.

344 Manuskript Grzesinski, wie Anm. 342, hier: Bl. 91.

345 Ebd., Bl. 91 f. (92). – Am 11. 2. besprach Seeckt den Operationsplan mit dem Chef der Heeresleitung (Rabenau, S. 213, insbes. Anm. 3). Am 12. 2. 1920 unterrichtete Seeckt, der als Chef des Truppenamtes Vorgesetzter aller Generalstabsoffiziere war, die Chefs der (Truppen-)Stäbe über seine Absicht, die Auslieferung zu verhindern, und über den Operationsplan für den Fall der Wiederaufnahme der Feindseligkeiten. BA-MA N 247/70 (NL v. Seeckt), Bl. 10, Schreiben RWM Chef des Truppenamtes vom 19. 2. 1920 an Chef des Gruppenkdos. 1, 2, 4 usw. (ms. Entwurfsvfg.). Vgl. Rabenau, S. 213 f.; Meier-Welcker, S. 250.

346 Denkschrift von Gen.Maj. v. Seeckt „Deutschland und Rußland" vom 4. 2. 1920, zit. nach Carsten, S. 78 f. Vgl. Meier-Welcker, S. 294 f.

347 Erger, S. 112. Zu den – von der Heeresleitung geteilten – Vorstellungen Seeckts vom Frühjahr 1920 über die Gestaltung der dt.-sowj. Beziehungen siehe: Rabenau, S. 251–253; Meier-Welcker,

Die Möglichkeit eines militärischen Konflikts verbot natürlich eine weitere Schwächung des Heeres. Der Chef der Heeresleitung untersagte daher die Fortführung der im Gang befindlichen personellen und materiellen Abrüstung. Er machte es allen Truppenkommandeuren zur Pflicht, die ihnen unterstehenden Einheiten „mit allen Mitteln zu größtmöglichem Grad der Kriegsbereitschaft in Form und Ausbildung zu heben"[348].
Die Heeresleitung unterrichtete den politisch verantwortlichen Minister sowohl über ihre Absicht, die Auslieferung der Beschuldigten an außerdeutsche Gerichte „mit allen Mitteln zu verhindern"[349], als auch über ihre militärischen Planungen und Vorbereitungen. Noske hieß zumindest letztere gut, denn er unterzeichnete ein Schreiben an das Reichsverwertungsamt mit der Anweisung, die Veräußerung und Vernichtung von Heeresmaterial vorläufig einzustellen. Die Anweisung wurde mit der Begründung getarnt, daß die Verhandlungen des Auswärtigen Amts mit den Siegermächten über die Beibehaltung eines 200000-Mann-Heeres noch nicht abgeschlossen seien[350].
Als Reichsabwicklungskommissar Albert Grzesinski von den Absichten der Militärs erfuhr[351], informierte er den Reichskanzler. Bauer bestellte daraufhin Noske zu sich, unternahm aber nichts gegen die „Pläneschmiede"[352]. Denn die neuen Nachrichten werden ihm nur bestätigt haben, was er längst wußte, nämlich daß er in der Behandlung der Auslieferungsfrage Gefangener der Reichswehr war. Soweit es an ihm lag, sollte es nicht zu dem Vorhaben Seeckts kommen, im Fall des Nachgebens der Reichsregierung eine Militärdiktatur zu errichten[353]. Dem eigenmächtigen politisch-militärischen Handeln der Reichswehrführung war er unter den gegebenen Umständen mehr oder weniger ausgeliefert.
Am 17. Februar 1920 übergab der britische Geschäftsträger in Berlin Außenminister Mül-

---

S. 293–296; Wagner, Gerhard, Deutschland und der polnisch-sowjetische Krieg 1920, Wiesbaden 1979 (= Veröffentlichungen des Instituts für Europäische Geschichte Mainz, Bd 93), S. 45–52.

348 Erlaß des Chefs der Heeresleitung vom 11. 2. 1920 (Streng geheim! Nur durch Offizier!), auszugsweise abgedruckt bei Ernst, S. 97f. – Auch in der Marine scheinen Maßnahmen zur Hebung der Kriegsbereitschaft getroffen worden zu sein. BA-MA N 239/28 (NL v. Levetzow), Bl. 16f., Diensttagebuch des Chefs M. St. O., Eintragungen vom 7. u. 9. 2. 1920.

349 BA-MA N 247/70 (NL v. Seeckt), Bl. 8, Schreiben Gen.Maj. v. Seeckt vom 19. 2. 1920 an Gen.Feldm. v. Hindenburg u. Gen.Feldm. v. Mackensen (ms. Entwurfsvfg.).

350 Manuskript Grzesinski, wie Anm. 342, hier: Bl. 92.

351 Grzesinski (SPD) stand aufgrund seiner früheren und derzeitigen Aufgaben mit den alten und neuen Militärbehörden in enger Verbindung. Am 16. 6. 1919 als Nachfolger von Paul Göhre zum UStS im preuß. Kriegsministerium ernannt, behielt er diese Stellung auch nach Überleitung des Ministeriums in die „Reichswehr-Befehlsstelle Preußen" bzw. in das „Abwicklungsamt des früheren Preußischen Kriegsministeriums" bei. Nach seiner am 11. 11. 1919 erfolgten Bestellung zum Reichsabwicklungskommissar unterstand G. u. a. das in „Heeresabwicklungs-Hauptamt" umbenannte Abwicklungsamt des früheren preuß. Kriegsministeriums. In seiner Tätigkeit als Abwickler setze sich G. aus politischen und finanziellen Gründen für eine zügige Liquidation des alten militärischen Apparates ein. Noskes Anweisung an das Reichsverwertungsamt durchkreuzte mithin seine Bestrebungen. Grzesinski, S. 81 u. 84–87. Siehe auch Erlaß betr. die Einsetzung eines Reichsabwicklungsamts vom 31. 10. 1919, veröffentlicht in: RGBl. 1919, S. 1899f.; als „Kabinettsbeschluß" mit Zusätzen veröffentlicht in: HVBl. 1919, S. 442f.

352 Manuskript Grzesinski, wie Anm. 342, hier: Bl. 92f.

353 Grzesinski berichtet, daß die Departementsdirektoren im RWM auf Wunsch Seeckts ihre Offiziere über die Besprechung am 9. 2. 1920 informierten. Bei dieser Gelegenheit sei Oberst v. Kress von einem Offizier gefragt worden, „ob er recht verstanden habe, daß General von Seeckt unter Umständen eine Militärdiktatur errichten wolle. Oberst von Kress gab zur Antwort, das schiene ihm auch so. Auf die weitere Frage, ob er an die Militärdiktatur Seeckts glaube, erwiderte er, es würde wohl jemand anders in Betracht kommen, man glaube Noske dazu zu bekommen." Ebd., Bl. 92.

ler die angekündigte Note, die das erwartete Einlenken[354] der Siegermächte bestätigte[355]. In ihrem Namen erklärte Lloyd George, man habe davon Kenntnis genommen, daß Deutschland sich außerstande erkläre, den in Artikel 228–230 des Friedensvertrags übernommenen Verpflichtungen nachzukommen. Die Alliierten sähen aber in dem deutschen Vorschlag vom 25. Januar einen Weg, der mit der Ausführung des Artikels 228 vereinbar sei. Sie hätten jedoch nicht die Absicht, auf die Verfahren vor dem Reichsgericht Einfluß zu nehmen. Sie wollten es vielmehr der Reichsregierung überlassen, die Ernsthaftigkeit ihres Willens, die auf der übergebenen Liste benannten Personen strafrechtlich zur Verantwortung zu ziehen, unter Beweis zu stellen. Die Alliierten würden mit dieser Vereinbarung keineswegs auf ihre friedensvertraglichen Rechte verzichten und sich vorbehalten, die Beschuldigten vor ihre eigenen Gerichte zu ziehen, wenn sie zu der Auffassung gelangen sollten, daß eine gerechte Sühnung der Verbrechen nicht stattfinde.

Im Kabinett atmete man nach einem halben Jahr des Bangens hörbar auf. Befriedigt notierte Koch: „Wie gut ist die Auslieferungssache gelaufen[356]!" Die Regierung entschied, die Verfolgung der Beschuldigungen unbeirrt durch die Stellungnahme der Siegermächte sowie durch Einwendungen der konservativen und Bemerkungen der linksradikalen Presse durchführen zu lassen. Der einsetzenden Kritik der Rechtspresse, daß die Regierung das Reichsgericht zu einem Büttel der Entente gemacht habe, sollte mit dem Argument entgegengetreten werden, daß das Gesetz zur Verfolgung von Kriegsverbrechen und -vergehen von der Nationalversammlung einstimmig verabschiedet worden sei[357].

Das Kabinett Bauer nahm davon Abstand, den Erfolg, den der Verzicht der Siegermächte auf Auslieferung der Beschuldigten darstellte, an seine Fahnen zu heften. Bescheiden maß es diesen der Haltung des ganzen deutschen Volkes und aller seiner Parteien zu[358]. Die deutschnationale Presse lehnte ab, von einem Erfolg zu sprechen. Die Schmach der Strafbestimmungen sei nicht aus der Welt geschaffen, vielleicht sei der Zwang, die von der Entente Beschuldigten von deutschen Richtern aburteilen lassen zu müssen, sogar schmachvoller. Ausgesprochen ehrverletzend sei aber die Anmaßung der Sieger, die Urteile des höchsten deutschen Gerichtshofs einer Nachprüfung unterziehen zu wollen. Und über allem hänge wie ein Damoklesschwert die Drohung, das Zugeständnis wieder rückgängig zu machen. Die Regierungspresse wandte sich gegen die agitatorische Kritik der Rechten. Es müsse als „unbestreitbarer Erfolg" der Reichsregierung anerkannt werden, daß es ihr gelungen sei, die in der Auslieferungsfrage liegenden Gefahren für den Bestand der deut-

---

[354] Müller berichtete dem Reichsratsausschuß für auswärtige Angelegenheiten am 16. 2. 1920 über das Vorliegen von Nachrichten, „daß die in Erscheinung getretene geschlossene Front des deutschen Volkes die Führer der Entente veranlaßt habe, auf den Boden unserer Note vom 25. November zu treten". Der bayer. Gesandte v. Preger gratulierte dem Minister zu dem politischen Erfolg. HStA Stuttgart E 130 II, Büschel 425, Qu. 29, Schreiben Württembergische Gesandtschaft v. 17. 2. 1920 an Staatsministerium. Ähnlich PA/AA Deutschland Nr. 97 Nr. 1, Bd 3, Protokoll über o. a. Sitzung.

[355] PA/AA Büro Reichsminister Az. 60, Bd 1 (3177/D 684 971–972), Note Lloyd Georges vom 13. 2. 1920 an Reichskanzler (Abschrift), abgedruckt in: Nationalversammlung, Bd 341, Drucksache Nr. 2161, hier: S. 2391 f.; Kraus/Rödiger II, DokNr. 143 c; Ursachen und Folgen IV, DokNr. 814. Siehe auch Anm. 446. Vgl. Telegramm Lord Kilmarnock vom 17. 2. 1920 an Earl Curzon, abgedruckt in: DBFP IX, DokNr. 625.

[356] BA NL Koch(-Weser), Nr. 21, S. 88 f., hs. Aufzeichnung vom 18. 2. 1920.

[357] Protokoll der Kabinettssitzung am 18. 2. 1920, abgedruckt in: Kabinett Bauer, DokNr. 170 (P. 1).

[358] Erklärungen der Minister Schiffer u. Müller am 4. u. 5. 3. 1920 vor der Nationalversammlung, Nationalversammlung, Bd 332, S. 4663 lit. A u. B bzw. S. 4699 lit. A u. B.

schen Republik abzuwenden. In der Sache sei der Erfolg in der Konzession zu sehen, gegen die Beschuldigten vor einem deutschen Gericht sowie materiell und formell nach deutschem Recht verhandeln zu können. Die Vorbehalte der Sieger seien nur ein notdürftig kaschierter Rückzug; denn es dürfte ihnen kaum mehr gelingen, ihre Rechtstitel in der praktischen Politik durchzusetzen[359].

General v. Seeckt war mit dem Erreichten zufrieden. Er ließ die Generalstabsoffiziere am 19. Februar 1920 wissen:

> „Unser Widerstand richtete sich gegen jede mögliche Auslieferung an ein außerdeutsches Gericht. Er kann und darf meines Erachtens nicht aufrecht erhalten werden gegenüber der Gestellung vor einem deutschen Gerichtshof. Im Gegenteil liegt es im Interesse der Gesamtheit und aller Beteiligten, daß die vom Feind erhobenen und der Öffentlichkeit übergebenen Anschuldigungen in jedem Fall ihre gerichtliche Klarstellung erfahren. Eine solche wird in vielen Fällen zweifellos darin bestehen, daß die beauftragte Behörde die Erhebung der Anklage aus Mangel an Beweisen oder aus anderen Gründen ablehnt. In anderen wird es zur Urteilssprechung kommen. Meines Erachtens haben wir in der Gesamtheit die Klarstellung nicht zu scheuen, sondern sie im Interesse der Gesundung des Urteils des eigenen Volkes sogar zu wünschen. Danach halte ich jeden Widerspruch gegen die Untersuchung durch das deutsche Reichsgericht für einen Fehler[360]."

Dasselbe teilte Seeckt den beiden preußischen Feldmarschällen v. Hindenburg und v. Mackensen mit[361]. Hindenburg zollte in seinem Antwortschreiben „dem energischen Eintreten der Reichswehr gegen die Auslieferung [...] freudige Anerkennung". In der Sache stimmte er jedoch Seeckt nicht zu. Er wollte eine Gestellung vor einem deutschen Gerichtshof davon abhängig machen, daß alle während des Krieges begangenen „einwandfrei strafbaren Handlungen" verfolgt würden, nicht nur die Anschuldigungen der Sieger, sondern auch Dienstpflichtentziehung, Fahnenflucht und unlauterer Kriegsgewinn. Entgegenstehende Amnestien müßten aufgehoben werden. Weitere Voraussetzung sei, daß auch die Entente verpflichtet werde, von Deutschland namhaft gemachte Personen (wegen Verletzung der Kriegsgesetze und -gebräuche) zur Rechenschaft zu ziehen[362]. Die führenden Generale und Admirale des Weltkriegs waren in der Mehrzahl anderer Meinung als Hindenburg. Laut ihrer Erklärung vom 25. Februar 1920 waren sie nicht nur bereit, sich dem deutschen Richter zu stellen, sondern forderten sogar, die Vorwürfe der Siegermächte zwecks Wahrung der persönlichen und der deutschen Ehre unverzüglich zu untersuchen. Sie bekräftigten zugleich ihre Entschlossenheit, sich weder jetzt noch zukünftig einer fremden Gerichtsbarkeit zu stellen und wiesen die in der alliier-

---

359 Leitartikel von Theodor Wolff in: Berliner Tageblatt Nr. 88 vom 17. 2. 1920; Feder, Ernst, Leipzig, ebd., Nr. 91 vom 19. 2. 1920; Vorwärts Nr. 92 vom 19. 2. 1920; Bernhard, Georg, Reichsgericht, in: Vossische Zeitung Nr. 93 vom 20. 2. 1920; Neue Preußische Zeitung (Kreuz-Zeitung) Nr. 90 vom 18. 2. 1920 (Zeitungsausschnitte: GStA Berlin-Dahlem Rep. 84 a/7862). Raschdau, L., Der Umbau des Friedenswerkes, in: Der Tag, Ausg. B, Nr. 45 vom 22. 2. 1920.

360 BA-MA N 247/70 (NL v. Seeckt), Bl. 10, Schreiben RWM Chef des Truppenamtes vom 19. 2. 1919 an Chef des Stabes des Gruppenkdos. 1, 2, 4 usw. (ms. Entwurfsvfg.). Vgl. die im Tenor gewagte Darstellung bei Rabenau, S. 214f.

361 BA-MA N 247/70 (NL v. Seeckt), Bl. 8, Schreiben vom 19. 2. 1920.

362 Ebd., Bl. 11f., Schreiben Gen.Feldm. v. Hindenburg vom 23. 2. 1920 an Gen.Maj. v. Seeckt (hs. Original). Vgl. Rabenau, S. 214.

ten Note vom 13. Februar 1920 artikulierten Vorbehalte als „neuen Angriff gegen das deutsche Volk und seine Souveränität" zurück[363].

Nachdem die Siegermächte die Aburteilung der Beschuldigten durch das Reichsgericht in Leipzig konzediert hatten, lag es an der Reichsregierung, die in ihrer Note vom 25. Januar 1920 gegebenen Zusicherungen für eine strenge und gerechte Strafverfolgung einzulösen. Reichsjustizminister Schiffer legte dem Kabinett am 24. Februar einen diesem Zweck dienenden Gesetzentwurf vor. Das zu erlassende Gesetz war als Ergänzung des Gesetzes zur Verfolgung von Kriegsverbrechen und -vergehen vom 18. Dezember 1919 konzipiert, sollte aber anders als dieses in seinem Geltungsbereich beschränkt sein auf die Verfahren, die aufgrund der Beschuldigungen der Siegermächte stattzufinden hatten. Es sah nämlich die Außerkraftsetzung einiger erhabener Grundsätze des deutschen Strafrechts vor: Dem reichsgerichtlichen Verfahren sollte eine zwischenzeitlich erfolgte Gewährung von Straffreiheit durch Amnestie oder Begnadigung, eine Verjährung der Strafverfolgung oder ein früheres Verfahren in gleicher Sache, egal ob durch Urteil oder Freispruch abgeschlossen, nicht entgegenstehen. Außerdem sollte die Entscheidung über die Anklageerhebung aus der Hand der an Weisungen des Justizministers gebundenen Reichsanwaltschaft genommen und in die des 1. Strafsenats des Reichsgerichts gelegt werden[364].

---

363 PA/AA Hauptstelle, Bd 1, Entschließung der Generale u. Admirale vom 25. [sic] 2. 1920 (Abschrift), u. a. veröffentlicht in: Deutsche Tageszeitung Nr. 106 vom 27. 2. 1920 (Zeitungsausschnitt: BA R 43 I/340, Bl. 206), abgedruckt in: Schulthess 1920 I, S. 26; Ursachen und Folgen IV, DokNr. 812 (hier Datierungsfehler in Überschrift und zu Beginn des 3. Absatzes, richtig: Note der Entente vom 13. Februar). Die Deutsche Tageszeitung wußte ergänzend zu berichten: „Die Forderung nach einer Gegenliste ist von den Generalen nicht erhoben worden, weil sie dies als eine Forderung ansehen, die vom gesamten deutschen Volk zu erheben ist."
Die Entschließung wurde auf einer „Feldherrenkonferenz" gefaßt, die am 25. (oder 26.?) 2. 1920 in Berlin – anscheinend wieder in den Räumen der „Hauptstelle" – stattfand. Geh.LegRat Wedding berichtete dem Reichsminister des Auswärtigen, die Generale und Admirale hätten sich außerdem für ein Fortbestehen der „Hauptstelle" ausgesprochen. Diese solle einerseits für den Eventualfall einer Erneuerung der Auslieferungsforderung erhalten bleiben, andererseits für eine Unterstützung und Koordinierung der Verteidigung der Beschuldigten vor dem Reichsgericht Sorge tragen. PA/AA Hauptstelle, Bd 1, Schreiben Hauptstelle Nr. 847 vom 27. 2. 1920 (ms. Entwurfsvfg., Absendung des Schreibens unsicher). – Sprecher der Generale/Admirale scheint General d.Inf. z. D. Falkenhayn gewesen zu sein. Mitte Januar 1920 bat er Wedding, die bei der „Hauptstelle" zwecks Unterstützung der Auszuliefernden und ihrer Familien eingegangenen Privatspenden durch Vermittlung des Maj. [Otto?] v. Stülpnagel der „Organisation Reinhard" zugehen zu lassen. Daraufhin wurde eine Vereinbarung getroffen, nach der Wedding die Verwaltung der Spenden in Höhe von 1,2 Mill. M behielt, Oberst Reinhard jedoch ein Verfügungsrecht eingeräumt wurde. PA/AA Hauptstelle, Bd 1, Schreiben Gen. v. Falkenhayn vom 16. 1. u. Anfang Febr. 1920 an Geh.LegRat Wedding (hs. bzw. ms. Original).
Der Reichsminister des Auswärtigen ordnete die Schließung der „Hauptstelle" zum 1. 4. 1920 an. Sie erfolgte tatsächlich jedoch erst am 3. 5. 1920. Für die Tätigkeit der „Hauptstelle" waren bis dahin 149 153,58 M aus Reichsmitteln bereitgestellt worden. Das AA erbat und erhielt das Einverständnis des Reichsministers der Finanzen, diesen Betrag bei den sächlichen Mitteln (!) verbuchen zu dürfen, um den wahren Charakter der „Hauptstelle" verschleiern zu können. Dieser Vorsorge hätte es indessen nicht bedurft: Nach mehrmaliger Aufforderung des AA, eine Abrechnung über die Ausgaben der „Hauptstelle" vorzulegen, überwies Geh.LegRat z. D. Wedding im Juni 1921 den gesamten vom Reich zur Verfügung gestellten Betrag! Schriftwechsel in: PA/AA Rep. IV, Geschäftsgang Nr. 11 adh. 26.

364 Protokoll der Kabinettssitzung am 24. 2. 1920, abgedruckt in: Kabinett Bauer, DokNr. 172. Entwurf eines Gesetzes zur Ergänzung des Gesetzes zur Verfolgung von Kriegsverbrechen und Kriegsvergehen vom 18. 12. 1919, abgedruckt in: Nationalversammlung, Bd 341, S. 2385–2392 (2385 f.). Dem Entwurf war statt einer Begründung der Notenwechsel mit dem Präsidenten der Friedenskonferenz beigefügt. Zum Inhalt des Gesetzes siehe die Ausführungen des Berichterstatters des Verfassungsausschusses

Sowohl im Reichsrat als auch in der Nationalversammlung wurden gegen den Gesetzentwurf wegen der in ihm enthaltenen „juristischen Ungeheuerlichkeiten“ erhebliche Bedenken[365] laut. Minister Schiffer machte vor dem Parlament keinen Hehl daraus, daß er mit der erbetenen Zustimmung zu der Regierungsvorlage ein erhebliches Opfer verlange. Dieses, so meinte er, müsse allerdings gebracht werden, um Schlimmeres zu verhüten, und könne gebracht werden, da die Grenzen, die durch deutsches Recht, deutsche Ehre und deutsche Sittlichkeit gezogen seien, nicht überschritten würden. Die Vorlage sei ebenso wie das Gesetz vom 18. Dezember 1919 nicht aus inneren Bedürfnissen geboren, sondern Ausfluß der politischen Lage. Nur durch die Gewährung besonderer Rechtsgarantien, die den Willen und die Fähigkeit der Reichsregierung zur Aburteilung der Beschuldigten bewiesen, sei es gelungen, die Auslieferung zu vermeiden. Die neuen Lasten würden durch die Tatsache aufgewogen, daß nun deutsche Richter nach deutschem Recht über die Beschuldigten befinden würden. Freiheit und Unabhängigkeit der Rechtsprechung seien gewahrt, nur wirklich Schuldige müßten mit einer Verurteilung rechnen. Daher sei der Vorwurf, das Reichsgericht sei nunmehr „Büttel der Entente“, ebenso unzutreffend wie diskreditierend. Freilich sei der Vorbehalt der Sieger, die Urteile nachzuprüfen und unter Umständen nicht anzuerkennen, schmerzlich, müsse jedoch als Vorbehalt der Macht hingenommen werden. Sollte von diesem Gebrauch gemacht werden, werde die deutsche Position in der Autorität des Reichsgerichts eine bedeutsame Stütze haben[366].
Die Mehrheit der Nationalversammlung war bereit, das von Schiffer geforderte Opfer zu bringen. Sie nahm die Durchbrechung einiger Grundsätze des deutschen Strafrechts hin, um Deutschland nicht in die schwierige Lage der vorangegangenen Wochen zurückzuversetzen. Der Preis für den Verzicht der Siegermächte auf Auslieferung der Beschuldigten war zu entrichten. Er charakterisierte das Gesetz als ein politisches. Nur die Deutschnationale Volkspartei versagte ihm wegen der alliierten Vorbehalte die Zustimmung[367]. Die Begründung war fadenscheinig; in Wahrheit waren parteipolitische Überlegungen dafür ausschlaggebend, sich in der Frage der Verfolgung Deutscher wegen Kriegsverbrechen und -vergehen nicht zu binden[368].
Die parlamentarische Debatte des Ergänzungsgesetzes gab dem Außenminister Gelegenheit, die Stellung der Regierung zur „Gegenliste“ darzulegen, deren Herausgabe von den Rechtsparteien und ihrer Presse sowie den Rechtsverbänden stürmisch gefordert wur-

der Nationalversammlung, Wilhelm Kahl, am 4. 3. 1920 vor dem Plenum, Nationalversammlung, Bd 332, S. 4659–4662, u. dessen Aufsatz „Das Ergänzungsgesetz zur Verfolgung von Kriegsverbrechen“, in: DJZ 25 (1920), Sp. 337–339.

[365] HStA Stuttgart E 130 IV, Büschel 1159, Qu. 17, Bericht des württembergischen Bevollmächtigten beim Reichsrat vom 26. 2. 1920 über die Sitzung des VII. Ausschusses des Reichsrats am gleichen Tag. – Der Reichsrat stimmte dem Gesetzentwurf zu, nur Sachsen enthielt sich der Stimme. Niederschrift über die 14. Sitzung des Reichsrats am 26. 2. 1920, abgedruckt in: Niederschriften über die Verhandlungen des Reichsrats, Jahrgang 1920, Berlin o. J., S. 143–149 (148).

[366] Sitzung der Nationalversammlung am 4. 3. 1920, Nationalversammlung, Bd 332, S. 4662–4664.

[367] Das Protokoll vermerkt zwar nur, daß das Gesetz mit „Mehrheit“ angenommen wurde (ebd., S. 4702, lit. B), jedoch hatte zuvor der Abg. Düringer für die Fraktion der DNVP deren Ablehnung erklärt (ebd., S. 4694, lit. B). – Das „Gesetz zur Ergänzung des Gesetzes zur Verfolgung von Kriegsverbrechen und Kriegsvergehen vom 18. 12. 1929“ wurde am 24. 3. 1920 ausgefertigt u. am 27. 3. 1920 im RGBl. 1920, S. 341–343 verkündet; auch abgedruckt in: Kraus/Rödiger II, DokNr. 143 d (Anlage).

[368] Nationalversammlung, Bd 332, S. 4694 f.

de[369]. Müller erklärte, daß das Material zwar gesammelt und zusammengestellt sei, seine Übergabe an die Regierungen der Siegermächte bzw. seine Veröffentlichung zunächst aber nicht vorgesehen sei, weil ein solcher Schritt Deutschland mehr schaden als nützen würde. Es sei nicht zu erwarten, daß eine „Gegenliste" die Siegermächte zur Einleitung von Gerichtsverfahren gegen eigene Staatsangehörige bewegen würde. Vielmehr sei ein noch engeres Zusammenrücken der Kriegskoalition gegen Deutschland als es bisher der Fall sei und damit eine Verschlechterung des politischen Klimas zu befürchten. Die Regierung behalte sich jedoch vor, zu einem passenden Zeitpunkt von der „Gegenliste" Gebrauch zu machen[370].

Mit dem Erlaß des Ergänzungsgesetzes wurden deutscherseits die Verpflichtungen erfüllt, die mit dem Angebot, bei Verzicht auf Auslieferung das Reichsgericht über die der Verletzung der Kriegsgesetze und -gebräuche beschuldigten Deutschen urteilen zu lassen, eingegangen worden waren. Juristische Hemmnisse, die der Einleitung von Strafverfahren entgegenstehen konnten, waren beseitigt worden. Die Entscheidung über die Einstellung eines Verfahrens oder über die Ablehnung der Wiederaufnahme eines Verfahrens war der Reichsanwaltschaft genommen und dem Reichsgericht übertragen worden, um jede politische Einflußnahme auszuschließen.

Die Reichsregierung unterrichtete die Siegermächte mit Note vom 7. März 1920 über die getroffenen Maßnahmen. Sie betonte, daß nach Schaffung der gesetzlichen Voraussetzungen und Übergabe der Liste der Beschuldigten an die Reichsanwaltschaft alles weitere Sache der Justiz und damit ihrer Einwirkung entzogen sei. Das Reichsgericht werde getreu seiner Tradition ohne Ansehen der Person und ohne Rücksicht auf politische Belange dem Recht Geltung verschaffen. Es werde sich von seiner Pflicht, nach deutschem Recht zu urteilen, weder von den alliierten Vorbehalten noch von sonstigen Pressionen abhalten lassen[371].

Nach dem vorläufigen Verzicht der Siegermächte auf Auslieferung sah die Reichsregierung die Zeit gekommen, auch das Schicksal der Personen zu klären, die von diesen zwecks Aburteilung wegen Kriegsverbrechen festgehalten wurden. Es handelte sich hierbei um Kriegsgefangene und um deutsche Staatsangehörige, die von französischen und belgischen Militärbehörden im besetzten Gebiet ergriffen und in Haft genommen worden waren. Die Reichsregierung ersuchte darum, diese Personen, die zum Teil in der Auslieferungsliste aufgeführt waren, freizulassen und ihnen zu gestatten, sich ebenso wie die übrigen Beschuldigten vor dem Reichsgericht zu verantworten[372].

---

[369] Laverrenz, Wilhelm [DNVP, M. d. N.], Zur deutschen Gegenliste, in: Deutsche Zeitung Nr. 86 vom 24. 2. 1920 (Zeitungsausschnitt: BA R 43 I/10, Bl. 35). Cincinnatus, Lucius [Pseudonym], Militärpolitisches zur Weltlage, in: Militär-Wochenblatt Nr. 95 vom 3. 3. 1920, Sp. 1756f.

[370] Nationalversammlung, Bd 332, S. 4698–4700 (4699f.). In gleicher Weise beantwortete Müller schon Mitte Februar eine Nachfrage des württemberg. Gesandten Hildenbrand. HStA Stuttgart E 130 IV, Büschel 1159, Qu. 14, Schreiben Württemberg. Gesandtschaft vom 20. 2. 1920 an Staatsministerium (ms. Abschrift).

[371] PA/AA Dt. Botschaft London, Az. F VII 1, Bd 1, Schreiben AA Friedensabtlg. Nr. FM 3367 vom 7. 3. 1920 an dt. Geschäftsträger (ms. Original), dazu Anlage: Note vom 7. 3. 1920 an Lloyd George (ms. Durchschrift), diesem vom Geschäftsträger am 10. 3. 1920 übergeben. Note abgedruckt in: Kraus/Rödiger II, DokNr. 143d; Schulthess 1920 I, S. 322–324; Ursachen und Folgen IV, DokNr. 815 (Auszug).

[372] Note vom 7. 3. 1920, wie Anm. 371. Vgl. auch: Protokoll der Sitzung des Reichskabinetts am 18. 2. 1920, abgedruckt in: Kabinett Bauer, DokNr. 170 (P. 1), u. Erklärung Müllers am 5. 3. 1920, Nationalversammlung, Bd 332, S. 4698–4700 (4698, lit. C u. D). – Auf Anweisung des AA

Der Erfolg in der Auslieferungsfrage ermutigte die deutsche Regierung, in ihrer Note vom 7. März 1920 auf ihren Vorschlag einer gegenseitigen Amnestie zurückzukommen, wie sie im Interesse der Wiederherstellung normaler zwischenstaatlicher Beziehungen in vielen Friedensverträgen der Neuzeit vereinbart worden war. Alle rechtswidrigen Kriegshandlungen, deren strafrechtliche Verfolgung das universelle Rechtsbewußtsein nicht unabdingbar fordere, sollten dem Vergessen anheimfallen. Denn eine Normalisierung der Beziehungen zwischen den Völkern und Menschen sei kaum möglich, wenn die Regierungen der Siegermächte ihren Vorbehalt realisieren sollten, auch nicht auf der Liste aufgeführte deutsche Staatsangehörige vor ihre Gerichte zu ziehen, falls diese in ihre Gewalt fallen sollten. Sollten sich die Alliierten in dieser Hinsicht nicht freiwillig beschränken, so würden sie die deutsche Regierung zwingen, Maßnahmen zur Verfolgung derjenigen alliierten Staatsangehörigen zu treffen, die strafbarer Kriegshandlungen beschuldigt seien[373].

5. Der Verzicht der Siegermächte auf die Auslieferung

Die bisherigen Ausführungen zeigen, daß insbesondere die europäischen Siegermächte der Auslieferung der der Verletzung der Kriegsgesetze und -gebräuche beschuldigten Deutschen zur Aburteilung durch ihre Militärgerichte eine hohe Bedeutung zumaßen. Es war ihnen gelungen, ihre diesbezügliche Forderung auf der Friedenskonferenz gegen manche Bedenken und Widerstände durchzusetzen. Daher stellt sich die Frage, welche Gründe sie schon wenige Wochen nach Inkrafttreten des Friedensvertrags bewogen, auf die Auslieferung vorläufig zu verzichten. De facto wurde aus dem vorläufigen und mit besonderen Auflagen verbundenen Verzicht sehr bald ein endgültiger.

Noch auf der Pariser Friedenskonferenz wurde die Sorge laut, daß Deutschland sich weigern könne, einen Teil der Friedensbedingungen – insbesondere die von ihm als ehrverletzend empfundenen – zu erfüllen. Zwei demonstrative Akte vom 21. bzw. 23. Juni 1919 verstärkten diese Besorgnis: die Versenkung der in der Bucht von Scapa Flow internierten Hochseeflotte durch ihre Besatzungen und die Verbrennung von im Berliner Zeughaus aufbewahrten Fahnen, die von der preußischen Armee im Kriege 1870/71 erbeutet, gemäß Artikel 245 an Frankreich zurückzugeben waren[374]. Beide Akte motivierten den englischen Solicitor-General, Sir Ernest M. Pollock, zu dem Vorschlag, die Entlassung der deutschen Kriegsgefangenen von der Auslieferung der der Kriegsrechtsverletzungen Beschuldigten abhängig zu machen. Seines Erachtens war dieses Junktim besonders deshalb angezeigt, weil die deutsche Regierung mit ihrem Versuch, Vorbehalte zum Friedensvertrag durchzusetzen[375], zu verstehen gegeben habe, daß sie sich – wenn irgend möglich –

Friedensabtlg. übergaben die Geschäftsträger in London, Paris u. Brüssel Mitte März 1920 Noten, in denen die jeweilige Regierung um Entlassung der festgehaltenen, namentlich genannten dt. Staatsangehörigen ersucht wurde. Z. B. Note Dt. Geschäftsträger in London vom 18. 3. 1920 an Earl Curzon, abgedruckt in: DBFP IX, DokNr. 646.

[373] Dt. Note vom 7. 3. 1920, wie Anm. 371.

[374] Die Verbrennung der frz. Fahnen war von Angehörigen der Rw-Brigade 15 (vormals Brigade Reinhard) und der Marinebrigade v. Loewenfeld (besonders von Angehörigen ihres Sturmbataillons unter Führung von Kaptlt. v. Arnauld de la Perière) sowie von Kriminalbeamten und Studenten vorgenommen worden. Die Wirren in der Reichshauptstadt, S. 122; Ursachen und Folgen III, DokNr. 728.

[375] Note vom 22. 6. 1919, siehe oben S. 225 (bzw. S. 221).

der Verpflichtung zur Auslieferung der Kriegsverbrecher zu entziehen gedenke. Der Oberste Rat der Friedenskonferenz hielt den Vorschlag Pollocks für erwägenswert[376]. Als daraufhin F. Larnaude, der stellvertretende Vorsitzende der „Commission des responsabilités", ein diesbezügliches Memorandum vorlegte, verfiel es unerwartet der Ablehnung. Die reservierte Haltung Präsident Wilsons und des italienischen Außenministers Sonino verhinderte, daß ein aus deutscher Sicht teuflisches Junktim zustande kam[377].

Die Berichte, die Beobachter der alliierten und assoziierten Mächte in Deutschland nach der Unterzeichnung des Friedens ihren Regierungen sandten, bestätigten nicht die Befürchtung, daß Deutschland sich weigern könne, die der Verletzung der Kriegsgesetze und -gebräuche Beschuldigten auszuliefern. In der Tat lag für eine solche Sorge zunächst kein Grund vor. Die Reichsregierung hatte die Notwendigkeit der Vertragserfüllung gegenüber der Öffentlichkeit betont, verschiedene Minister hatten sie in Stellungnahmen und Interviews bekräftigt. Doch hätte aufmerksamen Beobachtern auffallen können, daß deutsche Politiker wiederholt auf die Auslieferungsfrage zu sprechen kamen. So z. B. der Reichswehrminister in einer Unterredung mit Generalmajor Malcolm, dem Leiter der britischen Militärmission in Berlin. Noske versicherte zwar seine Bereitschaft, trotz seines Widerwillens gegen den Friedensvertrag für die Erfüllung seiner Bedingungen Sorge zu tragen, machte aber zugleich auf voraussichtlich eintretende Schwierigkeiten und Gefahren aufmerksam. Zu den Gefahren zählte er die beabsichtigte Verfolgung des Kaisers. Denn viele Deutsche, die bisher wenig Interesse an dessen Schicksal gezeigt hätten, würden sich jetzt um ihn scharen. Daher müsse mit ernsten Schwierigkeiten gerechnet werden, wenn die Siegermächte an ihrem Vorhaben festhielten, Wilhelm II. vor Gericht zu stellen. Auch sei an eine Auslieferung der beschuldigten Offiziere z. Zt. nicht zu denken. Doch erklärte Noske, er sei zuversichtlich, die Sache in wenigen Wochen in die Hand zu bekommen. Daher bat er um eine „Atempause", bevor die Auslieferungsforderungen erhoben würden[378].

Sir Eyre Crowe, Unterstaatssekretär im Foreign Office und Mitglied der Britischen Friedensdelegation, versah den Bericht General Malcolms mit folgender Bemerkung: „The treaty was signed unconditionally, after the Germans had attempted to make reservations on the extradition articles. We must insist on the treaty being carried out." Außenminister Balfour zeichnete das Schriftstück kommentarlos ab[379]. Beide sahen zu einem Zeitpunkt,

---

[376] Protokoll der Sitzung des Fünferrats am 25. 6. 1919, 16 Uhr, abgedruckt in: FRUS, P. P. C. VI, S. 669–696 (670 u. 679). Vgl.: Mantoux II, DokNr. 141 (hier: S. 512); Conférence de la Paix. Recueil des actes, P. I, 2me fasc., No. 774.

[377] Protokoll der Sitzung des Fünferrats am 28. 6. 1919, 17 Uhr, abgedruckt in: FRUS, P. P. C. VI, S. 751–758 (755 f.); Mantoux II, DokNr. 148 (hier: S. 566 f.). – Der Viererrat hatte sich schon Ende April 1919 mit der Frage beschäftigt, ob kriegsgefangene Offiziere als Geiseln zurückbehalten werden sollten, bis Deutschland seiner Verpflichtung zur Auslieferung der Kriegsverbrecher nachgekommen sei. Wilson, Lloyd George und Clemenceau lehnten den (ebenfalls von der brit. Delegation ausgegangenen) Vorschlag kategorisch ab. Letzterer wies ausdrücklich darauf hin, daß es nicht angehe, einen Menschen für die Tat eines anderen zu bestrafen. Im übrigen sehe der Friedensvertrag Sanktionen für den Fall der Nichterfüllung von Bedingungen vor. Protokoll der Sitzung des Viererrats am 29. 4. 1919, 16 Uhr, abgedruckt in: FRUS, P. P. C. V, S. 337–343 (338 u. 339–342); Mantoux I, DokNr. 53 (hier: S. 410 f.).

[378] Schreiben Gen.Maj. Malcolm vom 6. 7. 1919 an Director of Military Intelligence at the War Office, Gen.Maj. Sir W. Thwaites (Anlage: Bericht über die Unterredung mit Noske am 5. 7. 1919), abgedruckt in: DBFP VI, DokNr. 16.

[379] DBFP VI, DokNr. 16, Anm. 7.

in dem der Meinungsbildungsprozeß über die zukünftige britische Deutschlandpolitik gerade eingesetzt hatte, keinerlei Anlaß zu Konzessionen[380].
Mit demselben Anliegen wie Noske wandte sich Erzberger an die französische Adresse. In der schon bekannten Mitteilung an Foch wies er entschiedener als der Reichswehrminister auf die Gefahren hin, die eintreten würden, wenn die Siegermächte ihre Forderung nach Auslieferung der Beschuldigten präsentierten: Truppe und Offizierkorps würden der Reichsregierung ihre Unterstützung entziehen und damit ihren Sturz herbeiführen. Dann sei Deutschland dem Kommunismus preisgegeben. Mithin bilde die Auslieferungsforderung derzeit eine Gefahr, die für Sieger und Besiegte gleich ernst sei[381].
Clemenceau brachte die Mitteilung Erzbergers am 1. August 1919 im Obersten Rat zur Kenntnis der Verbündeten. Zugleich zeigte er zwei Möglichkeiten für das künftige Verhalten auf: Entweder solle man ein Junktim zwischen der Repatriierung der deutschen Kriegsgefangenen und der Auslieferung der Beschuldigten knüpfen oder man solle auf die Auslieferung gegen entsprechende deutsche Gegenleistungen auf militärischem Gebiet verzichten. Auf Drängen Clemenceaus bat der Oberste Rat Marschall Foch um einen Bericht, welche militärischen Gegenleistungen für einen Verzicht auf Auslieferung von Deutschland gefordert werden könnten[382]. Wenige Tage später nahm Balfour – wahrscheinlich aufgrund eines Einspruchs von Lloyd George[383] – seine Zustimmung zu dem in der Tat erstaunlichen Beschluß zurück[384]. Foch wurde nunmehr beauftragt, militärische

[380] Anlaß, über die künftige Deutschlandpolitik und insbesondere über das Verhältnis zur Regierung Bauer nachzudenken, gaben Fühlungnahmen aus dem Kreis um Ludendorff, der seit dem Frühjahr 1919 (seit Mitte Juli 1919 im Verein mit Kapp) auf den Sturz der Regierung hinarbeitete. Oberst a. D. Max Bauer nahm als Vertrauensmann Ludendorffs am 5. u. 29. 7. 1919 Kontakte zu brit. Militärstellen in Köln u. Berlin mit dem Ziel einer außenpolitischen Absicherung des geplanten Putsches auf. Bauer sagte wider besseres Wissen die Erfüllung des Friedensvertrags zu. Er ersuchte jedoch darum, die Beibehaltung der Freikorps, der Garanten für Ruhe und Ordnung in Deutschland, zu gestatten und gewisse Konzessionen in der Auslieferungsfrage zwecks Festigung der Truppenmoral zu gewähren. Memorandum Oberst Ryan vom 5. 7. 1919 u. Bericht Gen.Maj. Malcolm vom 30. 7. 1919 jeweils an Director of Military Intelligence u. Brit. Friedensdelegation Paris, abgedruckt in: DBFP VI, DokNr. 15 u. 71 (zugehörige Stellungnahmen u. Anweisungen des Foreign Office in den Anmerkungen). Vgl.: Erger, S. 41 f.; Vogt, Adolf, Oberst Max Bauer. Generalstabsoffizier im Zwielicht. 1869–1929, Osnabrück 1974 (= Studien zur Militärgeschichte, Militärwissenschaft und Konfliktforschung, Bd 6), S. 258–260. – Es ist hier anzumerken, daß Sir Eyre Crowe ein Exponent des frankophilen Flügels im Foreign Office war, der die frz. Politik des starren Festhaltens am Friedensvertrag unterstützte. Dagegen bemühten sich Lloyd George und das Kabinett im Interesse einer Stabilisierung der Friedensordnung in Europa um eine Normalisierung der Beziehungen zu Deutschland. Sie waren deshalb zu einer maßvollen Revision einzelner Bestimmungen des Versailler Vertrages bereit, wie nicht zuletzt die Entwicklung in der Auslieferungsfrage zeigen sollte. Zur brit. Deutschlandpolitik der frühen Nachkriegszeit: Steinbach; Libal, Gisela, Aspekte der britischen Deutschlandpolitik 1919–1922, Göppingen 1972 (= Göppinger akademische Beiträge, Nr. 52). Beide Autoren behandeln auch die Auslieferungsfrage. Steinbach ordnet sie zutreffend in die brit. Moderationspolitik gegenüber Deutschland ein, wobei unverständlicherweise die Vorgänge im zweiten Halbjahr 1919 unberücksichtigt bleiben (S. 1–36). Dagegen stellt Libal die Kriegsverbrecherfrage losgelöst von allen sonstigen Entwicklungen in einem Exkurs dar (S. 177–185). Dieser vermag wegen der thematischen Isolierung, aber auch wegen seiner Kürze nicht recht zu befriedigen.

[381] Telegramm General Nudant vom 1. 8. 1919, abgedruckt in: DBFP I, S. 284. Vgl. oben, S. 260f.

[382] Protokoll der Sitzung des Obersten Rates am 1. 8. 1919, abgedruckt in: DBFP I, DokNr. 25 (P. 1); FRUS, P. P. C. VII, S. 449–479 (449–451). Beschluß auch in: Conférence de la Paix. Recueil des actes, P. I, 3me fasc., No. 1006.

[383] Siehe Willis, S. 254 f.

[384] Schreiben Balfours vom 5. 8. 1919 an Dutasta, abgedruckt in: DBFP I, S. 352; FRUS, P. P. C. VII, S. 565 f.

Maßnahmen vorzuschlagen, die geeignet seien, die deutsche Regierung zur Auslieferung der Beschuldigten zu zwingen[385].

Weiterhin wiesen die im Obersten Rat vertretenen Mächte ihre politischen Beobachter in Berlin an, zur Lagebeurteilung Erzbergers Stellung zu nehmen[386]. Der französische General Dupont hielt diese für wohl begründet. Er meinte, wenn man an der Aufrechterhaltung der gegenwärtigen politischen Verhältnisse in Deutschland interessiert sei, müsse man Entgegenkommen zeigen. Dupont sah in den Kriegsrechtsverletzungen einen Ausfluß der deutschen Kriegsdoktrin, die in dem Diktum „je härter der Krieg, um so kürzer die Leiden" zum Ausdruck komme. Zwar habe das ganze deutsche Volk dieser Doktrin angehangen, jedoch trage allein der Kaiser die Verantwortung für ihre Anwendung. Die Generale seien nur die Ausführenden gewesen. Eine Ausnahme bilde vielleicht Tirpitz, dem durchaus persönliche Verantwortung für die Übertragung der Doktrin auf den Seekrieg zukomme. Daher sollten der Kaiser und Tirpitz sowie die Offiziere zur Rechenschaft gezogen werden, die aufgrund in eigener Verantwortung gefällter Entschlüsse gefehlt hätten: U-Bootkommandanten, die Lazarettschiffe torpediert hätten, Kommandanten von Kriegsgefangenenlagern, die sich durch übermäßige Härte ausgezeichnet hätten, Etappenkommandanten, die des Mordes und des Diebstahls schuldig seien, sowie die Richter von Miß Cavell und Kapitän Fryatt. Die Auslieferung der Genannten sei das Maximum dessen, was man von einer Regierung verlangen könne. Darüber hinaus solle man die vollständige Namensliste veröffentlichen und sich die Forderung nach Auslieferung eines Teils oder aller Beschuldigten vorbehalten. Die Liste sei ein probates Druckmittel, um die Erfüllung des Friedensvertrags auf kaltem Weg durchzusetzen[387].

Clemenceau machte sich die Empfehlungen Duponts weitgehend zu eigen. Er schlug im Obersten Rat vor, die Forderung auf Auslieferung zunächst auf wenige symbolische Personen zu begrenzen, z. B. auf den Kaiser sowie auf die Verantwortlichen für die Tötung von Miß Cavell und Kapitän Fryatt. Wie Clemenceau darlegte, beabsichtigte er nicht, auf friedensvertragliche Rechte zu verzichten, denn die Auslieferung weiterer Beschuldigter sollte gegebenenfalls später gefordert werden. Mit der stückweisen Ausführung des Friedensvertrags sollte dem Kabinett Bauer lediglich die Chance gegeben werden, sich noch einige Monate im Amt zu halten[388].

Der britische Außenminister verweigerte dem Vorschlag Clemenceaus seine Zustimmung, weil dieser den erwünschten Erfolg nicht zu garantieren schien. Denn Balfour war aufgrund der – im Vergleich mit Duponts Mitteilung – differenzierteren Meldungen Malcolms[389] zu der Einsicht gelangt, daß das endgültige Schicksal der deutschen Regierung

---

385 Protokoll der Sitzung des Obersten Rates am 6. 8. 1919, abgedruckt in: DBFP I, DokNr. 29 (P. 1); FRUS, P.P.C. VII, S. 547–602 (547f.). Beschluß auch in: Conférence de la Paix. Recueil des actes, P. I, 3me fasc., No. 1038 (irrtümlich auf 5. 8. 1919 datiert).

386 Beschlüsse des Obersten Rates am 1. u. 6. 8. 1919, wie Anm. 382 u. 385. Siehe auch Telegramm Balfours vom 3. 8. 1919 an Gen.Maj. Malcolm, abgedruckt in: DBFP VI, DokNr. 82.

387 Schreiben Mission Militaire Française à Berlin vom 4. 8. 1919 an Marschall Foch, abgedruckt in: DBFP I, S. 397f.; engl. Übers. FRUS, P.P.C. VII, S. 660f.

388 Protokoll der Sitzung des Obersten Rates am 11. 8. 1919, abgedruckt in: DBFP I, DokNr. 32 (P. 4); FRUS, P.P.C. VII, S. 646–669 (649). Vgl. Conférence de la Paix. Recueil des actes, P. I, 3me fasc., No. 1070.

389 Telegramm vom 5. 8. 1919 an Balfour, abgedruckt in: DBFP VI, DokNr. 84; Bericht vom 6. 8. 1919 an Director of Military Intelligence at the British Peace Delegation, ebd., Anm. 2; Schreiben vom 7. 8. 1919 an Oberst Twiss, Mitglied der Brit. Friedensdelegation, (auszugsweise) ebd., DokNr. 95.

von der Haltung der Reichswehr abhing. Aller Voraussicht nach werde diese der Regierung den Gehorsam und den Schutz gegenüber den Spartakisten verweigern, wenn eine lange Liste einschließlich der Namen von Heerführern wie Hindenburg, Ludendorff und Mackensen präsentiert werden würde. Bei diesen Auspizien war die im Vorschlag Clemenceaus vorgesehene Veröffentlichung der Liste aller möglicherweise Auszuliefernden völlig abwegig. Balfour schloß sich der Meinung Malcolms an, daß der einzig gangbare Weg die Überreichung einer kurzen Liste sei, die zugleich prima facie-Beweise für die den Beschuldigten zur Last gelegten Kriegsgreuel enthalten müsse. Die deutsche Armee werde sich ebenso wie die deutsche Öffentlichkeit beruhigen, wenn offensichtlich sei, weshalb die auszuliefernden Männer zur Rechenschaft gezogen werden sollten, – nicht weil sie ihre Pflicht als Soldaten getan hätten, sondern weil sie bestimmter flagranter Rechtsverstöße beschuldigt würden[390].

Lloyd George, um Weisung gebeten, erklärte sich mit den Ansichten seines Außenministers einverstanden:

> „I am in entire agreement with [your] views [...] my strong opinion is that we should confine our demands to surrender of the most important and notorious offenders and let the rest go[391]."

Vertraulich ließ der Premierminister wissen, die Law Officers of the Crown hofften, die britische Liste auf 50 bis 60 der übelsten Rechtsbrecher zusammenstreichen zu können. Es sei sehr zu wünschen, daß die Franzosen ihre Liste auf eine ähnliche Zahl beschränkten[392]. Auch Präsident Wilson gab aus Washington den Rat, nur die Auslieferung einiger weniger Personen zu verlangen, die sich besonders schwerer Vergehen schuldig gemacht hätten[393].

Offensichtlich wurde die Entscheidung über die in der Auslieferungsfrage einzuschlagende Politik von französischer Seite verzögert[394]. Als Lloyd George am 15. September 1919 persönlich an den Beratungen in Paris teilnahm, drängte er auf eine Übereinkunft. Er begründete sein Eintreten für eine kurze Liste mit den großen Schwierigkeiten, die eine lange der deutschen Regierung bereiten würde. Entgegenkommen sei angezeigt, da die amtierende Regierung besser sei als eine bolschewistische oder militaristische. Im übrigen wolle er nur ein Exempel statuieren. Clemenceau pflichtete Lloyd George mit der Erklärung bei: „the trial should merely be a symbol[395]." Es wurde beschlossen, daß die alliierten und assoziierten Mächte ihre Forderung nach Auslieferung Deutscher gemäß Artikel 228 des Friedensvertrags auf eine kleine Zahl typischer Fälle beschränken sollten[396].

In den folgenden Wochen und Monaten zeigte sich, daß es einfacher war, diesen Ent-

---

[390] Telegramme Balfours vom 11. u. 12.8. 1919 an Earl Curzon (Foreign Office) zur Weiterleitung an Lloyd George, ebd., DokNr. 104 u. 105.

[391] Telegramm Lloyd Georges vom 13.8. 1919 an Balfour (übermittelt durch Earl Curzon, Foreign Office), ebd., DokNr. 106.

[392] Ebd., sowie teleph. Anweisung Lloyd Georges vom 20. 8. 1919, ebd., DokNr. 126.

[393] Willis, S. 257.

[394] Siehe: Schreiben Brit. Friedensdelegation vom 27. 8. 1919 an Generalsekretär der Friedenskonferenz, abgedruckt in: DBFP VI, DokNr. 126, Anm. 4; Bericht Sir E. Crowe vom 3. 10. 1919 an Earl Curzon, abgedruckt in: DBFP V, DokNr. 163.

[395] Protokoll der Sitzung des Obersten Rates am 15. 9. 1919, abgedruckt in: DBFP I, DokNr. 57 (P. 11); FRUS, P.P.C. VIII, S. 200–217 (214).

[396] Beschluß abgedruckt in: DBFP I, DokNr. 57, Anm. 10; Conférence de la Paix. Recueil des actes, P. I, 3me fasc., No. 1224.

schluß zu fassen, als ihn in die Praxis umzusetzen. Wiederum beengte die öffentliche Meinung die Entscheidungsfreiheit der Politiker. Clemenceau war ehrlich genug einzugestehen, daß keine französische Regierung sich der Forderung der Öffentlichkeit nach Aburteilung aller Kriegsverbrecher widersetzen könne, insbesondere nicht vor den bevorstehenden Wahlen[397]. Obwohl sich der französische Ministerpräsident, wie er den Bevollmächtigten der Verbündeten versicherte[398], für die Reduzierung der über 1000 Namen umfassenden Liste einsetzte, hielt er es für angezeigt, sich mit der volkstümlichen Forderung zu identifizieren. Anläßlich der Debatte über die Ratifizierung des Friedensvertrags erklärte er im Senat, daß die scheußlichen Verbrechen der deutschen Soldateska nicht ungesühnt bleiben könnten. Das sei Frankreich seiner Ehre schuldig[399].

Zwar waren die Schwierigkeiten in Großbritannien geringer, jedoch waren die Beamten und Offiziere, die sich ein Jahr lang mit den juristischen Problemen der Bestrafung von Kriegsverbrechern und der Aufstellung der Listen der Auszuliefernden beschäftigt hatten, verständlicherweise wenig geneigt, wesentliche Konzessionen zu machen. Die Admiralität kürzte ihre Liste um die deutschen Offiziere, von denen angenommen wurde, daß sie aufgrund ihrer untergeordneten Stellung nicht in der Lage waren, sich gegen die Ausführung der ihnen gegebenen, britischerseits als völkerrechtswidrig erachteten Befehle zu widersetzen. Z. B. wurden die Namen der Kommandanten und Ersten Artillerieoffiziere(!) der Schiffe gestrichen, die im Dezember 1914 an der Beschießung der Städte West Hartlepool, Scarborough und Whitby teilgenommen hatten. Ebenso wurde auf die Auslieferung der Befehlshaber und Führer der Unterseeboote verzichtet. Dagegen wurde die Liste der U-Bootkommandanten, denen Handlungen von „exceptional callousness or brutality" bei der Versenkung von Handelsschiffen vorgeworfen wurden, nur unwesentlich gekürzt[400]. Aber es wurden auch Bedenken sowohl hinsichtlich der Rechtmäßigkeit als auch hinsichtlich der Zweckmäßigkeit der Verfolgung deutscher Soldaten als Kriegsverbrecher laut. Der Air Council, das höchste Führungsorgan der Royal Air Force[401], erhob Einspruch gegen die Verfolgung der Offiziere und Mannschaften der deutschen Luftstreitkräfte, die in den Jahren 1917 und 1918 London und weitere Städte an der englischen Südostküste bombardiert hatten. Die Luftfahrt habe 1914 noch in den Kinderschuhen gesteckt; ein verbindliches Luftkriegsrecht habe es nicht gegeben. Die Vorwürfe gegen die deutschen Luftstreitkräfte könnten mit gleicher Berechtigung gegen die britischen erhoben werden. Die Luftstreitkräfte beider Länder hätten versucht, militärische Objekte in Städten zu zerstören, und hätten bedingt durch praktische Schwierigkeiten bei der Zielidentifizierung und der Zielauffassung Nichtkombattanten und Privateigentum Schaden zugefügt. Beide Luftwaffen hätten auch Brandbomben abgeworfen mit dem Ziel, Flächenfeuer in den angegriffenen Städten hervorzurufen. Der Air Council sah sich aufgrund dieser Tatsachen veranlaßt, auf folgendes hinzuweisen:

---

397 Bericht Sir E. Crowe vom 3. 10. 1919 über eine Unterredung mit Clemenceau u. F. L. Polk, abgedruckt in: DBFP V, DokNr. 163. 398 Ebd.

399 Bericht des brit. Botschafters in Paris, Earl of Derby, vom 12. 10. 1919 an Earl Curzon über die Sitzung des Senats am 11. 10. 1919, ebd., DokNr. 181.

400 P.R.O. Adm. 1/8581/25, Memorandum vom 20. 10. 1919: The list of German Naval Officers accused of breaches of the laws of war having to be cut down, the following is a summary of the reasons for retaining or omitting certain names (ms. Original).

401 Vorsitzender des Air Council war Winston S. Churchill, in Personalunion Secretary of State for War und Secretary of State for Air. Zu den militärischen Mitgliedern gehörte u. a. Air Marshal Sir Hugh Trenchard, Chief of the Air Staff.

„If the Committee's [Committee of Enquiry into Breaches of the Laws of War] recommendations were carried out German airmen might be tried and convicted for actions common to both sides from which fate British airmen would escape not upon any rule of law or principle of justice but merely because they fought for the victorious side and their enemies for the vanquished[402]."

Eine ungewöhnliche, wahrscheinlich singuläre Äußerung unter den zahlreichen Erklärungen der Sieger zur Frage der Kriegsrechtsverletzungen und ihrer Sühnung, aus denen so viel Selbstgerechtigkeit sprach! Hätte man die Mahnung damals und später stärker beherzigt, wäre ein Ansatz gefunden worden, um den den Kriegsverbrecherprozessen heute anhaftenden Makel zu vermeiden, „Siegerjustiz" zu sein. Doch das britische War Cabinet nahm die drängende Bitte von Air Council und Army Council[403] nicht ernst genug, um die Angelegenheit – auch vom Standpunkt der nationalen Politik – gründlich zu überdenken. Es hielt es für unnötig, eine Grundsatzentscheidung zu treffen, und überließ es den Law Officers und dem Secretary of State for War, in jedem Einzelfall nach Sach- und Rechtslage zu befinden[404].

Anfang November 1919 unternahm dann die Reichsregierung ihren ersten offiziellen, dennoch zaghaften Versuch, die Siegermächte zu einem Verzicht auf die Auslieferung der Beschuldigten zu bewegen. Die von Ministerialdirektor v. Simson vorgetragenen Schwierigkeiten, die nach deutscher Ansicht der Auslieferung entgegenstanden, und die zugleich unterbreiteten Vorschläge zu ihrer Überwindung[405] hinterließen in Paris keinen nachhaltigen Eindruck. Simsons Memorandum wurde im Obersten Rat nicht einmal besprochen. Unterdessen liefen auf internationaler Ebene die Vorbereitungen zur Vollziehung der Strafbestimmungen an. Eine Kommission wurde beauftragt, die von den einzelnen Regierungen vorgelegten Listen mit den Namen der Auszuliefernden untereinander zu verglei-

---

[402] P.R.O. CAB 24/89, Bl. 371–373, W. C., G. T. 8258: Observations by the Air Council upon the recommendations of the Attorney-General's Committee (Memorandum dtd. Sep. 26th, 1919, to War Cabinet). Auffallend ist der in dem Memorandum zum Ausdruck kommende drängende, fast drohende Unterton. So ließ Air Marshal Sir H. Trenchard ankündigen, er werde – sollte er in den Verfahren gegen dt. Bomberbesatzungen als Zeuge aufgerufen werden – freimütig aussagen, daß die Royal Air Force bei ihren Angriffen auf dt. Städte Brandbomben abgeworfen habe. Ziel der von ihm befehligten (bei Abschluß des Waffenstillstands noch in Aufstellung befindlichen alliierten) Independent Air Force sei es gewesen, in dt. Städten Feuersbrünste hervorzurufen! Zu Trenchards Motiven siehe unten, S. 340f. – Zum dt. Bombenkrieg gegen London und Südostengland sowie zur brit. Reaktion siehe: Mason, Francis K., Battle over Britain. A history of the German air assaults on Great Britain, 1917–18 and July–December 1940, and of the development of Britain's air defences between the World Wars, London 1969, S. 17–40; Powers, Barry D., Strategy Without Slide-Rule. British air strategy 1914–1939, London 1976, S. 11–106.

[403] Der Army Council schloß sich der Stellungnahme des Air Council (hinsichtlich der Luftkriegführung) an. P.R.O. CAB 24/89, Bl. 433, W. C., G. T. 8280: Memorandum by the Secretary of State for War dtd. Oct. 6th, 1919 (Drucksache). – Das War Office sah offensichtlich keinen Anlaß, aus dem Memorandum des Air Council für seinen Bereich Konsequenzen zu ziehen. Denn es war nicht beabsichtigt, die Auslieferung dt. Soldaten wegen Verletzung von Gesetzen und Gebräuchen des Landkriegs aufgrund von Kampfhandlungen zu fordern. Zugleich sah das War Office die Forderung nach Auslieferung Deutscher, die der rechtswidrigen Behandlung brit. Kriegsgefangener beschuldigt wurden, als wohlbegründet an.

[404] P.R.O. CAB 23/12, W. C. 631: Conclusions of a Meeting of the War Cabinet on Oct. 16th, 1919, item 5a.

[405] Siehe oben, S. 265f.

chen und eine Übereinkunft über die in Artikel 229 vorgesehenen gemischten, inter-alliierten Militärgerichte zu treffen[406].

Die unter dem Vorsitz von Edouard Ignace, dem Unterstaatssekretär für Militärjustiz im französischen Kriegsministerium tagende „Commission des tribunaux mixtes", machte es sich mit dem ersten Teil ihrer Aufgabe ziemlich leicht. Sie stellte die alliierte Auslieferungsliste zusammen, indem sie die nationalen Listen aneinanderreihen ließ. Eine kritische Überprüfung hinsichtlich der Art und der Berechtigung der erhobenen Beschuldigungen sowie der ihnen zugrunde liegenden Beweismittel scheint nicht stattgefunden zu haben. Auch deutet nichts auf Anstrengungen hin, die Zahl der Auszuliefernden zu verringern[407].

Als sich Clemenceau und Lloyd George vom 11. bis 13. Dezember 1919 in London trafen, war die Kriegsverbrecherfrage die einzige Frage im deutsch-alliierten Verhältnis, die einer baldigen Klärung bedurfte. Denn beide Regierungschefs glaubten, davon ausgehen zu dürfen, daß die Reichsregierung ihre vorübergehend angewandte Taktik, das Inkrafttreten des Friedensvertrags zu verzögern, aufgegeben habe[408]. Tatsächlich hatte das auf britischen Druck erfolgte Entgegenkommen in zwei strittigen Punkten[409] die deutsche Zustimmung zur Unterzeichnung des Ratifikationsprotokolls zum Friedensvertrag ermöglicht. Der deutsche Wunsch nach Konzessionen in der Kriegsverbrecherfrage war freilich abgelehnt worden[410]. Doch Lloyd George war klar, daß ein Beharren in der Sache ein Nachgeben hinsichtlich der Zahl der Auszuliefernden bedingte, wollte man das demokratische Regierungssystem in Deutschland nicht gefährden. Die von der „Commission des tribunaux mixtes" vorgelegte Liste von insgesamt 1580 Namen war daher für ihn völlig unakzeptabel. Clemenceau war mit einer Überprüfung der Liste einverstanden, erklärte aber sogleich, daß er angesichts der Unzahl der begangenen Verbrechen kaum eine Möglichkeit zu ihrer Reduzierung sehe. Zu Lloyd Georges nicht geringer Überraschung pflichteten die Law Officers of the Crown dem französischen Ministerpräsidenten zu. Sir Ernest Pollock meinte, selbst wenn es nicht gelinge, der Beschuldigten habhaft zu werden, so würde doch die Liste für alle Zeiten eine urkundliche Dokumentation der deutschen Brutalität bleiben. Auch Clemenceau wollte offenbar lieber die Ablehnung der Auslieferung durch die deutsche Regierung riskieren als einer großzügigen Reduzierung der Liste zustimmen. Dagegen war Lloyd George entschlossen, wenigstens einige Beschuldigte vor die Schranken der alliierten Militärgerichte zu ziehen. Er setzte sich mit seiner Forderung durch, die Liste mit dem Ziel der Verringerung der Zahl der Auszuliefernden zu überprüfen[411].

---

406 Protokolle der Sitzungen des Obersten Rates am 7. und 11. 11. 1919, abgedruckt in: DBFP II, DokNr. 16 (P. 1) u. 19 (P. 6); FRUS, P.P.C. IX, S. 19–34 (20) u. S. 96–120 (99 u. 114f.). Conférence de la Paix. Recueil des actes, P. I, 3me fasc., No. 1421 u. 1439.

407 Vgl. Protokoll der 1. Sitzung der „Commission des tribunaux mixtes" am 18. 11. 1919, abgedruckt in: DBFP V, DokNr. 241.

408 Protokoll der brit.-frz. Regierungsbesprechung am 13. 12. 1919, abgedruckt in: DBFP II, DokNr. 58 (P. 2).

409 Nämlich hinsichtlich der Entschädigungsforderung für den durch die Selbstversenkung der dt. Hochseeflotte reklamierten Schaden und durch Verzicht auf die Einräumung eines über die friedensvertragliche Regelung hinausgehenden Rechts zur Verhängung von Sanktionen gegen das Deutsche Reich. Siehe DBFP II, DokNr. 37, Anm. 4.

410 Siehe oben, S. 270f.

411 Wie Anm. 408, hier: P. 5. Beschluß abgedruckt in: DBFP II, DokNr. 62; Conférence de la Paix. Recueil des actes, P. I, 3me fasc., No. 1560.

Die britische Regierung wurde durch die Berichte ihrer Beobachter in Deutschland nachhaltig auf die Notwendigkeit einer Unterstützung der Reichsregierung hingewiesen, wenn man die Gefahr ausschalten wolle, daß die extreme Rechte oder die extreme Linke an die Macht komme[412]. Besonderes Aufsehen erregte ein Bericht von Oberstleutnant W. Stewart Roddie, einem Mitglied der Interalliierten Kontrollkommission[413], der offensichtlich beste Verbindungen zum britischen und deutschen Hochadel besaß[414]. Fürst Münster v. Derneburg[415] hatte den britischen Offizier von dem Nutzen einer Begegnung mit führenden Persönlichkeiten des deutschen öffentlichen Lebens überzeugen können, damit er deren Ansichten zur Auslieferungsfrage kennenlerne[416]. Gelegenheit dazu bot ein Herrenabend am 13. Dezember 1919, zu dem der Repräsentant der Hamburg-Amerika-Linie in Berlin, v. Holtzendorff, in sein Haus eingeladen hatte. Auch der Reichswehrminister gehörte zu den Gästen. Noske schilderte Roddie die schier aussichtslos erscheinende Lage Deutschlands. Er appellierte an Großbritannien, bei seiner Deutschlandpolitik die Lebensnotwendigkeiten eines 70-Millionen-Volkes zu berücksichtigen. Besonders dringlich sei der Verzicht der Alliierten auf die Forderung nach Auslieferung der der Kriegsrechtsverletzungen beschuldigten Offiziere. Ein Bestehen auf der Auslieferungsforderung bedeute das Ende der demokratischen Regierung von Deutschland[417].

Roddie war von Noskes „cri de cœur" außerordentlich stark beeindruckt. Mit Zustimmung seines Vorgesetzten, Generalmajor Sir F. Bingham, reiste er nach London, wo er Gelegenheit fand, Churchill und Balfour zu informieren[418]. Balfour, damals Regierungsmitglied als Lord President of the Council, hielt Roddies Bericht für wichtig genug, um ihn zur Kenntnis des Kabinetts zu bringen. Dieses zeigte sich ebenfalls stark beeindruckt, bat aber, bevor es eine Entscheidung faßte, den damals besten Kenner Nachkriegsdeutschlands um Stellungnahme. General Malcolm apostrophierte die von Roddie mitgeteilte La-

---

412 Bericht Gen.Maj. Malcolm vom 4. 12. 1919 an War Office (das Abschrift an Foreign Office weiterleitete), abgedruckt in: DBFP VI, DokNr. 350. P.R.O. CAB 24/95, Bl. 306–309, W. C., G. T. 381: Memorandum by the Secretary of State for War. Report on [a] visit to Germany [by] Lt.Col. W. L. D. Twiss, General Staff, dtd. Dec. 20th, 1919.

413 Die alliierten u. assoziierten Mächte hatten sich in Art. 203–210 das Recht eingeräumt, durch Interalliierte Militär-, Marine- und Luftfahrt-Kontrollkommissionen die im Friedensvertrag stipulierte Entwaffnung Deutschlands zu überwachen. Schon Mitte September 1919 traf auf dt. Einladung eine Vorkommission in Berlin ein, erst nach Inkrafttreten des Friedensvertrags folgten die Hauptkommissionen. Salewski, Michael, Entwaffnung und Militärkontrolle in Deutschland 1919–1927, München 1966 (= Schriftenreihe des Forschungsinstituts der Deutschen Gesellschaft für Auswärtige Politik e. V., Bd 24), S. 56f. u. 70–76.

414 Siehe seinen autobiographischen Bericht über seine Erlebnisse als Kontrolloffizier: Roddie, Stewart, Peace Patrol, London 1932, passim.

415 Alexander Fürst Münster von Derneburg (1858–1922), Fideikommißherr von Derneburg u. Ledenburg, war mit Lady Muriel Hay aus dem Hause der Earls of Kinnoul verheiratet.

416 Roddie, S. 128f.

417 P.R.O. CAB 24/95, Bl. 97–102, C. P. 322; Letter from Lt.-Col. W. Stewart Roddie, ..., to Sir Almeric FitzRoy [Clerk of the Privy Council], dtd. Dec. 14th, 1919 (circulated by direction of Mr. Balfour). Siehe dazu auch Steinbach, S. 13f. – Roddie führte in o. a. Brief als weitere Gäste auf: Reichsjustizminister Schiffer, Gen.Lt. z. D. Groener, Oberpräsident Schwander (Kassel), die Hamburger Bankiers Warburg u. Melchior. In seinen Erinnerungen (S. 97f. u. 131–133) verquickt Roddie offensichtlich die Begegnung am 13. 12. 1919 mit einer weiteren am 28. 1. 1920 (über die er ebenfalls brieflich nach London berichtete, siehe unten, S. 333, insbesondere Anm. 428). Doch findet sich in beiden Briefen kein Hinweis auf das im Buch behauptete Zusammentreffen mit Ebert und Müller.

418 Roddie, S. 134.

gebeurteilung Noskes als leicht überzeichnet, pflichtete ihr aber in der Tendenz bei. Er meinte, daß das Schicksal der deutschen Regierung von der Zahl der Auszuliefernden und von der Art der gegen diese erhobenen Beschuldigungen abhänge. Wenn man nämlich die Auslieferungsforderung auf die Fälle beschränke, in denen der Unrechtscharakter der Taten offensichtlich sei, und wenn man faire Gerichtsverfahren garantiere, würde man dem deutschen Widerstand viel Wind aus den Segeln nehmen. Das Kabinett zeigte sich von der Gefahr überzeugt, daß eine lange Liste die deutsche Regierung zu Fall bringen könnte. Es folgte den Ansichten Malcolms und sprach sich insbesondere für eine wesentliche Reduzierung der Auslieferungsliste aus: „only such flagrant offences should be included as the German Government would not be disposed to dispute". Das britische Kabinett glaubte, um so eher einlenken zu sollen, als eine ganz knappe Liste („a very small list") zur Erreichung einer moralischen Wirkung, dem eigentlichen Sinn der Strafbestimmungen, zu genügen schien[419].

In Ausführung des Kabinettsbeschlusses begaben sich der Lord Chancellor, Lord Birkenhead, und der Attorney-General, Sir G. Hewart, mithin die für die Justiz und das Rechtswesen Verantwortung tragenden Regierungsmitglieder, nach Paris. Lord Birkenhead setzte sich in der „Commission des tribunaux mixtes" mit großer Beredsamkeit und Energie für eine drastische Kürzung der alliierten Auslieferungsliste ein. Er betonte, daß es nach britischer Ansicht nicht auf die Zahl der Auszuliefernden ankomme, sondern auf die „leçon morale". Soldaten, die Kriegsverbrechen begangen hatten, sollten bestraft werden. Zwar sei es wünschenswert, daß diese Lektion mit aller Strenge erteilt werde, jedoch sei auch zu berücksichtigen, daß noch nie zuvor ein geschlagener Gegner mit der Forderung nach Auslieferung seiner Offiziere und deren Preisgabe an feindliche Gerichte konfrontiert worden sei. Die britische Regierung halte es für weiser, nur 500 Beschuldigte zu begehren, als einen Sturz der deutschen Regierung zu riskieren. Die Vertreter Frankreichs und Belgiens in der Kommission, Ignace und Rolin-Jaequemyns, zollten dem politischen Motiv ihres Verbündeten Respekt. Auch sie wünschten, den Sturz des Berliner Kabinetts zu vermeiden. Gleichwohl glaubten sie, aus prinzipiellen Erwägungen einer Reduzierung der Liste auf 500 Namen nicht zustimmen zu können. Sie befürchteten neben einer wesentlichen Minderung der Bedeutung der Frage eine Reihe von negativen Folgen: Eine kurze Liste würde den Erwartungen der belgischen und französischen Öffentlichkeit nicht Rechnung tragen. Sie würde zudem den Deutschen ermöglichen, den gegen sie erhobenen Vorwurf zurückzuweisen, ihre Kriegführung sei schlechthin völkerrechtswidrig gewesen. Auch sei eine Beschränkung auf 500 Fälle nur unter Außerachtlassung des Rechtsgrundsatzes der Gleichbehandlung möglich, was Kritik geradezu einlade. Schließlich sei fraglich, ob die Annahme der britischen Regierung zutreffe, daß Deutschland zur Auslieferung von 500 Beschuldigten bereit sei. Es gebe Anzeichen dafür, daß es freiwillig niemanden ausliefern werde. Unter diesen Umständen sei es doch vorzuziehen, der Weltöffentlichkeit eine vollständige Liste der von deutschen Soldaten begangenen Verbrechen zu präsentieren[420].

Die „Commission des tribunaux mixtes" einigte sich auf folgenden Kompromiß: Die Liste sei auf ca. 750 Auszuliefernde zu verringern. Bei ihrer Überreichung an die deutsche Re-

---

419 P.R.O. CAB 23/18, Bl. 260–267, Cabinet 18 (19): Conclusions of a [Cabinet] Meeting on Dec. 23rd, 1919, item 1. Vgl. Steinbach, S. 14f.

420 Protokoll der 7. Sitzung der „Commission des tribunaux mixtes" am 9. 1. 1920, abgedruckt in: DBFP V, DokNr. 344.

gierung solle deutlich zum Ausdruck gebracht werden, daß sie nur einen Bruchteil der der Kriegsverbrechen Beschuldigten aufzähle und daß diejenigen deutschen Staatsbürger, auf deren Auslieferung verzichtet werde, keineswegs amnestiert seien[421].

Am 15. Januar 1920 erstattete Lord Birkenhead den in Paris versammelten Regierungschefs, Clemenceau, Lloyd George und Nitti, Bericht über den Sachstand in der Auslieferungsfrage: Aufgrund politischer Erwägungen, in denen die britische und französische Regierung übereinstimmten, sei die Liste von zunächst 3000 auf ca. 800 Personen reduziert worden. Auch weiterhin sei und bleibe die gesamte Frage eine hoch politische. Er selbst halte es sogar für angezeigt, die Liste auf 100 Beschuldigte zu beschränken, wenn bestimmte Aussicht bestehe, daß Deutschland diese ausliefere. Nicht die Zahl, sondern das Prinzip sei wichtig. „In order to vindicate the moral law of the world" genüge es, wenn einige der Kriegsverbrecher zur Verantwortung gezogen würden. Lloyd George stimmte dem zu; wenn nur zwanzig erschossen würden, wäre ein Exempel statuiert! Die Auslieferung von über 800 Offizieren sei jedoch ein Verlangen, dem keine Regierung nachkommen könne. Clemenceau zeigte sich dem Drängen seines britischen Kollegen auf weitere Reduzierung der Liste nicht unzugänglich, betonte aber die Grenzen, die seinem Entgegenkommen gesetzt seien. Was solle er einer französischen Mutter auf die Frage antworten, warum der Name des Mannes, der ihr ihre Töchter entrissen habe, nicht auf der Liste stehe[422]?

Lord Birkenhead und Ignace nahmen sich im Auftrag der Regierungschefs des Problems noch einmal an[423], jedoch ohne etwas zu erreichen. Am 20. Januar 1920 fiel die Entscheidung. Clemenceau, Lloyd George und Nitti hießen die Liste gut, die 854 deutsche Staatsangehörige als gemäß Artikel 228 des Friedensvertrags Auszuliefernde aufführte[424].

Diese Entscheidung der Regierungschefs ist schwer verständlich. Denn keiner von ihnen wird der Meinung angehangen haben, Deutschland werde die Forderung nach Auslieferung von über 850 Beschuldigten widerstandslos erfüllen. Gleichwohl wurde nicht darüber beraten, welche Schritte im Fall der Weigerung der Erfüllung eingeleitet werden sollten. Doch wie erklärt sich Lloyd Georges Verhalten? Er scheint eingesehen zu haben, daß die politischen Veränderungen in Frankreich – Clemenceau mußte aufgrund der deutlichen Niederlage, die er bei seiner Kandidatur zum Präsidenten der Republik erlitt, am 18. Januar 1920 den Rücktritt des Kabinetts einreichen[425] – weder dem amtierenden, noch dem bei der Beschlußfassung schon anwesenden, designierten Ministerpräsidenten ein Nachgeben in der Zahl der Beschuldigten erlaubte. Das von ihm nach wie vor favorisierte, auf die Aburteilung einer kleinen Zahl von Beschuldigten zielende Konzept hatte kaum noch Chancen. Wollte man die Lage der deutschen Regierung im Hinblick auf die Ausführung der Artikel 228–230 erleichtern, so kam nunmehr deren Vorschlag, die Strafverfolgung der Beschuldigten der deutschen Justiz zu überantworten, ein neuer Stellenwert zu. Der italienische Ministerpräsident, Francesco Nitti, setzte sich Lloyd George gegen-

421 Ebd.

422 Protokoll der Besprechung zwischen dem brit., frz. u. ital. Ministerpräsidenten am 15. 1. 1920, abgedruckt in: DBFP II, DokNr. 73 (P. 3).

423 Protokolle der Sitzung des Obersten Rates am 16. 1. 1920, abgedruckt in: DBFP II, DokNr. 74 (P. 1); davon abweichend FRUS, P.P.C. IX, S. 863–871 (863).

424 Protokoll der Sitzung des Obersten Rates am 20. 1. 1920, abgedruckt in: DBFP II, DokNr. 78 (P. 1); FRUS, P.P.C. IX, S. 905–928 (905 f.). Vgl. Conférence de la Paix. Recueil des actes, P. I, 3me fasc., No. 1671.

425 Vgl. Schulthess 1920 II, S. 48 f.

über lebhaft für diese Lösung ein. In einer Niederschrift über ihren am 18. Januar 1920 geführten Meinungsaustausch und die dabei erzielte Verständigung heißt es:

„The general trend of opinion was in the direction of allowing the Germans to try the accused persons themselves, on the understanding that if the trials were not genuine the Treaty would be enforced, but it was agreed that the moment for raising the question at the Conference had not come, and it would be advisable to allow the original note forwarding the present agreed list to the German Government to proceed. It would be matter for subsequent consideration as to whether some relaxation on the lines indicated might not be advisable. Possibly, however, a hint might be given to the Germans either by the British or Italians that a proposal of this kind would receive consideration[426]."

Beginnend mit der letzten Januarwoche 1920 gingen bei der britischen und der französischen Regierung vermehrt warnende Berichte über die Lage in Deutschland ein. Die ausländischen Beobachter waren übereinstimmend der Meinung, daß die Auslieferungsforderung das Reich in eine schwere Krise stürzen werde. Sie empfahlen ihren Regierungen mehr oder weniger dringend, Entgegenkommen zu zeigen. Der britische Geschäftsträger in Berlin meldete eine Unterredung mit dem Reichswehrminister, in der dieser die Verringerung der Reichswehr und die Auslieferungsfrage als die größten Gefahren für die öffentliche Sicherheit und Ordnung bezeichnet habe. Noske habe quasi ultimativ gedroht, sein Ministeramt niederzulegen und Deutschland dem Chaos zu überlassen, falls die Siegermächte die Auslieferung der Beschuldigten verlangen sollten. Lord Kilmarnock hatte gewisse Zweifel an Noskes Unentbehrlichkeit, konnte jedoch nicht umhin, die große Erregung der deutschen Öffentlichkeit in dieser Frage zu bestätigen. Er empfahl, nach Wegen für eine gerechte Ahndung der Kriegsverbrechen zu suchen, die den britischen Interessen in Deutschland besser Rechnung trügen[427]. Oberstleutnant Roddie sandte nach einer weiteren Begegnung mit führenden deutschen Persönlichkeiten eine erneute, diesmal noch ernstere Warnung nach London: „[the subject of the trial of the officers] is more serious than ever because action of some kind is now imminent. I pray you to believe that the thing is impossible." Der britische Offizier berichtete von einem um Entgegenkommen flehenden, fast verzweifelten Noske, der wiederum die Gefahr der Desintegration von Reichswehr und Polizei und danach aufflammender Spartakistenaufstände an die Wand gemalt habe. Zwar glaube der Minister, mit diesen fertig zu werden, habe aber heftig erklärt, er könne nicht dauernd mit dem Maschinengewehr regieren. Roddie war abermals stark beeindruckt. Beschwörend riet er: „Get out of it as best you can. [. . .] This Government must be retained and supported [-] not only morally supported but practically[428]."

---

[426] P.R.O. CAB 23/35, Bl. 114–117, S. 11 A: Note of a Conversation between the Prime Minister and M. Nitti on Jan. 18th, 1920. Nitti hielt die Forderung nach Auslieferung des Kaisers und dt. Staatsbürger für politisch absurd und unmoralisch. In seinen Erinnerungen „Rivelazioni" begründet er seine Einstellung, begnügt sich aber bei der Darstellung der Verhandlungen über die Auslieferungsfrage auf der Pariser u. der sog. Ersten Londoner Konferenz der alliierten Regierungschefs mit einer Schilderung des Atmosphärischen. Nitti, Francesco Saviero, Rivelazioni, meditazioni e ricordi, Napoli 1948, S. 57–85 (auch in: Ders., Scritti politici, Bd 6, Bari 1963 = Edizione nazionale delle opere di Francesco Saviero Nitti, Bd 15, S. 85–113). Siehe auch: Ders., Der Friede, Frankfurt a. M. 1925, S. 151 f.

[427] Berichte Lord Kilmarnock vom 23. u. 26. 1. 1920 an Earl Curzon, abgedruckt in: DBFP X, DokNr. 1; DBFP IX, DokNr. 565 u. 567. Siehe auch Bericht Lord Kilmarnock vom 31. 1. 1920, ebd., DokNr. 23.

[428] P.R.O. W.O. 32/5425, C[abinet] P[aper] 598 dtd. Feb. 10th, 1920: Copy of letter from Colonel W. Stewart Roddie to Sir Almeric FitzRoy, dtd. Jan. 30th, 1920 (circulated for information, at the re-

Lloyd George hielt angesichts der aus Berlin eingehenden Berichte und des fortgesetzten Drängens der deutschen Diplomatie[429] den Zeitpunkt für gekommen, nach einem für alle Beteiligten annehmbaren Ausgleich zu suchen. Er ließ dem neuen französischen Ministerpräsidenten folgenden Gedanken unterbreiten: Die Beschuldigten sollten vor einem deutschen, allerdings im besetzten Rheinland residierenden Gericht zur Verantwortung gezogen werden. Zur Gewährleistung einer unparteiischen Rechtsprechung sollten alliierte Juristen als Ankläger und richterliche Beisitzer an den Verfahren beteiligt werden[430]. Millerand wies die Anregung höflich, aber bestimmt zurück. Ein sofortiges Nachgeben sei nicht angezeigt. Die Alliierten müßten zunächst auf der Ausführung des Friedensvertrags durch Deutschland bestehen[431].

Der Druck der französischen Öffentlichkeit hinderte Millerand ebenso wie zuvor Clemenceau, Konzessionen zu machen. Zudem hatte er sich selbst gebunden, indem er bei der Verkündung des Regierungsprogramms am 22. Januar 1920 erklärt hatte: „Die Ausführung des Versailler Vertrages ist für uns Gesetz[432]." Aus diesen Gründen war die Übergabe der Auslieferungsliste an die deutsche Regierung für den französischen Ministerpräsidenten unabdingbar. Es gelang ihm, am 2. Februar die Ermächtigung der Verbündeten zu diesem Schritt zu erhalten. Der britische Botschafter in Paris, Earl of Derby, glaubte, in Ansehung des Beschlusses der Regierungschefs vom 20. Januar 1920 sein Einverständnis geben zu müssen, setzte aber durch, daß ein Weg für Konzessionen offen blieb. In dem Begleitschreiben zur Auslieferungsliste sollte deutlich zum Ausdruck kommen, daß der deutschen Regierung in Beantwortung ihrer Note vom 25. Januar noch eine Mitteilung über die Durchführung der Artikel 228–230 zugehen werde. Millerand billigte dies zu, obwohl er jeder Konzession in der Frage der Ahndung der deutschen Kriegsverbrechen ablehnend gegenüberstand, besonders auch, weil er sehr nachteilige Auswirkungen auf die Ausführung des Friedensvertrags insgesamt befürchtete[433]. Sein – freilich zunächst nur sehr geringfügiges – Zugeständnis unterstreicht aber, daß für den französischen Regierungschef die Expedierung der Auslieferungsliste eine Frage des politischen Prestiges war.

Die nun folgenden Ereignisse sind schon bekannt: Der Vorsitzende der Deutschen Friedensdelegation erhielt Note und Auslieferungsliste am Abend des 3. Februar 1920 überbracht. Freiherr v. Lersner sandte beide Dokumente am Morgen des folgenden Tages an den Präsidenten der Friedenskonferenz zurück. Die Botschafterkonferenz[434] trat darauf-

---

quest of Mr. Balfour). Vgl.: Roddie, S. 131f.; Steinbach, S. 17; Willis, S. 264f. Gemäß den Angaben in Roddies Brief fand die Begegnung am 28. 1. 1920 statt. An ihr nahmen zusätzlich zu den in Anm. 417 Genannten auch Reichsminister Geßler (DDP) und UStS Albert teil.

[429] Dazu ausführlich oben, S. 297–300. Siehe auch: DBFP IX, DokNr. 567 u. DokNr. 574, Anm. 1.

[430] Telegramm Lord Hardinge (Permanent Under-Secretary of State for Foreign Affairs) vom 30. 1. 1920 an Earl of Derby, ebd., DokNr. 570.

[431] Telegramm Earl of Derby vom 31. 1. 1920 an Earl Curzon, ebd., DokNr. 575.

[432] Zit. nach Schulthess 1920 II, S. 50f. (51).

[433] Bericht Earl of Derby vom 2. 2. 1920 über die Sitzung der Botschafterkonferenz am gleichen Tag, abgedruckt in: DBFP IX, DokNr. 580; vgl. Telegramme Earl of Derby vom 4. u. 5. 2. 1920 an Earl Curzon, ebd., DokNr. 592 u. 596. Conférence de la Paix. Recueil des actes, Partie VIII: Exécution des traités, B: Recueil des résolutions de la Conférence des Ambassadeurs, 1er fascicule: 26 janvier 1920 – 27 décembre 1920, Paris 1932, No. 12. Siehe auch: Bericht Earl of Derby vom 3. 2. 1920 über die Sitzung der Botschafterkonferenz am gleichen Tag, abgedruckt in: DBFP IX, DokNr. 583; Conférence de la Paix. Recueil des actes, P. VIII B, 1er fasc., No. 18.

[434] Telegraph. Bericht Earl of Derby vom 4. 2. 1920 über die Sitzung der Botschafterkonferenz am gleichen Tag (morgens), abgedruckt in: DBFP IX, DokNr. 589.

hin sofort zur Beratung der Lage zusammen. Sie beschloß, die Auslieferungsliste der deutschen Regierung unverzüglich direkt zuleiten zu lassen.

Doch das Eingreifen Lloyd Georges bewirkte einen Aufschub. Presseberichte hatten seine Aufmerksamkeit auf die Tatsache gelenkt, daß die belgische und französische Liste eine Reihe hochstehender Persönlichkeiten, u. a. Bethmann Hollweg, Hindenburg und Falkenhayn aufführte, die er schwerlich für Kriegsverbrecher hielt. Zudem mußte ihre Verhaftung und Auslieferung der deutschen Regierung besondere Schwierigkeiten bereiten. Kurz entschlossen wies Lloyd George den britischen Botschafter in Paris telephonisch an, die Weiterleitung der Auslieferungsliste nach Berlin aufzuhalten[435].

Am folgenden Tag rief Lloyd George das Kabinett zu einer Sondersitzung zusammen. Im Laufe der Beratungen stellte sich heraus, daß kein Exemplar der endgültigen Liste der auszuliefernden Personen in London vorhanden war[436]! Daher konnte nicht überprüft werden, ob die Presseberichte zutrafen. Ebensowenig konnte ermittelt werden, was die Belgier und Franzosen den ehemals hochgestellten deutschen Persönlichkeiten zur Last legten und welche Beweise sie für ihre Beschuldigungen anführten. Das Kabinett glaubte, den der britischen Regierung für die kollektive Auslieferungsliste zufallenden Teil der Verantwortung nicht tragen zu können, falls sich herausstellen sollte, daß der eigene (angeblich auch mit Clemenceau vereinbarte) Grundsatz verletzt worden sei, die Auslieferung nur solcher Personen zu fordern, gegen die Beschuldigungen wegen krimineller oder in Verletzung der Kriegsgesetze und -gebräuche begangener Handlungen vorlagen. Dagegen sollten Personen, deren Verantwortlichkeit entweder politisch oder nachgeordnet war, nicht behelligt werden. Ein Kabinettsausschuß erhielt Vollmacht, über eine weitere Kürzung der britischen Liste zu befinden[437]. Dieser erachtete die eigenen Forderungen an sich für gerechtfertigt. Dennoch autorisierte er den Lord Chancellor, auf die Auslieferung in insgesamt 12 Fällen zu verzichten, falls Aussicht bestehe, durch diesen Schritt die Verbündeten zu sachlich angemesseneren Forderungen zu bestimmen. So glaubte man, auf alle Admirale außer Tirpitz und Capelle verzichten zu können. Die Auslieferung der beiden ehemaligen Staatssekretäre des Reichsmarineamts(!), in denen man die Hauptverantwortlichen für die Führung des uneingeschränkten U-Bootkriegs und des Minenkriegs gegen Handelsschiffe sah, galt als unabdingbar[438].

Als Lord Birkenhead in der Sitzung der Botschafterkonferenz am 6. Februar 1920 die Haltung der britischen Regierung erläuterte, nahm er von seiner ursprünglichen Absicht Abstand, die Verbündeten zu einer weiteren Reduzierung ihrer Listen zu bewegen. Durch die Veröffentlichung der Namen der Auszuliefernden in der deutschen Presse schien die Streichung einer Anzahl von ihnen untunlich zu sein. Denn es stand zu befürchten, daß eine solche Maßnahme deutscherseits als ein dem Verhalten Lersners zuzuschreibender Erfolg betrachtet würde. Lord Birkenhead sah daher – wollte man Gewaltmaßnahmen gegen Deutschland außer Betracht lassen – nur noch die Alternative, auf dessen Vorschlag

---

[435] P.R.O. CAB 23/20, Bl. 119–124, Cabinet 9(20): Conclusions of a [Cabinet] Meeting on Feb. 5th, 1920, item 1 (Protokollauszug auch in: W. O. 32/5425). Telegramm Lord Hardinge vom 4. 2. 1920 an Earl of Derby, abgedruckt in: DBFP IX, DokNr. 585. Vgl. ebd., DokNr. 588.

[436] Ein Flugzeug der Royal Air Force wurde nach Paris geschickt, um ein Exemplar der Liste zu holen. Cabinet 9 (20), wie Anm. 435.

[437] Ebd.

[438] P.R.O. CAB 24/98, C. P. 607: War Crimes Committee, Conclusions of a Meeting held at the Privy Council Office, Feb. 5th, 1920 (auch in: P.R.O. W.O. 32/5425). Mitglieder des adhoc-Komitees waren: A. Balfour, Lord Birkenhead, Earl Curzon, W. S. Churchill, W. Long (First Lord of the Admiralty), Sir G. Hewart, Sir E. Pollock.

einzugehen, über die Beschuldigten das Reichsgericht urteilen zu lassen. Millerand war nicht bereit, sofort über die Anregung zu diskutieren, die in der Tat einen Kurswechsel bedeutete. Am folgenden Tag war allgemein bekannt, daß die Reichsregierung sich von Lersner distanziert und dessen Verhalten mißbilligt hatte. Lord Birkenhead sah nun die Möglichkeit, die Entscheidung in der Sache dem in nächster Zeit stattfindenden Treffen der Regierungschefs zu überlassen. Er erklärte sich daher mit dem Beschluß der Botschafterkonferenz vom 4. Februar einverstanden, die Auslieferungsliste unverzüglich der Reichsregierung direkt zuzuleiten und in einer Begleitnote nachdrücklich darauf hinzuweisen, daß eine Antwort auf die deutsche Note vom 25. Januar 1920 noch folgen werde. Millerand stimmte dem Aufschub der Entscheidung zu. Er bekundete offen sein Mißfallen über den britischen Vorschlag vom Vortag. Dieser weiche zu weit von der friedensvertraglichen Rechtsposition ab, die er einzuhalten wünsche. Wenn Deutschland die Geforderten nicht ausliefere, solle man die Verfahren in absentia der Beschuldigten durchführen. Obgleich die Urteile nicht vollstreckt werden könnten, so sei doch ihre moralische Wirkung nicht zu unterschätzen. Außerdem würden den Alliierten viele Wege offenstehen, einem Vertragsbruch Deutschlands zu begegnen, z. B. durch wirtschaftliche Zwangsmaßnahmen oder durch Verzögerung der Räumung der besetzten Gebiete[439]. Tatsächlich hatte in der französischen Presse schon eine Kampagne begonnen, die sich für eine Ausnutzung der Situation zur Stärkung der französischen Sicherheit aussprach. Die Formel war einfach: Keine Kriegsverbrecher – keine Räumung der besetzten Gebiete[440]! Die Regierungschefs der Alliierten befaßten sich zu Beginn der sogenannten Ersten Londoner Konferenz, die hauptsächlich der Beratung des Friedensvertrags mit der Türkei diente, sehr eingehend mit den Schwierigkeiten, die bei der Ausführung der Strafbestimmungen des Versailler Vertrages entstanden waren. Lloyd George machte zunächst noch einmal klar, daß es der britischen Regierung auf die Bestrafung einiger wirklicher Kriegsverbrecher ankomme. Bei der Auswahl der Beschuldigten sollten allerdings Fragen politischer und krimineller Art nicht vermengt werden. Auch sollten keine Männer verfolgt werden, die nur Krieg geführt hätten, wenn auch hart und unbarmherzig. Es sei für die britische Regierung eine große Überraschung gewesen, Namen wie Bethmann Hollweg, Hindenburg und Ludendorff auf der Auslieferungsliste zu finden. Er wisse nicht, sagte Lloyd George, was man diesen Männern vorwerfe. Aber er wisse, daß die Auslieferung Hindenburgs, des Idols des deutschen Volkes, etwas sei, was keine Nation zulassen würde, so darniederliegend sie auch sein möge. Man müsse sich einmal in die Lage der Deutschen versetzen. Wie hätte man reagiert, wenn die Deutschen den Sieg errungen und die Auslieferung von Marschall Joffre oder Marschall Foch oder Lord Kitchener verlangt hätten, um sie wegen Verletzung der Kriegsgesetze und -gebräuche vor Gericht zu ziehen? Bevor das britische Volk Lord Kitchener ausgeliefert hätte, hätte es eine Besetzung seines Landes von Lands End bis John o'Groats auf sich genommen und auf die Gelegenheit zur Rebellion gewartet. Lloyd George unterstrich: „To demand Hindenburg was a political mistake of the first magnitude." Was solle jetzt geschehen, wenn Deutschland sich weige-

[439] Protokolle der Sitzungen der Botschafterkonferenz am 6. u. 7. 2. 1920, abgedruckt in: DBFP IX, DokNr. 601 u. 605. Beschluß vom 7. 2. 1920 abgedruckt in: Conférence de la Paix. Recueil des actes, P. VIII B, 1 er fasc., No. 35. Vgl. Telegramme Earl of Derby vom 6. u. 7. 2. 1920 an Earl Curzon, abgedruckt in: DBFP IX, DokNr. 603 u. 606.

[440] Bericht Sir G. Grahame (Brit. Botschaft Paris) vom 8. 2. 1920 an Earl Curzon, abgedruckt in: DBFP IX, DokNr. 613. Willis, S. 272.

re, den Marschall auszuliefern? Würde irgendein Land darin einen Kriegsgrund sehen? Das sei doch undenkbar[441]!

Millerand wies die kaum verhüllte Kritik an der französischen Haltung zurück. Er beharrte auf einer juristischen Betrachtungsweise. Deutschland habe den Friedensvertrag unterzeichnet und ratifiziert, die Strafbestimmungen seien geltendes Recht. Es müsse weitreichende Auswirkungen haben, wenn die Alliierten bei dem ersten Widerstand Deutschlands gegen den Friedensvertrag nachgeben würden. In dem Bemühen, sich so eng wie möglich an die Vertragsbestimmungen zu halten, schlug Millerand vor, gegen die Beschuldigten in absentia zu verhandeln und gegen das Reich mit den Maßnahmen vorzugehen, die man für angemessen erachte. Die von Lloyd George angeregte Reduzierung der Liste sei mit der Würde der Alliierten unvereinbar. Zudem müsse die Streichung der Namen Hindenburgs und Rupprechts von Bayern bei der Bevölkerung der zehn Departements, für deren Verwüstung sie verantwortlich seien, auf Unverständnis stoßen[442].

Die Vorschläge Millerands fanden bei den Briten, die eine Entspannung der Lage in Deutschland wünschten, keine Gegenliebe. Völlig chancenlos war daher die Anregung, zu Zwangsmaßnahmen zu greifen. Aber Lord Curzon wies auch den Gedanken zurück, Gerichtsverfahren in absentia der Beschuldigten durchzuführen. Denn es müsse damit gerechnet werden, daß Deutschland in gleicher Münze heimzahle. Schon werde in Berlin Material gegen Offiziere der alliierten Streitkräfte gesammelt. Zwar sei zunächst nur beabsichtigt, dies zu veröffentlichen, wenn man auf der Auslieferungsforderung beharre, aber es sei ebensogut als Anklagematerial vor Gericht zu verwenden. Doch Prozesse bei Siegern und Besiegten, jeweils in Abwesenheit der Beschuldigten, müßten die ganze Sache ins Lächerliche ziehen. Zudem wünsche die britische Regierung nicht nur Verurteilungen, sondern auch die Bestrafung der Verurteilten. Er sehe zwei Möglichkeiten, dies zu erreichen: entweder durch ein internationales, mit alliierten und neutralen Richtern besetztes Gericht oder durch ein deutsches Gericht. Vielleicht sei man am besten beraten, wenn man den Vorschlag der deutschen Regierung annehme. Wäre nicht mehr erreicht, wenn ein deutsches Gericht 50–100 Beschuldigte bestrafe, als eine höhere Zahl in absentia zu verurteilen? Deutschland mit der Aburteilung der Kriegsverbrecher zu betrauen, habe zudem den Vorteil, daß die Alliierten auf keine friedensvertraglichen Rechte verzichten müßten. Arbeite die deutsche Justiz nicht zur Zufriedenheit der Verbündeten, bestehe auch weiterhin die Möglichkeit, die Auslieferung der Beschuldigten zu fordern[443].

Im Gegensatz zur britischen kam es der französischen Politik, wie Millerand darlegte, weniger auf die Bestrafung der Beschuldigten als darauf an, vor aller Welt den Beweis für die Beschuldigungen zu erbringen. Sie fürchtete außerdem, daß ein Abgehen von den Vertragsbestimmungen gefährliche Weiterungen nach sich ziehen könnte. Doch Lloyd George

---

[441] Protokoll der Konferenz der Regierungschefs Frankreichs, Großbritanniens u. Italiens am 12. 2. 1920, 11 Uhr, abgedruckt in: DBFP VII, DokNr. 1 (P. 2). [442] Ebd.

[443] Protokoll der Konferenz der Regierungschefs Belgiens, Frankreichs, Großbritanniens u. Italiens am 12. 2. 1920, 15.30 Uhr, ebd., DokNr. 2. – Curzon folgte weitgehend der Meinungsbildung im brit. Kabinett. Dieses hatte den französischen Plan, Gerichtsverfahren in absentia der Beschuldigten abzuhalten, einstimmig abgelehnt. Es hatte sich, ohne eine definitive Entscheidung zu fällen, dafür ausgesprochen, die Aburteilung der Beschuldigten einem internationalen Gerichtshof (neutraler Präsident, Beteiligung deutscher Richter, aber Sitz im besetzten Gebiet Deutschlands) zu übertragen. P.R.O. CAB 23/37, Bl. 177–181, Confce 25: Conclusions of a Conference of Ministers on February 9th, 1920, item 2 (auch in: CAB 23/20, Bl. 172–176).

hielt Millerand entgegen, daß ein Bestehen auf dem Buchstaben des Friedensvertrags in der öffentlichen Meinung keine Stütze mehr finde. Der Wunsch, zum normalen Leben zurückzukehren, sei weit verbreitet. Auf Beschlußfassung drängend, schlug der Premierminister schließlich vor, eine Kommission mit der Erstellung einer „Ersten Liste" zu beauftragen, die nur Beschuldigungen aufführen solle, die auch in deutschen Augen als schwere Verbrechen angesehen würden. Erweise sich, daß die deutsche Gerichtsbarkeit mit der Aburteilung der übelsten Verbrecher ernst mache, so könne man auf die Verfolgung der übrigen Beschuldigten verzichten. Noch einmal betonte Lloyd George „that the last thing we wanted was to destroy the present [German] Government, and to have it succeeded by a Spartacist or militarist Government, which would inevitably be the case[444]."
Millerand sah sich schließlich genötigt, in den Vorschlag einzuwilligen, die deutsche Justiz über die Beschuldigten urteilen zu lassen. Da ihn weder der belgische noch der italienische Ministerpräsident unterstützten, war er völlig isoliert. Insbesondere Nitti hatte sich der britischen Auffassung angeschlossen, daß eine Gefährdung der demokratischen Regierung Deutschlands tunlichst vermieden werden müsse. Deshalb setzte er sich konsequent für die Annahme des deutschen Vorschlags vom 25. Januar 1920 ein. Er verhinderte alle halben Maßnahmen, so auch den britischen Gedanken, als Sitz des mit den Strafverfahren zu betrauenden Gerichts den besetzten Teil Deutschlands vorzuschreiben[445].
Trotz der Verständigung im Grundsätzlichen erfuhr die an die Reichsregierung zu richtende Note eine eingehende Beratung. Am 13. Februar 1920 konnte Lloyd George sie endlich unterzeichnen[446]. Der gefundene Kompromiß war ein Sieg der Kräfte, die um ein Auskommen mit Deutschland bemüht waren und einsahen, daß dessen schwacher Regierung nicht mehr zugemutet werden konnte, als sie zu tragen in der Lage war. Freilich waren die unterschiedlichen Vorstellungen der Alliierten nur mühsam auf einen Nenner gebracht worden. Sie kamen in der Folge immer wieder zum Vorschein. Als über die Einsetzung der Kommission beraten wurde, die die Auswahl der auf die „Erste Liste" zu setzenden Beschuldigten vornehmen sollte, schlug Lloyd George Lord Birkenhead als deren Vorsitzenden und Brüssel als Tagungsort vor. Er betonte, die Aufstellung der „Ersten Liste" sei „not a question of law, but an important question of politics"[447]. Lloyd George wollte mit seinem Vorschlag dem starken französischen Einfluß begegnen, den Ignace in der „Commission des tribunaux mixtes" ausgeübt hatte. Denn er fürchtete, die Franzosen könnten darauf bestehen, daß auch hochgestellte deutsche Persönlichkeiten wegen Verletzung der Kriegsgesetze und -gebräuche vor Gericht gezogen werden müßten[448].

---

444 Protokoll der Konferenz der alliierten Regierungschefs am 12. 2. 1920, abgedruckt in: DBFP VII, DokNr. 2 (Zitat S. 18).

445 Ebd. – Die Feststellung Steinbachs, es sei letztlich Nitti zu verdanken gewesen, „zwischen den beiden Standpunkten vermittelt zu haben" (S. 29), ist unzutreffend. Obwohl Muhr diesen Fehler übernimmt, trifft sein Gesamturteil das Richtige. Muhr, Josef, Die deutsch-italienischen Beziehungen in der Ära des Ersten Weltkrieges (1914–1922), Göttingen-Frankfurt-Zürich 1977, S. 180–182 (181 f.).

446 Protokolle der Konferenz der Regierungschefs Belgiens, Frankreichs, Großbritanniens, Italiens u. eines Vertreters Japans am 13. 2. 1920, 11.30 u. 16.00 Uhr, abgedruckt in: DBFP VII, DokNr. 3 (P. 1) u. DokNr. 4 (P. 1). – Lloyd George unterzeichnete die Note „in his capacity as president of the London session of the Peace Conference". Ebd., DokNr. 4 (P. 5). Siehe zum Inhalt der Note oben, S. 317.

447 Protokoll der Konferenz der Regierungschefs am 13. 2. 1920, 11.30 Uhr, abgedruckt in: DBFP VII, DokNr. 3 (P. 4).

448 Lloyd George erklärte sich schließlich mit dem Vorschlag Millerands einverstanden, Jules Cambon zum Vorsitzenden der „Commission mixte" zu ernennen. Ebd.

Tatsächlich blieben die Verhandlungen über die „Erste Liste" von Meinungsverschiedenheiten nicht verschont. Die belgische und französische Regierung waren nur bereit, die Namen Bethmann Hollweg, Hindenburg und Ludendorff von ihren Listen zu streichen, wenn die britische auf Tirpitz verzichte. Letztere sah sich vor eine schwierige Entscheidung gestellt. Sie fürchtete, die Löschung von Tirpitz' Namen könnte als eine Anerkennung der Rechtmäßigkeit des U-Bootkriegs ausgelegt und dadurch die Sicherheit der britischen Inseln in Frage gestellt werden. Trotz dieser schwerwiegenden Bedenken beschloß das Kabinett, vorbehaltlich der Zustimmung des bei der Sitzung abwesenden Premierministers, Großadmiral v. Tirpitz von der Liste der Kriegsverbrecher zu streichen[449].

Auch die Frage des Bombenkriegs beschäftigte auf Drängen des Air Council noch einmal das britische Kabinett. Churchill legte dessen Klage vor, daß trotz des Kabinettsbeschlusses vom 16. Oktober 1919 den militärischen und rechtlichen Bedenken[450] gegen die Verfolgung deutscher Offiziere und Mannschaften, die London und andere britische Städte aus der Luft mit Bomben belegt hatten, nicht Rechnung getragen worden sei. Der Air Council warnte:

> „If these prosecutions are carried out and the accused are convicted, it is not too much to say that for future wars the morale of the R. A. F. [Royal Air Force] will be ruined[451]."

Denn jeder Offizier und Mann der königlichen Luftwaffe werde im nächsten Krieg das Gefühl nicht los werden, mit einer Schlinge um den Hals zu leben. Er werde wissen, daß ihn Befehle zur Ausführung von Handlungen zwingen würden, die die eigene Regierung im letzten Krieg, wenn vom Feinde begangen, als Verbrechen bestraft und wenn von den eigenen Streitkräften begangen, als legitime Kriegführung oder Repressalie gerechtfertigt habe. Er werde wissen, daß er im Fall seiner Gefangennahme vom Feinde wegen Begehen eines Kriegsverbrechens bestraft werde. Dieser werde sich auf das britische Präzedens berufen und kaum geneigt sein, „juridical niceties" anzuerkennen, die der britische Luftwaffensoldat zu seiner Verteidigung vorbringen möge. Nicht einmal eine Berufung auf höheren Befehl werde Erfolg haben, da gemäß britischem Vorgang *alle* Besatzungsangehörigen eines Bombenflugzeugs als Verbrecher gelten würden. Aber selbst wenn ein Offizier oder Mann nicht in Gefangenschaft geraten sollte, werde sein endgültiges Schicksal allein davon abhängen, welche Seite den Kampf als Sieger beende[452].

Die Warnung des Air Council „that the policy of prosecution will produce historical consequences of a disastrous nature upon the future of the R. A. F." verfehlte ihren Eindruck auf das Kabinett nicht. Es stimmte dessen Forderung generell zu, auf die Verfolgung deutscher Luftfahrzeugführer und ihrer Besatzungen zu verzichten[453].

Die referierte innerbritische Diskussion über Anklagen gegen die deutsche Kriegführung zur See und zur Luft verdeutlicht, daß bei der Beurteilung der Frage, ob eine Kriegshandlung eine Verletzung der Kriegsgesetze und -gebräuche dargestellt hat oder nicht, Inter-

---

449 P.R.O. CAB 23/37, Bl. 182–196, Confce No. 26: Conclusions of a Conference of Ministers on February 25th, 1920, item 5 (auch in CAB 23/20 u. auszugsweise in P.R.O. W.O. 32/5425).

450 Siehe oben, S. 327f.

451 P.R.O. CAB 24/98, Bl. 190–192, C. P. 650: „Demand for Surrender of German Airmen for Trial". Memorandum des Air Council, vorgelegt von W. S. Churchill mit Anschreiben vom 16. 2. 1920.

452 Ebd.

453 P.R.O. CAB 23/20, Bl. 155–208, Cabinet 11 (20): Conclusions of a Meeting of the Cabinet held on February 18th, 1920, item 6.

essen- und Rechtsstandpunkt oft eng miteinander verflochten waren. Obwohl die britische Regierung schon Anfang 1920 auf die Verfolgung deutscher Admirale als Kriegsverbrecher verzichtete, hielt sie an der Auffassung fest, daß der U-Boothandelskrieg – insbesondere in der uneingeschränkten Form – eine unmenschliche und völkerrechtswidrige Art der Kriegführung gewesen sei[454]. Sie war während der gesamten Zwischenkriegszeit bemüht, ein internationales Verbot des Handelskriegs mit U-Booten zu erreichen, um die von diesem ausgehende potentielle Gefährdung der Versorgung der britischen Inseln mit Rohstoffen und Lebensmitteln zu bannen. Die britische Regierung kam ihrem Ziel auf der Washingtoner Konferenz der fünf Großmächte am nächsten. Ein am 6. Februar 1922 unterzeichneter Vertrag[455] konstatierte als geltendes Völkerrecht über die Aufbringung von Prisen die Unzulässigkeit der Wegnahme von Handelsschiffen vor ihrer Durchsuchung, das Verbot des Waffengebrauchs außer im Fall des Widerstands und die Pflicht zur Rettung von Besatzung und Passagieren im Fall der Zerstörung. Er enthielt darüber hinaus als Novum die Erklärung

> „that any person in the service of any Power who shall violate any of those rules [with respect to attacks upon and the seizure and destruction of merchant ships] whether or not such person is under orders of a governmental superior, shall be deemed to have violated the laws of war and shall be liable to trial and punishment as if for an act of piracy [!] and may be brought to trial before the civil or military authorities of any Power within the jurisdiction of which he may be found[456]."

Die großen Seemächte zogen in klarer Erkenntnis dessen, daß U-Boote aufgrund ihrer baulichen Eigenschaften die „universal rules" des Prisenrechts nicht einhalten können, die Konsequenzen: Sie vereinbarten die Prohibition ihres Einsatzes im Handelskrieg und luden die übrigen Staaten ein, diesem Verbot beizutreten[457].

Anders als im Fall des Handelskriegs mit U-Booten war Großbritannien in den zwanziger Jahren an einem Verbot des Bombenkriegs nicht interessiert. Sowohl für die Führung der Royal Air Force als auch für die an der Strategiediskussion beteiligte Öffentlichkeit bestanden keine Zweifel, daß in einem zukünftigen Krieg der Einsatz von Bombenflugzeugen eine unumgängliche Tatsache sein und eine große, vielleicht sogar entscheidende Rolle spielen werde. Zwar war man sich bewußt, daß England mit seiner großen Metropole ein besonders verwundbares Ziel bot, glaubte jedoch, der drohenden Gefahr mit Luftverteidigungskräften (Jagdfliegern und Flak) nur unzulänglich begegnen zu können. Die Luftoffensive schien einen besseren Schutz zu bieten. Zudem galt nach Auffassung des Air Staff unter Führung seines Chefs Sir H. Trenchard als das strategische Ziel jeder Luftwaffe nicht die Vernichtung der gegnerischen, sondern die Brechung des Widerstands der feindlichen Nation. Daher sollte eine „Independent Air Force" von Ausbruch der Feindseligkeiten an den Krieg über Armeen und Flotten hinweg in das Land des Feindes hineintra-

---

454 In der Ministerbesprechung am 25. 2. 1920 wurde u. a. auch erwogen, von der deutschen Regierung das Ein- bzw. Zugeständnis (admission) zu verlangen, daß sie den uneingeschränkten U-Bootkrieg für illegal erachte. Dieser Gedanke wurde jedoch nicht weiter verfolgt. Wie Anm. 449.

455 Vertrag über den Gebrauch von U-Booten und Giftgasen im Kriege, abgedruckt in: The Law of War I, S. 450–453.

456 Diese Strafbestimmung widersprach sowohl dem überkommenen Völkerrecht als auch der Rechtsordnung der meisten Staaten. Vgl. Jescheck, Verantwortlichkeit der Staatsorgane, S. 92 f.

457 Art. 4 u. 7 des Vertrages vom 6. 2. 1922. Der Vertrag wurde von keinem Staat ratifiziert; er trat daher nicht in Kraft.

gen. Bombenangriffe auf militärische Ziele einschließlich Produktionsstätten und Verkehrswege sollten dessen Kraftressourcen entscheidend schwächen und schließlich den Kriegswillen der Bevölkerung brechen[458].

Die „Première liste des personnes designées ... pour être jugées par la Cour suprême de Leipzig"[459] vermied Beschuldigungen gegen deutsche Soldaten, die irgendwie zweifelhaft, als politisch motiviert oder juristisch strittig erscheinen konnten. Der Verzicht auf große Namen wie Hindenburg, Ludendorff und Tirpitz bedeutete auch den Verzicht auf die Absicht, die deutsche Kriegführung zu Lande und zu Wasser als schlechthin völkerrechtswidrig zu brandmarken[460]. Sie bedeutete zugleich die Abstinenz von dem Versuch, die großen kriegsrechtlichen Streitfragen der Vergangenheit zu klären und Maßstäbe für die Zukunft zu setzen. Die „Erste Liste" enthielt Beschuldigungen gegen 46 namentlich genannte deutsche Offiziere und Soldaten, deren jeweilige Tatbestände jeden unvoreingenommenen Leser überzeugten, daß es sich fraglos um strafwürdige Verbrechen handelte: Die britische Regierung klagte drei U-Bootkommandanten an, Lazarettschiffe versenkt zu haben[461], und warf vier Soldaten vor, Kriegsgefangene mißhandelt zu haben. Die französische Regierung beschuldigte Generalleutnant a. D. Stenger, ehemals Kommandeur der 58. Infanterie-Brigade, und Offiziere des ihm unterstellt gewesenen 112. Infanterie-Regiments, Befehl gegeben zu haben, keine Gefangenen zu machen. Sie zieh General der Infanterie a. D. v. Oven, den ehemaligen Gouverneur von Metz, der Verantwortung für Ausschreitungen (Erschießung von Zivilpersonen, Inbrandsetzen von Gebäuden und Plünderungen), die bayerische Truppen Ende August 1914 bei Kämpfen um verschiedene Gemeinden im Departement Meurthe-et-Moselle begangen haben sollen. Sie warf weiterhin den Generalmajoren a. D. Kruska und Hans v. Schack vor, mindestens fahrlässig –

---

458 Eine ausführliche Darstellung der zwischen 1919 und 1930 in Großbritannien geführten Diskussion über Fragen der Luftkriegsstrategie gibt Powers, S. 114–207. Obwohl kaum Zweifel daran bestehen, daß der als „Vater der Royal Air Force" geltende Sir H. Trenchard z. Zt. seiner Ende März 1919 erfolgten zweiten Amtsübernahme als Chief of the Air Staff ein Befürworter des strategischen Bombenkriegs war (siehe Powers, S. 166f.), kam seine Auffassung erst später, namentlich in seinem Memorandum „The War Object of an Air Force" vom 2. 5. 1928 deutlich zum Ausdruck. Es ist von besonderer Signifikanz, daß die Chefs der beiden anderen Wehrmachtteile der dort dargelegten Luftstrategie nicht nur aus militärischen Gründen widersprachen, sondern auch völkerrechtliche Bedenken geltend machten. Sie hielten die mit einer Bombardierung von Produktionsstätten und Verkehrswegen verbundene Gefährdung der feindlichen Zivilbevölkerung für unzulässig hoch. Memorandum des Chief of the Air Staff vom 2. 5. 1928 mit der Stellungnahme des Chief of the Imperial General Staff, Field Marshal Sir G. Milne, vom 16. 5. 1928 und der Stellungnahme des Chief of Naval Staff, Admiral of the Fleet Sir C. Madden, vom 21. 5. 1928, abgedruckt in: Webster, Sir Charles/Noble Frankland, The Strategic Air Offensive against Germany 1939–1945, Bd 4: Annexes and Appendices, London 1961 (= History of the Second World War, United Kingdom Military Series), S. 71–83.

459 P.R.O. W.O. 32/5425, C[abinet] P[aper] 1191: Trial of Persons accused of Breaches of the Laws of War. Translation of Note from the French Ambassador in London [dtd March 31st, 1920], covering Report of Inter-Allied Commission, abgedruckt in: DBFP VIII, S. 234–252 (Première liste, S. 238–252).

460 Die „Erste Liste" enthielt gleichfalls keine Vorwürfe gegen die dt. Luftkriegführung.

461 Es handelte sich um die Kapitänleutnante a. D.: Helmut Patzig, ehemals Kommandant U 86, beschuldigt der Versenkung der „Llandovery Castle" (siehe unten, S. 347–349), Karl Neumann, ehemals Kommandant UC 67, beschuldigt der Versenkung der „Dover Castle" (siehe unten, S. 347); Wilhelm Werner, ehemals Kommandant U 55, beschuldigt der Versenkung der „Torrington". Die „Torrington" war aber kein Lazarettschiff. Zu den Vorwürfen gegen Kaptlt. a. D. Werner siehe Hurd III, S. 17f. u. 268; Materialien in: BA-MA RM 20/592 u. 593.

wenn nicht vorsätzlich – die Ausbreitung einer Typhusepedemie im Gefangenenlager Kassel begünstigt zu haben und dadurch für den Tod von über 3000 Kriegsgefangenen verantwortlich zu sein. Die italienische Regierung beschuldigte u. a. Kapitänleutnant Lothar v. Arnauld de la Perière, als U-Bootkommandant ein italienisches Handelsschiff vor Eintritt des Kriegszustands zwischen Italien und dem Deutschen Reich und zwei weitere innerhalb der spanischen Hoheitsgewässer versenkt zu haben. Belgien forderte die Strafverfolgung von Generalfeldmarschall v. Bülow, dem ehemaligen Oberbefehlshaber der 2. Armee, sowie von Offizieren des Garde-Schützen-Bataillons und des Pionier-Bataillons Nr. 28 wegen Ausschreitungen (Erschießung von fast 300 Zivilpersonen, Inbrandsetzung von Gebäuden und Plünderungen), die am 19./20. August 1914 in den Gemeinden Andenne und Seilles bei der Erzwingung des Übergangs über die Meuse vorgefallen sein sollen. Das übrige Anklagematerial, auch soweit es von der polnischen, der rumänischen und der Regierung des Serbisch-kroatisch-slowenischen Staates vorgebracht wurde, beschrieb Vorkommnisse, die prima facie als schwerwiegende Übergriffe gegen die Zivilbevölkerung in den besetzten Gebieten und gegenüber Kriegsgefangenen erschienen.

Die „Commission mixte", die unter Vorsitz von Jules Cambon die „Première Liste" erstellt hatte, bezeichnete diese in ihrem Abschlußbericht als eine Probeliste („liste d'épreuve")[462]. Sie sollte mithin den alliierten Mächten ein Urteil darüber ermöglichen, mit welcher Ernsthaftigkeit die deutsche Regierung und Justiz die Strafverfolgung der Beschuldigten betreibe. Noch deutlicher als im Kommissionsbericht kam die mit der „Ersten Liste" verfolgte Intention in der alliierten Presse zum Ausdruck. Ein Korrespondent der „Times" meldete unter der Überschrift „War Crimes Test Cases" aus Paris:

> „I use the word ‚test' advisedly, for the measure in which the German Courts will deal justly with these cases will dictate the future policy with regard to the rest of the German war criminals whom it is desired to bring to justice[463]."

Die Note vom 7. Mai 1920[464], die die Übergabe der „Ersten Liste" begleitete, wies die Reichsregierung noch einmal unmißverständlich auf die übernommene Verpflichtung hin, für die Strafverfolgung der Beschuldigten und die gerechte Sühnung der ihnen vorge-

---

462 Wie Anm. 459 (DBFP VIII, S. 235 f.).

463 Times No. 42 347 vom 1. 3. 1920 (Zeitungsausschnitt: Kriegsarchiv VR, Nr. XII G1 b). Vgl. DAZ Nr. 111 vom 1. 3. 1920 (Zeitungsausschnitt: PA/AA WK adh. 4 Nr. 1). – Der Nachricht lag offensichtlich eine von brit. Seite ausgegangene Indiskretion zu Grunde. UStS v. Haniel erklärte sein Mißfallen über die Pressemeldung, die den Oppositionsparteien Gelegenheit gebe, gegen die Regierung zu agitieren. Telegramm Lord Kilmarnock vom 1. 3. 1920 an Earl Curzon, abgedruckt in: DBFP IX, DokNr. 632. Vgl. PA/AA Deutschland Nr. 97 Nr. 1, Bd 3, Protokoll der Sitzung des Reichsratsausschusses für auswärtige Angelegenheiten am 1. 3. 1920 (ms. Original).

464 PA/AA Dt. Friedensdeleg. Paris/Versailles, Pol. 7 a, Bd 2, Note Präsident der Friedenskonferenz vom 7. 5. 1920 an Vorsitzenden der Dt. Friedensdelegation (ms. Original), dazu Anlage: Première liste des personnes désignées par les Puissances alliées pour être jugées par la Cour suprême de Leipzig. Note abgedruckt in: Kraus/Rödiger II, DokNr. 143 e. Die „Erste Liste" wurde mit einer Kurzfassung der Anschuldigungen veröffentlicht in: DAZ Nr. 221 vom 12. 5. 1920 (Zeitungsausschnitt: Kriegsarchiv VR, Nr. XII G1 b). – Die Übergabe der Note hatte sich aufgrund der Einwände Millerands gegen eine Vertretung der alliierten Regierungen bei den Verhandlungen vor dem Reichsgericht (einschließlich der Entsendung von Zeugen) verzögert. Note des frz. Botschafters in London vom 31. 3. 1920, wie Anm. 459. Die alliierten Regierungschefs kamen auf ihrer Konferenz in San Remo überein, es in das Ermessen der Zeugen zu stellen, ob sie vor dem Reichsgericht aussagen wollten oder nicht. Protokolle der Besprechung zwischen Lloyd George und Millerand am 24. 4. 1920 sowie der Sitzung des Obersten Rates am 26. 4. 1920, 17 Uhr, abgedruckt in: DBFP VIII, DokNr. 14 (P. 16) u. DokNr. 20 (P. 5). Vgl. DBFP IX, DokNr. 654–657.

worfenen Verbrechen Sorge zu tragen. Sie wiederholte die Mahnung, daß die alliierten Mächte unter Geltendmachung ihrer Vorbehalte die Beschuldigten vor ihre eigenen Gerichte fordern würden, sollten sie den Eindruck gewinnen, das deutscherseits vorgeschlagene Verfahren verfolge nur den Zweck, die Inkriminierten der verdienten Bestrafung zu entziehen. Die Note enthielt, um nicht verletzend zu wirken, keinen ausdrücklichen Hinweis auf den Probecharakter, der der Behandlung der ausgewählten Fälle beigemessen werden sollte. Doch war es für jeden, der sich an die Zeitungsmeldungen vom 1. März 1920 erinnerte, unschwer, diese Intention aus dem Unterton des Schriftstücks herauszulesen.

Die Siegermächte hatten erhebliche Abstriche von ihren ursprünglichen Forderungen hinsichtlich der Ausführung der Strafbestimmungen des Friedensvertrags gemacht, beharrten aber – wie ihre Note vom 7. Mai unterstrich – auf der strafrechtlichen Verfolgung zumindest eines Teiles der Deutschen, die sie mit der Liste vom Februar 1920 der Verletzung der Kriegsgesetze und -gebräuche bezichtigt hatten. Sie befanden sich dabei in einer moralisch günstigeren Position als zuvor. An die Stelle der deutscherseits als ehrverletzend empfundenen Artikel 228–230 war ein von der Reichsregierung vorgeschlagenes Agreement getreten. Zu Recht konnten die Siegermächte darauf hinweisen, daß Deutschlands Ansehen nicht zuletzt davon abhängen werde, mit welchem Ernst und in welchem Geist seine Regierung und Justiz die Strafverfolgung der der Kriegsverbrechen Beschuldigten betreiben würden[465].

---

[465] Bericht Earl Curzon vom 21. 1. 1920 an Lord Kilmarnock über seine Unterredung mit dem dt. Geschäftsträger in London, Friedrich Sthamer, am gleichen Tag, abgedruckt in: DBFP IX, DokNr. 53. PA/AA WK adh. 4 Nr. 1, Telegramm Dt. Botschaft London Nr. 40 vom 10. 3. 1920 an AA, Bericht des Geschäftsträgers über seine Unterredung mit Lloyd George am gleichen Tag (ms. Durchschrift). Aufzeichnung von Sir E. Crowe vom 8. 5. 1920 über seine Unterredung mit dem Vertreter des dt. Geschäftsträgers, v. Schubert, am gleichen Tag, abgedruckt in: DBFP IX, DokNr. 658.

Ausblick: Zur Kriegsverbrecherfrage 1920–1933

Der Reichsminister der Justiz hatte sofort nach Erhalt der Auslieferungsliste den Oberreichsanwalt angewiesen, die Ermittlungen gegen die Beschuldigten aufzunehmen[1]. Diese wurden im Mai 1920 auf die in der sogenannten „Ersten Liste“ bzw. „Probeliste“ aufgeführten Fälle konzentriert[2]. Die Reichsanwaltschaft bemühte sich intensiv um die Identifizierung der Angeschuldigten, die Feststellung ihres Aufenthaltsorts und die Aufklärung der ihnen zur Last gelegten Vergehen. Es gelang ihr in den folgenden Monaten aber nicht, die Ermittlungen so weit voranzutreiben, daß sie auch nur in einem einzigen Fall die Eröffnung der Voruntersuchung beantragen konnte[3]. Die summarischen Angaben in der Auslieferungsliste und auch die etwas detaillierteren in der „Ersten Liste“ erwiesen sich als unzureichend. Diplomatische Ersuchen, die Anschuldigungen zu spezifizieren und Beweismaterial zu übermitteln[4], ließen die Siegermächte unbeantwortet[5].

Wenige Wochen später, auf der Konferenz von Spa, zu der die Siegermächte die deutsche Regierung geladen hatten, um mit ihr über Versäumnisse bei der Ausführung des Friedensvertrags zu sprechen, war dann die Strafverfolgung der Kriegsverbrecher ein Punkt der Tagesordnung. Reichsjustizminister Heinze erläuterte die aufgetretenen Schwierigkeiten. Die Vertreter der Siegermächte erkannten diese an und erklärten sich bereit, dem Oberreichsanwalt auf Anforderung die Unterlagen zur Verfügung zu stellen, die dieser zur Erhebung der Anklage in den Fällen der „Ersten Liste“ benötigen würde[6]. Der Ober-

---

[1] Siehe oben, S. 308.

[2] BA-MA RM 20/564, Bl. 20, Schreiben Oberreichsanwalt vom 18. 5. 1920 an RWM Chef der Admiralität (ms. Original). PA/AA Büro RM Az. 4c (3243/D716 125–129), Schreiben Oberreichsanwalt vom 5. 6. 1920 an Reichsminister der Justiz (Abschrift).

[3] Protokoll der Kabinettssitzung am 3. 5. 1920, abgedruckt in: Akten der Reichskanzlei. Das Kabinett Müller I. 27. März bis 21. Juni 1920, bearbeitet von Martin Vogt, Boppard a. Rh. 1971 (im folgenden zit. Kabinett Müller I), DokNr. 77 (hier: S. 183f.). Am 30. 6. 1920 berichtete der Oberreichsanwalt, daß sich von 886 aufgrund der Auslieferungsliste anhängigen Verfahren eines (!) im Stadium der Voruntersuchung befinde. PA/AA Büro RM Az. 4c (3243/D716 123f.), Schreiben an Reichsminister der Justiz (Abschrift).

[4] PA/AA Dt. Friedensdeleg. Paris/Versailles, Pol. 7a, Bd 1 u. 2, Noten Dt. Friedensdelegation Nr. 169 vom 24. 4. 1920, Nr. 181 u. 182 vom 4. 5. 1920, Nr. 194 vom 14. 5. 1920, Nr. 206 vom 21. 5. 1920 usw. an den frz. Ministerpräsidenten (Durchschriften). Note des dt. Geschäftsträgers in London vom 8. 6. 1920 an den brit. Außenminister, in engl. Übers. abgedruckt in: DBFP IX, DokNr. 663 (beachte dortige Anm. 2).

[5] PA/AA Dt. Friedensdeleg. Paris/Versailles, Pol. 7a, Bd 3, Note Dt. Friedensdelegation vom 5. 7. 1920 an das Generalsekretariat der Friedenskonferenz, z. Hd. Jules Cambon (Durchschrift).

[6] Die Konferenz, in deren Mittelpunkt die Reparations- und die Entwaffnungsfrage standen, fand vom 5.–16. 7. 1920 statt. Über die Frage der Aburteilung der Kriegsverbrecher wurde in der Vollsitzung und in einer Expertensitzung am 9. 7. 1920 verhandelt. Letztere führte zu einer schriftlichen Vereinbarung über die Gewährung von Rechtshilfe in den Fällen der „Probeliste“. Protokolle der Sitzungen in: BA R 43 I/402, Bl. 120–163, Niederschriften über die Sitzungen der Konferenz von Spa vom 5. bis 16. Juli 1920, geheim (Drucksache, hier: S. 36–46); DBFP VIII, DokNr. 53 u. 54. Das Protokoll vom 9. 7. 1920 über das für die Gewährung von Rechtshilfe vereinbarte Verfahren ist in dem vom AA herausgegebenen Weißbuch „Die Konferenz in Spa vom 5. bis 16. Juli 1920“, Berlin 1920, S. 56, abgedruckt (Exemplar in: BA R 43 I/402).

reichsanwalt ersuchte daraufhin in sämtlichen Fällen der „Ersten Liste" den englischen Attorney-General und die Justizministerien Frankreichs, Belgiens, Italiens und Rumäniens um Überlassung und Ergänzung von Beweismitteln[7]. Doch trafen erst Ende November 1920 die erbetenen Unterlagen aus London, noch später die aus Paris und Brüssel ein[8]. Auch die Ermittlungen im Inland erwiesen sich als äußerst schwierig und zeitaufwendig. Die Reichsanwaltschaft war bei der Feststellung der Adressen von Angeschuldigten und Zeugen, insbesondere aber bei der Aufklärung der Tatumstände auf die Amtshilfe der Heeres- und der Marineleitung[9] angewiesen. Die bearbeitenden Stellen kamen den Anforderungen zwar nach, aber doch nur in dem unbedingt notwendigen Umfang. Die Sympathien der Offiziere im Reichswehrministerium galten den Angeklagten und ihren Verteidigern, waren sie doch daran interessiert, daß auf die „alte Armee" und die Kaiserliche Marine kein Makel fallen möge. Daher sorgten sie nicht nur für Waffengleichheit von Anklage und Verteidigung – der Oberreichsanwalt war übrigens damit einverstanden, daß alle ihm zugehenden Informationen auch der Verteidigung zugingen –, sondern unterstützten diese offiziell und offiziös in jeder nur erdenklichen Hinsicht[10].

Das erste Urteil des Reichsgerichts erging am 10. Januar 1921 gegen den Zimmermann Dietrich Lottmann, den Schlosser Paul Niegel und den Schiffer Paul Sangershausen. Die drei ehemaligen Pioniere waren in der Nacht vom 30./31. Oktober 1918 in Edingen (Belgien) in das Haus eines Gastwirts eingedrungen und hatten unter Drohung mit der Waffe 800 Mark und verschiedene Wertgegenstände entwendet. Sie wurden wegen Plünderung verurteilt: Lottmann und Niegel zu Zuchthausstrafen von 5 bzw. 4 Jahren, Sangershausen zu einer Gefängnisstrafe von 2 Jahren. Alle drei standen auf keiner der Listen, vielmehr handelte es sich um einen Fall, der – zunächst an einem Militärgericht anhängig – nach Abschaffung der Militärjustiz auf Grund des Gesetzes über die Verfolgung von Kriegsverbrechen und -vergehen vom 18. Dezember 1919 in die Zuständigkeit des Reichsgerichts gelangt war.

Die linksstehende Presse reagierte auf das Urteil voller Entrüstung: Drei Proletarier seien verurteilt worden, aber Hunderte von Offizieren, die weit schlimmere Verbrechen begangen hätten, seien bisher unbehelligt geblieben[11]! Diese Kommentierung des Urteils ließ das Reichswehrministerium schwerwiegende Folgen auf innen- und außenpolitischem Gebiet

---

[7] So: Aufzeichnung des AA zur „Kriegsbeschuldigtenfrage", Anlage zu Schreiben AA vom 2. 11. 1923 an StS in der Reichskanzlei, in: BA R 43 I/341, Bl. 117–122 (hier: Bl. 121), u. BA-MA RM 20/568, Bl. 239–244 (hier Bl. 240). [8] Ebd.

[9] Im Reichswehrministerium waren besondere Stellen eingerichtet worden, die dem Oberreichsanwalt auf Ersuchen Amtshilfe leisteten, zugleich aber auch die Beschuldigten berieten: Bei der Heeresleitung die zum Truppenamt gehörende „Zentralstelle für Völkerrechtsverletzungen und andere Anschuldigungen militärischer Art" (T. V., mit den Unterabtlg. T. V. A., T. V. B. und T. V. C.), bei der Marineleitung die zur Flottenabtlg. des Marinekommandoamts gehörende „S-Gruppe". Siehe: HVBl. 1920, S. 308f.; MVBl. 1920, S. 238f.

[10] Z. B. durch die Bereitstellung von Unterlagen für die Verteidigung, u. a. auch durch die Beschaffung militärischer und juristischer Gutachten. Für die Finanzierung der Verteidigung stand dem Reichswehrminister aus Haushaltsmitteln zunächst ein Fonds von 200000 M zur Verfügung, der später um ca. 1 Mill. M erhöht wurde. BA R 43 I/341, Bl. 23–26, Schreiben Reichswehrminister vom Mai 1921 an Reichskanzler; ebd., Bl. 45, Schreiben Reichsminister der Finanzen vom 12. 7. 1921 an Reichshauptkasse (Abschrift). Siehe auch: Kabinett Müller I, DokNr. 46 u. DokNr. 97 (P. 12).

[11] BA R 43 I/341, Bl. 16, Zeitungsausschnitt: Freiheit Nr. 15 vom 11. 1. 1921. Ähnlich auch andere Organe der Links-Presse, u. a. Die Rote Fahne Nr. 16 vom 11. 1. u. Nr. 17 vom 12. 1. 1921. Vgl. Kaul, Verfolgung dt. Kriegsverbrecher, S. 30f.

befürchten, nämlich das Wiederaufleben der Hetze gegen das Offizierkorps, die Diskreditierung des Reichsgerichts im In- und Ausland und neue Forderungen der Siegermächte. Um ähnlichen Reaktionen wie im Fall der verurteilten Pioniere vorzubeugen, drängte es darauf, die Abfolge der Gerichtsverhandlungen nicht dem Zufall zu überlassen[12]. Das Reichsjustizministerium teilte die Besorgnisse des Wehrressorts. Es kam daher zu einer Vereinbarung über die Reihenfolge der ersten Prozesse in den Fällen der „Probeliste". Fälle, in denen ein Freispruch abzusehen war, sollten sich mit solchen abwechseln, in denen eine Verurteilung erwartet wurde[13].

Dem Zweck, der in- und ausländischen Kritik Wind aus den Segeln zu nehmen, diente auch eine erneute Novellierung des Gesetzes über die Verfolgung von Kriegsverbrechen und Kriegsvergehen[14]. Sie eröffnete dem Oberreichsanwalt die Möglichkeit, auch in den Fällen, in denen nach seiner Überzeugung kein genügender Anlaß zur Erhebung der Anklage bestand, die Anberaumung einer Hauptverhandlung zu beantragen. Diese Abweichung vom deutschen Strafprozeßrecht gestattete es der Reichsanwaltschaft, mit jedem Fall, in dem sie es aus irgendeinem Grund für wünschenswert hielt, an die Öffentlichkeit zu treten, womit freilich die Kompetenz zur Entscheidung in der Sache an das Reichsgericht überging. Die Sonderregelung führte dazu, daß der sonst übliche Einstellungsbeschluß der Anklagebehörde – z. B. mangels Tatverdachts oder mangels Beweises – zu einem „Freispruch erster Klasse" aufgewertet wurde.

In einer innen- und außenpolitisch besonders gespannten Situation, zwei Wochen nach der Annahme des „Londoner Ultimatums"[15], begannen vor dem 2. Strafsenat des Reichsgerichts die ersten Prozesse in den Fällen der „Probeliste". Zunächst kamen vier Fälle zur Verhandlung, denen Anschuldigungen der britischen Regierung zugrunde lagen. Es ergingen folgende Urteile[16]: Der ehemalige Unteroffizier Karl Heynen wurde wegen Mißhandlung und Beleidigung Untergebener, nämlich britischer Kriegsgefangener, zu zehn Monaten Gefängnis verurteilt. Hauptmann der Reserve a. D. Emil Müller, im Zivilberuf Rechtsanwalt, wurde wegen Begehens der gleichen Delikte mit sechs Monaten Gefängnis bestraft, im übrigen aber von der Beschuldigung, ein Gefangenenlager in unmenschlicher

[12] BA-MA RM 20/566, Bl. 7–22, Notizen für einen Vortrag des Leiters der Zentralstelle für Völkerrechtsverletzungen u. des Leiters der Flottenabtlg. beim Chef der Heeresleitung und Chef der Marineleitung bzw. Reichswehrminister.

[13] BA-MA RM 20/567, Bl. 33–36, Aufzeichnung der Vertreter der Marineleitung über eine Besprechung im Reichsjustizministerium am 14. 4. 1921.

[14] Gesetz vom 12. 5. 1921 zur weiteren Ergänzung des Gesetzes zur Verfolgung von Kriegsverbrechen und Kriegsvergehen, verkündet in: RGBl. 1921, S. 508.

[15] Note der alliierten Mächte vom 5. 5. 1921 an die Reichsregierung, abgedruckt in: DBFP XV, S. 579f.; Ursachen und Folgen IV, DokNr. 959. Die Note stellte fest, daß das Deutsche Reich mit der Erfüllung verschiedener friedensvertraglicher Verpflichtungen im Rückstand sei, u. a. mit der Entwaffnung, mit Reparationsleistungen und mit der Aburteilung der Kriegsverbrecher. Sie forderte die Zusage, daß die Reichsregierung mit der Erfüllung der genannten Verpflichtungen unverzüglich beginnen möge, und drohte für den Fall der Weigerung die Besetzung des Ruhrgebiets an. Die Reichsregierung nahm das sog. Londoner Ultimatum vorbehaltlos an. Note vom 11. 5. 1921, abgedruckt in: Schulthess 1921 II, S. 267. Unabhängig von dem Ultimatum war der Beginn der Hauptverhandlungen vor dem Reichsgericht Mitte April für Ende Mai 1921 festgesetzt worden. Wie Anm. 13.

[16] Veröffentlicht in: Weißbuch, enthaltend Abdrucke der vom Reichsgericht auf Grund der Gesetze vom 18. Dezember 1919 (Reichs-Gesetzbl. S. 2125)/24. März 1920 (Reichs-Gesetzbl. S. 341) erlassenen Urteile, RT, Bd 368, Drucksache Nr. 2584. Zu den Verhandlungen siehe den Bericht von Mullins, eines englischen Augenzeugen.

Weise geleitet zu haben, freigesprochen. Ebenfalls wegen Mißhandlung und Beleidigung von Kriegsgefangenen wurde der Soldat Robert Neumann zu sechs Monaten Gefängnis verurteilt. Kapitänleutnant a. D. Karl Neumann, dem die britische Regierung zum Vorwurf gemacht hatte, als Kommandant des U-Bootes UC 67 das Lazarettschiff „Dover Castle“ torpediert und „in brutaler Weise“ versenkt zu haben,wurde freigesprochen. Die Verhandlung ergab, daß Neumann in der Tat das Lazarettschiff versenkt, dabei aber in Befolgung eines von ihm als bindend angesehenen Befehls[17] gehandelt hatte. Die Beschuldigung, bei dieser Kriegshandlung besonders grausam vorgegangen zu sein, erwies sich als unzutreffend. Im Gegenteil, der U-Bootkommandant hatte den das Lazarettschiff eskortierenden Zerstörern Zeit gelassen, die Besatzung, das Sanitätspersonal und die Verwundeten abzubergen, bevor er das torpedierte Schiff endgültig versenkte.

Nach den britischen Fällen stand ein belgischer zur Verhandlung. Der ehemalige Beamte der Geheimen Feldpolizei Max Ramdohr war angeklagt, sich in Ausübung seines Amtes der Freiheitsberaubung und der Körperverletzung schuldig gemacht zu haben. Da ihm keine Pflichtverletzungen nachgewiesen werden konnten, wurde er freigesprochen.

Von den französischen Fällen der „Ersten Liste“ wurden zwei „Affären“ verhandelt, denen man jenseits des Rheins besondere Bedeutung zumaß. Bei der „Affäre Stenger“ handelte es sich um den Vorwurf gegen Generalleutnant a. D. Karl Stenger, zu Kriegsbeginn Kommandeur der 58. Infanterie-Brigade, und Offiziere des ihm unterstellt gewesenen Infanterie-Regiments Nr. 112, während der Grenzschlachten in Lothringen Ende August 1914 den Befehlt erteilt zu haben, keine Gefangenen zu machen, bzw. diesen Befehl weitergegeben oder sogar ausgeführt zu haben. Nach fünftägiger Verhandlung verkündete der 2. Strafsenat sein Urteil. Er hielt die französischen Anschuldigungen gegen General Stenger für widerlegt und sprach ihn frei. Dagegen verurteilte er Major a. D. Benno Crusius wegen fahrlässiger Tötung zu zwei Jahren Gefängnis und zum Verlust des Rechts zum Tragen der Uniform. Crusius, zu Kriegsbeginn Hauptmann und Chef der 3. Kompanie des genannten Regiments, war der irrtümlichen Überzeugung gewesen, daß der Brigadekommandeur Befehl gegeben habe, keine Gefangenen zu machen, insbesondere keine Verwundeten gefangenzunehmen. Er hatte dies als einen „Brigadebefehl“ weitergegeben, in dessen Befolgung dann mehrere verwundete französische Soldaten getötet worden sind. Die Beschuldigung gegen einen weiteren Offizier des Infanterie-Regiments Nr. 112, Oberleutnant Adolf Laule, einen verwundeten französischen Offizier vorsätzlich – und zwar nicht im Kampf – getötet zu haben, stellte sich nach Ansicht des erkennenden Senats als falsch heraus. Er sprach den Beschuldigten wegen erwiesener Unschuld frei.

Bei der sogenannten „Affäre Kruska und von Schack“ handelte es sich um die französische Anschuldigung gegen Generalleutnant a. D. Hans v. Schack und Generalmajor a. D. Benno Kruska, den Tod von über 3000 Kriegsgefangenen herbeigeführt zu haben, weil sie als Verantwortliche für das Gefangenenlager Kassel-Niederzwehren die Ausbreitung einer Fleckfieberepidemie im dortigen Lager begünstigt hätten. Das Reichsgericht stellte in seiner Urteilsbegründung fest, daß die Hauptverhandlungen auch „nicht den Schatten eines Beweises“ für die ungeheuerliche Anschuldigung erbracht habe. Es sprach beide Generale frei.

Das größte Aufsehen erregte der Prozeß gegen die beiden Marineoffiziere Ludwig Dith-

---

[17] RT, Bd 368, Drucksache 2584, S. 30. Vgl. Seekriegsrecht im Weltkriege III, DokNr. 583, u. Ergänzungsheft, DokNr. 699.

mar und John Boldt. Beide waren Wachoffiziere auf U 86 gewesen. Dessen Kommandant, Oberleutnant z. S. Helmut Patzig, hatte am 27. Juni 1918 das britische Lazarettschiff „Llandovery Castle" versenkt und anschließend die Rettungsboote beschießen lassen, um die gegnerischen Zeugen seiner Tat zu beseitigen. Dabei hatten insgesamt 234 Menschen den Tod gefunden. Patzig, der seit Ende 1919 flüchtig war, stand als Nummer 1 auf der „Probeliste", die beiden Wachoffiziere waren auf keiner der Listen aufgeführt. Der Oberreichsanwalt ließ sie verhaften, nachdem er auf Grund von Aussagen weiterer Besatzungsangehöriger des U-Bootes zu der Überzeugung gelangt war, daß beide Offiziere der Mittäterschaft an der Beschießung der Rettungsboote verdächtig seien. Die Anklageschrift vom 11. Juni 1921[18] warf Dithmar und Boldt vor, nach der Versenkung der „Llandovery Castle" gemeinschaftlich mit ihrem Kommandanten eine nicht näher bestimmbare Zahl von Schiffbrüchigen des Lazarettschiffs mit Überlegung getötet zu haben. Sie forderte deshalb eine Verurteilung wegen Mordes (§§ 211, 47 RStGB).

Die Beweisaufnahme während der Hauptverhandlung gegen die beiden Seeoffiziere ergab zunächst zweifelsfrei, daß U 86 am 27. Juni 1918 die „Llandovery Castle" durch Torpedoschuß versenkte und daß anschließend mit dem Bootsgeschütz gefeuert wurde. Der 2. Strafsenat des Reichsgerichts schloß sich der Annahme der Anklage an, daß das Geschützfeuer den Rettungsbooten des Lazarettschiffs gegolten habe, in der Absicht, die gegnerischen Zeugen der Versenkung zu beseitigen. Die Hauptverhandlung erbrachte freilich für diese – wie sich später herausstellen sollte, durchaus zutreffende – Annahme keinen Beweis; denn keiner der vier Augenzeugen des Schießens bestätigte sie. Der Kommandant war flüchtig, die Angeklagten verweigerten jegliche Aussage zur Sache, der Geschützführer war tot. Die übrigen Besatzungsangehörigen von U 86 konnten über das Ziel, das unter Feuer genommen worden war, nichts aussagen, da sie sich befehlsgemäß „Auf Tauchstation", also im Innern des Bootes, aufgehalten hatten. Trotz dieser Schwäche in der Beweisführung gelangte der erkennende Senat zu der Auffassung, daß die beiden Wachoffiziere durch Beobachten der Rettungsboote das Schießen unterstützt und gefördert hätten, „ganz abgesehen davon, daß sie durch ihr Ausschauen einer Gefährdung des U-Boots von anderer Seite vorgebeugt und dadurch überhaupt erst für Patzig die Möglichkeit zu seinem Vorgehen gegen die Boote geschaffen" hätten[19].

Das Reichgsgericht prüfte in diesem, wie auch in allen anderen Kriegsverbrecherprozessen die Strafbarkeit der Tat selbstverständlich nach deutschem Recht. Es erblickte in der Beschießung der Rettungsboote die Erfüllung des Tatbestands des Totschlags (§ 212 RStGB), davon ausgehend, daß der Kommandant den furchtbaren Entschluß nicht in ruhiger Überlegung, sondern in Erregung gefaßt habe. Das Reichsgericht führte sodann zur Rechtswidrigkeit der Tat aus:

> „Die Beschießung der Boote verstieß gegen das Völkerrecht. Wie im Landkriege (vgl. Haager Landkriegsordnung Art. 23 c) die Tötung wehrloser Feinde nicht gestattet ist, so ist im Seekriege die Tötung von Schiffbrüchigen, die in Rettungsbooten Zuflucht gefunden haben, verboten. [. . .]
> Eine Überschreitung der völkerrechtlichen Grenzen der Kriegsführung ist [. . .] strafbar, sofern im übrigen der Tatbestand einer strafbaren Handlung gegeben ist. Dem

[18] PA/AA Rechtsabtlg. R IV, Kriegsbeschuldigte Nr. 2 (VS), Verhaftung u. Auslieferung des Oblt. Dithmar.

[19] RT, Bd 368, Drucksache Nr. 2584, S. 85 f.

Willen des Staates, der den Krieg führt und dessen Gesetze für die Frage der Rechtmäßigkeit oder Widerrechtlichkeit entscheidend sind, entspricht die Tötung des Gegners im Kriege nur insoweit, als sie unter den Voraussetzungen erfolgt und die Bedingungen und Schranken einhält, die das Völkerrecht aufstellt[20]."

Bei der Prüfung der Schuld der Angeklagten ging der Senat davon aus, daß die Entscheidung über die Vernichtung der Rettungsboote beim Kommandanten gelegen habe. Während dieser mit Täterwillen gehandelt habe, sei dies bei den beiden Wachoffizieren nicht erwiesen. Indem sie jedoch den Kommandanten unterstützten, hätten sie bei der Begehung einer Straftat wissentlich Hilfe geleistet und seien daher gemäß § 49 RStGB als Gehilfen zu bestrafen. Da die Angeklagten militärische Untergebene Patzigs waren, war noch zu untersuchen, ob sie nicht straffrei bleiben mußten, weil sie auf dessen Befehl gehandelt hatten. Das Reichsgericht führte dazu aus:

„Zwar ist nach § 47 MStGB dann, wenn durch die Ausführung eines Befehls in Dienstsachen ein Strafgesetz verletzt wird, dafür der befehlende Vorgesetzte allein verantwortlich. Nach Nr. 2 daselbst ist aber der gehorchende Untergebene dann strafbar, wenn ihm bekannt gewesen ist, daß der Befehl des Vorgesetzten eine Handlung betraf, welche ein bürgerliches oder militärisches Verbrechen bezweckte. Diese Voraussetzungen liegen bei den Angeklagten vor. Freilich ist zugunsten der militärischen Untergebenen davon auszugehen, daß sie zu einer Nachprüfung der Befehle ihrer Vorgesetzten nicht verpflichtet sind, daß sie vielmehr mit ihrer Rechtmäßigkeit rechnen dürfen. An solcher Vertrauensgrundlage fehlt es aber, wenn der Befehl sich offenkundig, für jedermann, auch den Untergebenen, zweifelsfrei erkennbar als verbrecherisch darstellt. Das kommt natürlich nur in seltenen Ausnahmefällen vor. Ein solcher ist hier aber gegeben[21]."

Mithin waren Dithmar und Boldt zu bestrafen, weil sie Patzig nicht den Gehorsam versagt hatten, wie es ihre Pflicht gewesen wäre. Doch erkannte das Reichsgericht, sich in die Verhältnisse an Bord von Kriegsschiffen im Einsatz einfühlend, an, daß „eine Gehorsamsverweigerung auf dem U-Boote dem Kommandanten gegenüber [...] etwas so Außergewöhnliches bedeutet haben [würde], daß es menschlich wohl zu verstehen ist, wenn die Angeklagten sich dazu nicht haben aufraffen können". Während es dies als mildernden Umstand bewertete, glaubte es andererseits doch die Strafe hoch bemessen zu müssen. Denn die Tötung wehrloser Schiffbrüchiger sei „ein schweres, das sittliche Empfinden im besonderen Maße verletzendes Verbrechen". Zudem habe die Tat einen „dunklen Schatten" auf die deutsche Flotte, insbesondere die U-Bootwaffe, „die im Kampfe für das Vaterland so Großes geleistet hat", geworfen[22]. Das Reichsgericht verurteilte die beiden Wachoffiziere wegen Beihilfe zum Totschlag (§§ 213, 49 Abs. 2, 44 RStGB) zu je vier Jahren Gefängnis. Zugleich erkannte es gegen den aktiven Offizier Dithmar auf Dienstentlassung und gegen den inaktiven Offizier Boldt auf Verlust des Rechts zum Tragen der Uniform.

---

[20] Ebd., S. 87. – Bei diesen Ausführungen bleibt freilich undeutlich, ob sich die Rechtmäßigkeit einer Kriegshandlung unmittelbar nach Völkerrecht oder nach innerstaatlichem Recht bestimmt. Vermutlich hat der erkennende Senat zu dieser Frage gar nicht Stellung nehmen wollen, sondern ist davon ausgegangen, daß der Staat, also das Deutsche Reich, sich in der Regel völkerrechtsgemäß verhält und seinen Soldaten nichts Völkerrechtswidriges abverlangt. Anderer Ansicht ist Jescheck, Verantwortlichkeit der Staatsorgane, S. 66.

[21] RT, Bd 368, Drucksache Nr. 2584, S. 87f.

[22] Ebd., S. 88f.

Mit dem Verfahren gegen die beiden ehemaligen Wachoffiziere von U 86 waren die öffentlichen Verhandlungen des Reichsgerichts gegen Personen, die der Begehung von Kriegsverbrechen beschuldigt waren, faktisch beendet[23]. Gegen zehn von 45 Angeschuldigten der „Ersten Liste" waren Urteile ergangen: vier Straferkenntnissen standen sechs Freisprüche gegenüber. Hinzu kam die auf deutsche Initiative erfolgte Verurteilung der Oberleutnante Dithmar und Boldt.

Noch während der Verhandlungen des Reichsgerichts hatte die in- und ausländische Kritik eingesetzt. Im Folgenden soll zunächst die Reaktion der Siegermächte aufgezeigt werden, hing doch von ihr alles Weitere ab.

Die französische Regierung gab ihre Unzufriedenheit mit der Rechtsprechung des Reichsgerichts in demonstrativer Weise zu erkennen. Sie rief nach der Verkündung des Urteils im Fall Stenger/Crusius ihre Kommission, die den Gerichtsverhandlungen als offizieller Beobachter beiwohnte, aus Leipzig ab. Ministerpräsident Briand erhob zugleich schwerste Vorwürfe gegen das Reichsgericht, behauptete, daß die Verhandlungen mit „empörender Parteilichkeit" geführt worden seien, und bezeichnete die Verfahren als Komödie, Justizparodie und Skandal[24]. Ähnlich äußerte sich der belgische Justizminister. Dagegen erklärte der englische Solicitor-General, Sir Ernest Pollock, der sich als Führer der britischen Beobachterdelegation in Leipzig selbst ein Bild gemacht hatte, am 17. August 1921 vor dem Unterhaus, daß nach seinem Eindruck das Reichsgericht bemüht gewesen sei, die Wahrheit an das Licht zu bringen. Dies sei insbesondere durch die Verhandlungsführung des Senatspräsidenten deutlich geworden. Wenn man auch über die Angemessenheit der Urteile verschiedener Meinung sein könne, so erscheine ihm doch die Aufrichtigkeit des Reichsgerichts über jeden Zweifel erhaben[25].

Die französische Regierung drängte noch im Juli darauf, bei der Reichsregierung wegen der ganz und gar unbefriedigenden Ausführung der übernommenen Verpflichtung, die Kriegsverbrecher ihrer verdienten Bestrafung zuzuführen, vorstellig zu werden[26]. Als Motiv stand hinter diesem Drängen der Versuch, die Kriegsverbrecherfrage als Begründung für eine Aufrechterhaltung der im März 1921 gegen das Deutsche Reich verhängten Sanktionen[27] zu benutzen. Curzon lehnte dies ab. Er vertrat im Obersten Rat der Alliierten die Meinung der britischen Rechtsexperten, daß die Leipziger Prozesse im wesentlichen ordnungsgemäß durchgeführt worden seien. Dagegen stimmte er dem Vorschlag zu, eine Kommission zu bestellen, die sich über die reichsgerichtlichen Verhandlungen und Urteile

---

[23] Eine weitere öffentliche Verhandlung des Reichsgerichts fand Ende Juni 1922 gegen den Arzt Dr. Michelsohn („Probeliste" Nr. 16) statt. Der ehemalige Leiter eines Lazaretts für Kriegsgefangene wurde von den schweren gegen ihn erhobenen Anklagen z. T. wegen erwiesener Unschuld, z. T. mangels Beweises freigesprochen. Stosch, S. 209–212.

[24] Erklärung Briands vor dem Senat, abgedruckt in: Journal du droit international [Clunet] 48 (1921), S. 442–445.

[25] The Parliamentary Debates, H. C., 5th series, Bd 146, Sp. 1535 f. Siehe auch Pollocks Einleitung zu Mullins.

[26] P.R.O. F.O. 371/7529, Bl. 113 ff., gedruckte Dokumentation (C 16860/555/18): „The Negotiations respecting the Trials of the War Criminals under Articles 228 to 230 of the Treaty of Versailles", hier: DokNr. 9, Verbalnote der Frz. Botschaft in London vom 8. 7. 1921.

[27] Die Siegermächte hatten, um ihren Forderungen nach Erfüllung der friedensvertraglichen Verpflichtungen Nachdruck zu verleihen, am 8. 3. 1921 die Städte Düsseldorf, Duisburg und Ruhrort durch alliierte Truppen besetzen lassen und durch Erhebung von Zöllen und Abgaben in die dt. Finanzhoheit eingegriffen. Siehe Schulthess 1921 II, S. 240–259 (252 u. 259).

gutachtlich äußern und dem Obersten Rat Vorschläge für sein weiteres Verhalten hinsichtlich der Artikel 228–230 machen sollte, da dieses Vorgehen in der Note vom 7. Mai 1920 angekündigt worden war[28].

Die Kommission, in die die britische, französische, italienische und belgische Regierung ihre höchsten staatsanwaltlichen Beamten entsandten, trat Anfang Januar 1922 in Paris zusammen, obwohl das Reichsgericht noch nicht in allen Fällen der „Probeliste" die Verfahren abgeschlossen hatte, ja ihm dazu auch kaum Gelegenheit gegeben worden war[29]. Die Kommission traf einstimmig folgende Feststellungen: Das Reichsgericht habe bei der Durchführung der Verfahren, vielleicht mit Ausnahme einiger weniger Fälle, keine genügenden Anstrengungen zur Ergründung der Wahrheit unternommen. Die ausgesprochenen Urteile seien fast alle unbefriedigend. Verschiedene Angeklagte seien freigesprochen worden, obwohl sie hätten verurteilt werden müssen, und in den Fällen, in denen Verurteilungen erfolgten, seien die verhängten Strafen unzureichend gewesen. Die Kommission sprach sich ebenfalls einstimmig dagegen aus, dem Reichsgericht weitere Fälle zu überweisen, da ein befriedigendes Ergebnis nicht zu erwarten sei. Infolgedessen müsse, wie in der alliierten Note vom 7. Mai 1920 vorbehalten, nun die deutsche Regierung aufgefordert werden, die Beschuldigten auszuliefern[30].

Die Empfehlung der Kommission brachte die britische Regierung in einige Verlegenheit. Zwar war auch sie mit dem Erreichten nicht zufrieden – schon gar nicht nachdem die am härtesten Bestraften, die beiden ehemaligen Marineoffiziere Dithmar und Boldt, sich überdies der Strafverbüßung durch ihre Flucht aus der Haft entzogen hatten[31] –, aber es hätte ihrer Moderationspolitik gegenüber Deutschland widersprochen, wenn sie jetzt von ihrem friedensvertraglichen Recht Gebrauch gemacht und die Auslieferung der Beschuldigten gefordert hätte. Der britischen Regierung wäre es am liebsten gewesen, wenn die Angelegenheit der Vergessenheit überantwortet worden wäre[32]. Dem stand freilich die französische Politik entgegen[33]. Die Siegermächte brachten schließlich in einer gemeinsamen Note vom 23. August 1922 ihre Unzufriedenheit zum Ausdruck. Sie erklärten unter Übernahme der Feststellungen der Expertenkommission, daß die Reichsregierung ihre Zusage, sachliche und loyale Justiz zu üben, nicht gehalten habe. Die Alliierten würden daher ohne Rücksicht auf eine etwaige deutsche Strafverfolgung der noch nicht vom Reichsgericht abgeurteilten Beschuldigten ihre friedensvertraglichen Rechte wieder

---

[28] Protokolle der Sitzungen des Obersten Rates am 12. u. 13. 8. 1921 in Paris, abgedruckt in: DBFP XV, DokNr. 102 (P. 5), 103 (P. 2) u. 104 (P. 3).

[29] Z. B. war das von der italienischen Regierung in den Fällen der „Probeliste" angeforderte Beweismaterial erst Ende August/Anfang September 1921 in Leipzig eingegangen.

[30] Beschlüsse der interalliierten Kommission vom 7. 1. 1922, in: P. R. O. F. O. 371/7529, Bl. 113 ff., hier: DokNr. 12 (auch in: F. O. 371/7470, Bl. 12–14, Schreiben The Attorney-General vom 17. 1. 1922 an Under-Secretary of State of the Foreign Office), abgedruckt in: Journal du droit international [Clunet] 48 (1921), S. 1077 f.

[31] P.R.O. F.O. 371/7528, Bl. 268, Aufzeichnung von Sir E. Crowe über seine Unterredung mit dem dt. Botschafter am 3. 2. 1922, abgedruckt in: DBFP XX, DokNr. 170.

[32] P.R.O. F.O. 371/7470, Bl. 9–10, Bemerkungen von S. P. Waterlow, Sir E. Crowe u. Earl Curzon vom 19. 1. 1922 zum Schreiben des Attorney-General vom 17. 1. 1922 (siehe Anm. 30). Siehe auch Libal, S. 184, Anm. 4.

[33] P.R.O. F.O. 371/7529, Bl. 9–12, Aufzeichnung von Sir E. Crowe über seine Unterredung mit dem frz. Botschafter am 12. 5. 1922 (siehe dazu DBFP XX, DokNr. 225, Anm. 2); ebd., Bl. 26, Verbalnote der Frz. Botschaft in London vom 17. 5. 1922; ebd., Bl. 29, Note des frz. Botschafters vom 19. 5. 1922 an Earl Curzon.

wahrnehmen bzw. sich ihre Ausübung vorbehalten. Insbesondere würden sie sich vorbehalten, die der Kriegsverbrechen Beschuldigten selbst zu verfolgen, nötigenfalls auch in Abwesenheitsverfahren[34].

Mit dieser Note bezweckten die Siegermächte nicht mehr als die Wahrung ihres Gesichts, wie auch die Eliminierung der im französischen Entwurf[35] enthaltenen Schärfen zeigt. Die Alliierten behielten sich also ihre Rechte aus Artikel 228–230 des Friedensvertrags vor, gaben aber gleichzeitig zu erkennen, daß sie diese, insbesondere ihren Anspruch auf Auslieferung der der Verletzung der Kriegsgesetze und -gebräuche Beschuldigten, nicht aktualisieren würden. Damit war etwa drei Jahre nach der Unterzeichnung des Friedensvertrags ein den Friedensschluß und die Versöhnung zwischen Siegern und Besiegten außerordentlich belastendes Problem ohne viel Aufsehen beseitigt worden.

Zu einem Nachspiel kam es allerdings in Belgien und Frankreich, da beide Staaten von der in ihrer Rechtsordnung vorgesehenen Möglichkeit Gebrauch machten, gegen Beschuldigte in contumaciam zu verhandeln. Insbesondere die französische Militärjustiz fällte drastische Urteile gegen deutsche Offiziere und Soldaten. Die Betroffenen erfuhren erst aus den Zeitungen, daß sie von einem Kriegsgericht in Lille oder Nancy wegen Mordes, Diebstahls oder anderer schwerer Delikte zu Gefängnis, Zuchthaus oder gar zum Tode verurteilt worden waren[36]. Diese Praxis belastete die deutsch-französischen Beziehungen von Zeit zu Zeit. Sie kam zuweilen der französischen Diplomatie ebenso ungelegen wie der deutschen. Trotz beiderseitiger Bemühungen gelang es bis 1933 nicht, dieses Relikt aus der Zeit des Krieges endgültig aus der Welt zu räumen. Der Vereinbarung einer Amnestie stand die französische öffentliche Meinung im Wege. Noch war nicht genügend Zeit vergangen, um die Kriegsgeschehnisse vergessen und erlittenes Unrecht verzeihen zu können[37].

Nach Betrachtung der Reaktion der Siegermächte auf die Leipziger Kriegsverbrecherprozesse soll nun der Blick auf die deutsche Szene gerichtet und die Entwicklung in der „Kriegsbeschuldigtenfrage" – wie der zeitgenössische Terminus technicus lautete – in allgemeinpolitischer, insbesondere aber in rechtspolitischer Hinsicht dargestellt werden.

Obwohl die scharfe, durchaus verletzende Kritik, die der französische Ministerpräsident

---

[34] Note des Präsidenten der Botschafterkonferenz vom 23. 8. 1922 an den dt. Botschafter in Paris in: PA/AA Büro RM Az. 60, Bd 1 (3177/D 685 027–029, hier: Telegramm Dt. Botschaft Paris an AA), abgedruckt in: DBFP XX, DokNr. 268, Anm. 2; dt. Übers. in: Das Diktat von Versailles. Entstehung – Inhalt – Zerfall. Eine Darstellung in Dokumenten, hrsg. von Fritz Berber, 2 Bde, Essen 1939 (= Veröffentlichungen des Deutschen Instituts für Außenpolitische Forschung, Bd 3), hier: Bd 2, DokNr. 456. Vgl. Schulthess 1922, S. 294; Ursachen und Folgen IV, DokNr. 816.

[35] P.R.O. F.O. 371/7529, Bl. 75–79, Schreiben Brit. Botschaft Paris vom 26.7. 1922 an Foreign Office, hier Anlage 2: frz. Entwurf vom 21. 7. 1922, auszugsweise abgedruckt in: DBFP XX, DokNr. 255, Anm. 5.

[36] Dazu bisher am ausführlichsten, freilich aus nationaler Sicht: Stosch, S. 226–233. – Der Oberreichsanwalt nahm die Meldungen über Verurteilungen in contumaciam zum Anlaß, selbst Ermittlungen einzuleiten, die jedoch – zumindest in den meisten Fällen – keine Beweise für strafbare Handlungen ergaben. Z. B. erwiesen sich die Vorwürfe gegen den Reichstagsabgeordneten der DDP und Bürgermeister von Dresden Maj. d. R. a. D. Wilhelm Külz, der von einem frz. Kriegsgericht in Abwesenheit zum Tode verurteilt worden war, nach Ansicht des Oberreichsanwalts als völlig unbegründet. Materialien in: BA NL Külz, Nr. 7.

[37] BA R 43 I/341, Bl. 172–174, Telegramm Dt. Botschaft Paris vom 14. 12. 1929 an AA (Abschrift). R 43 I/70, Bl. 9, Aufzeichnung „Zur Frage der Kriegsbeschuldigten und Kontumazialurteile" vom 23. 9. 1931.

in Wort und Tat am Reichsgericht übte, Auswirkungen auf die Erfüllung des Londoner Ultimatums haben konnte, reagierte die Reichsregierung gelassen. Sie war der Auffassung, „daß unter allen Umständen deutscherseits vermieden werden müsse, die über jeden Zweifel erhabene Unparteilichkeit des Reichsgerichts anzutasten“[38]. Der Reichsminister der Justiz, Eugen Schiffer, stellte sich in einer am 13. Juli 1921 vor Vertretern der in- und ausländischen Presse gehaltenen Rede vor das höchste Organ der deutschen Rechtsprechung. Briand habe mit seinen Äußerungen die Grenze überschritten, die es deutscher Selbstachtung noch gestattet habe zu schweigen. Er habe in nicht zu verantwortender Weise, nämlich „ohne den Schein eines Beweises“, das Reichsgericht der Parteilichkeit geziehen und damit die Ehre seiner Richter verletzt. Briand und die französische Öffentlichkeit mögen über die Urteile enttäuscht sein, sie mögen sie auch als irrig angreifen, aber es stehe ihnen nicht zu, dem höchsten deutschen Gericht das Streben nach Gerechtigkeit abzusprechen. Nur in einer Beziehung habe das Wort vom „Theaterstück“ eine gewisse Berechtigung: es sei eine Tragödie, daß allein Deutschland seine Kriegsverbrecher zur Verantwortung ziehe. Solange Frankreich diesem Beispiel nicht folge, möge der französische Ministerpräsident wenigstens darauf verzichten, „durch seine Äußerungen den Völkerhaß noch zu vermehren, der durch die prozessuale Aufwühlung einer traurigen und schreckensvollen Vergangenheit ohnedies stets aufs neue geschürt wird“[39].

Die Urteile des Reichsgerichts fanden in der deutschen Öffentlichkeit eine geteilte Aufnahme. Teils wurden sie – nicht zuletzt unter dem Eindruck der Kriegsverbrechen von U 86 – begrüßt, teils wurden sie äußerst heftig als den Kriegsverhältnissen nicht gerecht werdend sowie als verkappte Siegerjustiz abgelehnt[40]. Doch wurde es weithin als diskriminierende Ungerechtigkeit empfunden, daß nur deutsche Soldaten, nicht aber alliierte, die sich vielfach gleicher Taten schuldig gemacht hätten, vor Gericht gezogen wurden. Deshalb war die Forderung, den Siegern endlich die „Gegenrechnung“ zu präsentieren, obwohl bevorzugt von den Rechtsparteien, den sogenannten vaterländischen Vereinen und Vereinigungen und den Offizierverbänden artikuliert, durchaus populär. Aber das Kabinett Wirth lehnte es im Sommer 1921 mit Rücksicht auf die nächsten Ziele seiner Politik, die Aufhebung der Sanktionen und eine für Deutschland günstige Regelung der Oberschlesien-Frage, ab, die inzwischen fertiggestellte „Gegenliste“[41] zu veröffentlichen oder gar auf diplomatischem Weg den Alliierten zuzuleiten. Es konnte sich auch später nicht zu einer offiziellen Verwendung der „Gegenliste“ entschließen, ebensowenig die ihm folgenden Kabinette, da immer vitale deutsche Interessen gegen einen Schritt sprachen, der sich

---

[38] Protokoll der Kabinettssitzung am 9. 7. 1921, abgedruckt in: Akten der Reichskanzlei. Die Kabinette Wirth I und II. 10. Mai 1921 bis 26. Oktober 1921. 26. Oktober 1921 bis 22. November 1922, bearbeitet von Ingrid Schulze-Bidlingmaier, Bd 1: Mai 1921 bis März 1922, Boppard a. Rh. 1973 (im folgenden zit. Kabinett Wirth I), DokNr. 46 (P. 8).

[39] Berliner Tageblatt Nr. 325 vom 13. 7. 1921. Gleichlautend in Berliner Lokal-Anzeiger Nr. 326 vom 13. 7. 1921 (Zeitungsausschnitt: BA R 43 I/341, Bl. 39).

[40] BA-MA RM 20/787, Bl. 351–353, Zusammenstellung der Nachrichtenstelle des RWM vom 21. 7. 1921: „Pressestimmen zum Leipziger Urteil gegen die Oberleutnants zur See Dithmar und Boldt“. Feder, Ernst, Das Leipziger Urteil. Die Schiffbrüchigen der „Llandovery Castle“, in: Berliner Tageblatt Nr. 332 vom 17. 7. 1921.

[41] PA/AA Büro RM Az. 60, Bd 1, Drucksache u. d. T. „Zusammenstellung von 100 ausgewählten Fällen von Verbrechen und Vergehen, die seit Kriegsausbruch von Angehörigen Belgiens, Frankreichs, Großbritanniens und Rumäniens gegen Deutsche begangen worden sind, mit Beweismaterial“ (Die „Zusammenstellung“ war im Juni 1921 in der Reichsdruckerei gedruckt worden).

belastend auf das meist ohnehin gespannte Verhältnis zu den Siegermächten auswirken mußte[42].

Die Heeresleitung war über den Ausgang der Leipziger Prozesse im großen und ganzen erleichtert. Zwar waren vier ehemalige Heeresangehörige verurteilt worden, aber doch nur zu geringfügigen Strafen, und fünf waren sogar freigesprochen worden. Insgesamt erlaubten die Leipziger Verfahren die willkommene Feststellung, daß die schweren Anschuldigungen der „Probeliste" einer richterlichen Untersuchung letztlich nicht standgehalten hätten. Die Siegermächte seien mithin bei ihrem Versuch, eine gerichtliche Brandmarkung der deutschen Kriegführung zu Lande als schlechthin völkerrechtswidrig herbeizuführen, kläglich gescheitert[43].

Die Marineleitung sah sich einer schwierigeren Situation gegenüber. Zunächst war es peinlich, daß eine britische Beschuldigung, die bisher immer als ein ungeheurer Angriff auf die Waffenehre zurückgewiesen worden war, eine offenkundige Bestätigung gefunden hatte. Darüber hinaus rief die Verurteilung der beiden U-Bootsoffiziere, mit der die Marineleitung offensichtlich nicht gerechnet hatte, in der Truppe erhebliche Unruhe hervor, die sowohl von dem Faktum als auch von der in der Urteilsbegründung angesprochenen Problematik von Befehl und Gehorsam ausging. Um zu beruhigen, erließ der Chef der Marineleitung, Admiral Paul Behncke, am 18. Juli 1921 folgende Verlautbarung:

> „Zwei bewährte treue Kriegskameraden sind in Leipzig zu schweren Gefängnis- und Ehrenstrafen verurteilt worden. Ich werde versuchen, jede mögliche Milderung zu erzielen und gesetzliche Maßnahmen herbeizuführen, die die Verantwortung der Vorgesetzten und die Gehorsamspflicht der Untergebenen unzweideutig umgrenzen. Das Urteil und die Begründung trifft uns alle schwer. Wie tief wir das auch empfinden, so verlange ich doch, daß ein jeder stolz, aufrecht und treu mit mir zusammen weiter seine Soldatenpflicht erfüllt für die Zukunft von Volk und Vaterland[44]."

Diese schwer verständliche Äußerung, in der Behncke der Kameradschaft und dem Zusammenhalt der Marine Vorrang vor anderen Gefühlen und Werten einräumte, wurde in ihrer Unangemessenheit von zahlreichen Stellungnahmen aus dem Kreis der inaktiven Offiziere noch übertroffen. Im Auftrag ehemaliger U-Bootsoffiziere telegraphierte der Pour le mérite-Träger Fregattenkapitän a. D. Waldemar Kophamel „als seinerzeit ältester U-Bootkommandant" an Dithmar und Boldt:

> „Kein Spruch des Reichsgerichts kann daran etwas ändern, daß Ihr dem Vaterland in seinem Daseinskampf gegen eine Welt von Feinden, der Kriegsflagge und den Kameraden die Treue gehalten habt. Ihr bleibt unsere treuen Kameraden wie bisher, und vor unseren Augen steht Ihr weiter in der Uniform, die Ihr mit Ehren getragen habt.

---

42 Protokoll der Kabinettssitzung am 22. 7. 1921, abgedruckt in: Kabinett Wirth I, DokNr. 53 (P. 2d); BA R 43 I/1370, Bl. 181, Protokoll der Kabinettssitzung am 15.9. 1921, hier: P. 4 (in Kabinett Wirth I nicht abgedruckt). Weiteres Material in: BA R 43 I/11 u. PA/AA Büro RM Az. 60, Bd 1.

43 Siehe dazu die in der Heeresleitung, Zentralstelle für Völkerrechtsverletzungen, verfaßte Schriftenreihe „Die ‚Kriegsbeschuldigten'" (Exemplare in: BA-MA RM 20/568).

44 BA R 43 I/341, Bl. 53–62, Schreiben RWM Chef der Marineleitung vom 27. 7. 1921 an Reichskanzler (Bericht von V.Adm. löhlein über die „Vorgänge und Überlegungen, die zu dem Fernschreiben des Chefs der Marineleitung vom 18. Juli abends [an die Chefs M. St. O. u. M. St. N.] geführt haben"), hier: Bl. 54. Fernschreiben abgedruckt in: Die Anfänge der Ära Seeckt. Militär und Innenpolitik 1920–1922, bearbeitet von Heinz Hürten, Düsseldorf 1979 (= Quellen zur Geschichte des Parlamentarismus und der politischen Parteien. Zweite Reihe: Militär und Politik, Bd 3), DokNr. 139. Siehe auch Kabinett Wirth I, DokNr. 53 (P. 2b).

Ihr wißt, daß der Gedanke, draußen vor dem Feinde dem Kommandanten den Gehorsam zu verweigern, keinem U-Bootsoffizier jemals gekommen ist und auch künftig nie kommen wird. Treue um Treue gilt auch heute noch bei unserer alten, geliebten Waffe[45]."

Das Urteil gegen die Oberleutnante Dithmar und Boldt wurde von seiten der Marine auch hinsichtlich seiner tatsächlichen und rechtlichen Feststellungen heftig kritisiert[46]. So wurde u. a. vorgebracht, das Reichsgericht habe unberücksichtigt gelassen, daß beide Wachoffiziere als Ausgucks „Auf Posten" waren, sich also selbst eines schweren Dienstvergehens schuldig gemacht hätten, wenn sie diese verlassen hätten. Auch wurde wiederholt geltend gemacht, daß eine Kriegshandlung nach deutschem Strafrecht niemals eine strafbare Handlung sei, eine Ansicht, die das Reichsgericht in den Prozessen ausdrücklich zurückgewiesen hatte. Alle Aktivitäten dienten dem Zweck, den Fall Dithmar/Boldt nicht in Vergessenheit geraten zu lassen. Sie zielten auf eine Wiederaufnahme des Verfahrens bzw. auf einen Gnadenerweis[47]. Die diesbezüglichen Anstrengungen entfielen, als die beiden ehemaligen Offiziere sich durch Flucht aus den Haftanstalten der Strafvollstreckung entzogen. Boldt floh am 17. November 1921 aus einem Hamburger Gefängnis. Dithmar entwich am 29. Januar 1922 aus der Haftanstalt in Naumburg/Saale, wobei Angehörige der „Organisation Consul" Fluchthilfe leisteten[48]. Beide konnten sich trotz einer vom Oberreichsanwalt eingeleiteten steckbrieflichen Suche in das Ausland absetzen.

Die Reichsanwaltschaft führte unterdessen ihre Ermittlungen gegen die „Kriegsbeschuldigten" fort, sah aber, nachdem der Oberste Rat am 13. August 1921 die Sachverständigenkommission zur Begutachtung der Leipziger Prozesse bestellt hatte, auf Anweisung der Regierung davon ab, die Justizverwaltungen der Siegermächte um Ergänzung des Belastungsmaterials zu bitten. Die Ermittlungen beschränkten sich mithin auf Beweiserhebungen im Inland, zunächst vorrangig in den noch verbliebenen Fällen der „Probeliste", sodann aber auch in den Fällen der „Großen Liste", in denen die beteiligten alliierten Regierungen grundsätzlich abgelehnt hatten, Beweise für ihre Anschuldigungen zu liefern. Das Reichsgericht erledigte die ersten Fälle der „Großen Liste", indem es in nichtöffentlichen Verhandlungen die Einstellung der Verfahren beschloß. Die Einstellungen wurden in der Regel damit begründet, daß die Ermittlungen keinen Anhalt für das Vorliegen einer strafbaren Handlung ergeben hätten[49].

Die Beschlüsse der vom Obersten Rat eingesetzten Kommission zur Beurteilung der Leipziger Kriegsverbrecherprozesse beunruhigten naturgemäß die Reichsregierung. Dieser war klar, daß sie sich bei einer Erneuerung der Auslieferungsforderung nicht anders würde verhalten können als im Februar 1920[50]. Reichskanzler Wirth erklärte am 26. Januar

---

45 Telegramm abgedruckt in der Marinezeitschrift: Mittschiffs – Recht so! 3 (1921), S. 66.

46 Das Urteil im Leipziger Uboots-Prozeß ein Fehlspruch? Juristische und militärische Gutachten [von Oberreichsmilitäranwalt z. D. Dethleffsen, Landgerichtsdirektor Fr. Ernst u. K.Kapt. Saalwächter], hrsg. von Vize-Admiral a. D. Michelsen, Berlin 1922.

47 Siehe Material in: BA-MA RM 20/787 u. 788.

48 Siehe Salomon, Ernst von, Die Geächteten, Roman [Erstausgabe 1929], Reinbek bei Hamburg 1962 (= rororo Nr. 461), S. 192–200.

49 Aufzeichnung des AA zur „Kriegsbeschuldigtenfrage", in: BA R 43I/341, Bl. 117–122 (hier: Bl. 122). BA-MA RM 20/567, Bl. 223–226, Meldung der Zentralstelle für Völkerrechtsverletzungen vom 12. 9. 1921 an RWM.

50 PA/AA Büro RM Az. 60, Bd 1 (3177/D685 014–016), Schreiben Reichskanzler vom Januar 1922 an Dt. Botschaft in London, Paris, Rom u. Dt. Gesandtschaft in Brüssel (ms. Entwurf).

1922 vor dem Reichstag, es werde keine deutsche Regierung geben, „die den Versuch machen wollte, die Auslieferung zwangsweise durchzuführen". Zugleich wies er die Vorwürfe gegen das Reichsgericht zurück[51]. Als die Note der Botschafterkonferenz vom 23. August 1922 der Reichsregierung zuging, reagierte man, der Entspannung der Lage Rechnung tragend, zurückhaltend, konnte doch die Gefahr, daß die Siegermächte auf die Auslieferungsforderung zurückkommen könnten, als beseitigt angesehen werden. Die Reichsregierung enthielt sich daher einer Replik. Lediglich in einem offiziösen, in den Tageszeitungen veröffentlichten Kommentar zur Note verwahrte man sich unter Hinweis auf die öffentlichen Stellungnahmen des englischen Solicitor-General gegen die Vorwürfe gegen das höchste deutsche Gericht[52].

Reichsanwaltschaft und Reichsgericht gingen nun, von außenpolitischen Rücksichten weniger stark gehemmt, an die Abwicklung der auf Grund der Gesetze vom 18. Dezember 1919 und vom 24. März 1920 anhängigen Verfahren. Öffentliche Verhandlungen wurden in einigen Fällen, in denen Verurteilungen nicht unwahrscheinlich waren, vorgesehen, und, vermutlich nach mehrfacher Verschiebung des Termins, für Februar 1923 geplant. Doch nach der Besetzung des Ruhrgebiets durch französische und belgische Truppen nahm man von der Idee, weitere Kriegsverbrecherprozesse in Leipzig abzuhalten, endgültig Abstand. Es erging nun Einstellungsbeschluß über Einstellungsbeschluß, von denen jeder in nichtöffentlicher Verhandlung getroffen wurde[53].

Die Unkenntnis der Akten der Reichsanwaltschaft und des Reichsgerichts verpflichtet zu einem zurückhaltenden Urteil über die Praxis der massenweisen Verfahrenseinstellungen. Gleichwohl ist zu vermuten, daß diese den beiden höchsten Organen der deutschen Strafrechtspflege nicht in allen Fällen zur Ehre gereicht. Zwar war oftmals die Wahrheit gar nicht zu ermitteln, da das Material, auf das sich die gegnerischen Anschuldigungen gründeten, in Leipzig nicht zur Verfügung stand und ausländische Belastungszeugen nicht gehört werden konnten, doch ist nicht auszuschließen, daß diese Umstände geradezu mißbräuchlich genutzt wurden, um Verfahrenseinstellungen zu betreiben und zu vollziehen. Die Reichsanwälte und die Ermittlungsrichter des Reichsgerichts waren zu einer rücksichtslosen Aufklärung der deutschen Kriegsverbrechen nicht bereit; sie wollten nicht „Büttel der Entente" sein. Diese Einstellung klingt z. B. in der Autobiographie von Ludwig Ebermayer, Oberreichsanwalt von 1921–1926, deutlich an:

> „[Die sog. Kriegsverbrecher-Prozesse] bildeten den schmerzlichsten und traurigsten Teil meiner Tätigkeit als Oberreichsanwalt, ja meiner ganzen dienstlichen Laufbahn. [...] Es ist mir heute noch unverständlich, daß wir im Versailler Vertrag die Verpflichtung übernahmen, diese Kriegsverbrechen im vorerörterten Sinne [Kriegshandlungen, die Völkerrechtsverletzungen darstellten] in Deutschland und durch deutsche Gerichte verfolgen zu lassen. Wir hatten den Krieg verloren, wir mußten uns den harten, von Haß und Rache diktierten Bedingungen der Feinde fügen, wir mußten Opfer an Land und Geld bringen; das war unvermeidlich; nie und nimmer aber durften wir uns der entehrenden Bedingung fügen, unsere eigenen Landsleute

---

[51] RT, Bd 352, S. 5560.

[52] BA NL Schiffer, Nr. 10, Schreiben StS im AA Haniel v. Haimhausen vom 30. 11. 1922 an Schiffer. DAZ Nr. 377 vom 29. 8. 1922 (Zeitungsausschnitt: PA/AA Büro RM Az. 60, Bd 1). Siehe auch: Amtliche Mitteilung des Reichsministers der Justiz, veröffentlicht in: DJZ 27 (1922), Sp. 611 f.

[53] BA-MA RM 20/674, Berichte RWM Truppenamt Zentralstelle für Völkerrechtsverletzungen vom 9. u. 16. 12. 1922 sowie 22. 1., 17. 2., 10. 3. u. 16. 4. 1923 über den Stand der „Kriegsprozesse".

wegen dieser sogenannten Kriegsverbrechen zu verfolgen, während es keinem der anderen am Kriege beteiligten Länder einfiel, eine solche Verpflichtung auf sich zu nehmen. Ein solches Zugeständnis ging an unsere Ehre[54]."

Ein besonderes Kapitel stellt die Abwicklung des „Llandovery Castle"-Falles dar. Reichspräsident Hindenburg ersuchte im August 1925 den Reichsminister der Justiz um Stellungnahme, ob die ehemaligen Seeoffiziere Dithmar und Boldt für einen Gnadenerweis in Frage kämen. Denn den Präsidenten hatte die Kritik der rechtsstehenden Presse unangenehm berührt, daß zwar „Landesverräter" in den Genuß der aus Anlaß seines Amtsantritts geplanten Amnestie kommen würden, nicht aber „Landesverteidiger"[55]. Das Justizministerium lehnte einen Gnadenerweis ab, um das Ausland nicht auf die Behandlung der „Kriegsbeschuldigtenfrage" durch das Reichsgericht aufmerksam zu machen. Das Auswärtige Amt schloß sich diesem Standpunkt an. Die Verteidiger von Dithmar und Boldt betrieben daraufhin die Wiederaufnahme des Verfahrens. Diese wurde schließlich durch eine „Sachdarstellung", mit der sich der ehemalige Kommandant von U 86 aus dem Ausland zu Wort meldete[56], ermöglicht.

In der keineswegs widerspruchsfreien Darstellung bekannte sich Kapitänleutnant a. D. Helmut Patzig zu der Versenkung des Lazarettschiffs „Llandovery Castle" und zur anschließenden Beschießung der Rettungsboote. Er führte aus, daß er die besondere Eigenschaft des Schiffes zwar erkannt habe, aus verschiedenen Gründen aber überzeugt gewesen sei, daß es das Rote-Kreuz-Abzeichen zu Unrecht führe. Bei der Befragung der in den Rettungsbooten befindlichen Überlebenden der Versenkung hätten sich entgegen seiner Erwartung keine Beweise für seine Annahme ergeben. Daher sei zu befürchten gewesen, daß die Überlebenden die abermalige Torpedierung eines Lazarettschiffs durch ein deutsches U-Boot bezeugt hätten und ihr Zeugnis einen erneuten Propagandafeldzug gegen das Deutsche Reich ausgelöst hätte. Um diese für die deutsche Politik schädliche Folge abzuwenden, habe er sich entschlossen, die Zeugen zu beseitigen, und deshalb die Rettungsboote unter Artilleriebeschuß genommen. Der Geschützführer habe seinem Befehl ohne zu fragen gehorcht; die beiden Wachoffiziere hätten ihren Dienst als Ausgucks gemäß Dienstanweisung fortgeführt. Nach seiner Rückkehr von der Feindfahrt habe er die Versenkung der „Llandovery Castle" gegenüber seinen Vorgesetzten verschwiegen, weil nur sein Schweigen der Reichsleitung ermöglicht habe, die britischen Vorwürfe gegen die deutsche Seekriegführung zurückzuweisen.

Das Reichsgericht gab nach Erhalt von Patzigs „Sachdarstellung" dem Antrag der Verteidiger von Dithmar und Boldt auf Wiederaufnahme des Verfahrens statt. Zugleich ordnete es den Aufschub der Strafvollstreckung an. Es hob auch den Haftbefehl gegen Patzig auf – mit der völlig unverständlichen Begründung, daß „der Tatverdacht gegen ihn nicht mehr dringend sei"[57]! Als das Auswärtige Amt von den reichsgerichtlichen Entscheidungen Kenntnis erhielt, zeigte es sich wegen der möglichen außenpolitischen Rückwirkungen besorgt. Die neue Entwicklung im Fall „Llandovery Castle" dürfe nicht an die Öffentlich-

---

[54] Ebermayer, Ludwig, Fünfzig Jahre Dienst am Recht. Erinnerungen eines Juristen, Leipzig-Zürich 1930, S. 189–191.

[55] BA R 43 I/1242, Bl. 457f., Aufzeichnung der Referenten in der Reichskanzlei vom 7./ 8. 8. 1925. Siehe Gesetz über Straffreiheit vom 17. 8. 1925, RGBl. 1925 I, S. 313f.

[56] PA/AA Rechtsabtlg. R IV, Kriegsbeschuldigte Nr. 2 (FM), Verfahren gegen Oblt. Patzig, Schreiben vom 26. 5. 1926 (Abschrift).

[57] BA R 43 I/1242, Bl. 573f., Schreiben Reichsminister der Justiz vom 27. 7. 1926 an Reichskanzler.

keit dringen, um der „einschlummernden" Kriegsgreuelpropaganda im Ausland keine neue Nahrung zu geben[58]. Das Reichsjustizministerium trug der Besorgnis des Auswärtigen Amts Rechnung, indem es den Oberreichsanwalt anwies, die notwendigen Ermittlungen in sehr vorsichtiger Weise und unter Ausschluß der Öffentlichkeit zu führen[59].
Der Kommandant und die beiden Wachoffiziere von U 86 standen Ende August 1926 in Leipzig dem Reichsgericht Rede und Antwort[60]. Eine Reihe von Zeugen und Sachverständigen wurde ebenfalls angehört. Obwohl die Urteile in ihrer Tendenz vermutlich schon damals feststanden, ließ sich das Reichsgericht aus unbekannten Gründen mit seinen Entscheidungen Zeit. Erst am 4. Mai 1928 hob der 5. Strafsenat in nichtöffentlicher Sitzung und ohne Erneuerung der Hauptverhandlung das Urteil vom 16. Juli 1921 gegen die Oberleutnante z. S. a. D. Dithmar und Boldt auf und sprach sie von der Anklage frei, ein Kriegsverbrechen begangen zu haben[61]. Der Senat hielt es aufgrund der Aussagen der Beteiligten für erwiesen, daß sich die Tätigkeit der beiden Wachoffiziere als Ausgucks nur auf die Sicherung des U-Bootes, nicht aber auf die Unterstützung und Förderung der Beschießung der Rettungsboote der „Llandovery Castle" erstreckt habe. Die Annahme des früheren Urteils, sie hätten dem Kommandanten durch die Tat wissentlich Hilfe geleistet, das Verbrechen des Totschlags zu begehen, sei „einwandfrei widerlegt".
Der Freispruch stellte also auf die Nichtbeteiligung der beiden Wachoffiziere an der Beschießung der Rettungsboote ab. Die Fortsetzung ihrer Tätigkeit als Ausgucks gemäß Dienstanweisung während der Straftat wurde beiden Offizieren nicht – wie in dem aufgehobenen Urteil – zum Vorwurf gemacht. Bezeichnenderweise fehlt in der Urteilsbegründung jegliche Auseinandersetzung mit dieser interessanten Rechtsfrage. Doch ging das Reichsgericht nicht so weit, auch seine Ansicht zu revidieren, daß das Schießen auf Schiffbrüchige völkerrechtswidrig war und nach deutschem Recht strafbar sei. Es bestand deshalb keine Möglichkeit, das Verfahren gegen Kapitänleutnant a. D. Patzig einzustellen. Trotzdem kamen Oberreichsanwalt Werner und der Untersuchungsrichter des Reichsgerichts, Reichsgerichtsrat Lindenmaier, ihrer gesetzlichen Pflicht nicht nach, die Verhaftung und Aburteilung Patzigs zu betreiben. Sie schlossen vor den ihnen bekannten Tatsachen die Augen!
Doch sollte auch dieses Verfahren seine formalrechtlich (fast) einwandfreie Erledigung finden. Diese wurde durch die Amnestiegesetze von 1928 und 1930 ermöglicht. Während das Gesetz von 1928 Straffreiheit bei Verbrechen gegen das Leben (§§ 211, 212 und 214 RStGB) ausschloß, gewährte Artikel 1 des Gesetzes von 1930 diese, wenn eine aus politischen Beweggründen begangene Straftat vor dem 1. September 1924 stattgefunden und sich nicht gegen ein Mitglied oder früheres Mitglied der Reichsregierung gerichtet hatte[62].

---

[58] PA/AA Rechtsabtlg. R IV, Kriegsbeschuldigte Nr. 2 (VS), Verhaftung u. Auslieferung des Oblt. Dithmar, Schreiben AA VF 1422 vom 26. 7. 1926 an Reichsminister der Justiz (Abschrift).

[59] Ebd., Aufzeichnung von MinDir. Gaus vom 30. 7. 1926 über eine Besprechung der „Angelegenheit ‚Llandovery Castle'" am Vortage im Reichsjustizministerium (Abschrift VF 1448).

[60] Das Faktum geht u. a. aus dem Einstellungsbeschluß des Reichsgerichts, 4. Strafsenat, vom 20. 3. 1931 in der Strafsache gegen Kaptlt. a. D. Patzig hervor. PA/AA Rechtsabtlg. R IV, Kriegsbeschuldigte Nr. 2 (FM), Verfahren gegen Oblt. Patzig. Siehe auch: BA R 43 I/1243, Bl. 197 f., Schreiben Reichsminister der Justiz vom 5. 4. 1928 an Reichskanzler, hier: Anlage: Auszug aus Schreiben Oberreichsanwalt vom 13. 3. 1928 an Reichsminister der Justiz.

[61] PA/AA Rechtsabtlg. R IV, Kriegsbeschuldigte Nr. 2 (VS), Verhaftung u. Auslieferung des Oblt. Dithmar, Abschrift des Urteils.

[62] Gesetz über Straffreiheit vom 14. 7. 1928, RGBl. 1928 I, S. 195 f.; Gesetz zur Änderung des Gesetzes

Der 4. Strafsenat des Reichsgerichts stellte das Verfahren gegen Kapitänleutnant a. D. Patzig durch Beschluß vom 20. März 1931 ein. Er erkannte, daß die

> „*Beweggründe* des Angeschuldigten zu der Vernichtung der in den Rettungsbooten der [‚Llandovery Castle'] befindlich gewesenen Personen nach seinen unwiderlegbaren, übrigens auch glaubwürdigen Angaben *politische* gewesen [seien], so daß die [...] Reichsgesetze über Straffreiheit [vom 24. 10. 1930 u. 14. 7. 1928] zur Anwendung gelangen." Denn der Grund für die Tat sei „mindestens zum großen Teil", „da eigennützige Beweggründe zweifellos ausscheiden [!], der Umstand gewesen, daß die Rettungsbootinsassen, wenn sie an Land gekommen von der Dampferversenkung berichteten, dadurch der damals feindlichen Haßpropaganda gegen Deutschland neue Nahrung geben und infolgedessen Deutschland schwer schädigen würden"[63].

Die Urteilsbegründung enthält sodann einige Ausführungen zu der Frage, wann eine Tat „aus politischen Beweggründen" im Sinne der genannten Amnestiegesetze begangen worden sei. Sie schweigt aber hinsichtlich der Frage, ob sich Patzig durch die Torpedierung des Lazarettschiffs nicht wenigstens des Vergehens der fahrlässigen Tötung (§ 222 RStGB) schuldig gemacht habe. Der gewaltsame Tod von 234 Menschen, die unter dem Schutz des Roten Kreuzes gestanden hatten, blieb mithin ungesühnt!

Nach der Machtergreifung der Nationalsozialisten beendeten Reichsanwaltschaft und Reichsgericht ihre Tätigkeit in den „Kriegsbeschuldigten"-Verfahren. Die Reichsanwaltschaft zog Bilanz: Aufgrund der alliierten Auslieferungsliste waren 907 Verfahren anhängig gewesen. Davon waren neun durch Urteil abgeschlossen worden, das in fünf Fällen auf Freispruch, in vier Fällen auf Freiheitsstrafen lautete. Alle übrigen Verfahren waren durch Einstellung oder in ähnlicher Weise erledigt worden. Weiterhin waren 728 (nach anderen Angaben 837) Verfahren anhängig gewesen, die auf Anzeigen und Mitteilungen beruhten, die der Reichsanwaltschaft auf Grund des Gesetzes vom 18. Dezember 1919 zugegangen waren. In Verfahren dieser Kategorie waren drei Urteile ergangen, nämlich in dem oben erwähnten Fall der drei Pioniersoldaten, im Fall Dithmar/Boldt und im Fall eines gemeinen Soldaten, der wegen Raubes mit zwei Jahren Zuchthaus bestraft worden war. Alle übrigen Verfahren waren ebenfalls durch Einstellung oder in ähnlicher Weise beendet worden[64].

Diese Bilanz spricht für sich. Sie läßt zweifellos nur das Urteil zu, daß die obersten Organe der deutschen Strafrechtspflege mit der Verfolgung der von Deutschen im Ersten Weltkrieg begangenen Vergehen und Verbrechen nicht Ernst gemacht haben. Doch wäre es unbillig, ihre – aus heutiger Sicht – beschämende Handlungsweise besonders hervorzuheben. Denken und Wollen der Reichsanwälte und Reichsgerichtsräte entsprachen dem der Beamten in den Ministerien und der Offiziere in Heeres- und Marineleitung: Auf die Kriegstaten der „alten Armee" und der Kaiserlichen Marine sollte kein Makel fallen. Sie sollten fleckenlos tradiert werden, im Sinne des ersehnten Zieles, des Wiederaufstiegs Deutschlands zu altem Glanz und zu alter Größe. Patriotismus und Nationalismus triumphierten über das Recht.

über Straffreiheit ... vom 24. 10. 1930, RGBl. 1930 I, S. 467.

[63] Einstellungsbeschluß des Reichsgerichts in der Strafsache gegen Kaptlt. a. D. Patzig, wie Anm. 60.

[64] Kaul, Verfolgung dt. Kriegsverbrecher, S. 3 f. (Quelle ist eine „Feststellung" des Sekretariats der Abtlg. 9 der Reichsanwaltschaft vom 7. 6. 1933). Angaben in Klammern in: Das Diktat von Versailles II, S. 1217. Vgl. auch Meurer, Verletzungen des Kriegsgefangenenrechts, S. 59 f. (Angaben für Ende 1925).

Anlagen: Dokumente zur Entstehungsgeschichte der Strafbestimmungen des Versailler Vertrages

Anlage 1

Entwurf von Artikeln, die in die Präliminarfriedensverträge mit den feindlichen Regierungen aufzunehmen sind. Anhang IV zum Bericht der „Commission des responsabilités des auteurs de la guerre et sanctions" vom 29. März 1919.

Article Premier.

Le Gouvernement ennemi consent que, même après la conclusion de la Paix, tout État allié et associé puisse exercer, au regard de tout ennemi ou ancien ennemi, de droit qu'il aurait eu, pendant la guerre, de juger et de punir tout ennemi tombé en son pouvoir, qui serait coupable de violation des principes du droit des gens, tels qu'ils résultent des usages établis entre nations civilisées, des lois de l'humanité et des exigences de la conscience publique.

Art. 2.

Le Gouvernement ennemi reconnaît aux États alliés et associés le droit, même après la conclusion de la Paix, de constituer un Haut-Tribunal composé de membres nommés par les États alliés et associés, en tel nombre et proportion qu'ils jugeront convenables, pour juger et punir les anciens ennemis, coupables, pendant la guerre, de violations des principes du droit des gens, tels qu'ils résultent des usages établis entre nations civilisées, des lois de l'humanité et des exigences de la conscience publique. Il accepte la compétence du Haut-Tribunal et consent qu'aucune instance ou jugement d'un quelconque de ses propres tribunaux n'entrave l'instance ou la sentence du Haut-Tribunal on d'un des Tribunaux nationaux desdits États alliés ou associés.

Art. 3.

Le Gouvernement ennemi reconnaît que le Haut-Tribunal aura le pouvoir d'appliquer à tout coupable la peine ou les peines, qui pour l'infraction ou les infractions dont celui-ci est jugé responsable, pourraient être appliquées par la justice répressive de l'un des pays représentés dans le Haut-Tribunal ou du pays du coupable lui-même, et le Gouvernement ennemi ne s'opposera pas à l'exécution de ces peines.

Art. 4.

Le Gouvernement ennemi s'engage à prendre, sur la demande de l'un quelconque des États alliés et associés, toute mesure pour la remise aux autorités désignées, en vue du jugement par le Haut-Tribunal ou, à l'intervention de celui-ci, par un des Tribunaux nationaux desdits États alliés ou associés, de toute personne présumée coupable de crime contre les lois et coutumes de la guerre ou les lois de l'humanité, qui peut se trouver dans son territoire ou autrement à sa disposition. Ces personnes ne devront éventuellement pas être comprises dans une mesure d'amnistie ou de pardon.

Art. 5.

Le Gouvernement ennemi s'engage à fournir, sur simple demande, à l'un quelconque des États alliés et associés, le nom de toute personne qui, après avoir été à son service, à un moment quelconque, peut être désignée, soit d'après les fonctions qu'elle a remplies ou la résidence qu'elle a occupée pendant la guerre, soit à l'aide de tout autre renseignement qui pourra rendre possible son identification et, de plus, le Gouvernement ennemi s'engage à fournir telle autre information qui pourrait paraître utile pour déterminer les personnes qu'il y aurait lieu de traduire devant le Haut-Tribunal ou devant l'un des Tribunaux nationaux des États alliés et associés, du chef de crimes contre les lois et coutumes de la guerre ou les lois de l'humanité.

Art. 6.

Le Gouvernement ennemi s'engage à fournir, sur simple demande, à l'un quelconque des États alliés et associés, tous plans de campagne de son État-Major général, tous ordres, instructions, rapports, livres de bord, cartes marines, correspondances, procédures des Cours, Tribunaux ou Commissions d'enquête, et tous autres documents ou catégories de documents que ledit État allié ou associé demandera comme vraisemblablement utile pour identifier des individus ou comme élément de preuve pour ou contre une personne quelconque, et á fournir, sur demande, des copies de tous ces documents.

Quelle: Conférence de la Paix 1919–1920. Recueil des actes de la Conférence, P. IV B (2), S. 233f.

Anlage 2

Staatssekretär Lansing an Präsident Wilson. Schreiben vom 8. April 1919.

The Secretary of State
of the United States of America

Hotel de Crillon, Paris,
April 8, 1919

My dear Mr. President:
I have given very careful consideration to the proposal to bring the ex-Kaiser to some sort of trial for violation of the neutrality of Belgium, and I have the following observations:
First: That the offense is one which cannot be described as a violation of criminal law and, therefore, the offender is not subject to condemnation by a judicial tribunal.
Second: That the offense is, however, so utterly violative of international morality and the sanctity of treaties that it may be a wise policy to demand that the culpability of the ex-Kaiser, the one most responsible for this heinous act of the German armies, should be determined by an extraordinary tribunal with authority to decide an appropriate punishment as an example for the future and as a menace to those who would by committing a similar act plunge the world into war.
Third: That the offense should be recognized as a political one and not one to which legal criminality attaches; that the extraordinary tribunal is of political origin though adopting a procedure similar to judicial tribunals; and that the punishment, penalty or sanction is determined upon as a political measure, dictated by the highest motives of international policy in order to deter those who in future would invade the sanctity of treaties for personal ends. Napoleon was exiled by the political power as a matter of high international policy. The difference in this case would be that a form of trial intervenes to determine the extent of culpability in order that the extraordinary tribunal, the agent of the political power, should not impose a penalty without full and accurate knowledge.
The foregoing points I believe to be sound, and offer a way to meet the views of your colleagues, but I think that in the event that an extraordinary tribunal is decided upon it should be made clear beyond question that the constitution, authority and decision are political and not legal, and that high international policy requires that an offense like the invasion of Belgian neutrality cannot be passed over without registering in the most solemn and effective way the condemnation of the nations.
Personally I hope that the Council upon further reflection will determine that action of his sort is inadvisable and will resort to the means of a public condemnation without a political trial.
If, however, you advise me that the final determination is otherwise, and give me roughly the

terms I will be very glad to prepare definitive articles for the treaty, but I do hope that you can impress the provisions with a political and not a legal character, since that will avoid criticisms which I think we would find very difficult to meet.
I am also enclosing for your consideration a translation of the Japanese memorandum. As I said, I do not believe that Japan would be willing to participate in the proceeding proposed even if it is given a political foundation.

Faithfully yours,
Robert Lansing (signed)[1]

Enclosure

[1]. Wilson Papers.

Quelle: Lewis, Atrocity Propaganda, S. 287f.

Anlage 3

Vereinbarung der „Großen Vier" vom 9. April 1919 über die Grundsätze der „Strafbestimmungen".

Plan Suggéré au Sujet de la Responsabilité et des Sanctions.

1. Toutes personnes coupables de crime contre les lois de la guerre seront jugées par des tribunaux militaires, dans la forme habituelle, et condamnées, si elles sont reconnues coupables, aux peines habituelles. Dans le cas de crime commis contre les nationaux d'un seul des belligérants, le jugement aura lieu par les tribunaux militaires de ce belligérant. Dans le cas de crime commis contre les nationaux de plusieurs belligérants, le jugement aura lieu par un tribunal militaire composé avec du personnel des tribunaux militaires des belligérants intéressés. Dans tous les cas, l'accusé aura droit à désigner son propre avocat.
2. Une requête sera adressée à la Hollande pour remettre l'ex-Kaiser aux mains des Puissances alliées et associées afin d'être jugé devant un tribunal spécial, ce tribunal devant être composé de cinq juges, un juge étant nommé par chacune des cinq Puissances ci-après désignées, à savoir: États-Unis d'Amérique, Grande-Bretagne, France, Italie et Japon. Le crime pour lequel il est proposé de le poursuivre, ne sera pas qualifié de violation du droit criminel, mais de suprême offense contre la morale internationale et l'autorité sacrée des traités. La peine à déterminer est laissée au tribunal choisi qui devra être guidé par les plus hauts motifs de politique internationale, avec le souci de maintenir les obligations solennelles des engagements internationaux et le respect de la morale internationale.

G. Clemenceau, L. George, V. E. Orlando, Woodrow Wilson.

Quelle: Conférence de la Paix 1919–1920. Recueil des actes de la Conférence, P. I, 2me fasc., S. 104 (Übersetzung).

Anlage 4

Entwurf von Artikeln, die in den Friedensvertrag mit Deutschland aufzunehmen sind. Entwurf des „Comité de rédaction de la Conférence" von Mitte/Ende April 1919.

Article Premier.

Les Puissances alliées et associées mettent en accusation publique Guillaume II de Hohenzollern, ex-empereur d'Allemagne, non pour crime d'après les lois pénales, mais pour offense suprême contre la morale internationale et l'autorité sacrée des traités.

Un tribunal spécial sera constitué pour juger l'accusé en lui assurant les garanties essentielles du droit de défense. Il sera composé de cinq juges, nommés par chacune des Cinq Puissances suivantes, savoir: les États-Unis d'Amérique, la Grande-Bretagne, la France, l'Italie et le Japon.
Le Tribunal jugera sur motifs inspirés des principes les plus élevés de la politique entre les nations avec le souci d'assurer le respect des obligations solennelles et des engagements internationaux ainsi que de la morale internationale. Il lui appartiendra de déterminer la peine qu'il estimera devoir être appliquée.
Les Puissances alliées et associées adresseront au Gouvernement des Pays-Bas une requête le priant de livrer l'ancien empereur entre leurs mains pour qu'il soit jugé.

Article 2.

Le Gouvernement allemand n'ayant pas assuré la punition des personnes accusées d'avoir commis des actes contraires aux lois et coutumes de la guerre, celles-ci seront poursuivies et traduites par les Puissances alliées et associées devant les tribunaux militaires et, s'il y a lieu, condamnées aux peines communément prévues par les lois militaires.
Le Gouvernement allemand devra livrer aux Puissances alliées et associées, ou à celle d'entre elles qui lui en adressera la requête, toutes personnes qui, étant accusées d'avoir commis un acte contraire aux lois et coutumes de la guerre, lui seraient désignées soit nominativement, soit par le grade, la fonction ou l'emploi auxquels les personnes auraient été affectées par les autorités allemandes.

Article 3.

Les auteurs d'actes contre les ressortissants d'une des Puissances alliées et associées seront traduits devant les tribunaux militaires de cette Puissance.
Les auteurs d'actes commis contre des ressortissants de plusieurs Puissances alliées et associées seront traduits devant des tribunaux militaires composés de membres appartenant aux tribunaux militaires des Puissances intéressées.
Dans tous les cas, l'accusé aura droit à désigner lui-même son avocat.

Article 4.

Le Gouvernement allemand s'engage à fournir tous documents et renseignements, de quelque nature que ce soit, dont la production serait jugée nécessaire pour la connaissance complète des faits incriminés, la recherche des coupables et l'appréciation exacte des responsabilités.

Quelle: Conférence de la Paix 1919–1920. Recueil des actes de la Conférence, P. IV, B (2), S. 235 f.

Anlage 5

Teil VII des Friedensvertrags von Versailles vom 28. Juni 1919

Partie VII.
Sanctions.

Article 227

Les Puissances alliées et associées mettent en accusation publique Guillaume II de Hohenzollern, ex-empereur d'Allemagne, pour offense suprême contre la morale internationale et l'autorité sacrée des traités.

Un Tribunal spécial sera constitué pour juger l'accusé en lui assurant les garanties essentielles du droit de défense. Il sera composé de cinq juges, nommés par chacune des cinq Puissances suivantes, savoir: les États-Unis d'Amérique, la Grande-Bretagne, la France, l'Italie et le Japon.

Le Tribunal jugera sur motifs inspirés des principes les plus élevés de la politique entre les nations avec le souci d'assurer le respect des obligations solennelles et des engagements internationaux ainsi que de la morale internationale. Il lui appartiendra de déterminer la peine qu'il estimera devoir être appliquée.

Les Puissances alliées et associées adresseront au Gouvernement des Pays-Bas une requête le priant de livrer l'ancien empereur entre leurs mains pour qu'il soit jugé.

Article 228

Le Gouvernement allemand reconnaît aux Puissances alliées et associées la liberté de traduire devant leurs tribunaux militaires les personnes accusées d'avoir commis des actes contraires aux lois et coutumes de la guerre. Les peines prévues par les lois seront appliquées aux personnes reconnues coupables. Cette disposition s'appliquera nonobstant

Part VII.
Penalties.

Article 227

The Allied and Associated Powers publicly arraign William II of Hohenzollern, formerly German Emperor, for a supreme offence against international morality and the sanctity of treaties.

A special tribunal will be constituted to try the accused, thereby assuring him the guarantees essential to the right of defence. It will be composed of five judges, one appointed by each of the following Powers: namely, the United States of America, Great Britain, France, Italy, and Japan.

In its decision the tribunal will be guided by the highest motives of international policy, with a view to vindicating the solemn obligations of international undertakings and the validity of international morality. It will be its duty to fix the punishment which it considers should be imposed.

The Allied and Associated Powers will address a request to the Government of the Netherlands for the surrender to them of the ex-Emperor in order that he may be put on trial.

Article 228

The German Government recognises the right of the Allied and Associated Powers to bring before military tribunals persons accused of having committed acts in violation of the laws and customs of war. Such persons shall, if found guilty, be sentenced to punishments laid down by law. This provision will apply notwithstanding any proceedings or prosecu-

Teil VII.
Strafbestimmungen.

Artikel 227

Die alliierten und assoziierten Mächte stellen Wilhelm II. von Hohenzollern, vormaligen Kaiser von Deutschland, wegen schwerster Verletzung des internationalen Sittengesetzes und der Heiligkeit der Verträge unter öffentliche Anklage.
Ein besonderer Gerichtshof wird eingesetzt, um über den Angeklagten unter Wahrung der wesentlichen Bürgschaften des Rechts auf Verteidigung zu Gericht zu sitzen. Der Gerichtshof besteht aus fünf Richtern, von denen je einer von folgenden fünf Mächten, nämlich den Vereinigten Staaten von Amerika, Großbritannien, Frankreich, Italien und Japan, ernannt wird.
Der Gerichtshof urteilt auf Grundlage der erhabensten Grundsätze der internationalen Politik; Richtschnur ist für ihn, den feierlichen Verpflichtungen und internationalen Verbindlichkeiten ebenso wie dem internationalen Sittengesetze Achtung zu verschaffen. Es steht ihm zu, die Strafe zu bestimmen, deren Verhängung er für angemessen erachtet.
Die alliierten und assoziierten Mächte werden an die Regierung der Niederlande das Ersuchen richten, den vormaligen Kaiser zum Zwecke seiner Aburteilung auszuliefern.

Artikel 228

Die deutsche Regierung räumt den alliierten und assoziierten Mächten die Befugnis ein, die wegen eines Verstoßes gegen die Gesetze und Gebräuche des Krieges angeklagten Personen vor ihre Militärgerichte zu ziehen. Werden sie schuldig befunden, so finden die gesetzlich vorgesehenen Strafen auf sie Anwendung. Die Bestimmung greift ohne Rück-

toutes procédures ou poursuites devant une juridiction de l'Allemagne ou de ses alliés.

Le Gouvernement allemand devra livrer aux Puissances alliées et associées, ou à celle d'entre elles qui lui en adressera la requête, toutes personnes qui, étant accusées d'avoir commis un acte contraire aux lois et coutumes de la guerre, lui seraient désignées soit nominativement, soit par le grade, la fonction ou l'emploi auxquels les personnes auraient été affectées par les autorités allemandes.

tion before a tribunal in Germany or in the territory of her allies.

The German Government shall hand over to the Allied and Associated Powers, or to such one of them as shall so request, all persons accused of having committed an act in violation of the laws and customs of war, who are specified either by name or by the rank, office or employment which they held under the German authorities.

Article 229

Les auteurs d'actes contre les ressortissants d'une des Puissances alliées et associées seront traduits devant les tribunaux militaires de cette Puissance.

Les auteurs d'actes commis contre des ressortissants de plusieurs Puissances alliées et associées seront traduits devant des tribunaux militaires composés de membres appartenant aux tribunaux militaires des Puissances intéressées.

Dans tous les cas, l'accusé aura droit à désigner lui-même son avocat.

Article 229

Persons guilty of criminal acts against the nationals of one of the Allied and Associated Powers will be brought before the military tribunals of that Power.

Persons guilty of criminal acts against the nationals of more than one of the Allied and Associated Powers will be brought before military tribunals composed of members of the military tribunals of the Powers concerned.

In every case the accused will be entitled to name his own counsel.

Article 230

Le Gouvernement allemand s'engage à fournir tous documents et renseignements, de quelque nature que ce soit, dont la production serait jugée nécessaire pour la connaissance complète des faits incriminés, la recherche des coupables et l'appréciation exacte des responsabilités.

Article 230

The German Government undertakes to furnish all documents and information of every kind, the production of which may be considered necessary to ensure the full knowledge of the incriminating acts, the discovery of offenders and the just appreciation of responsibility.

Quelle: RGBl. 1919, S. 980–983 (authentische Vertragstexte und dt. Übersetzung).

sicht auf ein etwaiges Verfahren oder eine etwaige Verfolgung vor einem Gerichte Deutschlands oder seiner Verbündeten Platz. Die deutsche Regierung hat den alliierten und assoziierten Mächten oder derjenigen Macht von ihnen, die einen entsprechenden Antrag stellt, alle Personen auszuliefern, die ihr auf Grund der Anklage, sich gegen die Gesetze und Gebräuche des Krieges vergangen zu haben, sei es namentlich, sei es nach ihrem Dienstgrade oder nach der ihnen von den deutschen Behörden übertragenen Dienststellung oder sonstigen Verwendung bezeichnet werden.

Artikel 229

Sind die strafbaren Handlungen gegen Staatsangehörige einer der alliierten und assoziierten Mächte begangen, so werden die Täter vor die Militärgerichte dieser Macht gestellt.
Sind die strafbaren Handlungen gegen Staatsangehörige mehrerer alliierter und assoziierter Mächte begangen, so werden die Täter vor Militärgerichte gestellt, die sich aus Mitgliedern von Militärgerichten der beteiligten Mächte zusammensetzen.
In jedem Fall steht dem Angeklagten die freie Wahl seines Anwalts zu.

Artikel 230

Die deutsche Regierung verpflichtet sich, Urkunden und Auskünfte jeder Art zu liefern, deren Vorlegung zur vollständigen Aufklärung der verfolgten Taten, zur Ermittlung der Schuldigen und zur erschöpfenden Würdigung der Schuldfrage für erforderlich erachtet wird.

Abkürzungen

AA	Auswärtiges Amt
a. D.	außer Dienst
ADB	Allgemeine Deutsche Biographie
Adm.	Admiral
AJIL	American Journal of International Law
AOK	Armeeoberkommando
AVBl.	Armee-Verordnungsblatt
BA	Bundesarchiv (Koblenz)
BA-MA	Bundesarchiv-Militärarchiv (Freiburg i. Br.)
BGBl.	Bundesgesetzblatt
DAZ	Deutsche Allgemeine Zeitung
DBFP	Documents on British Foreign Policy (First Series)
DDP	Deutsche Demokratische Partei
DJZ	Deutsche Juristen-Zeitung
DNVP	Deutschnationale Volkspartei
DVP	Deutsche Volkspartei
F.Kapt.	Fregattenkapitän
F. O.	Foreign Office
FRUS	Foreign Relations of the United States
–, P. P. C.	–, The Paris Peace Conference (1919)
Gen.d.Inf.	General der Infanterie
Gen.Feldm.	Generalfeldmarschall
Gen.Lt.	Generalleutnant
Gen.Maj.	Generalmajor
Geh., geh.	geheim
GP	Die Große Politik der Europäischen Kabinette
GStA	Geheimes Staatsarchiv
HLKO	Haager Landkriegsordnung
Hptm.	Hauptmann
hs.	handschriftlich
HStA	Hauptstaatsarchiv
HVBl.	Heeres-Verordnungsblatt
HZ	Historische Zeitschrift
IKRK	Internationales Komittee vom Roten Kreuz
Inf.	Infanterie
Inf. Regt.	Infanterie-Regiment
I. W. C.	Imperial War Cabinet
K.Adm.	Kontreadmiral
Kaptlt.	Kapitänleutnant
Kapt. z. S.	Kapitän zur See
K. Kapt.	Korvettenkapitän
KM	(Preußisches) Kriegsministerium

LegRat	Legationsrat
MAFRI	Marine-Friedenskommission
Maj.	Major
M. d. N.	Mitglied der Nationalversammlung
MinDir.	Ministerialdirektor
MinRat	Ministerialrat
MSPD	Sozialdemokratische Partei Deutschlands, Mehrheitspartei
MStGB	Militärstrafgesetzbuch (vom 20. 6. 1872)
MStGO	Militärstrafgerichtsordnung
M. St. N.	Marinestation der Nordsee (Wilhelmshaven)
M. St. O.	Marinestation der Ostsee (Kiel)
MVBl.	Marineverordnungsblatt
NDB	Neue Deutsche Biographie
NL	Nachlaß
Oblt. z. S.	Oberleutnant zur See
Oberstlt.	Oberstleutnant
OHL	Oberste Heeresleitung
PA/AA	Politisches Archiv des Auswärtigen Amts
P. P. C.	siehe FRUS, P. P. C.
P. R. O.	Public Record Office (London)
Reg Rat	Regierungsrat
Regt.	Regiment
RGBl.	Reichs-Gesetzblatt
RM	Reichsmarine
RMA	Reichsmarineamt
RStGB	Reichsstrafgesetzbuch (vom 15. 5. 1871)
RT	1) Reichstag 2) Verhandlungen des Deutschen Reichstags. Stenographische Berichte bzw. Anlagen
RV	Reichsverfassung (Verfassung des Deutschen Reichs vom 11. 8. 1919)
RWM	Reichswehrminister, -ministerium
SKL	Seekriegsleitung
StPO	Strafprozeßordnung
StS	Staatssekretär
USPD	Unabhängige Sozialdemokratische Partei Deutschlands
UStS	Unterstaatssekretär
V. Adm.	Vizeadmiral
VfZG	Vierteljahrshefte für Zeitgeschichte
VR	Völkerrecht
VV	Versailler Vertrag (Friedensvertrag vom 28. 6. 1919)
Wako	(Deutsche) Waffenstillstandskommission
W. C.	War Cabinet
W. T. B.	Wolff's Telegraphisches Bureau
WUA	Das Werk des Untersuchungsausschusses der Verfassunggebenden Deutschen Nationalversammlung und des Deutschen Reichstages 1919–1930
z. D.	Zur Disposition

Quellen und Literatur

I. UNGEDRUCKTE QUELLEN

1. Bundesarchiv, Koblenz

Reichskanzlei:

R 43 I/1 u. 5	Akten betr. Friedensverhandlungen
R 43 I/10 u. 11	Akten betr. Kommission zur Feststellung von Rechtsverletzungen (Völkerrechtsverletzungen)
R 43 I/52–54	Akten betr. Belgien
R 43 I/63	Akten betr. Frankreich (Bd 1: Feb. 1919–Sept. 1923)
R 43 I/70	Handakten zum Besuch der frz. Minister Laval u. Briand in Berlin am 27.–29. 9. 1931
R 43 I/340	Akten betr. Auslieferung des Kaisers und anderer Persönlichkeiten an die Entente
R 43 I/341	Akten betr. Auslieferungssachen
R 43 I/402	Akten betr. Konferenz in Spa, allgemeines
R 43 I/682	Akten betr. Volkswehr und Wehrpflicht
R 43 I/702	Akten betr. Oberste Heeresleitung u. Heerführer
R 43 I/703	Akten betr. General Ludendorff
R 43 I/803 u. 805	Akten betr. die Frage der Schuld am Weltkriege
R 43 I/1242–1243	Akten betr. Gnadensachen und Amnestien
R 43 I/1244	Akten betr. Staatsgerichtshof
R 43 I/1348–1354	Akten betr. Sitzungen des Reichsministeriums, Protokolle (März 1919–März 1920)
R 43 I/1370	Akten betr. Kabinettsprotokolle (1.–29. Aug. 1921)
R 43 I/1795	Akten betr. Heimatschutz Ost

Deutsche Demokratische Partei/Deutsche Staatspartei:

R 45 III/16	Protokolle der Sitzungen des Vorstandes der DDP (1920)

Nachlässe:
Nachlaß Matthias Erzberger, Nr. 14, 46, 52 u. 53
Nachlaß Walter Koch(-Weser), Nr. 16, 20, 21 u. 77
Nachlaß Wilhelm Külz, Nr. 7
Nachlaß Eugen Schiffer, Nr. 4, 5, 10 u. 27
Kl. Erw. Nr. 144 Restnachlaß Albert Grzesinski

2. Bundesarchiv-Militärarchiv, Freiburg i. Br.

Verbände der Infanterie:

RH 37/5058	Akten betr. 231. Infanterie-Division, Freikorps v. Hülsen, Reichswehr-Brigade 3 (Handakten Gen.Lt. v. Hülsen)

Admiralstab der Marine:

RM 5/v. 2634	Akten betr. Auslieferungsliste
RM 5/v. 6359	Anlagen zum Kriegstagebuch der Seekriegsleitung (10. 9.–7. 11. 1918)

Oberbefehlshaber der Kriegsmarine:

RM 6/7	Akten des Chefs der Admiralität

Marine-Friedenskommission/Völkerbundgruppe Marine (vorläufige Signaturen):

RM 9/v. Fasz. 5906	Az. F VII g1, Bd 1, Akten betr. Strafbestimmungen
RM 9/v. Fasz. 6010	Akten betr. Mitwirkung beim dt. Entwurf eines rechtspolitischen Zusatzvertrags [zum Friedensvertrag]
RM 9/v. Fasz. 6021	Handakte Fr. I, Sitzungsberichte der Friedensgeschäftsstelle

Marinekommandoamt:

RM 20/3	Akten betr. politische Angelegenheiten (1914–1920)
RM 20/409	Akten betr. Friedensverhandlungen
RM 20/547	Akten betr. Auslieferung u. Verfolgung von Reichsangehörigen auf Grund des Friedensvertrages
RM 20/564–568	Akten betr. Anklagen wegen Kriegsverbrechen und Kriegsvergehen vor dem Reichsgericht
RM 20/592 u. 593	Akten betr. Anklagen wegen Kriegsverbrechen und Kriegsvergehen vor dem Reichsgericht: Fall Kaptlt. a. D. Wilhelm Werner
RM 20/642	Akten der S-Gruppe, Bd 14
RM 20/659	Akten der S-Gruppe, Bd 31
RM 20/664	Akten der S-Gruppe, Bd 36
RM 20/673	Persönliche Akten von K.Kapt. Lützow
RM 20/674	Akten betr. allg. juristische Fragen
RM 20/729	Akten der U- und S-Gruppe, Bd 19: Stellungnahmen zur Auslieferungsfrage
RM 20/767	Akten betr. Rechtspunkte und Rechtsfragen für die Verteidigung dt. Marineangehöriger vor feindlichen Kriegsgerichten
RM 20/787 u. 788	Akten betr. Fall Oblt. z. S. a. D. John Boldt und Oblt. z. S. Ludwig Dithmar
RM 20/843	Akten betr. Kaptlt. a. D. Helmut Patzig

Allgemeines Marineamt:

RM 21/1	Akten betr. allg. Verhandlungen mit der Friedenskommission über die Ausführung des Friedensvertrags

Marineverwaltungsamt:

RM 23/2	Tagesverfügungen des Reichsmarineamts (22. 2.–30. 6. 1919)

Nachlässe:

N 42	Nachlaß Kurt v. Schleicher, Nr. 12
N 46	Nachlaß Wilhelm Groener, Nr. 25, 37, 130, 162 u. 176
N 239	Nachlaß Magnus v. Levetzow, Nr. 22 u. 26–28
N 247	Nachlaß Hans v. Seeckt, Nr. 65–67, 69–70, 179 u. 222
N 253	Nachlaß Alfred v. Tirpitz, Nr. 171

3. Politisches Archiv des Auswärtigen Amts, Bonn

Abteilung IA, Europa:

Deutschland Nr. 97 Nr. 1, Bd 3	Akten betr. diplomatischen Ausschuß des Bundesrats (März 1911–März 1920)
Deutschland Nr. 122 Nr. 25, Bd 1	Akten betr. Reichskanzler Prinz Max von Baden (Okt. 1918–Feb. 1920)

Deutschland Nr. 163 geh., Bd 3	Geh. Akten betr. allg. Angelegenheiten Deutschlands
Bayern Nr. 56 Nr. 1, Bd 23	Akten betr. das Bayerische Königshaus (Okt. 1916–Aug. 1923)

Abteilung IA, Weltkrieg:

WK adh. 4, Bd 12	Sammlung von Schriftstücken zur Vorgeschichte des Krieges (Juli 1918–Nov. 1918)
WK adh. 4 Nr. 1	Akten betr. Aburteilung der Schuldigen
WK adh. 4 Nr. 3, Bd 4	Akten betr. Parlamentarischer Untersuchungsausschuß (10.–27. Feb. 1920)
WK 5e geh. Nordamerika	Sammlung: Funksprüche Nordamerika
WK 9, Bd 30–32	Akten betr. Grausamkeiten in der Kriegsführung und Verletzungen des Völkerrechts (Juli 1918–März 1920)
WK 30, Bd 1, 2, 5, 16–19, 27, 30, 33, 35 u. 43	Akten betr. Waffenstillstands- und Friedensverhandlungen
WK 31, Bd 1 u. 2	Akten betr. die Friedenskonferenz in Versailles
WK 31 geh., Bd 1 u. 2	Geh. Akten betr. die Friedenskonferenz in Versailles
WK 31 Nr. 4 adh., Bd 1 u. 2	Akten betr. Tötung des frz. Sergeanten Manheim
Rep. IV Geschäftsgang Nr. 11 adh. 26	Akten betr. die Hauptstelle zur Verteidigung Deutscher vor feindlichen Gerichten

Deutsche Friedensdelegation Versailles:

Pol. 2	Akten betr. Allgemeines über die zu führenden Verhandlungen
Pol. 2 Bbd	Handakten
Pol. 2a	Protokolle der Sitzungen der Friedensdelegation
Pol. 7, Bd 1 u. 2	Akten zur Vorgeschichte des Krieges und der Schuldfrage
Pol. 7a	Akten betr. Aburteilung der Schuldigen
Pol. 13, Bd 1, 3a, 4–6	Akten betr. Friedensvertrag

Geschäftsstelle für die Friedensverhandlungen:

Bd 73
Protokolle, Bd 2

Büro des Reichsministers:

Az. 4c	Akten betr. Spa, Kriegsverbrechen
Az. 60, Bd 1	Akten betr. Rechtsverletzungen im Kriege u. das Verfahren gegen die Angeschuldigten (Feb. 1920–Nov. 1927)

Friedensabteilung:

Akten betr. Strafbestimmungen, 3 Bde (Juli–Dez. 1919)

Handakten von StS v. Simson:

Akten betr. Auslieferungsfrage, 2 Bde

Deutsche Friedensdelegation Paris/Versailles:

Pol. 7	Akten betr. Vorgeschichte des Krieges und Schuldfrage, Frage der Verantwortlichkeit deutscher Heerführer
Pol. 7a, Bd 1–3	Akten betr. Aburteilung der Schuldigen, Frage der Auslieferung des Deutschen Kaisers etc.
Pol. 9, Bd 2 u. 3	Akten betr. Freigabe der Kriegsgefangenen, Soldatengräber

Pol. 12	Akten betr. Presseangelegenheiten
Pol. 13, Bd 1	Akten betr. Friedensvertrag
Pol. 13a, Bd 1	Akten betr. die Ententenote vom 2. 11. u. das Schlußprotokoll vom 1. 11. 1919 über die Ratifizierung des Friedensvertrags
Pol. 14a	Akten betr. die dt.-frz. Beziehungen

Kommission Schücking (Kommission zur Untersuchung der Anklagen wegen völkerrechtswidriger Behandlung der Kriegsgefangenen in Deutschland):

Generalia I	Akten betr. Verordnung über die Zusammensetzung der Kommission
Generalia II	Akten betr. Ernennung von Kommissionsmitgliedern
Generalia III	Aufzeichnungen über die Sitzungen der Kommission

Hauptstelle zur Verteidigung Deutscher vor feindlichen Gerichten:

Bd 1	Akten betr. Mitarbeiterstab
Bd 4	Akten betr. Auslieferungsforderungen
Bd 5	Akten betr. Einwirkung auf politische Maßnahmen
Bd 6	Akten betr. Sammlung des Rechtsstoffs zu Art. 227
Bd 7 u. 8	Akten betr. Sammlung des Rechtsstoffs zu Art. 228–230 (Allgemeines)
Bd 9 u. 10	Akten betr. Sammlung des Rechtsstoffs (deutscher Rechtsstoff)
Bd 19 u. 20	Akten betr. deutsche Verteidiger

Deutsche Botschaft London:

Az. F VII 1, Bd 1	Akten betr. Auslieferungsfrage und Aburteilungen (Feb. 1920–April 1921)

Rechtsabteilung:

R IV, Kriegsbeschuldigte Nr. 2 (VS)	Akten betr. Verhaftung und Auslieferung des Oblt. Dithmar (1921–1928)
R IV, Kriegsbeschuldigte Nr. 2 (FM)	Akten betr. Verfahren gegen Oblt. Patzig (1920–1931)

Nachlaß Brockdorff-Rantzau:

Az. 7/1	Akten betr. Presseangelegenheiten

4. Hauptstaatsarchiv Stuttgart

Württembergisches Staatsministerium:

E 130 II, Büschel 425	Akten betr. Friedensschluß 1917–1919
E 130 IV, Büschel 881	Akten betr. Staatsgerichtshof für das Deutsche Reich
E 130 IV, Büschel 1159	Akten betr. Versailler Vertrag, Teil VII: Strafbestimmungen

Q 1/2 *Nachlaß* Conrad Haußmann, Büschel 32 u. 42

5. Geheimes Staatsarchiv Berlin-Dahlem

Preußisches Justizministerium:

Rep. 84a/7861	Akten betr. Kriegsverbrechen u. Kriegsvergehen
Rep. 84a/7862	Akten betr. Kriegsverbrechen u. Kriegsvergehen, Äußerungen der Presse
Rep. 84a/11763	Vertrauliche Aussprache von deutschen Rechtsanwälten, die sich zur Verteidigung der nach den Artikeln 228 bis 230 ... auszuliefernden Deutschen bereit erklärt haben (Okt. 1919)

6. *Niedersächsisches Staatsarchiv Bückeburg*

Depos. 18	Nachlaß Adolf v. Trotha, H Nr. 19

7. *Public Record Office, London*

Cabinet Office:

CAB 23/8	War Cabinet Papers, No. 480–513, Oct 1–Dec 19, 1918
CAB 23/12	War Cabinet Papers, No. 616–635, Aug 15–Oct 27, 1919
CAB 23/14	War Cabinet Papers, No. 362 A–500 B, Mar 8–Nov 11, 1918
CAB 23/18	Cabinet Conclusions, Nov 4–Dec 23, 1919
CAB 23/20	Cabinet Conclusions, Jan 5–Mar 31, 1920
CAB 23/35	Conferences of Ministers on Miscellaneous Matters (S. Series), No. 1–40
CAB 23/37	Conferences of Ministers. Conclusions of Meetings held Oct 31, 1919–Sep 8, 1920
CAB 24/66	War Cabinet. G. T. Papers, No. 5906–6000
CAB 24/71	War Cabinet. G. T. Papers, No. 6401–6500
CAB 24/85	War Cabinet. G. T. Papers, No. 7801–7900
CAB 24/89	War Cabinet. G. T. Papers, No. 8201–8300
CAB 24/95	Cabinet Papers, No. 301–400
CAB 24/98	Cabinet Papers, No. 601–700
CAB 29/28	British Empire Delegation [at the Peace Conference], Minutes of B. E. D., No. 1–80

Foreign Office:

F. O. 371/7470	Political. Central. Germany [1922], files 33–91
F. O. 371/7528	Political. Central. Germany [1922], files 553–555
F. O. 371/7529	Political. Central. Germany [1922], files 555–560

War Office:

W. O. 161/78	Report of the Committee on Alleged German Outrages appointed by His Majesty's Government and Presided over by The Right Hon. Viscount Bryce . . ., London 1915 [Drucksache]
W. O. 32/5425	Handing over of War Criminals. Situation in Germany through Allies' Demand for
W. O. 32/5609	Execution of Captain C. Fryatt. Summary of Statements by Eye-witnesses & Others . . .

Admiralty:

Adm. 1/8581/25	German Naval Officers Accused of Committing Offences against Laws of War [Feb. 2, 1920]

8. *Kriegsarchiv des Völkerrechts, Institut für Internationales Recht an der Universität Kiel*

Nr. XII E5b	Sammlung von Zeitungsausschnitten zur Auslieferungsfrage
Nr. XII G1b	dto.

9. *Sonstiges:*

Manuskript von Fregattenkapitän a. D. Albert Scheibe u. d. T. „Aus den Anfängen der nationalen Bewegung in Deutschland", im Privatbesitz von Prof. Dr. Erhard Scheibe, Göttingen.

II. GEDRUCKTE QUELLEN

Acten des Wiener Kongresses in den Jahren 1814 und 1815, hrsg. von Johann Ludwig Klüber, Bd 1, Erlangen 1815 (Nachdruck Osnabrück 1966); Bd 6, Erlangen 1816 (Nachdruck Osnabrück 1966)

Actes de la Conference de Bruxelles (1874), Bruxelles 1874 (Ndr. 1899)

Adjutant im preußischen Kriegsministerium Juni 1918 bis Oktober 1919. Aufzeichnungen des Hauptmanns Gustav Böhm, hrsg. u. bearbeitet von Heinz Hürten u. Georg Meyer, Stuttgart 1977 (= Beiträge zur Militär- und Kriegsgeschichte, Bd 19)

Akten der Reichskanzlei. Weimarer Republik. Hrsg. von Karl Dietrich Erdmann, Wolfgang Mommsen u. a.,
Das Kabinett Scheidemann. 13. Februar bis 20. Juni 1919, bearbeitet von Hagen Schulze, Boppard a. Rh. 1971;
Das Kabinett Bauer. 21. Juni 1919 bis 27. März 1920, bearbeitet von Anton Golecki, Boppard a. Rh. 1980;
Das Kabinett Müller I. 27. März bis 21. Juni 1920, bearbeitet von Martin Vogt, Boppard a. Rh. 1971;
Das Kabinett Fehrenbach. 25. Juni 1920 bis 4. Mai 1921, bearbeitet von Peter Wulf, Boppard a. Rh. 1972;
Die Kabinette Wirth I und II. 10. Mai 1921 bis 26. Oktober 1921. 26. Oktober 1921 bis 22. November 1922, bearbeitet von Ingrid Schulze-Bidlingmaier, Bd 1: Mai 1921 bis März 1922, Boppard a. Rh. 1973

Akten Kardinal Michael von Faulhabers 1917–1945, bearbeitet von Ludwig Volk, Bd 1: 1917–1934, Mainz 1975 (= Veröffentlichungen der Kommission für Zeitgeschichte, Reihe A: Quellen, Bd 17)

L'Allemagne et les problèmes de la paix pendant la première guerre mondiale. Documents extraits des archives de l'Office allemand des Affaires étrangères, hrsg. von André Scherer u. Jacques Grunewald, Bd 1: Des origines à la déclaration de la guerre sous-marine à outrance, Paris 1962 (= Publications de la faculté des lettres et sciences humaines de Paris, série „Textes et Documents", tome III)

Die Anfänge der Ära Seeckt, siehe: Quellen zur Geschichte des Parlamentarismus und der politischen Parteien

Archiv der Friedensverträge, hrsg. von H. Dorn u. a., Bd 1, Mannheim–Berlin–Leipzig 1923

Armee-Verordnungsblatt, hrsg. vom [preußischen] Kriegsministerium, 48.–53. Jg., Berlin 1914–1919

Zur Auslieferungsfrage, hrsg. von der Vermittlungsstelle Vaterländischer Verbände, Berlin 1920

Baker, Ray Stannard, Woodrow Wilson and World Settlement, Bd 3: Original Documents of the Peace Conference, Garden City-New York 1923

Bayerische Dokumente zum Kriegsausbruch und zum Versailler Schuldspruch, hrsg. von P. Dirr, 3. erw. Aufl., München–Berlin 1925.

Die Behandlung der feindlichen Kriegsgefangenen. Amtlicher Bericht der Kommission zur Untersuchung der Anklagen wegen völkerrechtswidriger Behandlung der Kriegsgefangenen in Deutschland, Berlin 1920

Bericht Kommission Schücking, siehe: Die Behandlung der feindlichen Kriegsgefangenen

Berliner Tageblatt, Oktober 1918 – März 1920

Blüchers Briefe. Vervollständigte Sammlung des Generals E. v. Colomb, hrsg. von W. v. Unger, Stuttgart–Berlin 1913

British Documents on the Origins of the War 1898–1914, hrsg. von G[eorge] P[eabody] Gooch u. Harold Temperley, Bd 1: The End of British Isolation, London 1927; Bd 8: Arbitration, Neutrality and Security, London 1932

Brockdorff-Rantzau, [Ulrich] Graf [v.], Dokumente und Gedanken um Versailles, 3. Aufl., Berlin 1925

Bundesgesetzblatt 1954, Teil II

Burnett, Philip Mason, Reparation at the Paris Peace Conference. From the Standpoint of the American Delegation, New York 1940 (= The Paris Peace Conference, History and Documents. Published for the Carnegie Endowment for International Peace). Reprint New York 1965

Conférence de la Paix 1919–1920. Recueil des actes de la Conférence, Partie 1–8, Paris 1922–1935 (Imprimerie nationale),
P. I: Actes du Conseil suprême. Recueil des résolutions, 2me et 3me fascicule (24 mars 1919–21 janvier 1920), Paris 1934;
P. IV: Commissions de la Conférence (Procès-verbaux, rapports et documents), B. Questions générales, (2) Commission des responsabilités des auteurs de la guerre et sanctions, Paris 1922;
P. VIII: Exécution des Traités, B. Recueil des résolutions de la Conférence des Ambassadeurs, 1er fascicule (26 janvier 1920–27 décembre 1920), Paris 1932

Some Considerations for the Peace Conference before they finally draft their Terms, Cmd. 1614, London 1922

Corpus Pacificationum. Systematische Zusammenstellung der Texte der Friedensverträge 1792–1913, zusammengestellt im k. u. k. Haus-, Hof- und Staatsarchiv Wien, o. O. o. J. [Berlin –Wien 1914]

Correspondence respecting the Declaration of London. Miscellaneous. No. 4 (1910) (Cd. 5418) u. Miscellaneous No. 8 (1911) (Cd. 5718)

Correspondences and Documents respecting the International Naval Conference, held in London, December 1908–February 1909. Miscellaneous. No. 4 (1909), London H. M. S. O. (Cd. 4554)

Die deutsche Kriegführung und das Völkerrecht. Beiträge zur Schuldfrage, hrsg. im Auftrage des Kriegsministeriums und der Obersten Heeresleitung, Berlin 1919

Deuxième Conférence Internationale de la Paix. Actes et documents, 3 Bde, La Haye 1908/1909

Das Diktat von Versailles. Entstehung – Inhalt – Zerfall. Eine Darstellung in Dokumenten, hrsg. von Fritz Berber, 2 Bde, Essen 1939 (= Veröffentlichung des Deutschen Instituts für Außenpolitische Forschungen, Bd 3)

La Documentation internationale. La Paix de Versailles [hrsg. von A. G. de Lapradelle], Bd 3: Responsabilités des auteurs de la guerre et sanctions, Paris 1930 (= Les Editions internationales)

Documents of American History, hrsg. von Henry Steele Commager, 6. Aufl., New York 1958

Documents on British Foreign Policy 1919–1939. First Series hrsg. von E. L. Woodward, Rohan Butler u. a., Bd 1–2, 5–10, 15 u. 20, London 1947–1976

Dokumente und Materialien zur Geschichte der deutschen Arbeiterbewegung, hrsg. vom Institut für Marxismus-Leninismus beim Zentralkomitee der Sozialistischen Einheitspartei Deutschlands, Bd 7: Februar 1919–Dezember 1923, 1. Hlbbd: Februar 1919–Dezember 1921, Berlin [Ost] 1966

Dokumente zur deutschen Verfassungsgeschichte, hrsg. von Ernst Rudolf Huber, Bd 1: Deutsche Verfassungsdokumente 1803–1850, Stuttgart 1961

Ebert, Friedrich, Schriften, Aufzeichnungen, Reden, hrsg. von Friedrich Ebert jun., 2 Bde, Dresden 1926

Für Ehre, Wahrheit und Recht. Erklärung deutscher Hochschullehrer zur Auslieferungsfrage, hrsg. von Eduard Meyer, Berlin 1919

Ehren-Rangliste des ehemaligen Deutschen Heeres auf Grund der Ranglisten von 1914, hrsg. vom Deutschen Offizier-Bund, Berlin 1926

Ehrenrangliste der Kaiserlich Deutschen Marine 1914–18, bearbeitet von Albert Stoelzel, hrsg. vom Marine-Offizier-Verband, Berlin 1930

English Historical Documents, Bd 11: 1783–1832, hrsg. von A. Aspinall u. E. Anthony Smith, London 1959

Entscheidungen des Reichsmilitärgerichts, Bd 19, Berlin 1917

Ernst, Fritz, Aus dem Nachlaß des Generals Walther Reinhardt, in: Die Welt als Geschichte 18 (1958), S. 39–121

Erzberger [Matthias], Der Völkerbund als Friedensfrage (Rede gehalten am 27. 12. 1918 in der Berliner Handelshochschule auf Einladung der Ältesten der Kaufmannschaft von Berlin), Berlin 1919

Fournier-Foch, Henry, Lettre inédite du maréchal Hindenburg au maréchal Foch du 3 juillet 1919, in: Revue historique de l'armée, No. 2/1973, S. 70–75

Die Friedensverträge, hrsg. von Karl Strupp, Bd 1: Die Ostfrieden, Berlin 1918 (= Guttentagsche Sammlung Deutscher Reichsgesetze, Nr. 134, Textausgaben mit Anmerkungen)
FRUS, siehe: Papers relating to the Foreign Relations of the United States

Der Generalquartiermeister. Briefe und Tagebuchaufzeichnungen des Generalquartiermeisters des Heeres, General der Artillerie Eduard Wagner, hrsg. von Elisabeth Wagner, München–Wien 1963
Gesetz-Sammlung für die Königlich Preußischen Staaten 1856
GP, siehe: Die Große Politik der Europäischen Kabinette
Greueltaten russischer Truppen gegen deutsche Zivilpersonen und deutsche Kriegsgefangene (Denkschrift der Reichsregierung vom 25. 3. 1915 [Berlin 1915])
Die Große Politik der Europäischen Kabinette 1871–1914. Sammlung der Diplomatischen Akten des Auswärtigen Amtes, hrsg. von Johannes Lepsius, Albrecht Mendelssohn Bartholdy u. Friedrich Thimme,
Bd 15: Rings um die Erste Haager Friedenskonferenz, Berlin 1924;
Bd 23: Die Zweite Haager Friedenskonferenz. Nordsee- und Ostsee-Abkommen, 2 Tlbde, Berlin 1927

Heeres-Verordnungsblatt, hrsg. vom Reichswehrministerium, 1.–2. Jg, Berlin 1919–1920

Ilsemann, Sigurd von, Der Kaiser in Holland. Aufzeichnungen des letzten Flügeladjutanten Kaiser Wilhelms II., hrsg. von Harald von Koenigswald, [Bd 1:] Amerongen und Doorn 1918–1923, München 1967
The Intimate Papers of Colonel House, hrsg. von Charles Seymour, Bd 4: The Ending of the War, June 1918–November 1919, London 1928

Journal du droit international [Clunet], Bd 41–48, Paris 1914–1921

Kabinett . . ., siehe: Akten der Reichskanzlei
Die Konferenz von Spa vom 5. bis 16. Juli 1920 [Weißbuch], Berlin 1920
Kraus/Rödinger, siehe: Urkunden zum Friedensvertrage von Versailles

de Launay, Jacques, Secrets Diplomatiques 1914–1918, Bruxelles–Paris 1963 (= Dossiers secrets de l'histoire)
The Law of War. A Documentary History, hrsg. von Leon Friedman, Bd 1, New York 1972
Liste des personnes désignées par les puissances alliées pour être livrées par l'allemagne en exécution des articles 228 à 230 du traité de Versailles et du protocole du 28 juin 1919
Luckau, Alma, The German Delegation at the Paris Peace Conference, New York 1941 (Reprint 1971)
Dies., Unconditional Acceptance of the Treaty of Versailles by the German Government June 22–28, 1919, in: Journal of Modern History 17(1945), S. 215–220

Manuel des lois de la guerre sur terre (publié par l'Institut de droit international), in: Annuaire de l'Institut de droit international 5(1881/1882), S. 157–174
Mantoux, Paul, Les délibérations du Conseil des Quatre (24 mars–28 juin 1919). Notes de l'officier interprête, 2 Bde, Paris 1955 (= Editions du Centre National de la Recherche Scientifique)
Marineverordnungsblatt, hrsg. vom Reichs-Marine-Amt, 45.–51. Jg, Berlin 1914–1920
Materialien, betreffend die Friedensverhandlungen, Teil VI: Das deutsche Weißbuch über die Schuld am Kriege, Charlottenburg 1919
Militärstrafgesetzbuch für das Königreich Bayern. Amtliche Ausgabe, München 1869
Militär- und Innenpolitik, siehe: Quellen zur Geschichte des Parlamentarismus und der politischen Parteien
Militär-Wochenblatt 103 II (Januar 1919–Juni 1919) u. 104 (Juli 1919–Juni 1920)
Miller, David Hunter, My Diary at the Conference of Paris, 21 Bde, o. O., o. J. [Privatdruck New York 1924]

Nationalversammlung, siehe: Verhandlungen der verfassunggebenden Deutschen Nationalversammlung

Niederschriften über die Verhandlungen des Staatenausschusses bzw. Reichsrats des Deutschen Reichs, Jahrgang 1919, Berlin o. J.
Niederschriften über die Verhandlungen des Reichsrats, Jahrgang 1920, Berlin o. J.
Nouveau Recueil Général de Traités et autres actes relatifs aux rapports de droit international [Martens], 2. Serie hrsg. von Charles Samwer, Jules Hopf u. a., Bd 3, Göttingen 1878; Bd 10, Göttingen 1885/86; 3. Serie hrsg. von Heinrich Triepel, Bd 11, Leipzig 1923; Bd 23, Leipzig 1930
Nouveau Recueil de Traités des Puissances et États de l'Europe depuis 1808 jusqu'à présent, hrsg. von Geo[rges] Fred[éric] de Martens, Bd 1: 1808–1814, Göttingen 1817; Bd 2: 1814–1815, Göttingen 1818

Obkircher, Walther (Hrsg.), General Erich von Gündell. Aus seinen Tagebüchern, Hamburg 1939
Offiziere im Bild von Dokumenten aus drei Jahrhunderten, bearbeitet von Ursula von Gersdorff u. Manfred Messerschmidt, Stuttgart 1964 (= Beiträge zur Militär- und Kriegsgeschichte, Bd 6)

Papers Relating to the Foreign Relations of the United States, 1918, Suppl. 1: The World War, Bd 1, Washington 1933; 1918, Suppl. 2: The World War, Washington 1933; 1919, Bd 2, Washington 1934
Papers Relating to the Foreign Relations of the United States. The Paris Peace Conference 1919, 13 Bde, Washington 1942–1947
The Parliamentary Debates (Official Report), House of Commons, 5th series, Bd 72, 84, 85, 110, 114 u. 146
Prinz Max von Baden, Völkerbund und Rechtsfriede. Vortrag gehalten am 3. 2. 1919, abgedruckt in: Preußische Jahrbücher 175 (1919), S. 295–318
Proceedings of the International Naval Conference, held in London, December 1908–February 1909. Miscellaneous. No. 5 (1909), London H. M. S. O. (Cd. 4555)

Quellen zur Geschichte des Parlamentarismus und der politischen Parteien,
Erste Reihe: Von der konstitutionellen Monarchie zur parlamentarischen Republik, hrsg. von Werner Conze, Erich Matthias u. a.,
Bd 2: Die Regierung des Prinzen Max von Baden, bearbeitet von Erich Matthias u. Rudolf Morsey, Düsseldorf 1962;
Bd 6: Die Regierung der Volksbeauftragten 1918/19, eingeleitet von Erich Matthias, bearbeitet von Susanne Miller, 2 Tle., Düsseldorf 1969
Zweite Reihe: Militär und Politik, hrsg. von Erich Matthias u. Hans Meier-Welcker,
Bd 1: Militär und Innenpolitik im Weltkrieg 1914–1918, bearbeitet von Wilhelm Deist, Düsseldorf 1970;
Bd 2: Zwischen Revolution und Kapp-Putsch. Militär und Innenpolitik 1918–1920, bearbeitet von Heinz Hürten, Düsseldorf 1977;
Bd 3: Die Anfänge der Ära Seeckt. Militär und Innenpolitik 1920–1922, bearbeitet von Heinz Hürten, Düsseldorf 1979
Quellensammlung zur Geschichte der Deutschen Reichsverfassung in Mittelalter und Neuzeit, bearbeitet von Karl Zeumer, 2. Aufl., Tübingen 1913 (= Quellensammlung zum Staats-, Verwaltungs- und Völkerrecht, Bd 2)

Rapports sur la violation du droit des gens en Belgique (Publication officielle du gouvernement belge), 2 Bde, Paris–Nancy 1915/1916
Recueil des Principaux Traités des Puissances et États de l'Europe depuis 1761 jusqu'à présent, hrsg. von Mr. de Martens, Bd 1: 1761–1778, Göttingen 1791
Die Regierung ..., siehe: Quellen zur Geschichte des Parlamentarismus und der politischen Parteien
Reichs-Gesetzblatt 1901, 1907, 1910, 1919, 1920, 1921, 1925 I, 1928 I, 1930 I
Report of the Committee on Alleged German Outrages appointed by His Majesty's Government and presided over by The Right Hon. Viscount Bryce, O. M., etc., etc., formerly British Ambassador at Washington, London 1915
R. T., siehe: Verhandlungen des Reichstags

Scheurer, Adolf, Bewaffnete Handelsschiffe im Weltkriege. Eine Denkschrift unter Benutzung amtlichen Materials, Berlin 1919 (= Quellen und Studien zur Geschichte und Dogmatik des Seekriegsrechts, Bd I, H. 4)

Ders., Seekriegsrecht und Seekriegführung im Weltkriege. Eine Denkschrift unter Benutzung amtlichen Materials, Berlin 1919 (= Quellen und Studien zur Geschichte und Dogmatik des Seekriegsrechts, Bd I, H. 3)

Schramm, Georg, siehe: Die Verhandlungen und Beschlüsse der Londoner Seekriegsrechtskonferenz

Schüddekopf, Otto-Ernst, Das Heer und die Republik. Quellen zur Politik der Reichswehrführung 1918 bis 1933, Hannover–Frankfurt a. M. 1955

Schützle, Kurt, Der „Kriegsrat“ am 19. Juni 1919, in: Zeitschrift für Militärgeschichte 5(1966), S. 584–594

Schulthess' Europäischer Geschichtskalender, Bd 1918 I, 1919 I/II, 1920 I/II, 1921 II, 1922, München 1922–1927

Seekriegsrecht im Weltkriege. Sammlung diplomatischer Noten und anderer Urkunden. Zusammengestellt im Auftrage des Staatssekretärs des Reichs-Marine-Amts, 3 Bde, Berlin 1916/1918, Ergänzungsheft Berlin 1919

Selections from the Smuts Papers, hrsg. von W. K. Hancock u. Jean van der Poel, Bd 4: November 1918–August 1919, Cambridge 1966

Snell, John L., Wilson on Germany and the Fourteen Points, in: The Journal of Modern History 26 (1954), S. 364–369

Das Staatsarchiv. Sammlung der officiellen Actenstücke zur Geschichte der Gegenwart, hrsg. von Ludwig Karl Aegidi, Alfred Klauhold u. a., Bd 27 u. 28, Leipzig 1875; Bd 64, Leipzig 1901; Bd 75, Leipzig 1908

Stresemann, Gustav, Von der Revolution bis zum Frieden von Versailles. Reden und Aufsätze, Berlin 1919

Thaer, Albrecht von, Generalstabsdienst an der Front und in der O. H. L. Aus Briefen und Tagebuchaufzeichnungen 1915–1919, hrsg. von Siegfried A. Kaehler, Göttingen 1958 (= Abhandlungen der Akademie der Wissenschaften in Göttingen, Philologisch-historische Klasse, Dritte Folge, Nr. 40)

Trotha, Adolf von, Volkstum und Staatsführung. Briefe und Aufzeichnungen aus den Jahren 1915–1920, Berlin 1928

Urkunden zum Friedensvertrage von Versailles vom 28. Juni 1919, zusammengestellt von Herbert Kraus u. Gustav Rödiger, 2 Tle., Berlin 1920/1921 (= Kommentar zum Friedensvertrage, Ergänzungsband: Urkunden)

Urkunden zur Geschichte des Völkerrechts, hrsg. von Karl Strupp, 2 Bde, Gotha 1911

Ursachen und Folgen. Vom deutschen Zusammenbruch 1918 und 1945 bis zur staatlichen Neuordnung Deutschlands in der Gegenwart. Eine Urkunden- und Dokumentensammlung zur Zeitgeschichte, hrsg. u. bearbeitet von Herbert Michaelis u. Ernst Schraepler,
Bd 1: Die Wende des ersten Weltkrieges und der Beginn der innerpolitischen Wandlung 1916/1917, Berlin o. J. [1958];
Bd 2: Der militärische Zusammenbruch und das Ende des Kaiserreichs, Berlin o. J. [1958];
Bd 3: Der Weg in die Weimarer Republik, Berlin o. J. [1958];
Bd 4: Die Weimarer Republik. Vertragserfüllung und innere Bedrohung, Berlin o. J. [1960];
Bd 7: Die Weimarer Republik. Vom Kellogg-Pakt zur Weltwirtschaftskrise 1928–30. Die innerpolitische Entwicklung, Berlin o. J. [1962]

Das Urteil im Leipziger U-Boots-Prozeß ein Fehlspruch? Juristische und militärische Gutachten, hrsg. von Vize-Admiral a. D. Michelsen, Berlin 1922

U. S. Congress, Senate, Treaty of Peace with Germany. Hearings before the Committee on Foreign Relations, U. S. Senate, 66th Congress, 1st Session, Senate Document 106, Washington 1919

U. S. Memorandum of Reservations: Memorandum of Reservations presented by the Representatives of the United States to the Report of the Commission on Responsibilities, April 4, 1919, zitiert nach: American Journal of International Law 14(1920), S. 127–151

Verhandlungen der verfassunggebenden Deutschen Nationalversammlung. Stenographische Berichte bzw. Anlagen zu den Stenographischen Berichten, Bde 326–332, 336, 337, 339–341, Berlin 1919–1920

Verhandlungen des Reichstags. Stenographische Berichte bzw. Anlagen, Bde 320, 345, 352 u. 368, Berlin 1920–1922

Die Verhandlungen und Beschlüsse der Londoner Seekriegsrechtskonferenz. Dezember 1908 bis Februar 1909. Auf Veranlassung des Reichs-Marine-Amts zusammengestellt von Georg Schramm, Berlin 1911

Violation of the Laws and Customs of War. Reports of Majority and Dissenting Reports of American and Japanese Members of the Commission of Responsibilities, Conference of Paris 1919, hrsg. vom Carnegie Endowment for International Peace, Division of International Law, Oxford 1919 (= Pamphlet No. 32)

Der Waffenstillstand 1918–1919, hrsg. von Edmund Marhefka, Bd 3: Die Deutsche Waffenstillstands-Kommission. Bericht über ihre Tätigkeit vom Abschluß des Waffenstillstandes bis zum Inkrafttreten des Friedens, 2. Aufl., Berlin 1928

Weber, Max, Gesammelte politische Schriften, 1. Aufl. [hrsg. von Marianne Weber], München 1921, 3. Aufl. hrsg. von Johannes Winckelmann, Tübingen 1971

Webster, Sir Charles/Noble Frankland, The Strategic Air Offensive against Germany 1939–1945, Bd 4: Annexes and Appendices, London 1961 (= History of the Second World War, United Kingdom Military Series)

Das Werk des Untersuchungsausschusses der Verfassunggebenden Deutschen Nationalversammlung und des Deutschen Reichstages 1919–1930. Verhandlungen, Gutachten, Urkunden. Im Auftrage des Reichstages hrsg. von Walter Schücking, Johannes Bell u. a.,
Erste Reihe: Die Vorgeschichte des Weltkrieges. Im Auftrage des Ersten Unterausschusses hrsg. von Georg Gradnauer u. Rudolf Breitscheid, Bd 5: Deutschland auf den Haager Friedenskonferenzen, 2 Halbbde, Berlin 1929;
Dritte Reihe: Völkerrecht im Weltkrieg. Im Auftrage des Dritten Unterausschusses hrsg. von Johannes Bell, 4 Bde, Berlin 1927

Wilson, Woodrow, War and Peace. Presidential Messages, Addresses, and Public Papers (1917–1924), hrsg. von Ray Stannard Baker u. William E. Dodd, 2 Bde, New York–London 1927 (= The Public Papers of Woodrow Wilson, Bd 3)

Zwischen Revolution und Kapp-Putsch, siehe: Quellen zur Geschichte des Parlamentarismus und der politischen Parteien.

III. MEMOIREN UND ÄHNLICHES SCHRIFTTUM

Andre, Jos[ef], Wie kam der Friedensvertrag in der Nationalversammlung zur Annahme?, Stuttgart 1919

Bernstorff, Graf Johann Heinrich, Erinnerungen und Briefe, Zürich 1936

Bluntschli, J[ohann] C[aspar], Denkwürdiges aus meinem Leben, hrsg. von Rudolf Seyerlen, 3 Bde, Nördlingen 1884

Cahén, Fritz Max, Der Weg nach Versailles. Erinnerungen 1912–1919. Schicksalsepoche einer Generation, Boppard a. Rh. 1963

David, Eduard, Die Nationalversammlung und ihr Werk, in: Friedrich Ebert und seine Zeit. Ein Gedenkwerk über den ersten Präsidenten der deutschen Republik, Charlottenburg 1928, S. 211–278

Ebermayer, Ludwig, Fünfzig Jahre Dienst am Recht. Erinnerungen eines Juristen, Leipzig–Zürich 1930

Erzberger, M[atthias], Erlebnisse im Weltkrieg, Stuttgart–Berlin 1920

Fischart, Johannes [d. i. Erich Dombrowski], Das alte und das neue System. Neue Folge: Die Männer der Übergangszeit, Berlin 1920

Freska, Friedrich (Hrsg.), Kapitän Ehrhardt. Abenteuer und Schicksale, Berlin 1924

Groener, Wilhelm, Lebenserinnerungen. Jugend, Generalstab, Weltkrieg, hrsg. von Friedrich Frhr. Hiller von Gaertringen, Göttingen 1957 (= Deutsche Geschichtsquellen des 19. u. 20. Jahrhunderts, Bd 41)

Grzesinski, Albert C., Inside Germany, New York 1939

Haußmann, Conrad, Schlaglichter. Reichstagsbriefe und Aufzeichnungen, hrsg. von Ulrich Zeller, Frankfurt a. M. 1924

Headlam-Morley, Sir James, A Memoir of the Paris Peace Conference 1919, hrsg. von Agnes Headlam-Morley, Russel Bryant u. Anna Cienciala, London 1972

Landsberg, Otto, Die Entscheidung im Kabinett. 19. Juni 1919, in: Schiff, Victor, So war es in Versailles, Berlin 1929, S. 109–115

Lansing, Robert, Some Legal Questions of the Peace Conference, in: American Journal of International Law 13 (1919), S. 631–650

Ders., The Peace Negotiations. A Personal Narrative, London 1921

Lersner, [Kurt] Frhr. von, Die Auslieferung der deutschen „Kriegsverbrecher“, in: Zehn Jahre Versailles, hrsg. von Heinrich Schnee u. Hans Draeger, Bd 1, Berlin 1929, S. 15–27

Levetzow, Magnus von, Der letzte Akt, in: Süddeutsche Monatshefte 21 (1924), H. 7, S. 55–71

Lloyd George, David, The Truth about the Peace Treaties, 2 Bde, London 1938 (US-Ausgabe u. d. T. Memoirs of the Peace Conference, 2 Bde, New Haven 1939. Reprint New York 1972)

Ders., War Memoirs, Bd 6, London 1936

Ludendorff [Erich], Vom Feldherrn zum Weltrevolutionär und Wegbereiter Deutscher Volksschöpfung. Meine Lebenserinnerungen von 1919 bis 1925, München 1940

Lüttwitz, Walther Frhr. von, Im Kampf gegen die November-Revolution, Berlin 1934

Maercker [Georg], Vom Kaiserheer zur Reichswehr. Ein Beitrag zur Geschichte der deutschen Revolution, Leipzig 1921

Müffling, Friedrich Carl Ferdinand Frhr. von, Aus meinem Leben, Berlin 1851

Müller, Hermann, Unterzeichnung im Spiegelsaal. 28. Juni 1919, in: Schiff, Victor, So war es in Versailles, Berlin 1929, S. 135–143

Nitti, Francesco, Der Friede, Frankfurt a. M. 1925

Ders., Rivelazioni, meditazioni e ricordi, Napoli 1948

Noske, Gustav, Erlebtes aus Aufstieg und Niedergang einer Demokratie, Offenbach 1947

Ders., Von Kiel bis Kapp. Zur Geschichte der deutschen Revolution, Berlin 1920

Payer, Friedrich [von], Von Bethmann Hollweg bis Ebert. Erinnerungen und Bilder, Frankfurt a. M. 1923

Prinz Max von Baden, Erinnerungen und Dokumente, [2. Aufl.] neu hrsg. von Golo Mann u. Andreas Burckhardt, Stuttgart 1968

Reinhard [Wilhelm], 1918–19. Die Wehen der Republik, Berlin 1933

Roddie, Stewart, Peace Patrol, London 1932

Salomon, Ernst von, Die Geächteten. Roman [Erstausgabe 1929], Reinbek bei Hamburg 1962 (= rororo Nr. 461)

Scheer [Reinhard], Deutschlands Hochseeflotte im Weltkrieg. Persönliche Erinnerungen, Berlin o. J. [1920]

Scheidemann, Philipp, Memoiren eines Sozialdemokraten, 2 Bde, Dresden 1928

Ders., Der Zusammenbruch, Berlin 1921

Scott, James Brown, The Trial of the Kaiser, in: What Really Happened at Paris, S. 231–258

Seeckt, [Hans] von, Gedanken eines Soldaten, 2. erw. Aufl., Leipzig 1935

Tardieu, André, La Paix, Paris 1921

What Really Happened at Paris. The Story of the Peace Conference 1918–1919, hrsg. von Edward M. House u. Charles Seymour, London 1921

Winnig, August, Heimkehr, Hamburg 1935

Ders., 400 Tage Ost-Preußen, Dresden o. J. [1928].

IV. HISTORISCHE LITERATUR

Absolon, Rudolf, Die Wehrmacht im Dritten Reich, Bd 2: 30. Januar 1933 bis 2. August 1934, Boppard a. Rh. 1971 (= Schriften des Bundesarchivs, 16/II)

Acker, Detlev, Walther Schücking (1875–1935), Münster 1970 (= Veröffentlichungen der Historischen Kommission Westfalens, XVIII. Westfälische Biographien, Bd 6)

Albertin, Lothar, Liberalismus und Demokratie am Anfang der Weimarer Republik. Eine vergleichende Analyse der Deutschen Demokratischen Partei und der Deutschen Volkspartei, Düsseldorf 1972 (= Beiträge zur Geschichte des Parlamentarismus und der politischen Parteien, Bd 45)

Arns, Günter, Regierungsbildung und Koalitionspolitik in der Weimarer Republik 1919–1924, Phil. Diss. Tübingen 1970

Baker, Ray Stannard, Woodrow Wilson. Life and Letters, Bd 8: March 1–November 11, 1918, London–Toronto o. J. [1939]

Baumgart, Winfried, Vom Europäischen Konzert zum Völkerbund. Friedensschlüsse und Friedenssicherung von Wien bis Versailles, Darmstadt 1974 (= Erträge der Forschung, Bd 25)

Ders., Der Friede von Paris 1856. Studien zum Verhältnis von Kriegführung, Politik und Friedensbewahrung, München–Wien 1972

Blänsdorf, Agnes, Die Zweite Internationale und der Krieg. Die Diskussion über die internationale Zusammenarbeit der sozialistischen Parteien 1914–1917, Stuttgart 1979 (= Kieler Historische Studien, Bd 27)

Bloch, Camille/Pierre Renouvin, L'art. 231 du Traité de Versailles. Sa genèse et sa signification, in: Revue d'Histoire de la Guerre Mondiale 10(1932), S. 1–24

Bluhm, Uwe Knud, Novemberrevolution und Außenpolitik. Aspekte der deutschen Außenpolitik vom November 1918 bis zum Zusammentritt der Nationalversammlung im Februar 1919, Phil. Diss. Bonn 1978

Brügel, J. W., Das Schicksal der Strafbestimmungen des Versailler Vertrags, in: Vierteljahrshefte für Zeitgeschichte 6 (1958), S. 263–270

Carsten, Francis L., Reichswehr und Politik 1918–1933, Köln–Berlin 1964

Clausewitz, Carl von, Vom Kriege. Hinterlassenes Werk des Generals Carl von Clausewitz, 18. Aufl. hrsg. von Werner Hahlweg, Bonn 1973

Deist, Wilhelm, Die Politik der Seekriegsleitung und die Rebellion der Flotte Ende Oktober 1918, in: Vierteljahrshefte für Zeitgeschichte 14(1966), S. 341–368

Dickmann, Fritz, Krieg und Frieden im Völkerrecht der frühen Neuzeit, in: Ders., Friedensrecht und Friedenssicherung. Studien zum Friedensproblem in der neueren Geschichte, Göttingen 1971 (= Kleine Vandenhoeck-Reihe, 321 S), S. 116–139

Ders., Die Kriegsschuldfrage auf der Friedenskonferenz von Paris 1919, in: Historische Zeitschrift 197 (1963), S. 1–101. Auch selbständig erschienen: München 1964 (= Beiträge zur europäischen Geschichte, Bd 3)

Dülffer, Jost, Weimar, Hitler und die Marine. Reichspolitik und Flottenbau 1920–1939, Düsseldorf 1973

Eisner, Freya, Kurt Eisner: Die Politik des libertären Sozialismus, Frankfurt a. M. 1979 (= edition suhrkamp, 422)

Elben, Wolfgang, Das Problem der Kontinuität in der deutschen Revolution. Die Politik der Staatssekretäre und der militärischen Führung vom November 1918 bis Februar 1919, Düsseldorf 1965 (= Beiträge zur Geschichte des Parlamentarismus und der politischen Parteien, Bd 31)

Elcock, Howard, Portrait of a Decision. The Council of Four and the Treaty of Versailles, London 1972

Enssle, Manfred J., Stresemann's Territorial Revisionism. Germany, Belgium, and the Eupen-Malmédy Question 1919–1929, Wiesbaden 1980 (Veröffentlichungen des Instituts für Europäische Geschichte Mainz, Bd 94)

Epstein, Fritz T., Zwischen Compiègne und Versailles. Geheime amerikanische Militärdiplomatie in der Periode des Waffenstillstandes 1918/19: Die Rolle des Obersten Arthur L. Conger, in: Vierteljahrshefte für Zeitgeschichte 3(1955), S. 412–445

Epstein, Klaus, Matthias Erzberger and the Dilemma of German Democracy, Princeton, N. J., 1959

Erdmann, Karl Dietrich, Die Zeit der Weltkriege, Stuttgart 1976 (= Gebhardt. Handbuch der deutschen Geschichte, 9. neu bearb. Aufl., Bd 4)

Erger, Johannes, Der Kapp-Lüttwitz-Putsch. Ein Beitrag zur deutschen Innenpolitik 1919/20, Düsseldorf 1967 (= Beiträge zur Geschichte des Parlamentarismus und der politischen Parteien, Bd 35)

Eschenburg, Theodor, Matthias Erzberger. Der große Mann des Parlamentarismus und der Finanzreform, München 1973

Fisch, Jörg, Krieg und Frieden im Friedensvertrag. Eine universalgeschichtliche Studie über Grundlagen und Formelemente des Friedensschlusses, Stuttgart 1979 (= Sprache und Geschichte, Bd 3)

Fischer-Baling, Eugen, Der Untersuchungsausschuß für die Schuldfragen des ersten Weltkrieges, in: Aus Geschichte und Politik. Festschrift zum 70. Geburtstag von Ludwig Bergstraesser, hrsg. von Alfred Herrmann, Düsseldorf 1954

Floto, Inga, Colonel House in Paris: A Study of American Policy at the Paris Peace Conference 1919, Aarhus 1973 (Reprint Princeton, N. J., 1980)

Die Folgen von Versailles 1919–1924, hrsg. von Hellmuth Rößler, Göttingen–Zürich–Frankfurt 1969

Gelfand, Lawrence E., The Inquiry. American Preparations for Peace, 1917–1919, New Haven –London 1963

Gordon, Harold J. jr., The Reichswehr and the German Republic 1919–1926, Princeton, N. J., 1957

Groener-Geyer, Dorothea, General Groener. Soldat und Staatsmann, Frankfurt a. M. 1955

Gründer, Horst, Walter Simons als Staatsmann, Jurist und Kirchenpolitiker, Neustadt an der Aisch 1975 (= Bergische Forschungen, Bd 13)

Güth, Rolf, Die Marine des Deutschen Reiches 1919–1939, Frankfurt a. M. 1972

Gunzenhäuser, Max, Die Pariser Friedenskonferenz 1919 und die Friedensverträge 1919–1920. Literaturbericht und Bibliographie, Frankfurt a. M. 1970 (= Schriften der Bibliothek für Zeitgeschichte, H. 9)

Hancock, W. K[eith], Smuts. Bd 1: The Sanguine Years 1870–1919, Cambridge 1962

Haupt, Georges, Socialism and the Great War. The Collapse of the Second International, Oxford 1972

Haupts, Leo, Deutsche Friedenspolitik 1918–19. Eine Alternative zur Machtpolitik des Ersten Weltkrieges, Düsseldorf 1976

Heideking, Jürgen, Areopag der Diplomaten. Die Pariser Botschafterkonferenz der alliierten Hauptmächte und die Probleme der europäischen Politik 1920–1931, Husum 1979 (= Historische Studien, H. 436)

Hentig, Hans von, Der Friedensschluß. Geist und Technik einer verlorenen Kunst, Stuttgart 1952

Heuss, Theodor, Friedrich Naumann. Der Mann, das Werk, die Zeit, 2. neubearb. Aufl., Stuttgart – Tübingen 1949

Hubatsch, Walther, Hindenburg und der Staat. Aus den Papieren des Generalfeldmarschalls und Reichspräsidenten von 1878 bis 1934, Göttingen–Berlin–Frankfurt–Zürich 1966

Huber, Ernst Rudolf, Deutsche Verfassungsgeschichte seit 1789, Bd 5: Weltkrieg, Revolution und Reichserneuerung 1914–1919, Stuttgart–Berlin–Köln–Mainz 1978

Hurd, Archibald, The Merchant Navy, 3 Bde, London 1921/1924/1929 (= History of the Great War)

Ideologie und Machtpolitik 1919. Plan und Werk der Pariser Friedenskonferenzen 1919, hrsg. von Hellmuth Rößler, Göttingen–Berlin–Frankfurt–Zürich 1966

Jarausch, Konrad H., The Enigmatic Chancellor. Bethmann Hollweg and the Hubris of Imperial Germany, New Haven – London 1973

Kaehler, Siegfried A., Neuere Geschichtslegenden und ihre Widerlegung, in: Ders., Studien zur deutschen Geschichte des 19. und 20. Jahrhunderts. Aufsätze und Vorträge, hrsg. von Walter Bußmann, Göttingen 1961, S. 306–335

Vom Kaiserreich zur Weimarer Republik, hrsg. von Eberhard Kolb, Köln 1972 (= Neue Wissenschaftliche Bibliothek, 49 Geschichte)

Kaul, Friedrich Karl, Die Verfolgung deutscher Kriegsverbrecher nach dem ersten Weltkrieg, in: Zeitschrift für Geschichtswissenschaft 14(1966), S 19–32

Kautsky, Karl, Wie der Weltkrieg entstand. Dargestellt nach dem Aktenmaterial des Deutschen Auswärtigen Amts, Berlin 1919

Koch, Hannsjoachim W., Der deutsche Bürgerkrieg. Eine Geschichte der deutschen und österreichischen Freikorps 1918–1923, Berlin–Frankfurt a. M.–Wien 1978

Köhler, Henning, Novemberrevolution und Frankreich. Die französische Deutschlandpolitik 1918–1919, Düsseldorf 1980

Könnemann, Erwin / Hans-Joachim Krusch, Aktionseinheit contra Kapp-Putsch. Der Kapp-Putsch im März 1920 und der Kampf der deutschen Arbeiterklasse sowie anderer Werktätiger gegen die Errichtung der Militärdiktatur und für demokratische Verhältnisse, Berlin [Ost] 1972

Der Krieg zur See 1914–1918, hrsg. vom Marinearchiv, von der kriegswissenschaftlichen Abteilung der Marine u. vom Arbeitskreis für Wehrforschung, Der Krieg in der Nordsee, Bd 7: Vom Sommer 1917 bis zum Kriegsende 1918, bearbeitet von Walter Gladisch, Frankfurt a. M. 1965; Der Handelskrieg mit U-Booten, bearbeitet von Arno Spindler, Bd 5: Januar bis November 1918, Frankfurt a. M. 1966

Krüger, Peter, Deutschland und die Reparationen 1918/19. Die Genesis des Reparationsproblems in Deutschland zwischen Waffenstillstand und Versailler Friedensschluß, Stuttgart 1973 (= Schriftenreihe der Vierteljahrshefte für Zeitgeschichte, Nr. 25)

Ders., Die Reparationen und das Scheitern einer deutschen Verständigungspolitik auf der Pariser Friedenskonferenz im Jahre 1919, in: Historische Zeitschrift 221(1975), S. 326–372

Libal, Gisela, Aspekte der britischen Deutschlandpolitik 1919–1922, Göppingen 1972 (= Göppinger akademische Beiträge, Nr. 52)

Lulvès, J[ean], Papst Benedikts XV. Verhalten gegenüber Deutschland seit dem Erlöschen des Weltkrieges, in: Deutsche Revue 45 II (April–Juni 1920), S. 97–108

Mann, Golo, Kurt Hahn als Politiker, in: Neue Rundschau 76(1965), S. 590–622

Mason, Francis K., Battle over Britain. A history of the German air assaults on Great Britain, 1917–18 and July-December 1940, and of the development of Britain's air defences between the World Wars, London 1969

Mayer, Arno J., Politics and Diplomacy of Peacemaking. Containment and Counterrevolution at Versailles, 1918–1919, New York 1967

Meier-Welcker, Hans, Seeckt, Frankfurt a. M. 1967

Miller, Susanne, Die Bürde der Macht. Die deutsche Sozialdemokratie 1918–1920, Düsseldorf 1978 (= Beiträge zur Geschichte des Parlamentarismus und der politischen Parteien, Bd 63)

Miquel, Pierre, La paix de Versailles et l'opinion publique française, Paris 1972 (= Nouvelle Bibliothèque scientifique)

Mitchell, Allan, Revolution in Bavaria 1918–1919. The Eisner Regime and the Soviet Republic, Princeton, N.J., 1965

Mögenburg, Harm, Die Haltung der britischen Regierung zur deutschen Revolution 1918/19, Phil. Diss. Hamburg 1975

Mommsen, Wolfgang J., Max Weber und die deutsche Politik 1890–1920, 2. erw. Aufl., Tübingen 1974

Morgan, Kenneth O., Consensus and Disunity. The Lloyd George Coalition Government 1918–1922, Oxford 1979

Morill, Dan L., Nicholaus II and the Call for the First Hague Conference, in: The Journal of Modern History 46 (1974), S. 296–313

Morsey, Rudolf, Die Deutsche Zentrumspartei 1917–1923, Düsseldorf 1966 (= Beiträge zur Geschichte des Parlamentarismus und der politischen Parteien, Bd 32)

Muhr, Josef, Die deutsch-italienischen Beziehungen in der Ära des Ersten Weltkrieges (1914–1922), Göttingen–Frankfurt–Zürich 1977

Mullins, Claud, The Leipzig Trials, London 1921

Niemann, Alfred, Revolution von oben – Umsturz von unten. Entwicklung und Verlauf der Staatsumwälzung in Deutschland 1914–1918, 4.–6. Aufl., Berlin 1928

Nowak, Karl Friedrich, Versailles, Berlin 1927

Oertzen, F[riedrich] W[ilhelm] v., Die deutschen Freikorps 1918–1923, München 1936

Petri, Franz / Peter Schöller, Zur Bereinigung des Franktireurproblems vom August 1914, in: Vierteljahrshefte für Zeitgeschichte 9(1961), S. 234–248
Pölnitz, Götz [Frhr.] von, Emir. Das tapfere Leben des Freiherrn Marschall von Bieberstein, München 1938
Possony, Stefan T., Zur Bewältigung der Kriegsschuldfrage. Völkerrecht und Strategie bei der Auslösung zweier Weltkriege, Köln–Opladen 1968 (= Demokratie und Frieden, Bd 5)
Powers, Barry D., Strategy Without Slide-Rule. British air strategy 1914–1939, London 1976

Rabenau, Friedrich von, Seeckt. Aus seinem Leben 1918–1936, Leipzig 1940
Rahn, Werner, Reichsmarine und Landesverteidigung 1919–1928. Konzeption und Führung der Marine in der Weimarer Republik, München 1976
Rakenius, Gerhard W., Wilhelm Groener als Erster Generalquartiermeister. Die Politik der Obersten Heeresleitung 1918/19, Boppard a. Rh. 1977 (= Wehrwissenschaftliche Forschungen, Abteilung Militärgeschichtliche Studien, Bd 23)
Read, James Morgan, Atrocity Propaganda 1914–1919, New Haven-London 1941 (= International Propaganda and Communications), (Reprint New York 1972)
Renouvin, Pierre, Le traité de Versailles, Paris 1969 (= Questions d'histoire)
Ribhegge, Wilhelm, August Winnig. Eine historische Persönlichkeitsanalyse, Bonn-Bad Godesberg 1973 (= Schriftenreihe des Forschungsinstituts der Friedrich-Ebert-Stiftung, Bd 99)
Ritter, Gerhard, Staatskunst und Kriegshandwerk. Das Problem des „Militarismus" in Deutschland, Bd 1: Die altpreußische Tradition (1740–1890), 3. Aufl., München 1968; Bd 4: Die Herrschaft des deutschen Militarismus und die Katastrophe von 1918, München 1968
Ders., Der Versailler Vertrag von 1919, in: Gratias agimus. Festschrift alter Schüler zum 100jährigen Jubiläum des Ev. Stiftsgymnasiums zu Gütersloh, hrsg. von Paul Schneider, Gütersloh 1951, S. 102–109
Rousseau, Jean-Jacques, Du Contrat social. Texte original publié avec introduction, notes et commentaire par Maurice Halbwachs, Paris 1943 (= Bibliothèque philosophique)
Russell, Frederick H., The Just War in the Middle Ages, Cambridge–London–New York–Melbourne 1975, Cambridge University Press (= Cambridge Studies in Medieval Life and Thought, third series, vol. 8)

Salewski, Michael, Entwaffnung und Militärkontrolle in Deutschland 1919–1927, München 1966 (= Schriftenreihe des Forschungsinstituts der Deutschen Gesellschaft für Auswärtige Politik e. V., Bd 24)
Schade, Franz, Kurt Eisner und die bayerische Sozialdemokratie, Hannover 1961 (= Schriftenreihe der Forschungsstelle der Friedrich-Ebert-Stiftung, B. Historisch-politische Schriften)
Schiele, G[eorg] W[ilhelm], Kurze Geschichte der Vaterländischen Bewegung in den Jahren 1918 bis 1928, Naumburg 1928 (= Naumburger Briefe, Oktober 1928)
Schöller, Peter, Der Fall Löwen und das Weißbuch. Eine kritische Untersuchung der deutschen Dokumentation über die Vorgänge in Löwen vom 25. bis 28. August 1914, Köln–Graz 1958
Schubert, Helmuth, Admiral Adolf von Trotha (1868–1940). Ein Versuch zur historisch-psychologischen Biographik, Phil. Diss. Freiburg i. Br. 1976
Schulz, Gerhard, Revolutionen und Friedensschlüsse 1917–1920, München 1967, 3. Aufl., München 1974 (= dtv-Weltgeschichte des 20. Jahrhunderts, Bd 2)
Schulze, Hagen, Freikorps und Republik 1918–1920, Boppard a. Rh. 1969 (= Wehrwissenschaftliche Forschungen, Abteilung Militärgeschichtliche Studien, Bd 8)
Ders., Der Oststaat-Plan 1919, in: Vierteljahrshefte für Zeitgeschichte 18(1970), S. 123–163
Schwabe, Klaus, Deutsche Revolution und Wilson-Frieden. Die amerikanische und deutsche Friedensstrategie zwischen Ideologie und Machtpolitik 1918/19, Düsseldorf 1971
Ders., Versailles – nach sechzig Jahren. Internationale Beziehungen nach dem Ersten Weltkrieg, in: Neue Politische Literatur 24(1979), S. 446–475
Ders., Woodrow Wilson. Ein Staatsmann zwischen Puritanertum und Liberalismus, Göttingen–Zürich–Frankfurt 1971 (= Persönlichkeit und Geschichte, Bd 62)
Stegemann, Bernd, Die deutsche Marinepolitik 1916–1918, Berlin 1970 (Historische Forschungen, Bd 4)
Steinbach, Lothar, Revision oder Erfüllung. Der Versailler Vertrag als Faktor der deutsch-britischen diplomatischen Beziehungen 1920–1921, Phil. Diss. Freiburg i. Br. 1972

Steinmeyer, Gitta, Die Grundlagen der französischen Deutschlandpolitik 1917–1919, Stuttgart 1979 (= Reihe Geschichte und Theorie der Politik, Unterreihe A: Geschichte, Bd 3)
Stosch, Albrecht von, Die Kriegsbeschuldigtenfrage. Ihre Bedeutung für Deutschland und den Feindbund, Hannover–Leipzig 1924 (= Deutscher Michel, wach auf! Eine Reihe nationaler Schriften, H. 13)

Thimme, Hans, Weltkrieg ohne Waffen. Die Propaganda der Westmächte gegen Deutschland, ihre Wirkung und ihre Abwehr, Stuttgart–Berlin 1932
Thompson, John M., Russia, Bolshevism, and the Versailles Peace, Princeton, N. J., 1966
Thornton, Michael John, Napoleon after Waterloo. England and the St. Helena Decision, Stanford, Calif., 1968
The Times History of the War, Bd 21, London 1920

Versailles–St. Germain–Trianon. Umbruch in Europa vor fünfzig Jahren, hrsg. von Karl Bosl, München–Wien 1971

Vietsch, Eberhard v., Bethmann Hollweg. Staatsmann zwischen Macht und Ethos, Boppard a. Rh. 1969 (= Schriften des Bundesarchivs, 18)
Vogt, Adolf, Oberst Max Bauer. Generalstabsoffizier im Zwielicht. 1869–1929, Osnabrück 1974 (= Studien zur Militärgeschichte, Militärwissenschaft und Konfliktforschung, Bd 6)
Volkmann, E[rich] O[tto], Revolution über Deutschland, Oldenburg 1930

Wagner, Gerhard, Deutschland und der polnisch-sowjetische Krieg 1920, Wiesbaden 1979 (= Veröffentlichungen des Instituts für Europäische Geschichte Mainz, Bd 93)
Waite, Robert G. L., Vanguard of Nazism. The Free Corps Movement in Postwar Germany 1918–1923, Cambridge, Mass., 1952 (= Harvard Historical Studies, Bd 60)
Walworth, Arthur, America's Moment: 1918. American Diplomacy at the End of World War I, New York 1977
Weber, Marianne, Max Weber. Ein Lebensbild, Tübingen 1926
Der Weltkrieg 1914 bis 1918, bearbeitet im Reichsarchiv. Die militärischen Operationen zu Lande, Bd 2: Die Befreiung Ostpreußens, Berlin 1925
Wengst, Udo, Graf Brockdorff-Rantzau und die außenpolitischen Anfänge der Weimarer Republik, Bern–Frankfurt a. M. 1973 (= Moderne Geschichte und Politik, No. 2)
Wiesemann, Falk, Kurt Eisner. Studie zu seiner politischen Biographie, in: Bayern im Umbruch. Die Revolution von 1918, ihre Voraussetzungen, ihr Verlauf und ihre Folgen, hrsg. von Karl Bosl, München–Wien 1969, S. 387–426
Willis, James Frederick, Prologue to Nuremberg: The Punishment of War Criminals of the First World War, Ph. Diss. Duke University 1976, Ms. (University Microfilms International, Ann Arbor–London, Order No. 77–1098)
Die Wirren in der Reichshauptstadt und im nördlichen Deutschland 1918–1920, bearbeitet u. hrsg. von der Kriegsgeschichtlichen Forschungsanstalt des Heeres, Berlin 1940 (= Darstellungen aus den Nachkriegskämpfen deutscher Truppen und Freikorps, Bd 6)
Wohlfeil, Rainer, Heer und Republik, in: Handbuch zur deutschen Militärgeschichte 1648–1939, hrsg. vom Militärgeschichtlichen Forschungsamt, Bd 3, Abschnitt VI: Wohlfeil, Rainer / Edgar Graf von Matuschka, Reichswehr und Republik (1918–1933), Frankfurt a. M. 1970

V. JURISTISCHE LITERATUR

Anschütz, Gerhard, Die Verfassung des Deutschen Reichs vom 11. August 1919, 14. Aufl., Berlin 1933 (Ndr. Bad Homburg v. d. H. 1960)
Arndt, Adolf, Zur Frage der Bestrafung Kriegsgefangener und über sogenanntes Kriegsstrafrecht, in: Goltdammers Archiv 66(1919), S. 522–530
Ders., Nichtverfolgbarkeit von Handlungen, welche Kriegsgefangene als Militärpersonen vor der Gefangennahme begangen haben, in: Das Recht 19(1915), Sp. 3–6
Ders., Strafgerichtsbarkeit im Kriege über Ausländer, insbesondere Kriegsgefangene, in: Zeitschrift für Politik 8(1915), S. 513–531

Ders., Strafgerichtsbarkeit über Kriegsgefangene, in: Blätter für vergleichende Rechtswissenschaft und Volkswirtschaftslehre 10(1914/15), Sp. 262–276

Auer, Theodor, Artikel 227 des Friedensvertrages von Versailles vom 28. Juni 1919, Rechts- und Staatswiss. Diss. Freiburg i. Br. 1922, Ms.

Bauer, Fritz, Die Kriegsverbrecher vor Gericht, Zürich–New York 1945 (= Neue internationale Bibliothek, Bd 3)

Bauer, Reinhart, Alabama-Fall, in: Strupp-Schlochauer WVR I, S. 20f.

Beling, Ernst [von], Feindliche Heeressplitter im deutschen Machtbereich, in: Leipziger Zeitschrift für Deutsches Recht 10(1916), Sp. 1073–1081

Ders., Militärpersonen als Angeklagte im feindlichen Ausland, in: Deutsche Juristen-Zeitung 20 (1915), Sp. 129–135

Bellot, H. Hale, The Detention of Napoleon Buonaparte, in: The Law Quarterly Review 39(1923), S. 170–192

Bellot, Hughes H. L., War Crimes: Their Prevention and Punishment, in: Transactions of the Grotius Society 2 (1917), S. 31–55. Auch in: The Nineteenth Century and After 80 (1916), S. 636–660

Berber, Friedrich, Lehrbuch des Völkerrechts, Bd 1: Allgemeines Friedensrecht, 2. Aufl., München–Berlin 1975; Bd 2: Kriegsrecht, 2. Aufl., München–Berlin 1969

Bluntschli, J[ohann] C[aspar], Das moderne Kriegsrecht der civilisirten Staten als Rechtsbuch dargestellt, Nördlingen 1866

Ders., Das moderne Völkerrecht der civilisirten Staten als Rechtsbuch dargestellt, Nördlingen 1868

Böhmert, Viktor, Londoner Seerechtskonferenz von 1908/1909, in: Strupp-Schlochauer WVR II, S. 428–431

Bonfils, Henry, Lehrbuch des Völkerrechts für Studium und Praxis, 3. Aufl., hrsg. von Paul Fauchille u. übers. von August Grah, Berlin 1904

Bower, Graham, The Laws of War: Prisoners of War and Reprisals, in: Transactions of the Grotius Society 1(1915), S. 15–31

Bredt, Joh. Victor, Die belgische Neutralität und der Schlieffensche Feldzugsplan, Berlin 1929

Brinkmann, Hermann, Der Grundsatz der Nichtauslieferung deutscher Untertanen und seine Durchbrechung im Versailler Friedensvertrage, Rechts- und Staatswiss. Diss. Greifswald 1922, Ms. Im Druck erschienener Auszug: Anklam 1922

Cave, War Crimes and their Punishment, in: Transactions of the Grotius Society 8(1923), S. XIX–XLIII

Coester, Anwendung des heimischen Strafrechts auf Militärpersonen fremder Staaten, in: Deutsche Strafrechts-Zeitung 2(1915), Sp. 48–53

Dahm, Georg, Völkerrecht, Bd 1, Stuttgart 1958, Bd 3, Stuttgart 1961

Dahn, Felix, Das Kriegsrecht. Kurze, volksthümliche Darstellung für Jedermann zumal für den deutschen Soldaten, Würzburg 1870

Delius, Die Rechtsverhältnisse der Kriegsgefangenen und der internierten feindlichen Ausländer, in: Gesetz und Recht 17(1916), S. 313–318

Dischler, Ludwig, Fryatt-Fall, in: Strupp-Schlochauer WVR I, S. 606–608

Dumas, Jacques, Les sanctions pénales des crimes allemands, Paris 1916

Edmonds, J[ames] E[dward] / L[assa] Oppenheim, Land Warfare. An Exposition of the Laws and Usages of War on Land, for the Guidance of Officers of His Majesty's Army, London H. M. S. O. o. J. [1912]

Eisenträger [Kurt], Cavell-Fall, in: Strupp WVR I, S. 188f.

Feilchenfeld, Ernst H. / Ulrich Kersten, Reparations from Carthage to Versailles, in: World Polity 1(1957), S. 29–60

Frank, Reinhard / F[elix] Rachfahl, Kann Kaiser Wilhelm II. ausgeliefert werden? Zwei Gutachten auf Veranlassung der Deutschen Burschenschaft und der Vereinigung alter Burschenschafter des Deutschen Reiches, Berlin 1919

Funck-Brentano, Th. / Albert Sorel, Précis du droit des Gens, Paris 1877

Gerbaulet, Die Bestrafung von Kriegsgefangenen wegen vor der Gefangennahme im Auslande begangener Straftaten?, in: Deutsche Juristen-Zeitung 21(1916), Sp. 184–188

Geuting, Wilhelm, Die Frage der Verantwortung Wilhelms II., Rechts- und Staatswiss. Diss. Greifswald 1919
Giessner, Die strafrechtliche Stellung der Kriegsgefangenen nach deutschem Strafrecht, insbesondere ihre Verantwortlichkeit für vor der Ergreifung begangene Straftaten, in: Goltdammers Archiv 65(1918), S. 240–268
Grotius, Hugo, De iure belli ac pacis libri tres, hrsg. von B. J. A. de Kanter-van Hettinga Tromp, Lugduni Batavorum 1939
Ders., De jure belli ac pacis libri tres. Drei Bücher vom Recht des Krieges und des Friedens. Paris 1625. Neuer deutscher Text von Walter Schätzel, Tübingen 1950 (= Die Klassiker des Völkerrechts in modernen deutschen Übersetzungen, Bd 1)
Grützner, Heinrich, Auslieferung, in: Strupp-Schlochauer WVR I, S. 115–123

Haas, Joseph Peter, Die Beendigung des Krieges nach modernem Völkerrecht, Rechts- u. Staatswiss. Diss. Greifswald, Münster 1918
Hafter, Ernst, Strafrecht und Gerichtsbarkeit der Entente über deutsche Staatsangehörige. Juristische Glossen zum Versailler Friedensvertrag, in: Schweizerische Zeitschrift für Strafrecht 32 (1919), S. 313–339
Hall, William Edward, A Treatise on International Law, 2. Aufl., Oxford 1884 (7. Aufl. hrsg. von A. Pearce Higgins, Oxford 1917)
Heffter, August Wilhelm, Das Europäische Völkerrecht der Gegenwart, 8. Aufl. bearbeitet von Heinr. Geffcken, Berlin 1888
Heilborn, Paul, Grundbegriffe des Völkerrechts, Stuttgart 1912 (= Handbuch des Völkerrechts, hrsg. von G. A. Walz, Bd 1, 2. Abtlg.)
Ders., Subjekte des Völkerrechts, in: Strupp WVR II, S. 684–686
Heilfron, Aburteilung von Militärpersonen durch Kriegsgerichte des Feindes, in: Deutsche Juristen-Zeitung 20 (1915), Sp. 39–45
Heydte, Friedrich August von der, Luftkriegsrecht, in: Strupp-Schlochauer WVR II, S. 438–441
History of the United Nations War Crimes Commission and the Development of the Law of War, hrsg. von UN War Crimes Commission, London 1948
Holland, T[homas] E[rskine], The Laws and Customs of War on Land, as defined by the Hague Convention of 1899, London 1904
Ders., The Laws of War on Land, Oxford 1908
Hoppe, Rudolf, Die Kriegsbeendigung nach Völkerrecht und deutschem Reichsrecht, Rechts- u. Staatswiss. Diss. Greifswald, Greifswald 1918

Jescheck, Hans-Heinrich, Die Verantwortlichkeit der Staatsorgane nach Völkerstrafrecht. Eine Studie zu den Nürnberger Prozessen, Bonn 1952 (= Rechtsvergleichende Untersuchungen zur gesamten Strafrechtswissenschaft, N. F., H. 6)
Ders., Kriegsverbrechen, in: Strupp-Schlochauer WVR II, S. 373–376

Kahl, Wilhelm, Das Ergänzungsgesetz zur Verfolgung von Kriegsverbrechen, in: Deutsche Juristen-Zeitung 25(1920), Sp. 337–339
Ders., Untersuchungsausschuß und Staatsgerichtshof, in: Deutsche Juristen-Zeitung 25(1920), Sp. 1–7
Kaufmann, Erich, Untersuchungsausschuß und Staatsgerichtshof, Berlin 1920
Klüber, Johann Ludwig, Uebersicht der diplomatischen Verhandlungen des Wiener Congresses überhaupt, und insonderheit über wichtige Angelegenheiten des teutschen Bundes, Frankfurt a. M. 1816 (Nachdruck Osnabrück 1966)
Kohler, Josef, Strafrecht und Völkerrecht, in: Goltdammers Archiv 62 (1916), S. 354–372
Kordt, Johannes, Die strafrechtliche Behandlung der Kriegsgefangenen, Jur. Diss. Heidelberg, Borna-Leipzig 1917
Kotsch, Lothar, Blockade, in: Strupp-Schlochauer WVR I, S. 214–217
Kriegsbrauch im Landkriege, hrsg. vom Großen Generalstabe, Kriegsgeschichtliche Abteilung I, Berlin 1902 (= Kriegsgeschichtliche Einzelschriften, H. 31)
Kruse, Hans, Amnestieklausel, in: Strupp-Schlochauer WVR I, S. 40–42
Ders., Geschosse, in: Strupp-Schlochauer WVR I, S. 674 f.
Kunz [Josef L.], Belgien, in: Strupp WVR I, S. 119–125

Ders., Kriegsbegriff, in: Strupp-Schlochauer WVR II, S. 329–332
Ders., Kriegsrecht im allgemeinen, in: Strupp-Schlochauer WVR II, S. 354–359
Ders., Landesrecht und Völkerrecht, in: Strupp WVR I, S. 787–797
Ders., Völkerrecht, allgemein, in: Strupp-Schlochauer WVR III, S. 611–631

Landa, Nicasio de, Droit pénal de la guerre. Projet de classification des crimes et délits contre les lois de la guerre, selon la Déclaration de Bruxelles, in: Revue de droit international et de législation comparée 10 (1878), S. 182–184 (im Original irrtümliche Paginierung, nämlich S. 282–284)
Lueder, C[arl], Das Landkriegsrecht im Besonderen, in: Handbuch des Völkerrechts, hrsg. von Franz von Holtzendorff, Bd 4: Die Staatsstreitigkeiten und ihre Entscheidung, Hamburg 1889
Lundstedt, Vilhelm, Die Auslieferungsforderung der Entente nach strafrechtlichen Gesichtspunkten, in: Deutsche Juristen-Zeitung 25(1920), Sp. 241–245

MacDonell, John, Modern Treaties of Peace, in: The Contemporary Review 108(1915), S. 273–283
Mangoldt, Hermann von, Das Kriegsverbrechen und seine Verfolgung in Vergangenheit und Gegenwart, in: Jahrbuch für internationales und ausländisches öffentl. Recht 1(1948), S. 283–334
McNair, Arnold, Aspects of State Sovereignty, in: British Year Book of International Law 26(1949), S. 6–47
Mendelssohn Bartholdy, A[lbrecht], Die „Sanktionen" des Vertrages von Versailles, in: Festgabe für Dr. jur. h. c. Otto Liebmann, Berlin 1920, S. 103–112
Mérignhac, A., De la sanction des infractions au droit des gens commises, au cours de la guerre européenne, par les Empires du Centre, in: Revue générale de droit international public 24(1917), S. 5–56
Mettgenberg [Wolfgang], Auslieferung, in: Strupp WVR I, S. 81–88
Meurer, Christian, Die Haager Friedenskonferenz, Bd 2: Das Kriegsrecht der Haager Konferenz, München 1907
Ders., Verletzungen des Kriegsgefangenenrechts (Sachverständigengutachten), in: WUA, Dritte Reihe: Völkerrecht im Weltkrieg, Bd 3, 2 Halbbde, Berlin 1927
Moser, Johann Jacob, Beytraege zu dem neuesten Europaeischen Voelkerrecht in Kriegszeiten, Teil 2, Tübingen 1780
Ders., Grundsätze des Europäischen Völker-Rechts in Kriegszeiten, Tübingen 1752
Ders., Versuch des neuesten Europäischen Völker-Rechts in Friedens- und Kriegszeiten, 10 Tle, Stuttgart–Frankfurt a. M. 1777–1780

Nys, Ernest, Le Droit International. Les principes, les théories, les faits, Bd 3, Bruxelles 1912

Oetker [Friedrich], Über Kriegsverbrechen, in: Der Gerichtssaal 91(1925), S. 400–427
Oppenheim, L[assa], International Law. A Treatise, 2 Bde, London–New York–Bombay 1905/1906
Oppler, Friedrich, Bestrafung Kriegsgefangener wegen vor ihrer Gefangennahme verübter Straftaten, in: Zeitschrift für die gesamte Strafrechtswissenschaft 37(1916), Sp. 849–872

Phillipson, Coleman, International Law and the Great War, London 1915
Ders., Termination of War and Treaties of Peace, London 1916
Puttkamer, Ellinor von, Die Haftung der politischen und militärischen Führung des Ersten Weltkriegs für Kriegsurheberschaft und Kriegsverbrechen, in: Archiv des Völkerrechts 1(1948/49), S. 424–449

Reibstein, Ernst, Völkerrechtsgeschichte. Zeit des europäischen Völkerrechts (1648–1815), in: Strupp-Schlochauer WVR III, S. 703–721
Renault, Louis, De l'application du droit pénal aux faits de guerre, in: Journal du droit international [Clunet] 42 (1915), S. 313–344; auch abgedruckt in: Revue générale de droit international public 25 (1918), S. 5–29

Rie, Robert, Kontinentalsperre, in: Strupp-Schlochauer WVR II, S. 293–295
Ders., Der Wiener Kongreß und das Völkerrecht, Bonn 1957
Rissom [Carl], Bestrafung Kriegsgefangener wegen völkerrechtswidriger Kriegshandlungen, in: Goltdammers Archiv 62(1916), S. 379–387
Ders., Die strafrechtliche Behandlung der Kriegsgefangenen, in: Zeitschrift für die gesamte Strafrechtswissenschaft 36(1915), S. 588–594

Rocholl [Erich], Fryatt-Fall, in: Strupp WVR I, S. 350–353
Rogge, Heinrich, Rechtssysteme der internationalen Friedenssicherung. Alte und neue Aufgaben der Rechtswissenschaft, in: Archiv des Völkerrechts 2(1950), S. 159–179
Romen, A. / Carl Rissom, Militärstrafgesetzbuch, 3. Aufl., Berlin 1918 (= Guttentagsche Sammlung Deutscher Reichsgesetze, Nr. 67. Textausgaben mit Anmerkungen)

Schätzel, Walter, Bestrafungen nach Kriegsbrauch, in: Archiv für Militärrecht 8(1919/20), S. 13–24
Ders., Gerichtsbarkeit über Kriegsgefangene, in: Archiv für Militärrecht 8(1919/20), S. 178–181
Scheuner, Ulrich, Kaperei, in: Strupp-Schlochauer WVR II, S. 190–192
Ders., Konterbanderecht, in: Strupp-Schlochauer WVR II, S. 290–293
Ders., Neutralität, in: Strupp-Schlochauer WVR II, S. 590–596
Ders., Bewaffnete Neutralität, in: Strupp-Schlochauer WVR II, S. 596f.
Ders., Neutralitätsrechte und -pflichten im Seekrieg, in: Strupp-Schlochauer WVR II, S. 601–607
Ders., Pariser Seerechtsdeklaration von 1856, in: Strupp-Schlochauer WVR II, S. 739f.
Ders., Prisenrecht, in: Strupp-Schlochauer WVR II, S. 794–802
Ders., Seekriegsrecht, in: Strupp-Schlochauer WVR III, S. 228–237
Schleicher [Rüdiger], Luftfahrtrecht, in: Strupp WVR I, S. 839–851
Schlochauer, Hans-Jürgen, Schiedsgerichtsbarkeit, internationale, in: Strupp-Schlochauer WVR III, S. 177–195
Schlögel, Anton, Genfer Abkommen zum Schutze der Kriegsopfer vom 12. 8. 1949, in: Strupp-Schlochauer WVR I, S. 644–651
Schneider, Peter, Haager Friedenskonferenzen von 1899 und 1907, in: Strupp-Schlochauer WVR I, S. 739–745
Ders., Internationales Komitee vom Roten Kreuz, in: Strupp-Schlochauer WVR II, S. 125–127
Schröder, Max, Amnestieklausel und Versailler Vertrag, in: Zeitschrift für Völkerrecht 16(1932), S. 160–167, u. 19(1935), S. 65–74
de Schutter, Bart, Bibliography on International Criminal Law, Leiden 1972
Scupin, Hans Ulrich, Völkerrechtsgeschichte. Erweiterung des europäischen Völkerrechts (1815–1914), in: Strupp-Schlochauer WVR III, S. 721–744
Simon, Pierre F., La clause d'amnistie dans les traités de paix, in: Revue générale de droit international public 26(1919), S. 245–261
Spaight, J[ames] M[olony], War Rights on Land, London 1911
Staël von Holstein, Frhr. L[age], Krigsgärningars bestraffning enligt Versaillesfreden, in: Det Nye Nord 1 (1919), S. 926–928
Strebel, Helmut, Landkriegsrecht, in: Strupp-Schlochauer WVR II, S. 396–401
Ders., Martens'sche Klausel, in: Strupp-Schlochauer WVR II, S. 484–486
Strisower, Leo, Der Krieg und die Völkerrechtsordnung, Wien 1919
Strupp, Karl, Das internationale Landkriegsrecht, Frankfurt a. M. 1914
Ders., Das völkerrechtliche Delikt, Stuttgart 1920 (= Handbuch des Völkerrechts, hrsg. von G. A. Walz, Bd 3, 4. Abtlg.)
Strupp WVR, siehe: Wörterbuch des Völkerrechts und der Diplomatie
Strupp-Schlochauer WVR, siehe: Wörterbuch des Völkerrechts

Triepel, Heinrich, Völkerrecht und Landesrecht, Leipzig 1899

Ullmann, E. von, Völkerrecht, 2. Aufl., Tübingen 1908 (= Das öffentliche Recht der Gegenwart, Bd 3)

Vattel, [Emer] de, Le droit des gens ou principes de la loi naturelle. Ausgabe London 1758 neu hrsg. von James Brown Scott, 2 Bde, Washington 1916 (= The Classics of International Law, No. 4)
Verdross [Alfred], Die Amnestieklausel in den Friedensverträgen, in: Strupp WVR I, S. 38–40
Ders., Die völkerrechtswidrige Kriegshandlung und der Strafanspruch der Staaten, Berlin 1920
Victoria, Franciscus de, De Indis recenter inventis et de jure belli Hispanorum in Barbaros. Relectiones. Vorlesungen über die kürzlich entdeckten Inder und das Recht der Spanier zum Kriege gegen die Barbaren. 1539. Lateinischer Text nebst deutscher Übersetzung hrsg. von Walter Schätzel, Tübingen 1952 (= Die Klassiker des Völkerrechts in modernen deutschen Übersetzungen, Bd 2)

Wegner, Arthur, Geschichte des Völkerrechts, Stuttgart 1936 (= Handbuch des Völkerrechts, hrsg. von G. A. Walz, Bd 1, 3. Abtlg.)
Ders., Kriminelles Unrecht, Staatsunrecht und Völkerrecht, Hamburg 1925 (= Hamburgische Schriften zur gesamten Strafrechtswissenschaft, H. 7)
Wehberg, Hans, Krieg und Eroberung im Wandel des Völkerrechts, Frankfurt a. M.–Berlin 1953 (= Völkerrecht und Politik, Bd 1)
Wengler, Wilhelm, Völkerrecht, 2 Bde, Berlin–Göttingen–Heidelberg 1964 (= Enzyklopädie der Rechts- u. Staatswissenschaft, Abteilung Rechtswissenschaft)
Whittuck, E. A., Professor Oppenheim, in: British Yearbook of International Law 1(1920–21), S. 1–9
Wittmaack, H., Über die Verantwortlichkeit von Angehörigen einer Armee im Feindesland (Artikel 228 des Friedensvertrages), Stuttgart 1920
Wörterbuch des Völkerrechts, begründet von Karl Strupp, hrsg. von Hans-Jürgen Schlochauer, 3 Bde, Berlin 1960–1962
Wörterbuch des Völkerrechts und der Diplomatie, hrsg. von Karl Strupp, 3 Bde, Berlin–Leipzig 1924/1925/1929
Wolff, Christian, Ius gentium methodo scientifica pertractum. Auflage von 1764 neu hrsg. von James Brown Scott, Oxford–London 1934 (= The Classics of International Law, No. 13)
Wolgast, Ernst, Amnestie und Versailler Vertrag, in: Zeitschrift für öffentliches Recht 15(1935), S. 1–17

Zander, Jens-Peter, Das Verbrechen im Kriege – ein völkerrechtlicher Begriff. Ein Beitrag zur Problematik des Kriegsverbrechens, Rechts- u. Staatswiss. Diss. Würzburg 1969
Zorn, Albert, Das Kriegsrecht zu Lande in seiner neuesten Gestaltung, Berlin 1906

Personenregister

Mit den Angaben zu den Personennamen wird versucht – soweit es angezeigt erscheint –, den Rang, das Amt oder die Dienststellung zu nennen, die die betreffenden Personen zum Zeitpunkt ihres Auftretens in der Darstellung innehatten. Ergänzend sind Personen, die in der Auslieferungsliste der alliierten Mächte namentlich aufgeführt waren, mit einem * versehen; ihre Dienststellungen, auf die in den Anschuldigungen Bezug genommen wurde, sind in eckigen Klammern angegeben.